Christian counseling ethics

기독교 상담 윤리

A Handbook for Psychologists, Therapist and Pastors
심리학자, 상담·심리치료 전문가, 목회자를 위한 가이드북

랜돌프 K. 샌더스 편집 | 전 요 섭 외 3인

기독교문서선교회

기독교문서선교회(Christian Literature Center: 약칭 CLC)는 1941년 영국 콜체스터에서 켄 아담스에 의해 시작되었으며 국제 본부는 미국 필라델피아에 있습니다.

국제 CLC는 59개 나라에서 180개의 본부를 두고, 약 650여 명의 선교사들이 이동도서차량 40대를 이용하여 문서 보급에 힘쓰고 있으며 이메일주문을 통해 130여 국으로 책을 공급하고 있습니다.

한국 CLC는 청교도적 복음주의 신학과 신앙서적을 출판하는 문서선교 기관으로서, 한 영혼이라도 구원되길 소망하면서 주님이 오시는 그날까지 최선을 다할 것입니다.

CHRISTIAN COUNSELING ETHICS
A HANDBOOK FOR PSYCHOLOGISTS, THERAPISTS AND PASTORS

SECOND EDITION

Edited by
Randolph K. Sanders

Translated by
Joseph Jeon et al.

Copyright © 1997 by Randolph K. Sanders.
Originally published by InterVarsity Press as
Christian Counseling Ethics edited by Randolph K. Sanders.
Translated and printed by permission of InterVarsity Press,
P. O. Box 1400, Downers Grove, IL 60515, USA.

All rights reserved.

Korean Edition
Copyright © 2018 by Christian Literature Center
Seoul, Korea

추천사 1

윤동철 박사
성결대학교 총장

   금번 전요섭 박사와 성결대학교에서 배출한 전문가들이 뜻을 모아 한국 기독교 상담학계에 기여하게 될『기독교 상담 윤리』(Christian Counseling Ethics)를 번역하게 된 것을 매우 기쁘게 생각한다.
   윤리는 사회 각 분야에서 그 일을 함에 있어 초석되고, 정체성을 수립하는 중요한 개념이라고 생각한다. 목회자에게는 목회 윤리, 기독교인에게 기독교 윤리, 학자에게는 연구 윤리가 있듯, 상담자에게도 상담 윤리가 있으며 이것이 중요하다는 것은 재론의 여지가 없다. 윤리야말로 그 존재를 지탱시켜 줄 뿐만 아니라, 존재 가치를 상승시켜 상담자를 진정한 상담자가 되도록 만드는 것일 수 있다. 윤리는 지식과 기술에 앞서는 본질이라고 보아도 틀리지 않는다.
   이런 의미에서 전요섭 박사와 그외 전문가들이 의기투합하여 미국의 기독교 상담 윤리 분야에서 가장 저명한 학자들의 글을 모은『기독교 상담 윤리』를 번역하여 한국 상담학계에 내놓게 된 것은 참으로 시의적절한 일이며, 의미있는 일이 아닐 수 없다.
   아무쪼록 본서가 한국 기독교 상담학계의 바른 윤리적 지침을 제공하는 책이 되기를 기대하며 기쁘게 추천하는 바이다.

윤동철

추천사 2

안경승 박사
아세아연합신학대학교 기독교상담학 교수

『기독교 상담 윤리』로 소개된 본서는 편집자인 랜돌프 샌더스(Randolph K. Sanders)가 1997년 이어 최근에 증보판으로 발간한 같은 제목(*Christian Counseling Ethics*)의 원서를 번역한 것이다. 기독교 상담이 한국 사회와 교계에 소개된 지도 한 세대가 지나가고 있고, 기독교 상담의 이름으로 상담이 이뤄지는 현장이 늘어 가고 있지만, 가장 취약할 뿐 아니라 우려가 되는 영역 중의 하나가 기독교 상담 윤리에 대한 이해와 적용이다.

이와 관련한 학술 연구와 서적이 부족하고 기독교 상담을 지향하는 학회의 윤리강령 역시 대부분 기존의 일반 윤리강령의 번역과 첨언 정도에 그치고 있다. 그래서 기독교 상담 윤리를 다룬 본서가 반갑고 다음과 같은 점에서 배우고 생각할 만한 좋은 내용을 담고 있다고 생각된다.

첫째, 본서는 전반적으로 기독교 상담의 독특한 영역을 여러 측면에서 소개할 뿐 아니라, 기독교 상담이 돌봄의 현장에서 자리매김할 수 있는 강력한 근거 중 하나가 기독교 신앙에 뿌리를 둔 윤리적 기준에 있다는 점을 잘 논증해 주고 있다.

근대 이후 포스트모던 시대를 지나가며 그 근본 토대조차 흔들리고 있는 윤리적 흐름에 비춰볼 때, 일반 정신건강 현장에서 윤리적 기반이 그 토대와 내용, 그리고 현실에 있어서 온전하게 세워지기가 어려운 것이 사실이다. 본서는 일반 상담으로는 벅차지만 기독교로는 답이 가능하겠다는 소망을 불어넣어 준다. 또한 기독교 상담이 발을 딛고 있는 성경과 신앙이라는 가장 분명하고 불변하는 윤리 기준을 강조하며 이론과 실제에서 그 중요성을 잘 보여주고 있다. 이것은 "왜 기독교 상담이어야 하는지"를 변증해 주는 것일 뿐 아니라, 깨어진 사람을 돌보며 그들을 인도하는데 "왜 신앙이어야 하는지"를 반증해 주는 소중한 내용이라고 평가된다.

둘째, 23명의 기고자가 학문적 배경과 실제 경험에서 탁월한 분들로 구성되어 있다.

일반 심리학을 연구한 학자도 있지만 대부분 지난 반세기에 걸쳐 기독교 상담 연구에 선구자적 역할을 하며 학생을 배출해 온 학교 출신이다. 또한 자신들이 배운 기독교 상담을 가지고 현장에서 오랜 시간 씨름하고 적용해 보면서 겪었던 윤리 주제를 다루고 있다는 점에서 읽을 가치가 풍성하다고 하겠다.

셋째, 본서는 다루는 주제가 다양할 뿐 아니라 한국 현실에서 이미 경험하고 있고 이제 곧 닥칠 수 있는 실제적 쟁점을 다루고 있다는 점에서 상당 기간 동안 도움을 받을 수 있는 자료가 된다고 평가된다.

"기독교 윤리, 가치관, 철학, 심리치료와의 관련성, 성, 부부, 아동, 영성, 성적 소수자(1997년에는 동성애), 목회 및 선교 현장, 다문화, 평신도 상담, 대학 상담소, 위기 상황 등"의 주제를 다루고 있고, 부록에는 윤리 규정과 함께 실제 상담소에서 활용할 수 있는 양식도 수록하고 있다. 기독교 윤리와 관련한 백과사전 같은 참고도서로 활용하는 것이 가능하다고 생각한다.

　한국 기독교 상담을 위해 유용하고 필요한 본서를 번역해 주신 네 분의 상담학자(전요섭, 노철우, 이향숙, 이진영)에게 깊이 감사를 드리고, 본서가 한국의 기독교 상담을 신실하고 복되게 지켜가게 하는 값진 자료가 되기를 간절히 바라며 적극 추천을 한다.

추천사 3

조대운 박사
김천대학교 상담치유복지학과 교수

상담에서 상담 윤리를 올바르게 인식하고 그것을 적용하는 것은 가장 중요한 요소 중 하나다. 이제는 상담 윤리에 대한 강조가 점차 중요시 되어야 한다고 생각하던 차에 본서가 크리스천 상담가들이 어떤 윤리적인 마인드를 가지고 상담에 임해야 하는지를 보여 주는 책으로 잘 번역되었다. 본서는 이 분야에 있어서 최고의 교과서이다.

특별히 일반 상담가가 아닌 크리스천 상담가들이 가져야 하는 윤리를 성경적인 토대로 훌륭하게 서술하였으며 크리스천 상담가들이 반드시 숙지해야 하는 내용이다. 본서는 크리스천 상담가들이 올바른 윤리 의식을 통해서 자신들의 상담을 더욱 안전하고 깊이 있게 만들도록 인도해 줄 것이다.

역자 서문

전요섭 박사
성결대학교 교수 / 한국복음주의상담학회장

　본서는 미국에서 가장 최근에 출간된 상담학 도서이며, 북미 대부분의 기독교 상담 전공 대학원 과정에서 참고서로 활용되고 있는 책이다.
　서점가에서 국내 일반 상담 윤리 도서는 몇 권 발견할 수 있으나 기독교 상담 윤리에 관한 서적은 찾기 힘들 정도로 거의 없으며, 내용도 빈약한 실정이다. 기독교 상담 윤리는 통상 상담학 개론서의 한 장(chapter)을 차지하는 정도이거나 부분적인 내용을 산발적으로 다루는 정도가 전부였다. 하지만 작금에는 상담 윤리가 각종 학회에서 상담사 자격 고시의 필수 과목일 뿐만 아니라, 상담 이론과 기법을 학습하기 이전에 가장 먼저, 가장 기본적으로 갖추어야 할 상담자의 덕목으로 인식되고 있다. 단행본으로 이렇게 방대한 기독교 상담 윤리 도서는 세계적으로 유래가 없는 일이다.
　본서는 역자들이 2년 가까이 책과 씨름하면서 힘겨운 번역 작업 끝에 빛을 보게 되었다. 물론 모든 역자들이 2년 동안 번역에 매달렸다는 뜻은 아니지만 바쁜 일정 가운데 번역이 지연되어 착수한 지 2년만에 이제사 출간하게 된 것이다.
　역자들은 모두 성결대학교 대학원에서 기독교상담학을 전공하여 박사학위를 취득하고, 모교에서 강의를 하시는 교수들로서 한국 기독교 상담학계에 의미 있는 일을 해 보고자 뜻을 모아 시작한 작업이었다.
　역자들은 번역이 단순히 문장을 옮기는 일이 아니고 상대의 문화를 우리의 문화로 옮기며, 저자의 뜻을 독자들에게 잘 이해시켜야 하는 일이기에 쉬운 일이 아니라는 것을 잘 알고 있었다. 역자 모두 성결대학교 대학원 박사과정에서 동문 수학을 했기에 역자 간에 용어를 통일시키는 일이 그리 어렵지는 않았으나, 윤리적인 내용은 문화와 매우 밀접한 관련이 있는 것이어서 이를 우리 문화에 적합하게 옮기는 것이 역자들에게 큰 부담이었고, 어려웠다.

여하튼 해낸 것에 대해서는 무척 기쁜 일이지만 번역을 위한 장고의 기간은 괴로움의 연속이었다. 그렇지만 마치 새 생명을 탄생시키기 위해 반드시 견뎌야 하는 과정이 필요한 것처럼 인고의 시간이 결국 이렇게 값진 결과를 낳게 하였다.

역자들은 한결같이 본서를 번역하면서 국내에는 매우 부족했던 기독교 상담 윤리의 개념을 충분히 이해하게 되는 기회를 갖게 되었다고 입을 모았다. 본서를 통해 기독교 상담학계에 기여하기에 앞서 먼저 역자들이 기독교 상담 윤리에 대하여 큰 깨달음과 지식을 갖게 된 것은 형언할 수 없는 기쁨이 아닐 수 없다.

본서가 널리 읽혀져서 기독교 상담 일선에 종사하는 상담자들이 확고한 윤리적인 지침을 가지고 상담에 임하게 되며, 장차 상담자가 될 학도들은 본서를 통해 윤리적으로 바른 상담자로서 양육받기를 바라는 마음 간절하다.

이 모든 일을 이루신 하나님께 감사와 영광을 올려드린다.

2017년 추수감사절에

차례

추천사 1 _ 윤동철 박사(성결대학교 총장)_ 5
추천사 2 _ 안경승 박사(아세아연합신학대학교 기독교상담학 교수)_ 6
추천사 3 _ 조대운 박사(김천대학교 상담치유복지학과 교수)_ 9
역자 서문 _ 10
기고자 소개 _ 14

제1장   윤리강령의 수용 _ 21
제2장   상담·심리치료와 기독교 윤리 _ 53
제3장   기독교 정신건강 전문가의 자질 _ 84
제4장   윤리적 상담·심리치료의 필수 요소 _ 117
제5장   권한의 남용과 성적 비행 _ 147
제6장   성과 무관한 다중 관계 _ 182
제7장   부부 상담 윤리 _ 205
제8장   아동 내담자 _ 241
제9장   상담·심리치료와 영적, 가치적 문제 _ 277
제10장 성적 소수자로서 내담자 _ 320
제11장 만성 상태의 내담자 _ 363

제12장 문화적으로 민감한 임상 활동의 윤리적 관심 _393
제13장 정신건강 서비스 사업의 윤리 _433
제14장 상담하는 목회자 _465
제15장 평신도 상담자의 수련 _484
제16장 혼합기관의 갈등: 군대와 다른 정부기관 소속 전문가 _502
제17장 대학 상담소에서 윤리적 문제 _525
제18장 선교/구호자 돌봄의 윤리: 국제적인 체계를 위해 _555
제19장 심리적 응급처치 제공을 위한 윤리 _588
제20장 상담·심리치료 수련 프로그램 _608
제21장 윤리적 의사결정 모델 _634

부록 1: 윤리 규정과 지침 _656
부록 2: 양식 _662
색인 _675

기고자 소개

✤ **타마라 L. 앤더슨**(Tamara L. Anderson, Ph.D. 캘리포니아 심리학전문대학원)
바이올라(Biola)대학교 로즈미드(Rosemead) 심리학대학원 부원장 겸 심리학과 교수이며, 성 역할 문제를 비롯하여 정서적 애착 및 윤리와 법에 관심을 두고 있다.

✤ **이리나 슈튜바 아루트**(Iryna Shturba Arute, M.A. 휘튼대학 임상심리학 프로그램 박사과정)
우크라이나(Ukraine) 출신으로 학문과 임상 상담·심리치료를 통한 다문화 내담자 서비스에 관심이 많다.

✤ **제프리 S. 베리힐**(Jeffrey S. Berryhill, Ph.D. 풀러신학교 심리학대학원)
미네소타 세인트 폴(St. Paul)에서 심리학자로 활동 중이며, 벧엘(Bethel)대학교 대학원에서 심리학 강사로 아동·청소년 검사와 정신병리학, 윤리, 상담, 심리치료 전문 문제를 다루고 있다.

✤ **빌 블랙번**(Bill Blackburn, Ph.D., 남부신학교)
최근, 텍사스 커빌(Texas Kerrville) 선교동역자회 이사직에서 물러났다. 수년 간 트리니티(Trinity)침례교회에서 목회자로 봉직해오며 『자살에 대해 알아야 할 것』(*What You Should Know About Suicide*)을 비롯하여 다섯 권의 책을 집필했다. 옥스퍼드(Oxford)대학교에서 성경 연구와 의료 윤리 분야 박사 후 과정을 마쳤다.

✤ **랜돌프 K. 샌더스**(Randolph K. Sanders, Ph.D., 풀러신학교 심리학대학원)
임상심리학자로서 텍사스의 뉴 브라운펠스(New Braunfels)에서 전문가로 활동하고 있다. 미국기독교심리연구학회(CAPS) 상무이사와 윤리규정개정위원회 당연직 위원을 역임했다. 현재 상담·심리치료의 윤리적 현안에 대해 저술 및 강연 활동을 벌이고 있으며, 교단 내 윤리·현안 기관의 상담자문가이기도 하다.

기고자 소개

✤ **스탠튼 L. 존스**(Stanton L. Jones, Ph.D., 애리조나주립대학교)
휘튼대학 심리학과 교수 겸 교무처장이자 임상심리학자이다. 심리학 이론과 신학을 비롯하여 인간의 성(sexuality)에 대한 글을 다수 집필했다.

✤ **리차드 E. 버트만**(Richard E. Butman, Ph.D., 풀러신학교 심리학대학원)
휘튼대학 심리학과 교수 스탠튼 존스(Stanton Jones)와 『현대 상담·심리치료』(*Modern Psychotherapies: A Christian Appraisal*, IVP)를 집필했고, 마크 야하우스(Mark Yarhouse) 및 바렛 맥레이(Barrett McRay)와 『현대 정신병리학』(*Modern Psychopathologies: A Comprehensive Christian Appraisal*, IVP)을 집필했다. 현재 사별과 정신병리에 관심을 두고 있으며 아프리카와 아시아, 시카고 및 남미 선교/구호 사역에도 동참하고 있다.

✤ **샐리 슈워 커닝**(Sally Schwer Canning, Ph.D., 펜실베이니아대학교)
휘튼대학 심리학과 교수이자 론데일(Lawndale)기독교건강센터에서 행동건강 서비스를 제공하고 있다. 임상심리학자 면허/자격증을 취득한 학자로서, 도시의 저소득층과 아동을 깊이 이해하고 복리를 증진시키기 위해 25년 간 상담자문과 연구활동으로 실무 경험을 쌓아왔다. 소외된 사람들을 비롯하여 지역 사회 조직과 함께 문화적으로 유력시되는 실무와 연구를 겸비하려는 심리학자를 양성하는 것도 커닝 박사의 사역 가운데 하나다. 현재 윤리학과 공동체 심리학 및 아동·청소년 실무 과정을 가르치고 있으며, 심리학 박사학위 과정의 다양성위원회 공동의장으로 섬기고 있다.

✤ **로데릭 D. 헤젤**(Roderick D. Hetzel, Ph.D., 텍사스 A&M대학교)
웨이코(Waco)심리학회에서 개인 실무자격을 취득한 심리학자로서 베일러(Baylor)대학교 조지 W. 트루에트 신학부와 교육심리학부에서 강의하고 있다. 베일러대학교 상담·심리치료소에서 임상교육 선임학자 겸 조정관을 역임했다.

✤ 토마스 C. 듀크(Thomas C. Duke, M.A., 풀러신학교 심리학대학원 임상심리학 박사과정)
인도주의 구호 요원의 정신건강 관련 연구에 참여하고 있으며 아제르바이잔, 스와질란드, 우간다, 과테말라 및 멕시코 국제구호단체에서 사역 중이다.

✤ 신시아 B. 에릭슨(Cynthia B. Eriksson, Ph.D., 풀러신학교 심리학대학원)
풀러신학교 심리학대학원 부속 헤딩턴(Headington)프로그램연구소 소장 겸 심리학과 부교수로 있다. 현재 에릭슨은 심리적 외상 분야를 교육·연구하고 있으며, 국립 아동외상스트레스 전문기관 연계망과 협력하여 『지역사회 종교인을 위한 심리적 응급처치 지침서』(Psychological First Aid Manual for Community Religious Professionals)를 개작하기도 했다.

✤ 제임스 H. 제니슨(James H. Jennison, Ph.D., 풀러신학교 심리학대학원)
남부 캘리포니아에서 상해 노동자를 위해 의료·법률상담·심리치료를 진행하는 심리학자다. 미국심리학회를 비롯하여 국립신경심리학회 및 캘리포니아 산업의료 및 외과학회 회원이자 미국 검시관대학 연구원이기도 하다.

✤ W. 브래드 존슨(W. Brad Johnson, Ph.D., 풀러신학교 심리학대학원)
미 해군사관학교에서 리더십·윤리학·법학 교수이자 존스홉킨스(Johns Hopkins)대학교 교육대학원 외래교수이기도 하다. 관심 연구 분야는 멘토 관계와 전문가 윤리 및 리더십이다.

✤ 안젤라 M. 사바츠(Angela M. Sabates, Ph.D., 노스웨스턴대학교)
미네소타 세인트폴에 위치한 벧엘대학교 부교수이다. 사바츠는 아동임상심리학 및 사회심리학을 전공하고 최근 『기독교 시각에서 본 사회심리학』(Social Psychology in Christian Perspective: Exploring the Human Condition, IVP)을 출간한 바 있다.

✤ 수잔 매트록-헤젤(Susan Matlock-Hetzel, Ph.D., 텍사스 A&M대학교)
웨이코의료센터 정신건강·행동의학부 임상심리학자이자, 베일러대학교 상담센터에서 상담소장과 아웃리치 조정관을 역임했다.

✤ 캐시 켄드릭(Cassie Kendrick, Psy.D., 베일러대학교)
베일러심신의학연구소에서 박사 후 연구원으로 활동하고 있다.

✤ 질 L. 케이(Jill L. Kays, Psy.D., 리젠트대학교)
노스캐롤라이나 샬럿(Charlotte)에서 심리상담 전문가 자격증을 취득했으며, 현재 공공부문에서 임상심리학자로 활동하고 있으며 미국심리학회 회원이다.

✤ 안드레 M. 리브라도(Andrea M. Librado, M.A., 휘튼대학 임상심리학 프로그램 박사과정)
저소득층 도시 인구와 더불어 인종과 민족성 및 지리적 한계를 넘어 다양한 시각으로 문화를 이해하는 데 관심을 두고 있다.

✤ 호래스 C. 루캔스(Horace C. Lukens Jr., Ph.D., 메인대학교)
상담·심리치료 전문가 자격을 취득했으며 매사추세츠(Massachusetts) 장애인복지협회에서 의료 상담자문가로 활동 중이다. 임상전문가를 그만두고 미국기독교심리연구학회(CAPS) 이사장을 두 차례 역임했으며 신앙과 심리학의 통합에 관심을 두고 있다.

✤ 샹양 탄(Siang-Yang Tan, Ph.D., 맥길대학교)
풀러신학교 심리학과 교수이자 남부 캘리포니아 글렌데일 소재 복음주의제일교회 담임목회자로 봉직하고 있다. 또한 미국심리학회 회원으로 『평신도 상담』(Lay Counseling)과 『상담·심리치료』(Counseling and Psychotherapy: A Christian Perspective)를 비롯하여 13권의 저서를 (공동)집필했다.

✤ 켈리 오도넬(Kelly O'Donnell, Psy.D., 바이올라대학교 로즈미드심리학대학원)
현재 유럽에 거주하고 있고, 상담자문가 겸 (주)선교/구호자돌봄협회 대표이며, 직원 복리와 위기관리, 윤리, 팀 능력개발 및 실무자 협력에 주안점을 두고 있으며, 제네바에 본부를 둔 NGO 보건포럼을 위한 정신건강·심리사회 실무집단 조정관으로 활동하고 있다. 저서로는 『선교/구호자 돌봄을 잘하는 법: 전 세계의 관점과 실천 사례』(*Doing Member Care Well: Perspective and Practices from Around the World*)와 『글로벌 선교/구호자 돌봄』(*Global Member Care: The Pearls and Perils of Good Practice*)(윌리엄캐리도서관 출간)을 비롯하여 선교사 선교/구호자 돌봄에 대한 저서를 다수 집필한 바 있다.

✤ 안타 F. 유(Anta F. Yu, 휘튼대학에서 임상심리학과 박사과정)
휘튼대학 다양성·정의위원회 대표로 있고, 다양한 내담자를 대상으로 윤리를 지키면서 내담자의 권리를 강화하고 문화를 존중하는 서비스 방법론에 관심을 두고 있다.

✤ 스티븐 J. 샌디지(Steven J. Sandage, Ph.D., 버지니아 커먼웰스대학교)
미네소타 세인트폴에 위치한 벧엘대학교 결혼/가족학부 교수이자, 미네소타 뉴브라이튼(New Brighton) 소재 아덴우즈상담·심리치료센터에서 활동 중이다.

✤ 존 에릭 스웬슨 3세(John Eric Swenson III, Ph.D., 멤피스대학교)
하딘시몬스(Hardin-Simmons)대학교 심리학과 부교수이자, 텍사스 애빌린(Abilene) 소재 상담·강화선교회에서 상담·심리치료사로 활동하고 있다. 상담·심리치료의 윤리학을 비롯하여, 기독교신앙과 심리학의 통합에 관심이 있다.

✤ 제니퍼 S. 리플리(Jennifer S. Ripley, Ph.D., 버지니아 커먼웰스대학교)
리젠트대학교 심리학과 교수이자 동 대학교 심리학 프로그램 의사회 대표이며, 부부선교평가·교육 및 능력강화센터 소장을 겸임하고 있다.

✤ 그레고리 R. 슈넬러(Gregory R. Schneller, Ph.D., 남부 일리노이대학교)
맥머리(McMurry)대학교 심리학과 부교수이며, 윤리학뿐만 아니라, 심리학과 기독교의 통합에 관심이 있다.

✤ 알랜 C. 첼비트(Alan C. Tjeltveit, Ph.D. 풀러신학교 임상심리학부·심리학대학원)
뮬런버그(Muhlenberg)대학교 심리학과 교수로『상담·심리치료의 윤리와 가치』(*Ethics and Values in Psychotherapy*)를 집필했다.

✤ 에버렛 L. 워딩턴 주니어(Everett L. Worthington Jr., Ph.D., 미조리대학교)
버지니아 커먼웰스(Commonwealth)대학교 심리학과 교수이며,『결혼상담』(*Marriage Counseling: A Christian Approach to Counseling Couples*, *Hope-Focused Marriage Counseling*)과『용서와 화해』(*Forgiving and Reconciling*, IVP) 등 많은 서적과 논문을 발표했다.

✤ 존 F. 쉐이크포드(John F. Shackelford, Psy.D., 바이올라대학교 로즈미드 심리학대학원)
임상심리학자로서 텍사스 글렌로즈(Glen Rose)와 리처드슨(Richardson)에서 전문가로 활동 중이다. 기독교의 영성과 자기(self)와 자아(ego)의 심리학적 개념을 통합하고, 주의력결핍 과잉행동장애(ADHD)및 성격 진단에 관심을 두고 있다.

✤ 마크 A. 야하스(Mark A. Yarhouse, Psy.D., 휘튼대학)
리젠트대학교 교수 겸 로스마리 S. 휴스(Rosemarie S. Hughes) 석좌교수이자, 버지니아 비치(Virginia Beach)에서 임상심리학자로 활동하고 있다.

기·독·교·상·담·윤·리

Christian Counseling Ethics

A Handbook for Psychologists,
Therapists and Pastors

제1장

윤리강령의 수용

랜돌프 샌더스(Randolph K. Sanders)

막 졸업하여 박사학위를 받게 된 나는 이제 막 심리학자가 된 사람이라면 누구나 그렇듯이 첫 전임 자리를 찾느라 고심하고 있었다. 업무에 대해 상의도 하고, 전화도 걸고, 이력서도 보냈다.

어느 날, 이력서를 보냈던 곳 가운데 하나였던 기독교상담소의 사무책임자에게서 전화를 한 통 받았다. 이 상담소는 많은 평신도 사이에 잘 알려진 곳으로 인기가 많았다.

나의 자격에 대한 예비심사 후에, 나는 그 책임자에게 이 상담소에서 진행하는 프로그램에 대해 자세히 설명해 달라고 부탁했다.

그는 "잠시만 기다리세요"라고 대답했다. 그리고 곧 이어 서류를 뒤적거리는 소리가 들렸다. 그는 "제가 불러드리는 이름과 전화번호를 받아 적으세요"라며 내게 퉁명스러운 어투로 말을 했다. 나는 알았다고 말을 한 후, 그가 불러 주는 내용을 받아 적었지만 왠지 모를 불편함을 느꼈다.

"근데, 이 사람들은 정확히 누구인가요?"라고 내가 묻자, 그는 "이 사람들은 저의 내담자들입니다"라고 답변했다.

이어서 그는 다음과 같이 말했다.

"이 사람들에게 전화를 하면 박사님에게 우리가 어떤 일을 하고 그들이 우리의 일을 어떻게 생각하는지에 대해 말해 줄 겁니다. 그 내용이 마음에 들면 저에게 다시 전화를 해 주세요."

잠시 침묵이 흐른 후, 나보다 나이도 많고 현명해 보이는 그에게 더 이상 질문하고 싶은 생각이 없었지만 나는 다음과 같이 조심스럽게 물었다.

"저... 선생님, 제가 궁금해서 그런데요. 혹시 이 사람들이 선생님에게 자신의 이름과 전화번호를 다른 사람에게 알려주어도 괜찮다는 허락을 했나요?"

"물론이죠!"라고 그는 성의 없고 경박한 말투로 대답했다. 그리고 비아냥거리는 말투로 "그게 왜 그렇게 중요하죠?"라고 되물었다.

"음, 저는 미국심리학회에서 수련을 받았는데요. 그곳의 윤리 규정은…"이라고 내가 대답하자 그는 급히 내 말을 중단시키며 다음과 같이 대꾸했다.

"미국심리학회 윤리 규정이요?

샌더스 박사님, 우리는 그것보다 더 높은 윤리 규정을 지키며 살고 있습니다. 그것은 바로 기독교 윤리 규정이지요!"

그리고 그는 다음과 같이 말한 뒤 황급히 전화를 끊었다.

"샌더스 박사님, 아무래도 박사님을 채용할 수 없을 것 같군요, 그럼 안녕히 계세요!"

몇 년 후 이 상담소는 부정행위와 비리 혐의를 받아 문을 닫게 되었다.

그 상담·심리치료소의 책임자가 '더 높은 윤리 규정'이라고 말한 기독교 윤리가 무엇을 의미했든 간에, 그가 말한 전문가 윤리 규정은 대부분의 상담·심리치료사들이 의미하는 규범과 달랐던 것만은 확실하다.

이 사건은 이유가 무엇이든 간에, 한 분야의 많은 사람들로부터 동의를 얻어 만든 기본 원칙을 준수하지 않는 것은 위험하다는 사실을 분명히 보여준다. 그는 자신의 상담소를 자랑하기 위한 욕심 때문에 내담자들의 개인 정보와 비밀 보장에 대한 권리를 무시했다. 그 결과 그의 내담자들은 당황하거나 피해를 볼 수 있는 상황에 이르게 되었다.

무엇보다 이 사건은 기독교인이 그들의 종교적/영적 관점이 사회에서 도덕이나 윤리의 문제에 대한 해결책이 된다고 단언하면 안 되는지 알려 준다. 결국, 그런 상담소의 굴욕적인 폐쇄는 도덕적 결함이 갖는 광범위하고도 해로운 결과를 보여주는 것이다.

1. 기독교 상담과 윤리

정신건강 전문가인 기독교인이 기독교 상담에 대해서 이야기할 때 주로 그 대화는 신학에 관한 주제로 흘러갈 때가 많다. 다양한 상담·치료적 개입이 기독교 전통과 양립할 수 있는지 없는지, 또한 상담·심리치료에 있어 어떤 요소에 대하여 기독교적 개입이 특별히 들어갈 수 있는지에 대해서 집중적으로 토론한다.

확신하건데 이런 질문은 단순히 정신건강 전문가 뿐 아니라 성직자와 광범위한 기독교 공동체의 지도자 사이에서 자주 논의된다. 이런 주제에 대해 이론화하고 논의하며, 저술을 발표하고, 논쟁하는 데에는 많은 시간과 노력이 소요된다.

기독교 상담의 신학적 정통성에 관해 논의하는 것은 중요하다. 하지만 이런 문제가 중요한 만큼 전문가에게 중요한 요소는 바로 기독교 상담 관련 직업이 실생활에서 갖는 윤리적 통전성이다.

상담·심리치료는 매우 개인적 노력이다. 사람들이 상담·심리치료를 받으러 올 때 그들은 대부분 몹시 괴롭거나 혼란스러운 상태다. 그들은 상담·심리치료 도중에 다른 사람들, 심지어 절친한 친구, 가족, 목회자에게도 드러내기 곤란했던 자신의 감정, 관심, 비밀 등을 공개하게 된다. 간혹, 상담·심리치료소는 가장 친밀한 대인관계를 맺는 곳이 되고 성스러운 곳이 되기도 한다. 또한 이곳에서는 개인의 인생을 바꾸는 일도 발생한다. 나는 하나님이 이런 일에 대해 깊은 관심을 갖고 계신다고 믿는다.

우리는 기독교인으로서 전문적인 상담·심리치료를 할 때 대하게 되는 내담자에게 따뜻한 사랑과 하나님의 관심을 보여줄 기회를 갖는다. 공감적이고 진심 어린 마음으로 내담자를 돌보며 지식과 지혜, 상담·심리치료 기법을 겸비한 상담·심리치료사는 내담자의 삶을 어루만지기도 하고 변화를 촉구하기도 한다. 우리는 최선을 다해 내담자를 돕고 우리의 행동이 하나님을 기쁘시게 하도록 해야 할 것이다.

우리가 늘 추구해야 하는 것은 하나님께서 우리가 무엇이 되고, 무엇을 행하기를 원하시는지 이해하는 것이며, 그것을 개인적으로나 직업적으로 지키며 사는 것이다. 우리는 하나님의 사랑과 용서를 받은 인간으로서 다른 사람에게 아가페적인 사랑을 베풀어야 할 책임을 갖는다. 사랑을 널리 베푸는 것은 도덕적으로 행동하기 위해서 노력하는 것이다.

우리가 내담자를 위해서 그리고 매일 함께 근무하는 전문가들을 위해서 이런 윤리적 기준에 따라 행동하지 않는다면 신학적인 순수함은 별다른 효과를 발휘하지 못할 것이다. 내담자들은 우리가 임상현장에서 상담할 때 우리의 신념이 무엇인지를 가장 잘 알고 있다. 따라서 바람직한 윤리관은 바람직한 기독교 상담의 기본 요소다.

나는 내담자(혹은 상담·심리치료사)가 깨닫든지 그렇지 못하든지 간에 기독교 상담자를 찾는 일반인에게도 윤리관이 중요하다고 생각한다. 내담자들은 다음과 같은 것을 알고 싶어 한다.

① 상담·심리치료사는 나를 도와 줄 상담 기법을 갖고 있는가?
② 상담·심리치료사는 내가 말한 내용의 비밀을 철저하게 지켜 줄 것인가?
③ 상담·심리치료사는 자기 자신이 원하는 만큼 나를 존중하고, 애정을 갖고, 관심을 가지며 나를 대할 것인가?
④ 내가 중요하다고 생각하는 도덕적 가치를 상담·심리치료사도 중요하다고 생각할 것인가?

본서의 목적은 기독교 상담 실무자들이 직면하는 윤리적 갈등을 더 잘 이해하는 데 있다. 또한 상담·심리치료사가 윤리적 기준을 잘 이해하고 실전에 잘 적용하도록 도우며, 윤리적 갈등과 문제들을 헤쳐나감으로써 더 좋은 의사결정 전략을 개발하는 데 있다.

2. 윤리적 문제와 전문가 윤리 규정

윤리적 갈등은 정신건강과 관련된 일에서 발생하고, 사람들은 그것을 자연스럽게 직면하게 된다. 그 가운데서 몇 가지 문제는 특히 빈번하게 발생한다.

① 어떤 상담·심리치료사가 청소년을 대상으로 상담·심리치료를 한다고 생각해 보자.
  몇 번의 상담 회기를 마친 후에 상담을 받았던 청소년이 자신은 지금 마약을 하고 있다고 고백했다면 상담·심리치료사는 그 청소년의 부모에게 이 사실을 알려야 하는가?

② 어떤 상담·심리치료사는 상담 서비스를 제공하는 것 이외에 대학에서 시간강사로 활동을 한다. 그 대학의 어떤 학생은 상담·심리치료사를 만나 상담·심리치료를 받지만 그 상담·심리치료사의 수업을 듣지는 않았다. 1년 후 그 학생은 이 상담·심리치료사가 강의하는 수업을 듣게 되었다.
  이 상담·심리치료사는 어떻게 해야 할 것인가?

③ 어떤 상담·심리치료사는 정신건강 전문가가 많지 않은 작은 동네에 살고 있다. 한 여성이 우울증을 호소하며 상담·심리치료를 받으러 오고, 몇 번의 상담 회기를 가진 후 그녀가 섭식장애로도 고생하고 있다는 사실을 알게 된다. 상담·심리치료사는 섭식장애를 상담·심리치료해 본 경험이 전혀 없고 이 동네에는 이것을 담당할 만한 상담·심리치료 전문가도 없다.
  또한 이와 관련된 상담·심리치료소도 너무 멀리 떨어져 있다면 상담·심리치료사는 어떻게 해야 할 것인가?

④ 어떤 치료사는 심리학을 전공하여 박사학위를 소지하고 있지만 심리학자는 아니고 정신건강 상담사 면허/자격증을 갖고 있다. 그 치료사는 자신이 근무하는 기독교 상담소에서 내담자들에게 자신을 심리학자로 자처한다.
  그는 비윤리적으로 행동한 것인가?

이런 예시는 정신건강 전문가가 직면하는 윤리적 문제와 윤리적 갈등의 많은 예시 가운데 몇 가지만 추린 것이다.

이런 윤리적 갈등에 대한 해답으로 많은 기관이 규칙, 규정, 지침 등을 고안해 상담·심리치료사가 이런 문제들을 해결할 수 있도록 했다. 미국연방법 및 주(state)법(Ohlschlager & Mosgofian, 1992) 외에도 미국심리학회(American Psychological Association: APA), 미국결혼/가족치료학회(American Association of Marriage and Family Therapists: AAMFT), 미국상담학회(American Counseling Association: ACA), 미국정신의학회(American Psychiatric Association: APA), 미국사회복지사협회(National Association of Social Workers: NASW) 등 여러 기관은 각 기관의 구성원이 준수하기로 선서한 윤리 규정을 지키고 있다.

일부 종교 상담기관 역시 규칙과 윤리 규정을 고안했다. 주로 정신건강 전문가와 행동주의 과학자로 구성된 비영리단체 미국기독교심리연구학회(Christian Association for Psychological Studies: CAPS)는 1993년에 윤리 규정을 승인했고, 소속 구성원에게 이를 준수할 것을 요구했다. 최신 윤리 규정은 2005년에 합의되었다.

미국목회상담자협회(American Association of Pastoral Counselors: AAPC)는 종교 다원적인 단체로 소속 구성원에게 목회 상담사 자격증을 발부하고 있다. 벡(Beck)이 말했듯이, 그 기관의 구성원은 "단순히 심리 상담을 하는 목회자가 아니다. 그들은 '목회 상담'이라고 부르는 그들 특유의 심리 상담 방법을 개척해 낸 사람들이다." 이 기관은 1991년에 처음으로 윤리 규정을 공표했고, 2010년에 수정하여 개정안을 내놓았다.

미국기독교상담자협회(American Association of Christian Counselors: AACC)는 스스로를 "면허/자격증을 취득한 전문가, 목회자 그리고 전문교육을 받지 않는 평신도로 구성된 '나눔 공동체'"로 표현한다. 이 협회는 2004년에 윤리 규정을 공표했다. 미국의 많은 주(state) 면허위원회 역시 위원회로부터 전문가 면허/자격증을 취득한 상담·심리치료사에게 실천 규범을 적용시키고 있다.

이런 윤리 규정의 근간에는 무엇이 윤리적 행동인가를 결정하는 철학적 요소가 깔려 있다. 이런 요소에는 여러 가지가 있겠지만 우리의 목적을 위해서 대표적으로 두 가지를 꼽을 수 있다.

첫째, '의무적 윤리'는 행위 자체에 초점을 맞추어 어떤 행위는 바르고, 또 어떤 행위는 나쁘다고 규정짓는다.

옳고 그름을 결정하는 것은 인간에 대한 존중에 기초하며, 이런 철학은 임마누엘 칸트(Immanuel Kant)에 의해 제시되었다. 성경이나 종교적인 전통에 명시되어 있듯이, 이런 사고방식은 오랜 시간 쌓아온 전통 혹은 계시된 하나님의 권위를 바탕으로 한다.

둘째, 반면 '목적론적 윤리' 또는 '실용적 윤리'에 따르면, 행위가 윤리적인지 아닌지는 그 행위의 결과에 따라서 결정된다.

만약 행위가 나쁜 결과보다 좋은 결과를 더 많이 산출해낸다면 그 행위는 '윤리적'인 것이 된다. 우리는 이에 대해서 나중에 더 논의할 것이다.

하지만 나는 기독교 윤리관과 대부분의 정신건강 윤리 규정들이 이 두 가지 윤리 의식을 모두 내포하고 있다고 생각한다. 예를 들어, 기독교 윤리관은 성경에 근간을 두고 있지만 동시에 법 정신에 따라서 가장 아끼는 사람들에게 사랑의 응답이라고 할 수 있는 최대의 선을 창출하는 것을 장려한다.

대부분의 윤리 규정들은 상담·심리치료사에게 최소한으로 요구되는 두 가지 원칙을 포함하고 있다.

(1) 바람직한 이상(aspirational ideals)
(2) 꼭 지켜야 하는 의무사항

'바람직한 이상'이란 윤리적 상담·심리치료사가 갖고자 노력해야 하는 이상적인 윤리 규정과 전반적인 관점을 뜻한다. 현실적인 제약, 복잡한 삶과 인간 등은 이런 야심적인 이상을 성취하는 데 방해 요소로 작용한다고 알려져 있다. 하지만 이상은 상담·심리치료사가 목표로 세울 수 있는 원대한 기준을 제공해 준다.

키치너(Kitchener, 1984)는 많은 정신건강 윤리 규정의 근간이 되는 다섯 가지

도덕적 이상을 확인했다.

(1) 자율성
(2) 무해성
(3) 유익성
(4) 공평성
(5) 충실성 등

이런 이상이 미국심리학회 윤리 규정의 이상적인 원리에 명백하게 포함되어 있다는 것을 발견할 수 있다.

(1) 원칙 A: 유익성과 무해성

의무를 따르는 것은 본래 '히포크라테스 선서'(Hippocratic Oath)에 들어있고, 윤리적 상담·심리치료사는 이 선서에 따라서 내담자에게 유익을 주려고 하며 그들에게 나쁜 영향을 끼치지 않으려고 노력해야 한다. 상담·심리치료사는 자신의 전문 기법을 더욱 발전시키려고 하며 자신이 잘 알지 못하는 분야는 함부로 다루지 않는다.

상담·심리치료사는 내담자에게 해로운 것은 피하려고 노력해야 한다. 어쩔 수 없는 상황, 예를 들어, 상담·심리치료사가 누군가를 보호하기 위해서 어쩔 수 없이 비밀보장을 지키지 못할 때에는 나쁜 결과를 최소화하기 위해서 최대한 노력해야 한다.

(2) 원칙 B: 충실성과 책임성

윤리적 상담·심리치료사는 신뢰받을 수 있어야 한다. 내담자는 자신의 상담·심리치료사가 임상적 돌봄과 전문가의 본질적 행동 규범을 지키기 위해서 최선을 다해 노력할 것이라고 믿을 수 있어야 한다. 상담·심리치료사는 더 넓은 지역사회 및 사회에 대한 책임에 민감해야 한다.

(3) 원칙 C: 진실성

상담·심리치료사는 그들 자신을 표현하고 행동하는 방식에 있어 솔직하고 일관적이어야 한다. 이것은 상담·심리치료사가 내담자와 직접적으로 상담·심리치료를 할 때에도 필요하지만 상담·심리치료사가 연구를 하고, 강의를 하고, 대중을 상대로 직업과 관련된 지식을 소개할 때에도 중요하다.

(4) 원칙 D: 공평성

공평성이란 상담·심리치료사가 내담자를 공평하게 대하고, 편견과 선입견을 피하며, 약자를 위해 특히 힘써야 하는 책임성과 관련된 덕목이다.

(5) 원칙 E: 인간의 권리와 존엄성에 대한 존중

상담·심리치료사는 그들과 함께 근무하는 사람을 존중해야 한다. 이것은 곧 그들의 사생활 보호와 비밀보장, 자기 결정권 등을 존중해야 한다는 의미이다.(APA, 2010) 다시 말하면, 이 원칙은 특히 사회적 약자와 육체적, 정신적 그 외 요인들로 인해 제대로 된 의사결정을 스스로 내리지 못하는 인간의 권리와 존엄성을 존중해야 할 것을 특히 강조하고 있다.

명백하진 않지만, 사실 이런 바람직한 이상(aspirational ideals)의 많은 부분들은 유대-기독교 전통에 근간을 두고 있다. 정신건강 분야에서 근무하는 기독교인은 심리 상담에 있어서 적절한 윤리적 행위와 관련하여 기독교인의 이상을 고려하는 것이 도움이 될 수 있다. 이런 원칙들은 윤리 규정이 기초하는 야심적인 이상에 더 큰 의미와 깊이를 부여할 수 있다.

이것들의 몇 가지 내용은 다음과 같다.

(1) 소명으로서의 상담·심리치료

전통적으로 서구 사회에서는 많은 직업들이 목회의 형태로 인식되곤 했다(Campbell, 1982). 많은 기독교 상담자들은 이런 전통을 이어받아, 상담·심리치료를 그들의 소명으로 생각하여, 직업으로 생각하기보다 마땅히 행해야 하는 섬김의 일로 생각한다.

(2) 재능 있는 청지기

상담·심리치료를 하나의 소명으로 보는 것 외에도 기독교에서는 전문적인 재능을 포함한 개인의 재능을 하나님으로부터 부여받은 것으로서 다른 사람을 위해서 섬겨야 하는 은사로 본다(벧전 4:10). 즉 은사는 거룩한 믿음이고 그 은사를 받은 사람은 그 믿음에 충실해야 한다.

그러므로 수련과 상담·심리치료를 하는 동안 전문가들은 최상으로 준비되어야 하고 유능해야 하며 상담·심리치료를 잘 해내야 한다. 실제적으로 상담·심리치료는 예수 그리스도의 치유사역의 연장이라고 간주된다.

(3) 하나님의 통치의 포괄적 성향

"기독교인에게 하나님 나라는 가장 중요한 윤리적 공동체이다"(Anderson, 1990, p. 204).

기독교 관점에 따르면, 개인 일상의 모든 부분이 하나님의 통치이고, 사회생활 역시 그것의 한 부분이다(Christian Life Commission, 1981). 우리가 교회에 있을 때처럼 상담·심리치료소에 있을 때에도 하나님은 우리와 함께 존재하신다. 하나님은 우리가 업무를 수행할 때에도 함께 존재하신다는 것이다. 하나님은 우리가 상담·심리치료를 하고 윤리적 결정을 할때에도 함께 하신다. 이 사실은 우리를 편안하게 한다.

이로써 하나님이 우리의 삶에 개입하고 싶어하시고 우리를 격려하고 지지하며, 우리가 고난과 스트레스에 직면할 때 우리를 보살펴주신다는 것은 명백해진다. 또한 우리가 우리의 신념과 직업을 별개로 생각할 수 없다는 것을 알려준다. 하나님은 우리가 우리의 마음속에 지니고 있는 생각 이상으로 고민하여 결정내리기를 바라신다.

우리는 마치 하나님의 기준이 교회공동체를 위해서는 훌륭한 것이지만 복잡한 내담자의 문제 세계나 경쟁적인 상담업계에서는 현실적이지 못한 것처럼 생활하려는 유혹을 피해야만 한다. 그렇게 한다면 우리가 사는 세계 속에서 우리의 믿음은 무의미한 것이 되고, 우리의 생각과 행동에서 위선이 나타나게 된다.

(4) 겸손

이 세상에는 수많은 죄가 존재한다(롬 3:23). 사람들이 많이 망각하곤 하지만 사실 우리는 모두 죄에 쉽게 노출된다(CAPS, 2005). 비록 전통적인 윤리 규정은 우리가 죄와 함께 살아간다는 것을 깨닫게 하는 데 한계가 있지만 심리학은 죄의 특성을 분류하여 정리하는데 일조했다(McMinn, 2004). 예를 들어, 귀인 이론에 따르면, 인간은 실수를 저지른 후 그에 대한 변명과 그 외 참작할만한 상황을 찾아 다른 사람에게 그 책임을 전가한다.

반면, 우리는 어떤 성공에 대해서는 자신의 덕이라고 생각한다(Myers, 1980). 여러 심리 역동적 방어기제들 가운데 하나인 합리화 과정은 우리가 행하는 비판받을 만한 행동, 태도, 신념을 정당화하도록 도와준다. 죄의 실존은 겸손하게 상담·심리치료를 행하도록 전문가들에게 요구한다. 윤리적 상담·심리치료사는 인간으로서 자기 자신의 한계를 늘 경계하고, 그들의 기준, 지식, 종교적 신념이 그들의 실수를 무조건적으로 방지할 것이라고 단정 짓지 않는다.

(5) 겸손에 있어서 하나님의 모습

성경에 따르면, 인간은 하나님의 형상대로 만들어졌고, 이로써 인간은 다른 피조물과는 다른 특별한 존재가 된다(창 1:27). 이 구절의 메시지는 각각의 인간은 하나님에게 소중한 존재이고, 우리 상담·심리치료사에게도 역시 소중한 존재임을 알려준다(Kitchener, 1984).

이런 덕목은 우리가 내담자의 유익성을 극대화시키고 악영향을 최소화하도록 노력하게 하고, 내담자의 사회적 위치와 조건과 상관없이 위엄과 가치를 존중하도록 한다(APA, 2010, Principle E). 신약성경에 따르면, 예수 그리스도는 자신을 약자와 동일시하며, 실제적으로 연약한 자를 도와주는 사람이 자신을 도와주었다고 밝힌다(마 25:31-46).

우리는 기독교 정신건강 담당자로서 내담자, 동료, 직원, 학생, 연구 대상 등 모든 개개인의 존엄과 욕구를 중시한다. 내담자는 진단해야 하는 대상 그 이상이고, 직원은 고용된 수단 그 이상이고, 고용주는 상사 그 이상이며, 동기는 경쟁자 그 이상이다. 모든 사람은 하나님의 형상대로 지음을 받았다. 하나님과 우리의 눈에 모든 개인은 가치 있는 존재이다(Christian Life Commission, 1981).

(6) 자율성

자율성은 내담자가 자신의 결정을 내리고 행동할 권리를 상담·심리치료사가 인정하는 책임을 뜻한다.(Kitchener, 1984) 상담·심리치료사의 역할은 내담자가 여러 가지 선택 사항들에 대해서 고민해 보고 스스로 결정을 내릴 수 있도록 도와주는 것이다. 물론, 내담자가 미성년자이거나 합법적인 결정을 내릴 능력이 없는 사람이라면 많은 한계가 있을 것이다.

자율성은 민주주의 사회가 출현하면서 발전된 가치이지만, 기독교 사고의 근간에도 깔려있다. 자율성이란 자신의 의지대로 사는 것이 아니라, 자기 자신에 대해서 주도권을 갖고, 자기 통제와 자기 수양을 할 수 있는 것을 말한다(딛 1:7-8) 즉 성숙한 자율성이라 하면 자신의 행동이 다른 사람에게 어떤 방식으로 영향을 끼칠지 생각해 보는 것이다.

(7) 공동체에 대한 관심

우리에게 공동체란 우리뿐만 아니라 우리가 상담·심리치료하는 사람들도 함께 사는 곳이다. 신약성경이 '코이노니아'(koinonia, 교제)를 강조하는 것은 하나님이 건강한 공동체를 소망하신다는 것을 알려준다. 상담·심리치료를 받으러 오는 사람들은 그들의 가족, 친인척, 교회, 이웃, 하나님의 세계와 같은 더욱 큰 공동체의 일원이다.

결정은 자기 자신뿐만 아니라 다른 사람에게도 영향을 준다. 예를 들어, 이혼은 당사자뿐만 아니라 큰 파급효과를 불러일으킨다. 그들의 자녀가 영향을 받을 것이고 친인척, 친구, 지인들이 영향을 받을 것이다.

상담·심리치료사는 그가 살아가고 있는 공동체보다 큰 세계를 염두에 두고, 내담자의 자율성을 지지하면서도 내담자가 내리는 결정이 다른 사람에게도 영향을 끼칠 수 있다는 사실을 알려 주어야 한다. 또한 상담·심리치료사는 독립적으로 업무를 수행하기보다 공동체 속에서 살아간다는 사실을 늘 염두에 두어야 한다. 공동체는 지지와 책임을 부여한다. 상담·심리치료사에게 공동체란 생계의 수단인 동시에 책임을 져야 하는 곳이다.

(8) 언약 관계

구약성경에서 말하는 '언약'이란 흔히 말하는 거래적인 의미의 계약 그 이상의 뜻을 담고 있다. 계약은 인류와 하나님 간의 믿음을 바탕으로 한 관계를 뜻한다. 이것은 구약성경 윤리관의 근간을 이룬다(Dumbrell, 1995). 마찬가지로 믿음과 충성은 상담·심리치료 관계에서도 중요하며, 이런 것들 없이는 관계가 무익할 것이다. 믿음이란 약속을 지키고, 충실하고, 충성을 다하는 것을 뜻한다.

(9) 정직함에 대한 추구

십계명 가운데 제 9계명은 "거짓 증언하지 말라"이다. 거짓말은 관계를 파괴하고, 개인과 공동체 모두를 파괴한다. 정직성과 진실성은 좋은 정신건강 상담·심리치료에 중요하다. 내담자는 상담·심리치료사에게 이런 덕목들을 기대한다. 상담·심리치료사는 정직함과 도리에 어긋나지 않게 행동하고 자신의 내담자에게도 같은 방식으로 행동하도록 해야 한다.

솔직하다는 것은 냉정하게 모든 것을 사실대로 말하는 것과 다르다. 기독교 상담자는 사랑 속에서 진실을 말하고, 상담·심리치료를 받는 사람을 공감하고 보살피고 이해하며 정보를 공유해야 한다.

(10) 기독교의 사랑

사랑은 신약성경의 가장 근본원리이다(고전 13장). 우리는 하나님이 우리에게 주신 사랑을 다른 사람에게 베풀어야 하고, 이런 행위는 예수 그리스도가 우리를 위해서 희생하신 것과 같은 원리이다(고후 1:3-7). 예수 그리스도는 우리가 사랑을 베풀 때 본받아야 할 모델이다(Smedes, 1983). 이를 상담·심리치료에 적용하면 우리는 기독교의 사랑을 우리와 함께 근무하는 사람들에게 베풀어야 한다는 뜻이다.

명백하게 사랑의 원리는 이기주의를 합리화하기도 한다. 대개 내담자와 애정 관계를 갖는 상담·심리치료사는 그들이 건전한 사랑에 빠진 것이라고 주장하지만 진정한 의미의 기독교적, 아가페적 사랑이란 상대방의 현재뿐만 아니라 미래까지 진정으로 생각하는 것이다.

(11) 공평성

공평성이란 사람들을 공평하게 대하는 것이다. 하지만 이 말이 곧 모두를 정확하게 똑같이 대한다는 의미는 아니다.

"동등한 것은 동등하게 대하고 그렇지 않은 것은 각자의 상황/조건에 따라서 가장 이롭게 대해야 한다"(Gladding, Remley & Huber, 2000).

공평성은 사랑의 중심 추와 같은 역할을 한다. 또한 공평성은 악영향을 만들어내지 않고 불평등한 상황을 치유하는 것을 의미한다.

이런 바람직한 이상(aspirational ideals) 뿐만 아니라, 윤리 규정은 도덕적 의무 사항도 알려준다. 이런 규정과 규제들은 상담·심리치료를 실행할 때 참고할 수 있는 기준이 되고 상담·심리치료사가 이것들을 어겼을 때 이를 따르도록 강요받을 수 있다.

이런 규정의 자세한 내용과 적용은 본서 후반부에서 더 논의해 보도록 하자.

의무 사항들을 요약하면 열망 이상으로 윤리 규정은 이른바 강제적인 의무를 포함한다.

① 능력: 당신은 전문적으로 그리고 개인적으로 상담·심리치료 서비스를 제공할 자격이 있는가?(APA, 2010, Sect. 2.00)
② 비밀보장: 당신은 내담자가 말하는 내용의 비밀을 보장해 주어야 하는 것의 중요성을 알고 있는가?
  또한 당신은 비밀보장을 어렵게 할 위험 요소들에 대해서도 알고 있는가?
  그리고 당신은 비밀보장을 파기해야 할 때에 대해서 알고 있는가?(APA, 2010, Sect. 4.00)

③ 다중 관계(multiple relationship): 당신은 교회, 직장, 학교 등 여러 곳에서 여러 사람과 관계를 맺으면서 함께 일을 할 때 발생할 수 있는 문제를 인지하고 있는가?

무엇보다도 당신은 내담자와 성관계를 갖는 것은 그릇된 것이며 비윤리적이라는 것을 알고 있는가?(APA, 2010 Sect 3.02, 3.05, 10.05-10.08)

④ 공식적인 발언: 당신은 교묘하고, 거짓되고, 다른 사람을 조종하는 말을 하지 않는가?

당신은 명백한 증거가 없는 말을 공식적으로 하지 않는가?

당신은 자신을 홍보하는 책자, 사람, 대행사가 당신에 관해 부적절한 의견 표명을 하는 것을 저지하는가?(APA, 2010 Sect. 5.00)

⑤ 제3자의 상담·심리치료 요청: (법원, 부모, 직장, 학교 등) 제3자가 당신에게 상담·심리치료를 해달라고 요청했을 때(범죄 피의자 혹은 피해자 상담·심리치료, 아동상담, 직원 혹은 학생상담 등의 요청) 당신은 그들과의 관계의 본질을 명확히 하는가?

예를 들어, 당신이 법정에 기소된 사람을 평가해야 한다면 당신은 그 사람에게 그가 말하는 내용의 비밀이 보장되지 않을 것이며 법원에도 제출될 것이라는 사실을 알릴 것인가?(APA, 2010, Sect. 3-05, 3-07, 4-02)

법적인 의무가 보다 특수하고 강제적인 것이라 할지라도, 이런 규정의 일부 조항이 일상적인 현실세계에서 규정에 대한 분명하고도 엄격한 적용에 근거하여 따르기보다 오히려 합리적 판단에 근거한 개인적 판단에 근거한 것임을 인정할 필요가 있다.

예를 들어, 성과 무관한 다중 관계에 관여해야 할지 말아야 할지 결정을 내려야 할 때, 미국심리학회 윤리 규정은 상담·심리치료사에게 다중 관계에 관여하는 것이 내담자에게 도움이 될지 해가 될지를 평가하는데 있어서 몇 가지 선택의 여지를 준다.

다음과 같은 것들은 규정과 법규가 다루려고 하는 몇몇 사안들이다. 우리는 다음 장에서 다양한 규정이 구체적으로 어떻게 다양한 문제와 정신건강 상담·

심리치료 관련 분야에 적용되는지에 대해서 알아볼 것이다. 또한 규정과 법규가 중요하지만 윤리적 상담·심리치료의 근간을 이루는 최소 조건이라는 것을 살펴보고자 한다. 즉, 이 규정과 법규들은 매우 중요하지만 윤리적 상담·심리치료에 필요한 모든 요소는 아니라는 것이다.

3. 윤리 규정에 대한 반응

전문가 윤리 규정에 직면했을 때, 사람들은 서로 다른 방식으로 반응한다. 여러 면에서 그들의 반응은 어떤 권위에 마주한 사람들의 반응을 반영한다.

몇몇 사람들은 대개 윤리 규정을 거스른다. 윤리적 체계가 부과하는 제약에 직면할 때 그들은 그 제약을 무시하고 자신들의 신념을 구축한다. 경우에 따라서 그들은 그 윤리 규정에 전적으로 불응하는 한편, 그 규정에 구두 승인을 하면서 소극적 저항 관계를 지속시키기도 한다. 그들은 간혹 그 규칙을 공개적으로 거역하기도 한다.

이런 개인들을 위해서 규정은 그들 자신의 이기적인 동기와 충동을 저지하는 규제들을 명시한다. 이런 상담·심리치료사는 종종 내담자의 가장 큰 관심사에 이바지하기보다 의식적 혹은 무의식적으로 상담·심리치료 관계를 그들 자신의 인간적 필요와 욕구를 충족시키는 터로 이용한다.

이 장에 공개된 사례에서 우리는 더 잘 알고 있을 상담·심리치료사가 그의 성급한 행동이 불러일으킬지도 모를 잠재적인 문제에 대해서 거의 주의를 기울이지 않고 왜 그렇게 거리낌 없이 '만족한 내담자들'의 이름과 주소를 공유하려고 하는지, 그 개인적 이유에 대해서 추정만 할 수 있을 뿐이다.

이런 자기애성, 충동성, 반사회적 병리 같은 상담·심리치료사의 성격에 있어서 여러 가지 폐해들은 상담·심리치료사의 윤리적 사고에 영향을 미치고 그에 따른 윤리 규정의 한계로 자신만의 길을 구축하려는 결과를 초래할 수 있다.

다른 사람들은 윤리 규정의 권위에 불안하게 반응하기도 한다. 이런 사람들은 윤리 규정을 두려워하기도 한다. 누구나 항상 실수를 할 수 있다는 위험에 노출되어 있다. 그리고 이런 규정을 두려워하는 사람들은 때로 심리학을 실천함에 있어 중간적 입장에 대해서 걱정하고 위기관리에 대하여 지나치게 걱정한다.

그 결과 불안해하는 상담·심리치료 실무자는 조금이라도 법적, 윤리적으로 의문시될지도 모르는 어떤 결정을 내리는 일에도 저항하기 때문에 때때로 상담·심리치료사보다 효과가 덜하다. 때로는 결단하는 일에 실패함으로써 어쨌거나 비윤리적으로 행동한다. 예를 들어, 불안한 의사는 그가 실수할지도 모른다거나, 후일에 자신이 환자의 권리를 침해한 것처럼 보일까봐 두려워하면서 자살하려는 계획에 대하여 심각하게 논의했던 누군가를 보호하려는 행동을 지체할지도 모른다.

일부 상담·심리치료사들은 그들의 윤리 규정을 회피하는 경향이 있다. 그 규정이 개정되었을 때, 그들은 그것을 읽지 않을 뿐만 아니라 문제발생시 그것으로부터 도움을 받기 위해서 수련감독 및 상담자문을 구하려 하지 않는다. 윤리 규정보다 위에 있다고 느끼는 상담·심리치료사와는 달리 '회피자'는 저항한다기보다 공포스러워하고, 어려운 문제를 다루는 것에서부터 벗어나기 위해서 규정을 회피한다.

이런 개개인들은 그들이 옳은 일을 할 것이라고 희망하고, 또 자신이 현장의 윤리 규정을 따라가지 못하는 것에 대해서 죄책감을 느낄지도 모른다. 필경 그들은 그 규정에 대해서 수련감독 및 상담자문을 하지 않는데 그것은 이해해서 얻는 이득이 그 규정을 주의 깊게 살펴보는 불편을 감수할 만큼 그렇게 가치가 있어 보이지 않기 때문이다.

다행히도 대부분의 정신건강 전문가들은 윤리 규정을 두려워하거나 그것에 저항하지 않는다. 대신 그것들에 대해서 건전한 존중의 마음을 갖고 있다. 이 규정들이 상담·심리치료 실무자들을 안내하고 이들은 일상적인 상담활동을 통해 규정들로 도전받지만 그들은 규정을 신격화하지 않는다.

그래서 그들은 규칙이 딱 맞아 떨어지지 않는 애매한 것이 있다는 것과 규칙이 확실하거나 모순되었을 때도 윤리적 문제와 함께 어떻게 반응해야 하는가를 배워 알게 된다. 이 장의 마지막에서 우리는 기독교 상담 실무자가 목적을 달성하기 위한 방법을 논의하게 될 것이다.

그러나 윤리 규정에 대한 기본적인 존중이 있을 때조차, 여전히 상담·심리치료사가 비윤리적으로 행동할 수도 있는 상당수의 이유들이 있다는 사실을 쿠처와 키스 스피겔(Koocher & Keith-Spiegel, 2008, p. 9-18)은 지적했다. 진정한 전문가가 아니라면, 실제적으로 미숙과 무지는 비윤리적 행동의 일반적인 원인이 된다. 일부 상담·심리치료사들은 기독교 전문가로 헌신하는 것이 윤리적 문제에 대해서 자동적으로 보험을 들어주는 것이라고 생각하는 순진함이 있을지도 모른다. 또한 어떤 사람들은 사전에 잠재적인 문제를 예상하지 못했기 때문에 비윤리적으로 행동한다.

예를 들어, 상담·심리치료사는 결혼 상담에서 부부에게 비밀보장을 약속할지 몰라도 그들이 나중에 이혼을 했을 때, 한 명이 자녀양육권 분쟁에서 사용하기 위해 상담·심리치료 기록을 요구할 때 갈등에 처해진다. 또는 종종 논쟁적인 심리치료적 기술을 사용할 때, 상담·심리치료사는 논쟁적 개입 기법의 활용에서 발생할 수 있는 문제를 적절히 예상하지 못할지도 모른다. 특별한 상담·심리치료기법의 사용을 고려할 때, 상담·심리치료사는 큰 관심을 갖고 진행해야 한다.

상담·심리치료사는 비윤리적 행동의 가능성을 예상하더라도 피할 수 없는 상황을 만나게 된다. 또는 상담·심리치료사는 다양하지만 오히려 충분하지 않은 윤리적 반응 사이에 선택해야 하는 상황에 마주치게 될 수 있다. 예를 들어, 상담·심리치료사인 당신이 비밀 정보를 공개해야 하는 소환장을 받았지만 내담자의 동의가 없는 상황이라면 정보를 공개하지 않았을 때 처하게 될 법적인 상황과 비밀보장을 하지 못했다는 죄책감 사이에서 고민할 것이다.

마지막으로 상담·심리치료사는 그 상황에 정확히 적용되는 윤리지침이나 법이 없거나, 서로 간에 모호한 지침 때문에 비윤리적으로 행동할 수 있다. 예를 들어, 하스, 마루프 그리고 매이어슨(Haas, Malouf & Mayerson, 1986)은 윤리 규정에 대한 인식이 있었음에도 불구하고, 상담·심리치료사가 현실 상황에서 적절한 과정에 동의하지 않는 것은 흔한 일이라는 결론을 내렸다.

4. 기독교 정신건강 돌봄의 현주소

다행히 오늘날 대부분의 기독교 상담자들은 정직하게 자신의 일상적인 업무에서 윤리적으로 행동하려고 수련하는 서비스 지향적인 전문가이다. 대부분의 기독교 상담 실무자들은 도움을 주는 분야에서 상위 학위를 소지하고 있다. 많은 사람들이 전문가 면허/자격증을 취득하고 사회에서 윤리와 주(state) 법이나 전문 규정에 따라서 실습 과정을 이수한 사람들이다. 전문가 면허/자격증을 취득한 사람들은 적어도 잘 수련받은 사람들이고, 그들의 세속적 대응 등의 기본 윤리 의무에 민감하다(Schneller, Swenson & Sanders, 2010).

전문적인 '기독교 상담'은 큰 기독교 공동체 내의 주요 흐름이 되었고 많은 영향을 미치고 있다. 과거 수년 동안 개인적인 문제에 대해서 크게 주목받지 못하고 돌봄 받지 못한 상처받은 사람들이 지금은 기독교공동체의 돌봄 안에서 희망을 얻고 도움을 받고 있다. 과거에 교회에서조차 비난받거나 배척당한 사람들이 지금은 이해를 얻고 치료를 받고 있다.

그러나 이런 광범위한 변화만큼이나 윤리적 위반이 수시로 발생하고 있다. 그리고 앞서 설명한 사례에서처럼 기독교인은 확실히 윤리적 부정 행위에 무감각하지 않다. 기독교 정신건강 전문가들은 일반 정신건강 전문가들과 마찬가지로 윤리적 갈등에 직면하고 있다. 비밀보장, 다중 관계, 능력과 윤리적 실천의 또 다른 근본적인 문제가 발생할 것이다.

5. 문화적, 종교적 동향

기독교상담 실무자들은 또한 더 광범위한 문화적 상황에서 일하면서 좋든 싫든 간에 문화적 동향과 가치에 의해 영향을 받는다. 예를 들어, 다수가 지지하는 입장인 도덕적, 윤리적 상대주의는 옳고 그름이 무엇인가에 대한 정의, 상황과 문화 그리고 개인적인 견해와 같은 다양한 요인에 의해서 달라질 수 있기에 보편적 기준이 없다고 주장한다(MacKinnon, 2007).

정신건강 전문가들은 분명히 이런 사고에 의해 영향을 받아왔다. 사실, 사람들의 문제와 필연적으로 발생하는 복잡한 특성으로 인해, 우리는 절대적인 기준은 없으며 모든 기준은 상대적이라고 말하도록 유혹 받아왔다. 일단 우리는 규칙 자체와 동일한 수준의 규칙에 대한 예외가 발생될 위험을 갖는다. 예를 들어, 우리는 부모가 자신들의 자녀를 학대하고, 노인 공경에 대한 경고가 이 시대에 더 이상 가치가 없다는 것을 결정할지도 모른다.

도덕적 규범이나 윤리적 원칙에 예외가 없고 그 규칙이 '상황 독립적'(MacKinnon, 2007)이라는 절대주의는 문화의 파편으로 널리 퍼져있는 또 다른 견해이다. 이런 견해에서 기준과 원리들은 모든 상황에 대한 해답을 제공한다.(Pojman, 1995) 기독교적 상황에서 근무하는 상담·심리치료사들은 그런 견해를 가진 목회자와 교회 운영위원 또는 교회신자와 직면하는 자신을 발견하곤 한다.

예를 들어, 결혼계약이 주위 환경과 상관없이 절대적이라고 믿는 목회자를 생각해 보자.

반면, 우리가 기독교 상담자라고 부르는 사람들이 다른 배우자에 의해 학대받을 경우에 최소한 일시적인 분리를 해야 한다는 것에 대한 인식을 합리화할 수 있다.

특히 서양문화에서 개인주의와 자신에 대한 강조는 상담·심리치료사의 윤리적 결정에 영향을 미칠 수 있다. 대중문화는 우리에게 건강한 사람은 자신이나 자신의 '욕구'를 살피고 독립적이며, 의무보다 개인적인 행복을 가치 있게 여긴다는 것을 알려준다. 또한 그들은 독단적이며 스트레스를 피하고 여가를 즐긴다.

개인주의에 대한 강조는 극단적이고, 그것은 공동체, 대인 간 접촉, 가족과 하나님의 중요성에 대한 강조를 감소시킨다. 저명한 심리학자 마틴 셀리그먼(Martin Seligman)은 그것을 "함께 파멸하는 것"(waning of the commons, 1990)이라고 불렀다.

> 인생 그 자체가 아닌 허무한 것에 전념하는 인생은 참으로 빈약한 삶이다. 인간은 정황상 의미와 소망을 필요로 한다. 우리는 풍부한 정황 속

에 있고, 실패에 처해 있을 때, 영적 미래와 부활의 관점에서 멈추고 휴식을 취할 수 있다. 나는 이것을 보다 큰 일반 환경이라 부른다. 그것은 국가와 하나님 그리고 가정 안에서 혹은 우리의 삶을 초월한 목적 안에서 신념으로 구성된다. 과거 25년 동안, 평범한 인생의 도전 앞에 사건들은 우리로 하여금 거의 벌거벗은 채로(무기력한 상태로) 더 큰 실체에 직면하여 우리의 열정과 헌신이 약해지도록 만들었다(p. 284).

우울증에 대한 전문가 셀리그먼은 '개인을 높이는 사회는 우울증으로 가득 차게 될 것'이라고 주장했다(p. 287). 이런 사회는 자기 자신만 중요시 여긴 나머지 동료에게 윤리적으로 행동하고 다른 사람과 공감하는 개인과 공동의 이익을 무시한다.

"만약 모든 사람이 그들 자신만 생각한다면 규칙을 따라야 할 목적이 무엇이겠는가?"

현재 문화와 일정 수준의 정신건강에서 개인주의의 강조는 상담·심리치료사에게 적절한 치료적 개입 목표에 대해서 더 깊은 윤리적 문제를 일으킨다.

치료가 항상 자아실현과 자신의 행복만을 위한 것인가?

그렇다면 치료가 자신의 욕망을 우상화시키는 연습을 하는 자기애에 빠져 퇴보하는 것은 아닌가?(Vitz, 1994)

경제적 요인 역시 윤리적 결정을 내리는데 영향을 준다. 1980년대 이전의 기독교 상담자는 비교적 적은 수의 상담 실무자들이 도움을 제공하는 직업이었다. 그리고 상담·심리치료에 종사하는 사람들 대부분은 이치에 맞는 삶을 살았지만 때때로 의심의 눈초리로 바라보는 교회 공동체로부터 자신들을 보호해야만 했다.

그런데 이는 1980년도부터 바뀌었다. 기독교 상담이 유명해지면서 많은 의사, 저자, 연설가가 사회에 넘쳐나게 되었다. 그들 대부분은 진실했으나 최근 일시적인 기독교 흐름에서 일부 사람들은 이 분야에서 보장된 유명세와 부에 매료되었던 사람들이었다.

후자의 사람들에게 있어, 진실한 광고의 중요성, 상담 능력 그리고 개인 상호 협력은 부풀린 상담료 요구와 보통 수준의 돌봄 그리고 통제되지 않는 경쟁에 밀리게 되었다.

이제 새로운 경제적 도전이 정신건강 공동체에 영향을 주고 있다. 관리의료의 출현과 함께 보험회사는 적극적으로 일반적인 건강관리 특히 정신건강의 혜택을 제한하고 있다. 정신건강 치료의 보험회사 배상이 줄어들고 있는 것이다.

그럼에도 불구하고 보험가입자는 제공되고 있는 치료에 대해서 더 많은 정당한 서면 자료를 요구하고 있다. 윤리적 상담·심리치료사는 증가하는 운영 경비와 관리상의 요구, 줄어든 배상 금액의 현실 속에 내담자에게는 더 좋은 상담·심리치료를 제공하기 위해서 노력해야 하고 갈등하게 된다.

종교적인 요인 역시 윤리적 결정을 내리는데 어떤 역할을 한다. 20세기 후반에는 심리학이 큰 인기를 얻었고, 세속 문화에서는 자유를 크게 강조했으며, 교회에서는 은혜를 강조했다. 이처럼 은혜를 크게 강조하게 된 것은 모든 기독교 역사에서 율법을 강조하는 것에 대한 반작용으로 발달했다. 그 결과 교회에서 전달되는 말씀 대부분은 "하나님은 사랑이시다"였다. 은혜 없는 율법으로 인해 문제가 발생함을 보았기에 많은 사람들이 사랑에 기반한 윤리를 더 크게 강조할 것을 요구했다(Scott, 1994).

그러나 은혜를 이렇게 강조하는 일부 상담·심리치료사들은 이 장의 앞에서 이미 언급한 예화의 상담·심리치료사처럼, 실제적으로 자신의 감정과 충동에 따라 자의로 기독교의 사랑을 해석하고 인간행동의 기본 원칙을 무시하면서 더 고차원의 사랑 윤리를 따른다고 스스로 확신하게 된다.

사실, 이 이야기 속의 상담·심리치료사는 미국심리학회 윤리 규정을 무시함으로써 하위의 세속적 규정을 초월한 삶을 산 것이 아니라 반대로 기독교 윤리와 전혀 모순되지 않은 전문가의 기본 행위와 실천 규정을 거절한 삶을 산 것이었다.

기독교 문화의 은혜로의 전환은 이전 율법주의에 대한 교정을 필요로 했다. 그러나 초기 기독교부터 은혜와 율법 중 어느 한 방향의 극단으로 이끌려는 사람들이 항상 있어왔고, 일부는 도덕과 윤리적 결정에 유해한 결과를 초래했다.

6. 기독교 정신건강 전문가

　기독교 정신건강 전문가들도 일반 정신건강 전문가들처럼 비밀보장, 다중관계, 능력 그리고 다른 근본적인 윤리적 문제와 같은 동일한 윤리적 갈등에 직면한다. 기독교 상담 실무자들은 큰 문화적 상황에서 근무하고 더 나은 문화적 상황이나 가치에 영향을 받거나 아니면 더 나쁜 문화적 상황이나 가치에 영향을 받는다.

　여러 일반 전문가협회가 만든 윤리 규정은 수년에 걸쳐 보편적으로 경험된 것을 통해 실현된 기본적인 실천 규범이다. 대부분의 경우에 이런 규정은 단순하며 내담자의 복지를 강조한다. 전문가 윤리 개입은 긍정적인 결과뿐만 아니라 부정적인 결과를 불러올 수 있다. 규정은 모든 방법을 동원하여 내담자들에게 "아무런 해도 입히지 않도록" 기독교 상담 실무자들을 독려한다(Fernhoff, 1993).

　규정은 다원주의 문화 속에 만들어진 문서로서 일반적으로 의심의 여지없이 특정 문화나 종교 단체의 정서를 손상시키는 문제를 피한다. 일반적으로 전문가 면허/자격증을 취득한 전문 상담·심리치료사가 윤리적으로 행동해야 한다는 최소한의 내용이고, 또한 기독교 윤리에도 반하지 않는다.

　전문 면허/자격증을 취득한 사람이라면 누구나 자신이 속한 전문가 집단을 관리하는 규정과 법규에 대해서 잘 알고 있어야 한다는 것은 당연한 일이다. 상담·심리치료사가 정신건강 전문가와 관련된 규정을 최소한 어느 정도 알고 있는 것은 아마 현명한 일일 것이다. 예를 들어, 미국심리학회 윤리 규정은 가장 오래되고 존경받는 규정이다. 크루스와 러셀(Cruse & Russell, 1994)은 다른 어떤 이유보다 법정에서 이 기준을 익히 잘 알것이라고 기대하는 반대편 변호사를 만날 일이 언젠가는 있을 것이기 때문에라도 비심리학자인 경우라면 최소한 어느 정도는 이 기준에 익숙해지는 것이 온당한 처사라고 말한다.

　전문상담·심리치료사와 기술적으로 같은 기준을 적용하지 않음에도 불구하고, 전문가 면허/자격증을 취득하지 않은 목회 상담자나 평신도 상담자는 상담 윤리에 대해서 전문상담·심리치료사만큼 많이 알아야 할 책임이 있다. 최소한 그들은 상담에서 일반적인 윤리적 함정을 알고 있어야 한다. 그들은 이런 식으로 잠재적인 문제를 인식하고 수련감독 상담사에게 수련감독 및 상담자문을 구하고, 더 많은 수련을 받은 전문가에게 의뢰해야 할 경우를 알아야 한다.

세속 윤리 규정을 알고 따르는 것의 중요성을 강조한 바와 같이, 기독교 상담자는 자신이 활동하는 환경이나 자신이 보유한 신념 때문에 직면한 특별한 종류의 윤리적 갈등에 이런 규정이 어떻게 연관되는지 고려해야 한다.

다음의 예시를 보자.

① 두 아이를 둔 젊은 부부가 기독교 결혼상담사를 찾아 와서 결혼생활을 끝내기 위한 협상을 도와달라고 호소하였다.
 심리치료사는 개인적인 것뿐만 아니라 결혼과 가족의 신성함에 대해서 어떤 책임을 갖는가?
② 정기적으로 상담을 하는 한 목회자는 상담에 필요한 정식 수련을 더 받아야 하는지, 그러니까 "종교적인 상담"이라는 상황 속에서 다른 상담·심리치료사가 직면하는 엄격한 수련의 요구를 자신은 면제받고 있다고 생각해도 되는지가 의문이다.
③ 한 기독교 상담자는 정부기관에서 일한다. 어떤 내담자와 상담·심리치료를 하는 과정 동안, 실제적인 주제는 그 내담자에게 있어서 영적 측면에 심각한 문제가 있다는 것이 드러났다.
 이 상담·심리치료사는 중립적 입장에서 정부기관을 위해서 일해야 한다는 사실에도 불구하고 상담·심리치료 과정에서 신앙 문제에 대해서 이야기해야 하는가?
④ 전문가 면허/자격증을 취득한 사람이 상담사역을 담당하도록 한 교회의 직원으로 섬기게 되었다. 그런데 얼마 지나지 않아 담임목사는 교회의 청소년 사역 전도사를 상담하도록 언급한다.
 그 상담·심리치료사가 청소년 사역자에게 상담·심리치료를 제공하는 것이 적절한 것인가?

기독교인은 구체적인 윤리적 딜레마를 넘어 전문가협회에 의해 규정된 "윤리 규정"의 단순한 적용보다 더 많은 소명이 요구되지는 않는지 반드시 고려해야만 한다. 은혜 아래 사는 사람들은 분명히 "그리스도 안에서 성숙"과 고차원적인 결정 능력을 개발하라는 부르심을 받는다.

우리는 기독교인으로서 옳은 일을 행할 뿐만 아니라 도덕적인 사람도 되고 싶다. 도덕은 행위의 차원일 뿐 아니라 존재의 차원이기도 하다. 만약 우리가 이상적으로 진정으로 높은 차원의 윤리를 따르려면 원칙뿐만 아니라 덕목면에서도 성장해야 한다(Jordan & Meara, 1990).

믿음, 지혜, 겸손, 진실성과 같은 성격의 특성은 행동 규범에 대한 지식과 함께 개발되고 발전되야 한다. 그렇지 않으면 우리는 형식에 구애받을 위험이 있고 법, 즉 우리 안의 법 정신이 우리에게 더 주의 깊게 개입하라고 말을 해야만 하는 상황에서 규칙을 독단적으로 적용할 것이다.

반면, 우리는 우리가 지지하고자 하는 규정을 합리화할 수도 있다. 덕목을 기르는 것은 모든 좋은 법의 핵심을 통찰하는 능력을 넓혀주고, 그것이 바로 공평과 사랑을 촉진시켜 준다(Smedes, 1983).

7. 윤리 및 성경

예수 그리스도는 지상사역 기간 동안 모든 상황을 종교적인 율법에 나와 있는 '문자'대로 결정하려는 지나치게 율법주의적인 종교 당파와 자주 마주했다. 예수 그리스도는 지도자들이 의식적인 법과 전통에 지나치게 집착해서 율법의 본질을 놓쳤다고 주장했다(Maston, 1964, p. 146). 그분은 모든 사람이 하나님을 사랑하고 네 이웃을 네 몸과 같이 사랑하라는 가장 위대한 두 가지 명령을 주장함으로써 모든 법을 긍정적인 틀로 요약했다(마 22:36-39).

그러나 예수 그리스도는 그 용어의 신학적 의미에 있어 자유주의자는 아니었다. 그분은 이 땅에서 자신의 사명을 구약성경의 율법을 폐하는 것이 아니라 오히려 완성하는 것이고(마 5:17), '핵심 교훈을 실천함으로써 율법을 완성하는 것'이라고 분명히 주장했다(Maston, 1964, p. 147). 예수 그리스도에게 계명은 문명에 뒤떨어진 딱딱한 도덕주의가 아니었다. 그것은 새로운 삶을 제공하고 널리 퍼져있는 사랑 윤리로 인간답게 만드는 삶과 실천을 위한 기본 진리였다.

예수 그리스도의 사랑 윤리는 지금까지 상대론적이거나 무기력하거나, 간혹 윤리적이기도 한 형식주의를 뛰어넘는다. 예를 들어, 마음에 괴로움이나 정욕이나 탐욕이 있다면 율법을 따르는 것이 약간의 도움이 될 수도 있다고 주장한다(마 5:28). 그는 그의 추종자들이 덕목 안에서 깊이 성장하기를 요구했다.

신약성경은 은혜와 율법 간의 균형을 강조했다. 이 균형은 로마서에서 가장 잘 설명되어 있다. 바울은 하나님의 율법이 죄인을 비난하고 죄가 무엇인지 정의내리는 기능을 한다고 말한다(롬 3:27-28). 그/그녀가 아무리 착하고 도덕적이거나 규칙을 얼마나 잘 따르는지와는 상관없이 그 누구도 하나님의 성스러운 정도를 측정할 수 없다.

그러나 하나님은 그의 자비 안에서 용서와 평화와 그와 함께 영원히 관계하는 방법을 제공한다. 사람이 이런 하나님의 선물을 받는 것은 하나님의 아들, 예수 그리스도를 통해서 가능하다(롬 5:2). 그리스도 추종자들은 법 아래 사는 것이 아니라 은혜 아래 사는 것이며, 이는 하나님이 죄지은 인류에게 수여한 과분한 은혜로 정의된다(롬 6:14).

바울은 여기서 그치지 않는다. 그는 성령의 도움과 십자가에서 예수 그리스도의 희생을 통해 신자는 율법을 성취하고 의로우며 사랑을 베푸는 삶(롬 8:4; 13:8)을 살도록 힘을 부여받았다. 그들은 하나님의 은혜와 성령의 지속적인 돌봄에 반응함으로써 율법을 지키는 것에서는 자유롭다. 예수 그리스도의 새 언약은 "성령은 우리 마음에 하나님의 율법을 기록한다"(Stott, 1994, p. 196)이다.

이상적으로 덕망 있는 사람이 되는 것은 하나님과 친밀한 관계를 맺고 가까워지는 것이다. 이런 관계는 다른 훌륭한 관계처럼 온화함, 사랑, 책임으로 나타나야 한다. 성경은 태초에 하나님의 형상대로 만들어진 남자와 여자에서 시작되어 그들과 좋은 관계를 갖는 것으로 시작된다. 성경은 자기 백성과 좋은 관계를 맺고 싶어하는 하나님의 욕망을 펼쳐놓은 드라마이다. 하나님은 구약성경에서 단순한 계약관계를 능가하는 자기 백성과의 언약 관계를 원했다. 신약성경은 인간과의 친밀함을 향한 하나님의 궁극적인 노력을 보여준다.

하나님은 예수 그리스도의 모습으로 인간이 되었고 피와 땀과 눈물을 모두 흘리고 인간의 길을 걸었다. 이 땅에 사는 동안, 그는 '좋은' 사람들뿐만 아니라, 부랑자와 죄인을 포함한 각계각층의 사람과 친밀하게 지냈다. 그분은 자신을 이해하지 못하는 사람들에 의해 박해당했고, 이 세상 사람들로부터 상처와 고통과 부정적인 정서를 경험했다. 그는 죽을 이유가 없지만 잔인하고 끔찍한 죽음을 겪었다

성경에 나타난 하나님은 자기 백성에게서 아주 멀리 떠나 있는 그런 존재가 아니다. 그분은 불가능한 명령을 내리고 자기 백성들이 그런 명령에 얽매이게 하는 이질적인 존재가 아니다. 기독교 신앙에서 법의 지배는 사랑의 언약이라는 개인적인 관계의 맥락에서 이루어진다. 그것은 약속의 관계 안에 있다. 이는 기독교 윤리를 따르기 위해서 부여받은 사랑이다.

확실히 이것은 쉬운 일이 아니다. 기독교공동체의 지도자로서 기독교 정신건강 전문가가 더 높은 수준의 윤리를 갖는 것은 의심의 여지가 없다. 초대 교회의 장로나 감독 같은 자질을 기독교 상담자도 가져야 한다고 주장하는 것이 상황에 적절하다. 디모데전서 3:1-7과 디도서 1:5-9에서 바울이 열거한 자질은 자기통제, 온유, 절제, 체면, 그리고 탐욕을 없애는 것이다.

8. 윤리와 하나님의 부르심

기독교 상담자가 되기 위한 부르심은 특별한 기대와 책임의 고차원적 소명이다. 물론, 모두가 그것을 갈망하지만 아무도 온전히 달성하지는 못한다 (롬 7:21-25). 복음은 윤리적 존재와 윤리적 존재가 되는 과정에서 신자가 하나님과 성령과 공동체와 함께 지지적 관계의 맥락에서 실천되는 것이다.

이 장의 앞부분에서 사람들이 윤리 규정에 대하여 상이한 반응을 갖고 있다는 것을 알게 되었다. 규정을 두려워하는 사람들은 종종 규정이 그들을 "비난" 할까봐 두려워하기 때문에 심판을 피하기 위한 노력 속에서 형식적으로 규정을

따르기도 한다. 반면, 윤리 규정을 거부하는 사람들은 규정에 반역적이거나 규정이 가치가 없다고 생각하는 반율법적인 가치를 갖게 된다. 바울의 말씀을 따르고, 규정이 기독교 윤리와 매우 일치한다고 가정한다면, 기독교인은 예수 그리스도의 은혜 속에서 규정을 보호해야 한다. 하지만 하나님의 도움으로 규정을 실천하기로 결정해야 한다.

성경의 메시지는 하나님이 항상 우리와 함께 있다는 것이다. 그분은 특히 인생의 어려움 속에서 항상 우리의 절친한 친구가 되신다. 우리가 어려운 윤리적 결정에 직면했을 때나 다른 사람을 가르치고 투쟁할 때, 그리고 심리 상담에서 우리의 내담자를 돕기 위해 노력할 때, 하나님은 우리와 함께 계신다. 하나님은 정말 친한 친구로서 우리에게 영감을 주고, 우리를 지지하며, 우리를 격려하고, 우리를 책임지며 고치신다. 그는 우리와 함께 걷고 우리에게 윤리적 요구를 받아들이라고 격려한다.

또한 윤리적 소명은 기독교 공동체 안에서 가장 잘 발생한다. 그리고 우리는 그 안에서 하나님의 뜻과 사역을 완수하려 하는 다른 신자와 함께 한다. 기독교는 서로 간에 친밀한 사귐과 교제 속에서 이루어진다. 이런 교제 안에서 우리는 사랑, 지지, 지혜, 책임과 의무를 공유하며 유익을 얻는다.

9. 개요 및 감사의 글

제2장은 기독교 윤리와 상담·심리치료 간의 근본적인 관계, 제3장에서는 기독교 정신건강 전문가를 포함하여 능력의 문제를 고려하고 전문가 윤리, 기독교 정신건강을 유지할 자격이 무엇인지에 대한 윤리적 문제에 대해서 다룰 것이다.

제4장에서는 대부분의 윤리 규정에 공통적으로 중요한 규칙 중 일부에 초점을 맞추고 그것이 상담·심리치료의 일상적인 업무에 실제적으로 어떻게 적용되는지에 대해서 다룰 것이다.

이어지는 장에서는 성적 비행 및 성과 무관한 다중 관계의 문제를 다룰 것이다.

그리고 그 다음 장에서는 상담·심리치료의 몇 가지 어려운 문제를 다룬다. 여기에서는 부부 상담과 아동상담의 독특한 면을 포함하고 있다. 우리는 또한 상담·심리치료 과정에서 나타나는 영적, 도덕적 가치의 문제를 해결하고자 한다. 성적 소수자나 만성적인 문제에 노출된 내담자 같은 특정 내담자 집단이 고려된다. 또한 사업으로서 상담·심리치료와 관련된 윤리적 문제뿐만 아니라 상담·심리치료에 있어서 문화적 다양성의 문제들도 다루어질 것이다.

나머지 장들에서는 특정 상담·심리치료의 상황을 설정하고 특유의 윤리적 문제를 해결하고자 한다. 먼저 전문적인 목회 상담자로서가 아니라 상담자로서 목회자에 초점을 맞추어 살펴본다. 우리는 평신도나 준전문가에 의한 상담·심리치료의 윤리적 문제를 고려해야 한다. 그리고 나서 우리는 군대나 정부기관, 대학 상담소, 선교관련기관, 심리적 응급센터에서 근무하는 기독교 정신건강 전문가들에 대해서 고려해야 한다.

마지막으로, 본서는 기독교 정신건강 전문가에게 윤리를 가르치는 현재의 추세를 고려하고, 그들에게 윤리적 의사결정을 위한 모델을 제공한다. 부록1에는 현재 사용할 수 있는 윤리 규정의 몇 가지 사례를 실었고, 부록2에는 오늘날 상담·심리치료에서 사용하는 다른 유형의 사례가 나온다.

본서의 사례 연구는 상담·심리치료사가 실제로 상담·심리치료를 했던 대표적인 사례들이다. 위 사례들은 완전히 가상의 것이며, 익명성과 비밀보장성을 위해서 여러 사례를 합성하여 변형시킨 것이다. 여기에 나온 모든 이름은 가공된 것이며, 살아있거나 죽은 사람에 대한 유사성은 모두 순전히 우연에 불과하다.

나는 본서의 개정판이 어떤 방법으로든 동료들에게 도움이 되기를 바란다. 나는 또한 지난 몇 년 동안 연수회(workshop)에 참가하여 윤리적 문제를 다루는 나의 경험을 공유한 사람들 가운데 윤리적 문제에 대한 나의 평생교육연수회를 후원한 분들에게 감사한다.

윤리적으로 행동하고 윤리적이 되는 것은 매우 어렵다. 우리를 먼저 사랑하시고 그의 사랑으로 우리가 다른 사람을 사랑하도록 격려하는 하나님 안에서, 성령 안에서, 그리고 우리가 세상에서 정의롭게 사는 것을 추구하게끔 격려하는 지역 사회 안에서 이런 이상에 접근하는 우리의 소망을 찾아볼 수 있다.

하나님은 우리가 두려워하며 그의 율법을 회피하는 것을 바라지 않으시며, 우리가 하나님의 측량할 수 없이 귀중한 존재로서, 하나님의 권능으로 기독교 공동체 가운데 우리와 함께 하시며, 하나님이 우리의 목표에 대한 궁극적 통제권을 갖고 계시다는 자신감을 가지고 율법을 수용하고 준행할 것을 바라신다.

■ 참고문헌

American Association of Christian Counseling. (n.d.). AACC mission. Retrieved February 3, 2012, from http://www.aacc.net/about-us.
American Association of Christian Counseling. (2004). *AACC code of ethics* Retrieved February 3, 2012, from http://aacc.net/wp-images/fammed/aacc_code_of_ethics.doc.
American Association of Marriage and Family Therapists. (2012). *AAMFT code of ethics.* (Available from AAMFT 1133 15th St., NW, Suite 300, Washington, DC 20005.)
American Association of Pastoral Counselors. (2010). *Code of ethics.* (Available from AAPC, 9504A Lee Highway, Fairfax, VA 22031-2303.)
American Counseling Association. (2005). *ACA code of ethics and standards of practice.* (Available from ACA, P. O. Box 531, Alexandria, VA.)
American Psychiatric Association (2006). *Principles of medical ethics with annotations especially applicable to psychiatry.* (Available from APA, 1400 K St. NW, Washington, DC 20005.)
American Psychological Association. (2010). *Ethical principles of psychologists and code of conduct.* Retrieved from www.apa.org/ethics/code/index.aspx.
American Psychological Association. (1995). Report of the ethics committee, 1994. *American Psychologist, 50,* 706-13.
Anderson, R. S. (1990). *Christians who counsel.* Grand Rapids: Zondervan.
Beck, J. R. (1997). Christian codes: Are they better? In R. K. Sanders, (Ed.), *Christian counseling ethics: A handbook for therapists, pastors and counselors* (pp. 313-25).Downers Grove, IL: InterVarsity Press.
Campbell, D. M. (1982). *Doctors, lawyers, ministers: Christian ethics in professional practice.* Nashville: Abingdon.
Christian Association for Psychological Studies. (2005). *Ethics statement of the Christian Association for Psychological Studies.* (Available from http://caps.net /about-us/statement-of-ethical-guidelines.)
Christian Life Commission. (1981). *Business ethics issues and answers series.* Dallas: Christian Life Commission, Baptist General Convention of Texas.

Cruse, R., & Russell, R. (1994, October). *Ethical thinking: New standards*. Paper presented at the Christian Association for Psychological Studies Southwest Regional Conference, Abilene, TX.

Dumbrell, W. J. (1995). Covenant. In D. J. Atkinson, D. H. Field, A. Holmes, and O. O'Donovan (Eds.), *New dictionary of Christian ethics and pastoral theology* (pp. 266-67). Downers Grove, IL: InterVarsity Press.

Eberlein, L. (1987). Introducing ethics to beginning psychologists: A problemsolving approach. *Professional Psychology: Research and Practice, 18*, 353-59.

Fernhoff, D. (1993). The valued therapist. In M. Goldberg (Ed.), *Against the grain* (pp. 55-77). Valley Forge, PA: Trinity Press.

Field, D. H. (1995). Love. In D. J. Atkinson, D. H. Field, A. Holmes, and O. O'Donovan (Eds.), *New dictionary of Christian ethics and pastoral theology* (pp. 9-15). Downers Grove, IL: InterVarsity Press.

Ford, G. G. (2006). *Ethical reasoning for mental health professionals*. Thousand Oaks, CA: Sage.

Gladding, S. T., Remley, T. P. , and Huber, C. H. (2000). *Ethical, legal and professional issues in the practice of marriage and family therapy* (3rd ed.). Englewood Cliffs, NJ: Prentice-Hall.

Gottlieb, M. C. (1993). Avoiding exploitive dual relationships: A decision-making model. *Psychotherapy, 30*, 41-48.

Haas, L. J. (2000). Ethics in practice. In A. E. Kazdin (Ed.), *Encyclopedia of Psychology* (pp. 246-51). New York: Oxford.

Haas, L. J., Malouf, J. L., & Mayerson, N. H. (1986). Ethical dilemmas in psychological practice: Results of a national survey. *Professional Psychology: Research and Practice, 17,* 316-21.

Jones, D. C. (1994). *Biblical Christian Ethics*. Grand Rapids: Baker.

Jordan, A. E., & Meara, N. M. (1990). Ethics and the professional practice of psychologists: The role of virtues and principles. *Professional Psychology: Research and Practice, 21*, 107-14.

Kitchener, K. S. (1984). Intuition, critical evaluation and ethical principles: The foundations for ethical decisions in counseling psychology. *Counseling Psychologist, 12*, 43-55.

Koocher, G. P. , & Keith-Spiegel, P. (2008). *Ethics in psychology and the mental health professions* (3rd ed.). New York: Oxford University Press.

Ladd, G. E. (1974). *A theology of the New Testament*. Grand Rapids: Eerdmans.

MacKinnon, B. (2007). *Ethics: Theory and contemporary issues* (5th ed.). Belmont, CA: Thomson-Wadsworth.

Maston, T. B. (1964). *Biblical ethics*. Cleveland: World Publishing.

McCloughry, R. K. (1995). Community ethics. In D. J. Atkinson, D. H. Field, A. Holmes, and O. O'Donovan (Eds.), *New dictionary of Christian ethics and pastoral theology* (pp. 108-15). Downers Grove, IL: InterVarsity Press.

McMinn, M. R. (2004). *Why sin matters*. Wheaton, IL: Tyndale House.

Miller, D. J. (1991). The necessity of principles in virtue ethics. *Professional Psychology: Research and Practice, 22, 107.

Myers, D. G. (1981). *The inflated self: Human illusions and the biblical call to hope.* New York: Seabury.

National Association of Social Workers. (2008). *NASW code of ethics.* (Available from NASW, P. O. Box 431, Annapolis Junction, MD 20701.)

Ohlschlager, G., & Mosgofian, P. (1992). *Law for the Christian counselor.* Dallas: Word.

Pojman, L. P. (1995). *Ethics: Discovering right and wrong* (2nd ed.). Belmont, CA: Wadsworth.

Reeck, D. (1982). *Ethics for the professions: A Christian perspective.* Minneapolis: Augsburg.

Schneller, G. R., Swenson, J. E., & Sanders, R. K. (2010). Training for ethical dilemmas arising in Christian counseling: A survey of clinicians. *Journal of Psychology & Christianity, 29,* 343-53.

Seligman, M. E. P. (1990). *Learned optimism.* New York: Simon & Schuster.

Smedes, L. (1983). *Mere morality.* Grand Rapids: Eerdmans.

Stott, J. (1994). *Romans.* Downers Grove, IL: InterVarsity Press.

Vitz, P. C. (1994). *Psychology as religion: The cult of self-worshiP.* Grand Rapids: Eerdmans.

제2장

상담·심리치료와 기독교 윤리

알랜 C. 첼비트(Alan C. Tjeltveit)

일반상담·심리치료만 교육받은 사람들은 이 장의 제목을 호기심 있게 볼 수 있다. 그들에게 있어서 상담·심리치료는 전적으로 과학에 근거한다. 그리고 기독교 윤리는 죄와 근심으로 가득한 내담자가 자유로워지고 싶은 욕구 때문에 생기는 신경증적 부담인 것이다. 그 과제는 대부분의 수련 프로그램들에서 흔하고 잘 다루어지고 있기 때문에 일반 상담·심리치료사들은 이러한 장이 단순하거나 지루하든지 아니면 두 가지 모두일 것으로 예측할 것이다.

사람들이 자신의 문제를 극복하도록 도움을 주는데 헌신된 기독교인은 기독교 윤리의 법적인 남용 문제를 인식하는 한편 기독교 윤리를 더 긍정적인 관점에서 바라본다. 그러나 심지어 기독교 상담자도 상담·심리치료와 윤리를 서로 간에 소통이 필요하지도 않고 바람직하지도 않은 완전히 다른 영역으로 인지할 수 있다.

반면, 나는 상담·심리치료가 깊이 있고 편만한 윤리적 노력이라고 생각한다. 기독교 윤리는 상담·심리치료의 다양한 형태로 표현된 윤리적 입장(보통 암시적으로)을 적극적으로 지지하며 동시에 예리하게 도전한다. 나는 또한 기독교 윤리학자가 상담·심리치료 전문가로부터 배울 것이 많다고 믿는다. 즉 기독교 내담자와 상담자는 심리치료의 윤리적 차원에 대하여 정기적이고 성실하게 진지한 고찰을 해야 한다고 생각한다. 완전히 복음에 부합하여 수행되는 상담·심리치료를 위해서 기독교인이 매우 신중하게 기독교 윤리적 관점을 다룰 때, 우리는 절대적으로 중요한 기독교 신앙의 의미를 이해하고 행동할 수 있다.

이 장과 본서의 배경에 숨어있는 의미는 기독교인에 의해서 이해되고 수행되는 상담·심리치료의 구별되는 특징에 대한 질문이다.

기독교 상담자와 비기독교 상담자의 상담·심리치료가 정말 다른 것인가?

호의적이고 확실한 능력의 기독교 상담자도 이에 대한 대답에 있어서 때때로 신랄하게 의견이 나뉜다.

(1) 일부는 기독교 상담의 고유성을 강조한다.
(2) 다른 사람들은 기독교 상담과 비기독교 상담 실무자들에 의해 제공된 상담·심리치료의 본질적 동등성을 강조한다.

아마 이 불일치의 일부는 현안 문제가 서로 다르고 서로 다른 내담자 부류에 초점을 두기 때문일 것이다(Worthington, 1988, 1993b).

기독교인 내담자가 관련되고 상담·심리치료에서 윤리적 문제가 명백하게 논의될 때, 기독교 윤리는 더 분명하게 관련성이 있고 기독교 상담은 구별될 가능성이 높다. 하지만 미묘하고 비 논쟁적인 윤리적 문제를 포함하는 사건에서 비록 구별되지 않을지라도 기독교 윤리는 이와 관련이 있을 것이다.

예를 들어, 실제적인 상황에서 기독교인이 뱀을 두려워하는 비기독교인에게 공포증에 대한 상담·심리치료를 위한 행동주의적인 치료를 제공할 때, 그 상담·심리치료는 비기독교 상담자의 상담·심리치료와 행동적으로 구별할 수 없다.

비교를 위해 실제 사례를 생각해 보면서 대조의 방법으로 고려해 보자.

> 브래드(Brad)는 지역 침례교회에 출석하는 중년의 중급 관리인으로 인근 대학에서 심리학을 전공하는 그의 아들의 강력한 요구로 거의 정기적으로 상담·심리치료사를 만나고 있다. 아들은 아버지 브래드가 직장 동료의 20세 된 딸 제니퍼(Jennifer)와 성관계를 맺은 것을 알게 되었다. 두 집안은 같은 교회를 다니고 있다. 브래드의 아내 캐롤(Carol)은 몇 년 전부터 병약자

이고 적극적인 성관계를 유지하지 못했다. 그래서 브래드는 이에 대한 진짜 문제가 있는지 이른바 양가감정(ambivalent: 모호한 감정)을 갖고 있다. 브래드는 아내 캐롤이 자신과 제니퍼의 관계를 '어느 정도' 알 것이며, 그녀는 결코 즐길 수 없는 행위를 더 이상 하지 않아도 된다고 내심 위안을 갖고 있을 것으로 생각한다고 말한다.

그는 가끔 자신의 행동에 대한 죄책감의 찌릿한 통증을 느낀다고 말하지만 제니퍼에 대해 이야기할 때, 표정이 밝아진다.

"이 관계는 나를 정말 행복하게 합니다. 그리고 제니(Jenny: 제니퍼를 애칭으로 부르는 이름) 또한 굉장히 행복하다고 말합니다. 그것이 전부입니다, 이것이 행복해지는 것 아닌가요? 하나님은 분명 우리가 행복하기를 원하십니다."

브래드는 또 말하기를 상담·심리치료는 나쁜 것 같지 않다고 말했다. 그는 자신의 아들이 자신과 제니퍼의 관계를 이해하고 수용할 수 있는 방법을 모르기 때문에 그것을 상담·심리치료를 통해 찾기를 원한다고 덧붙였다.

"나는 내가 한 말은 지킵니다. 약속은 약속입니다. 그리고 제니도 이 상황에 대해서 알고 있습니다. 나는 그녀에게 어떤 거짓 약속들도 하지 않았습니다. 그녀는 내 아내를 굉장히 좋아합니다."

이 사례에서 기독교 윤리와 관련되어 할 말이 많다.

1. 윤리와 기독교 윤리: 복합적 의미의 용어

만약 어떤 집단이 이 사례의 윤리적 분석이나 기독교 윤리의 관점에서 사례를 분석하도록 요청을 받았다면 역동적인 토론이 잇달아 발생할 것이다. 여기에는 이 사례에 대하여 구별할 수 있는 여러 영역에서의 담론이 포함될 것이다. 비록 각각의 영역이 법적, 윤리적이라고 해도, 용어를 사용하는 다양성으로 인해 혼돈을 야기할 수 있다.

이런 혼돈을 최소화하고 상담·심리치료의 윤리적 측면을 명백하게 하기 위해서 제시되는 윤리적 측면들을 구별한 용어로 토론할 것이다. 전문가 윤리, 윤리의 상황과 내용, 윤리 이론, 사회 윤리, 그리고 공공정책과 여론 등이다. 상담·심리치료 전반에 걸쳐 사용하는 기독교 윤리의 암시는 윤리로 언급될 것이다.

전문가 윤리

많은 상담·심리치료사들에게 '윤리'라는 단어를 언급하면 그들의 생각은 즉, 각 전문가 윤리 규정을 떠올릴 것이다(예: 미국정신의학회, 2009; 미국심리학회, 2002; 미국사회복지사협회, 1999; 부록 1 참고). 이것은 다양한 전문가 집단들이 '직업의 목표, 목적 그리고 근본적인 가치들에 근거해서' 정한 윤리적 원칙이다(Bennett, 1994, p. 124). 위의 원칙을 위반하는 것은 전문가협회로부터 퇴출로 이어질 수 있다.

예를 들어, 브래드의 상담·심리치료사가 공공 상담·심리치료소에서 근무하는 기독교 심리학자임에도, 상담·심리치료의 초기에 그녀가 명확하게 자신이 기독교 상담자라고 말하지 않았다고 가정해 보자.

그녀는 첫 번째 상담 회기에서 "당신은 여기서 도덕적 문제를 생각해 보셨나요?"라고 물었다.

그리고 브래드가 두 번째 상담·심리치료를 받기 위해 왔을 때 놀랍게도 목회자가 기다리고 있었다고 가정해 보자.

그의 성적 비행에 대해서 들은 목회자가 브래드에게 회개하고 당장 그 관계를 끝내라고 말했고, 그렇지 않으면 교회에서 제명해 버릴 것이라고 말했다면 물론 이 상담·심리치료사는 심리학회 윤리위원회로부터 상당한 어려움을 받게 될 것이다. 그 학회는 그녀가 브래드의 비밀보장에 대한 윤리를 어긴 것에 대해서, 그리고 확실하게 기독교 상담을 제공한다는 사실에 대한 동의서를 받지 않은 것에 대해 책임을 묻게 될 것이다.

기독교인 자신을 정신건강 전문가라고 공개적으로 선언한 사람들은 정직과 성실 그리고 다른 실질적인 이유에서 윤리에 있어서 적절한 전문가 윤리 규정을 준수해야 한다. 이런 규범은 때때로 단순한 기독교인이라면 허용이 가능한 행동일지라도, 상담 전문가로서의 행동은 제한한다.

친구의 부도덕한 행동에 대해 목회자를 개입시키는 것은 비윤리적으로 간주되지 않는다. 그러나 내담자 동의 없이 목회자를 개입하도록 하는 것은 비윤리적이 될 것이다. 상담·심리치료 관계에서 표면적 복음주의는 전문가 윤리 규정에 의해 금지된다. 하지만 기타 관계에서 기독교인에 대하여는 장려되거나 의무적인 것이다.

기독교 윤리와 전문가 윤리 간의 관계는 복잡하다(Reeck, 1982). 어떤 사람들은 그 두 가지 관점이 대립적이라고 주장하며 "기독교인은 그들의 헌신이 세상에 있는지 아니면 예수 그리스도에게 있는지 결정해야 한다. 만약 그리스도에 대한 헌신이 전문가 윤리위원회와의 문제를 의미한다면, 기독교인은 세상을 따라서는 안 된다"라는 관점을 고수하는 기독교 상담자는 전문가협회에 가입하거나 전문가 면허/자격증을 추구하지 않는다.

다른 사람들은 기독교 윤리와 전문가 윤리를 부분적으로 또는 전체적으로 양립 가능한 것으로 보는데 그 이유는 다음과 같다.

(1) 기독교 윤리는 전문가 윤리 규정을 위한 근거를 제공한다.
(2) 이 두 가지는 논리적으로 동등하다(예: 십계명 가운데 제8계명은 "거짓 증언을 하지 말라"고 했으며, 전문가 윤리 또한 그렇게 말하고 있다).
(3) 전문가 윤리 규정은 기독교 윤리가 상담·심리치료에서 말해야만 하는 것을 철저히 다룬다.

마지막 입장의 일부 지지자들은 이런 관점을 가진다.

> 기독교 윤리와 전문가 윤리는 기능적으로 동일하다. 왜냐하면 기독교 윤리가 상담·심리치료사에게 두는 유일한 의무는 직업적 이상과 일치한다. 좋은 기독교 상담자는 전문가 윤리 규정의 기준과 일치된 행동을 보인다. 그러므로 상담·심리치료를 위한 구별된 기독교 윤리 의무들이나 이상들이 존재한다는 그 어떤 주장도 의문스러운 것이다.

기독교 윤리와 전문가 윤리 간의 양립 가능성을 예상하는 기독교인은 윤리위원회가 브래드의 상담·심리치료사의 행동이 비윤리적이라고 보는 것에 동의할 것이다.

또 다른 사람들은 기독교 윤리 규정과 전문가 윤리 모두를 사려 깊게 보고, 창의성을 갖고 기독교전문가들이 어떤 특별한 규정된 방식의 행동을 한다고 추측하며, 상담·심리치료 안에서 기독교인이 표현할 수 있는 충분한 공간을 주고자 한다.

상담·심리치료사에게 제한이 주어지지만 이는 절대적이지 않다. 예를 들어, 상담·심리치료사가 내담자의 자유를 존중하며(내담자가 자신의 가치를 선택하는 것에 대해 제지당하거나 그 자유를 제거하지 않아야 하고, 상담·심리치료사가 자신의 가치를 강요하지 않고, 도덕성에 대해 판단적이지 않으며, 또한 상담·심리치료사 자신의 주장을 강요하지 않는 것) 상담·심리치료 규정을 존중하면서(기독교적 특수성 포함) 상담·심리치료사 자신이 능력 있는 영역에서만 제한된 실습을 하고, 내담자에게 적절한 정보를 제공하는 것 등이 있다(Tjeltveit. 1999).

또한 미국기독교상담자협회(AACC 법률 및 윤리위원회, 2004), 미국목회 상담자협회(1994) 그리고 미국기독교심리연구학회(2005)는 전문가 윤리 규정의 내용과 기독교 윤리의 통합을 허용하는 윤리 규정을 공표했다.

전문가 윤리와 연관을 갖는 것은 어떤 기독교인에게는 타국 땅에 들어가는 흥분감을 경험하는 것과 같을 것이다. 진정으로 전문가가 되는 과정은 마치 새로운 문화의 일원이 되는 것과 유사하다(Gottlieb, Handelsman & Knapp, 2008; Handelsman, Gottlieb & Knapp, 2005). 특정 윤리적 견해와 의무 안에서 윤리적 문제와 신념을 풀어가는 방법은 어떤 문화에서는 자연스러울 수 있지만 또 다른 문화에서는 이상하거나 또는 틀렸다고 간주될 수 있다.

기독교 상담자 및 상담·심리치료사는 다양한 방법으로 이 윤리적 문화의 충돌에 반응할 것이다. 어떤 사람의 도덕적 충성을 기독교 윤리 규정과의 차별화를 위해서 오로지 전문가의 윤리 규정으로 돌려 전문가 윤리를 거절하는 것은 윤리적 전통이나 기독교 및 전문가 윤리의 통합 면에서 모두 혼란을 초래하고 오히려 하찮은 존재 같은 기분이 들게 한다.

기독교 윤리와 전문가 윤리의 적절한 관계에 대한 이해는 물론 기독교 윤리에 대해서 어떻게 접근하는지에 달려 있다. 기독교 윤리는 항상은 아니지만 통상은 전문가 윤리 기준에 일치한다. 전문가 윤리에 의해 밀려난 기독교 윤리는 자칫 그 질이 완전히 떨어지게 된다.

그러나 기독교 윤리는 전문가 윤리를 강화한다. 따라서 윤리적 행동(예: 내담자의 비밀보장 유지)에 전문적으로 관여한 상담·심리치료사는 기독교적 행동, 사려 깊은 사고와 책임 있는 전문가적 행동(특히 서면동의 지향적 행동)에 항상은 아니더라도 일반적으로 집중하게 된다. 결과적으로, 전문가 윤리와 기독교 윤리 간의 충돌로부터 초래하는 문제에 대해 만족스런 해결점을 가져온다.

전문가 윤리에 관련된 교육에 종사하는 사람들은 적절한 윤리를 실천하기 위해서 전문가 윤리 규정, 특히 최적의 윤리적 실천(Anderson & Handelsman, 2010; Handelsman, Knapp & Gottlieb, 2009; Pope, Sonne & Green, 2006; Tjeltveit & Gottlieb, 2010)에만 의존하는 것이 부적합하다는 생각을 할 것이다.

전문가 윤리 규정이 말하는 것을 아는 것만으로는 충분하지 않다. 누군가는 윤리적 결단(특별히 윤리 규정이 직접적 방향을 제시하지 않거나 윤리적 기준과 일반 원칙이 다른 윤리 규정과 갈등을 보이는 모순에 처했을 때)을 할 수 있어야만 한다. 그래서 윤리 결정에 있어 숙련된 모델을 개발하는 것은 매우 중요하다(Kitchener, Zoom; Knapp & VandeCreek, 2006; & Koocher & Keith-Spiegel. 2008).

더불어, 전문가들은 자신의 정서, 성향, 동기, 사회적 연계망(network), 특히 개인적 성향의 역동성과 취약한 면에 특별한 주의를 기울여야 할 필요가 있다. 우리는 우리의 윤리적 행동과 삶을 양육하는 깊은 지적, 심리적, 영적, 윤리적 자원들을 알아야 한다(Tjeltveit, 1999). 전문가들은 또한 윤리적 습관을 수립할 필요가 있고, 우리가 곁길로 나갔을 때, 우리에게 도전하고 직면하는 것을 기꺼이 계속해서 할 수 있는 정직한 수련감독 및 상담자문과 지속적인 관계를 개발해야 한다. 그리고 자신의 취약한 부분을 인정하고 그 취약한 부분을 제거하며, 윤리적 강인함을 수립해야 한다.

기독교 상담자는 특히 죄와 미해결된 심리적 문제가 때로 우리로 하여금 때로 자신의 한계와 단점을 보지 못하여 윤리적 문제를 인식하지 못하고 자만으로 이끌 수 있기 때문에 여러모로 경계할 필요가 있다. 또한 기독교 상담자는 내담자의 행복을 촉진하고 이들의 권리를 보호하는 윤리적 원칙을 따를 필요가 있고, 자기를 기만하지 않도록 다른 전문가에게 상담자문을 받고 의뢰할 필요가 있다.

우리가 최적의 윤리적 실천을 열망한다면 우리의 영적인 삶은 육성되어야 한다. 회중의 지도자와 전문가 윤리위원회협회의 철저히 점검하지 않는 행동은 삼가야 한다. 우리는 그런 탁월함으로 적절하게 특징지어지고 특화된 임상을 뛰어넘을 수 있도록 열정을 불어넣는 친구나 영적 멘토 그리고 동료가 필요하다.

2. 상황 윤리와 상황으로서의 윤리: 규정, 의무, 이상, 결정 그리고 덕목

전문가 윤리 이상으로 설명되는 의미의 용어로서 윤리는 또한 일반적으로 사람들에게 적용될 수 있거나 기독교인에 대한 책임을 특별하게 의미하는 특정 이상이나 행동적인 진단으로 이해될 수 있다. 의사결정, 행동 및 개인 자질 윤리와 관련해서 어떤 것이 좋거나 옳은지, 의무적이거나 덕목인지를 분별하여 수행해야 한다.

예를 들어, 다른 윤리적 관점을 가진 사람들은 다음과 같은 주장을 할 수 있다.

"간음하지 말라."

"브래드는 자신의 감정과 욕망을 잘 인지하고 현실에서 그의 결혼이 실패라는 것을 더 잘 알고 있어야 한다."

"브래드는 그의 아내에게 신뢰를 주기로 한 결혼 약속을 이행해야 한다."

"브래드가 죄책감을 느끼는 기독교인으로서의 기준을 버리면, 그는 더 건전해질 것이다. 그리고 실패한 결혼생활이 아니라 더 신뢰 있는 동반자 관계로 발전할 것이다."

그리고 "브래드는 진실성이 부족하지만 그의 아들은 용기가 있고 사랑스러운 젊은 청년이다."

삶, 도덕, 행동 처방 그리고 이상 또는 신뢰받는 인간의 태도를 위한 규칙은 윤리의 모든 측면에서 광범위하게 해석된다. 이런 의미에서 윤리는 상황으로 이해될 수 있다.

특정 관점에 의지한 기독교 윤리 내용은 사실상 뚜렷이 구별된다(예: 브래드에게는 "간음하지 말라"; 내담자에게 비밀보장 약속을 지킨, 자신을 심리학자로 정의하는, 상담·심리치료사에게는 거짓증언하지 말라). 다른 관점은 기독교 윤리는 오직 원인에 근거하고 다른 윤리적 관점과 차이가 없다고 주장한다. 그러나 다른 사람들은 성경이나 기독교 전통의 권위를 강조하고 기독교 윤리는 종종 윤리적 질문에 대한 구별되는 답을 제공한다고 주장한다.

그러나 기독교 윤리는 특정 원칙 내용 이상의 훨씬 더 깊은 연관이 있다. 내용에 상황을 추가해야 한다. 모든 상담 회기마다, 모든 인간의 삶의 순간에 창조, 타락, 구속과 재림의 내용이 있어야 한다. 인간은 하나님에 의해 창조되었고, 타락했으며, 그리스도의 죽음과 부활을 통해 구속되었고, 예수 그리스도의 영광스런 재림 때에 상속자로 택함을 입었다. 하나님의 용서함을 받은 자녀로서 우리는 그리스도 안에서 자유하고 믿음을 통해 은혜로 구원 받았다. 그래서 우리는 주님이 보시기에 합당한, 그분을 기쁘게 하는 삶을 살고자 노력한다(골 1:10)

하나님은 우리 안에서 역사하시고, 그분의 형상과 성품을 닮아가도록 우리를 변화시키신다. 이런 상황에서 윤리를 단절한다는 것은 복음 없이(관련이 있음은 이해되지만: Forde, 1969; Fuller, 1980) 율법을 선포하는 것이며, 기독교 신앙은 돌이킬 수 없이 황폐해지고 기독교 윤리를 버리는 것이 된다.

상황적 독특성은 매우 중요하다. 추론적인 윤리 원칙에 근거하여 분석하는 지적인 분석가에 의한 "간음하지 말라"는 의미는, "주 너의 하나님은 '간음하지 말라'고 명령하시면서 우리와 그분의 자녀를 위해서 예수를 죽이는 것으로 자신의 사랑을 나타내셨다"라는 맥락을 고려해 볼 때, 그 의미가 매우 달라진다.

윤리적 결정을 내리려고 애쓰는 기독교인은 판단을 내릴 때 상황을 고려해야만 한다. 하지만 상대주의적이지는 말아야 한다. 일반적으로 윤리적 문제를 언급할 때, 도덕적 초월주의와 율법주의 모두를 피하기 위해서 융통성과 단호성의 균형을 갖는 것은 필수이다. 기독교인은 때때로 목회적이어야 하고, 때로는 예언적이어야 한다. 상담·심리치료 관계에서는 항상 거의 목회를 강조한다.

기독교 윤리적 상황에 대한 이런 강조는 상담·심리치료사가 치료자와 내담자 간의 관계처럼 그렇게 결코 단순하지 않을 수 있다는 것을 실제로 말해 주는 것이다. 오히려 치료적 관계는 내담자, 상담·심리치료사, 각 가정, 교회(가시적/비가시적인 그리스도의 몸으로서 지교회적이고 세계적인 현현) 그리고 하나님과의 상호관계 속에서 항상 발생한다.

따라서 기독교 윤리는 매우 체계적이다. 즉, 상담·심리치료를 이해하기 위해서 내담자의 가족뿐만 아니라 내담자, 내담자의 가족, 상담·심리치료사, 교회와 하나님을 포괄하는 체계의 이해가 필요하다.

그러나 기독교 윤리가 거룩한 역사의 맥락에서 이해될 필요가 있다면 이것 또한 구체적인 내용이 있다는 것이다. 둘 다 중요하지만 기독교인은 윤리 영역을 구성하는 것에 대해 동의하지 않는다. 윤리와 상담·심리치료 관계를 포괄적으로 이해하기 위해, 나는 때때로 거론될 몇 가지 사례에서 기독교 윤리와 관련된 일부 있을 수 있는 시사점을 밝혀서 일반 윤리적 의미와의 차이점에 대해서 부가적으로 몇 가지 논할 것이다.

1) 윤리와 도덕

윤리와 도덕은 때때로 상반되고, 때로는 '같은 의미'로 사용된다(Annas, 1992, p. 329).

윤리는 좁고 넓은 의미에서 모두 사용된다.

(1) 좁은 의미로 사용하는 경우에 그것은 전적으로 도덕과 관련되어 도덕성과 상호 교환적으로 사용할 수 있다.
(2) 넓은 의미로 사용하는 경우에 이 장에서 윤리는 "우리는 어떻게 살아야 하고 무엇을 해야 하는지"(Annas, 1992, p. 329) 그리고 선과 가치의 비도덕적

질문을 전통적인 방법으로 함축한다. 예를 들어, 행복과 정신건강은 우리가 행복이나 정신적으로 건강하게 해야 할 의무가 있는 것은 아니기 때문에 비도덕적 소유물로 간주될 수 있다(어떤 사람이 불행하거나 정신장애가 있기 때문에 우리는 그를 비도덕적이라고 하지 않는다). 광범위하게 정의된 윤리는 도덕적 문제(예: 당신은 자신의 아내에게 충실해야 한다)와 비도덕적 문제(예: 그것은 당신이 행복하기 위해서 좋은 것이다) 모두를 포함한다.

비록 도덕이라는 용어는 거의 사용하고 있지 않지만, 직업적인 의무에 초점을 맞춘 전문가 윤리 규정은 좁은 의미에서 윤리를 사용하는 경향이 있다. 예를 들어, 내담자와 잠을 잔다든지 비밀보장을 위반한 상담·심리치료사는 비윤리적인 것으로 간주되지만, 불행하거나 완전히 자아실현을 하지 못한 상담·심리치료사는 그렇게 간주되지 않을 것이다(물론, 이 문제들은 내담자를 상처 입히지 않는 범위에 국한된다. 내담자를 상처 입히는 것은 불행이나 불완전한 자아실현보다 오히려 다른 문제가 되는 것이다). 다시 말하면, 상담·심리치료사가 행복이나 자아실현을 하는 것은 아무리 바람직한 일일지라도 그렇게 해야 할 의무는 없는 것이다.

때로는 의무와 도덕에 초점을 맞추는 기독교 윤리와 그리스도 안에서 믿음으로 동기화되고 사는 생활양식인 기독교 삶 사이에 유사한 차이가 있다. 후자는 좋은 것으로 간주되지만 일반적으로 '도덕적' 문제로 간주되지는 않는다. 예를 들어, 예배와 기도가 여기에 해당된다.

대부분의 사람들은 기도하지 않거나 찬양하지 않는, 혹은 마음을 다하여 하나님 여호와를 사랑하지 않고, 모든 영혼과 모든 마음과 모든 당신의 힘을 다하지 않는 사람에게 '부도덕' 또는 '비윤리적'이라 하지 않는다(막 12:30). 그러나 기도와 예배가 도덕적 문제가 아니라 기독교인의 삶과 기독교 신앙에서 이해되는 '선한 생활'에 관련된다면 이때에는 주의 깊은 숙고가 요구된다.

나는 비도덕적 소유물(정신건강, 행복, 기도와 예배 등)과 도덕적 문제(성적 비행 및 내담자의 비밀보장을 유지하기 위한 직업적 의무 등)를 모두 참조하기 위해, 이 장의 제목에서 '윤리'라는 단어를 사용하고 있다. 도덕적/비도덕적 문제는 항상 쉽게 분리되지 않고 종종 상담·심리치료와 기독교 신앙에 모두 얽혀있기 때문에 나는 이 윤리의 광범위한 사용을 선호한다.

브래드의 사례로 다시 돌아가면 상담·심리치료사가 도덕적 고려 사항이 적용되지 않고 브래드의 개인 행복(현 시점에서 행복을 경험하는 비도덕적 선을 의미)이 그에게는 궁극적인 선이라고 말한다면, 상담·심리치료 결과에서는 하나님과의 올바른 관계와 행복은 궁극적인 인간의 선이고, 브래드는 아내에게 신뢰적인 도덕적 책임을 가져야 된다고 생각할 때와는 다른 결과를 가져오게 될 것이다.

일반적으로 나는 모든 삶을 포용하는 지적 관점의 사용을 선호하고 선과 책임 둘 다 고려하는 것을 선호한다. 도덕과 비도덕의 불가분성 인식에도 불구하고 이 둘은 물론 구별되어야 한다. 마찬가지로 기독교 윤리와 기독교인의 삶은 구별될 필요가 있을지도 모르지만, 기독교 상담자와 내담자에 대한 관심은 둘 다 필요하다.

2) 행동이나 덕목 또는 이 모두를 규정짓는 윤리적 원칙

윤리의 의미에 관한 또 다른 구별은 윤리가 근본적으로 다음 두 가지에 연관이 있는지에 달려있다.

(1) 윤리적 원칙, 예를 들어, 공평성 또는 자율성(예: 인간은 다른 사람과 어울려 살아야 한다. 또는 누구도 다른 사람의 자율성을 제한하지 말아야 한다.)
(2) 덕목, 사람의 최고 성품(예: 이상적인 사람은 용감하고 자아 인식을 잘하고, 사랑스럽고 지혜로운 사람이다.)

물론, 둘 다 강조되어야 한다. 비록 윤리론자는 이 원칙들을 오랫동안 강조해왔음에도 불구하고 철학자와 심리학자는 최근에서야 덕목과 인격을 윤리적인 중요한 측면으로 간주하고 있다(Fowers, 2005; MacIntyre, 1984; Oakley & Cocking, 2001; Peterson & Seligman, 2004; Tjeltveit & Fowers, 2003). 물론, 기독교 윤리학자들은 덕목을 윤리적 원칙과 마찬가지로 다룬다. 전자는 때때로

'성화'라는 항목 밑에 들어간다. 덕목의 개념은 또한 상담·심리치료와 정신건강 전문가의 삶에 적용된다.

상담·심리치료 관계와 관련된 덕목은 비교적 안정적인 사람을 특징짓는 도덕적 자질로 여겨졌다. 상담·심리치료 역시 내담자의 덕목을 확립하거나 파괴한다. 마찬가지로 상담·심리치료사는 어떤 덕목을 소유하거나 소유하지 못한다. 도허티(Doherty, 1995)는 이상적인 상담·심리치료사의 세 가지 덕목으로 용기, 돌봄과 지혜를 꼽았다.

예를 들어, 돌봄의 덕목을 소유한 상담·심리치료사는 내담자의 행복을 위해서 일상적으로 특정 감정, 동기부여와 태도를 드러낸다. 그들은 유익성(은혜를 베푸는 것)의 원칙에 대해 생각할 필요가 없으며, 어떤 특정 방책을 정하기 전에 이것이 어떻게 특정 경우에 논리적으로 적용되는지 알 필요가 없다. 돌봄은 이들에게 제2의 천성이 되었다. 돌봄자가 되는 것은 그들의 일부이다. 물론, 상황적인 영향으로 돌봄을 바꿀 수 있다. 사회심리학자들은 그 상황이 행동에 미치는 강력한 영향을 기록했다(예: Zimbardo, 2007).

그러나 말씀 영역에서 뿐만 아니라 폭넓은 영역에서 과학적 기반의 증거들이 공개되면서 덕목이 존재하고 있음을 말하고 있다. 실제적으로 어떤 특정 상담·심리치료사가 훌륭한 평판을 갖고 있는 이유들 가운데 하나는 그들의 덕목이 규칙적이기 때문이다. 임상 증거를 모두 조합했을 때, 많은 심리학자들은 상호작용주의적 관점을 갖게 되었는데 여기서 기질과 상황은 행동을 만들어내기 위해서 상호 작용한다.

그런 이유로 그들의 성격에 주의를 기울이는 것과 더불어, 기독교 상담자는 상황에 대해 책임을 질 필요가 있다. 예를 들어, 상담·심리치료사나 내담자나 또는 둘 모두가 서로에게 매료되었다면, 상담·심리치료사에게 있어서 (아무리 선하다 할지라도) 상담·심리치료소에 단 둘이 있게 되는 상황을 만드는 저녁 늦은 약속을 잡는 것은 위험한 행위일 수 있다.

기독교인에 의하여 옹호되는 특정 덕목은 광범위하게 논의되어왔다. 덕목에 대한 유신론적 관점은 심리학(예: Kaplan & Schwartz, 2006; Roberts, 2007; Worthington & Berry, 2005), 그리고 상담·심리치료(예: Dueck & Reimer, 2003; Moncher,

2001; Moncher & Titus, 2009; Tan, 2006)와 관련하여 검토되어 왔다. 예를 들어, 탄(Tan)은 피터슨과 셀리그먼(Peterson & Seligman, 2004)의 경험적으로 끌어낸 접근과 기독교적 접근을 비교하였는데, 여기에서 덕목은 부분적으로 성경에 대한 신중한 연구를 통해 인식되며, 성령을 통해 만들어진다.

사랑(하나님과 이웃을 위한)은 분명히 상대적으로 안정적인 사람들이 각자 다르게 소유하며 기독교인이 가져야 할 덕목이다. 그러나 이것은 대부분의 연구자들이 많은 관심을 쏟은 주제가 아니다. 이 덕목이 해야 할 역할과 앞으로 기독교 상담자와 내담자의 기질 안에서 수행할 역할 및 이들에게 어떻게 사랑을 불러 일으킬 것인지는 매우 가치 있는 관심 사항이다.

상담·심리치료의 목표와 최상의 결과에 대한 상담·심리치료사의 생각은 그들의 윤리적 신념에 의해 다양하게 드러난다. 따라서 이런 생각들은 윤리적 차원의 문제이다(Tjeltveit, 2006). 상담·심리치료사가 무엇을 의도했든 상담·심리치료는 윤리적 원칙에 대한 내담자의 적응, 포기, 우선순위의 재배치 또는 내담자의 기질 특성에 대한 변화를 초래할 수 있다.

그렇기 때문에 윤리를 원칙에 대한 논의로만 한정짓는 것은 분명히 상담·심리치료의 몇몇 다른 주요한 윤리적 차원에서 어긋날 수 있다(Jordan & Meara, 1990; Weiner, 1994). 그러므로 상담·심리치료의 윤리적 차원에 대해 염려하는 기독교인은 원칙과 덕목 모두를 신중하게 고려해야 한다.

상담자가 원칙을 더 중요하게 생각하는지 또는 덕목을 더 중요하게 생각하는지는 부분적으로 그/그녀의 신학적 성향에 달려있다. 인지적 성향의 상담·심리치료는 내담자의 윤리적 원칙에 더 큰 변화를 가져올 수 있고, 덕목 윤리는 정신역동적 상담(기질의 변화를 추구하는)과 인본주의적 상담(자아실현 형 인간을 강조하는)을 이해하는데 더 적절할 것이다.

정확한 윤리적인 해답과 적절한 행동들에 초점을 두는 신학적 관점들을 가진 사람들은 원칙을 강조할 수 있지만 인간, 정서, 영적 형성, 성화 그리고 행동에 대한 동기를 강조하는 관점을 가진 사람들은 덕목을 강조할 가능성이 있다.

상담자의 윤리적 신념의 영향은 감지하기 어려울 수 있다. 예를 들어, 테일러(Taylor, 1989)는 정체성에 대한 어떤 개념(거의 틀림없이 기질과 덕목에 대한 생각에 관련된)도 한 개인이 상대와 자신을 비교하는 어떤 선의 기준을 포함한다고 주장했다.

예를 들어, 만약 브래드의 정체성이 '남자다운 남자'였다면 (플레이보이 잡지에서 예시되듯), 그가 자신을 평가하는 '선'의 기준(예: 성적 기량)은 그의 정체성이 '좋은 아버지' 또는 '충실한, 사랑 넘치는 남편'(하나님과 그의 자녀와 교회의 관계에 의해 모범이 되는)의 것일 때와 굉장히 다를 것이다.

상담·심리치료가 얼마만큼 다른 정체성을 만들어 내느냐에 따라 이것은 또한 무엇이 인생에서 좋은 것이고 최고인지에 대한 다른 의미들을 만들어 낼 것이다. 그러므로 상담·심리치료에 의해 만들어지는 변화는 심리적 그리고 윤리적 변화 모두를 의미한다.

브래드는 '상담·심리치료를 통해 어떤 사람이 되어야 하는가?'라는 질문에 대해 상담·심리치료사는 다양한 답을 내놓을 것이다. 누군가는 스스로를 자각하고, 제대로 상호작용할 줄 아는 사람이 되어야 한다고 하는 한편, 충실한 배우자가 되거나, 죄의식에서 벗어나거나, 자발적이거나, 하나님을 그 무엇보다 사랑하는 사람이 되어야 한다는 사람도 있을 것이다. 혹자는 상담·심리치료를 통해 자신의 욕구충족을 무엇보다 우선시 하는 사람이 되어야 한다고 대답할 수도 있다.

기독교 윤리관에서 보면 브래드가 이토록 다양한 덕목 가운데 무엇을 선택하게 될 것인가가 핵심 논점이 되는데, 특히 다양한 성격 특성 중 그가 선택한 하나가 향후 그의 행동, 정체성, 삶을 이끄는 비전이 될 수도 있기에 그 중요성은 더욱 커진다.

3) 최소한의 의무 vs. 이상

누군가는 윤리를 명백한 도덕적 의무로 한정지어 정의내리는 반면, 누군가는 사회적 합리적 합의에 의한 최소한의 원칙이라고 정의를 내린다. 하지만 또 다른 사람들에게 윤리란 이상 즉 개인이 추구하는 최상의 상태, 행동 혹은 개인적 특질을 포함하는 개념이 될 수도 있다.

2002년 미국심리학회 윤리 규정과 같은 경우에 의무적 윤리 기준과 바람직한 이상을 구분하여 명시하고 있다. 이에 따르면, 의무적 윤리 기준이란 '행위에 대한 시행 가능한 규칙'이며, 바람직한 이상이란 심리학자들이 심리학의 숭고한 이상을 향하여 가도록 안내함을 말한다. 예를 들면, "심리학자들은 개인 정보를 보호하는 기본적 의무가 있으며, 자신의 내담자에게 유익함을 주도록 추구하여야 한다"(Principle A: Beneficence & Nonmaleficence, p. 1062).

이러한 차이는 내담자에게도 동일하게 적용된다. 많은 심리학자들은 보편적으로 적용 가능한 특정 의무가 존재한다고 믿고 있다. 내담자인 브래드가 계속 살고자 했던 병약한 아내의 죽음을 앞당길 의도를 밝혔다면, 내담자에게 무조건적인 긍정적 존중을 보이는 것이 좋은 상담·심리치료의 근본이라고 주장한 칼 로저스(Carl Rogers)마저도 어느 정도 조건적 태도를 보였을 것이다.

그리고 버진(Bergin, 1985)의 보고서에서 저명한 상담·심리치료 연구학자 솔 가필드(Sol Garfield)는 "[도덕적] 절대가 존재하는가"에 대한 질문에, "모든 일에 조정"이 필요하지만, 정조(fidelity)는 예외이며, 이는 절대적이라고 말했다(p. 110). 도덕적이든 비도덕적이든 그런 이상을 나타내는 것은 논쟁거리가 되기는 하지만, 나는 모든 상담·심리치료사는 어떤 종류의 (종종 암시적) 야심적인 심리학적 이상을 가지고 있다고 생각한다.

윤리는 비록 최소한의 윤리적 의무에 집중한다 하더라도 종종 윤리적 갈등에 집중하는 경향이 있다. 즉, 반론의 여지가 없는 도덕적 의무 간의 갈등에 집중되는 경향이 있다. 그런 갈등을 명확히 하고 해결하는데 많은 주의가 요구된다.

윤리적 갈등은 실제로 상담·심리치료 과정에서 발생한다(Koocher & Keith-Spieger, 2008; Pope & Vetter, 1992). 상담·심리치료사는 하나의 윤리적 기준(상담 과정의 비밀보장과 같은)을 준수하기 위해서 다른 기준을 위반해야 하는 상황에 처하기도 한다(예: 내담자가 상담·심리치료 과정 중 A를 죽이려 한다는 의도를 밝힌 경우에 상담·심리치료사는 그 비밀을 보장해 주어야 하고, 그렇지 않은 경우에 상담·심리치료사는 무해성의 원칙을 어기게 된다. 미국심리학회, 2002).

브래드의 경우에 그의 상담·심리치료사는 그녀[상담·심리치료사가 비밀보장이냐, 아니면 브래드의 영혼을 구원하고 더 나아가 그의 도덕적, 영적 건강을 증진하며 그의 가족의 통합을 보장하는 것이냐의 갈등에 직면했을 때, 전자

보다 후자를 더 우선했기 때문에 브래드의 담임목사를 두 번째 상담 회기에 초대했음을 주장한다.

이런 윤리적 갈등을 해결하는 것이 중요하기는 하지만 최소한의 의무나 의무 간의 충돌에 한정하여 집중하는 것만으로는 상담·심리치료 과정 중의 다른 모든 윤리적 문제를 다루지는 못한다. 게다가 상담·심리치료사와 내담자가 이상적인 상담·심리치료 관계를 맺는 것이 심리학에서 매우 중요한 윤리적 측면이 된다. 이상에 관한 질문은 대부분 치료적 목표를 설정하는 과정에서 생겨난다(Tjeltveit, 2006).

기독교인 내담자에게 가장 이상적인 삶이란 과연 무엇인가?

(기독교가 열망하는 가장 바람직한 행동, 윤리적 특성과 삶의 방식) 그것이 모든 내담자들에게 적용되는 것인가?

브래드와 그의 상담·심리치료사에게 있어 이상적인 삶이란 무엇인가?

상담·심리치료가 열망하는 목표는 종종 정신건강에 대한 범주(영역)에서 다루어진다. 역설적이게도 정신건강이란 단어는 정신건강 전문가들에 의해 세심하게 검토되지 않는다. 일반적으로 정신건강을 간략하면서도 보편적으로 수용할 수 있는 하나의 개념으로 정의내리는 것은 어렵다고 여겨져 왔으며(Jahoda, 1958; Keyes, 2005), 정신건강과 관련된 다른 개념들과 함께 연구되기도 했다(Browning & Cooper, 2004; Consoli & Williams, 1999; Gellis, Huh, Lee & Kim, 2003; Howard, McMinn, Bissell, Faries & VanMeter, 2000; Kelly, 1990; Kubacki & Chase, 1998; Richardson, Fower & Guignoon, 1999; Tjeltveit, 1999; Walsh, 1995).

피상적인 견해의 피력을 넘어선 합의는 파악하기 어렵다. 이는 정신건강이 가치 판단적 개념임과 동시에 그 안에 규범적인 부분과 사실적 부분이 혼재하고 있기 때문이라고 볼 수 있다(Wakefield, 1992).

가장 간단히 정의를 내리면, 정신건강이란 정신장애로부터 자유로운 상태를 말한다. 내담자가 정신건강을 획득하기 위해서 움직이도록 만드는 목표, 즉 바람직한 상태는 매우 다양하다. 상담·심리치료에서 가치 판단의 특성이 이 사실과 연관될 수 있는데(Barmes & Murdin, 2001; 1995; Richardson et al., 1999; Tjeltveit, 1999), 이는 정신건강 개념의 윤리적 판단 성격이 상담·심리치료의 방법이 다양할 수 있음을 의미한다.

기독교 윤리 안에서 정신건강에 대해 이해하는 것은 매우 중요하며, 정신건강과 관련하여 무엇을 바람직한 이상(aspirational ideals)으로 볼 것인가 즉, 어떤 상태를 원하게 되는가는 기독교 상담자와 내담자에게 종종 다르게 나타난다. 또한 윤리에 한정하여 상담·심리치료 과정을 논의할 경우에, 기독교 윤리는 상담·심리치료 이상에 대해 가장 독특한 관점을 제공하기도 한다.

정신건강에 대해 어떻게 정의를 내리든 간에 중요한 것은 그것이 내담자가 달성하고자 하는 결과라는 사실이다. 브래드의 예에서 볼 수 있듯이, 그가 건강한 정신과 행복을 얻는 것은 의심의 여지없이 좋은 상담·심리치료의 결과가 될 것이다.

하지만 다른 좋은 결과 역시 존재하는데 예를 들어, 개인적 온전성, 약속을 지키고자 하는 성향, 하나님·가족·기독교공동체와의 좋은 관계 형성 등이 그것이다.

상담·심리치료에서 중요한 과업은 다음과 같다.

(1) 다양한 이상적 결과들의 상대적인 이득을 비교 평가하는 것
(2) 내담자를 위한 최상의 것은 무엇인지 결정하는 것
(3) 내담자에게 있어 최고의 선은 무엇인지 확인하는 것

과연 하나님과의 관계보다 내담자의 정신건강이 더욱 중요한가?

비록 많은 기독교 상담자들과 비기독교 상담자들은 이런 문제를 자신의 전문성이나 소명의 영역을 벗어난 것으로 여길지라도 그들이 제공한 상담·심리치료가 사실상 그들의 선과 의무 그리고 덕목의 조화를 종종 반영한다. 그래서 브래드의 상담·심리치료사는 정신건강에 좋은 것, 결혼생활의 의무, 그리고 덕목들을 어떻게 균형 있게 다루고자 하는지를 반영하는 것이다.

따라서 그 어떤 기독교 상담자라도 브래드와 같은 내담자가 상담·심리치료 과정에서 어떤 방향으로 변화되어가는지 여부와 무관할 수 없고, 그 변화의 방향을 형성하고 인도하는 이상에 대해서도 중립적일 수 없다. 때로는 상담·심리

치료를 통해 내담자의 고민을 제거하는 것만으로 충분하지 않은 경우도 있다.

따라서 어떤 사람들은 기독교 상담자는 고통을 감소시키는 최소한의 목표뿐만 아니라, 기독교인의 삶에 대한 바람직한 이상을 반영할 수 있는 궁극적인 목표까지 추구할 수 있어야 한다고 주장한다. 예를 들어, 기독교 상담자는 웨스트민스터 신앙고백 소요리문답에 나와 있듯이, "하나님께 영광을 돌리고 그를 영원히 즐거워하는 것"(Westminster Divines, 1648, 1745, 369)을 궁극적인 목표로 세워야 한다는 것이다.

종종, 상담·심리치료사는 우울증을 감소시키는 것과 같은 제한적 행동주의적 치료를 강조한다. 게다가 일부는 도덕적 혹은 영적 상담·심리치료가 아닌 정신건강의 달성이라는 목표만을 제한적으로 추구해야 한다고 주장하기도 한다. 헤론, 제비어 그리고 프리마베라(Herron, Javier, Primavera & Schultz, 1994)의 경우에 정신건강을 '필요, 증진, 그리고 잠재력'의 세 수준으로 구분하면서 현재 의료 서비스의 재정적 보조가 첫 번째 수준에만 제한되어 있다고 지적하기도 했다.

상담·심리치료가 내담자 자신의 '잠재적인 가능성'을 달성하는데 도움을 주어야 한다고 주장하는 내담자들 역시, 인간의 도덕적, 영적 가능성을 상담·심리치료 과정에서 제외해 버리곤 한다. 내담자들 스스로 설정해 버린 이런 제약은 다음과 같은 것으로 인해 생성된다.

(1) 상담·심리치료의 효능에 대한 그들 스스로 갖고 있는 소극적인 자세
(2) '상담·심리치료의 목표는 모두가 알고 있는 것'이라는 검증되지 않은 가정
(3) 상담·심리치료 과정에서 상담·심리치료사의 역할은 제한적이라는 인식
(4) 궁극적인 치료적 목표를 설정하는 과정에서 주관적이고 의욕적 행위에 대한 회의적 시선

후자의 원인과 관련해서 매킨타이어(MacIntyre, 1984)는 "결과에 대한 의문은 가치에 대한 의문과도 같으며, 경쟁관계에 있는 가치들 간의 충돌은 합리적인 수준에서 합의에 이르기 어렵고, 따라서 그 가운데 하나의 가치만이 선택되어야 한다"고 말한 바 있다(p. 26).

그럼에도 불구하고, 상담·심리치료사는 "내담자와 관계를 형성해야만 한다"라는 근본적으로 내재된 치료적 목표를 갖고 있기도 하다(Browing & Cooper, 2004; Jones & Butman, 2011). 다양한 상담·심리치료사가 브래드의 고민('필요' 수준에서 정신건강)을 해결할 수 있을 것이다. 하지만 그렇게 하기 위해서 각 상담·심리치료사는 브래드를 고통스럽게 만드는 증상이 아닌 이상적 방향으로 인도해야만 한다. 이런 '최선의 인성'이라는 내재된 견해는 윤리적 관점에서 분석해야만 한다.

기독교 상담자와 내담자가 상담·심리치료의 목표의 설정에서 기독교 이상을 어느 선까지 포함시켜야 하는지의 문제는 험난하고 어려운 성격을 띤다. 기독교 정신건강 전문가라도 그 어떤 극단적인 입장을 고수할 수는 없다. 또한 기독교와 관련된 도덕적 의무 혹은 이상과 관련해서 절대적으로 중립적 자세를 유지하는 것은 가능하지도 바람직하지도 않다.

하지만 정신건강 분야의 전문가들은 반드시 자신의 전문성을 '정신건강 분야'로 제한해야 하므로 목회자들이나 친구들이 하는 것처럼 내담자가 기독교인으로서 어떻게 살아가야 하는가에 집중하는 것은 쉽지만은 않다.

따라서 문제는 기독교 윤리가 상담·심리치료 과정에 포함해야 하느냐가 아니라, '어떻게' 포함해야 하느냐이다. 세부적으로 이야기하면 상담·심리치료사와 내담자에게는 기독교 이상과 관련하여 어떻게 상담·심리치료의 목표를 설정해야 하는 것인지가 문제가 되는 것이다.

기독교 상담자에게 이 문제는 상담·심리치료를 받게 되는 내담자가 정신장애와 혼란 가운데 상담·심리치료 과정에 임하게 된다는 사실로 인해 더욱 복잡성을 띠게 된다. 내담자들은 고통스러운 상황에서 벗어나고 싶어 하지만 이상과 그들이 발전시키고자 하는 개인적 상태가 무엇인지에 대해서는 명확한 생각을 갖지 않는다.

이는 기독교 상담자에게 기회가 되기도 하지만 동시에 위험 요인이 되기도 한다. 위험을 피하기 위해서 기독교 정신건강 전문가들은 전문가 윤리를 준수하여 상담·심리치료 과정에 임해야만 하고 내담자가 전적이고 자의적인 동의를 했을 때 기독교 윤리에 입각한 상담·심리치료를 제공할 수 있을 것이다.

3. 윤리 이론

학술 영역에서 윤리학자들은 보통 윤리 이론을 언급하기 위해서 '윤리'라는 단어를 사용한다. 윤리 이론에 관심 있는 철학자들과 기타 학자들은 선함, 덕목 그리고 도덕적 의무(또는 모든 도덕적 판단들이 상대적인지)에 대해서 이야기하는 것이 의미 있는 것인가를 밝히기 위해 도덕적 담론 안에서 사용하는 개념들의 의미를 명확히 하려고 노력한다. 그리고 이들은 선함과 도덕적 의무의 근거를 수립하고 우리가 무엇이 옳고 그른 것인지 결정할 수 있게 하는 윤리적 원칙을 세우기 위해서 분투한다.

기독교인은 윤리 이론에 관한 질문에 때로 독특한 답변들을 제공하기도 한다(예: Davis, 2004; Hauerwas &; Wells, 2004; Hays, 1996; Meilaender & Werpehowski, 2005; Reuschling, 2008; Stassen & Gushee, 2003; Wells & Quash, 2010). 이런 독특한 답변들은 거시적 수준에서 그들이 속한 사회와 연관되기도 하고, 다른 기독교인과의 관계에 연관되기도 한다. 윤리적 기준들을 찾고자 할 때, 기독교인은 하나님의 명령(성경이나 교회 전통 안에 기반한 것들)이나 이성, 혹은 하나님과 사람 간의 관계 또는 위에서 언급한 것들의 조화에 집중한다(Long, 1967, 1982).

웰즈와 쿼쉬(Wells & Quash, 2010)는 모든 사람과 관계되는 윤리적 기준과 배제된 자들과 관계되는 윤리적 기준 그리고 교회에 관계되는 윤리적 기준을 서로 차별화하면서 기독교 윤리를 다른 식으로 범주화한다. 기독교에서 통용되는 윤리 이론은 특정 윤리적 기준이나 덕목에 관한 합의가 있을 때, 보편적 윤리와 다를 수 있다.

하지만 대부분의 기독교인들은 윤리와 관련된 질문들이 기독교 세계관에서 바라볼 때, 가장 잘 설명될 수 있다는데 동의할 것이다. "우리는 무엇을 해야 하는가?"라는 질문은 세상은 물질로 구성되어 있으며 윤리와 관련된 질문은 무의미하다고 믿는 사람들보다 인간이란 하나님의 은혜로 부름 받은 하나님의 사랑하는 자녀라고 믿는 사람들에게 더욱 중요할 수 있는 것이다.

윤리 이론은 상담·심리치료 과정에 다양하게 적용된다. 우선 윤리 이론은 상담·심리치료의 목표를 설정하는 과정에 사용될 수 있다. 기독교 및 비기독교 상담자는 브래드가 제니퍼(Brad & Jennifer)와의 현재 관계를 끝내는 것이 좋다는 데 동의한다. 또한 심지어 그의 신의를 저버린 행위가 부도덕하다는 것에도 동의할 것이다. 하지만 다른 이유로 그렇게 해야만 한다는 것에도 동의할 것이다.

한 상담·심리치료사는 그것이 그저 브레드에게 자신의 정신건강 관점과 일치하지 않기 때문에 그 관계를 반대할 것이다. 다른 이는 브래드와 제니퍼의 관계가 정신적으로 건강하지 않다기보다 아마 그 일이 부도덕하다(약속은 만약 지켜지지 않으면 사회에 악영향을 끼치기 때문에 지켜져야만 한다)고 간주할지도 모른다.

하지만 어떤 상담·심리치료사는 결혼을 지지하는 성경을 위반하는 것이기에 부정은 여전히 부도덕한 것이라 말한다. 물론, 많은 심리학자들은 상담·심리치료사가 특정 윤리 이론을 명확하게 언급하는 것은 옳지 못하며, 때로 상담·심리치료사가 특정 이론을 고수하는 것 자체가 적절하지 않다고도 지적한다.

다행히도 상담·심리치료에서 윤리 이론에 대해 평가하기 원하는 기독교 정신건강 전문가들은 최근 이런 이론들이 본질적이며 주요한 관심을 받고 있는 사실에서 유익을 얻을 수 있을 것이다(Browning, 2011; Richardson et al., Tjeltveit, 1999, 2007).

상담·심리치료에 윤리 이론을 적용하는 또 다른 방법은 내담자 자신의 윤리 이론들에 관계된다. 이 윤리 이론들은 아마(때로는 반드시 그래야만 한다) 치료적 관계의 과정에 따라서 바뀌어야만 한다.

예를 들어, 브래드는 쾌락주의적 윤리 이론을 고수하는 것으로 보이는데 "좋은 삶을 산다는 것은 나를 행복하게 만드는 일을 의미합니다"라는 것이 그의 생각이었다.

이는 "하나님을 영원히 즐거워하라"라는 웨스트민스터 신앙고백과 반대되는 것이다(Piper, 1986, 1991). 하지만 어떤 상담·심리치료사는 기독교 윤리 이론을 가진 내담자들을 오히려 브래드가 보여주는 쾌락주의적 자세를 유지하도록 변화시킬 수도 있고, 이 결과를 "정신건강을 획득했다"라고 표현해 버릴 수도 있다.

4. 사회윤리, 공공정책과 합의

윤리 이론에 관한 사회 전반에 존재하는 깊고, 해결되지 않은 긴장관계에서 보았을 때, 특정 윤리적 원칙의 내용, 상담·심리치료가 갖는 윤리적 성질, 상담·심리치료를 대하는 사회의 태도, 상담·심리치료의 윤리적 측면은 다루기 버거운 문제이다.

오늘날 사회에서, 상담·심리치료는 그것이 정신장애와 연관된 고통을 줄이는 역할을 할 수 있다는 이유에서 허용되고 있다. 그러나 사회윤리라는 측면에서 윤리와 관계를 맺으면서 다른 윤리적 문제는 여전히 남아 있다.

어떤 윤리적 자세들이 상담·심리치료에 대한 사회적 허용 범위 내에서 받아들여질 수 있는가?

그리고 사회적으로 무엇이 상담·심리치료의 적절한 역할인가?

이런 질문들에 대답하기 위해서 기독교인은 상담·심리치료에 대한 공공철학과 관련된 사회적 담론에 참여해야만 한다(Browning & Evison, 1991; Michels, 1991). 상담·심리치료의 윤리적 측면에 관한 사회적 합의가 근시일 내에 이루어지기 어렵다고 가정했을 때, 상담·심리치료와 관련된 이해 관계자들은 사회적 담론 과정에 참여할 필요가 있는 것이다(Stiles, Shapiro & Barkham, 1993).

기독교인은 이론에 뿌리를 두고 정신건강 전문가가 사회적으로 긍정적인 기여를 할 수 있음을 인정해야 하며 동시에 자신의 신앙적 전통에 따른 상담·심리치료를 제공하고 또 받을 권리가 있음 역시 주장해야 할 것이다.

어떤 사람들은 종교다원주의의 문제는 종교와 (상담을 포함한) 나머지 삶 가운데 '분리의 벽'을 세움으로써 해결할 수 있다고 이야기한다. 상담·심리치료가 갖는 가치 판단적 성격이 야기하는 문제에 대해 공적 지원을 받는 상담에 종교적인 윤리에 기반한 상담·심리치료가 포함되지 않게 함으로써 다원주의의 문제를 해결하려고 하는 것이다.

이 해결책이 갖는 문제는 이것이 정부 영역에 적용되었을 때 갖는 이점에도 불구하고 신앙윤리·상담은 모두 개인적 사안이라는 사실에서 발생한다는 것이다. 즉, 개인적 사안은 상담·심리치료사나 사회복지사들이 만들어 놓은 기준에 의해 정확히 구분될 수 없는 것이다. 상담·심리치료사나 내담자 모두가 종교적인 사안에 대해서 중립적이기를 기대하는 것은 현실적이지도 않고 바람직하지도 않다.

사회에서 상담·심리치료의 적절한 역할에 대한 의문의 더 나은 해결책은 상담·심리치료가 여러 다른 수준으로 이해될 수 있다는 것에 대한 인식을 포함한다. 니마이어(Neimeyer, 1993)는 한 예로 증가하는 추상적 문제를 해결하기 위해서 상담·심리치료를 네 가지로 구분하여 설명했다.

(1) 전략과 기술(예: 정신분석학에서 해석)
(2) 임상적 이론(예: 정신분석학에서 전이)
(3) 공식적 이론(예: 프로이트의 자아, 원초아, 초자아 등)
(4) 메타 이론(예: 인간 본성에 대한 가정 등 실험적으로 검증되지는 않은 이론이 거기에 포함된다.)

그는 의견 일치가 중간 수준에서 주로 쉽게 발생할 수 있다고 설명했다. 상담·심리치료 과정 중 윤리의 역할에 대한 사회적 합의는 추상적 개념의 중간 수준에서 이루어질 수 있다고도 보았다. 예를 들어, 심각한 심리적 장애로부터 자유를 얻는 것이 좋다는 사실에 대한 윤리적 합의는 이끌어 내기 어려운 것이 아니다.

이런 윤리적 주장은 세부적인 윤리적 주장(예: 성적 비행을 저질러서는 안 된다와 같은)의 중간에 위치한다고 볼 수 있다. 그러나 여전히 세부적 기술이나 윤리이론에 대한 사회적 합의는 존재하지 않으며, 곧 생길 것이라 기대하기도 어렵다.

공공철학은 중간 수준의 목표(심리적 증상을 감소시키는 것과 같은)를 상정하고, 그런 목표가 최상이라고 믿으며 광대한 범위에서 일반적이고 특정 윤리적 주장을 허용하게 된다. 상담·심리치료의 종교적 혹은 철학적 전통과 상이한 상담·심리치료의 형태는 그 목표가 상담·심리치료에 대한 사회적 합의와 일치되는 이상 허용되며 이를 통해 사회 전체 내 다원주의가 허용된다(Tjeltveit, 1996).

따라서 상담·심리치료사가 철학과 목표에 대해 명확히 인지하고 있고 내담자가 그에 대한 정확한 정보를 제공받으며 사회적으로 합의된 중간 수준의 목표가 추구되는 한, 기독교(혹은 불교, 유대교 등등) 윤리에 근간한 상담·심리치료는 사회적으로 허용된다.

이런 종류의 공공철학을 받아들이는 것은 물론, 기독교인 역시 다른 종교적/영적 관점에 기반을 두고 있는 상담·심리치료의 형태나 다른 상담·심리치료사나 내담자가 제공하거나 받기 원하는 상담·심리치료의 형태 역시 받아들여야 함을 요구한다. 즉, 기독교인 또한 다른 상담·심리치료의 방법들도 기독교인이 원하는 것과 동일한 수준의 자율성과 독특성을 갖고 있다고 보아야 할 것이다.

존슨(Johnson, 1993)과 워딩톤(Worthington, 1999a)은 20여 년 전에 기독교 심리학에 대한 기독교적 접근의 효용을 인정함에 있어서 거의 진보가 없었다는 점을 지적했다. 불행히도, 이런 상황은 본질적으로 변화한 것이 별로 없다. 따라서 향후 연구는 상담·심리치료에 대한 기독교적 접근이 갖는 효과(기독교 상담 결과는 전통적인 기준에 의해 평가받아야 할 것이다)와 기독교인이 긍정적으로 여기는 기독교 상담 결과를 평가할 수 있는 기독교만의 기준을 마련하는 것(즉, 상담·심리치료의 결과에 대해 심리적 기능의 증진뿐만 아니라 기독교 관점에서 평가 기준 역시 필요할 것이다) 모두에 집중해야 할 것이다. 이런 연구들이 수행되기 전까지 사회 내에서 기독교 상담을 정당화하는 것은 어려울 수밖에 없다.

5. 결론

기독교인으로서 상담·심리치료를 이해하고 제공하기 위해 우리는 가장 최선의 기독교 윤리 전통과 상담·심리치료의 이론, 연구, 기법 모두에 의지해야 한다. 상담·심리치료에 대해 기독교 윤리가 주는 함의를 제대로 이해하기 위해서 상담·심리치료 과정의 다양한 윤리적 측면을 고려해야 하는데, 여기에는 전문가 윤리, 기독교 윤리의 내용, 기독교 윤리의 상황, 도덕적/비도덕적 요인, 윤리적 원칙과 덕목, 최소한의 의무와 이상, 세부적 윤리 주장과 잠재적인 윤리 이론, 사회 내에서 종교와 상담·심리치료의 합당한 의무 등이 포함된다.

또한 우리는 누구인지, 우리의 성격, 덕목, 영성, 정서, 동기, 관계, 그리고 공동체 등에 대해서도 탐구해야 한다. 이런 사항들 안에서 우리는 상담·심리치료와 기독교 윤리가 갖는 독특성을 조화롭게 탐구해 나가야 할 것이다.

■ 참고문헌

AACC Law and Ethics Committee. (2004). *AACC code of ethics*. Forest, VA: American Association of Christian Counselors.
American Association of Pastoral Counselors. (1994). *Code of ethics*. Fairfax, VA: American Association of Pastoral Counselors.
American Psychiatric Association. (2009). *The principles of medical ethics with annotations especially applicable to psychiatry*. Arlington, VA: American Psychiatric Association.
American Psychological Association. (2002). Ethical principles of psychologists and code of conduct. *American Psychologist, 57,* 1060-73. Also available (with 2010 amendments) from www.apa.org/ethics/code/index.aspx.
Anderson, S. K., & Handelsman, M. M. (2010). *Ethics for psychotherapists and counselors: A proactive approach*. Malden, MA: Wiley-Blackwell.
Annas, J. (1992). Ethics and morality. In L. C. Becker & C. B. Becker (Eds.), *Encyclopedia of ethics*, vol. 1. New York: Garland.
Barnes, F. P. , & Murdin, L. (2001). *Values and ethics in the practice of psychotherapy and counseling*. Buckingham, UK: Open University Press.
Bennett, T. S. (1994). Professional ethics. In R. J. Corsini (Ed.), *Encyclopedia of psychology* (2nd ed., vol. 3). New York: John Wiley.
Bergin, A. E. (1985). Proposed values for guiding and evaluating counseling and psychotherapy. *Counseling and Values, 29,* 99-116.
Browning, D. S. (2006). *Christian ethics and the moral psychologies*. Grand Rapids: Eerdmans.
Browning, D. S., & Cooper, T. D. (2004). *Religious thought and the modern psychologies: A critical conversation in the theology of culture* (2nd ed.). Minneapolis: Fortress.
Browning, D. S., & Evison, I. S. (Eds.). (1991). *Does psychiatry need a public philosophy?* Chicago: Nelson-Hall.
Christian Association for Psychological Studies. (2005). *Ethics statement of the Christian association for psychological studies*. Batavia, IL: Christian Association for Psychological Studies.
Cohen, E. D., & Cohen, G. S. (1999). *The virtuous therapist: Ethical practice of counseling and psychotherapy*. Belmont, CA: Brooks/Cole Wadsworth.

Consoli, A., & Williams, L. (1999). Commonalities in values among mental health counselors. *Counseling and Values, 43*, 106-15.
Davis, J. J. (2004). *Evangelical ethics: Issues facing the church today* (3rd ed.). Phillipsburg, NJ: Presbyterian & Reformed.
Dell'Olio, A. J. (2003). *Foundations of moral selfhood: Aquinas on divine goodness and the connection of the virtues.* New York: Peter Lang.
Doherty, W. J. (1995). *Soul searching: Why psychotherapy must promote moral responsibility.* New York: Basic Books/HarperCollins.
Drane, J. (1991). Doctors as priests: Providing a social ethics for a secular culture. In D. S. Browning & I. S. Evison (Eds.). *Does psychiatry need a public philosophy?* (pp. 40-60). Chicago: Nelson-Hall.
Dueck, A., & Reimer, K. (2003). Retrieving the virtues in psychotherapy: Thick and thin discourse. *American Behavioral Scientist, 47*, 427-41.
Dueck, A., & Reimer, K. (2009). *A peaceable psychology: Christian therapy in a world of many cultures.* Grand Rapids: Brazos.
Forde, G. O. (1969). *The law-gospel debate: An interpretation of its historical development.* Minneapolis: Augsburg.
Fowers, B. J. (2005). *Virtue and psychology: Pursuing excellence in ordinary practices.* Washington, DC: American Psychological Association.
Fuller, D. P. (1980). *Gospel and law: contrast or continuum? The hermeneutics of dispensationalism and covenant theology.* Grand Rapids: Eerdmans.
Gellis, Z. D., Huh, N. S., Lee, S., & Kim, J. (2003). Mental health attitudes among Caucasian-American and Korean counseling students. *Community Mental Health Journal, 39*, 213-24.
Gottlieb, M. C., Handelsman, M. M., & Knapp, S. (2008). Some principles for ethics education: Implementing the acculturation model. *Training and Education in Professional Psychology, 2*, 123-28.
Handelsman, M. M., Gottlieb, M. C., & Knapp, S. (2005). Acculturation as a framework for training ethical psychologists. *Professional Psychology: Research and Practice, 36*, 59-65.
Handelsman, M. M., Knapp, S., & Gottlieb, M. C. (2009). Positive ethics: Themes and variations. In C. R. Snyder & S. J. Lopez (Eds.), *Oxford handbook of positive psychology* (2nd ed.) (pp. 105-13). New York: Oxford University Press.
Hauerwas, S., & Wells, S. (Eds.). (2004). *The Blackwell companion to Christian ethics.* Malden, MA: Blackwell.
Hays, R. B. (1996). *The moral vision of the New Testament: Community, cross, new creation.* San Francisco: HarperSanFrancisco.
Herron, W. G., Javier, R. A., Primavera, L. H., & Schultz, C. L. (1994). The cost of psychotherapy. *Professional Psychology: Research and Practice, 25*, 106-10.
Howard, N. C., McMinn, M. R., Bissell, L. D., Faries, S. R., & VanMeter, J. B. (2000). Spiritual directors and clinical psychologists: A comparison of mental health and spiritual values. *Journal of Psychology & Theology, 28*,

308-20.
Jahoda, M. (1958). *Current concepts of positive mental health.* New York: Basic.
Johnson, W. B. (1993). Outcome research and religious psychotherapies: Where are we and where are we going? *Journal of Psychology and Theology, 21,* 297-308.
Jones, S. L., & Butman, R. E. (2011). *Modern psychotherapies: A comprehensive Christian appraisal* (2nd ed.). Downers Grove, IL: InterVarsity Press.
Jordan, A. E., & Meara, N. M. (1990). Ethics and the professional practice of psychologists: The role of virtues and principles. *Professional Psychology: Research and Practice, 21,* 107-14.
Kaplan, K. J., & Schwartz, M. B. (2006). *The seven habits of the good life: How the biblical virtues free us from the seven deadly sins.* Lanham, MD: Rowman & Littlefield.
Kelly, T. A. (1990). The role of values in psychotherapy: A critical review of process and outcome effects. *Clinical Psychology Review, 10,* 171-86.
Keyes, C. L. M. (2005). Mental illness and/or mental health? Investigating axioms of the complete state model of health. *Journal of Consulting and Clinical Psychology, 73,* 539-48.
Kitchener, K. S. (2000). *Foundations of ethical practice, research, and teaching in psychology.* Mahwah, NJ: Lawrence Erlbaum.
Knapp, S., & VandeCreek, L. (2003). *A guide to the 2002 revision of the American Psychological Association's ethics code.* Sarasota, FL: Professional Resource Press.
Koocher, G. P., & Keith-Spiegel, P. (2008). *Ethics in psychology and the mental health professions: Standards and cases* (3rd ed.). New York: Oxford University Press.
Kotva, J. J., Jr. (1996). *The Christian case for virtue ethics.* Washington, DC: Georgetown University Press.
Kubacki, S. R., & Chase, M. (1998). Comparing values and methods in psychodynamic and cognitive-behavioral therapy: Commonalities and differences. *Journal of Psychotherapy Integration, 8,* 1-25.
Lee, C. (1998). *Beyond family values: A call to Christian virtue.* Downers Grove, IL: InterVarsity Press.
Long, E. L., Jr. (1967). *A survey of Christian ethics.* New York: Oxford University Press.
Long, E. L., Jr. (1982). *A recent survey of Christian ethics.* New York: Oxford University Press.
MacIntyre, A. (1984). *After virtue: A study in moral theory.* (Rev. ed.). Notre Dame, IN: University of Notre Dame Press.
Meilaender, G., & Werpehowski, W. (Eds.). (2005). *The Oxford handbook of theological ethics.* Oxford, UK: Oxford University Press.
Michels, R. (1991). Psychiatry: Where medicine, psychology and ethics meet. In D. S. Browning and I. S. Evison (Eds.), *Does psychiatry need a public philos-*

ophy? (pp. 61-73). Chicago: Nelson-Hall.

Moncher, F. J. (2001). A psychotherapy of virtue: Reflections on St. Thomas Aquinas' theology of moral virtue. *Journal of Psychology and Christianity, 20,* 332-42.

Moncher, F. J., & Titus, C. S. (2009). Foundations for a psychotherapy of virtue: An integrated Catholic perspective. *Journal of Psychology and Christianity, 28,* 22-35.

National Association of Social Workers. (1999). *Code of ethics of the National Association of Social Workers.* Washington, DC: Author.

Neimeyer, R. A. (1993). Constructivism and the problem of psychotherapy integration. *Journal of Psychotherapy Integration, 3,* 133-57.

Oakley, J., & Cocking, D. (2001). *Virtue ethics and professional roles.* Cambridge, UK: Cambridge University Press.

Peterson, C., & Seligman, M. E. P. (2004). *Character strengths and virtues: A handbook and classification.* New York: Oxford University Press.

Piper, J. (1986). *Desiring God: Meditations of a Christian hedonist.* Portland, OR: Multnomah Press.

Piper, J. (1991). *The pleasures of God.* Portland, OR: Multnomah Press.

Pope, K. S., & Vetter, V. (1992). Ethical dilemmas encountered by members of the American Psychological Association: A national survey. *American Psychologist, 47,* 397-411.

Pope, K. S., Sonne, J. L., & Green, B. (2006). *What therapists don't talk about and why: Understanding taboos that hurt us and our clients.* Washington, DC: American Psychological Association.

Radden, J., & Sadler, J. (2008). Character virtues in psychiatric practice. *Harvard Review of Psychiatry, 16,* 373-80.

Reeck, D. (1982). *Ethics for the professions: A Christian perspective.* Minneapolis: Augsburg.

Reuschling, W. C. (2008). *Reviving evangelical ethics: The promises and pitfalls of classic models of morality.* Grand Rapids: Brazos Press.

Richardson, F. C., Fowers, B. J., & Guignon, C. B. *Re-envisioning psychology: Moral dimensions of theory and practice.* San Francisco: Jossey-Bass.

Roberts, R. (2007). *Spiritual emotions: A psychology of Christian virtues.* Grand Rapids: Eerdmans.

Stassen, G., & Gushee, D. (2003). *Kingdom ethics: Following Jesus in contemporary context.* Downers Grove, IL: InterVarsity Press.

Stiles, W. B., Shapiro, D. A., & Barkham, M. (1993). Research directions for psychotherapy integration. In J. C. Norcross (Ed.), Research directions for psychotherapy integration: A roundtable. *Journal of Psychotherapy Integration, 3,* 91-131.

Tan, S. (2006). Applied positive psychology: Putting positive psychology into practice. *Journal of Psychology and Christianity, 25,* 68-73.

Taylor, C. (1989). *Sources of the self: The making of the modern identity.* Cambridge,

MA: Harvard University Press.
Tjeltveit, A. C. (1996). Aptly addressing values in societal contracts about psychotherapy professionals: Professional, Christian and societal responsibilities. In P. J. Verhagen and G. Glas. Zoetermeer (Eds.), *Psyche and faith: Beyond professionalism*(pp. 119-37). The Netherlands: Boekencentrum.
Tjeltveit, A. C. (1999). *Ethics and values in psychotherapy.* London: Routledge.
Tjeltveit, A. C. (2006). To what ends? Psychotherapy goals and outcomes, the good life, and the principle of beneficence. *Psychotherapy: Theory, Research, Practice, Training, 43,* 186-200. 58 Christian Counseling Ethics
Tjeltveit, A. C. (2007). The psychotherapist as Christian ethicist: Theology applied to practice. In D. H. Stevenson, B. E. Eck, and P. C. Hill (Eds.), *Psychology and Christianity integration: Seminal works that shaped the movement* (pp. 268-76). Batavia, IL: Christian Association for Psychological Studies.
Tjeltveit, A. C., & Fowers, B. F. (Eds.). (2003). Explorations of human excellence in behavioral science: Rediscovering virtue in scholarship, teaching, and practice [special issue]. *American Behavioral Scientist, 47*(4).
Tjeltveit, A. C., & Gottlieb, M. C. (2010). Avoiding the road to ethical hell: Overcoming vulnerabilities and developing resilience. *Psychotherapy: Theory, Research, Practice, Training, 47,* 98–110.
Wakefield, J. C. (1992). Disorder as harmful dysfunction: A conceptual critique of *DSM-III-R*'s definition of mental disorder. *Psychological Review, 99,* 232-47.
Walsh, R. A. (1995). The study of values in psychotherapy: A critique and call for an alternative method. *Psychotherapy Research, 5,* 313-26.
Weiner, N. O. (1993). *The harmony of the soul: Mental health and moral virtue reconsidered.* Albany: State University of New York Press.
Wells, S., & Quash, B. (2010). *Introducing Christian ethics.* Malden, MA: Wiley-Blackwell.
Westminster Divines. (1648, 1745). The shorter catechism agreed upon by the assembly of divines of Westminster with the assistance of the commissions from the Church of Scotland. In *A compendium of the Westminster Confession of Faith and the Shorter and Longer Catechism.* Philadelphia: Benjamin Franklin. pp. 367-410.
Worthington, E. L., & Berry, J. W. (2005). Virtues, vices, and character education. In W. R. Miller and H. D. Delaney (Eds.), *Judeo-Christian perspectives on psychology: Human nature, motivation and change* (pp. 145-64). Washington, DC: American Psychological Association.
Worthington, E. L., Jr. (1988). Understanding the values of religious clients: A model and its application to counseling. *Journal of Counseling Psychology, 35,* 166-74.
Worthington, E. L., Jr. (1993a). Critical issues in the study of psychotherapy and religious values. In E. L. Worthington, Jr. (Ed.), *Psychotherapy and religious values* (pp. 17-26). Grand Rapids: Baker.

Worthington, E. L., Jr. (1993b). Psychotherapy and religious values: An update. In E. L. Worthington Jr. (Ed.), *Psychotherapy and religious values* (pp. 127-44). Grand Rapids: Baker.

Zimbardo, P. G. (2007). *The Lucifer effect: Understanding how good people turn evil.* New York: Random.

제3장

기독교 정신건강 전문가의 자질

리차드 버트맨(Richard E. Butman)

　다른 사람을 돕는 전문분야의 법적, 윤리적 논란 가운데 가장 흥미로운 것 가운데 하나는 전문적인 능력의 개념을 정립하는 것이다(예: Corey, Corey & Callanan, 2011; Keith-Spiegel & Koocher, 2008). 흔히 내담자의 행복은 정신건강 전문가가 자신의 장점과 기술뿐만 아니라 약점과 한계까지도 잘 파악하고 있는지에 따라서 직접적으로 영향을 받는다고 여겨지고 있다. 다른 말로 하면 능력은 상담·심리치료, 임상전문지식(clinical expertise), 높은 수준의 자아 인식 그리고 효과적인 대인관계로 정의되곤 한다(Corey & Corey, 2011).

　분명히 다른 사람의 동기와 관계에 대해서 통찰력 있게 탐구할 수 있는 능력은 쉽게 가르칠 수 있는 것이 아니고, 평가하기도 곤란하며, 완벽하게 아는 것이 불가능하다. 하지만 정신건강 전문가로서의 법적, 윤리적 기능을 잘 수행하기 위한 몇 가지 중요한 기능이 있다(Keith-Spiegel & Koocher, 2008). 아마 정신건강 전문분야만큼 전문가의 행동과 특성이 내담자에게 지속적으로 중요하고 잠재적인 영향을 미치거나 또는 결과적으로 성공과 만족에 직접적으로 기여하는 전문분야는 없을 것이다(Meier, 2008).

　모든 기독교 정신건강 전문가들은 암묵적으로 또는 노골적으로 사람들을 '화나게'(즉, 인격의 작동 모델: working model of personality) 하는 것이 무엇인지에 관한 몇 가지 가정, 사람들은 자신의 삶에서 어떻게 하여 '짜증'(즉, 정신병리학의 작

동 모델: working model of psychopathology)이 나는 지에 관한 정서, 그리고 어떻게 가장 잘 치유하고 성장할 수 있는지에 관한 신념(즉, 상담·심리치료의 작동 모델: working model of psychotherapy)을 갖고 일을 한다. 이런 가정들은 정확하게 평가하고, 효과적으로 치유하고 때로는 심지어 영혼의 재앙(calamities of the soul)을 방지하고자 하는 우리의 시도와 목적을 이끌어 줄 수 있는 잠재성을 갖고 있다(Yarhouse, Butman & McRay, 2005, cp. 1).

그런 우리의 일관된 신념과 행동은 다른 사람을 돕고 치료하고자 하는 우리의 노력이 유능한 자로 여김 받고자 하는 욕망뿐만 아니라 우리 내면의 인격과 우리 일에 대한 절대적인 존중을 받고자 하는 것임을 깊이 반영해주고 있음을 말해준다.

요약하면 문제는 단순한 도덕적 준수(mere ethical compliance)에 그치는 것이 아니고, 보다 정확하게는 우리가 행하는 일의 모든 측면에서 하나님을 섬기는 것이 무엇을 의미하는가에 대한 깊은 이해이다(Jones & Butman, 2011, cp. 12). 분명히 정직과 겸손 그리고 기본적인 존엄과 모든 인간의 존엄에 대한 깊은 존중은 그런 말과 행동에 의한 결단의 명백한 증거가 될 것이다.

"너 자신을 알라"(Know thyself)는 명언은 분명히 모든 기독교 정신건강 전문가가 마음에 두어야 할 것이지만 그것은 진정한 지혜와 인간성이 동반되어야 한다(Evans, 1989). 더 나아가 기독교 정신건강 전문가들은 항상 그들의 모든 전문적인 일에서 하나님과 교회를 섬기고 하나님을 떠올릴 것이 요구된다. 이 고귀한 관심(lofty concerns)은 정신건강분야의 심화된 경쟁, 횡행해진 학계의 영역 다툼, 업계의 재정 보안 문제 등과 같은 보다 지루하고 뇌리를 사로잡는 문제들과 마주치게 된다.

결론적으로 자아 인식의 치료 및 인간과 인간의 고통에 대한 진정한 기독교적 이해를 위해서 명료한 사고에 대한 험난한 방해물들을 피하는 것은 더욱 어려워졌다(Anderson, 1990; Benner, 1983; Oden, 1984; Tidball, 1986).

이 장에서는 기독교 정신건강 전문가의 능력을 정의해 보고자 하는 시도에 관해서 탐구할 것이다. 이는 수련이나 전문가 면허/자격증 발급 문제뿐만 아니라 지속적인 교육, 수련감독, 영적 성장 등 다양한 것에 대해 다룰 것을 시사한다(Collins, 1991). 또 이 전문분야의 복리후생의 유지 차원을 넘어서 기독교적 특성과 존엄을 위해서 일종의 집단적 책임을 다루는 것 또한 필요불가결한 것으로 보인다.

아마도 이는 모든 기독교 상담운동이 과학적 초보 단계와 현재의 신뢰성 문제를 넘어서 시장과 매스미디어에서 보다 책임감 있는 목소리를 낼 수 있도록 촉구할 것이다(Butman, 1993). 여기서의 논의는 필요상 검증받은 또는 전문가 면허/자격증을 취득한 상담·심리치료사, 결혼/가족치료사, 정신의학자, 정신의학 간호사, 심리학자, 사회복지사를 위한 직업적인 적용에 국한될 것이다.

이것은 평신도 및 준전문 상담·심리치료사나 수 세기 동안 이어져온 목회돌봄 전통의 중요성을 경시하는 것으로 해석해서는 안 된다(Clesch & Jaekle, 1975; Holifield, 1983; 그리고 그 밖의 이 책 Blackburn의 글 참조). 최근, 맥민과 캠벨(McMinn & Campbell, 2007), 맥민과 믹(McMinn & Meek, 1996), 야하우스, 버트맨 그리고 맥레이(Yarhouse, Butman & McRay, 2005) 등의 연구들이 이 분야의 적용에 특히 도움이 될 것이다.

다른 사람을 돕는 전문분야의 능력은 정의하기가 어렵고 평가하기란 더욱 어렵다. 정신건강 학문분야의 표준과 전문가 면허/자격증이 제각각 다르고, 능력의 경계와 기술의 한계를 논하는 시도도 논란이 매우 많다. 다행히도 각 주요 전문가협회(부록 1)가 그들 각각의 윤리 규정을 통해 그런 시도를 해왔다. 미국기독교심리연구학회(CAPS, 2005) 역시 전문가의 윤리에 관한 설명서를 출간한 바 있다(www.caps.net에서 구독 가능, 미국기독교심리연구학회 윤리 규정 "능력"에 관련된 부분 참고).

제2.1조 # 능력의 한계

a. 미국기독교심리연구학회(CAPS) 회원들은 적절한 교육 배경이나 추가적인 수련, 수련감독 상담사 밑에서 실습 경험, 상담·심리치료, 연구 또는 전문적인 경험이 없는 한, 상담·심리치료의 교육을 포함한 일체의 서비스를 제공하지 않는다.

b. 미국기독교심리연구학회 회원들은 특수 계층의 특별한 수요에 신경을 쓰고, 그와 관련된 수련을 받아야 한다는 것을 보장한다.
c. 미국기독교심리연구학회 회원들은 새로운 영역의 서비스를 계획할 때에는 적절한 추가적인 수련을 추구한다. 실습이나 연구를 마칠 때에는 미국기독교심리연구학회 회원들은 그들의 능력을 보장하고 다른 사람에게 피해를 끼칠 위험성을 최소화하기 위한 합리적인 단계를 밟는다.

제2.2조 # 지속적인 교육

미국기독교심리연구학회 회원들은 능력을 유지하기 위해서 지속적인 교육 및 수련의 기회를 추구한다.

제2.3조 # 개인적 문제

미국기독교심리연구학회 회원들은 개인적인 문제나 갈등을 야기할 염려가 있는 전문 활동을 지양한다.

주요 정신건강 전문영역으로부터의 위와 같은 문헌과 지침을 탐구하는 과정에서 다음과 같은 몇 가지 결론은 불가피하다.

1) 전문가가 어떻게 자신의 능력의 한계를 인정해야 하는지가 항상 분명한 것은 아니다. 분명히 고급 학위나 인허가 및 전문가 면허/자격발급 등의 과정 하나만으로 구체적인 상담·심리치료의 기술과 감각을 보장할 수는 없다.
2) 무능력한 전문가들의 행위들을 탐지하고 심판할 책임을 지고 있는 현 체계에서 각 기관들(예: 주 정부의 인허가 또는 자격관리위원회, 제3자 지불자질심사 프로그램, 전문가표준심사위원회, 전문가협회 등)은 종종 현재의 규범들을 정신건강 전문가에 대한 구체적인 불평 사례에 적용하는데 큰 어려움을 겪는다.
3) 전문가협회에서 제명이나 심지어 전문가 면허/자격증 또는 인허가의 박탈

이 언제나 비윤리적 행위들에 대한 억제제가 되었던 것은 아니다. 이렇게 볼 때, 기소된 피해가 실제로 행해진 사태에서의 소송(교회에서의 소송)이 급증해온 것은 놀라운 일도 아니다(Ohlschlarger, 1991).

4) 윤리 규정은 수련생들이 현재의 수련 규범을 받아들이거나, 상담·심리치료의 결과 자료를 비평하고 심도 있게 연구하거나, 보다 많은 경험이 있는 수련생과 상담·심리치료를 하거나, 새로운 기술을 배우고 적절한 수준의 수련을 추구하도록 강요할 수는 없다.

예를 들어, 언제 의뢰할지 아는 것이나, 어떻게 내담자에게 가장 유용한 사람이 되게 할지를 배우는 것은 기존 동료 간 사회적 연계망의 협조체계로 이루어지는 매우 고단계의 정제된 기술이다.

하지만 슬픈 현실은 현재 인허가 및 전문가 면허/자격증 발급은 진행 중이고 앞으로도 계속될 내담자의 만족 의지에 대한 충분한 지침이 부족하다는 것이다. 전문가 윤리 규정은 수련생들이 동료의 비평이나 상담기관을 활용하거나, 지속적인 교육에 참여하거나, 수련감독을 통해서 발전한다. 그러나 한 사람의 전문가로서 계속 설 수 있도록 온전하게 해 줄 수는 없다(Corey & Corey, 2011).

그렇다면 최소한 능력은 자신의 장점과 약점의 인식, 전문직을 통 털어 더 나아가기 위한 상담·심리치료, 수련, 수련감독을 지속적으로 받아야겠다는 겸손을 의미한다. 이것은 다른 사람들이 실제적인 전문 수련을 받지 못하거나 경험을 갖고 있지 못한 것에 대해 용납하지 않는 것도 포함된다. 특별한 방식의 치료나 실험을 하려는 사람은 그런 서비스를 제공하기 위해서 필수적인 기술과 지속적인 수련을 받았다는 것을 확신할 수 있어야 한다.

정직, 철저한 자기 평가도 마찬가지로 아마 일정한 형태의 책임집단 안에서 가장 잘 개발될 수 있는 능력인 지혜, 안목을 필요로 한다. 우리는 학문적, 실용적 준비가 능력을 보장해 줄 것이라고 기대하면 안 되고, 그것을 인허가 및 전문가 면허/자격증 발급기관에 맡겨 두어서도 안 된다.

윤리 규정은 태생적으로 너무 일반적인 경향이 있고 무능력한 관례들을 분별해 내기에는 구체적인 사례들을 너무 적게 제시해 주기 때문에 정규교육과 자격을 넘어서 유능해지기 위한 결단을 포함하는 '능력'들에 관한 합의를 도출해야 하는 과제들이 남게 된다(Keith Spiegel & Koocher, 2008).

이 주제에 관한 몇 안 되는 양질의 연구들 가운데 하나인 피터슨과 브라이(Peterson & Bry, 1980)의 분석에 따르면, 이들은 임상수련 프로그램을 마칠 무렵 무능한 학생, 상담·심리치료사와 유능한 학생, 상담·심리치료사를 구별지어주는 네 가지 요소를 추출해냈다. 그것들은 전문가로서의 책임, 대인관계에서의 온화함, 총명함, 그리고 경험이었다.

맥레모어(McLemore, 1982)의 매우 뛰어난 한 기독교 정신건강 전문가에 대한 보고에서도 이와 매우 흡사한 것을 찾을 수 있다. 맥레모어(pp. 171-72)에 따르면, 유능한 심리학자는 진심으로 사랑하고, 봉사하는 것을 두려워하지 않으며 진실로 소통해왔다. 그리고 그녀는 기독교 신앙도 깊었다. 이는 그의 삶에 기반하여 전체적인 조화를 이루었다고 멕레모어는 말한다.

더 나아가 공허한 종교 언어에 의지해서 잡생각과 감정을 떨쳐내려는 모습도 보이지 않았다고 한다. 그녀의 믿음을 보여주는 많은 사례들을 통해서 그 역시 충만해 질 수 있었다. 하지만 그가 가장 인상적이었다는 그녀의 다섯 번째 능력은 "비상한 전문적인 능력"이었다.

> 표면적으로는 여기에 특별히 기독교적인 것은 없어 보인다. 기독교를 믿지 않는 현역 전문가들 가운데에도 유능한 사람들이 많다. 사실, 나는 기독교 전문가가 아니라 차라리 내담자라고 칭하고 싶은 무능한 상담·심리치료사를 꽤 많이 알고 있다. 하지만 하나님이 만물의 근원이라면 누가 그랬든 상관없이 결국 능력에는 기독교적인 것이 있다. 게다가 나는 그녀의 사람들에 대한 기독교적 사랑이 그녀가 상담·심리치료, 임상 경험을 개발시키도록 한 원동력이 되었다고 확신한다(p. 172).

이와 유사한 주제에 관한 최근 논의는 동일한 저자의 뛰어난 논문(McLemore, 2006)에서 찾을 수 있다. 요약하면 전문가 실무에서 능력은 몇 가지 덕목

(Roberts, 1993 비교)이나 심지어 성격 형성 과정(Holmes, 1992 비교)으로 이해 될 수 있을 것이다.

가장 기본적으로 대인관계 능력과 감수성에는 반드시 상담·심리치료 및 임상 경험이 뒤따라야만 한다. 이런 능력을 정의하는 것은 아마 인허가 및 전문가 면허/자격증 발급기관 또는 심지어 전문가협회의 범주를 넘어서는 것이다. 입학위원회가 잠재력을 알아보는데 어려움을 겪는 것, 수련 프로그램들이 어떤 기준을 수립하기 위해서 노력하는 것, 그리고 전문가협회들이 구성원들에게 실무적으로 탁월해지려고 유지 및 발전시키도록 장려하는 최선의 방법이 무엇인지 잘 모르고 있다는 것은 놀라운 일도 아니다. 이런 결과는 도움을 주는 전문직에서 최근에 부상하는 효과적인 대처 기법과 회복이라는 도움의 주제들과 잘 부합하는 것 같다(예: Anderson, 2000; Norcross & Guy, 2007; Pargament, 1997).

잘 극복하는 사람들은 의미 있는 관계에 깊이 연결되어 있고, 효능에 대한 뚜렷한 감각을 갖고 있으며(예: 그들은 재능을 개발하는데 열성적이다), 항상 무엇이 그들에게 의미가 있는지, 삶의 목표가 무엇인지에 대해서 예리하게 초점을 맞추고 있다.

보다 개인적 측면에서 보면 그들은 다른 사람에게 건방지거나 고립되어 있지 않다. 그들은 항상 충고에 대해서 열려있고 수용적이며(강한 동료 책임), 건강한 관계에 깊은 관심을 갖고 있으며(강한 공동체 의식), 지속적인 상호 통찰의 과정에 헌신적이다.

요약하면 그들은 자신의 정신적, 정서적, 신체적, 영적 건강(well being)뿐만 아니라(Bilezikian, 1997) 그들의 가족, 가까운 사회적 관계, 신앙 기반의 공동체(개교회)에 대해서 항상 깊은 관심을 기울이고 있다.

우리는 이미 앞에서 정신건강 전문가협회나 인허가 및 전문가 면허/자격증 발급기관들이 상담·심리치료, 임상 능력을 정의하고 평가하는데 왜 어려움을 겪고 있는지에 대한 몇 가지 이유를 살펴보았다.

하지만 통찰력 있고 영리한 책임집단이라는 상황에서 보다 더 정직하고 철저한 자기 평가가 요구되는 기독교 정신건강 전문가들은 또 다른 도전들에 직면하게 되었다. 미국기독교심리연구학회 윤리 규정 제2.0조에 명시되어 있듯이,

"모든 기독교 정신건강 전문가들은 능력을 유지하기 위해 지속적인 교육 및 수련의 기회를 추구해야" 한다.

나에게 그것은 또한 끝이 없는 책임, 상담·심리치료, 수련감독의 과정을 의미한다. 이 바람직한 최종 목표를 위해서 열성적인 기독교 상담자와 그들이 속한 공동체 사이의 대화를 조성하기 위해서 몇 가지 지침이 제공될 것이다. 내 생각으로는 기독교 정신건강 전문가의 능력에 관한 쟁점을 풀어내는 것은 성경의 범주와 목적을 벗어난 일이다(Jones & Butman, 2011).

하지만 특정 주제는 상담·심리치료, 임상전문지식들을 넘어서며, 대인관계에서 온화함은 이 논의와 고도로 관련이 있다. 이 지침들은 분명 나의 개인적 편견과 신념을 반영한 것이다(나는 전문가 면허/자격증을 취득한 상담·심리치료사이고 정규 신학훈련을 받았으며 기독교 교양과목과 대학원과정에서 30년 이상 연구했다).

이런 관점에서, 나는 단지 살아남는 것이 아니라 성공하는 상담·심리치료사를 관찰할 수 있었고, 또한 끔찍한 선택을 하여 그들 자신뿐만 아니라 다른 사람들에게도 해를 끼친 사람들도 보아왔다. 극도의 피로, 공감 능력의 감퇴, 개인적 상실로 인해 실수하는 사람들이라는 점을 당연히 고려해 볼 때, 건강하게 사는 사람들은 대개 사람, 문제, 과정들에 대해 끊임없이 관심을 갖고 있는 반면, 전자는 돌봄과는 거리가 먼 권력, 특권, 이익에 상당히 '집착'한다(Foster, 1985). 요약하면 오만과 고립은 도덕적 타락과 실패로 가는 지름길이다(Norcross & Guy, 2007).

1. 기독교 상담자로서의 능력 향상을 위한 10가지 지침

1) 주요 정신건강 수련학과에서 엄격한 수련을 권한다.

구체적으로 이 수련은 적어도 종교적으로 공인된 전문대학 또는 종합대학교에서 석사학위과정 이수를 통한 정규교육과정을 포함해야 한다고 생각한다. 특정 수련에서는 전공이수와 집중적인 상담·심리치료, 임상 수련이 요구된다(예:

사회활동을 위한 사회복지학위[MSW]에 겸한 실습강좌, 철학박사 또는 심리학박사, 임상/상담심리학 인턴쉽, 의학박사, 정신의학 전문실습 등이 있다).

기독교 상담활동에 처음 입문할 때, 밀알(필요한 것)과 이에 수반되는 짚(불필요한 것)에 대한 내용을 담은 『레비코프의 관심』(Levicoff's Concern, 1993)을 추천한다. 적어도 미국의 50개 주(state) 가운데 40개 주에서 전문가 면허/자격증 발급관련 법규가 마련되어 있기 때문에 명목적인 봉사활동부터 의무적인 실습활동까지의 전 범위에서, 어떤 주에서도 전문실습을 받기 위해 필요한 전문가 면허/자격증을 가진 후보자로 여겨질 때조차도 우리는 선행교육 및 수련을 진지하게 받아들일 의무가 있다.

보수적인 기독교 집단에서 매우 지나칠 정도로 많이 나타나는 반지식인적 태도에 대한 내용을 담고 있는 『놀의 불안』(Noll's Anguish, 1994)을 추천한다. 나는 모든 학제적 수련에서 하나님의 진리에 개방적이고 수용적인 건전한 마음가짐을 통해 크게 자신감을 얻는다(예: Browning, 1987; Collins 1989; Holmes 1977). 나의 독자적인 분야에 기독교 정신건강 전문가의 여러 활동에 직접적으로 적합한 이론적이고 적용 가능한 학술논문이 많다고 확신한다(Jones & Butman, 2011; Yarhouse, Butman & McRay, 2005).

모든 심리학적 사고 구조는 기독교인의 사고 구조와 양립 가능한 점과 불가능한 점을 수반한다. 나는 성경이 그 자체로서 모든 인간의 필요를 충족시키기에 충분하다고 가정하는 것(Bobgan & Bobgan, 1987, p. 11)이나 하나님의 종이 되기 위한 자격을 갖추는데 성경만을 공부하는 것으로 충분하다고 생각하는 것(Adams, 1979, p. 46)은 실수라고 생각한다. 가장 기초적인 수준에서 이런 입장은 일반계시나 일반은총을 부정하는 위험을 수반한다(예: 모든 진리는 하나님의 진리).

결론적으로 나는 정신건강 분야에 대해 만연해진 불신과, 일부 기독교인들이 상처받은 내담자에게 재차 상처를 주는 것(Carlson, 1994)으로 인해 크게 어려움을 겪었다. 그럴지라도 기독교 정신건강 전문가의 궁극적인 과업은 기독교적 신뢰의 상호관계를 견고하게 하는 것과 동시대 학문 및 전문가 기준에서 최선을 다해 그들의 의견을 반영하는 것이다.

요약하면 우리는 주요 이론과 유형, 그리고 우리가 선택한 정신건강분야의 가치와 문화에 정통하지 않는 이상, 정신건강 전문가로서의 진정한 기독교적 특성을 확립하거나 유지할 수 없다.

이것이 고급 학문적 배경에 부속된 레지던트 훈련 과정과 분리되어 따로 이루어지는 방식은 나로서는 이해할 수 없는 일이다. 레지던트 훈련 과정 환경에서만 정기적 대화와 토론의 기회가 있으며 이는 통합적인 학습을 위해서 매우 필수적이다. 이러한 환경에서만 공동체가 형성되고, 모델링과 멘토쉽 등이 발생할 수 있으며, 학생들이 동료와 교수에 의해 정기적으로 참여할 책임을 갖게 된다.

희생은 그럴만한 가치가 있으며 잠재적으로 훌륭한 기독교인을 배출하리라 믿고, 시간과 재능, 자원에 있어서 훌륭한 기독교인이 갖는 책임감의 형성이 가능하리라 믿는다. 나는 공동체 환경에서 실질적인 상호작용과 관련 없이 이것이 일어날 수 있는지에 대해 의구심을 갖는다.

확실히 일부 프로그램과 기관은 여타 다른 기관이나 프로그램보다 우수하지만, 어디서 훈련을 받아야 할지 선택하는 것은 말처럼 그렇게 쉽지 않다. 우리는 타인을 돕는 전문적인 일을 수행할지 말지에 대한 정보를 제공하여 현명하게 결정하도록 다음 세대를 도울 필요가 있고, 이들이 교육과 훈련을 통해 최대한 많은 것을 얻을 수 있도록 실용적인 정보를 이들에게 제공할 필요가 있다(Corey & Corey, 2008, cp. 1).

우리 중에 이미 선택하여 실천하고 있는 사람들을 위해서, 우리는 교육에 대한 우리의 책임이 교육이나 훈련 환경에 국한되지 않고 초월해야만 한다는 것을 충분히 깨달아야 한다(즉 배움은 끝이 없는 과정이다). 우리 중에서 학문과 임상 환경에서 일하는 사람들이 학생을 선택할 때, 학생들을 감독하고 수련하는데 있어서 최선의 방법이 무엇인지 신중한 주의를 기울여야 하며, 우리가 제시하는 교육 과정과 전문가 면허/자격증 발급 및 졸업자 선정의 기준에 신중한 주의를 기울여야 하는 것은 필수적이다(Corey, Corey & Callahan, 2011).

정신건강 전문가의 자격은 적지 않은 분량의 그들이 받았던 학문적 환경 및 수련, 수련감독의 경험과 그들이 직접적으로 관찰했던 모형(Guy, 1986)을 반영한다. 이런 '각인'의 과정은 아마 개개인 각자가 전문가로서의 성장에 있어 더 큰 가능성의 잠재력에 어떤 한계를 부여할지도 모른다. 그리고 이것은 탁월하기 위해 실천하는 하나의 중요한 표현이다.

2) 우리는 초급과 그 이상의 수련에 있어서 다양성을 경험하도록 권해야 한다.

이는 현대의 다문화 상담·심리치료 모델에 국한되는 것이 아니라 다양한 훈련분야 중 하나이다. 사람을 돕는 것에 대한 전통적인 접근이 교차 문화적 상황에서 항상 적용 가능한 것은 아니다. 우리 문화는 눈에 띄게 품위 있는 능력을 요구하는 다원론적 문화이다. 여기서 능력이란 아주 상대주의적이지 않으면서도 겸손한 역량을 말하고 지나치게 독단적이거나 융통성이 없이 판단하지 않는 역량을 의미한다(Mouw, 1992).

우리는 겸허함과 개방성을 키울 필요가 있다. 그리고 개방성은 우리가 모든 사람들의 본질적인 인간성을 볼 수 있게 해 준다. 우리의 이론과 가치에 대한 오만과 완고함은 분명히 우리와 크게 다른 경험들을 갖고 있을 수 있는 다른 사람들과의 관계에서 능력을 약화시킬 것이다. 우리는 인종이나 민족 정체성, 나이, 사회-경제적 지위, 종교적인 관계나 성 등에 대한 논점을 둘러싼 지나친 편협함과 불필요한 갈등이 만연한 사회에서 살고 있다.

이상적인 전문가 준비과정은 다양한 논점에 중점을 둔 교육 및 수련경험을 포함해야 한다. 전문가 면허/자격증을 취득한 사람들은 이 영역에 자극을 주고 촉진시키는 지속적인 교육, 수련감독을 활발하게 추구해야 한다. 이것은 희망적으로 비다원론적인 사회에서 벼랑 끝에 몰리고 상처받은 사람들과(Corey, Corey & Callahan, 2011) 민족 중심적이고 문화에 경계를 두는 태도에 의하여 목소리를 잃은 사람들(Van Leeuwen et al., 1993)에 대해 자각시켜준다는 것이다.

다양성에 대한 직면은 서로 다른 사회복지 수혜 대상자인 만성 상태의 내담자와 정신장애자, 그리고 이로부터 파생되는 여러 상황들(낮은 사회, 경제적 지위, 낮은 사회성, 교육받을 기회의 부족 등)로 인해 사회에서 소외되고 있는 다른 수혜자에 대한 것 또한 포함해야 한다.

다양성에 대한 존중은 주요 이론에 적극 반영되어야 한다. 격한 논쟁은 상담·심리치료 및 임상실습에서 책임감 있는 절충주의나 이론적 통합주의로 해결될 수 있다(Jones & Butman, 2011, ch.11). 실습/수련, 수련감독에 있어서 이론적 배타주의에 대한 근거는 없다. 가장 현대적인 정신건강 환경의 요구는 유연성과 상담·심리치료를 받는 사람들이 이로부터 많은 것들을 배우고자 하는 의지, 인식상의 겸손을 수반한다. "너 자신을 알라"는 우리의 경험과 매우 다른 경험을 가진 다른 사람들을 알고 싶어 하는 강한 열망과 동등하게 결부되어 있다고 생각한다(Palmer, 1993).

우리 문화는 거대한 변화와 변천 가운데에 있는 것처럼 보인다. 내 삶에서 일어났던 변화들을 돌이켜봤을 때, 세계 시민이자 세계 기독인이 되는 것은 가장 중요하고 도전적인 일이었다. 나는 화해와 변화를 진정으로 촉진한 전략을 장려하려 고군분투하는 "케이프타운 2010"(Cape town 2010) 같은 그룹의 업적에 갈채를 보낸다(the Lau-sanne Conference-www.capetown2010.com).

경쟁력 있는 기독교 정신건강 전문가들은 반드시 세계의 사건들이 그들의 내담자들에게 어떻게 영향을 미치는지에 대해 정확히 알고 있어야만 한다. 매일 이어지는 일상 속에서 맥락과 상황을 더 완전히 이해하고 배우는 것은 우리의 일에서 그렇게 중요하게 여겨지지 않았던 것 같다.

3) 우리는 모든 기독교 정신건강 전문가와 학생들이 주의 깊은 수련감독과 정기적인 상담·심리치료에 시간을 할애할 것을 권한다.

비록 그런 수련감독 및 상담자문의 질과 양은 다양하지만 이것은 거의 모든 실습과 수련 환경에서 요구된다. 이것이 제대로 진행될 때, 수련자는 전문적인 역할과 책임감을 갖고 수행할 수 있는 윤리적 문제에 대해 보다 많은 것을 배울 수 있으며, 이런 역할 간의 분명한 경계를 지킬 필요성과 두 사람 간의 있을 수 있는 위험성에 대해 보다 많이 배울 수 있다(Corey, Corey & Callanan, 2011).

이런 맥락 속에서 치료 과정에 있는 내담자에 대한 자아 인식의 강점, 약점, 그리고 통찰을 개발할 수 있다. 이것이 자아탐구와 성장의 촉진제가 되고 하나의 모델과 멘토쉽 관계가 될 때 이상적이라 할 수 있다. 만약 상담·심리치료사의 사적인 생활에서 개인적 문제가 발생한다면, 도움을 위해 다른 전문가에게 위탁을 진행하는 가장 좋은 방법을 쉽게 알게 된다. 만일 한 사람이 본인의 전문지식의 한계를 인식한다면, 그 사람은 시기적절하게 다른 정신건강 전문가에게 의뢰할 수 있다.

신중한 수련감독 및 정기적인 상담자문은 실습이나 수련의 공식적 요구사항을 넘어서 지속되어야 한다. 전문가 면허/자격증을 취득하게 되는 것이 친밀함과 일대일 책임감의 필요성에 종지부를 찍는 어떤 신호여서는 안 된다. 다양한 방식이나 열정을 경험하는 것은 잠재적으로 유용하다. 그리고 개인과 집단 간 관계의 조합은 이상적이다.

이런 식의 정기적인 피드백과 임상기술을 연마할 수 있는 기회가 기독교 정신건강 전문가에게 복잡하고 종종 혼란스러운 불필요하고 상관없는 일로써 인식될 수 있다는 것이 내게 얼마나 난감한 일인지 모르겠다.

그렇다 치더라도 전문가 면허/자격증 취득을 넘어선 지나친 수련감독은 비용이 많이 들고 시간낭비일 수 있다. 우리가 교육 및 수련을 지속하려는 노력은 가장 가치 있는 투자가 될 수 있는 잠재력을 갖고 있기 때문이며, 최선을 다해 지속적으로 노력하는 매우 실질적인 표현이라고 믿기 때문이다. 사실, 우리가 완전성과 거룩을 보다 성공적으로 훌륭하게 측정하는 것을 목적으로 하든 하지 않든 신중하게 말해야 하고, 우리가 할 수 있는 최선을 다해야 할 것이다.(Malony, 1994)

나는 머지않아 곧 효과적인 임상수련감독이 수련생(supervisee)의 선택적 자기보고서에 의존하는 대신, 실제적인 자료(예: 오디오테잎이나 비디오테잎)에 근거하여 지도하게 될 것이라고 생각한다. 우리는 모두 이기적 편향을 갖는 경향이 있으며 우리 중에 누구도 이미지 관리의 유혹으로부터 자유로울 수 없다.

뛰어난 수련감독 상담사는 내담자의 실제 말과 행동 속에서 내담자에 대한 우리의 반응에 관심을 집중할 수 있도록 만들 것이다. 이상적인 것은 완전한 몰입이라 할 수 있으며, 이것은 수련감독을 받는 사람과 수련감독 상담사가 동시에 협력 작업을 진행하는 것이다. 나는 진실하고 신뢰할 수 있는 역할 모델의 능력을 더욱 존중하게 되고, 가장 직접적이고도 친밀한 방식으로 진행되는 수련감독이 이루어지는 날을 꿈꾼다.

4) 우리는 법적인 자격과 전문가 면허/자격증을 취득하기를 권한다.

정신건강 전문가들은 대부분의 전문가 면허/자격증이 인정받을 수 없다는 것을 보통 인정한다(예: 그들은 상담·심리치료 실무자들에 대해 일을 함께해도 될 자격이 있는지에 대한 문제를 구체화시키지도 개인의 임상적 전문성에 대해 지정하지도 않는다). 대다수의 주(state) 법은 수련을 받지 않거나 전문가 면허/자격증이 없을 수 있는 상담·심리치료의 실무자들에게서 일반인을 보호하고자 만들어졌다. 전문가 면허/자격증을 취득한 사람들은 그들이 전문교육 및 수련 과정을 이수한 상담·심리치료 분야에서만 활동할 것이라고 생각한다.

프렛츠와 밀(Fretz and Mills, 1980)은 전문가 면허/자격증을 정부의 중개를 통한 합법적인 과정으로 보통 주(state) 정부는 주어진 직업 혹은 특정 주제의 사용과 관련되거나 특화된 직분을 수행할 전제조건들을 갖춘 사람들에게 인가를 해 주는 것(p. 7)으로 정의하고 있다.

이와는 반대로, 전문가 면허/자격증과 관련하여 특정 개개인에 대한 전문가 면허/자격증 발급은 전문가 협회 구성원들의 결정과 직접적으로 관련된다(대학원, 수련감독 실습, 인턴쉽 혹은 특화된 박사 후 과정 훈련 등). 유감스럽게도, 전문가 면허/자격증 및 임상적 경쟁력 간의 관계는 명확하게 입증되어 있지 않다.(Keith-Spiegel & Koocher, 2008).

전문가 면허/자격증 취득에 대하여 일부 격한 찬반논란이 있다. 코리와 칼라난(Corey & Callanan, 2011)은 전문가 면허/자격증 취득에 관한 주요 논란은 이것이 소비자의 복지를 보호하고 있느냐에 대한 것이라고 단언한다. 이와는 반대로, 주요 책임공방은 경쟁을 제한하고 유니언 샵(종업원이 취업 후 일정 기간, 보통 30일 안에 노동조합에 가입토록 의무화한 사업장)의 사상을 도입하여 스스로 자기를 보호하는 과정이라고도 한다.

전문가 면허/자격증이 없는 상담·심리치료사는 경쟁력에서 제외되기도

한다는 것은 의심할 여지가 없으며, 이는 협동관계가 아닌 적대적 관계를 생산할 잠재력을 가진다(Collins, 1991). 일부 기독교 집단에서 성경에 기반한 기독교인이 상담을 하는 것이 경쟁력이라고 강하게 주장을 하지만, 이는 결국 어디서나 비판받고 평가받는 입장이다(Jones & Butman, 2011, cp. 1).

이런 태도에 대한 주요 문제는 개인적 일화를 넘어선 어떤 경험적 자료가 되어 이런 관점을 지지하는 '사례 연구'가 된다는 것을 제한한다는 것이다. 옹호자들 또한 이론과 실제에 있어 보다 포괄적이고 책임감 있는 절충을 위해 기꺼이 노력하려고 하는 것 같지 않다. 뿐만 아니라, 이들은 "확인된 한 문화시민"으로 자신의 특성을 입증할 수 있는 토론에 기꺼이 참여하지 않으려 하는 것 같다(Butman, 1993). 그러는 동안에 이들은 이것을 교리적 신념의 관점으로 보려는 태도를 취하고 확정짓거나 논박하기 어려운 덕목으로 보려고 한다(즉, 이것은 연구 가설로 설정할 필요성이 있다).

나는 개인적으로 미국기독교심리학회와 같은 신앙기반의 기관이 그 회원들에게 그들이 어떻게든 교회와 주 정부의 분리에 의해서 보호될 것이라고 생각하며 비전문, 교회기반 관행에 대한 상대적인 안전성 뒤에 숨지 말 것을 독려할 때 크게 고무된다.

나는 이 장에서 지지하는 기독교 정신건강 전문가에 대한 보다 철저하고 책임감 있는 접근이 교회와 주 정부의 분리문제에 대한 느슨한 대응으로 인해서 회피될 것을 염려하는 올스라거(Ohlschlager, 1991)의 의견에 동의한다.

미국목회 상담자협회와 같은 기관이나 임상목회교육(clinical pastoral education: CPE)과 같은 운동에 의하여 목회 상담자에게 인허가를 내주거나 전문가 면허/자격증을 수여하는 문제에 관하여 미묘한 긴장이 생기게 되었다. 나는 분명 교회와 주 정부의 분리를 강조하는 입장에 동의하지 않는다. 오히려 나는 상담·심리치료사가 추가 교육, 경험, 전문적인 수련감독을 추구하지 않으려는 유혹이나 노골적으로 동료평가나 책임체계를 존중하지 않는 것이 더 우려스럽다.

나는 이 기독교 상담이라는 거대한 새로운 분야에서, 훌륭해지기 위한 열망이 뒷받침된 개인적, 전문적인 고결성에 대한 감각보다 소송의 위협이 아마 완벽함을 추구하는 큰 유인이 될 것이라는 올스라거(Ohlschlager, 1991)의 주장이 맞는 말이라고 본다.

나는 인허가 및 전문가 면허/자격증 발급과 관련된 논란이 가까운 미래에 해결될 것이라고는 생각하지 않는다. 나의 보다 큰 염려는 수련생들이 이 문제를 그 이상으로 심각하게 받아들일 것인지 아니면 합법적인 전문가 면허/자격증 발급의 해결에 만족하고 말 것인지 이며, 이것은 그들의 태도와 신념에 달려있다.

나는 유령 단체로부터 인정할 수 없는 자격증을 받아 상담·심리치료 전문가로서의 평판에 먹칠을 하는 것보다 차라리 전문가 면허/자격증 발급을 하나도 하지 않는 것이 낫다는 레비코프(Levicoff, 1993)의 의견에 동의한다.

규제가 번거로운 것은 당연하지만 나는 여전히 개인적 규제강화의 위험이나 이기적 방식으로 자신을 홍보하려는 유혹이 너무 크기 때문에 시장의 힘에만 이 문제를 맡겨 둘 수는 없다고 생각한다. 나는 이 추세에서 규제야말로 가장 시급한 잠재적인 교정안이라고 굳게 믿는다.

나는 '법 정신과 법 조문'을 파악하는 더 효과적인 방법은 전문가의 활동 자료 공개를 통한 것이라 믿는다. 나는 기독교 정신건강 전문가가 규제위원회에 제출될 연례적인 전문가의 활동 자료 공개문을 준비하는 것을 통해 발의하기를 바란다. 그리고 개교회의 신자들을 포함한 의식있는 동료들로 이루어진 대표집단에게도 같은 사항을 권한다(Bernstein & Lecomte, 1981).

전문가 면허/자격증을 취득하지 않은 사람이 상담·심리치료를 할 때, 그들은 내담자에 대한 긍정적인 치료 결과와 명확하게 관련된 상담·심리치료, 임상 능력을 증명하기(오디오, 비디오 또는 서면을 통해)를 요청받을 수 있다. 전문가 면허/자격증을 취득한 상담·심리치료사는 학문과 전문적인 우수성에 대한 그들의 지속적인 노력을 증명할 수 있는 자료를 제출하는 것을 고려해 볼 수 있으며, 그들의 상담·심리치료적 변화에 대한 철학과 내담자에게 나타나는 결과를 측정하려는 시도에 대한 향상되고 성숙한 진술문 제출을 요청할 수 있다.

이런 생각은 특별히 새로운 것이 아니다. 신규 및 잠재적 내담자를 위해 서면 동의서를 준비하는 실습을 체계적으로 따르고자 한다면, 본서 다른 곳의 루켄스와 샌더스의 글과 콜린스(1991, p. 185-87)의 양식을 참조하기를 바란다. 이런 문서들은 상담·심리치료사의 서비스를 이용할지 말지, 상담·심리치료에 무엇을 기대할 것인지에 대해 현명한 결정을 내리기 위해서 필요한 정보를 내담자에게 제공한다.

나는 20년 넘게 함께 일해 온 거의 모든 국제 학생들이 그들이 고국으로 돌아갔을 때, 그들의 능력을 증명할 자료를 가져가야 하는 그들의 정부에서 동일한 전문가 면허/자격증 발급기관의 지침을 따라왔다는 것은 대단히 흥미로운 일이라고 생각한다. 나는 전문가 면허/자격증의 의미가 매우 다를 수 있다는 데에 의구심을 갖기는 하지만 최소한의 기대가 충족될 것이라는 것에 대한 신뢰는 가질 수 있을 것으로 보인다. 소위 말해 동남쪽에 위치한 자원부족 국가에서 조차도, 상담·심리치료사를 그냥 찾아서는 안 된다는 의식이 널리 퍼져 있는 것으로 보인다.

요약하면 비록 한계점이 수반되기는 하지만 합법적인 전문가 면허/자격증에 대한 추구는 권장되어야 한다. 이런 규제적인 생각을 뛰어넘어, 기독교 정신건강 전문가들이 연례적으로 전문가 활동 자료를 공개적으로 제공하는 제도를 개발하는 것이 바람직하고, 모든 내담자에게 서면동의서를 활용하는 것이 바람직하다. 이런 유형의 책임감은 상담·심리치료에 가장 겸손하고도 인도적인 영향을 미치게 될 것이다.

나는 공적, 사적 분야에서의 인도적인 봉사와 건강돌봄의 확산이라는 최근의 변화는 이와 유사한 영향을 미칠 것이라고 확신한다. 나는 또한 이런 노력이 기독교 정신건강 전문가로 하여금 법적인 사항뿐만 아니라 다양한 상담·심리치료적 노력과 관련한 윤리적 고려 사항에 대해서도 훨씬 더 민감하도록 만들 것이라고 믿는다.

나는 너무나 많은 기독교 상담자들이 자격을 갖추고 면허가 있는지의 여부에 상관없이 자신들의 모든 행위가 윤리적 통제와 규제방안에 종속되어 있다는 것을 알지 못한다고 말한 맥민과 믹(McMinn & Meek, 1996)의 발표가 확실히 유효한 지적이라고 생각한다.

이런 규제로부터의 자유는 만일 이것이 평신도 상담과 목회돌봄 운동 안에서 능력의 분열을 초래한다면 환상에 불과하다(Richards, 1987). 사실, 목회자의 부정행위는 지난 20년 간 고통스러운 현실이 되었다(Malony, Needham & Southard, 1986). 사역에 있어 우선적 규칙은 해를 가하지 않는다는 것이다.

5) 우리는 기독교 정신건강 전문가가 좋은 상담·심리치료의 계획을 세우고 그것을 동료평가의 기준으로 사용할 것을 권장해야 한다.

탁월해지기 위한 결단의 매우 가시적인 표현들 가운데 하나는 적당한 상담·심리치료 계획을 수립하는 것이다. 때때로 기독교 정신건강 전문가들은 그들의 업무를 너무 쉽게 생각하고 집중하지 않는 것처럼 보인다(Collins, 1993). 치료적 개입에 앞선 철저한 평가, 즉 이런 노력에 대한 효율성을 사후에 평가하려는 노력들은 전문성의 표시일 것이다(McMinn, 1994).

'시대적 흐름에 따르는' 내재적 위험은 문제 식별에 대해서 경솔해지고, 무체계적이며, 정리되지 않은 방식으로 치료적 개입에 임하고, 상담·심리치료, 임상 기술을 연마하고 다듬을 가능성이 있는 결과 평가에 무신경해지는 것을 포함한다. 이 집중력의 부족은 개인적, 전문적인 고립을 불러올 뿐이고, 우리의 공동노력을 합법화하는데 기의 도움을 주지 못한다.

우리는 지난 20년 동안 이 나라에서 돌봄 환경을 조정하는데 필요한 자료를 요구함으로써 엄청난 변화를 보아왔다(Norcross, 2002; Nathan & Gorman, 1998). 정신건강 전문가가 내담자와의 작업을 격식 없는 형식으로 노트(대부분은 그들 자신이 아니면 볼일도 없는)에 적을 수 있던 날들은 지난 지 오래이다. 비록 우리 중 일부는 이 최초의 기록관리 노력을 즐겼을지 모르나, 나는 이것이 우리가 무엇을 하며, 왜 하는지에 대해 보다 날카롭게 집중할 수 있도록 도왔다고 생각한다.

아마 이것은 우리가 개인적 편견과 이론적 선호를 넘어선 것을 얻을 수 있도록 도와줄 원칙이었을 것이다. 나는 상담·심리치료 계획을 세우고 목표 달성을 측정할 필요성이 가까운 근래에 감소할 것이라고는 생각하지 않는다.

효과적인 상담·심리치료의 계획을 세우는 결단의 공유에 기반한 사회적 연계망은 책임을 세우고 전문가와 의사소통을 신장시키는 가장 효과적인 방법들 가운데 하나다. 그것은 또 기독교 정신건강 전문가의 법적, 윤리적 표준에 관하여 계속적으로 중요하게 논의할 것을 촉진한다(당신은 무엇을 성취하려고 하는가? 밝혀진 문제는 무엇인가? 선택 가능한 개입안은 무엇인가? 여러 전략들의 차이가 있는 효과에 관하여 가용한 연구 자료가 제안하는 것은 무엇인가? 당신이 설정한 상담·심리치료의 목표를 달성할 수 있을지 어떻게 알 수 있는가?). 다른 사람을 돕기 위한 우리의 접근은 어떤 상황에 있는 특정 개인한테도 유연하고 반응성이 있어야 할 뿐만 아니라 인간의 복지를 증진하기 위해서 어떻게 중재할 것인지 잘 이해하고 있어야 한다(Butman, 1993).

기독교 정신건강 전문가들은 정보를 교환하고 자질을 보장하기 위해서 동료들과 자주 만나야 한다. 동료 평가는 그 자체로 건강한 자기 통제를 잠재적으로 신장시킨다. 내 생각에는 동료집단이 주요 전문가협회, 인허가, 자격관리위원회, 여타 행동윤리강령보다 더 윤리적 관행을 강화시킨다. 게다가 그들은 보다 중요한 대인관계, 지식적 자극을 통해서 상담·심리치료사가 한 사람의 전문가로서 존재하고 숨 쉴 수 있도록 도와준다.

상담·심리치료 노력의 효용성을 판단하기 위해서 선택된 규준들에 대한 논의나 어떤 접근이 상담·심리치료에 가장 유용한지에 대한 논쟁이 있는 것은 분명하다. 하지만 이보다 더 효율적으로 자질을 보장하고 가장 직접적으로 전문가에 관련된 문제에 관한 상담 기회를 부여하는 수단은 없을 것이다(예: 이 내담자를 종결해야 하는가 아니면 의뢰해야 하는가? 심각한 정신병리적 증거가 있는가? 보다 효과적인 접근 방식이 있는가? 나는 어떻게 하면 내담자의 반응을 가장 잘 이해할 수 있는가?).

최근 연구에 따르면(Lewis, Greenburg & Hatich, 1988), 한 표본 조사에서 상담·심리치료사의 절반 가운데 23-24%가 동료 상담자문 집단에 소속되어 있었다. 나머지 인원 중 대다수(61%)가 할 수만 있다면 동료 상담자문 집단에 함께 하겠다고 했다. 분명한 것은 이런 환경을 통해 일종의 도전이나 지원을 위한 '필요성을 느끼는 것'이다.

6) 우리는 지속적인 교육에 규칙적으로 참여할 것을 권장해야 한다.

약 40년 전 듀빈(Dubin, 1972)은 능력을 위한 수단으로 심리학에서 인생 절반 짜리 박사학위를 제안했는데 이는 대략 10년에서 20년 정도의 기간에 해당하는 것이었다. 쿠처, 케이스-스피겔(Koocher, Keith-Spiegel, 2008)은 그것이 사실이라면 어떻게 30년 경력의 한 전문가가 지속적인 수련 없이 능력을 유지할 수 있겠는가라고 반문했다.

지속적인 교육을 요구하는 것은 전문가협회뿐만 아니라 규제위원회에도 필수적이라고 본다. 분명히 혁신적인 방법, 이론 연구에서 최근에 발전된 내용, 다문화적 관심사, 현재의 기독교 정신건강 전문가에게 가용한 전문적인 자원의 수 등에 대한 무관심은 비윤리적이라고 본다.

분명히 강제적, 지속적인 교육이 상담·심리치료사가 실제로 정보를 흡수하는 것을 보장해 주지는 않는다. 코리와 칼라첸(Corey & Callachan, 2011)은 단순히 회의나 연수회에 참석하는 것이 제시된 내용에 관하여 적극적 관여가 있었다는 것을 의미하지는 않는다는 것을 발견했는데 이것은 상담·심리치료사의 실무영역에 투입되고 흡수되지 않는다는 것을 말한다.

나는 30년 동안 교직에 있었던 사람으로서 이에 대해서 분명히 말할 수 있는데 진실은 한 사람이 단순히 가질 수 있는 것이 아니고, 인식, 이해의 깊은 단계에서 발견되어져야만 하는 것이다.

교육의 참된 가치는 그것이 자발적이든 강제적이든, 아마 수련생들이 실수에 면역되지 않도록 한다는 데 있다. 경험만으로는 상담·심리치료에 대한 전문지식을 보장할 수 없다. 기독교 정신건강 전문가들은 끊임없이 그들의 한계에 대해서 자각해야 하고, 이 한계는 시간 낭비를 불러올 것이라는 것을 인식해야 하며, 전문적인 능력을 유지하면서 건설적인 해결책의 개발을 추구해야 한다. 그것은 또한 수련생이 특정 전문 활동에서 극도의 피로나 탈진의 가능성을 감지하고 적절한 조치를 취할 수 있도록 돕기도 한다.

우리 중 많은 사람들이 인터넷 상에서 믿을 수 있는 적절한 정보에 접근하고, 그 접근 회수가 늘어나는 것을 보고 나는 고무되었다. 나뿐 아니라 나의 현재 및 과거 제자들이 감사하게 생각할 두 가지 정보를 소개하고자 한다. 외상과 회복에 관련한 많은 이론을 참고하고자 할 때, 파사데나(Pasadena)에 있는 해딩톤기관의 웹사이트가 매우 유용함을 나는 알았다(www.headington-institute.org). 이와 유사한 수많은 정신장애에 관한 폭넓은 정보를 참고하고자 할 경우, 나는 주로 인터넷 정신건강 관련 사이트를 활용한다(www.mentalhealth.com).

나는 최신 참고자료를 항상 접할 수 없음을 충분히 안다. 또한 도서나 학술지에 얼마 안 되는 비용을 지출하고 있음도 안다. 하지만 전문가협회는 우리에게 중요한 웹사이트 주소가 있는 온라인 정보를 찾을 수 있도록 도움을 주고 논문자료는 적정한 가격이나 심지어 무료로 접근할 수 있도록 도움을 준다.

나는 학생 임상수련가나 숙련된 전문가와 교류하고 있을 때, 누가 최근 관련 이론이나 연구에 대한 최신 정보를 갖고 있는지 또는 누가 졸업을 하고 전문가 훈련을 받은 기억을 갖고 근근이 생존하고 있는지 나는 쉽게 알게 된다.

7) 우리는 기독교 정신건강 전문가가 성경을 이해하고 현명하게 사용할 수 있도록 권장해야 한다.

지금까지 살펴본 지침들은 모두 일반적인 정신건강 전문가의 자질에 관한 논의와 연관되어 있다. 기독교 상담자의 경우는 좀 더 복잡한데 그것은 그들이 두 영역에서 능력이 요구되기 때문이다.

그 두 영역이란 다름 아닌 믿음의 영역과 전문적인 업무 영역이다(Jones & butman, 2011). 기독교 정신건강 전문가의 모든 활동은 기독교 신앙에 근거하고 인도되며 다듬어져야 한다(Inform, 1994). 우리는 수련생 겸 학자이어야 할 뿐만 아니라 정신건강의 원칙들과 기독교신앙, 전통 간의 접점의 중요성에 관해서도 잘 이해하고 있어야 한다. 그 이해를 분명히 설명할 수 있는 능력이야말로 기독교 정신건강 전문가로서의 진정한 특성이 무엇을 의미하는지에 관한 핵심이라고 할 수 있다(Jones & Butman, 2011, cp. 11-22).

기독교 정신건강 전문가의 윤리적 품행은 하나님의 세계에 대한 복종에 전적으로 근거하고 있다. 기독교 수련생들은 그들이 인식하고 있든 그렇지 않든 모두 교회의 대표자이다(Anderson, 1990). 그렇다면 기독교 상담자는 자신의 믿음과 생활방식의 근거를 설명할 수 있는 능력을 갖출 책임이 있다. 분명히 일정 수준의 철학적, 신학적 교양은 필수적인 것이다(Evans, 1989; Holmes, 1979; Roberts, 1993). 나는 정신건강의 원칙들과 기독교적 사유 세계의 양립과 양립할 수 없는 지점에 관하여 잘 알고 있는 기독교 정신건강 전문가란 다음의 조건을 지녀야 한다고 본다.

(1) 인간 조건의 다양한 관점에 관하여 보다 분석적이고 세련되게 사유할 수 있는 사람
(2) 주요 상담·심리치료 접근의 핵심 구조를 명확히 말할 수 있는 사람
(3) 그들의 일상생활과 실무에서 책임감 있는 절충주의를 확립한다는 목표를 위해서 분투하는 사람

성경에 대한 개인적 연구는 기독교 전통 가운데 가장 핵심 원칙 가운데 하나이다(Smith, 1993). 성경을 읽고 연구하는 데 시간을 보내면서 우리는 예수 그리스도의 말씀을 듣고 따르는 것의 중요성에 대한 예수 그리스도의 가르침을 듣는 법을 배우게 된다.

성경과 신학에 대한 충분한 이해는 우리의 치료적 개입을 완성시키고 인생에서 근본적인 결단을 존중받을 수 있게 하는 잠재력이 있는데 이것은 미국 사회뿐만 아니라 다른 세계에도 매우 중요한 것이다.

우리는 상담·심리치료 및 임상적 차원을 넘어서 우리의 믿음이 주는 의미(시사점)를 볼 수 있어야 한다. 잠재적으로, 우리는 심리학적 기초뿐만 아니라 철저히 신학적 뿌리를 둔 은혜의 방편으로써 우리의 일을 보게 될 것이다(Anderson, 2990). 말로니(Malony, 1994)가 경고한 것처럼, 영적 성숙(즉, 거룩)을 심리적 완전성(즉, 건강)과 동등하게 볼 것 같지는 않다. 또는 그 반대도 마찬가지이다.

성경에 대한 확실한 이해는 기독교적 특성에 대한 책임을 감수하는 것이 무엇을 의미하는지 잘 알고 있다는 한 측면이자 하나님의 뜻에 응답하고 개인적, 전문적인 후생을 넘어서 교회의 번영에 중심을 두고 있다는 표현이기도 하다

(Jones & Butman, 2011, cp. 11). 성경적 이해와 신학적 세련됨은 기독교 정신건강 전문가가 함양해야 할 필수적인 능력이다(Foster & Smith, 1993).

나는 지난 30년 동안 동료 신자들의 대표 집단과 함께 연구하는 것이 얼마나 중요한지에 대해서 알게 되었다(Bilezikian, 1991). 나는 공동체 안에서 하나님의 말씀을 연구함으로써 그것이 나의 세계관과 생활방식에 주는 직접적 연관성을 정확히 볼 수 있었던 것에 감사한다.

믿음과 행동의 일관성(예: 진실성)에 대해서 주의를 갖고 있는 사람이라면 우리의 예배 경험, 동료애, 봉사정신이 결합할 때, 얼마나 큰 시너지 효과를 나타내는지에 대해서 잘 알 것이다. 나는 이것이 모든 것을 예수 그리스도의 주권 아래에 두는 것의 의미와 깊은 연관이 있다고 생각한다(Anderson, 2000).

8) 우리는 기독교 정신건강 전문가가 지역 교회와 강한 유대관계를 형성하도록 권장해야 한다.

전문성의 문화는 기독교 정신건강 전문가에게 축복이자 부담이 될 수도 있고, 윤리적 모순의 깊은 근원이 될 수도 있다. 앤더슨(Anderson, 1990)은 다음과 같이 언급했다.

> 전문가들은 자의적으로 보다 높은 이상적인 사회를 만들려고 시도한다. 그들은 그들이 이타적으로 봉사하고, 경제적, 사회적 지위를 떠나 모든 사람들에게 주의를 기울이며, 사회의 일반 이익을 위해서 희생한다는 것으로 알려지고 싶어한다.

하지만 기본적으로 실용주의적, 기회주의적, 기업적인 가치들에 종종 관심을 보이는 것도 같은 문화이다. 그렇다면 기독교 정신건강 전문가의 잠재적 위험성은 시장에서 생존이 이상적이고 깊은 기독교적 가치체계를 대체하는 것이다. 다른 말로 하면 하나님 나라의 윤리와 전문가의 우선순위가 붕괴되는 것이다.

이 경향과는 반대로, 기독교 정신건강 전문가가 지역 교회와 강한 유대관계를 형성하는 것은 필수적이라고 보인다. 이와 같은 견해에는 여러 이유가 있다.

첫째, 교회가 기독교 정신건강 전문가의 권한과 책임에 후원자가 될 수 있다(Anderson, 1990, p. 209).

이 유대관계가 강하지 않으면 구성원들은 그들의 소명, 사역, 헌신을 이행할 수 없다(즉, 하나님께 봉사하듯이 사람에게 봉사하는 것). 기독교 상담자는 그들이 일상적으로 부딪치는 문제들은 단지 심리적 문제에 그치는 것이 아니라 하나님 나라를 세우는데 중요한 함축된 의미를 다루고 있다는 것을 확실히 알아두어야 한다(예: 진정한 교회를 만들기 위해 우리가 교회를 돕는 것보다 더 좋은 일이 어디 있겠는가?).

그런 유대관계는 전문가의 문화가 대개 엘리트와 강자에게만 초점을 맞추는 경향이 있는 것에 반하여, 사회에서 소외된 사람들의 복지와 지원에 보다 많은 주의를 기울이는 것을 도울 수 있다. 또 전문성의 문화가 고도로 개인적이고 고립적인 경향이 있는 반면, 그런 유대관계는 공동체의 자원으로 봉사할 수 있다.

결국, 지역 교회는 실무자가 자신들의 암묵적 또는 명시적 목적과 목표를 내담자를 위해 깊이 반영할 수 있도록 환경을 제공할 수 있다. 그리고 완전성과 거룩을 위한 하나님 나라의 규준을 측정할 수 있다(Malony, 1994). 다시 한 번 앤더슨(Anderson, 1990)의 다음과 같은 깊은 안목을 참고해야 한다.

> 임상 문제들은 내담자의 가정, 결혼, 가족, 사회적 구조와 연관되어 있다. 이 관계의 사회적 연계망은 도덕적이고, 종종 종교적이고 때로는 합법적인 상담·심리치료사의 역할에 영향을 주는 논점을 포함하고 있다. 상담·심리치료사 자신의 가치, 신념, 종교적 신념 그리고 결단 역시 이 역할에 영향을 미친다. 아마 우리 사회에서 목회자, 신부를 제외하고 인생의 핵심에 대한 접근을 제공하는 사람은 상담전문가 밖에 없을 것이다(p. 209).

실무자와 교회 신자들의 이 중요한 유대관계가 없다면 아마 진정한 지혜와 인간성의 잠재적 손실이 있고, 더 나아가 필요한 사회적 지지와 권한, 개인사무실의 한계를 벗어난 신성한 치유를 위한 윤리적 맥락에 잠재적 손실이 있었을 것이다. 밖으로 드러나는 봉사훈련은 보다 협력적 훈련인 고백, 예배, 기념행사와 보다 내향적 훈련인 기도, 명상에 의해서 뒷받침되어야 한다(Foster, 1992; Foster & Smith, 1993). "예수 그리스도를 주로 고백하는 것"은 결코 혼자서 살고자 의도한 것이 아니다. 지역 교회와 손잡는 것은 예수 그리스도의 주되심 속에 우리의 일을 수행하는 가장 가시적인 길일 것이다(골 3:23).

나는 지역 교회라는 정황 속에서 동료 신자들과의 분명한 경계를 위해 기독교 정신건강 전문가의 요구사항에 대해 지난 10년 동안 너무 많이 들었다. 나는 사생활과 비밀보장 문제와 직접적으로 관련한 문제를 분명하게 평가할 수 있다. 그러나 내가 정말 두려워하는 것은 우리 모두가 우리의 삶을 너무 구분해서 사적 역할과 전문적인 역할이 교차할 수 있음을 전혀 허용하지 않으려는 유혹이다.

나는 내가 살고 있는 지역에서 지역 교회의 한 구성원을 알고 있다. 기독교 정신건강 전문가의 중요한 한 구성원인 그를 나는 자신의 일의 성격에 대한 공유된 관심사를 탐색하기 위해서 정기적으로 만난다. 그리고 보다 윤리적이고 책임감 있고 전문적인 방식으로 이를 탐색하기 위한 방법을 찾고 있다. 이런 개인들이 정말로 함께 생활하게 될 때, 이들은 자신의 일을 수행하기 위해 잘 훈련되고 반영적인 방식으로 서로를 지지하고 도전을 줄 방법을 찾는다(Jones & Butman, 2011; Yarhouse, Butman & McRay, 2005).

우리는 또 다른 무뚝뚝한 개인주의자나 고립된 서비스 제공자를 양산하지 않도록 조심해야 한다. 우리 중 어느 누구도 이런 일을 혼자 효과적으로 할 수 없다. 뿐만 아니라 우리가 교회의 믿을 수 없는 정보와 실태, 그리고 전통을 아주 의존하지만 않는다면 결코 그렇게 되지 않을 것이다(Bilezikian, 1997).

9) 우리는 기독교 정신건강 전문가가 상담·심리치료사가 아닌 기독교 지지기관과 적극적으로 교류를 맺도록 권장해야 한다.

이 장을 통해 나는 기독교 정신건강 전문가가 매우 높은 수준임을 역설했다. 이런 '덕목들'(Roberts, 1993)은 문화적 전문주의를 우선시하는 지극히 개인주의적인 사람들에 의해 양산되고 표현될 수 있도록 쉽게 주어지는 것이 아니다. 공감, 섬김, 무조건적 사랑, 명백함, 거룩, 그리고 지혜와 인간성 또는 진실성과 같은 자질은 상담소 밖에서 개발하는 대인관계적 맥락을 필요로 한다(Jones & Butman, 2011, cp. 11).

이미 앞의 지침에서 제시했듯이, 교회는 전문직이라기보다 오히려 치유와 도움의 원천은 물론 책임을 다하는 궁극적인 근원이 되어야 한다. 기독교 정신건강 전문가들은 단순히 윤리적 전문 규정을 따르도록 부름받은 것이 아니라 삶의 진실함을 개발하도록 도전을 받고, 성령에 의해 깊이 변화되어 복음으로 무장하는 것을 말한다.

이 숭고한 이상들을 성취하기 위해 기독교 정신건강 전문가가 비전문가인 신앙인들과 정기적인 대화를 가질 것을 강력히 추천하는 바이다. 지적인 자극뿐만 아니라 대인관계의 도움을 위해서도 이것은 중요하다. 전문가 동료 집단은 기독교 정신건강 전문가에게 책임감을 제공한다. 그리고 지역 교회와의 연계는 또 다른 분명한 틀을 제공한다.

비전문가로 구성된 지지기관과의 연계는 잠재적으로 기독교의 독특성과 진실성을 위해 책임을 다하는 용기와 개방성의 표현이다(Jones & Butman, 2011, cp. 12). 이 구성원들은 우리의 전문가적인 헌신과 우선순위에 대해 날카로운 질문을 할 뿐만 아니라 이들은 우리 자신의 영적 틀을 보다 진지하게 갖추도록 우리에게 도전을 줄 수 있다(Smith, 1993). 이런 협조적인 상호 교류는 분별력 있는 신앙인이 될 수 있도록 하는 상담에 있어 중요한 과정이다.

이론상, 이 지지기관은 전문가뿐만 아니라 비전문가 구성원들에게도 효과적인 성장을 가져다 줄 수 있다. 이는 전문가의 임상 사례에 대해 직접적으로 수련감독하는 것에 초점을 두는 것이 아니다. 사실, 이것은 명백히 비밀보장의 위반이 될 것이다. 오히려 이 연계망(network)은 잠재적으로 "사고의 균형(perspective), 영적 도움 그리고 상징적인 하나님 나라"(Anderson, p. 210)를 제공한다.

이것은 또한 어쩌면 전문가들이 종종 느끼는 고통, 탈진, 견뎌내야 할 다른 정서들을 위한 최고의 상담·심리치료제이기도 하다. 그리고 일종의 이런 부담을 참고 견뎌야 할 것을 요구하고, 그런 고통의 일부를 치료하는데 도움을 주기도 한다(Corey & Corey, 2011의 "탈진" 참조).

> 10) 우리는 기독교 정신건강 전문가가 스스로 개인적, 종교적 성장을 위해서 노력할 수 있도록 권장해야 한다.

기독교 상담자는 그것을 인식하든 못하든 간에 교회의 대표이며 자신의 일에 있어서 하나님 이미지를 갖고 있어야 한다. 만약 이것이 진실이라면 기독교 지도자의 확실한 자질이 있어야 한다. 디도서 1:5-9이 우리에게 도전하는 말씀을 심사숙고해 보아야 한다.

> 내가 너를 그레데에 남겨둔 이유는 남은 일을 정리하고 내가 명한 대로 각 성에 장로들을 세우게 하려 함이니 책망할 것이 없고 한 아내의 남편이며 방탕하다는 비난을 받거나 불순종하는 일이 없는 믿는 자녀를 둔 자라야 할지라 감독은 하나님의 청지기로서 책망할 것이 없고 제 고집대로 하지 아니하며
> 급히 분내지 아니하며 술을 즐기지 아니하며 구타하지 아니하며 더러운 이득을 탐하지 아니하며 오직 나그네를 대접하며 선행을 좋아하며 신중하며 의로우며 거룩하며 절제하며 말씀의 가르침을 그대로 지켜야 하리니 이는 능히 바른 교훈으로 권면하고 거슬러 말하는 자들을 책망하게 하려 함이라(딛 1:5-9, NRSV).

맥민과 캠벨(McMinn & Campbell)은 이 말씀을 몇 가지 차원에서 거론했다.

(1) 기독교 정신건강 전문가들은 분명히 노골적으로 죄를 짓는 삶을 살면 안 된다.
분명히 우리는 모두 깨지고 타락한 사람들이며 우리 중에 누구도 '죄 없는 사람'은 없다(McLemore, 1982). 그러나 하나님의 명령에 대해서 분명 무시하는 끊임없는 경향은 우리의 기독교적 결단의 본질에 대해서 근본적인 질문을 하게 만든다.
(2) 이 말씀으로부터 우리의 결혼/가족은 영적으로 정서적으로 건강해야 한다는 것이 분명해 보인다(즉, 우리는 우리의 문제를 기꺼이 인정하고 적절한 도움을 찾고 있는가?).
(3) 우리는 자신의 신념과 생활방식이 깊이 연결되어야 한다는 것은 분명해 보인다.
그러면 우리의 영성은 단순히 사적인 일이 아니다. 그것은 언행의 도덕적 표현이어야 하며 전문가의 도움이나 조력 집단의 도움 안에서 또는 기독교회 안에서 양성해야 한다.

영적, 육체적 성장의 최종 목표는 성결(holiness)과 통전성(wholeness)이며, 이것은 아주 이상적이고 이루고자 간절히 바라는 소망이다(Malony, 1994). 솔직히 인생은 이것 중 어느 것에서도 완벽함을 요구하지 않는다. 다시 말하면 다음과 같다.

> 당신은 이중 어느 하나를 성취하지 못해도 존재할 수 있다. 당신은 건강하지 못해도 잘 살 수 있다. 당신은 완전하지 않아도 건강할 수 있다. 당신은 종교적이지 않아도 도덕적일 수 있다. 당신은 거룩하지 않고도 종교적일 수 있다(Malony, p. 6).

사실, 이것은 이상, 소망, 열망이며 아마 어쩌면 유토피아이다. 하지만, 이것들이 돌봄과 봉사 사역과 전혀 무관한 것은 아니다. 이것은 임상심리학자 베네딕트 그로쉘(Benedict Groeschell, 1992)의 영향력 있는 연구에 의해서 잘 개발된 주제이다. 그리고 그는 또한 뉴욕 아크디오세스(Archdiocese)의 영적개발연구소의 감독이기도 하다.

나는 학교를 졸업한 지 30년이 지나서 '조력자를 위한 도움'의 유익을 점차 알게 되었다(Corey & Corey, 2011, "자기돌봄" 참조). 이것은 단지 상담·심리치료사의 개인적인 발전에 국한되는 것은 아니다. 맥민과 믹(McMinn & Meek)의 관찰에 따르면, 개인적인 심리적 문제는 흔히 비윤리적 관계보다 선행하여 나타난다. 상담에 있어서 기독교 전문가보다 비전문 기독교 상담자가 일반적으로 다중역할 관계에 대해서 덜 신중하다는 것을 그들 또한 알고 있기 때문에 이것은 특별히 문제된다(McMinn & Campbell, 2007 참조).

우리의 일에 영향을 줄 수 있는 개인적인 문제가 일어날 때, 공식적인 상담·심리치료나 영적 지도에 도움이 되는 것을 찾는 것은 필요불가결한 것처럼 여겨진다. 성결과 통전성은 우리가 할 수 있는 최선을 다하고 마음을 써야 하는 목표이다.

포스터(Foster, 1992)가 언급한 것에 따르면, 오늘날 이 세상에서 우리는 깊이 있는 사람이 절실하게 필요하다. 우리가 누구이고 우리가 어떤 사람이 되고 싶어 하는 지는 기독교 정신건강 전문가가 되기 위한 우리의 자질을 말해 준다. 우리 스스로 도움을 찾은 적이 없었다면 우리가 어떻게 다른 사람을 돕는 것을 상상할 수 있겠는가.

2. 결론

위와 같은 지침들은 이것이 제2, 3세대 기독교 정신건강 전문가 사이에서 보다 많은 논의들을 촉발시킬 수 있기를 바라는 마음에서 제시한 것이다. 이 장에서 제기된 많은 주제들에 관하여 의견 합일이 이루어지기는 매우 어려울 것이다. 기독교 상담운동이 매우 단일한 분야이기 때문에 많은 국제적인 대화가 필요한 상황에서 많은 의견들이 있기를 기대해 본다.

나는 여기에 언급된 상당수의 주제들이 출판물, 전문가협회, 동료 책임 집단들 사이에서 회자되고 있다는 사실에 크게 고무되고 있다. 근래에는 '기독교 정신건강 전문가'라는 명칭에 대해서 아무런 법적인 제재가 없다. 개인적으로 나는 우리 자신들과 대중들에게 교육을 보다 더 잘하기 위해서 이 명칭(이를테면, 더 큰 표준화)의 의미를 더 명료하게 확립할 것을 지지한다.

실무에서 볼 수 있는 많은 오용 사례들은 현재 이 명칭을 둘러싼 애매함에서 직접 기인한 것으로 보인다. 특히 '명료한 전문적인 능력'이라는 말의 의미에 대해서는 가능하다면 더 자세하고 구체적으로 정의하는 것이 유용할 것이다. 나는 기독교적 사랑의 표현이 기독교 정신건강 전문가에게 그들이 상담·심리치료 및 임상 경험을 개발하도록 동기를 부여한다고 믿는다.

만약 상담·심리치료사로서 효과적으로 하나님의 형상을 이루기 위해서 진지하게 노력한다면 경솔히 "시대적 흐름에 따르려는" 유혹에 대항할 수 있을 것이다. 시대는 기독교 상담자가 그들의 지역에서 더 많은 조화, 용기, 결단을 보이도록 요구한다. 우리가 하는 모든 일에 훌륭해지기 위한 열망은 이 지침들이 암시하는 도전들에 맞설 수 있도록 우리에게 동기를 부여 할 것이다.

분명히 하나님과 그의 교회를 섬기는 것은 우리의 사명이다. 그런 과정에서 우리가 보다 성경적, 신학적 근거를 갖추고 잘 알아둘 필요가 있다는 것은 당연하다. 더 나아가 우리는 우리의 역량을 신장하기 위해서 추가적으로 교육, 경험, 전문 상담, 정신적 성장을 성실하게 추구할 필요가 있다(CAPS, 2005).

마지막으로, 우리는 다른 사람 앞에 설 때, 개인적 지위를 확대하려는 모습을 보이는 것을 피해야 한다. 기독교 정신건강 전문가로서 우리는 원칙들을 엄격히 지켜야 하고 그것이 우리의 사랑과 봉사정신을 보여주는 징표라는 것을 알아야 한다(Noll, 1994 참조).

나는 많은 핵심 용어들에 대한 표준화된 정의를 확립하는 것과 아직은 거리가 있다고 생각한다. 이것은 내담자의 복지에 직접 영향을 미치고, 수련, 수련감독, 전문가 면허/자격증 발급 과정에도 깊이 영향을 미치기 때문에 염려스러운 부분이다. 이 문제는 복잡하고 종종 혼란스러울 수도 있다. 만약 우리가 계속해서 올바른 질문을 던지고 '지식을 축소시키려는' 유혹과 맞서 싸운다면, 우리는 분명 "잘하였도다! 착하고 충성된 종!"이라는 말을 들을 수 있을 것이다.

■ 참고문헌

Adams, J. (1979). *More than redemption: A theology of Christian counseling*. Phillipsburg, NJ: Presbyterian & Reformed.
Anderson, R. S. (1990). *Christians who counsel*. Grand Rapids: Zondervan.
Anderson, R. (2000). *Self care*. Pasadena, CA: Fuller Theological Seminary Press.
Benner, D. G. (1983). The incarnation as a metaphor for psychotherapy. *Journal of Psychology and Theology, 11*, 287-94.
Bernstein, B. L., & Lecomte, C. (1981). Licensure in psychology: Alternative directions. *Professional Psychology, 12*, 200-208.
Bilezikian, G. (1997). *Community 101*. Grand Rapids: Zondervan.
Bobgan, M., & Bobgan, D. (1979). *Psychoheresy: The psychological seduction of Christianity*. Santa Barbara, CA: Eastgate.
Browning, D. (1987). *Religious thought and the modern psychologies*. Philadelphia, PA: Fortress.
Butman, R. E. (1993). Where's the beef? Evaluating counseling trends. *Christian Counseling Today, 1*, 20-24.
Carlson, D. L. (1994). *Why do Christians shoot their wounded?* Downers Grove, IL: InterVarsity Press.
Christian Association for Psychological Studies. (2005). *Ethics statement of the Christian Association for Psychological Studies*. (Available from www.caps.net).
Clebsch, W., & Jaekle, C. (1975). *Pastoral care in historical perspective*. New York: Jason Aronson.
Collins, G. R. (1989). *Can you trust psychology?* Downers Grove, IL: InterVarsity Press.
Collins, G. R. (1991). *Excellence and ethics in counseling*. Waco, TX: Word.
Collins, G. R. (1993). Hot topics in Christian counseling. *Christian Counseling Today, 1*, 12-14.
Corey, G., Corey, M. S., & Callanan, P. (2011). *Issues and ethics in the helping professions* (8th ed.). Belmont, CA: Brooks/Cole.
Corey, M. S., & Corey, G. (2011). *Becoming a helper* (6th ed.). Belmont, CA: Brooks/Cole.
Dubin, S. S. (1972). Obsolescence of lifelong education: A choice for the profes-

sional. *American Psychologist, 27*, 486-98.
Evans, C. S. (1989). *Wisdom and humanness in psychology.* Grand Rapids: Zondervan.
Foster, J. R. (1992). *Prayer: Finding the heart's true home.* San Francisco: HarperCollins.
Foster, R. (1985). *Money, sex and power.* New York: Harper & Row.
Foster, R. J., & Smith, J. B. (1993). *Devotional classics.* San Francisco: HarperCollins.
Fretz, B. R., & Mills, D. H. (1980). *Licensing and certification of psychologists and counselors.* San Francisco: Jossey-Bass.
Groeschel, B. J. (1992). *Spiritual passages: The psychology of spiritual development.* New York: Crossroads.
Guy, J. (1986). *The personal life of the psychotherapist.* New York: Wiley-Inter-science.
Holifield, B. (1983). *A history of pastoral care in America.* Nashville, TN: Abingdon.
Holmes, A. (1977). *All truth is God's truth.* Grand Rapids: Eerdmans.
Holmes, A. (1992). *Shaping character.* Grand Rapids: Eerdmans.
Inform. (1994). *The occasional bulletin of Wheaton College.* Wheaton, IL: Wheaton College.
Jones, S. L., & Butman, R. E. (2011). *Modern psychotherapies: A comprehensive Christian appraisal* (2nd ed.). Downers Grove, IL: InterVarsity Press.
Keith-Spiegel, P. , & Koocher, G. P. (2008). *Ethics in psychology and the mental health professions: Standards and cases* (3rd ed.). New York: Oxford University Press.
Levicoff, S. (1993). In search of legitimate credentials. *Christian Counseling Today, 1*(4), 58.
Lewis, G. J., Greenburg, S. L., & Hatch, D. B. (1988). Peer consultation groups for psychologists in private practice: A national survey. *Professional Psychology Research and Practice, 19,* 81-86.
Malony, H. N. (1994). *Wholeness and holiness: Revisited.* Keynote address, Christian Association for Psychological Studies Annual Meeting, San Antonio, TX.
Malony, H. N., Needham, T. L., & Southard, S. (1986). *Clergy malpractice.* Philadelphia: Fortress.
McLemore, C. W. (1982). *The scandal of psychotherapy.* Wheaton, IL: Tyndale House.
McLemore, C. W. (2003). *Toxic relationships and how to change them.* Hoboken, NJ: Jossey-Bass.
McMinn, M., & Campbell, C. (2007). *Integrative psychotherapy.* Downers Grove, IL: InterVarsity Press.
McMinn, M., & Meek, K. (1996). Ethics among Christian counselors: A survey of beliefs and behaviors. *Journal of Psychology and Theology, 24,* 26-37.

Meier, S. (2008). *The elements of counseling* (6th ed.). Belmont, CA: Brooks/Cole.
Mouw, R. (1992). *Uncommon decency*. Downers Grove, IL: InterVarsity Press.
Nathan, P. , & Gorman, J. (1998). *A guide to treatments that work*. New York: Oxford University Press.
Noll, M. (1994). *The scandal of the evangelical mind*. Grand Rapids: Eerdmans.
Norcross, J., & Guy, J. (2007). *Leaving it at the office*. New York: Guilford.
Norcross, J. (2002). *Psychotherapy relationships that work*. New York: Oxford University Press.
Oden, T. (1984). *Care of souls in the classic tradition*. Philadelphia: Fortress.
Ohlschlager, G. (1991). Liability in Christian counseling: Welcome to the grave new world. In G. R. Collins (Ed.), *Excellence and ethics in counseling* (pp. 41-74). Waco, TX: Word.
Palmer, P. J. (1993). *To know as we are known: Education as a spiritual journey*. San Francisco: HarperCollins.
Pargament, K. (1997). *The psychology of religion and coping*. New York: Guilford.
Peterson, D. R., & Bry, B. H. (1980). Dimensions of perceived competence in professional psychology. *Professional Psychology, 11*, 965-71.
Roberts, R. (1993). *Taking the word to heart*. Grand Rapids: Eerdmans.
Smith, J. B. (1993). *A spiritual formation workbook*. San Francisco: HarperCollins.
Tan, S. (1991). *Lay counseling: Equipping Christians for a helping ministry*. Grand Rapids: Zondervan.
Tidball, D. (1986). *Skilful shepherds: An introduction to pastoral theology*. Grand Rapids: Zondervan.
Van Leeuwen, M. S. (1993). *After Eden: Towards gender reconciliation*. Grand Rapids: Eerdmans.
Yarhouse, M., Butman, R., & McRay, B. (2005). *Modern psychopathologies: A comprehensive Christian appraisal*. Downers Grove, IL: InterVarsity Press.

제4장

윤리적 상담·심리치료의 필수 요소

호레이스 C. 루켄스 주니어(Horace C. Lukens Jr.)
랜돌프 K. 샌더스(Randolph K. Sanders)

상담·심리치료 서비스는 아직도 대중화되지 않았고, 미국인들에게는 낯설고 당당하게 이용할 만큼 이해가 높지도 않았다. 과거에는 사람들이 이런 서비스를 받는다는 것이 어색하고 창피한 것이며 자신이 실패했다는 생각 때문에 몰래 찾아왔다.

기독교 상담자가 전문적이고 영적으로 탁월해지기 위해서 상담을 제공하는데 적절한 지침과 한계점을 명확히 하여 이것을 이해하고 적용하는 것은 필수적이다. 문제가 되는 사안을 철저하게 설명할 수 있을 만큼 이해하고 상담·심리치료, 임상 현장에서 이런 원칙들을 신중하고 사려 깊게 적용하기만 하면 이런 과정을 통해 매우 윤리적 방법 안에서 상담을 통해 하나님께 영광을 돌리고, 또한 상담을 하는데 자신감을 갖게 될 것이다.

이 장에서는 모든 기독교 정신건강 전문가와 비전문가들이 인지해야 하며, 능숙하게 윤리적 상담서비스를 제공하기 위해서 다루어야 할 필수 요소들과 문제들에 대해 확인하고 논의를 해 볼 것이다.

여기에는 상담·심리치료사가 직면하는 어려움이나 긴급한 상황에 처한 내담자를 명확하게 이해하고 조심스럽게 다룰 것과 같은 점점 더 증가하는 많은 복잡한 문제들이 있다. 예를 들어, 상담·심리치료 서면동의법(informed consent laws)은 법의 본래 기원을 훨씬 넘어 확장되어왔고 사려 깊은 정밀 조사와 적용을 요구한다. 동시에 문서 규정(standards for documentation)은 더 자세하고 복잡하다.

이 장에서 논의하게 될 다양한 문제들은 전문가 면허/자격증을 취득한 정신건강 전문가, 목회의 일환으로 상담을 하는 목회자, 그리고 전문가 면허/자격증을 취득한 상담 전문가와 비전문 상담자를 모두 채용하는 교회 상담소에 적용된다. 이 장의 주제와 비슷한 문제인 정규교육의 특징과 범위(the nature and extent of formal training), 인턴 프로그램, 결혼/가족치료의 비밀보장 그리고 상담의 기업윤리 등은 본서의 다른 곳에서 언급된다.

비전문가는 전문가에게 요구되는 정도의 규제나 정책을 준수해야 하는 것은 아니지만 사실, 규제에 관한 전문 수련 간의 차이점은 있을 수 있다. 규제를 따르고 지켜야 한다는 인식은 신중해야 할 뿐만 아니라, 책임을 감소시키는데 도움이 될 것이다(Becker, 1987).

1. 비밀보장

비밀보장은 효과적이고 신뢰 있는 상담 관계를 위해서 중요하다. 비밀보장 없이는 대부분의 상담 관계는 결코 시작될 수 없을 것이고, 지속되기도 어려울 것이다. 상담 영역 안에서 일부 윤리적 제약은 보통 비밀보장을 어느 정도 수용하느냐이다. 그러나 적절한 법적, 윤리적 요구를 충실히 지키기 위해서 상담 초기부터 상담·심리치료사가 반드시 인지해야만 하며, 내담자에 의해 검토되고 이해되어야 할 비밀보장의 중요한 제한점들이 있다.

내담자는 상담·심리치료사가 자신의 정보공개와 관련하여 법을 지켜야만 할 필요가 있다는 것을 이해할 필요성이 있다. 정확히 어떤 정보를 제공할지에 관하여 상담·심리치료사가 어느 정도의 자유를 갖고 있음에도 불구하고, 정보의 요청이 이루어질 때, 이를 내담자에게 알리는 것은 도움이 된다. 공개가 이루어지고 난 후에 내담자가 알게 되면 배신감을 느끼고 신뢰가 무너질 가능성이 높다.

심리학자를 위해 실제적으로 접하게 될 법적인 논란의 모든 분야를 다룬 핸드북의 저자인 스트롬버그(C. D. Stromberg)와 그의 동료들에 의하면, 사생활 보호와 비밀보장, 그리고 특권, 이 세 가지는 반드시 이해하고 구분해야 하는 개념이다.

(1) 이 개념들 가운데 가장 폭넓은 **사생활 보호**는 "혼자 있거나 다른 사람들과 자신(생각, 행동, 몸)을 공유할 시간과 공간, 범위와 방법을 개인이 결정할 권리"를 의미한다(p. 371). 사생활 보호는 제4차 미국수정헌법에서 발의되어 발전해왔고, 비밀보장과 특권이 만들어지는 기초가 되었다.

(2) **비밀보장**은 전문적이고, 윤리적인 용어이다. 이것은 "제공된 목적을 제외하고는 더 폭로되지 않을 것이라는 합리적인 기대와 절대적이거나 확실한 약속을 갖고서만 공개되는 사생활 정보의 특성"을 의미한다(p. 372).

(3) 세 개념 중 가장 좁은 범위인 **특권**은 "법적인 소송절차에서 비밀보장의 약속이나 기대를 깨뜨리는 힘에 대항하는 법적인 보호"이다(p. 372).

비밀보장의 개념은 상담·심리치료사에게 가장 익숙한 개념이지만 상담·심리치료사가 사생활 보호와 특권에 대한 실용적 지식을 갖는 것 또한 중요하다. 『심리학자의 윤리적 원칙과 행동 규범』(*Ethical Principle of Psychologists and Code of Conduct*, APA, 2002)은 다음과 같이 언급한다.

> **비밀보장의 범위와 제한점은 법에 의해 통제되거나, 학회 윤리 규정이나 전문적이고 과학적인 관계에 의해 제정될 수 있다는 것을 인식하여, 심리학자들은 여러 매체들을 통해서 획득한 비밀정보를 보호하기 위해 중요한 의무를 갖고 합리적인 예방조치를 취해야 한다**(p. 1066).

전문가협회 간 기준이 된 이 원칙은 근본적으로 비밀로 해야 하는 전화 상담 같은 초기 접촉을 포함하여 내담자에 대한 모든 정보는 전문적인 심리 관계 안에서 얻는다고 생각하고 있다. 심리학자나 상담·심리치료사는 내담자가 모든 개념과 함축적 의미를 이해한다고 예측해서는 안 된다. 오히려 비밀보장에 관한 기대와 가능한 예외에 대해서 각 내담자와 상담 관계 초기에 분명하게 설명해야 한다. 비밀보장의 관점과 제한점에 대해 심리학자와 함께 근무하게 되는 목회자나 의사 또는 변호사에게도 동일한 설명을 해야 할 필요가 있다.

연방법 및 주(state)법 또한 내담자 정보보호에 대해 설명하고 있다. 미의회는 1996년에 미국연방의료보험 통상책임법(Health Insurance Portability and Accountability Act: HIPAA)을 통과시켰다. 이 법조항은 전자매체를 통해 정보를 전송하는 실제적인 환경에서 내담자의 건강정보를 위해, 미국연방정부 차원에서 획일적인 보호를 제공하기 위해 설계된 여러 방법들을 제시한다. 일부 조항들은 기록된 내담자의 사생활 정보를 위한 기초 단계를 제공하기 위해서 설계되었다. 특히 관리의료 시대에 염려되는 것이 사실이다.

보험사는 내담자에 대한 정보가 미약하면 별도의 보호 없이 점점 더 민감한 정보를 찾으려고 한다. 미국연방의료보험 통상책임법은 정신건강 전문가가 보험사에 내담자의 가장 민감한 개인정보를 공개할 필요 없이 보험금 청구비용을 산정하기 위한 기초정보(내담자에게 적절하게 공지하고)를 제공할 수 있는 방안을 제공한다(어떻게 실제로 이런 일이 발생하는지는 이 장의 뒷부분에 나오는 '문서'[정보자료]에서 논의할 것이다). 미국연방의료보험 통상책임법은 또한 내담자의 정보보호에 있어서 주(state)법이 미국연방의료보험 통상책임법보다 더 엄격한 곳에서는 관할권을 제공하여, 주 법이 이 법을 대신할 수 있게 한다.

미국연방의료보험 통상책임법의 다른 조항은 특별히 개인용 컴퓨터 시대에 전자 기록 관리와 정보교환 등 내담자 정보의 **보안**(security)을 더 보장하도록 돕기 위한 것이다. 예를 들어, 미국연방의료보험 통상책임법은 정신건강 기관과 전문직 종사자들이 내담자 정보를 부적절하게 공개하는 보안 위반의 기회를 줄이기 위한 대책을 마련할 것을 요구한다.

비밀보장의 이해를 위해서 상담·심리치료사는 비밀보장의 일반적인 규칙에 있어서 예외조항을 명확하게 이해하는 것이 필요하다. 이 예외는 다음을 포함할 것이다.

(1) 내담자가 공개를 서면으로 동의할 때
(2) 법이 아동학대와 같은 사건의 정보를 요구할 때
(3) 경고하거나 보호해야 할 의무가 있을 때
(4) 배상이나 다른 법적인 규칙이 공개를 요청할 때
(5) 내담자가 피소되어 비밀보장이 어려울 때
(6) 응급 상황인 경우일 때

상담·심리치료사는 반드시 자신이 속해 있는 전문가협회의 법에 규정된 비밀보장 규정을 알고 있어야만 한다. 이와 동등하게 중요한 것은 모든 상담·심리치료사는 반드시 비밀보장과 특권을 통제하는 법을 잘 알아야만 하고 법은 주마다 서로 다를 수 있다는 것을 이해해야만 한다는 것이다. 게다가 전문가협회가 정한 규칙과 주법은 간혹 상담·심리치료사에게 요청하는 것이 일치하지 않을 수도 있다. 이런 경우에 수련감독 및 상담자문을 구하고 최선의 행동지침을 결정하기 위해서 법적인 조언을 구하는 것이 전문가의 의무이다.

1) 서면동의서

정보가 공개되는 것에 대해 내담자가 동의할 때, 내담자가 개인이나 기관에 제공될 정보가 무엇인지와 이런 정보가 공개되는 이유가 무엇인지에 대해서 이해하는 것은 필수적이다. 이를 상세히 다루는 가장 좋은 방법은 정보공개 양식을 명확하게 이해하는 것이다. 이런 양식을 만들 때, 미국연방법 및 주(state)법을 따르는 것은 필수적이다.

예를 들어, 미국연방법은 알코올이나 약물중독 내담자의 범죄적인 조사나 공소를 위해서 이와 같은 정보를 사용하는 것은 금지되는 반면, 전염병(HIV를 포함)에 대한 정보는 공개할 것을 요구한다. 부록 2를 보면 이런 양식의 사례뿐만 아니라 대부분의 전문가협회, 자격관리위원회에 의해 제공되고 있는 양식을 볼 수 있으며 탄(Tan)의 저서들(1991)을 통해 더 많은 정보들을 볼 수 있다.

2) 보고 의무

주(state)법이 내담자의 환경이나 행동에 관한 특정 정보에 대한 보고를 요구할 때, 상담·심리치료사는 보고할 의무가 있다. 미국의 많은 주에서는 일반적으로 성적 학대, 육체적 학대 그리고 심리적 학대까지 포함하는 아동학대에 대한 보고를 요구하는 법이 있다. 미국의 일부 주에서는 의심되는 아동학대와 그 아동에 대한 전반적 방임에 대한 보고 역시 요구한다. 이런 법들은 주마다 서로 다르며 복잡하다.

3) 노인의료보험 제도와 저소득층 의료보장 제도법

연방법 및 주(state)법은 건강과 복지 프로그램이 '프로그램의 완전성'을 확인하기 위해 내담자 정보를 요구하여 관리한다. 전형적으로 이런 서비스는 노인의료보험과 저소득층 의료보장 제도에 의해서 배상되는데 이 서비스의 제공자들은 요청에 따라 내담자의 이름과 주소, 서비스 날짜와 제공된 서비스에 대한 내용(Stromberg et al., 1988) 등을 제공하라고 요구받는다. 이런 기관들이 그들 조사의 일부로서 상담 기록을 요청하는 경우에 이런 점들을 기억해야만 한다.

4) 소송당사자로서 내담자

내담자가 상담·심리치료사에게 반감이 있어 소송을 시작할 때, 내담자는 문제가 되고 있는 자신의 심리상태를 평가받게 된다. 그리고 그로 인해 그 사례의 문제와 관련된 것까지의 비밀보장 권리가 침해되는 상황이 고려된다. 그 때 내담자는 생각지도 않게 문제가 되고 있는 자신의 심리상태를 평가받게 될 것이다.

예를 들어, 부모가 자녀양육권을 요청할 때 그리고 그 부모의 정신능력이 문제가 되고 있을 때, 법원은 아마 직접 상담·심리치료사에게 비밀정보를 공개하라고 할 것이다. 왜냐하면 현재의 문제는 부모 자녀 관계이고 더 구체적으로 아동의 복지 문제이기 때문이다.

5) 보고 및 보호의무

대부분의 상담·심리치료사들이 직면한 가장 골치 아프고 복잡한 문제는 잠재적이거나 실제적으로 위험한 내담자들을 다루는 것과 관련있다. 잘 수련된 정신건강 전문가도 잠재적인 위험성에 대해 믿을 만한 예견을 만들어내는 데에는 어려움이 겪는다. 그럼에도 불구하고, 잠재적으로 위험한 내담자와 작업하는 상담·심리치료사에게 특별한 의무가 강요된다. 타라소프(Tarasoff)판결에서 생겨난 '보호의무'는 정신건강분야에서 다른 어떤 법적인 문제보다도 더 많은 논의들을 촉발시켰다.

미국 캘리포니아 주에서 고소된 타라소프사건(Tarasoff v. Board of Regents of the University of California, 1976)에서 상담·심리치료사는 내담자가 다른 사람에게 심각하고 폭력적인 위협을 보이고 있음을 알았을 때 또는 밝혀내야만 할 때, 이런 위험에 대항하여 경찰을 포함한 다른 사람에게 알리는 것은 물론, 대상으로 삼은 피해자에게 위험을 알리고 보호해야 할 의무를 가진다고 판결했다.

그러나 오직 타라소프만이 상담·심리치료사가 전문적인 의무에 집중해야 할 사건은 아니다. 또한 상담·심리치료사는 정확한 진단의 실패나, 상담·심리치료사의 통제 아래 내담자의 폭력적 성향을 효과적으로 상담하는 것의 실패에 대해서도 법적인 책임을 갖고 있다.

타라소프판결이 잠재적으로 위험한 내담자를 다루는데 있어서 평가의 중요성에 대한 영향을 주었지만 스트롬버그(Stromberg et al., 1998) 등은 피해자에게 나타난 쉽게 알아볼 수 있는 위협처럼 단지 명확하게 설명된 사례에만 적용되어 제한된 판결 방향의 재판 추세가 나타나는 것에 주목했다. 이후의 판결들은 정보를 절대적으로 알아야 하는 사람들에게 의도된 목적을 달성하기 위해서 필요한 경우에만 정보를 공개하도록 경고의 의무를 제한했다 (Stromberg et al., 1993).

여기서 타라소프 영향의 구체적인 내용은 다루지 않을 것이다. 그러나 우리가 말하려고 하는 것은 상담·심리치료사와 그 외에 학자들의 30년간의 논의에도 불구하고, 현장 상담·심리치료사에 대한 타라소프 영향은 여전히 이해가 부족하다고 하는 것이다.

예를 들어, 2009년 심리학자들을 대상으로 한 조사에 따르면, 대부분의 심리학자들이 보호/경고할 의무를 가진 상황에서 그들의 의무가 무엇인지도 완전하게 이해하지 못하고 있다는 것을 보여주고 있다(Pabian, Welfel & Beebe, 2009).

이것의 주된 이유는 그 유명세에도 불구하고 타라소프 판결이 미국 캘리포니아 주의 결정이었으며 모든 50개 주에 같은 방식으로 적용될 필요가 없었다는 데 있다. 보호/경고할 의무를 가진 상황에서 신중하게 행동하기를 원하는 현장 상담·심리치료사에게 줄 수 있는 가장 좋은 충고는 이런 상황에 관해 자신이 속한 주법을 잘 알아야만 한다는 것이다(법전과 판례법 둘 모두). 이런 상황에서 의무는 주마다 서로 폭넓고 다양할 수 있으며, 13개 주에서는 이런 문제에 대한 법이 없는 곳도 있다.

내담자가 자살하려는 긴박한 위험이 있는 상황에 대한 언급 또한 중요하다. 모든 상담·심리치료사는 자살 위험의 평가에 대한 기본원칙을 알아야 하고, 자신을 해하려는 자살 시도 내담자를 보호하기 위해서 비밀 정보를 공개할 준비를 해야 하는 것이 필수적이다(APA, 2002; CAPS, 2005).

주(state)법과 각 사례의 상황의 제한에 따라서, 상담·심리치료사는 법률집행자, 응급의료 서비스, 책임 있는 가족구성원 또는 도울 수 있는 위치에 있는 다른 관계자들에게 연락을 취해야만 한다. 그러나 이런 상황에서 공개된 정보는 위험으로부터 내담자를 벗어나게 하기 위해서 필요한 만큼으로 제한된다는 것을 이해해야 한다.

6) 예상되는 범죄 행위

아동학대 보고를 제외하고 내담자가 범죄를 저질렀을 때, 그런 활동을 제안하지 않은 한 심리학자는 기관에 보고할 의무를 갖지 않는다. 이미 언급된 보고 의무(duty-to-warn) 기준 때문에 앞으로 일어날 것으로 예상되는 범죄 행위와 미래의 제3자에 대한 피해는 이런 정보보고에 의해 방지될 수 있을 것이다.

7) 응급 상황

법원은 응급 상황에 대한 보고에 관하여 점차 제한적으로 허용한다. 즉, 내담자의 건강이 심각하거나 긴급하게 위험한 상황에 처해 있는 사건의 경우에 정보공개가 합당하다고 본다. 예를 들어, 응급실 의사는 내담자의 의식이 혼미한 이유를 알아내기 위해서 상담·심리치료사에게 연락을 할 것이다. 이런 상황에서 상담·심리치료사가 내담자의 돌봄을 위해서 적절한 정보를 공개하는 것은 타당하다. 물론, 공개 범위는 필요에 따라 제한되어야만 한다.

8) 미성년자의 비밀보장

미성년자의 비밀보장과 심리적 돌봄에 관하여는 대부분의 경우에 미성년 아동에 의해 상담에서 공유된 모든 정보는 부모에게 공개가 가능하다. 그리고 부모는 자신의 자녀에 관한 정보를 다른 사람에게 공개하는 것에 대해 승인할 책임이 있다.

정보공개 요구가 효과적인 상담·심리치료 전략과 충돌될 때, 즉 아동·청소년이 상담·심리치료에서 말한 모든 것이 부모에게 전달될 수 있다는 것을 안다면 신뢰관계는 위태롭게 될 수 있다. 따라서 상담초기에 부모와 미성년자가 따라야 할 지침이 무엇인지 설정하는 것이 중요하다. 여기서 법적, 윤리적으로 고려해야 할 사항이 무엇인지 세밀하게 균형 잡아 정립해야 한다.

9) 집단 상담

집단 상담이라는 특수한 환경에서는 비밀보장에 또 다른 어려운 문제들이 발생한다. 제3자와 개인정보가 공유될 때, 비밀보장의 권리는 침해된다는 일반규칙은 집단 상담의 독특한 속성 때문에 변경되어야만 한다. 이 환경에서는 상담 과정의 일부로 다른 내담자와 개인정보를 공유하고 있다.

많은 법원들은 이런 특정 상황을 인정해왔다. 그리고 그 결과 만약 다른 사람들이 집단에 참여하거나 상담·심리치료 과정을 촉진해야 할지 말아야 할지에 대한 내담자-상담·심리치료사의 특정 상황을 인정해왔다. 그러나 집단구성원들 사이에서 비밀보장의 정확한 이해를 위해서 주의가 필요하고 따라서 부주의한 침해가 일어나지 않도록 해야 한다.

성(last name)을 뺀 이름만을 사용하고, 집단 밖에서 사회활동은 제한함으로써 비밀보장 침해의 위험을 감소시킬 수 있다. 각 집단 구성원들의 상담·심리치료 서면동의서는 더 나아가 비밀보장의 중요성을 강조하고 제한점을 명확하게 할 것이다.

10) 내담자의 사후 비밀보장

비밀보장의 한계는 내담자의 사후에도 계속 적용된다. 만약 그렇지 않고, 자신의 사후에 정보가 공개되거나 보호받지 못할 것이라는 것을 안다면 내담자는 개인정보를 공유하는 것을 꺼리게 될 것이다. 미국의 여러 주(state)에서는 내담자의 사후, 법적 대리인을 통해 공개로부터 내담자 정보의 비밀보장이 보호되는 것을 지속할 수 있도록 허락한다.

11) 요청과 소환장에 대한 응답

상담·심리치료사는 여러 사람들로부터 내담자의 정보를 요구하는 요청을 받게 된다. 그 중 대부분의 요청은 상담에 대한 이해가 부족한 개인 및 상담을 목표로 하지 않는 개인들로부터의 요청이다. 의사, 목회자 그리고 변호사와 다른 정신건강 전문가 같은 일종의 전문가들이 상담 관계의 세심한 주의를 요하는 속성을 완전하게 이해하지 못하거나 충분히 인식하지 못하는 경우가 종종 있는 일이다.

따라서 상담·심리치료사는 이런 요청에 신중을 기울여야 할 필요가 있으며, 응답하는데 주의를 요한다. 모든 요청은 요청의 목적과 명백하게 언급된 요청된 정보에 따라서 서면화되어야만 한다. 정말 위급한 상황을 제외하고, 내담자는 요청에 대한 서명된 동의에 따라 상담에 임해야 한다.

만약 요청이 거절되면 상담·심리치료사는 내담자의 결정에 따라야만 한다. 정보를 요구하는 소환이 있다면 상담·심리치료사는 먼저 법원 명령에 의한 소환장인지 그 소환장이 타당한지를 결정해야만 한다.

게다가 소환장이 법원 명령에 의한 소환장이라고 할지라도 내담자가 그 정보를 공개하는데 있어서 내담자의 동의 여부에 대한 결정을 받아야 할 경우에 상담·심리치료사는 내담자와 의논해야 한다. 만약 내담자가 확신하지 못하거나 거절한다면 내담자는 정보공개를 막을 수 있는 방안에 대해 변호사와 상의할 것을 권장한다.

만약 법원이 여전히 정보에 접근 가능하도록 명령한다면 상담·심리치료사는 정보를 제공하거나 아니면 법원 모독으로 기소당하거나 구속당할 가능성이 있다. 여러 사례들을 통해 살펴볼 때, 상담·심리치료사는 내담자-상담·심리치료사 관계의 비밀보장과 내담자 정보의 비밀에 있어 가장 보수적인 입장을 갖게 된다.

2. 상담·심리치료 서면동의

정신건강 환경에서 적용되는 상담·심리치료 서면동의서의 개념은 비교적 최근에 발달했다. 수 년 동안 내담자는 의료전문가가 가장 잘 알고 있다고 생각했기에 이들의 판단에 맡겼다. 법원은 점차 내담자 권리의 중요성과 상담·심리치료사와 내담자 관계에서 보다 대등한 입장이 요구되고 있다고 인식하기 시작했다.

동의서는 내담자의 자율성과 그들의 사생활 보호, 개인을 위한 존중의 필요성을 인정한다는 절차이다. 오늘날 법원은 정보공개에 앞서 내담자로부터 동의서를 얻어야 한다는 것을 요구한다. 그렇지 않으면 위법 행위로 간주될 수 있다. 내담자가 상담의 모든 과정에서 만족 했을지라도 동의 없이 상담 받은 것에 대해 소송을 제기할 수도 있음을 알고 주의해야만 한다. 동의서를 구성하는 데에는 적어도 네 가지의 기본적인 관점이 있다.

(1) 내담자는 상담·심리치료에 동의하기 위해서 법적 권한을 가져야만 한다.
(2) 합리적인 사람이 고려하기 원할 것 같은 상담·심리치료에 관한 모든 정보는 상담·심리치료의 특징, 잠재적인 유익과 위험성, 대안적 상담·심리치료의 유익과 위험 그리고 상담·심리치료가 전혀 일어나지 않을 때의 위험을 포함하여 내담자에게 제시되어야만 한다.
(3) 내담자는 이 정보를 이해해야만 한다.
(4) 제시된 상담에 대한 자발적인 동의를 반드시 얻어야 하고, 기록해야 한다.

게다가 상담·심리치료사는 가능하면 빨리 예상되는 상담 회기, 상담료와 관련된 재정정책 그리고 수련감독 상담사나 학생, 인턴의 존재와 같은 다른 관련된 문제들을 내담자와 논의해야만 한다(APA, 2002, sect. 10.01). 상담·심리치료사는 내담자에게 필요한 모든 정보를 제공할 수 있도록 주의하여 자신의 주(state)위원회의 규칙과 전문가 윤리 규정을 공부해야만 한다.

변호사 등은 상담·심리치료사가 내담자에게 필수적인 정보를 제공하는 계약서를 사용하고 상담·심리치료 서면동의를 받는 것을 권장한다. 계약서나 서면동의서 작성은 상담·심리치료가 시작할 때나 가능한 초기에 받아야 한다.

서명된 동의서는 위험관리의 관점에서 볼 때, 매우 중요하지만 어떤 때에는 곤란할 때도 틀림없이 있을 것이다. 만약 시간과 경험이 부족하게 제공된다면 내담자와 상담·심리치료사의 관계 형성을 어렵게 만들 수 있다.

예를 들어, 위기 상황의 내담자에 대해 즉각적인 평가와 개입을 하는 대신에 첫 회기 대부분을 상담계약에 대하여 검토하는데 사용한다면 그것은 부적절할 수 있다. 예외적인 상황은 특수한 상담을 요구한다. 그러나 전반적으로, 가급적 동의서를 사용하여 상담·심리치료 서면동의를 얻는 것은 이 분야에서 기준이 되어왔다.

이미 제안된 전반적인 정보에 더하여, 여기 아래 제공된 여러 특정 항목은 상담·심리치료 서면동의의 일부분으로 내담자에게 제공되어야 한다(Sanders,

2000; Texas Sate Board of Examiners of Psychologists: TSBEP, 1995). 부록 2는 또한 어떻게 동의서가 준비되는지의 예를 제공한다.

1) 제공되는 서비스에 대한 정보

이해하기 쉬운 언어로 상담·심리치료에 대한 당신의 서비스와 철학에 대해 내담자에게 설명한다. 당신이 제공하는 상담의 종류, 당신의 신학적 기원과 내담자가 기대할 수 있는 평가와 상담이 어떠한 것일지에 대한 정보를 포함한다. 내담자가 상담·심리치료를 종결할 권리 그리고 상담·심리치료 과정에 의해 일어날 수 있는 부작용, 스트레스나 중압감 등 상담·심리치료를 위한 대안적인 선택에 대한 정보가 주어져야 한다.

만약 당신이 기독교상담 서비스를 제공한다면 내담자가 어떻게 당신이 기독교적 개념을 상담에서 적용하는지 알 수 있게 하기 위해서 당신은 이런 서비스의 특징에 대한 정보를 제공해야 한다.

이런 설명의 첫 번째 목적은 내담자에게 이런 기독교적 개념이 상담이 일부분이 되기를 원하는지 아닌지를 결정할 기회를 제공하기 위해서이다. 만약 당신이 기독교 상담을 제공하고, 기독교 상담제공을 명확하게 밝히지 않는 상담소에서 일을 한다면 이 정보를 제공하는 것은 특히나 중요하다.

만약 당신이 제공하는 서비스나 기술들 중 어떤 부분이 당신의 동료에 의해 실험적이라는 의견을 듣게 된다면 상담의 실험적인 특징, 상담의 잠재적인 위험성 그리고 가능한 대안적 상담·심리치료를 종결할 권리에 대해 내담자에게 알리는 것은 중요하다.

2) 상담·심리치료의 목표와 과정

상담에서 당신은 어떤 문제를 상담할 것인가?
그리고 당신이 사용할 기술은 무엇인가?
각각의 예가 다르기 때문에 이 정보는 기초정보 서식에 포함되지 않을 수 있다. 그러나 이 질문은 상담 관계 초기에 논의될 수 있고, 상담계획과 이에 대한 내담자 동의는 일지에 기록될 수 있다. 상담·심리치료의 목표와 방법은 상담을 진행하는 동안에 변화할 수 있기 때문에 이 주제는 상담 회기 동안 다시 논의될 수 있다.

그리고 내담자는 상담 과정의 일부로서 상담목표와 방법에 대해서 질문을 하는 것이 격려되어야 한다. 비록 구체적인 제시는 상담 초기와 모든 상황에서 항상 가능하지는 않을지라도 예상되는 상담 회기 및 상담 기간은 이 내용에 포함할 수 있을 것이다.

3) 재정 문제

내담자가 상담료 및 상담료 지불방법에 대해 알고자 할 때, 내담자는 상담료에 대해 명확하게 이해해야만 한다.

어떻게 보험이 이 상황을 해결하는지?
누가 궁극적으로 상담료의 책임을 지는지?
연체료에 대한 정책은 무엇이고, 상담·심리치료사가 미수금 처리 대행회사를 사용할 권리가 있는지와 같은 질문들이다.

4) 비밀보장

상담·심리치료사는 규정에 따라서 제공된 범위에서만 비밀보장을 할 수 있다고 내담자에게 말해야 한다. 비밀보장은 대부분의 상황에서 지켜진다고 할 수 있지만 여기에는 예외가 있다는 것을 이해해야만 한다. 주지하는 바와 같이, 비밀보장에 대한 모든 예외에 초점을 맞추는 것은 어떤 내담자에게는 걱정을 불러일으킬 수 있다.

비밀보장의 주목할 만한 예외는 이미 앞에서 언급했다. 결혼/가족 사례(제7장 참고)에서 아니면 아동의 사례(제8장 참고)에서 또는 다른 구체적인 상황에서의 비밀보장 문제에 중점을 둘 것이다. 보험이나 관리의료가 포함될 때, 내담자는 제3의 지불자에게 정보를 보내는 것을 허락하기 위해서 정보공개에 서명을 하고 이해하는 과정이 필요하다.

5) 자격

당신의 자격은 무엇인가?
어떤 전문가 면허/자격증을 취득했는가?
어떤 학위를 취득했는가?
그리고 어떤 과정을 이수한 증명서가 있는가?
　상담·심리치료, 임상실습뿐만 아니라 당신이 어디에서 학위를 받았는지를 공유하는 것은 도움이 될 수 있다. 만약 당신이 수련 상담자(실습생)에게 수련감독을 하는 경우라면, 내담자는 누가 당신의 수련감독 상담사인지 알 필요가 있다.

6) 다른 관련 정보

논의되어야 할 다른 중요한 정보는 아마 어떻게 전화 호출이나 응급 상황을 다룰 것인지, 만약 내담자가 걱정이나 불평을 가지면 어떻게 해야 하는지, 그리고 근무 시간에 대한 정보 등을 포함할 것이다. 이런 경우에 동의서를 위해서 필요한 정보는 제공되는 서비스의 종류와 상담 환경의 특징에 따라서 다를 수 있다.

동의서를 작성하는 궁극적인 목적 가운데 하나는 내담자와 상담·심리치료사 간의 오해를 방지하는 것이다. 자격관리위원회에 접수되는 민원의 대부분은 상담·심리치료사와 내담자 간의 오해에서 비롯된 것들이다(TSBEP, 1995). 공식적인 동의 절차는 심각한 오해를 최소화하게 도울 수 있지만 그들이 맺는 모든 관계처럼 상담 관계에서도 오해는 나타날 수 있다.

영적 관심과 기타 고려해야 할 사항들을 갖고 오해에 대응하는 상담·심리치료사와 치료 작업과 내담자의 문제를 다루어 오해를 바로잡는 상담·심리치료사의 작업이 더 효과적이고, 오래 유지되며 모든 성공적인 상담에 중요한 신뢰관계를 촉진시킬 수 있다.

3. 문서

제대로 된 문서는 만족할 만한 서비스를 위해서 필수적이다. 다는 아니지만 많은 주(state)의회는 전문가 면허/자격증을 취득한 상담·심리치료사들이 정확한 평가 기록과 상담·심리치료의 활동 내용을 기록, 유지할 것을 요구한다. 게다가 전문가 및 상담기관과 단체들은 나름의 문서유지를 위한 규칙을 갖고 있다. 정보 동의에 관한 구체적인 요구는 기관이나 단체마다 다를 수 있다. 그러나 정보는 보통 최소한 다음의 것들을 포함해야 한다.

(1) 상담 일자와 시간
(2) 누구에 의해 제공되는지와 상담의 종류
(3) 정보의 평가와 진행
(4) 상담료에 대한 정보

물론, 모든 동의와 공개 양식의 복사본은 보관되어야 한다.
미국연방의료보험 통상책임법은 또한 확실한 정신건강 기록과 다른 사람들보다 높은 수준의 사생활 보호를 위해서 고안된 정보관리에 대한 국가 기준을 소개한다. 미국연방의료보험 통상책임법은 두 가지 종류로 정신건강기록을 제시한다.

첫째, 개인건강정보이다.
개인건강정보는 "개인의 과거, 현재, 미래의 육체적, 정신적 건강상태, 개인의 건강 돌봄의 항목 또는 과거, 현재, 미래의 개인의 건강 돌봄을 준비하기 위해서 소요된 비용에 관한 정보"이다(APA, n.d.).
더 구체적으로, 개인건강정보 기록은 다음과 같은 기초 정보를 포함한다.

① 대금/청구서 정보
② 상담 회기 일자와 회기 시작/종결 일시
③ 상담에 제공된 상담 도구(modalities)와 사용 빈도
④ 약물
⑤ 평가나 검사의 결과
⑥ 다음 사항의 요약
    ⓐ 내담자 증상
    ⓑ 기능
    ⓒ 지금까지 진행 과정
    ⓓ 진단 내용
    ⓔ 상담 계획
    ⓕ 예후

둘째, 미국연방의료보험 통상책임법에 의해 제공된 또 다른 정신건강 기록지가 상담·심리치료의 기록일지(psychotherapy notes)이다. 상담·심리치료의 기록일지에는 다음과 같이 쓰여있다.

> 정신건강 전문가에 의해 어떤 수단으로든 기록된 일지로서 상담·심리치료사에 의해 분석된 사적인 기록이거나 집단상담이나 가족치료를 할 때, 대화내용 또는 진료기록에 포함되지 않은 내용들이 이에 해당된다 (APA, n.d.).

상담·심리치료의 기록일지는 미국연방의료보험 통상책임법에 의해 더 철저히 사생활 보호를 받게 된다. 따라서 일반적으로 상담·심리치료의 기록일지에는 지극히 개인적이고 구체적인 정보와 상담 회기에 대한 분석 내용이 포함되어 있다.

이런 미국연방의료보험 통상책임법을 규정한 의도는 내담자가 언급한 가장 민감한 개인적인 정보를 보호하고, 보험사와 제3자에게 공개된 정보의 분

석과 함께 서비스 허가 및 지불금 청구가 옳음을 보여주기 위해서 필요한 일반적인 정보를 제공하기 위한 방법을 제공한다. 내담자의 상담·심리치료의 기록일지는 몇 가지 이유로 공개될 수 있는데, 내담자의 동의를 받은 정보 양식의 공개는 상담·심리치료의 기록일지를 비롯하여 공개 부분에 대해 명확하게 언급해야만 한다.

상담·심리치료사는 다른 기록들과 구분하여 상담·심리치료의 기록일지를 간직하는 의미가 무엇인지 자주 묻는다. 불행하게도 법에서는 이 질문에 대하여 명확하게 답해 주지 않는다. 가장 중요한 것은 상담소의 행정직원이나 전문가들이 어떤 문서가 개인 건강정보이며 어떤 문서가 상담·심리치료의 기록일지인지 정확하게 구분하여 부주의하게 잘못된 기록을 제3자에게 공개하지 않도록 하기 위한 것이다.

어떤 상담·심리치료사는 상담·심리치료의 기록일지와 개인건강정보를 구별하기 위해서 다른 색의 종이를 사용하기도 한다. 또 그들은 개인 건강정보와 상담·심리치료의 기록일지를 명확하게 분할하여 내담자 차트에 보관한다.

요구 조건을 만족시키는 것뿐만 아니라, 정확한 기록은 일관된 상담계획 유지와 평가 과정에서 상담에 필요한 중요한 정보를 상기시키는데 있어서 상담·심리치료사를 돕는데도 필요하다. 또한 상담·심리치료사가 법적, 윤리적 특성의 중요한 정보를 문서화하는 것을 따름으로써 위험에 대한 관리기능도 할 수 있다.

종종 법조계에서는 "기록 유지만 잘 했더라면 이런 문제가 일어나지도 않았을 것이다"라는 말을 하기도 한다. 부정적인 결과라 할지라도 사실적인 평가기록의 증거로서 문서화되어야만 한다. 예를 들어, 만약 평가에서 자살 생각(suicidal ideation)이 있었다고 제시되었다면 이런 것도 기록해야 한다. 또한 좋은 사례의 기록은 적절한 때에 내담자를 다른 상담·심리치료사에게 의뢰하는 경우에 도움이 될 수 있다.

그러나 갈등 없는 문서는 없다. 상담·심리치료사는 반드시 기록이 상담·심리치료 기록일지조차 어떤 상황에서는 다른 사람에게 공개될 수 있다는 것을 알아야 한다. 법의 동향은 내담자에게 상담·심리치료 기록에 접근하는 것을 허락해왔다. 상담·심리치료사가 내담자에게 정보를 보여주지 않으려는 시도는 특별한 경우를 제외하고는 어렵게 될 것이다. 정보를 보여주지 않고 보류하는 것은 상담·심리치료사를 처벌이나 질책을 받는 지경에 이를 수 있다.

더 나아가 상담·심리치료사는 만약 내담자가 동의하거나 법적인 필요에 의해 요구되는 어떤 시점에서는 변호사, 법원, 보험, 그리고 가족 구성원과 같은 그 밖의 기관이나 사람이 기록을 보지 않을 것이라고 결코 확신할 수 없다. 따라서 현명한 상담·심리치료사는 내담자와 관심 있는 제3자를 포함하여 다른 사람에 의해 어떻게 그 기록이 해석될 수 있는지를 유념하여 민감성을 갖고, 정확하게 기록해야 하는지에 신중을 기해야 할 것이다.

이런 심리적 평가를 제공하는 사람들은 주 의원회에서 원검사 자료 등을 해석하는 방법을 수련을 받은 다른 전문가에게 공개하는 것이 적절한지 고려할 수 있다는 것 또한 알아야 한다. 기록의 오역, 오해, 그리고 오용과 같은 상황에서 우선되는 염려는 다른 사람에게 이런 일들이 더 많이 일어나게 할 수 있다는 것이다.

정확하고 주의 깊게 정보를 유지하는 것에 관심이 있어 추가적인 도움을 받기 원하는 사람들을 위해서 베넷(Bennett, 1990, p. 76-78) 등은 다양한 방법으로 주의하여 고려하는 것을 권장하는 유용한 점검 목록표를 제공한다.

4. 상담·심리치료사-내담자 관계 및 치료에 있어 신중한 선택

우리는 정신건강 윤리의 중요한 원칙으로 능력에 대하여 책에서 자주 이야기한다. 능력이란 일반적으로 상담·심리치료사가 자신이 제공하는 서비스에 대해 적합한 전문적인 자격과 교육을 받은 그 필요한 부분을 의미한다. 이것은 참으로 중요한 것으로 제3장에서 상세하게 설명한 바 있다. 그러나 자신의 기법을 효과적으로 각각의 내담자에게 적용하는 능력 또한 매우 중요하다. 여기에서 질문은 어떻게 윤리적 상담·심리치료사가 이것을 가장 잘 할 수 있는가? 하는 것이다.

최근, 이 분야 안팎의 힘에 의해 주도된 증거 기반(evidence-based) 또는 경험적 지지치료(empirically supported treatments: ESTs)를 발전시키는 방향으로 엄청난 압력이 있어 왔다. 일반적으로 증거 기반 상담·심리치료는 경험적 연구 기반의 유효성 기준을 충족시킨다. 주지하는 바와 같이, 경험적 지지치료는 단기 성격의 행동주의나 인지행동치료에 주로 적용되었다. 그리고 상담·심리치료를 실시하고 구체적인 상담 원칙을 가르치는 방법을 정확하게 통제하는 프로그램화된 지침서를 많이 사용하고 있다. 이런 방법에 대해서 논란이 있어 왔다.

그 논란은 두 가지이다.

(1) 경험적 연구라고 할 수 있는 것이 무엇인가 하는 것이다.
변인을 엄격하게 통제할 수 있는 복수대상 연구(multisubject outcome study)에서만인가?
아니면 질적 연구, 단일대상 연구 그리고 사례 연구에도 자격을 주는가?
(2) 일부에서는 지침서에 기반을 둔 접근은 상담·심리치료사와 내담자 모두에게 일상의 상담·심리치료의 현장이라는 현실세계에서는 비현실적이고 비효과적일 수 있는 로봇과 같은 방식의 상담을 할 것을 강요한다고 주장하고 있다.

다른 사람들은 이런 연구의 주제 선택은 합병증(많은 정신건강 내담자들이 갖고 있는)을 갖고 있는 내담자가 대부분 연구로부터 배제되어 매우 엄격하게 통제된다는 사실을 지적한다.(Westen & Morrison, 2001)

마지막으로 또 다른 사람들은 이런 연구는 일반화 가능성에 제한이 있다고 주장한다. 왜냐하면 그들은 실험대상자 집단을 모을 때, 소수민족 집단이나 다른 연령 집단을 빈번하게 배제하여 표본들이 매우 단일하기 때문이다(Levant, 2003).

당연히 연구 방향은 경험적 지지관계(empirically supported therapy relationships: ESRs)에 초점을 맞추어 발달해왔다(Norcross, 2006). 이 연구 노선에서 강조하는 것은 효과적인 상담 관계를 만드는 요소를 알아내는 것과 내담자의 개인적 특성을 비진단에 근거하여 어떻게 상담·심리치료가 개인 내담자에게 맞출 수 있는가 하는 것이다.

이 연구의 접근 방식은 램버트와 바리(Lambert & Barley, 2002)의 분석 연구에 의해 지지되었다. 관계 요소와 다른 상담의 공동 요소는 상담결과 변화의 30%를 설명하고 있다. 반면, 특정 상담·심리치료 기법은 단지 15%를 설명한다. 게다가 기대 요소(상담이 도움이 될 것이라는 믿음)는 변화의 15%를 설명하는 반면, 내담자의 특징과 추가적인 상담 요소(친구의 지지, 목회자, 독서 등과 같은)는 40%를 설명한다.

이렇게 여러 증거 자료들을 통해서 볼 때, 상담·심리치료사 본인 및 상담 관계의 특징 그리고 비진단 내담자의 성격과 자원은 상담·심리치료의 성공을 위해서 매우 중요하다는 것을 알 수 있다(Norcross, 2001).

램버트와 바리(Lambert & Barley, 2002)의 연구 결과가 상담기법(또는 정신병리학 지식)이 상담·심리치료의 성공과 무관하다는 것을 의미하는 것은 아니다. 기법을 행하는 것은 일반적인 결과를 가져다 줄 뿐만 아니라 그것은 확실하게 진단된 상황에서 더 중요하다(Lambert & Barley, 2002).

예를 들어, 노출기법(exposure techniques)은 특정 공포증을 상담·심리치료하는데 중요하고, 반응제어 방법(response prevention methodologies)은 강박장애의 강박적인 측면을 상담·심리치료하는데 중요하다. 기법은 효과적인 상담·심리치료에 중요하다. 그러나 그것은 의미 있는 변화에 명백하게 영향을 미치기 위해서 그것 자체만으로는 충분하지 않다.

다시 본래의 질문으로 돌아와서, 어떻게 윤리적 상담·심리치료사가 모든 현장에서 능력을 가장 잘 보여줄 수 있는가?

그 증거는 내담자와 좋은 관계를 형성시키는 능력과 자기 자신을 특정 내담자의 요구수준에 맞추어가는 능력이 매우 중요하다고 제안할 것이다. 이런 '좋은 대인관계 기술'은 상담·심리치료학적으로 좋은 효과적인 관계를 발전시키기 위해서 절대적으로 필요하지만 이것이 다는 아니다. 효과적인 상담·심리치료사는 반드시 상담·심리치료 상황에서 현재 상태의 특징에 대해 과학적 지식 기반도 가져야만 한다.

만약 한 상담·심리치료사가 내담자를 이해하고 교육하는데 있어서 상담·심리치료 상황에 대해 사용 가능한 모든 생물심리사회(biopsychosocial)적인 복잡한 내용들에 대해 이해하지 못한다면 어떻게 식이장애(또는 불안장애, 우울장애, 인지장애 또는 다른 장애)를 가진 내담자와 진실되고, 공감할 수 있는 관계를 형성할 수 있겠는가?

상담·심리치료사는 반드시 연구가 제안한 것처럼 각 상황에 가장 효과적인 상담기법에 대한 실제적인 지식이 있어야만 한다. 상담·심리치료사는 반드시 특정 내담자의 필요에 이런 기법을 적용하는 능력을 가져야만 한다. 내담자가 대인관계와 개인 내적 자원을 동원하도록 도울 수 있는 능력을 갖는 것은 효과적인 상담·심리치료에 있어 매우 중요하다. 이런 추가적인 상담 요소는 분명히 중요하며, 효과적인 상담·심리치료사는 이런 자원을 찾고 적용하기 위해서 내담자의 관계적 기술을 활용할 것이다.

우리는 효과적인 상담·심리치료를 위해서 알아야 할 것들이 여전히 많음을 인정해야만 한다. 경험적 지지치료와 관련된 학문은 무엇이 효과적인지에 대해서 지식을 기반으로 상당히 확장해왔다. 그러나 여전히 알아야 할 것들이 많다.

그러나 우리 지식이 불완전한 것처럼, 효과적인 상담·심리치료, 임상 기술과 효과적인 임상 관계도 마찬가지로 효과적이고 유능한 상담·심리치료를 위한 임상 경험과 현명한 판단이 필요할 수 있다. 임상 경험에 대한 과도한 의존은 상담·심리치료사가 옳다고 느끼는 것은 무엇이든지 하도록 만들 수 있다.

그러나 이것을 제대로 이해한다면 임상 경험에 대한 지혜는 더욱 증가할 것이며, 평생교육과 수련감독 및 상담자문에 헌신한 앞서 경험한 선배들의 수련으로 발전할 것이다. 그리고 대체로 선배들에 의해 축적된 이런 지혜에 대해 감사하게 될 것이다. 동료 전문가들이 특정 사례에 대해 선택하고 치료적 개입의 범위를 확인할 수 있도록 만든 돌봄의 기준(standard of care)은 상담·심리치료의 선택 및 상담 관계를 촉진시키는데 있어서 신중을 기하도록 만든다.

임상 경험뿐만 아니라, 근거기반 관계와 기술 그리고 상담·심리치료 기준에 대해 전문가들이 매우 감사하고 있음을 강조한다. 하지만 여기에 제기된 임상 능력에 대한 기술은 상담·심리치료의 새롭고 검증되지 않은 접근 방식에 있어 혁신적 발달을 위한 작은 여지만을 남긴다고 누군가는 주장할 것이다. 그와 반대로, 우리는 문화와 시대 속에서 지식과 변화의 성장이 또한 혁신에 전념할 것을 요구한다.

그러나 혁신은 진공 상태에서 결코 일어날 수 없다. 비평적으로 생각하는 혁신자의 능력과 그들의 객관적인 실험과 동료가 평가한 내용을 공개하려는 의지는 지식 발전의 가장 좋은 방법이다. 우리 분야에서 가장 염려가 되는 상담·심리치료는 동료 및 다른 사람들의 비평을 거부하고 들으려 하지 않는 사람들의 상담·심리치료이다.

예를 들어, 기독교상담에서 이런 의심스런 상담은 개인이 상담(또는 평가) 방법을 발전시키고 그것을 유일한 올바른 기독교 방식이라고 홍보할 때 일어난다. 이 분야의 다른 비평가로부터 고립되어 검증되지 않은 것을 마치 하나님이 허락한 접근 방식인 것처럼 유혹하는 것은 그 접근 방식에 대한 결점을 부인하는 것이며 상담을 비윤리적이거나 해롭게 할 수 있다.

상담·심리치료의 평가 행위와 과학에서 혁신은 특히 중요하다. 그러나 의학과 과학에서처럼, 혁신은 비평적 사고와 동료 평가의 윤리적 기준과 일반 원칙을 수립하기 위한 민감성을 갖고 수행해야 할 필요가 있다. 특별한 혁신을 위한 윤리적 기준이 존재하지 않더라도 윤리적 기준의 발전은 상담·심리치료적 혁신의 발전과 동시에 일어나는 것이 이상적이다.

* **원격 상담**(전화 상담, Teletherapy)

상담과 평가에 있어 가능한 혁신적인 방법의 윤리적 사례로 우리는 여러 가지 기술과 방법 및 기계장비들을 생각할 수 있다. 그러나 원격 상담 하나에 초점을 맞추어 보고자 한다.

최근 전자통신의 발전은 기하급수적으로 증가했다. 이전의 의사소통은 일반 전화로 제한되었던 반면, 현재 많은 사람들은 핸드폰, 팩스, 이메일, 인터넷 대화방, 그리고 텔레비디오로 소통에 접근하고 있다.

당연히 이런 의사소통 양식은 정신건강 영역에서도 사용하고 있다. 상담·심리치료사와 내담자는 위의 방법들을 서로 의사소통하기 위해 사용한다. 그러나 그 양상은 수련감독 상담사나 전문가 간의 의사소통에서도, 그리고 제3의 납부자에게 정보를 전달하는데도 사용하고 있다.

미국심리학회가 실시한 조사에 따르면, 노동자를 위한 연구에서는 상담·심리치료사와 내담자 간의 의사소통을 위한 이메일 사용이 2000년과 2008년 사이에 세 배가 넘는다는 것을 발견했다(Novotney, 2011). 전문가의 내담자와의 화상회의 사용은 이보다 덜 일반적이지만 여전히 같은 기간 동안 2%에서 10%로 증가했다.

전문가협회와 이와 관련된 사람들은 상담과 평가 서비스를 위한 전자 의사소통 사용의 기준과 지침을 발전시키려 시도했다. 리드, 매러플린 그리고 밀홀랜드(Reed, Malaughlin & Milholland, 2000)는 원격의료의 전문적인 실천을 위한 열 가지 원칙을 발전시켰다. 이들이 세운 기준은 상담·심리치료사의 능력 문제, 비밀보장, 내담자 안전과 복지, 동의서, 문서 그리고 다른 사안들에 대한 것들이다. 이런 원칙은 소위 전자상담이나 원격상담 윤리에 대한 토대가 된다.

미국상담학회도 2005년에 열린 윤리 규정 수정에서 원격상담 윤리에 대해서 상세하게 이야기했다(ACA, 2005, A.12). 그리고 그들은 또한 인터넷 상담을 위한 윤리적 기준을 하나의 독립된 기준으로 작성했다(ACA, 1999). 미국심리학회 윤리 규정(2002)은 전자 의사소통에 대해 피상적인 방법에 대해서만 이야기하고 있다. 그러나 협회는 1997년 전화, 화상회의, 인터넷을 통한 서비스의 성명서를 공개했다(APA, 1997). 그리고 미국심리학회는 현재 추가적인 지침을 개발하는 과정에 있다.

많은 상호 심사 연구의 최근 비평들은 적어도 특정 상황과 특별한 종류의 상담·심리치료에서는 원격 상담이 효과적이라고 명시한다. 지지자들은 원격상담이 다른 방법으로는 상담·심리치료를 절대 받지 않으려는 사람들에게 접근을 용이하게 해 준다고 주장한다. 예를 들어, 그들은 서비스가 부족한 지방에 있거나, 멀리 떨어진 군사 환경에 있는 내담자를 이유로 들고 있다. 게다가 이메일과 전화 상담은 직접 상담·심리치료의 유용한 부속물일 수 있다.

예를 들어, 상담·심리치료사는 대형 상점에 가는 것에 대해 두려움을 갖고 있는 불안장애 내담자를 상담·심리치료를 하는데 있어서 내담자가 상점에 있는 동안에 핸드폰으로 상담 회기를 진행할 수 있다. 회기 사이에 내담자-상담·심리치료사 간의 의사소통의 특정한 양을 사용하는 변증법적인 행동 상담에서도 상담 원칙의 강화와 평가의 수단으로 이메일을 사용할 수 있다.

그뿐아니라, 전자 의사소통에 성공적으로 사용될 수 있는 서비스의 종류는 더 많이 있다. 모든 서비스가 아주 똑같이 적절한 것은 아니다. 금연 상담을 위해서 제공하는 상담·심리치료는 평가 서비스의 제공부터 다른 식이장애를 위해서 제공되는 상담·심리치료와 같지 않을 것이다. 각 서비스의 종류는 유익뿐만 아니라 수반되는 위험을 위해서라도 반드시 분리되어 평가되어야만 한다. 그리고 어떤 서비스에서는 전체는 물론, 일부에서조차 전자 장비를 사용하는 것이 부적절할 수도 있다.

전자 장비의 사용과 연구에 대한 관심의 증가에도 불구하고, 우리는 원격 상담이 아직 연구해야 할 내용이 많지만 비원격 상담 분야와 같은 방법으로 여전히 보려는 것을 알아야 한다. 예를 들어, 상담·심리치료사는 일반적으로 동의된 상담·심리치료 기준이 존재하지 않는 임상 방법을 사용할 때에도 윤리적 기준에서 권장하는 경고와 상담·심리치료사의 능력을 갖추어야 한다(APA, 2002, 2.01e).

신중한 상담·심리치료사는 어떻게 전자상담을 제공할지 결정을 내릴 때 많은 논점들을 고려할 것이다. 우선, 능숙한 상담·심리치료사는 전자 의사소통 분야에서 잘 알려지고 발전된 교육을 지속적으로 받을 것이다. 전자적으로 진행하는 것과 직접 대면하여 하는 서비스 사이에는 현실적인 매우 분명한 차이가 있다(Nowotney, 2011).

예를 들어, 상담·심리치료사가 내담자를 개인적으로 만나지 않고, 내담자와 같은 방에 앉아서 경험하지 않을 때, 어떤 종류의 진단 정보를 놓치게 하는가?

애도 상담처럼, 특정 유형의 상담·심리치료에서 상담·심리치료사와 온화하고 공감적인 상호관계를 내담자가 경험할 수 있는가?

더 나아가 모든 원격 상담이 다 똑같은 것은 아니다. 텔레비디오는 이메일보다 다른 특징에 대해 더 많은 정보들을 상담·심리치료사와 내담자에게 제공한다. 원격 상담이 직접 만나 개입하는 것과 다른 점이 없다고 가정하는 상담·심리치료사는 비윤리적 행동을 할 위험에 처해 있는 것이다.

각 상담·심리치료사는 또한 원격 상담에서 사생활 보호와 비밀보장 문제를 고려해야만 한다. 비밀 내용이 상담·심리치료사 쪽에만 저장되어 있는 것이 아니라 내담자가 자신의 컴퓨터에 비밀 정보를 남길 수도 있다. 또는 부주의로 비밀 정보를 제3자에게 보낼 수도 있다.

상담·심리치료사는 내담자가 읽고 서명할 동의서를 개발하는 것이 필요할 것이다. 최소한, 이 문서는 상담·심리치료사가 전자적으로 제공하는(또한 제공하지 않는) 서비스의 종류, 평가 또는 전자적으로 수행되는 상담의 잠재적인 유익과 위험성, 응급 상황을 해결할 수 있는 방법, 그리고 동시에 확인할 수 없는 이메일과 같은 의사소통 상황에서 얼마나 오래 내담자가 답을 기다리는 것을 기대해야만 하는지를 포함해야 한다.

몇 가지 전자 의사소통에서 일어날 수 있는 사생활 보호법 위반의 위험과 종류에 관하여 다양한 책임회피(disclaimer)가 있을 수 있다. 상담·심리치료사는 반드시 그들이 의사소통을 위해서 사용하기로 계획한 구체적인 전자 플랫폼이 미국연방의료보험 통상책임법 규제와 다른 적용가능한 주(state)법과 부합하는지 아닌지 조사하기 위해 합리적인 시도를 해야만 한다.

상담·심리치료사는 반드시 직접 만나서 하는 대면 상담처럼 내담자와의 모든 전자 의사소통을 기록해야만 한다. 또한 상담·심리치료사는 대부분의 원격 상담들이 보험으로 보장되지 않는다는 것을 필히 이해해야 하고, 그들은 반드시 직접 만나는 상담 회기와 같은 보험청구의 유혹을 피해야만 한다.

5. 상담·심리치료의 종결

상담·심리치료 관계가 중단되거나 종결되어야만 할 때, 잘 종결하는 것이 중요하다. 질병, 이사, 갑작스런 사건에 의한 상담·심리치료사 사망, 내담자의 재정적 궁핍 또는 보험혜택 중단(정신건강 서비스의 사업 윤리 참고) 등의 경우에 종결 처리를 준비해야 한다. 내담자가 더 이상 서비스를 필요로 하지 않거나, 서비스로부터 혜택을 못 받고 있거나, 지속되는 서비스에 의해 피해 입을 위험이 있는 경우에 상담·심리치료를 종결하거나 가능한 적절한 다른 상담·심리치료사에게 의뢰하는 것이 바람직하다.

대개 상담·심리치료사는 내담자를 다른 전문가에게 의뢰해야 할지 말아야 할지를 두고 갈등을 하게 된다. 때로는 상담·심리치료사와 내담자가 단지 어울리지 않는 경우도 있다. 상담·심리치료사의 나이, 성별, 개인적 생활방식이 다른 경우의 문제는 효과적인 상담·심리치료적 동맹을 맺기가 어렵다는 것이다. 상담·심리치료와 수련경험의 부족 역시 의뢰를 필요로 하게 된다.

더 큰 문제는 상담관계는 비교적 잘 형성되었지만 상담·심리치료에서 효과가 없는 경우이다. 의뢰에 대해 상담·심리치료사가 실패감을 느끼고 내담자에 대해 긍정이나 부정적인 역전이를 경험하고 동료들 사이에 의뢰에 대한 평가의 두려움이나 상담·심리치료사 자신의 전문지식에 대한 한계를 내담자에게 보이는 것을 원치 않는 등의 상황에서 적절한 의뢰는 제대로 이루어질 수 없다. 상담·심리치료사의 재정적인 어려움이나 상담·심리치료 건수에 대한 압박도 상담·심리치료사가 의뢰할 때, 객관적 평가를 흐리게 할 수 있다.

내담자의 복지를 위한 윤리적 제약과 관심은 상담·심리치료사가 실제적으로나 표면적으로 내담자의 유기를 피할 것을 요구한다. 내담자와 상담·심리치료 계획을 조심스럽게 논의하고, 종결 전 개입을 통해 제공하며, 대안적인 서비스 제공자를 제안하고 만약 그것이 가능하다면 다른 제공자에게 상담·심리치료의 의뢰를 용이하게 하기 위해서 다른 합리적인 단계를 가질 때 유기를 피할 수 있다(APA, 2002, Sects, 10.09-10.10).

내담자가 최선의 유익을 얻도록 하는 것이 궁극적인 목적이지만 의뢰나 종결을 할 때, 어떤 내담자에게는 모호하거나 혼란스러운 정서가 발생할 수 있다는 것을 민감한 상담·심리치료사는 깨달을 수 있을 것이다. 이런 상황에서 상담·심리치료사의 의뢰 행위에 대해서는 평가해보고 생각해 보아야 한다. 가능한 한, 상담·심리치료사는 내담자가 위기에 있을 때 상담·심리치료를 종결하는 것을 피해야만 한다.

상담·심리치료사는 내담자의 심리상태에 민감해야 한다. 그리고 내담자의 눈으로 상황을 볼 뿐만 아니라 내담자의 궁극적인 최선의 유익을 위해서 존중해야 한다. 상담·심리치료사는 가능하다면 최선을 다해 종결의 이유를 내담자가 이해할 수 있도록 설명해야 한다. 그리고 그런 이유로 종결을 할 수밖에 없음을 내담자와 기꺼이 대화를 나누어야 한다. 다른 상담·심리치료사에게 의뢰할 때, 때로는 상담·심리치료사 간에 충분한 시간을 갖고 의뢰를 진행하는 것이 최선일 수 있다.

상담·심리치료의 종결이나 의뢰 과정에서 내담자의 요구에 민감하게 반응하는 것이 대부분의 상황에서 가장 큰 관심사이지만 상담·심리치료사의 요구가 앞서는 경우가 있다. 최근 몇 년 간 내담자가 상담·심리치료사를 위협하고 스토킹하고, 상처 입히거나 죽이는 사례가 증가하고 있다.

이 때문에 미국심리학회 윤리 규정은 현재 상담·심리치료사에게 "협박당하거나 아니면 내담자에 의해 위험에 처하거나 내담자와 관계가 있는 제3자에 의해서 위험에 처하게 될 때 상담·심리치료를 종결하는 것"을 허락한다(APA, 2002, sect, 10.10b; ACA, 2005. sect, A.11.c).

이것은 상담·심리치료사가 위험한 상황에 사로잡히는 것을 피하도록 도울 수 있어야 하고 훗날 위협하던 내담자가 자신의 유기에 대해 고소를 결정하려고 할 때, 법적인 행동으로부터 상담·심리치료사를 보호하는 것을 도울 수 있도록 규정에 추가되어야 할 필요가 있다.

6. 결론

상담은 기독교 상담에서 훨씬 더 복잡하고 다면적인 문제와 일단의 책임이 뒤따른다. 이 장에서는 윤리적 상담을 위한 기초가 되는 여러 가지 필수적인 문제들을 살펴보았다.

기독교 상담자로서 우리 각자가 이런 문제들과 본서의 다른 장에 있는 문제들에 대해 철저하게 이해하지 못하고 하나님의 절대적인 진리와 법적, 윤리적, 전문적인 문제들에 성실하게 책임을 지고 실천하며 지키지 못한다면, 우리의 삶 속에서 하나님의 소명에 진실되게 응답하지 못할 것이다. 우리가 하는 모든 일에서 매우 능숙하고 전문적이며 그리스도와 같기를 염원해야 한다. 이를 통해 하나님이 영광 받으실 것이다.

■ 참고문헌

American Counseling Association. (1999). *Ethical standards for internet online counseling.* Alexandria, VA: American Counseling Association.
American Counseling Association. (2005). *ACA code of ethics.* Alexandria, VA: American Counseling Association. Retrieved April 25, 2010, from www.counseling.org/Resources/CodeofEthics/TP/Home/CT2.aspx.
American Psychological Association. (1997). *APA statement concerning services by telephone, teleconferencing, and internet.* Washington, DC: American Psychological Association. Retrieved December 4, 2011, from www.apa.org/ethics/ education/telephone-statement.aspx.
American Psychological Association. (2002). Ethical principles of psychologists and code of conduct. *American Psychologist, 57,* 1060-73. Also available (with 2010 amendments) from www.apa.org/ethics/code/index.aspx.
American Psychological Association. (n.d.). *HIPAA for psychologists* [Computer CD]. Washington, DC: American Psychological Association.
Becker, W. W. (1987). The paraprofessional counselor in the church: Legal and ethical considerations. *Journal of Psychology and Christianity, 6,* 78-82.
Bennett, B. E., Bryant, B. K., VandenBos, G. R., & Greenwood, A. (1990). *Professional liability and risk management.* Washington, DC: American Psychological Association.
Christian Association for Psychological Studies (2005). *Ethics statement of the Christian Association for Psychological Studies.* Batavia, IL: Christian Association for Psychological Studies. Retrieved April 27, 2010, from www.caps.net/index. php?option=com_content&view+article&id=253&Itemid=131.
Huber, C. H. (1994). *Ethical, legal, and professional issues in the practice of marriage and family therapy* (2nd ed.). New York: Macmillan.
Lambert, M. J., & Barley, D. E. (2002). Research summary on the therapeutic relationship and psychotherapy outcome. In J. C. Norcross (Ed.), *Psychotherapy relationships that work* (pp. 17-32). New York: Oxford.
Levant, R. F. (2003). The empirically validated treatments movement: A practitioner perspective. *Texas Psychologist, 54,* 18-21.
Norcross, J. C. (2001). Purposes, processes, and products of the Task Force on Empirically Supported Therapy Relationships. *Psychotherapy: Theory, Research, Practice, Training, 38,* 345-56.

Norcross, J. C. (Ed.). (2002). *Psychotherapy relationships that work.* New York: Oxford University Press.

Novotney, A. (2011, June). A new emphasis on telehealth. *Monitor on Psychology, 42,* 40-44.

Pabian, Y. L., Welfel, E., & Beebe, R. S. (2009). Psychologists' knowledge of their states' laws pertaining to Tarasoff-type situations. *Professional Psychology: Research & Practice, 40,* 8-14.

Reed, G. M., McLaughlin, C. J., & Milholland, K. (2000). Ten interdisciplinary principles for professional practice in telehealth: Implications for psychology. *Professional Psychology: Research & Practice, 31,* 170-78.

Sanders, R. K. (2000). Informed consent: Issues facing the Christian marriage and family therapist. *Marriage & Family: A Christian Journal, 3,* 25-38.

Sanders, R. K. (2005). Ethics codes: Monitoring the major changes. *Journal of Psychology & Christianity, 29,* 263-67.

Stromberg, C. D., Haggarty, D. J., Leibenluft, R. F., McMillian, M. H., Mishkin, B., Rubin, B. L., & Trilling, H. R. (1988). *The psychologist's legal handbook.* Washington, DC: Council for the National Register of Health Service Providers in Psychology.

Stromberg, C. D., Lindberg, D., Mishkin, B., & Baker, M. (1993). *The Psychologist's Legal Update: Privacy, Confidentiality and Privilege.* Washington, DC: The Council for the National Register of Health Service Providers in Psychology.

Tan, S.-Y. (1991). *Lay counseling: Equipping Christians for a helping ministry.* Grand Rapids: Zondervan.

Tarasoff v. Board of Regents of the U. of California, 551 P2d 334 (Cal. SuP. Ct. 1976).

Texas State Board of Examiners of Psychologists (TSBEP). (1995, Winter). Informed consent. *Newsletter,* pp. 11-12.

Westen, D., & Morrison, K. (2001). A multidimensional meta-analysis of treatments for depression, panic, and generalized anxiety disorder: An empirical examination of the status of empirically supported therapies. *Journal of Consulting & Clinical Psychology, 60,* 875-99.

제5장

권한의 남용과 성적 비행

존 F. 새켈포드(John F. Shackelford)
랜돌프 K. 샌더스(Randolph K. Sanders)

말프렉티스(Malpractice) 박사의 사무실 입구에 다다르자, 페어팩스(Fairfax) 박사는 속이 매스꺼운 불편함을 느꼈다. 페어팩스 박사가 이 만남을 주선했으나 당장 직면하게 될 무언가를 피하고 싶은 마음이 더러 있었다. 깊은 호흡을 들이키며 그는 말프렉티스 박사의 문을 열고 들어갔다.

그는 로비로 들어가 접수대 앞까지 걸어가며, 말프렉티스 박사의 사무실이 얼마나 근사한지 놀라워했다. 아마 그는 동료에 의해 성적 비행으로 고발당한 사람은 허름한 사무실을 갖고 있을 것이라고 생각했다. 하지만 이 사무실은 깔끔하고 근사하게 정돈되어 있었다.

접수대의 비서는 그를 알아보았고 잠시만 앉아계시라고 부탁했다. 그는 기다리면서 왜 그가 지금 여기에 있는지 다시 한 번 생각해 보았다. 두 박사 모두가 일하는 이 곳에서 끊임없이 지속되는 소문이 하나 돌았는데, 그 소문은 말프렉티스 박사가 수개월 동안 그의 내담자들 가운데 한 사람과 애정관계를 가졌다는 것이다. 이런 소문은 매우 만연하여, 일부 의사들은 지난달 페어팩스를 찾아와 어떻게 주(state)면허위원회 감독관들이 관여하게 되었는지 궁금해 하였다.

바로 지금, 페어팩스는 왜 자신이 이 자리에 와야 하는지 궁금해하였다. 만약 말프렉티스가 분노하며 그를 사무실 바깥으로 내쫓으면 어쩌겠는가? 그래도 페어팩스는 적어도 말프렉티스와 소문에 대해 이야기해 보는 것이 자신의 책임이라고 느꼈다. 게다가 그와 말프렉티스 박사 둘 다 스스로를 기독교 상담자로 자부했다. 확실히, 페어팍스는 자신이 그와 대화할 적임자라고 생각했다.

로비로 들어가는 문이 활짝 열리고 거기에 말프렉티스가 서 있었다.

"프랭크 페어팍스, 반가워요!"

말프렉티스는 그를 사무실 안으로 안내하며 말했다.

"제가 당신을 2년 전 주(state)총회에서 보고 처음이네요. 어떻게 여기에 오게 되었지요?"

"아, 제가 이야기할 것이 오히려 불편한 것이어서 두렵군요."

페어팍스는 시작했다.

"아시다시피, 항간에 당신이 당신의 내담자와 사적인 관계를 갖는다는 소문이 있습니다. 저는 믿고 싶지 않지만 소문이 끊임없이 들리더군요, 거짓말할 이유가 없는 사람들한테까지 많이 들려옵니다. 이런 소문들이 어떤 것인지 알지만 저는 제가 이렇게 와야만 할 것 같은 생각이 들어서..."

말프렉티스는 말을 끊었다.

"음, 그 소문은 사실이에요"

그는 오히려 무미건조하게 말했다.

"지난 몇 달간, 제게 놀라운 일이 벌어졌습니다. 하나님이 내 삶에 매우 특별한 사람을 보내셨어요. 저는 절대 그녀와 엮이려 의도하지 않았지만 이번에는 다릅니다. 우리는 서로에게 동일한 감정을 느끼고 있어요. 우리가 함께 하는 것이 운명인 것 같기도 해요.

그녀는 그녀의 부모가 사는 주(state)에 있는 정신병원의 환자였어요. 그녀에게는 매우 혼란스러운 가족이 있어요. 그녀에게 운이 좋았던 것은 그녀가 병원에서 나와서 저를 보기 위해서 이곳으로 돌아온 것이었지요.

그 병원의 정신의학자는 그녀를 경계선적 성격장애를 가진 주요 우울장애로 진단했습니다만, 저는 그의 성격장애 진단은 틀렸다고 확신합니다. 그녀에게 어떤 문제가 있을지도 모릅니다. 누구라도 그런 가족과 있었다면 그랬을 것이라고 저는 생각합니다.

그러나 아시는 것처럼, 저는 언제나 생각하기를 진단 유형이 사람들에게 낙인을 찍어 우리가 상담하는 특별한 개인들에게 있는 풍성함을 보지 못하게끔 한다는 것입니다."

"하지만 당신의 부인은 어떻게 됩니까?

당신 둘은 여전히 부부관계가 아닌가요?"

페어팩스가 물었다.

"오, 프랭크!

우리는 법규상으로만 결혼을 한 것이지요. 그 관계는 벌써 몇 년 전부터 끝이 났습니다. 오해하지 마세요. 저는 아내를 사랑합니다만 시작부터 거의 결혼이라고 할 수 없었어요. 법적으로는 아직 제가 결혼관계에 있음을 알아요, 하지만 저는 한 사람이 남은 반평생을 풍성하게 살고자 한다면 율법주의를 벗어나 살아야 한다는 것을 배웠습니다."

말프렉티스가 말하는 동안 프랭크는 장의자에 조용히 앉아 있었다.

어떻게 한 상담·심리치료사가 이렇게까지 중심으로부터 멀어질 수 있는가? 그는 스스로 생각했다.

어떻게 그는 너무나 선명하게 보이는 많은 빨간 신호를 놓칠 수 있었는가?

그리고 어떻게 해야만 이런 일들이 방지될 수 있는가?

1. 성적 비행의 발생률

이 직업에서 얼마나 성적 비행이 만연한가?

카드너, 풀러 그리고 맨쉬(Kardener, Fuller & Mensh, 1973)는 로스엔젤레스의 114명의 남성 정신의학자들을 대상으로 설문조사했으며 그 중 10%가 환자들과의 성적 접촉을 인정했음이 밝혀졌다. 홀로이드와 브로드스키(Holroyd & Brodsky, 1977)는 박사학위를 지닌 심리학자들을 대상으로 70% 답변율의 전국적인 설문조사를 시행했다.

그들은 347명의 남성 응답자들 중 5.5%와 310명의 여성 응답자 가운데

0.6%가 그들의 내담자들과 육체적 관계를 가졌다는 사실을 발견했다. 80%의 사람들만이 한 명 이상의 내담자와 성적 접촉을 했음을 인정했다. 보호투스, 홀로이드, 러맨, 포러 그리고 그린버그(Bouhoutsos, Holroyd, Lerman, Forer & Greenberg, 1983)는 704명의 응답자 가운데 남성 상담·심리치료사의 4.8%와 여성 상담·심리치료사의 0.8%가 비슷한 경험을 한 것으로 발견했다.

상담·심리치료사와 내담자 간의 성관계에 대한 지금까지의 연구 가운데 가장 큰 규모의 조사 연구는 가트렐, 허만, 올라트, 펠드스타인 그리고 로카리오(Gartrell, Herman, Olarte, Feldstein & Localio, 1986)에 의해 행해졌는데 전국의 정신의학자들을 대상으로 한 조사였다. 설문지는 5,574명의 정신의학자들에게 보내졌으며 26%만이 응답을 해왔다.

이전 연구들과 흡사하게 6.4%의 사람들이 환자들과의 성관계를 인정했다. 피해자의 87%가 여성이었으며 평균 나이 33세였다. 이들 중 74%의 환자들이 직접 성관계를 가졌다. 나머지 환자들은 키스나 애무 또는 옷을 벗은 채로 성적 접촉을 했다고 보고했다.

포프와 베터(Pope & Vetter, 1991)는 1,320명의 심리학자들을 대상으로 50%의 응답률을 가진 통계에서 자신의 내담자가 전 상담·심리치료사와 성관계가 있었는지에 대해 물었다. 심리학자들 가운데 거의 절반이 그런 내담자를 적어도 한 명은 보았으며, 일부 심리학자들은 몇 명의 내담자들을 상담했다.

이런 연구들은 정신건강 직종에서 상당수의 상담·심리치료사가 자신의 지위에 따른 권한을 남용하여 내담자와 성적으로 접촉하는 것이 얼마나 심각한 문제인지 입증하고 있다. 보리스와 포프(Borys & Pope, 1989)는 3대 정신건강 전문가 집단인 정신의학자, 심리학자 그리고 사회복지사를 대상으로 조사했고 이런 다양한 직업인들이 그들의 내담자와 성관계를 인정한 경우가 비율상 유의미한 차이를 보이지 않는 것을 발견했다.

가장 우려가 되는 것은 신고축소의 문제이다. 빈슨(Vinson, 1987)은 다음과 같은 시나리오에 따라서 문제의 잠재적인 규모가 어떤지 보여주었다. 1982년, 31,300명의 전문가 면허/자격증을 취득한 상담·심리치료사가 미국 캘리포니아 주에 있었는데 전체의 약 7%, 혹은 2,200여 명의 상담·심리치료사가 한 명의 혹은 여러 명의 내담자들을 성적으로 학대했다고 추정한다면 6,000명에 육박하는 내담자들이 학대를 받고 심리적으로 피해를 입었을 것이다. 동일한 해인 1982년에 미국 캘리포니아 주에서는 적어도 12명에서 16명 이내의 상담·심리치료사가 자격관리위원회로부터 징계를 받았다는 기록이 있다.

흥미롭게도, 이후의 설문조사에서는 1-2%의 상담·심리치료사만이 내담자와 성적으로 접촉했다는 보고를 했는데 이것은 수치가 감소했음을 나타낸다(Broys & Pope, 1989; Gechtman, 1989; Pope, Tabachnick & Keith-Spiegel, 1987). 보리스와 포프는 이것이 실제적으로 성관계의 감소를 나타내거나 아니면 이런 성관계가 많은 주(state)에서 흉악범죄로 인식됨에 따라서 보고하기를 많이 꺼리게 된 결과라고 보고 있다.

기독교 상담자의 연구에 따르면, 2%가 상담 중에 내담자와 성관계를 가졌다고 시인했다. 약 6%는 이전의 내담자와 관계를 가졌다고 말했다(McMinn & Meek, 1996; 1997).

잭슨과 넛털(Jackson & Nuttall, 2001)은 아동기 성적 학대와 내담자와의 성적 경계선 위반과의 연관성을 찾아보았다. 정신건강 직중에 근무하는 전문가 323명의 설문에 따르면, 9%가 내담자와의 성관계를 인정했다. 아동기에 성적 학대를 받은 사람들 가운데 21%가 내담자들과 성관계를 가졌다(Jackson & Nuttall, 2001).

2. 윤리적 기준

미국심리학회 윤리 규정은 다음과 같이 명시되어 있다.

제10.05조 현재 상담·심리치료 중인 내담자와의 성관계

상담·심리치료사는 현재 상담·심리치료 중인 내담자와 성관계를 갖지 않는다.

제10.06조 현재 상담·심리치료 중인 내담자의 친인척 및 의미 있는 타인과의 성관계

상담·심리치료사는 현재 상담·심리치료 중인 내담자의 친인척이나 의미 있는 타인과 성관계를 갖지 않는다.
상담·심리치료사는 위의 규정을 피하기 위해 상담·심리치료를 종결하지 않는다.

제10.07조 이전 성행위 상대자의 상담·심리치료

상담·심리치료사는 성관계를 가진 사람들을 상담·심리치료의 대상인 내담자로 받지 않는다.(p. 115)

제10.08조 전(前) 내담자와의 성관계

(1) 상담·심리치료사는 상담·심리치료의 중단 혹은 종결 이후 적어도 2년 동안 전 내담자와 성관계를 갖지 않는다.
(2) 상담·심리치료사는 2년간의 간격을 두고도 매우 특별한 경우가 아니면 전 내담자와 성관계를 갖지 않는다. 상담·심리치료의 중단 혹은 종결 이후 전 내담자와 성관계를 갖지 않은 상담·심리치료사가 2년 뒤 성관계를 갖게 될 경우에 거기에는 어떤 부당한 이용이 없었고, 다음과 같은 관련된 사안에 비추어 정당성을 입증하는 책임을 져야 한다.

① 상담·심리치료의 종결 이후 적정한 시간이 지났는지
② 상담·심리치료의 유형, 지속, 강도
③ 상담·심리치료 종결의 정황
④ 내담자의 개인적 기록
⑤ 내담자의 현재 심리상태
⑥ 내담자에게 있을 만한 부정적인 충격의 가능성

⑦ 상담·심리치료 과정 또는 후에 상담·심리치료사가 내담자에게 성적 혹은 애정관계를 갖기 위한 제안 혹은 요청한 어떤 발언이나 행위(Standard 3.05, Multiple Relationships, APA, 2002)

1983년 미국심리학회 연차총회 때 브로드스키(A. N. Brodsky)에 의해 작성된 보고서에 의하면 전(前) 내담자와의 성관계에 대한 금지 규정에 담긴 생각이 표현되어 있다.

부녀강간은 딸이 집을 떠난 이후에도 허용되지 않는다. 상담·심리치료 계약이 어떤 식으로 종결된다고 할지라도 첫 상호관계 때 생긴 권위의 불균형은 절대로 사라지지 않는다(강조가 덧붙여졌다).

3. 피해를 입은 내담자

보호투스(Bouhoutsos et al., 1983) 등은 전(前) 상담·심리치료사와 성관계를 가진 내담자들을 상담하는 상담·심리치료사를 대상으로 설문조사했다. 내담자들 가운데 64%가 부정적인 영향을 받았는데 우울증의 증가, 동기부여의 상실, 사회 부적응, 뚜렷한 정서장애… 마약이나 알코올남용의 증가와 같은 요소가 발견되었다.

이런 문제로 11%가 입원했고, 1%가 자살했다. 상담·심리치료는 내담자 가운데 90%가 적어도 어느 형태로나 부정적인 영향으로 인해 고통을 겪은 것으로 여기고 있다.

홀로이드와 보호투스(Holroyd & Bouhoutsos, 1985)의 추후 보고서에 따르면, 담당 내담자들이 전(前) 관계로 인해 피해를 입지 않았다고 주장하는 상담·심리치료사는 그들 스스로 내담자와 성관계를 갖는 정도가 그렇지 않은 상담·심리치료사보다 2.5배에 달했다.

팰드만-썸머와 존스(Feldman-Summer & Jones, 1984)는 다른 방법으로 접근하여 직접 내담자와 면담하며 지필 방법을 통해 자료를 수집했다. 그들이 발견한 바에 따르면, 상담·심리치료사와 성관계를 갖지 않은 여성보다 상담·심리치료사에게 성적 학대를 받은 여성이 남성과 그들의 상담·심리치료사에 대해 더욱 큰 불신과 분노를 보였다. 이런 여성은 그렇지 않은 여성보다 상담 후 한 달간 더 많은 증세들을 뚜렷하게 보였다.

이 연구에서 발견한 또 다른 요점은 아동기에 성적 학대를 받은 전(前) 경험(prior history)이 있으며 기혼인 상담·심리치료사와 관계를 가진 여성의 경우에 최악의 부정적인 영향으로 고통스러워했다. 이전의 상처들이 덧입혀진 것이다.

포프와 쏘네(Pope & Sonne, 1991)는 상담·심리치료사와의 성관계로 입은 피해를 폭넓게 연구하면서 성적 비행에 대한 피해자들의 증상 형태를 의미하는 '상담-내담자 섹스 증후군'이라는 진단 용어를 만들었다. 그 증상은 "이중성, 죄책감, 허무함, 고립됨, 성적 혼란, 신뢰 불능, 정체성의 혼란 및 경계선적 혼란, 정서적 불안정성, 억압된 분노, 자살 위험의 증가, 인지기능 장애"(p. 195) 등을 포함한다. 그들은 이런 증상들이 강간, 근친 강간, 그리고 다른 형태의 아동기 성학대로 인해 겪는 고통스러운 증상과 흡사하다고 지적한다.

솔러쉬, 솔러쉬 그리고 윌리엄스(Solursh, Solursh & Williams, 1993)는 요약하기를 여성 내담자들이 상담·심리치료사-내담자 성관계로 인해 겪는 나쁜 영향으로 인해 상담에 대한 만성적 불신, 성문제 증가, 이용당하는 것과 낮은 자존심에 대한 분노를 일으킨다고 했다.

시사하는 바가 많은 한 기사에서 베이리스(Baylis, 1993)가 지적하기를 상담·심리치료 중인 내담자가 정서적으로 무방비 상태에서 우월적 지위와 힘을 갖고 있는 그녀의 상담·심리치료사에게 성관계를 허락하지 않는 것은 불가능한 일이라고 한다. 그녀의 주장에 따르면, 요구에 응하게 되는 형식은 고의성, 실제적인 이해, 확실한 자발성과 자율적 허락 등으로 이루어진다고 했다. 베이리스는 다음과 같은 결론을 내렸다.

상담·심리치료사-내담자 성관계는 언제나 비합의적이며 본질적으로 해

롭다.... 성적 접촉을 누가 먼저 했든지 상관없이 말이다(p. 503).

4. 성적 학대를 입을 가능성이 높은 내담자

포프와 보호투스(Pope & Bouhoutsos)의 저서『상담·심리치료사-내담자의 성관계』(Sexual Intimacy Between Therapists and Patients, p. 117)에서 이들은 임상 경험을 통해 상담·심리치료사와 성관계를 갖게 되는 내담자는 저위험군, 중위험군, 고위험군의 세 가지 유형으로 분류될 수 있다고 기술했다.

1) 저위험군

이 내담자들은 전에 상담·심리치료를 받은 기록이 없으며 대체로 안정적이고 장기적인 관계를 가질 수 있었던 높은 수준의 심리상태를 지녔다. 이런 내담자들이 성적 학대를 받았던 이유는 그들이 최근에 이혼이나 부모의 사망과 같은 큰 상실로부터 스트레스를 많이 받았다는 것이다. 상담·심리치료사는 그들의 일시적인 무방비 상태를 이용했던 것이다.

2) 중위험군

이 집단의 내담자들은 보다 의존적이고, 애정결핍이 있으며 가끔씩 성격장애 진단을 받곤 한다. 그들은 관계에 있어서 문제가 있다는 기록을 갖고 있다. 체슬러(Chesler, 1972)는 11명의 여성을 면담하고 그들을 여성스러우며, 지적으로 불안하고 경제적으로 제한되어 있으며 '미쳐버릴 것처럼' 매력적이라고 기술했다. 그들은 자기 비하를 하면서 성적으로 충동적이며 두려움을 느끼고 있다. 그들은 남성들에게 학대당했을 때 자신을 비난할 가능성이 높았다.

고르킨(Gorkin, 1985)은 상담·심리치료사에게 성적 환상과 감정을 갖고 있는 피학적 여성 내담자가 상담·심리치료사로부터 상처받고 피해를 입었다는 어조로 말한다고 기술한다. 이런 경우에 내담자는 대개 아버지나 남자 형제와 성적 흥분을 가졌으며 이것이 처벌과 학대로 이어졌던 경험을 갖고 있다. 부정적인 가족관계임에도 불구하고, 이것은 보통 관심을 보일 수 있는 유일한 지속적인 관계였다.

벨로테(Belote, 1974)는 자신의 연구에서 상담·심리치료사와 성관계를 가졌던 25명의 여성들이 대체로 어머니와 부정적인 관계에 있고, 아버지와 가까운 관계에 있었다는 것을 발견했다. 이 여성들은 대부분이 연상의 권위자와의 관계에 더욱 매료된다고 말했다.

스톤(Stone, 1980)의 연구는 분리 개별화 실패에 따른 '극심한 불안 애착'으로 고통을 겪는 여성이 상담·심리치료사와의 성관계를 갖는 것에 더욱 노출된다는 가설을 입증한 듯하다. 더욱 진전된 근거로서, 그들은 초기의 자아 피해를 회복하고, 그들이 사랑을 받고 완전해지는 느낌을 주는 공생적 관계를 보존하려고 노력한다는 것이다.

3) 고위험군

다음의 내용이 고위험군으로 확인되었다.

(1) 근친 강간 생존자

포프와 보호투스(Pope & Bouhoutsos, 1986)는 그들의 임상 경험에서 관찰하기를 많은 고위험군 내담자들이 근친 강간 피해자들이었다. 그들은 이렇게 기록했다(p. 118).

> 근친 강간 피해자는 보통 권위자, 즉 아버지나 다른 사람들과 관계를 몇 년에 걸쳐 가지며 비밀을 지켜야 했다. 피해자는 발생된 일에 대해서 비난을 감당할 줄 알아야 했고 성인 가해자에게는 무죄로 입증해 주어야 했다. 아버지와 같은 역할이 피해자가 상담·심리치료사와 성관계를 가짐으로써 채워진 것이다. 상담·심리치료사는 내담자의 순응적이고 불

쌍할 정도로 순진하며 애정결핍된 부분에 대해 확신할 수 있었고, 또 내담자는 이런 사실을 말하지 않을 것이며, 상담·심리치료사를 비난하지도 않을 것이며, 동시에 몇 년간 상담·심리치료 관계를 유지하면서도 피해에 대해 감수하고 상담·심리치료사의 무시와 피할 수 없는 학대에 대해 죄책감을 느끼는 것이 확실했다. 이런 여성이 자신이 희생당하고 있다고 인정하기는 거의 불가능할 것이다(p. 53).

이와 같이 상담·심리치료사는 의식적으로든 무의식적으로든, 그의 강력한 부모 역할을 남용하여 희생당하는 가장 취약한 유형의 내담자에게 더욱 피해를 가하게 된다.

(2) 경계선적 성격장애

군텔(Guntheil, 1989)은 상담에서 경계선적 성격장애와 성관계에 대해 글을 썼다. 그는 경계선적 성격장애자가 피해자가 될 가능성이 큰 이유는 신경증 환자가 보다 나은 인식과 판단을 가질 수 있기에 성관계에 굴복하지 않으며, 정신 장애자는 상담·심리치료사에게 그다지 매력적으로 보이지 않을 수 있기 때문이라고 진술했다.

그는 경계선의 원리, 특히 그들의 애정결핍, 요구사항 그리고 구제와 보살핌을 받고자 하는 욕망이 초보 상담·심리치료사로 하여금 경계를 정하기가 매우 어렵게 만든다고 부연하여 설명했다. 상담·심리치료사가 만약 경계를 정하고 직면한다면 "다른 사람과 다를 바 없다"라는 비난을 받을지 몰라서 두려워할 수 있다.

5. 권한의 남용과 성적 비행

특히 가장 민감한 내담자 유형과 성적 비행에 의해 피해를 입는 정도를 조사한 이후에 성적 비행의 만연한 행태를 지적한 통계 자료와 윤리 규정을 검토해 보면 한 가지 결론을 내릴 수 있다. 성적 비행은 상담·심리치료사의 권한의 남용으로 인한 것이다.

사람들은 자신들이 개인적으로 크게 취약한 때에 상담·심리치료사와 상담·심리치료를 자주 받게 된다. 그들은 분명하게 이해하지 못하는 자신의 고통스러운 문제에 대해 혼란스러워하며 한 번도 가보지 않은 상담·심리치료실을 찾게 되고, 내면 깊숙이 있던 자신의 비밀을 잘 모르는 사람에게 말하며, 막연한 믿음으로 상담·심리치료사가 그들을 도와 줄 수 있으리라고 생각한다. 상담·심리치료사는 내담자를 존중해야 할 막중한 의무가 있고 내담자의 신뢰에 대해 적절히 부응해야 하며 내담자를 해칠 만한 행동들은 삼가야 할 것이다.

상담·심리치료사들 가운데 극히 일부만이 상담·심리치료 관계에 있어서 자신의 권위를 즐겨 이용하는 데에 내담자의 삶을 감독하고 조종하기까지 한다. 이런 상담·심리치료사가 가장 위험할 수 있다. 하지만 많은 상담·심리치료사들이 자신의 영향력이 어느 정도인지 경험해본 적이 없고 이런 무경험이 또한 문제의 소지가 될 수 있음을 경험이 말해 준다.

상담·심리치료사가 자신이 소유한 권한에 대해 순진한 생각을 품고 있는 몇 가지 이유가 있다. 어떤 상담·심리치료사는 그들 스스로를 적극적인 변화 선도자라기보다 '변화의 조력자'로 보도록 수련을 받았다. 아마 이렇게 수동적인 접근으로 수련을 받은 상담·심리치료사는 내담자 중심의 상담을 진행함으로서 일부 내담자들에게 끼친 엄청난 영향을 보지 못했을 것이다.

그렇지 않으면 어떤 상담·심리치료사는 아예 그들의 권한에 눈을 감아 버리는데 그 이유는 그들이 처방했던 모든 '강력한' 상담·심리치료에도 불구하고, 상담·심리치료를 받는 많은 내담자들이 뚜렷한 변화를 보이지 않는 것을 깨달았기 때문이다. 일반적으로 이런 상담·심리치료사는 주로 경험이 있고, 대학원에서 배운 상담·심리치료가 언제나 좋은 결과만을 도출하지는 않는다는 것을 깨달은 사람들이다. 이런 상담·심리치료사가 상담·심리치료 관계에 있어서 그들의 영향력이 실제보다 더 적다는 잘못된 결정을 내릴 수 있다.

마지막으로, 어떤 상담·심리치료사는 문화 안의 다양한 하위집단이 과거에 정신건강 전문가에 대해서 갖고 있던 양가감정(ambivalence) 때문에 권한에 대한 경험이 없을 수 있다.

예를 들어, 기독교 정신건강 전문가들은 가끔씩 기독교 사회 내의 회의적인 기독교 상담자에게 상담의 효과를 변호해야 했다. 어쩌면 이런 회의를 겪은 상담·심리치료사는 내담자들이 그들에게 권한을 넘겨주었다는 것에 대해 의문스러워할지 모른다. 어떤 사람들은 기독교 방사선치료사들의 말에만 귀를 기울일 것인데 그들이 알지 못하고 본 적 없는 방사선치료자의 충고에 의구심 없이 따를 많은 기독교인들이 있기 때문이다.

어떤 상담·심리치료사는 치료적 관계에서 상담·심리치료사가 권한을 쥐고 있다는 말은 옳지 않으며, 내담자가 치료적 관계의 과정에 힘이나 영향을 미치는 효과를 갖고 있다는 것은 정당하지 않다고 말할지도 모른다. 확실히 상담·심리치료는 일방통행이 아니며, 내담자가 절대 수동적 참여자인 것만은 아니다.

특히 젊은 상담·심리치료사의 경우에 상담·심리치료를 복잡하게 만드는 요인 가운데 하나는 상담·심리치료가 일방적일 수 없다는 것이다. 상담·심리치료사와 내담자 사이에 복잡한 상호 작용이 일어나며 각 새로운 단계에서 상담·심리치료의 시간과 과정은 협의되고 수정된다.

만약 세 번째 상담 회기에서 한 절망적인 여성 내담자가 눈물을 흘리면서 의자에서 바닥으로 내려와 남성 상담·심리치료사의 의자 가까이에 와서 자신의 손을 뻗어 그의 팔에 얹고, 이 남성 상담·심리치료사가 어떻게 반응해야 할지 결정하는 상태에 있다고 생각해 보자.

극단적인 대응을 포함해서 그가 할 수 있는 것은 다음과 같다.

① 그녀에게 바닥에 앉는 것은 부적절하니 일어나서 의자에 다시 돌아가 앉으라고 엄중하게 말한다.
② 그녀의 절망과 행동의 상담·심리치료적 혹은 반상담·심리치료적 근거에 대해서 생각해 본다.
③ 말로 그녀의 절망에 대해 그의 관심과 공감을 표현하며 그녀가 자신과 가까이 땅바닥에 앉아있거나 그를 만지고 있는 것에 대해서는 적게 말을 한다.

④ 그녀와 함께 땅바닥에 내려와 앉아 그녀를 껴안으며 온화한 말을 건넨다.
⑤ 복합적으로 혹은 다양하게 위의 사항들을 섞어서 행동한다.

　상담·심리치료사가 내담자를 껴안는 것에 대해서 합리화시키며 이것이 진심 어리고, 배려하는 대응이라고 주장할지라도 이런 종류의 대응은 위험한 단계로 진입할 것이 분명하고 후에 노골적인 권한의 남용에 빠질 것이다.
　중요한 것은 내담자가 상담·심리치료 과정에 얼마나 적극적이든 간에 반상담·심리치료적인 내담자의 행동을 인지하고 적절히 대처하는 전문성과 수련을 받았다는 이유로 부담은 오히려 상담·심리치료사에게 가해진다는 것이다. 물론, 상담·심리치료사는 반상담·심리치료적일 수 있는 내담자의 생각과 감정을 인지하는 데에 책임이 있다.
　법률 분야에서 '수탁자'라는 용어는 사회에서 특별한 전문성과 지식 때문에 다른 사람들에 의해 특별한 권한을 부여받은 사람들을 가리킨다. 이런 사람들이 신뢰를 주는 사람들을 위해서 선의의 마음으로 특별한 책임을 다해야 함은 당연한 것이다(Feldman-Summers, 1987). 펠드만-썸머스는 정신건강 전문가들은 수탁자라는 개념과 잘 부합될 수 있으며 "내담자의 강력한 성적 감정이 있을지라도 수탁자가 기꺼이 응하지만 않으면 성적 접촉이 일어날 가능성이 없음"을 충분히 이해할 것이라고 제안했다(Feldman-Summers, 1987, p. 203).
　베일러(Baylor)대학교 사회복지과장 다이아나 가랜드(Diana Garland, 2007)는 권한의 남용은 참으로 고질적인 문제라고 했다. 『성경에 나타난 역기능 가족: 불완전한 관계에 어떻게 하나님의 은혜가 미치는가』(*Flawed Families of the Bible: How God's Grace Works through Imperfect Relationships*)라는 제목의 저서에서 가랜드는 다윗과 밧세바가 나오는 성경 이야기를 통해 권한의 남용, 특히 성폭행에 대해서 말하고 있다. 그녀는 이 성경 내용의 요점은 성폭행이 다윗의 책임이며 밧세바는 기본적으로 강간 피해자였는데 그 이유가 그녀와 다윗(그녀가 원치 않았던)의 권력 차이 때문이라는 것이다.

6. 권한의 남용에 대한 다른 유형

성적 비행만이 상담·심리치료사가 권한을 남용하는 방식은 아니다. 상담·심리치료사가 내담자나 다른 사람을 어떤 상황에서든지 과도히 이용한다면 권한의 남용으로 비추어질 수 있다.

성적 비행뿐만 아니라 미국심리학회 윤리 규정은 권한의 남용에 해당하는 많은 다른 상황들을 기술하고 있다. 다른 사람과 같이 상담·심리치료사도 내담자, 고용인이나 다른 사람을 성적으로나 다른 방식으로 학대하는 것에 대해 죄책감을 느낄 수 있다. 그들도 자신과 차이가 있는 사람을 차별하는 것에 대해 죄책감을 느낄 수 있다.

상담·심리치료사는 가끔 자신의 이름과 전문적인 위치를 통해 영향력을 잘못 행사하여 임상 효과가 알려지지 않은 상업 제품들을 지지하곤 한다. 상담·심리치료사는 가끔 권한을 사용할 수 있는 사람들에게 부당하게 권한을 이용한다(American Psychological Association, 2002, 3.02, 3.01, 5.01 & 3.08).

매슨(Masson)은 자신의 저서 『상담에 반대하여』(*Against Therapy*, 1994)에서 모든 상담·심리치료가 아무리 이타적으로 보일지라도 본질적으로는 폭력적이라고 주장했다. 그는 상담·심리치료사가 다른 사람의 정서적 고통과 고난으로부터 금전적 수입을 얻는다는 확실한 사실이 불평등한 관계를 피할 수 없도록 하며 이것이 문제로 이어진다고 믿는다. 일부는 치료적 관계에서 항상 폭력의 위험이 있다는 말에 동의하지만 대부분의 사람들은 모든 상담·심리치료가 권한의 남용으로 이어진다는 것에 대해서 동의하지 않는다.

하지만 갈수록 더 많은 사람들이 심리 상담의 특정 형태에 있어 권한의 남용 가능성의 본질적인 부분에 대해 의문을 던진다. 예를 들어, 우리 필자들은 '전략적 상담'(Doherty, 1989; Solovey & Duncan, 1992)과 '최면요법'(Masson, 1994)의 폭력적 성향에 대해 우려를 표했다.

도허티(Doherty, 1989)는 전략적 가족치료사가 상담에서 도출하고자 하는 결과를 얻기 위해 가족들에게 가끔씩 속임수를 쓴다는 것을 지적했다. 상담·심리치료사는 역설적 개입을 통해, 예를 들어, '반항적' 내담자에게 원하는 행동을 하기 위해 그 반대의 행동을 하도록 처방할 수 있는 것이다. 혹은 한 상담·심리치료사는 가족들에게 어떤 행동을 취하도록 만들기 위해 다른 전문가에게 상담·심리치료 자문을 구하지 않았음에도 불구하고 그들로부터 자문을 받았다고 말할 수도 있다.

이런 행위를 지지하는 사람들은 위의 속임수가 진행상의 장애물을 극복하고, 상담·심리치료사가 내담자를 의도적으로 이용하지 않으며, 이런 개입이 내담자로 하여금 상담·심리치료의 종결로 이끌 수 있다면 적절하다고 주장한다(결과가 과정을 정당화하고 있다).

비평가들은 내담자에게 속임수를 쓰는 것에 대해 설사 절대로 속임수를 썼다는 것을 깨닫지 못한다 하더라도 "이것은 상담·심리치료사, 내담자 관계의 핵심들 가운데 하나인 신뢰를 손상시킨다"라고 말한다(Doherty, 1989). 나아가 속임수는 자신의 권한을 포기하고, 상담·심리치료사에게 내면의 깊은 감정, 생각, 비밀을 드러내는 사람들에게 상담·심리치료사가 권한을 더욱 행사하는 것을 허용한다.

이런 대부분의 비평가들이 인정하는 부분은 모든 내담자가 상담하러 올 때 수동적이고 내면을 드러내지는 않으며, 명백히 보이는 상담 조정에도 그들이 표면적으로는 바뀌고 싶다고 하지만 많은 내담자들이 마음 열기를 거부한다는 것이다. 상담·심리치료사가 신중히 판단해볼 때, 내담자가 상담·심리치료사가 제공하는 통찰을 받아들일 준비가 되어있지 않다면 많은 사람들이 통찰과 방향 제시에 있어서 상담·심리치료사의 약간의 '수동적 은폐'가 필요하다는 것에 동의한다(Doherty, 1989).

그러나 그들은 여전히 환자를 가장 고려한다는 미명 하에 빈번히 사용하는 속임수가 상담·심리치료사와 내담자 간의 가부장적 관계 같은 것을 양산할 수 있으며 이것은 상담·심리치료사로 하여금 내담자에게 최선의 것이 무엇인지에 대해 독단적으로 영향력을 행사할 수 있다고 생각하게 만든다.

최면요법이 조작 기법이라는 비판은 수년 간 있어왔다. 더욱 명료하게 던질 수 있는 질문은 내담자가 최면요법 아래 그들의 의지에 반하는 행위를 할 수 있느냐는 것이다. 전통적으로 최면요법사는 그들이 내담자로 하여금 내담자가 진정으로 하고 싶지 않은 것을 하게 하거나 가치관에 반하는 행위를 하게 할 수 없다고 주장한다(King, 1990, p. 123).

더욱 복잡한 것은 에릭슨식(Ericksonian) 최면요법과 같이 간접적인 최면 접근 방식이다. 이런 접근은 최면 상태와 암시가 보다 불명확한 방식으로 수행된다. 예를 들어, 상담·심리치료사는 내담자가 최면 상태와 싸우기를 원하도록 말로 제안하는 방식으로 최면 상태를 역설적으로 유도할 수 있지만 그리고 나서 간접적 암시를 하고 내담자를 최면 상태에 들어가도록 미묘하게 고무시키는 치료적 환경을 제공하기도 한다.

최면이 조종하는 힘에 대해서는 향후 수년간 논의될 것으로 여겨진다. 확실히 일부 상담·심리치료 접근들은 다른 것들보다 오용될 가능성이 더 큰 것 같다. 그러나 이런 논의가 가장 중요한 논지를 벗어나게 할 수 있다. '최면요법' 이나 '전략적 상담' 혹은 다른 상담·심리치료 기법들에 있어서 가장 큰 폭력적 위험은 아마 그 상담·심리치료 기법 자체가 아니라 상담·심리치료사 자신과 일부는 내담자에게 있다는 것이다.

우리는 이미 어떤 유형의 내담자들이 다른 사람들보다 성폭행에 더욱 노출되는지를 살펴보았다. 확실히 어느 내담자는 최면요법에 의해 폭력에 노출될 가능성이 크며 그들 중 대다수가 성폭행에 크게 노출되어 있을 개연성이 매우 높다.

이제 우리가 살펴볼 것도 유사한 방식으로서 내담자를 성적으로 학대하는 특정 유형의 상담·심리치료사가 있으며, 적어도 그들 중 일부는 '최면요법'이나 '전략적 상담' 혹은 다른 상담·심리치료 방법들로 내담자들에게 피해를 주는 유형일 수 있다는 것이다.

7. 문제를 일으키는 상담·심리치료사

주로 어떤 상담·심리치료사가 내담자를 성적으로 학대하는가?

1986년, 포프, 케이스-스피겔, 그리고 태바크니크(Pope, Keith-Spiegel & Tabach-nick)는 575명의 심리학자들을 설문하여 남성의 95%와 여성의 76%가 그들의 내담자에게 가끔 성적으로 끌린다고 보고했다. 대부분의 상담·심리치료사들이 내담자들에게 성적 매력을 느끼는 것이 정상이라고 생각하지만 그러면서도 감정이 행동으로 나아가는 것은 해롭고 상담·심리치료사의 권한의 남용이라고 인식한다. 포프(Pope, 1987)는 내담자에게서 느끼는 성적 감정을 인지하지 못하거나 되돌아보지 않는 상담·심리치료사가 "상담·심리치료적 가능성을 막고, 파괴적인 효과를 촉발한다"(p. 150)라고 경고했다.

성적으로 연루된 사람들에 대해 더 연구하려는 시도에서, 버틀러와 젤렌(Butler & Zelen, 1977)은 문제를 일으키는 상담·심리치료사의 평균 나이가 43.5세이고 그들이 어렵거나 외로울 때 성적 접촉이 일어난다고 조사했다. 이런 많은 상담·심리치료사들이 최근에 별거를 하거나 이혼을 했다. 전체적으로 그들은 대개 수련을 잘 받았으며, 개인상담·심리치료소를 운영하는 상담·심리치료사이다.

젤렌(Zelen, 1985)은 "상담·심리치료사가 힘들고 어려운 시기에 자신의 내담자에게서 만족을 얻으려는 것으로 추측될 수 있다"(p. 182)라고 결론을 내렸다. 그는 또한 상담·심리치료사가 보람이 없거나, 처벌을 받는 경험을 더러 했음을 관찰했다. 버틀러(Butler, 1975)는 상담·심리치료사 가운데 95%가 그들이 했던 행동에 대해서 갈등과 죄책감을 느꼈고, 그러면서도 대부분이 성적 행위를 지속했다고 보고했다. 합리화가 빈번하게 이루어졌는데 내담자로 하여금 스스로 매력적이고 호감 가는 여성임을 느끼도록 도와주려는 상담·심리치료사의 욕구가 한 예이다.

2003년에 램, 카탄자로, 그리고 무어맨(Lamb, Catanzaro & Moorman)은 내담자나 수련받는 실습생 그리고 학생들과 성관계를 가진 심리학자들을 설문조사했다. 심리학자의 3.5%가 관계를 인정했고, 연구자들은 사람들의 경험에 대해 어떻게 반응을 했는지 요청했다.

가장 빈번하게 일어나는 형태는 남성 심리학자와 여성 내담자 간이며, 보통 상담 후에 시작된다. 많은 경우가 성관계를 진행시키기 위해서 치료적 관계를 종결해 버린다. 이미 앞에서 살펴보았듯이, 이렇게 위반하는 심리학자는 보통 스트레스나 불만족을 개인 삶에서 경험하고 있었다. 흔히, 그들은 관계를 진행시키는 것이 다른 사람들에게 피해를 주지 않는다고 합리화시키게 된다. 성관계는 전형적으로 오래가지 못하며 그 중의 절반은 "'하나같이' 그 관계는 무가치하다"라고 말했다.

8. 문제를 일으키는 상담·심리치료사 범주

갑바드(Gabbard, 1994)는 매닝거(Menninger) 병원에서 문제의 상담·심리치료사를 많이 상담했던 그의 임상 경험을 토대로 **통찰력**을 제안했다. 그는 문제를 일으키는 상담·심리치료사를 다음과 같이 분류했다.

(1) 정신장애
(2) 약탈적 정신병리와 성도착
(3) 상사병
(4) 피학적 굴복

(1) 정신장애

이것은 가장 작은 집단이며, 양극성장애, 편집증적 정신장애, 조현병(정신분열증, schizophrenia) 그리고 기질성 뇌증후군을 포함한다. 이런 상담·심리치료사는 보통 약물요법이 필요하고, 상담·심리치료사로서 직업을 갖지 않도록 직업상담을 해 주어야 한다.

(2) 약탈적 정신병리와 성도착

여기서 갑바드(Gabbard, 1994)는 반사회적 특성과 함께 반사회적 성격장애와 심각한 자기애적 성격장애를 포함시킨다.

이런 범죄자들의 대부분이 남성이며 임상 중에 많은 여성 내담자들과 성관계를 가졌다. 그들은 회복되기 매우 어려우며, 그들의 행위에 대한 책임을 피하기 위해서 법체계를 조작하는 것에 고도로 숙련되어 있다. 적발되었을 때 그들은 보통 후회하는 모습을 보이며, 내담자를 사랑한다고 주장한다. 현실에서 내담자는 그들의 만족의 대상일 뿐이고, 그들의 취약한 초자아 발달이 그들로 하여금 진정한 죄책감과 후회를 느끼지 못하게 한다.

(3) 상사병

갑바드(Gabbard, 1994)는 내담자와 성관계를 맺는 대부분의 상담·심리치료사들이 약탈적이거나 상사병을 앓는다고 본다. 문제의 상담·심리치료사 중 65%가 그들의 내담자를 사랑한다고 주장한다(Gartrell et al., 1986). 이런 상담·심리치료사에게는 내담자로부터 사랑받고, 이상화되고 싶어하는 강한 욕구가 있다. 그들은 내담자들을 이용해 그들의 자부심을 높인다.

갑바드에 의하면, 가장 흔한 시나리오는 결혼생활이나 가족적 위기 혹은 상실 중에 있는 중년 남성 상담·심리치료사가 연하의 여성 내담자와 사랑에 빠진다고 했다. 이런 상담·심리치료사는 보통 그들의 문제와 욕구를 분리하기 시작하면서, 성관계로 이어질 만한 전환 역할을 작동시킨다. 갑바드는 다음과 같이 기록했다.

> 진정한 사랑이라는 명목 아래, 상담·심리치료사와 내담자 둘 다 과거로부터 금지된 대상을 다시 찾고, 상담·심리치료사는 과거 충격적 경험을 반복하고자 하는 무의식을 해석하기보다 행동을 취할 것을 공모한다.

갑바드(Gabbard, 1994)의 상담·심리치료사 역동에 대한 몇 가지 부가적 관찰을 덧붙이면 다음과 같다.

① 상담·심리치료사는 내담자의 모성적 돌봄에 대한 소망을 성적 접근으로 본다.
② 사랑이 내담자를 치료할 것이라고 믿는다.
③ 내담자와 상담·심리치료사 둘 다 상호적 구제 환상이 있다.
④ 성관계를 상담·심리치료의 종결시 슬픔에 대해 방어하는 행위라고 본다.

⑤ 상담·심리치료사는 이 관계가 너무나 특별하기 때문에 윤리 규정에서 예외라고 생각한다.
⑥ 남성적 정체성을 확인받고자 한다.
⑦ 여성 상담·심리치료사는 그들의 사랑이 '난폭한' 남성을 안정시킨다고 믿는다.
⑧ 내담자의 부진한 진전에 대한 분노가 그들의 '사랑'으로 분노를 덮게끔 이끈다.

(4) 피학적 굴복

여기서 갑바드(Gabbard, 1994)는 내담자에 의해 위협당하고, 조종당하도록 내버려두는 피학적 성향을 가진 상담·심리치료사에 대해 묘사했다. 상담·심리치료사를 향한 내담자의 늘어나는 욕구는 힘을 갖게 된다. 왜냐하면 그 다양한 욕구가 충족되지 못할 경우에 내담자가 자살할 것을 상담·심리치료사가 두려워하기 때문이다.

흔히, 내담자에게 한계를 설정해 주는 것이 상담·심리치료사로 하여금 부분적으로 가학적인 느낌을 준다. 상담·심리치료사는 고통스럽게 되며, 화가 나고, 다음에는 내담자에게 분노를 느끼거나 노출한 것에 대해 죄책감을 느낀다. 이런 죄책감으로 인해 상담·심리치료사는 성적 요구에 굴복할 수 있다. 이런 상담·심리치료사는 상사병과 다르게 "내담자를 사랑하지 않고, 보통 내담자에 의해 조종당하는 느낌을 갖는다"(p. 133). 그들은 보통 성적 경험 이후에 엄청난 죄책감을 느끼고, 어떤 사람들은 자격관리위원회에 자수하기도 한다.

골킨(Gorkin, 1985)은 요구하는 내담자에게 취약한 상담·심리치료사에 대해 글을 쓴 또 다른 분석가이다. 그는 내담자가 자기 어머니와 부족했던 관계를 상담·심리치료사와 상징적 관계로 결합하려 한다고 믿는다. 이런 성관계는 적대감과 슬픔에 대처해야 하는 힘든 일을 잊게 해 주고 일시적인 이상 세계에 젖어들게 한다. 내담자가 이런 관계가 지속되지 못할 것을 알게 되면 그녀는 아동기 시절 겪었던 분노와 버림받은 감정으로 가득 찰 수 있다.

크라맨(Claman, 1987)은 자아심리학의 관점에서 글을 썼는데 그것은 상담·심리치료사가 초기 발달과정에 적절한 반영을 받지 못했고 개성을 갖기 시작할 때, 어머니가 그를 지지하고, 자랑스러워하며, 공감해 준 경험이 없었기 때문이라고 한다.

코헛과 울프(Kohut & Wolf, 1977)는 "기본 정신역동에서 반영 부족과 같이, 상담·심리치료사는 분리 및 개별화된 인간으로 내담자를 보기보다 자신을 반영한 자기 대상으로 보아서 사랑에 빠진다"(p. 414)라고 기록하고 있다. 그는 내담자가 아동이나 유아적 욕구로 자신을 이상화하고 있다는 것을 알 수 없다.

9. 정신분석학적/정신역동적 개념의 실행

분석적 정신의학자 프라쿤(Plakun, 1999)은 실행의 역학을 상담·심리치료사의 성적 비행을 이해하고 방지하는 데에 적용한다.

그는 실행을 이렇게 정의한다.

> 실행을 다단계 과정으로 생각할 수 있다. 먼저, 내담자의 과거 갈등이나 심리적 외상 경험을 전이관계 속에서 보통 '재연'한다. 다음으로 내담자의 연상되는 무의식적 자기 경험은 부인되고 상담·심리치료사에게 투사된다. 다시 말하면, 이것은 역동지향적 상담·심리치료사에게 익숙한 것이다. 비록 그 때 상담·심리치료사가 자신의 삶의 경험에서 발생한 상호보완적 무의식적 갈등의 역전이 요소를 자기도 모르게 내담자에게 다시 투사하게 될 때, 실행은 독특한 개념이 되기 시작한다. 상담·심리치료사는 두 사람의 삶에서 파생한 중요한 과거 사건을 중심으로 구성된 상호보완적 투사적 동일시 과정에서 자기도 모르게 내담자와 공모하게 된다"(p. 286).

프라쿤(Plakun)은 치료적 관계가 잠재적으로 상담·심리치료적인 면과 위험성이 농후한 복잡한 것이라고 보았다. 프라쿤은 다시 다음과 같이 덧붙였다.

이상적인 상담·심리치료 기법은 실행을 피할 수 있어도 피하는 것이 아니다. 심리 상담에 있어서 실행은 미끄러운 눈으로 덮인 경사에서 스키를 타려고 노력하는 것처럼 상담·심리치료사와 내담자를 함께 미끄러운 경사에 놓아야 함은 피할 수 없는 작업의 부분이다. 사실, 두 상황 모두는 밑바닥까지 가기 위해서 미끄러운 경사의 역학을 이용하는 방법을 배우는 것이다(p. 287).

그는 분석가로부터 인지행동주의자에 이르기까지 모든 상담·심리치료사가 실행을 다루는 데에 취약하기 때문에 어떤 이론적 성향을 채택하고 있는가에 상관없이 대학원과 레지던트 과정에 더 많은 교육을 권장하고 있다.

10. 남용 혐의자들에 대한 적절한 대응

양심적인 기독교 정신건강 전문가가 다른 상담·심리치료사가 성적 비행에 연루된 혐의가 있음을 직면했을 때 무엇을 해야 하는가?

이 장의 앞에서 언급된 사례는 지역 사회에 소문이 크게 퍼져있는 상황을 보여준다. 이 경우에는 페어팍스 박사는 마태복음 18:15-17에 나오는 말씀과 흡사한 태도로 대응한다. 그는 말프렉티스 박사에게 다른 단계로 나아가기 전에 일대일로 접근하여 개인적으로 소문에 대해 물어본다.

이 접근이 훌륭한 만큼, 이것은 주의 깊게 살펴볼 필요가 있는 민감한 부분이다. 왜냐하면 동료 전문가가 선의로 개인적인 대면을 시도했다 하더라도 혐의자가 격분하며 복수하려 할 수 있기 때문이다.

게다가 대부분의 전문가들은 성적 비행 혐의를 소문이 아니라 내담자들이 이전의 상담·심리치료사에게 학대를 받았다고 신고하면서 알게 될 가능성이 크다.

이런 경우에 포드(Ford, 2006, 280)에 따르면, 혐의는 일대일로 해결하기에는 너무 심각한 부분이라고 주장한다. 그에 따르면, 양심적인 심리학자는 미국심리학회 윤리 규정 제1.05조(2002)와 미국상담학회 윤리 규정 제H.2조(2005)의 처방대로 따라야 하는 것이 최선이다. 그리고 이것은 상담·심리치료사가 혐의가 있는 "위반을 자격관리위원회나 기관과 같은 적절한 권위기관에 신고하고... 내담자의 비밀사항을 유출하지 않도록 보장할 것"을 권장한다.

상담·심리치료사는 또한 내담자가 이전의 상담·심리치료사에 의한 성적 비행을 신고했을 때, 각 주(state)의 세세한 특정 절차를 따라야 함을 알아야 한다. 어떤 주에서는 상담·심리치료사가 특정 주 기관에 사건을 보고할 필요가 있다. 미국 캘리포니아 주에서는 "상담전문가는 내담자와 성관계를 절대 갖지 않는다"라는 주에서 발행한 소책자 한 권을 내담자에게 주어야한다(www.bb-s.ca.gov/pdf/public-cations/proftherapy.pdf에서 구할 수 있다). 이 소책자는 내담자에게 성적 비행에 대해 교육하며 신고 과정에 대한 정보를 제공한다.

다른 상담·심리치료사로부터의 성적 비행을 신고한 내담자를 직면하는 상담·심리치료사는 종종 두 가지 책임을 갖게 된다. 그 가운데 하나는 상담·심리치료사가 신고를 진지하게 받아들일 필요가 있고, 신고한 내담자의 관할 주(state)의 신고 기준에 따라서 흔들림 없이 대응한다는 것이다.

동시에 상담·심리치료사는 당장의 관련있는 상담·심리치료의 문제에 대해서도 집중해야 한다. 상담·심리치료사가 신고하는 데에만 몰두하고, 내담자의 필요에는 둔감하여 고의가 아니게 무심코 지나친다면 이전의 상담·심리치료사에게 상처받은 내담자는 또 다시 상처를 받게 될 것이다.

11. 권한 남용 상담·심리치료사 교정

가트렐(Gartrell et al., 1988) 등은 미네아폴리스에 있는 예약 없이 바로 상담할 수 있는(walk-in) 상담·심리치료소에서 권한 남용 상담·심리치료사의 교정을 돕는 선구적인 작업에 대해 기술해왔다. 여기서 상담·심리치료사는 자격관리위원회나 기관의 요청에 의해 평가받는다. 상담·심리치료사는 그들의 성적 행위를 반드시 전부 인정해야만 하며, 평가와 상담에 협조해야만 한다.

그들은 보통 순순히 잘 인정하고 협조하는데 이는 그들의 전문가 면허/자격과 직장을 유지하기 위함이다. 필요시 평가 과정의 한 부분으로 주요 관련 인물들과 면담을 갖는데 피해자, 수련감독 상담사, 직장 동료, 고용주나 가족 구성원들이 그 대상이다. 면담과 심리검사를 거쳐, 상담적 권고가 이루어진다.

반사회적 성격장애가 있는 상담·심리치료사는 다른 직업을 갖도록 권고받을 수 있다. 다른 사람들은 이성(opposite gender)과 개인 상담을 할 수 없도록 제재를 받을 수 있다. 이것은 보통 고용주나 기관에 의해 상담·심리치료 계획에 대한 제재가 있게 된다. 만약 상담·심리치료사가 치료 계획을 따르지 않거나 또는 기관이 상담·심리치료가 다시 내담자를 학대할 위험이 있는 것으로 의심된다면 그들은 이들을 반드시 자격관리위원회나 윤리위원회에 신고해야 한다.

포프(Pope, 1987)는 권한 남용 상담·심리치료사를 위한 상담 원칙에 대한 문헌 연구를 검토했지만 아무것도 찾을 수 없었다. 여성 내담자에게 강한 매력을 느끼기에 심리 상담을 받으러 오는 상담·심리치료사가 있을 수 있다는 가정을 제시한다. 포프는 상담·심리치료사로 하여금 '성적 행위 금지 계약'에 서명하도록 한다. 그는 또한 정상적인 성적 끌림과 내담자와 성관계를 갖는 문제에 대한 글을 읽게 한다.

포프는 권한 남용으로 희생당한 내담자의 직접적인 체험 기록을 상담·심리치료사로 하여금 읽게 하는 것이 매우 중요하다고 강조한다(Freeman & Roy, 1976; Plasil, 1985; Walker & Young, 1986). 이런 체험은 성행위를 방지하고 정신이 번쩍 들게 한다. 포프는 또한 집착적 환상을 해결하기 위해서 '사고 중지' 조절 기법을 사용한다. 또 다른 상담의 부분으로, 특정 내담자를 얼마나 효과적으로 상담하는지에 대한 긍정적인 이미지 훈련과 예행연습을 하는 것이 있다.

포프(Pope, 1989)는 교정의 네 가지 과정을 제안했다.

1) 협력자를 세울 것

상담·심리치료사와는 별개로, 모든 정보에 접근할 수 있으며 신뢰받을 수 있는 사람이어야 한다.

2) 교정과 상담 작업을 구분할 것

현실적 한계, 전문가 태도와 작업 환경의 문제에 집중할 수 있는 교정 전문가가 있어야 한다. 또한 잘못을 범한 상담·심리치료사의 개인적인 문제를 담당해 줄 별도의 상담·심리치료사가 있어야 한다.

3) 교정을 시행할 적절한 전문가를 찾을 것

협력자 혹은 자격관리위원회(거의 같다고 보면 됨)는 위에서 말한 두 가지 역할을 할 수 있는 능숙한 사람을 찾아야 한다. 이런 사람은 과거에 문제의 상담·심리치료사와 같은 직업, 사업 혹은 개인적 관계를 가진 적이 없어야 하고, 상담·심리치료사-내담자 간 성관계에 대해서 지식이 풍부해야 한다.

4) 교정의 성공 여부를 평가할 것

교정의 결과를 객관적으로 평가할 수 있는 또 다른 전문가가 필요하다. 교정 전문가와 상담·심리치료사는 이 조정자에게 보고서를 제출하여 객관적인 전문 의견을 평가에 반영해야 한다.

2007년에 안드레아 세렌자(Andrea Celenza)는 성적 경계선을 넘은 상담·심리치료사에 대해 다룬 폭넓은 책인『성적 경계선 위반: 상담적, 수련감독적 그리고 학문적 상황에서』(Sexual Boundary Violations: Therapeutic, Supervisory, and Academic Contexts)를 출간했다. 그녀는 문제의 상담·심리치료사가 내담자의 전이 과정을 사실처럼 여기는 실수를 저질렀다고 말한다. 성관계는 내담자에게 긍정적이고, 이상적인 감정을 제공하고, 그것은 상담·심리치료사의 자기애적 욕구를 충족시킨다. 정신분석학적 관점과 잘 알려진 법의학적 문제들로부터 세렌자는, 성적 비행을 범한 상담·심리치료사는 그 분야에서 '나쁜 상담·심리치료사'라는 낙인이 찍혀 추방당하게 된다고 했다. 정신병리적 혹은 반사회적 범죄자를 제외하고는 많은 상담·심리치료사들이 교정을 통해 회복될 수 있다고 그녀는 믿는다. 그녀는 오랫동안 자기애적 취약함을 가진 중년의 남성이 한 내담자와 성관계를 갖고 후회하는 것이 범죄자의 전형이라고 보았다. 그들은 다음과 같은 것으로 인해 비행을 빈번히 범하고 있다.

① 부정적 전이를 참지 못함
② 권위적 인물에 대한 미해결된 분노
③ 은밀하게 횡행된 경계선 침범에 대한 가족력

레게르와 글렌시(Regehr & Glancy, 2001)에 의해 성적 비행에 죄책감을 지닌 상담·심리치료사를 위한 교정 프로그램 중에 공감 훈련이 다루어졌다. 범법 행위로 인해 내담자가 얼마나 상처받았는지 상담·심리치료사의 인지적 지각을 다룸과 동시에 레게르와 글렌시는 상담·심리치료사가 신고당하고 교정을 받으면서 직업상 얼마나 피해를 입고 혹독했는지 그 느낌에 대해 공감해 주었다.

이런 공감은 내담자가 얼마나 피해와 상처를 입었는지 이해하는 데 도움을 줄 수 있다. 그들은 또한 상담·심리치료사가 미래에 적절한 방법으로 그들의 욕구와 감정을 조절할 수 있도록 그들의 욕구와 감정에 대해 스스로 더 잘 의식할 수 있게 도와주었다.

세렌자(Celenza)는 취약한 상담·심리치료사가 법적 혹은 자격관리위원회 제재에 대한 두려움을 극복하고 도움이나 수련감독을 받도록 더 나은 방법을 개발할 것을 지지한다. 하지만, 이미 앞에서 살펴보았듯이, 대부분의 윤리 규정들은 범죄 피의자를 신고하도록 장려한다. 물론, 문제의 상담·심리치료사가 다시 그 분야에서 활동하도록 허가하는 것에 대한 논란이 있다.

상담·심리치료사의 권리를 철저히 박탈하기를 찬성하는 사람들은 교정 프로그램의 효과를 입증해 주는 자료가 너무 적다고 주장한다. 그들은 재범의 위험이 너무나 크다고 믿으며 문제의 전문가들이 피해를 입은 내담자들을 다시 상담할 수 있게 하는 권리는 피해자들에게 잠재적으로 매우 해롭다는 것이다(Layman & McNamara, 1997).

교정과 지속적인 수련감독을 찬성하는 사람들은 전문가 면허/자격을 박탈당한 상담·심리치료사가 가끔 삶의 코칭(life coaching)이나 영적 지도와 같은 규제되지 않는 분야에서 공적으로 활동하는 것이 드러날 때가 있으며, 그들이 폭행의 패턴을 다시 자행해도 피해자들이 거의 속수무책으로 당하게 된다는 사실을 지적한다.

12. 예방

스트라스버거, 조겐슨 그리고 써더랜드(Strasburger, Jorgenson & Sutherland, 1992)의 예방에 대한 글에서 그는 특정 유형의 성적이지 않은 경계선 위반이 거의 항상 성적 접촉에 선행한다는 사실을 강조했다. 그들은 다음과 같은 예를 기술했다.

(1) 더 많은 시간을 보내고 싶은 욕심에 좋아하는 내담자를 가장 마지막 시간에 배정하여 상담·심리치료 하는 것
(2) 내담자와 과도한 전화 통화를 하는 것
(3) 추가적으로 상담 회기를 연장하는 것
(4) 상담료에 대한 모호함
(5) 과도한 자기 노출
(6) 상담·심리치료소 밖에서 내담자를 만나는 것
(7) 내담자에게 상담·심리치료사의 집이나 상담·심리치료소에서 일을 하라고 요구하는 것
(8) 선물을 교환하는 것

이런 행동들 가운데 어떤 것이든 상담·심리치료에 해로운 영향을 끼칠 수 있으며 그것들은 경계선 위반에 근접했다는 경고의 표시이다. 이 밖의 많은 연구자들이 상담·심리치료사-내담자의 성관계에 대한 제안을 내놓았다.

(1) 대학원에서 범죄를 저지를 만한 특성의 성격에 대해 잘 알고 있다면 상담·심리치료사 지망생들을 더 잘 가려낼 수 있을 것이다(Pope & Bouhoutsos,

1986).

(2) 허리히와 코레이(Herlihy & Corey, 1992)는 대학원 1학년생들에게 성적 관계라는 주제를 갖고 공부를 하고, 그런 후에 윤리 과정에 대해 좀 더 강조하며, 그리고 나서 현장실습과 인턴 과정을 거치도록 제안했다.

(3) 대학원은 교수들이나 수련감독 상담사가 학생들(실습생)과 애정관계를 갖지 않도록 엄격한 규정을 갖고 있어야만 한다. 한 연구에 따르면, 이런 학생들이 나중에 내담자와 성관계를 가질 위험이 더 큰 것으로 나타났다(Glaser & Thorpe, 1986).

(4) 기관과 고용주는 상담·심리치료사가 내담자와 성관계를 갖는 것을 엄격히 금지해야 한다. 그들은 새로운 상담·심리치료사를 고용할 때 '위험 요인'을 평가해야 한다(Pope & Bouhoutsos, 1986).

(5) 전문기관은 과거 성폭행을 저지른 상담·심리치료사를 어떻게 내담자가 신고해야 하는지 알려주는 것과 그 문제에 대한 소속 구성원들의 교육에 적극적인 역할을 담당해야 한다. 이런 기관들은 또한 상담·심리치료사를 위해서 교정 프로그램을 개발해야 한다(Pope & Bouhoutsos, 1986).

(6) 주(state)정부의 소비자보호위원회는 상담·심리치료사로 하여금 이 주에서는 성접촉이 비윤리적이며 절대로 상담·심리치료 과정이 아니라는 문구를 걸도록 할 수 있다(Bouhout-sos, 1985).

(7) 주(state)자격관리위원회는 전문가 면허/자격증을 주에 등록할 수 있는 책임이 있기 때문에 상담·심리치료사와 내담자 간의 성관계를 다루는 부분을 포함한 구술 윤리면담을 시행하는 것부터 시작할 수 있다(Pope & Bouhoutsos, 1986).

(8) 상담·심리치료사는 동료들이 내담자를 통해 그들의 욕구를 충족시킬 수 있는 모습을 반성할 수 있도록 돕기 위해서 수련감독이나 토의를 활용할 필요가 있다(Pope, Sonne & Horloyd, 1993).

13. 성 윤리교육의 현 상황

호스맨과 스테이크(Housman & Stake, 2008)는 성 윤리에 관한 현 대학원생들의 지식 정도에 대해 보고서를 썼다. 거기서 그들은 다음과 같은 사실을 발견했다.

(1) 7%가 현 내담자와 성관계를 갖는 것이 금지되어 있는 것인지 몰랐다.
(2) 34%가 내담자가 의뢰되거나 완전히 상담·심리치료가 종결된 후에도 성관계를 갖는 것이 금지되어 있는 것인지 몰랐다.
(3) 68%가 내담자에 대한 성적 감정이 정상이고 비윤리적이지 않다는 것을 몰랐다.

최근 몇 년간 성 윤리교육에 강조를 더욱 두어왔다고 믿었기 때문에 이런 결과에 실망을 금치 못했다. 연구자들은 학생들로 하여금 잠재적으로 경계선 위반에 대해 더 배우게 하고, 내담자에 대해서 어떻게 성적 감정을 조절해야 하는지 가르쳐주기 위한 기회의 장으로 수련감독을 권장했다.

그러나 연구에 따르면, 일부 수련감독 상담사들이 성문제에 대해 투명하도록 격려하는 분위기를 조성하지 않았다는 것이다. 연구자들은 수련감독 상담사가 이와 같은 것이 수용되도록 전달할 필요가 있지만 여전히 수련감독을 받는 실습생을 위한 적절한 경계선 모델이 없음을 지적했다. 그들은 또한 교육 프로그램 책임자들로 하여금 학생들이 초기에 성 윤리교육을 받고, 그런 윤리교육의 효과를 평가할 일정한 방식을 갖고 있어야 함을 권고했다.

상담·심리치료 중 성적 감정을 다룰 준비가 되었다고 느낀 상담·심리치료사의 수련 경험은 어떠했는가?

이것은 팍스톤, 로벳 그리고 릭스(Paxton, Lovett & Riggs, 2001)가 중점적으로 연구한 부분이다. 임상 교수진들을 설문조사한 결과, 그들은 상담·심리치료 중에 성적 감정을 잘 다루도록 특정 윤리과목을 이수한 학생들과 상담·심리치료 중 표면적으로 성적 매력을 느끼는 것이 정상이라고 생각하는 수련감독 상담사에게 배운 사람들이 이런 문제를 가장 잘 다룰 준비가 된 사람이라고 요약했다.

2004년 한 학술지 연구논문에서 피셔(Fisher)는 내담자에게 성적 감정을 지닌 상담·심리치료사가 그것을 내담자에게 밝히는 것이 적절하거나 상담적이라고 할 수 있을지에 대한 질문을 던졌다. 정신건강 원칙을 다루는 연구들에 따르면, 70-90%의 상담·심리치료사가 적어도 한 명의 내담자에게 성적 감정을 가졌다고 인정했다.

그러나 이렇게 널리 퍼진 대부분의 연구들에서는 5-10%가 내담자에게 감정을 밝혔고, 많은 상담·심리치료사들이 공유하는 것에 대해 윤리적 의문을 가졌음을 알려주었다(Blanchard & Lichtenberg, 1998; McMinn & Meek, 1996; Nickell et al., 1995; Pope & Tabachnick, 1994; Pope et al., 1987; Stake & Oliver, 1991). 상담·심리치료사가 성적 매력에 대한 감정을 나눈 사례 연구들에 따르면, 내담자들이 공포, 분노, 그리고 혐오감으로 반응했다고 한다(Davies, 1994; Slavin et al., 1998).

미국심리학회 윤리 규정은 상담·심리치료사가 내담자에게 성적 끌림을 말하는 것에 대해 특별한 규칙을 갖고 있지 않은 반면, 피셔(Fisher)는 다른 윤리적 원칙이 관련되어 있음을 주장했고, 그것은 피해나 성적 학대, 다중 관계, 그리고 상담·심리치료 서면동의를 하지 말라고 주장했다.

그는 상담·심리치료사의 폭로가 어떻게 이런 종류의 규칙을 위반하는지 말한다. 피셔는 상담·심리치료사가 내담자에게 자신의 성적 감정을 밝힐 때, 생길 만한 피해를 완전히 인지하고 내담자나 자신이 다치는 것을 방지하기 위해서 수련감독이나 상담·심리치료를 받을 것을 권장한다.

14. 결론

이 장은 상담·심리치료사가 어떻게 상담·심리치료 관계에서 그들의 권한을 남용할 수 있는지 그리고 특히 매우 극악한 권한의 남용인 성적 비행을 저지를 수 있는지를 보여주었다. 성적 비행을 저지른 많은 상담·심리치료사들이 충분히 교육받고 정신건강 전문가로서 면허/자격증을 취득한 사람들이라는 사실은 위기감을 준다.

　어쩌면 단순히 잘 알고 있는 지식만으로는 강한 정서적 문제와 개인적 심리상담, 영적 성장, 수련감독에 의해 적절히 다루지 못한 성격특성 간의 대립이 발생할 때 권한의 남용을 예방할 수 없다. 전문가 윤리적 기준과 기독교 윤리 모두가 시사하는 것은 상담·심리치료사로서 자신을 알고 자신의 문제를 해결하고 자신에게 있는 권한과 영향력을 충분히 자각하고 책임감을 갖도록 자신이 직접 책임을 져야 한다는 것이다.

　* 이 글에 제시된 사례 연구는 전적으로 허구이다. 등장 인물들의 이름도 허구이며, 살아있거나 죽은 사람들과 닮은 사람들 역시 우연의 일치일 뿐이다.

■ 참고문헌

American Counseling Association. (2005). *Code of ethics.* Alexandria, VA: Author.
American Psychological Association. (2002). Ethical principles of psychologists and code of conduct. *American Psychologist, 57*, 1060-73. Also available (with 2010 amendments) from www.apa.org/ethics/code/index.aspx.
Baylis, F. (1993). Therapist-patient sexual contact: a non consensual, inherently harmful activity. *Canadian Journal of Psychiatry, 38*, 502-7.
Belote, B. (1974). *Sexual intimacy between female clients and male therapists: Masochistic sabotage.* Unpublished doctoral dissertation, California School of Professional Psychology, Berkeley.
Borys, D. S., & Pope, K. S. (1989). Dual relationships between therapists and client: a national survey of psychologists, psychiatrists, and social workers. *Professional Psychology: Research and Practice, 20*, 283-93.
Bouhoutsos, J. C. (1985). Therapist-client sexual involvement: A challenge for mental health professionals and educators. *American Journal of Ortho-psychiatry, 55*, 177-82.
Bouhoustsos, J. C., Holroyd, J., Lerman, H., Forer, B. R., & Greenberg, M. (1983). Sexual intimacy between psychotherapists and patients. *Professional Psychology: Research and Practice, 14*, 185-96.
Butler, S. (1975) *Sexual contact between therapists and patients.* Unpublished doctoral dissertation, California School of Professional Psychology, Los Angeles.

Butler, S., & Zelen, S. (1977). Sexual intimacies between psychotherapists and their patients. *Psychotherapy: Theory, Research, and Practice, 139*, 143-44.
Celenza, A. (1991). The misuse of countertransference love in sexual intimacies between therapists and patients. *Psychoanalytic Psychology, 8*, 501-9.
Celenza, A. (2007) *Sexual boundary violations: Therapeutic, supervisory, and academic contexts.* Lanham, MD: Rowman & Littlefield.
Chesler, P. (1972). *Women and madness.* New York: Avon Books.
Claman, J. M. (1987). Mirror hunger in the psychodynamics of sexually abusing therapists. *The American Journal of Psychoanalysis, 47*, 35-40.
Davies, J. M. (1994). Love in the afternoon, a relational reconsideration of desire and dread in the countertransference. *Psychoanalytic Dialogues, 4*, 153-70.
Doherty, W. J. (March/April, 1989). Unmasking family therapy. *Networker*, 35-39.
Feldman-Summers, S. (1987). Sexual contact in fiduciary relationships. In S. Fairbairn & G. Fairbairn (Eds.), *Psychology, ethics and change* (pp. 115-27). London: Routledge & Kegan Paul.
Feldman-Summers, S., & Jones, G. (1984). Psychological impacts of sexual contact between therapists, other health care professionals and their clients. *Journal of Consulting and Clinical Psychology, 52*, 1054-61.
Fisher, C. D. (2004). Ethical issues in therapy: Therapist self-disclosure of sexual feelings. *Ethics and Behavior, 14*, 105-21.
Freeman, L., & Roy, J. (1976). *Betrayal.* New York: Stein & Day.
Gabbard, G. O. (1994). Psychotherapists who transgress sexual boundaries with patients. *Bulletin of the Menninger Clinic, 58*, 124-35.
Garland, D. E., & Garland, D. R. (2007). *Flawed families of the Bible: How God's grace works through imperfect relationships.* Grand Rapids: Brazos Press.
Gartrell, N., Herman, J., Olarte, S., Feldstein, M., & Localio, R. (1986). Psychiatristpatient sexual contact: Results of a national survey, I: Prevalence. *American Journal of Psychiatry, 143*, 1126-31.
Gartrell, N., Herman, J., Olarte, S., Feldstein, M., & Localio, R. (1988). Management and rehabilitation of sexually exploitive therapists. *Hospital & Community Psychiatry, 39*, 1070-74.
Gechtman, L. (1989). Sexual contact between social workers and their clients. In B. O. Gabbard (Ed.), *Sexual exploitation in professional relationships* (pp. 27-38). Washington, DC: American Psychiatric Press.
Glaser, R. D., & Thorpe, J. S. (1986). Unethical intimacy: A survey of sexual contact and advances between psychology educators and female graduate students. *American Psychologist, 41*, 43-51.
Gorkin, M. (1985). Varieties of sexualized countertransference. *Psychoanalytic Review, 72*, 424-40.
Gutheil, T. G. (1989). Borderline personality disorder, boundary violations, and patient-therapist sex: Medicolegal pitfall. *American Journal of Psychiatry, 146*, 597-602.
Herlihy, B., & Corey, G. (1992). *Dual relationships in counseling.* Alexandria, VA:

American Association for Counseling & Development.
Hoffman, R. M. (1995). Sexual dual relationships in counseling: Confronting the issues. *Counseling and Values, 40,* 15.
Holroyd, J. C., & Bouhoutsos, J. C. (1985). Sources of bias in reporting sexual contact with patients. *Psychotherapy: Research and Practice, 16,* 701-9.
Holroyd, J. C., & Brodsky, A. M. (1977). Psychologists' attitudes and practices regarding erotic and non-erotic physical contact with patients. *American Psychologist, 32,* 843-49.
Housman, L. M., & Stake, J. E. (2008). The current state of sexual ethics training in clinical psychology: Issues of quantity, quality, and effectiveness. In D. N. Bersoff (Ed.), *Ethical conflicts in psychology* (4th ed.) (pp. 250-52). Washington, DC: American Psychological Association.
Jackson, H., & Nuttall, R. (Eds.). (2001). Innovative interventions in the practice of health [Special issue]. *Professional Psychology: Research and Practice, 32*(2).
Kardener, S. H., Fuller, M., & Mensh, I. N. (1973). A survey of physicians' attitudes and practices regarding erotic and non-erotic contact with patients. *American Journal of Psychiatry, 130,* 1077-81.
King, R. R. (1990). Hypnosis. In R. J. Hunter, H. N. Malony, L. O. Mills & J. Patton (Eds.), *Dictionary of pastoral care and counseling* (pp. 562-63). Nashville: Abingdon.
Kohut, H., & Wolf, E. S. (1977). The disorders of the self and their treatment. *International Journal of Psychoanalysis, 59,* 413-25.
Lamb, D. H., Catanzaro, J. J., & Moorman, A. S. (2003). Psychologists reflect on their sexual relationships with clients, supervisees, and students: Occurrence, impact, rationales, and collegial intervention. *Professional Psychology: Research, and Practice, 34,* 102-7.
Layman, M. J., & McNamara, J. R. (1997). Remediation for ethics violations: Focus on psychotherapists' sexual contact with clients. *Professional Psychology, 28,* 281-92.
Masson, J. M. (1994). *Against therapy.* Monroe, ME: Common Courage Press.
McMinn, M. R., & Meek, K. R. (1996). Ethics among Christian counselors: A survey of beliefs and behaviors. *Journal of Psychology and Theology, 24,* 26-37.
McMinn, M. R., & Meek, K. R. (1997). Training programs. In R. K. Sanders (Ed.), *Christian counseling ethics: A handbook for therapists, pastors and counselors* (pp. 277-96). Downers Grove, IL: InterVarsity Press.
Paxton, C., Lovett, J., & Riggs, M. L. (2001). The nature of professional training and perceptions of adequacy in dealing with the sexual feelings in psychotherapy: experiences of clinical faculty. *Ethics and Behavior, 11,* 175-89.
Plakun, E. M. (1999). Sexual misconduct and enactment. *The Journal of Psychotherapy Practice and Research, 8,* 284-91.
Plasil, E. (1985). *Therapist.* New York: St. Martin's/Marek.
Pope, K. S. (1987). Preventing therapist-patient sexual intimacy: Therapy for a therapist at risk. *Professional Psychology: Research and Practice, 18,* 624-28.
Pope, K. S. (1989). Therapists who become sexually intimate with a patient: Classi-

fications, dynamics, recidivism, and rehabilitation. *The Independent Practitioner, 9*, 28-34.
Pope, K. S., & Bouhoutsos, J. C. (1986). *Sexual intimacy between therapists and patients.* New York: Praeger.
Pope, K. S., Keith-Spiegel, P. , & Tabachnick, B. G. (1986). Sexual attraction to clients. *American Psychologist, 41*, 147-58.
Pope, K. S., & Sonne, J. L. (1991). Treating victims of therapist-patient sexual involvement. *Psychotherapy, 28*, 1174-87.
Pope, K. S., Sonne, J. L., & Holroyd, J. (1993). *Sexual feelings in psychotherapy: Explorations for therapists and therapists-in-training.* Washington, DC: American Psychological Association.
Pope, K. S., Tabachnick, B. G., & Keith-Spiegel, P. (1987). Ethics of practice: The beliefs and behaviors of psychologists as therapists. *American Psychologist, 42*, 993-1006.
Pope, K. S., & Vetter, V. A. (1991). Prior therapist-patient sexual involvement among patients seen by psychologists. *Psychotherapy, 28*, 429-38.
Regehr, C., & Glancy, G. (2001). Empathy and its influence on sexual misconduct. *Trauma Violence Abuse, 2,* 142-54.
Slavin, J. H., Rahmani, M., & Pollack, L. (1998). Reality and danger in psychoanalytic treatment. *Psychoanalytic Quarterly, 67*, 191-217.
Solovey, A. D., & Duncan, B. L. (1992). Ethics and strategic therapy: A proposed ethical direction. *Journal of Marital and Family Therapy, 18*, 53-61.
Solursh, D. S., Solursh, L. P. , & Williams, N. R. (1993). Patient-therapist sex: "Just say no" isn't enough. *Medicine and Law, 12*, 431-38.
Stone, L. G. (1980). *A study of the relationships among anxious attachments, ego functioning, and female patients vulnerability to sexual involvement with their male psychotherapists.* Unpublished doctoral dissertation, California School of Professional Psychology, Los Angeles.
Vinson, J. S. (1987). Use of complaint procedures in cases of therapist-patient sexual contact. *Professional Psychology: Research and Practice, 18*, 159-64.
Walker, E., & Young, T. D. (1986). *A killing cure.* New York: Henry Holt.
Zelen, S. L. (1985). Sexualization of therapeutic relationships: The dual vulnerability of patient and therapist. *Psychotherapy, 22*, 178-85.
Zur, O. (2001). When crossing office boundaries and engaging in dual relationships are clinically beneficial and ethically sound. *Independent Practitioner, 21*, 96-100.

제6장

성과 무관한 다중 관계

랜돌프 샌더스(Randolph K. Sanders)

사례 1

어떤 상담·심리치료사는 대학에서 겸임교수로 있다. 수업 첫 날, 그는 세 번째 줄에 앉아 있는 학생이 자신의 내담자 가운데 한 사람인 것을 보고 놀랐다.

사례 2

어떤 심리학자는 상담·심리치료를 받기 위해서 온 같은 교회 신자를 만났다.

사례 3

어떤 부유한 내담자는 상담·심리치료사가 자신에게 도움을 준 것에 대해서 깊이 감사하고 있다. 그 내담자는 자신의 상담·심리치료사가 어려운 젊은이들을 위한 그룹 홈(사회생활에 적응하기 힘든 장애인이나 노숙자 등이 자립할 때까지 소규모 시설에서 공동으로 생활할 수 있게 하는 제도)을 시작하기 위해서 필요한 자금을 모으고 있다는 것을 알게 되었다. 내담자는 그 활동(프로젝트)에 필요한 돈을 기부할 것을 제안했다.

사례 4

어떤 상담·심리치료사는 한 부부와 부부 상담을 진행 중이며 그 부부의 청소년 자녀와 개인상담을 하기 시작했다.

사례 5

어떤 상담·심리치료사는 상담·심리치료에서 자신의 여자 친구의 동생을 만나기 시작했다.

위에 언급한 각각의 예들은 모두 다중 관계이다.

미국심리학회 윤리 규정에 따르면(APA, 2002), 다중 관계는 상담·심리치료사가 한 사람(내담자)과 전문적인 관계를 맺으며 다음의 경우를 말한다(p. 1065).

(1) 그와 동시에 그 내담자와 다른 관계를 맺을 때
(2) 또 그와 동시에 그 내담자와 밀접한 관련이 있는 사람과 관계가 있을 때 그리고 상담·심리치료사가 전문적인 관계를 가진 사람과 내담자가 관련이 있을 때
(3) 또는 미래에 다른 관계를 맺도록 약속된 사람 및 그 사람과 관계가 있거나 가깝게 관련되어 있을 때

상담·심리치료사가 상담·심리치료 현상 밖에서 내담자와 관련을 맺거나 내담자와 친밀한 관계를 맺고 있는 사람들과 연관되었을 때, 상담·심리치료사는 다중 관계에 관여되어 있는 것이다. 성관계는 분명히 내담자와 맺는 다중 관계의 한 예이다. 그러나 이전 사례들이나 다른 무수히 많은 예들처럼, 대부분의 다중 관계들은 현실적으로 성과는 무관하다. 내가 이 장에서 성과 무관한 다중 관계를 다루고자 하는 것은 굳이 말한다면 다른 종류의 만남에 가깝다.

다음의 행위들은 모두 상담·심리치료사가 다중 관계를 맺고 있음을 보여주는 사례들이다.

① 가족 구성원들에게 상담을 제공하는 행위
② 내담자의 친척이나 가까운 친구에게 상담을 제공하는 행위
③ 내담자와 함께 사업을 하는 행위
④ 아무리 피상적이라 하더라도 내담자와 사회적으로 연관되어 있는 행위
⑤ 내담자와 같은 위원회 또는 소집단의 일원으로 참여하는 행위
⑥ 상점에서 내담자와 교류하는 행위

이런 예들에서 볼 수 있듯이, 상담·심리치료의 일상 현장에서 볼 때 관여하게 될 가능성이 있거나 최소한 직면하는 성과 무관한 다중 관계(NSMR)는 매우 빈번하게 나타난다. 특히 사람들이 서로 정기적으로 만나게 되는 환경에서 더욱 그러하다.

모든 다중 관계는 중복된 역할이나 경계가 서로 맞물려 있다. 하지만 어떤 다중 관계는 경계가 침해되거나 객관성 및 효과성 면에서 손해를 가져오기도 한다. 미국심리학회 윤리 규정(2002)은 상담·심리치료사에게 다음과 같은 것들은 삼갈 것을 지도하고 있다.

> 만약 다중 관계가 상담·심리치료사의 기능을 수행하는데 있어서 객관성, 능력 또는 효과성에 손상을 가한다는 것을 합리적으로 예측할 수 있다면 다중 관계로 들어가는 것을 삼가야 한다. 그렇지 않으면 전문적인 관계를 맺고 있는 사람에게 착취나 위해 등의 위험이 존재하게 된다 (p. 1065).

만약 상담·심리치료사가 관리자, 위원회 위원 또는 상담·심리치료사에게 영향력을 미칠 수 있는 권한을 가진 여러 사람들 가운데 한 사람에게 상담을 제공한다면 과연 그는 객관적일 수 있는가?

만약 상담·심리치료사가 다음 주에 내담자와 함께 4일 동안 교회수련회에 참여할 것을 알고 있다면 상담에서 접할 수 있는 갈등적인 사안을 처리함에 있어 모든 상담기법(능력과 효과성)을 사용할 수 있겠는가?

성과 무관한 다중 관계가 상담·심리치료사로서 수행하는 능력에 얼마나 영향을 미치는지에 대한 질문 외에 윤리 규정은 또한 몇몇 성과 무관한 다중 관계(NSMRs)가 내담자를 침해하거나 위해를 가할 수 있음에 대하여 상당히 염려하고 있다.

만약 상담·심리치료사가 자신의 집에 책장을 만들어 주는 대가로 목수에게 상담을 제공하기로 목수와 합의했으나 책장 만드는 일이 자신의 기대처럼 진행되지 않았을 때, 상담·심리치료사가 목수에게 추가로 별도의 수수료 없이 부엌장의 문을 고쳐달라고 의뢰한다면 어떻게 할 것인가?

대학교에서 상담·심리치료사의 수업을 듣는 학생이 자신의 내담자인 경우를 생각해 보자.

만약 상담·심리치료사가 상담·심리치료에서 내담자가 보였던 부정적인 면 때문에 수업 시간에 더 낮은 점수를 준다면 어떻게 할 것인가?

윤리 규정은 상담·심리치료사가 내담자의 판단에 '상당히' 위해를 가하거나 손상시킬 수 있는 성과 무관한 다중 관계를 피해야만 한다고 말하고 있다(APA, 2002, 1065). 아마, 윤리 규정 입안자의 의도는 성과 무관한 다중 관계에서 옳고 그름에 대한 판단을 먼저 상담·심리치료사의 손에 맡긴다. 상담·심리치료사는 의사결정을 내리는데 도움을 얻기 위해서 자신이 원하는 대로 쓸 수 있는(예: 윤리 규정, 경험과 선행지식, 교육 및 수련, 수련감독 및 상담자문) 자원의 일부 또는 전부를 필요로 할 것이다.

결국, 상담·심리치료사에 대한 불만이 제기되었다면 책임성에 대한 문제는 협회 상담 동료들의 배심에 의해 결정될 것이다. 이 모든 것은 상담·심리치료사가 윤리 규정, 개인적 사례에 대한 반성 그리고 필요할 때, 다른 전문가들의 상담자문을 규칙적으로 살펴보아야만 할 것을 강조하고 있다.

1. 성과 무관한 다중 관계가 항상 금지되는 것은 아니다

현재 미국심리학회 윤리 규정은 성과 무관한 다중 관계 그 자체로는 비윤리적이라고 말하지 않는다.

"장애나 착취, 혹은 유해를 야기할 것 같다고 예측되지 않는 다중 관계는 비윤리적이지 않다"(APA, 2002, p. 1065).

미국상담학회(American Counseling Association: ACA) 윤리 규정은 더 나아가 성과 무관한 일부 다중 관계는 "잠재적으로 유익하다"라고 말한다. 미국상담학회 윤리 규정은 상담·심리치료사가 가능하다면 사전에 신중하게 성과 무관한 다중 관계를 맺어야만 하는 이유를 증거 서류로 남길 것을 요구한다. 그리고 만약 성과 무관한 다중 관계의 결과로 인해 '의도치 않은 피해'가 발생되었다면, 그 상담·심리치료사는 반드시 자신이 그 상황을 어떻게 해결하려고 시도했는지 밝힐 수 있어야만 한다(ACA, 2005, A.5.d).

성과 무관한 다중 관계가 과거에도 모두 금지된 것은 아니지만 이런 몇몇 성과 무관한 다중 관계를 보다 많이 수용하려는 정책이 아직도 지지하지 않는 전문가들의 전통적인 수련방법에서 자주 명시적으로 일어나고 있다(Sanders, 2010).

성과 무관한 다중 관계를 맺는 것을 전반적으로 반대(near-blanket opposition)하는 데에는 다양한 이유가 있었다. 정신분석학적 상담·심리치료의 성향을 지지하는 사람들은 그 이론적 근거를 바탕으로 성과 무관한 다중 관계를 반대했다(Gutheil & Gabbard, 1993). 정신분석가와 내담자 사이에는 분명하고 확고한 경계선이 있어야만 하고, 정신분석가와 내담자 이외에 어떤 치료적 동맹에 제3자가 참여하는 것은 고려의 대상이 되지 않았다.

그러나 구데일과 갑바드(Gutheil & Gabbard)가 지적한 것처럼, 지그문트 프로이트(Sigmund Freud) 자신도 이런 경계 설정에 엄격하지 않았다. 그 또한 내담자에게 선물을 주었고, 내담자에게 엽서를 보냈으며 휴가 기간에 내담자와 함께 식사를 한 것으로 알려져 있다.

더 나아가 다른 상담·심리치료 입장에서는 특정 상황에서 성과 무관한 다중 관계에 관여하고 경계를 넘나드는 것을 실제적으로 지지한다(Zur, 2005). 예를 들어, 불안에 대한 인지행동치료에서는 때때로 상담·심리치료사가 내담자에게 공포스러운 환경(많은 경우에 공공 장소일 수 있다)에 함께 동행하는 것을 요구하는 노출기법 또는 실제적인 체계적 둔감화를 권장한다.

전통적으로 성과 무관한 다중 관계에 관여되는 것에 반대하는 다른 전문적인 입장은 "구렁텅이로 빠질 수 있는 길"(slippery slope)이라는 개념을 갖고 있었다. 이 입장에 따르면, 성과 무관한 다중 관계에 관여된 상담·심리치료사는 성적 다중 관계로 빠질 수 있는 구렁텅이 길로 내려가고 있는 중대한 위험에 처해있다고 한다(Guhtil & Gabbard, 1993; Pope, 1990, 688). 성과 무관한 다중 관계는 그 자체로 잘못된 것은 아니지만 불가피하게 명백히 금지된 행동으로 나타날 수 있다는 것이다.

그러나 최근의 연구에 따르면, 성과 무관한 다중 관계에 관여하는데 더 자유로웠던 상담·심리치료사가 다른 윤리적 기준에 더 위배되지는 않았다는 증거를 갖고 이 가정에 의문을 가졌다(McCary, McMinn & Meek, 1998). 그들의 설명에 근거하여 고틀립과 영그렌(Gottlieb & Younggren, 2009)은 파멸에 이르는 상황이 일어나기도 하지만 그것은 흔하지 않은 경우라고 결론을 내렸다.

결국, 일부 전문가들은 위기관리를 이유로 성과 무관한 다중 관계에 대해서 반대하는 주장을 펼쳤다. 이런 전문가들은 변호사들과 심지어 동료 전문가들이 유해한 성과 무관한 다중 관계와 그렇지 않은 관계 간의 차이를 알 수 없거나 알려고도 하지 않는다고 종종 지적했다.

고틀립과 영그렌(Gottlieb & Younggren, 2004)은 "상담·심리치료에서 모든 이중 관계는 비윤리적이거나 적어도 당신을 자격관리위원회와 갈등을 일으킬 위험에 빠지게 할 수 있다"라는 평생교육연수회에서 주장한 어느 정신건강 변호사의 주장을 인용했다. 이 변호사의 발언은 윤리 규정이 실제적으로 말하는 것과 일치하지는 않았지만 이런 문제의 전문가라고 주장하는 법조계가 이런 발언을 한다는 것은 그 만큼 우려할 만한 일이다.

논쟁의 다른 측면에서 보면 일부 사례들에서 성과 무관한 다중 관계가 불가피하고 또 어떤 상황에서는 다중 관계가 타당하다고 적극적으로 주장하고 있으며, 심지어 상담에 긍정적인 유익을 준다고 주장하는 사람들도 있다. 전자의 입장에서 볼 때 보통 성과 무관한 다중 관계에 반대하는 사람들 사이에서도, 지방에서 활동하는 상담·심리치료사가 빈번하게 성과 무관한 다중 관계를 피할 수 없다는 것에 대해 오랫동안 인정해왔다.

많은 도시의 전문가들과 달리 오지에 근무하는 상담·심리치료사는 자주 다른 상황에서 내담자를 만나게 된다. 그들(상담·심리치료사와 내담자)의 자녀들은 아마 마을의 하나뿐인 초등학교에서 같은 학년에 있거나, 많은 주민들이 참석하는 많은 다른 단체, 종교, 사회, 사업 또는 개인적 활동들 가운데 하나에 함께 관여되어 있을 것이다. 상담 현장 밖에서의 만남을 피하는 것은 현실적이지 않을 뿐만 아니라 다른 상담·심리치료사에게 의뢰하는 선택권 역시 없다는 것이 엄연한 현실이다(Campbell & Gordpn, 2003; Hargrove, 1986; Schank & Skovholt, 1997).

최근, 상당히 많은 상담·심리치료사들이 지방 이외의 상황에서 성과 무관한 다중 관계의 불가피성에 대해서 거론한다(Guthman & Sandberg, 2002; Johnson, Ralph & Johnson, 2005; Kesslen & Wahler, 2005; Jertesz, 2002). 상담·심리치료사가 도시나 시가지에 거주한다 하더라도 어떤 상담·심리치료사는 큰 지역 안에 있는 더 작은 단체, 소집단 또는 그 지역 안에 사는 주민들을 위해서 근무하며 모든 성과 무관한 다중 관계를 피할 수는 없다.

대학교나 대학의 상담소에서 근무하는 상담·심리치료사는 대학 교정에 고정되어 근무하며, 아마 그들의 내담자들을 대학 교정의 다른 상황에서 만나게 될 것이다(Hetzel et al., elsewhere in this volume). 군부대 안에 있는 군 상담·심리치료사 역시 아마 그들이 상담하는 군인들과 아주 가까운 곳에 배치되어 있을 것이다.

일부 성과 무관한 다중 관계의 불가피성이 한 가지 있기는 하지만 성과 무관한 다중 관계를 맺는 것이 상담·심리치료를 위해서 실제적으로 유익할 수 있다고 주장하는 전문가의 수가 증가하고 있다. 이런 지지자들 사이에 가장 잘 알려진 사람은 아놀드 라자루스와 오퍼 주르(Arnold Lazarus & Ofer Zur, 2002)이다.

주르(Zur, 2000)는 전통적으로 다중 관계에 반대하며 금지한 것을 "옳은 방향으로 지나치게 치우쳤다"(going too far in the right direction)라고 말한다. 주르의 연구에 따르면, 사람들은 때때로 특별한 상담·심리치료사를 꼭 집어서 선택한다고 말한다. 왜냐하면 내담자들은 그 상담·심리치료사를 잘 알고, 자신의 가치관과 사정을 잘 알기 때문이다. 그 결과, 내담자들은 상담·심리치료사를 신뢰하게 된다.

예를 들어, 한 기독교 상담자가 자신의 교회에서 기독교 자녀교육에 대한 3회기 세미나를 진행한 상황을 생각해 보자.

세미나 후에 그 세미나에 참석한 교인이 업무 스트레스와 불안장애에 대해서 도와줄 것을 요청하여 그와 약속을 했다. 기독교 상담자는 처음에 잠재적인 내담자에게 다중 관계에 대해 설명하고 함께 일할 때에 자신에게 발생 가능한 단점들을 설명하며 설득하려고 노력했다. 잠재적인 내담자는 자신이 기독교 신앙에서 매우 보수적임을 주장하면서 그가 이미 여러 번 그 지역의 '비기독교' 상담·심리치료사를 만나 노력했었고 상담·심리치료사의 가치가 자신의 것과 매우 이질적임을 느꼈었다고 이야기했다.

그리고 그는 자녀교육 세미나에 참석한 것과 긍정적인 여러 기독교인 친구들의 적극적인 추천을 근거로 하여, 자신이 기독교 상담자를 만나는 것을 원한다고 확신했다.

심사숙고 후, 기독교 상담자는 내담자를 상담하는 것에 동의했고, 업무 스트레스와 불안을 가진 내담자를 도울 수 있었다. 상담의 막바지에 내담자는 기독교 상담자가 그와 상담하는 것에 동의한 것에 대해, 그리고 "아무것도 염려하지 말라"(빌 4:6)는 성경적 교훈을 좀 더 잘 따르도록 배웠기 때문에, 그는 자신에 대해 기분 좋은 느낌을 인생에서 처음으로 받았다고 고백하며 그 기독교 상담자에게 진심어린 감사함을 표현했다.

주르에 의하면 이렇게 강압적으로 나오는 내담자들을 다른 사람에게 의뢰하려는 것은 내담자들에게 오히려 소외감을 느끼게 할 뿐만 아니라 그들의 욕구를 좌절시킬 위험이 있다고 보았다. 더구나, 주르는 성과 무관한 다중 관계에 반대하는 엄격한 규칙을 갖는 상담·심리치료사가 또한 현실에서 자신을 고립시키는 상담 모델을 갖게 되며 그리고 실제적으로 상담·심리치료사가 자신의 개인적 욕구에 따라서 내담자를 만나려고 한다면 내담자를 착취하거나 피해를 줄 위험성이 증가한다고 주장했다.

따라서 성과 무관한 다중 관계의 적절성에 대해서 정신건강 직종 전체에 걸쳐 폭넓고 다양한 의견이 있어왔고 또한 계속되고 있다. 궁극적으로 말하자면, 현재 윤리 규정에 성과 무관한 다중 관계에 대해 호소하는 것은 적절하고, 이는 일부 성과 무관한 다중 관계가 윤리적이지만 몇몇은 그렇지 않다고 분명하게 말하는 것이다.

궁극적으로, 윤리 규정이 모든 상황에 관여하여 결정을 내리는 것은 매우 포괄적이다. 그러나 가장 부적절한 상황은 일부 상담·심리치료사들의 개인적 판단에 따른 결정이다.

"성적 친밀성이 포함되지 않는 이중 관계에 관해 심리학자들을 위한 분명한 지침을 만드는 것은 불가능할 것이다. 왜냐하면 각각의 상황은 고려해야만 하는 독특한 특성을 갖고 있기 때문이다"(p. 267)라고 키이스스피겔과 쿠처(Keith-Spiegel & Koocher, 1985)가 지적한 것처럼 이해할 수 있다.

2. 실제 현장에서 성과 무관한 다중 관계의 성행

성과 무관한 다중 관계의 적절성에 대해 어떻게 생각하고 있든지 간에 많은 자료들이 실제 현장에서 적어도 어떤 유형의 성과 무관한 다중 관계는 드물지 않게 나타난다는 것을 보여주고 있다. 지방과 도시 상황에서 성과 무관한 다중 관계의 발생 빈도를 연구한 조사에서 헬복, 마리넬리 그리고 윌스(Helbok, Marinelli & Walls, 2006)는 성과 무관한 다중 관계의 발생 정도는 확실하게 지방에서 높은 반면, 적어도 어떤 행동에 관해서는 상대적으로 도시지역에서도 빈번하다는 것을 발견했다.

예를 들어, 이들 자료를 보면 지방 29.5%와 도시지역 18.4%는 같은 사회공간에 사는 상담·심리치료사가 아는 내담자에게 상담이 제공되었다. 게다가 지방 40.7%와 도시지역 25.2%는 진행 중인 내담자의 친인척에게 상담이 제공되었다.

3. 기독교적 상황

성과 무관한 다중 관계는 또한 기독교 환경에서 근무하거나 기독교 상담을 제공하는 상담·심리치료사 사이에서 더 흔하게 나타난다(McMinn & Meek, 1997; Sanders, Swenson & Schneller, 2011). 샌더, 슈넬러 그리고 스웬슨(Sander, Schneller & Swenson, 2011)의 최근 조사에 따르면, 전문가 면허/자격증을 취득한 상담·심리치료사 사이에서 약 58%는 같은 교회에 출석하거나 드물게 접촉하는 교회 신자인 내담자에게 상담을 제공하는 것이 일반적으로 타당하다고 믿고 있다는 것을 발견했다.

이 자료의 43% 정도의 사람은 내담자였던 사람과 같은 공동체 조직에 일원이 되는 것이 타당하다고 믿으며, 21%는 결혼과 졸업과 같은 내담자의 특별한 행사에 참석하는 것이 괜찮다고 믿었다. 이 연구는 교회에 근거한 상황 속에서 일했던 상담·심리치료사가 다른 상황 속에서(개인 상담소, 대학 상담센터 등) 일했던 기독교 상담자보다 더 많이 성과 무관한 다중 관계 속에 관여된다는 것을 발견했다.

이 연구 조사 대상자는 이전의 조사처럼(Oordt, 1997), 어떤 성과 무관한 다중 관계에 내포된 위험에 민감하게 깨어있어야 한다는 것이 중요하다고 이야기한다.

예를 들어, 그 조사는 상담과 사업, 상업 또는 재정이 지나치게 혼재되어 있는 성과 무관한 다중 관계를 피했다. 그리고 그 조사는 상담·심리치료사가 잘 알고 있는 교회의 누군가와 상담을 진행하는 것과 그다지 접촉이 빈번하지 않은 교회의 누군가를 상담하는 것 간의 차이를 구별할 수 있음을 보여 주었다(Sanders, Swenson & Schneller, 2011).

공동체 구성원들의 삶이 자주 교차하며 서로 긴밀하게 맺어진 거주지가 작은 지방 공동체, 종교 공동체라는 것을 우리가 고려해볼 때, 성과 무관한 다중 관계는 면허/자격증을 취득한 기독교 상담전문가들 사이에서도 드문 일이 아니라는 사실은 놀랄 일이 아니다. 게다가 서구문화의 지배적인 개인주의 문화와 대조적으로, 비슷한 가치를 가진 다른 사람들과의 빈번한 상호 작용으로부터 오는 가깝고 개인적인 지지를 소중하게 생각하고 권장하는 것이 종교 공동체의 강점 중에 하나라고 주장할 수도 있다.

특정 교회나 교파에서 활동하는 기독교 상담자는 자신이 정확하게 찾고 있는 내담자를 만나기가 쉽다. 왜냐하면 그/그녀는 그 체제의 구성원들이고 같은 세계관을 공유하고 있기 때문이다. 다중 관계 염려 때문에 이런 사람들 모두와 상담하는 것을 피하는 것은 의심의 여지없이 많은 잠재적인 내담자들에 의해 오해를 받을 것이고 아마 필요한 상담을 완전히 포기하게 만들 것이다.

또한 특정 교회에서 그 교회의 신자들만 상담하는 직원으로 근무하는 기독교 상담자를 생각해봐야 한다. 특별히 상담·심리치료사가 그 교회의 구성원이고 사역의 일종으로 생각한다면 이런 상담·심리치료사는 교회에서 보는 거의 모든 내담자들과 다중 관계의 유형을 경험하게 될 것이다(Sanders, Swenson & Schneller, 2011).

이런 교회의 상담·심리치료사는 큰 항공모함에 파견되어 거기에 승선하고 군인의 정신건강 요구를 돌보기 위해서 배정된 해군 상담·심리치료사와 다르지 않다(Johnson, Ralph & Johnson, 2005). 이런 해군 상담·심리치료사는 상담 현장 밖에서 내담자인 군인들과의 상호 작용을 완전히 피하기 어렵다는 것을 알게 된다.

이것은 기독교 상담자에게 이런 가까운 구역에서 활동하는 것으로 인해 일어나는 윤리적 갈등과 싸우지말라고 말하는 것은 아니다. 게다가 기독교 상담자가 응답한 조사에서 보면 성과 무관한 다중 관계는 그들이 실제적으로 직면하는 가장 빈번하게 나타나는 윤리적 갈등임을 보여준다.

비밀보장을 조건으로 응답한 사람들과 비교해 보았을 때, 거의 두 배의 응답자들이 다중 관계에 있어 훨씬 빈번한 윤리적 갈등이 있다고 조사되었다(Sanders, Swenson& Schneller, 2011). 기독교 상담자나 기독교 환경에 있는 상담·심리치료사가 접할 수 있는 성과 무관한 다중 관계 문제의 예로 다음 사례들을 생각해 볼 수 있다.

사례 1

한 기독교 상담자는 개인 상담에서 자신의 교회에 출석하는 교인 가운데 우울증과 어린 시절부터 미해결된 상처로 고통받고 있는 교인을 상담하기 시작했다. 몇 주 간의 상담 회기가 지나고, 내담자는 상담자도 참석하는 소규모 성경공부 모임에 참석하기 시작했다. 성경공부 모임에서 상담자의 참석은 내담자에게 꽤나 안정감을 주었기 때문에 마치 그 내담자는 성경공부 모임을 일종의 집단 상담처럼 여기기 시작했다. 따라서 내담자는 다른 사람들보다 더 많이 자신과 자신의 과거에 대해 노출했고, 이것은 다른 집단 구성원들 사이에 불편함을 주었다. 성경공부 모임에서 그 내담자는 집단 구성원들에게 '소외당했고,' '더 이상' 내담자를 도우러 오지 않는 그녀의 상담자에 의해 '유기'되어 상처와 혐오로 반응을 보였다.

이 사례는 기독교 상담자가 다른 상황에서 그들의 내담자와 상호 작용할 때, 어떤 오해와 상처가 때때로 일어날 수 있는지를 보여주고 있다. 이것은 상담·심리치료사가 자신이 속한 특정 종교집단에 있는 내담자를 중심으로 상담을 하는 개인적인 상담자이든 아니면 심지어 상담·심리치료사가 교회에서 설립한 상담소에 근무한다면 아마 이보다 더할 것임이 자명하다.

만약 성경공부에 내담자가 처음 참석한 바로 그 다음 회기에 내담자와 상담자가 둘이 같은 모임에 참석하는 것에 대해 가능한 장단점들을 민감하게 토론했다면 그 상담자는 이 사례에서 이런 부정적인 결과를 피할 수 있었겠는가?

사례 2

한 교회에서 직원으로 상담·심리치료사를 고용했다. 다른 상담·심리치료사는 없었다. 상담·심리치료사로 취직한지 몇 달 뒤에 목회자가 찾아와서 신경과민인 자신의 아내를 상담해줄 수 있는지 그에게 물었다. 이 상담·심리치료사는 한 교회에서 직원으로 상담·심리치료사를 고용했다. 다른 상담·심리치료사는 없었다. 상담·심리치료사로 취직한지 몇 달 뒤에 목회자가 찾아와서 신경과민인 자신의 아내를 상담해줄 수 있는지 그에게 물었다. 이 상담·심리치료사는

> 평가를 위해 목회자 사모를 만난 후, 사모가 불안장애 이상의 주요 우울장애
> 로 고통받고 있다는 것을 알게 되었다. 더 나아가 그녀는 결혼생활이 매우 불
> 행하며, 결혼생활이 점점 더 원한으로 가득해진 것을 통해 우울증이 발생했다
> 는 것을 충분히 알 수 있을 것 같았다.

이 사례는 교회에서 근무하는 상담·심리치료사가 때로 역할기대(role expectation)에 대해서 그들 자신과 종교단체나 대표자 사이에 실제로 잠재적인 갈등을 야기하는 성과 무관한 다중 관계 갈등을 만나게 된다는 사례를 보여준다(Lukens, 1997).

이 사례에서 상담·심리치료사는 그의 상사인 목회자를 통해서 상담 현장에서 목회자의 사모를 만났다. 교회 내의 상담소에서 직업을 구한 상담·심리치료사는 역할기대에 대해서 고용주와 사전에 명확히 해야만 한다. 그리고 일부 성과 무관한 다중 관계에서 필히 발생하는 역할갈등과 내재하는 위험성에 대해서 고용주에게 전달하기 위해서 별도의 시간을 요청해야만 한다.

4. 성과 무관한 다중 관계: 우리가 아는 것 요약

이제까지 이야기했던 것들을 검토해 보면 우리는 성과 무관한 다중 관계의 윤리에 대해서 다음과 같이 말할 수 있다.

일찍이, 성과 무관한 다중 관계에 개입은 지방에서 근무하는 상담·심리치료사에게만 오직 예외가 있고 보편적으로 전문가에 의해 거의 받아들여지지 않았다. 다중 관계에 개입은 일부 상담·심리치료사들 사이에서는 논란이 있었지만 대부분의 전문가들은 윤리적 상담·심리치료사가 내담자를 착취하거나 해를 가하지 않고, 상담·심리치료사의 객관성과 효과성을 손상시키지 않는 한 성과 무관한 다중 관계를 받아들이는 방향으로 나아가고 있다.

더 나아가 성과 무관한 다중 관계는 때때로 긍정적인 상담결과로 이로울 수 있다는 인식이 증가하고 있다. 최근, 이런 이해를 바탕으로 윤리 규정의 해석을

성문화하는 노력을 해왔다. 그러나 성과 무관한 다중 관계 상황이 너무 많기 때문에 일반적인 지침을 제공하기가 어렵다는 것을 이해할 수 있어야 한다.

축적된 연구 조사는 그들이 반대하고 금지하였음에도 불구하고 성과 무관한 다중 관계의 발생률이 지방이 아닌 지역에서도 드물지 않았음을 확인했다(Helbok, Marinelli & Walls, 2006). 아마 경건한 종교 공동체의 친밀한 특징 때문에 성과 무관한 다중 관계의 발생률은 특히 교회에 근거한 환경에서 근무하는 기독교 상담자들 사이에서 더 일반적일 것이다(McMinn & Meek, 1996, 1997; Sanders, Swenson & Schneller, 2011).

모든 성과 무관한 다중 관계는 서로 경계가 맞물려 있음을 보여준다. 그러나 그 모든 관계가 경계를 침해하는 것은 아니다. 이전의 연구에서 보여준 것처럼 (McCray, McMinn & Meek, 1998) 성과 무관한 다중 관계는 필연적으로 성과 연관된 다중 관계로 악화되어 파멸에 이르는 길로 이끌지는 않는다.

결국, 입증되지 않은 증거가 늘어난다는 것은 우리에게 성과 무관한 다중 관계는 항상 모든 상황에서 피해야만 한다는 결론에 이르게 한다. 그러나 성과 무관한 다중 관계는 어떤 다른 상황 속에서는 상담에 이로울 수도 있다(Zur, 2000).

모든 상담·심리치료사가 직면한 문제는 내담자와 성과 무관한 다중 관계를 어떻게 맺을 것인가와 상관없이 어떻게 가장 좋은 결정을 할 것인지이다.

5. 성과 무관한 다중 관계: 관여/비관여

여러 해 동안 상담·심리치료사가 성과 무관한 다중 관계에 관여할 것인지 아닌지를 결정하는 것을 돕기 위해서 여러 모델들을 제안해왔다(Anderson & Kitchener, 1998: Gottlieb, 1993: Kitchener, 1988; Koocher & Keith - Spiegel, 2008; Younggren & Gottlieb, 2004). 그러나 고려해야 할 미묘한 차이가 있는 다양성들이 있다. 따라서 어떤 모델도 가장 분명한 상황 이외에는 어떤 것을 위해서 반드시 지켜야 할 규칙을 제공할 수 있다고 선언하는 것은 비현실적이다.

책임성 있는 상담·심리치료사는 정확하게 성과 무관한 다중 관계가 가져올 수 있는 예측되는 상황을 찾고, 그 관계에 관여할 것인지 결정하기 위한 지침을 설정하고, 예기치 않거나 불가피한 관계를 다루기 위한 전략을 세워 성과 무관한 다중 관계가 무엇인지에 대해서 분명히 하려 할 것이다.

아래에 제시된 것처럼, 나는 성과 무관한 다중 관계에 개입하는 것에 대해 숙고해 볼 수 있는 상담·심리치료사를 위한 자기평가 질문지를 제공해 보고자 한다. 그러나 질문을 제시하기 전에 나는 자기평가에 강조되는 여러 가정들로 시작해 볼 것이다.

1) 가정(assumption)

① 모든 성과 무관한 다중 관계는 경계선을 넘는다는 것을 보여준다. 그러나 모든 관계가 다 경계선 침해는 아니다.
② 성과 무관한 다중 관계는 이전에 추측한 것처럼 그렇게 드문 것은 아니며, 대부분 윤리 위반으로 이끌지는 않는다.
③ 성과 무관한 다중 관계는 어떤 특정 상황(예: 사업 관계)과 특정 내담자 유형(예: 경계선적 내담자)에서는 항상 피해야만 한다.
③ 성과 무관한 다중 관계가 내담자에게 착취와 유해 위험이 있다는 것은 잘못된 것이다(APA, 2002).
④ 성과 무관한 다중 관계에 관여하는 것이 객관성, 능력 또는 효과성에 장애를 초래할 수 있다고 믿는데 타당한 이유가 있다면 상담·심리치료사는 성과 무관한 다중 관계를 피해야만 한다(APA, 2002).
⑤ 성과 무관한 다중 관계는 어떤 경우에는 상담·심리치료사에게 꽤나 이로울 수 있다.
⑥ 때때로 성과 무관한 다중 관계를 잘 다루는 것은 완전히 피하는 것보다 더 바람직하다.
⑦ 성과 무관한 다중 관계는 불가피하며, 상담 회기 중 돌발 상황이 발생할 수 있다(또는 더 문제시 될 수 있다).
⑧ 위원회가 불평하는 성과 무관한 다중 관계는 때때로 후판단 편파(hindsight

bias, 예: 위원회가 성과 무관한 다중 관계가 문제를 초래할 것을 알고서 상담·심리치료사가 다가올 문제를 알아야 했어야 한다고 너무 빨리 속단하는 것) 판결을 하거나 현재 따르는 윤리 규정보다 성과 무관한 다중 관계에 관해 더 엄격하게 금지하는 입장을 취하는 위원회 회원들에 의해 판결된다.

어떤 사례에서는 이런 가정이 성과 무관한 다중 관계에 관여할 것인지를 결정하기 위해서 다른 모델 뒤에 숨어있는 것과 유사하다. 그러나 다른 사례에서는 이런 가정이 다르다.

2) 성과 무관한 다중 관계에 관여하거나 지속할지를 깊이 생각하게 하는 상담·심리치료사를 위한 자기평가 질문지

(1) 내담자―상담·심리치료사 변인
① 내담자의 진단 결과 및 생활환경은 어떤가?
　예를 들어, 경계선적 내담자인가?(보통 좀 더 위험) 아니면 스트레스 관리를 도와달라고 온 내담자인가?(보통 덜 위험)
② 내담자가 건강한 경계선을 인식하고 유지하는 능력을 갖고 있다고 보는가?
③ 상담·심리치료사가 건강한 경계선을 유지하는데 문제가 있을 것이라는 이유가 있는가?
④ 어떤 종류의 상담이 제공되고 제안되었는가?
　예를 들어, 집중치료(보통 더 위험)인가?
　아니면 짧은 개입(보통 덜 위험)인가?
⑤ 관계에서 힘의 차이가 얼마나 큰가?
　예를 들어, 내담자의 교수이기도한 상담·심리치료사나 내담자의 고용주이기도 한 상담·심리치료사인가?
⑥ 당신이 갖고 있는 개인적인 힘이 무엇이든지 간에 이기적인 욕망이나 개인적 욕구를 충족시키기 위해서 내담자와의 관계를 사용하거나 내담자를 조정하기 위한 유혹에 빠진 적이 있는가?

⑦ 성과 무관한 다중 관계에 관여하여 내담자(아니면 가족이나 다른 관련된 사람들과 내담자의 관계)를 착취하거나 해를 입힐 것인가?
⑧ 성과 무관한 다중 관계에 관여는 누구에게 유익이 되는가?
　내담자 혹은 상담·심리치료사?
⑨ 성과 무관한 다중 관계가 당신이 상담을 효과적으로 진행하는데 어렵게 만들거나 또는 상담 관계를 방해하는 등의 위험이 있는가?
⑩ 당신은 비밀보장을 잘 유지할 수 있는가?

(2) 상담 · 심리치료사의 객관성/상담자문
① 성과 무관한 다중 관계에 개입하기 위한 당신의 동기를 주의 깊게 스스로 평가해 보았는가?
② 객관적인 동료로부터 어떤 상담자문을 구해 본 적이 있는가?
③ 당신의 동료들이 성과 무관한 다중 관계 관여를 결정한 당신의 관점을 어떻게 볼지에 대해서 생각해 보았는가?

(3) 상담 · 심리치료 서면동의/협조
① 현재 또는 앞으로 발생할 성과 무관한 다중 관계에 대한 논의에 내담자를 포함시켰는가?
　그리고 그/그녀가 관련된 사안들을 이해하도록 도왔는가?
② 내담자에게 당신이 관계에서 궁극적으로 수탁인인 것을 이해하고, 성과 무관한 다중 관계 관여의 장단점에 대해 당신과 논의하고 협조할 자유를 제공했는가?
　그리고 이러한 논의와 협조가 그 결정의 일부가 되도록 하였는가?

(4) 문서
① 만약 당신이 성과 무관한 다중 관계를 진행한다면 당신은 내담자를 중심으로 한 관여 근거를 온전히 기록했는가?
② 성과 무관한 다중 관계 관여에 대한 내담자의 이해와 동의를 기록했는가?

③ 당신이 조언을 구했던 동료들의 상담자문을 기록했는가?

(5) 상담 진행 중 경계와 협조
* 알고 보니 한 내담자가 또 다른 내담자의 가장 친한 친구라는 것을 알게 되었을 때처럼, 상담 회기 중 성과 무관한 다중 관계는 종종 일어난다.
상담 회기 중에 일어날 수 있는 성과 무관한 다중 관계에 대해 당신은 계속 경각심을 갖고 있는가?
상담 후에 성과 무관한 다중 관계가 일어날 때, 내담자의 욕구를 위해서 관계 속에서 성과 무관한 다중 관계의 중요도에 대해 고려하려 노력하는가? 그리고 치료 과정의 전반적인 상황을 고려해 본 적이 있는가?

(6) 내담자의 만족/안녕
* 당신은 성과 무관한 다중 관계 개입을 결정할 때, 상담과정에서 내담자의 장기적인 만족과 마음의 궁극적인 안녕을 위해서 계속 노력하는가?

모든 상황 속에서 이런 각각의 질문들이 동일하게 관련되는 것은 아니다. 하지만 양심적인 상담·심리치료사는 명심해야만 할 질문들이다.

6. 결론

성과 무관한 다중 관계에 관여할지에 대한 결정은 상담·심리치료사가 직면하는 복잡하고 난처한 윤리적 갈등의 하나이다. 예를 들어, 성과 무관한 다중 관계의 관여는 어떤 사례에서는 상담 과정에 도움이 될 수 있다. 그리고 다른 사례에서는 해로울 수 있다. 그리고 때로는 어떤 결과가 나올지 말할 수 없다. 윤리 규정과 지침은 일반 원칙을 제공하며, 성과 무관한 다중 관계에 대해 과거보다 좀 더 지지적이다.

그러나 윤리 규정과 지침은 분명하게 확정적인 권고(definitive recommendations)를 제공하지는 못하며, 주(state)위원회는 반드시 같은 방식으로 규칙과 지침서를 해석할 필요는 없다고 한다. 그 과정을 더 어렵게 만드는 것은 상담·심리치료사가 관계의 적합성과 비적합성을 평가하는 유일한 사람이 아니라는 사실이다. 내담자 역시 마찬가지로 내담자의 평가는 상담·심리치료사의 평가와 다를 수 있다(Pope & Keith-Spiegel, 2008).

예를 들어, 앞서 이야기했던 교수인 상담·심리치료사가 수업에서 학생이었던 내담자에게 낮은 점수를 주었던 사례1을 생각해 보자.

사실은 학생인 내담자의 낮은 점수는 기말고사에서 많은 부정확한 답에 근거하는데도 학생이었던 내담자가 교수인 상담·심리치료사의 행동을 그에 대한 편견으로 오해할 수 있다는 사실을 가정할 수 있다.

늦은 밤, 대형상점의 사람이 없는 통로에서 서로를 보게 된 상담·심리치료사와 내담자를 생각해 보자.

아무도 그 상호 작용을 보지 못했지만 상담·심리치료사는 아무렇지도 않다는 듯이 자신 있게, 다정하게 인사하면서 걸어갔다. 반면, 가장 공적인 장소에서 상담·심리치료사가 그를 놀라게 하여 당황했던 내담자는 겁먹은 듯이 뻣뻣하게 서 있었다.

이런저런 두려움 때문에 어떤 상담·심리치료사는 안전을 위해 모든 성과 무관한 다중 관계를 피하기 위해서 최선을 다 한다. 따라서 그들은 상담적인 방법으로 선택된 성과 무관한 다중 관계를 활용할 기회를 피하게 된다. 게다가 만약 그들이 서로 잘 알고 지내는 작은 지역에 산다면 모든 다중 관계를 피하는 것은 그들 자신의 건강과 안녕을 위해서 필요한 사회적 관계로부터 그들 자신을 고립시키게 될 것이다(Helbok, Marinelli & Walls, 2006).

이 연구는 성과 무관한 다중 관계의 관여가 이 분야의 전통주의자들이 상상할 수 있는 것보다 더 일반적이라는 것을 보여준다. 대부분의 전문가 면허/자격증을 취득한 상담전문가들은 이런 관계에 관여하려고 할 때, 양심적으로 행동하고, 세심하게 노력한다. 그리고 대부분 성과 무관한 다중 관계가 분명히 문제를 초래하지는 않는다. 불행히도, 일부 상담·심리치료사들은 해로운 성과 무관한 다중 관계에 연루된다. 그리고 슬프게도 이와 같은 상담·심리치료사는 때때로 자신의 행동을 합리화하는 재주가 많다(Koocher & Keith-Spiegel, 2008, p. 15).

윤리적인 기독교 상담자는 성과 무관한 다중 관계가 줄 수 있는 좋은 점을 이해한다. 그러나 여전히 이 장에서 설명한 예처럼 자기 평가를 사용하여 가능한 문제점에 대해 계속해서 경계하고 의심하나 필요할 때, 상담자문이라는 좋은 제도를 활용한다. 가능하다면 상담·심리치료사는 다중 관계가 현재 나타났거나 나타나려고 할 때, 그 관계에 대해서 내담자에게 교육할 것이며, 내담자와 함께 무엇이 내담자의 가장 좋은 선택인지 결정하도록 협력할 것이다. 때로 이런 접근은 윤리적으로 적절할 뿐만 아니라 상담에 있어 효과적이다.

예를 들어, 교회인사위원회에서 근무하는 상담·심리치료사는 교회에서 회계 장부를 맡아서 일할 면담 대상자의 목록에서, 6개월 동안 상담했던 내담자를 발견하고 놀랐다. 다음 회기에서 그녀와 그 내담자는 그 문제를 논의했고, 다른 위원회 위원들로부터 의문을 일으키지 않고 상담·심리치료사는 계획적으로 그 면담 과정에서 피할 수 있었다.

내담자는 이 문제에 민감하게 대응하여 상담·심리치료사가 피해 준 것에 대해서 진실로 감사한다는 것을 알렸다. 그 후에 내담자는 상담에서 더 마음을 터놓기 시작했고 엄청난 진전을 보였다. 당연히 상담·심리치료사는 이런 방식으로 협조할 수 없는 내담자들도 있다는 사실을 기억해야만 한다. 왜냐하면 어떤 내담자들은 심각하게 축 II나 축 I장애를 갖고 힘겹게 나아가고 있기 때문이다.

앞으로는 정신건강 전문가에게 성과 무관한 다중 관계 관여에 대한 유익뿐만 아니라 법적인 책임에 대한 이해를 증진시키는 일이 의무가 될 것이다. 수련 단계에서 대학원 과정과 집중 과정 수련은 점점 더 모든 성과 무관한 다중 관계의 두려움을 극복하도록 가르치는 모델로 바뀌어 가고 또한 잠재적으로 도움이 되는 성과 무관한 다중 관계를 그렇지 않은 것으로부터 구별하는 기술을 학생들이 배우도록 돕는 방향으로 나아가기를 소망한다.

이렇게 하는 한 가지 방안은 학생들에게 일찍 그리고 자주 예측 가능한 성과 무관한 다중 관계에서 그들에게 요구되는, 반드시 고려해야만 하는 많은 다양함에 대해서 조심스럽게 추론하게 하는 실제적인 사례 연구를 경험하게 하는 것이다.

그리고 실수로부터 그들이 배울 수 있도록 안전한 수업 과정에서 결정을 내리게 하는 것이다(Barnett, Lazarus, Vasquez, Moorehead-Dlaughter & Johnson, 2007). 교회의 신앙에 근거한 상담소에서 근무하는 실습생들을 수련하는 기독교 교육 과정은 이런 일들에 대해서 특별히 주의하는 것이 필요하다(Sanders, Swenson & Schneller, 2011; Schneller, Swenson & Sanders, 2010).

정책적인 단계에서 전문기관들이 주(state)위원회나 법률 전문가 그리고 기타 단체들이 보장하는 성과 무관한 다중 관계 관여에 관한 현재의 규칙을 이해하고, 앞서 살펴보았듯이, 너무 경직되거나 구시대적인 관점을 피해 앞서가는 입장을 갖게 되기를 소망해 본다(Barnett in Barnett, Lazarus, Vasquez, Moorehead-Slaughter & Johnson, 2007).

성과 무관한 다중 관계를 다룬 상담·심리치료사의 사례 평가에서 위원회는 현재의 규칙, 내담자, 문화, 성과 무관한 다중 관계가 일어났던 상황, 그리고 상담·심리치료사의 성과 무관한 다중 관계 관여의 근거에 대해 숙고해 보는 것이 필요하다(Barnett, Lazarus, Vasquez, Moorehead-Slaughter & Johnson, 2007).

■ 참고문헌

American Counseling Association. (2005). *ACA code of ethics*. Alexandria, VA: American Counseling Association. Retrieved April 25, 2010, from http://coun seling.org/Resources/CodeOfEthics/TP/Home/CT2.aspx.
American Psychological Association. (2002). Ethical principles of psychologists and code of conduct. *American Psychologist, 57,* 1060-73. Also available (with 2010 amendments) from www.apa.org/ethics/code/index.aspx.
Anderson, S. K., & Kitchener, K. S. (1998). Nonsexual posttherapy relationships: A conceptual framework to assess ethical risks. *Professional Psychology: Research & Practice, 29,* 91-99.
Barnett, J. E., Lazarus, A. A., Vasquez, M. J. T., Moorehead-Slaughter, O., & Johnson, W. B. (2007). Boundary issues and multiple relationships: Fantasy and reality. *Professional Psychology: Research & Practice, 38,* 401-10.
Campbell, C. D., & Gordon, M. C. (2003). Acknowledging the inevitable: Under-standing multiple relationships in rural practice. *Professional Psychology: Research & Practice, 34,* 430-34.
Gottleib, M. C. (1993). Avoiding exploitative dual relationships: A decision-making model. *Psychotherapy, 30,* 41-48.

Gottlieb, M. C., & Younggren, J. N. (2009). Is there a slippery slope? Considerations regarding multiple relationships and risk management. *Professional Psychology: Research & Practice, 40,* 564-71.

Gutheil, T. G., & Gabbard, G. O. (1993). The concept of boundaries in clinical practice: Theoretical and risk-management dimensions. *American Journal of Psychiatry, 150,* 188-96.

Guthman, D., & Sandberg, K. A. (2002). Dual relationships in the deaf community: When dual relationships are unavoidable and essential. In A. A. Lazarus & O. Zur (Eds.), *Dual relationships and psychotherapy* (pp. 329-34). New York: Springer.

Hargrove, D. S. (1986). Ethical issues in rural mental health practice. *Professional Psychology: Research & Practice, 17,* 20-23.

Helbok, C. M., Marinelli, R. P. , & Walls, R. T. (2006). National survey of ethical practices across rural and urban communities. *Professional Psychology: Research & Practice, 37,* 66-67.

Johnson, W. B., Ralph, J., & Johnson, S. J. (2005). Managing multiple roles in embedded environments: The case of aircraft carrier psychology. *Professional Psychology: Research & Practice, 36,* 73-81.

Keith-Spiegel, P. , & Koocher, G. P. (1985). *Ethics in psychology: Professional standards and cases.* Hillsdale, NJ: Erlbaum.

Kertesz, R. (2002). Dual relationships in psychotherapy in Latin America. In A. A. Lazarus & O. Zur (Eds.), *Dual relationships and psychotherapy* (pp. 329-34). New York: Springer.

Kessler, L. E., & Waehler, C. A. (2005). Addressing multiple relationships between clients and therapists in lesbian, gay, bisexual and transgender communities. *Professional Psychology: Research & Practice, 36,* 66-72.

Kitchener, K. S. (1988). Dual role relationships: What makes them so problematic? *Journal of Counseling & Development, 67,* 217-21.

Koocher, G. P. , & Keith-Spiegel, P. (2008). *Ethics in psychology and the mental health professions: Standards and cases* (3rd ed.). New York: Oxford University Press.

Lazarus, A. A., & Zur, O. (Eds.). (2002). *Dual relationships in psychotherapy.* New York: Springer.

Lukens, H. C. (1997). Essential elements for ethical counsel. In R. K. Sanders (Ed.), *Christian counseling ethics: A handbook for therapists, pastors and counselors* (pp. 43-56). Downers Grove, IL: InterVarsity Press.

McMinn, M. R., & Meek, K. R. (1996). Ethics among Christian counselors: A survey of beliefs and behaviors. *Journal of Psychology & Theology, 24,* 26-37.

McMinn, M. R., & Meek, K. R. (1997). Training programs. In R. K. Sanders (Ed.), *Christian counseling ethics: A handbook for therapists, pastors and counselors* (pp. 277-96). Downers Grove, IL: InterVarsity Press.

McRay, B. W., McMinn, M. R., & Meek, K. R. (1998). Questioning the "slippery slope": Ethical beliefs and behaviors of private office-based and churchbased therapists. *Counseling and Values, 42*, 142-52.

Oordt, M. S. (1997). The ethical behavior of Christian therapists. In R. K. Sanders (Ed.), *Christian counseling ethics: A handbook for therapists, pastors and counselors* (pp. 326-31). Downers Grove, IL: InterVarsity Press.

Pope, K. S. (1990). Therapist-patient sexual contact: Clinical, legal, and ethical implications. In E. A. Margenau (Ed.), *The encyclopedia handbook of private practice* (pp. 687-96). New York: Gardner Press.

Pope, K. S., & Keith-Spiegel, P. (2008). Dual relationships, multiple relationships, and boundary decisions. *Journal of Clinical Psychology, 64*, 638-52.

Pope, K. S., & Vetter, V. A. (1992). Ethical dilemmas encountered by members of the American Psychological Association: A national survey. *American Psychologist, 47*, 397-411.

Sanders, R. K. (2010). Ethics codes: Monitoring the major changes. *Journal of Psychology & Christianity, 29*, 263-67.

Sanders, R. K., Swenson, J. E., & Schneller, G. R. (2011). Beliefs and practices of Christian psychotherapists regarding non-sexual multiple relationships. *Journal of Psychology & Theology, 39*, 330-44.

Schank, J. A., & Skovholt, T. M. (1997). Dual-relationship dilemmas of rural and small-community psychologists. *Professional Psychology: Research & Practice, 28*, 44-49.

Schneller, G. R., Swenson, J. E., & Sanders, R. K. (2010). Training for ethical dilemmas arising in Christian counseling: A survey of clinicians. *Journal of Psychology & Christianity, 29*, 343-53.

Swenson, J. E., Schneller, G. R., & Sanders, R. K. (2009). Ethical issues in integrating Christian faith and psychotherapy: Beliefs and behaviors among CAPS members. *Journal of Psychology & Christianity, 28*, 302-14.

Younggren, J. N., & Gottlieb, M. C. (2004). Managing risk when contemplating multiple relationships. *Professional Psychology: Research & Practice, 35*, 255-60.

Zur, O. (2000). In celebration of dual relationships: How prohibition of non-sexual dual relationships increases the chance of exploitation and harm. *The Independent Practitioner, 20*, 97-100.

Zur, O. (January/February, 2005). Boundaries and dual relationships in therapy. *The National Psychologist, 14*, 12.

제7장

부부 상담 윤리

제니퍼 S. 리플리(Jennifer S. Ripley)
스티븐 J. 샌디지(Steven J. Sandage)
에버렛 L. 오싱턴 주니어(Everett L. Worthington Jr.)

부부 상담은 다른 정신건강 개입에서는 볼 수 없는 복잡한 윤리적 요소로 가득하다. 인식론, 가치관, 다양성, 가족 규율 및 비밀보장 등의 문제가 부부 상담과 관련이 있고 경우에 따라서 이들이 함께 상호 작용을 하며 복잡하게 얽히기도 한다.

부부 상담은 개인 상담보다 훨씬 복잡할 수 있는데 그 이유는 당사자 두 사람(각자 다른 문제에 처해 있음)과 이들이 보살피는 자녀를 특별히 고려하는 가운데 관계(관계의 질과 안정성)에 중점을 두는 상담을 부부가 받아야 하기 때문이다. 부부 상담의 방식, 평가, 목적 등도 상담·심리치료사가 채택한 이론에 내포된 지배적 가치에 영향을 받는다. 이런 중요한 가치관들은 우리의 일과 삶의 정황이 된다.

따라서 이 장은 부부 상담의 맥락 속에서 가치관에 특별히 초점을 맞추어 부부 상담 윤리에 관해 중점적으로 다룰 것이다.

부부 상담사가 다음과 유사한 윤리적 갈등에 빠지는 경우는 흔하다.

아프리카계 미국 흑인 제이멀과 라숀다(Jamal & LaShonda) 부부는 딸이 동성애자라는 사실을 스스로 밝힌 문제를 두고 이에 대처하는 데 도움을 받고자 상담을 요청한다. 간혹, 상담·심리치료사가 같은 교회에 출석하기 때문에 목회자가 그 부부를 의뢰하는 경우가 있다. 아내인 라숀다는 딸의 성 정체성을 받아들이고 싶어하는 편이지만 남편과의 관계에서 의사결정권이 없는 상태이다. 실제적으로 남편은 다소 강압적인 편이고 결혼 초반 폭음에 부인을 학대하기까지 했다.

남편은 여성, 특히 여성 동성애자를 헐뜯는 말을 하며 계속해서 남성 상담·심리치료사와 한편이 되려고 애를 쓴다. 남편은 남성 상담·심리치료사가 신앙심이 깊기 때문에 자신과 뜻을 같이 할 것이라고 생각한다. 부인은 상담·심리치료사의 이메일 주소를 알아내 딸을 돕고 딸이 견딜 수 없는 상황을 벗어나도록 돕기 위해서 이사하여 딸과 함께 지내겠다는 자신의 생각을 전했다. 부인은 남편이 술을 마시고 폭력을 행사하는 것이 두려워서 이 사실을 남편에게 알리지 말라고 상담·심리치료사에게 부탁했다.

사건은 남편이 우울증 환자라는 판정을 받음으로써 남편 앞으로 보험금을 청구해 놓은 상태에 있다. 아내도 경미한 우울증을 앓고 있지만 우울증 환자라는 판정을 받지는 않았다. 상담·심리치료사는 보험회사의 위임으로 남편의 우울증을 상담·심리치료를 하기 위해서 최신 상담·심리치료기법에 따라서 결혼/가족치료를 실시한다. 딸, 목회자, 보험회사 의료 담당자를 포함해 이 관계적 구조에 속한 개개인은 상담·심리치료사가 이 사건에서 수행할 역할에 대해 서로 다른 바람과 우려를 지닐 수 있다.

이런 사건의 경우에 잠재된 윤리적 갈등이 층층이 쌓여있어 상담·심리치료사 입장에서는 위험천만한 의사결정을 해야 하는 상황에 처하게 되고 때때로 관련된 모든 사람에게 문제나 심지어 해악까지도 유발할 수 있다. 상담·심리치료사가 의사결정을 내릴 때, 지침이 되도록 윤리적 원칙들이 마련되어 있고 기독교 상담자의 경우에 기독교 세계관 안에 이런 원칙들이 내재되어 있다.

1. 윤리적 원칙

윤리는 철학적이고 사회적인 가치이며 기독교인에게는 신학적 가치이다. 대다수 기독교인의 경우에 기독교 공동체 내에서 익힌 종교적인 전통, 교리, 사회적 가치를 통해 우선적으로 가치관이 형성된다. 윤리에 접근하는 주요 방식은 최소 세 가지가 있다(Jost & Jost, 2009).

(1) 결과론(목적론 또는 공리론이라고도 함)적 접근 방식은 당사자 모두의 상담료와 편익을 검토해 최적 비용-편익(수익) 비율을 산출함으로써 윤리적 판단을 내리려 한다. 윤리적 원칙과 규정 그리고 윤리적 갈등에 대한 사례 연구가 결과론적 윤리를 실현시키는 데 사용하기도 한다.
(2) 반면, 의무론(칸트 학파)적 접근 방식은 비용-편익(수익)과 상관없이 올바른 일을 하려고 한다. 이 접근 방식은 사람들로 하여금 윤리적 의무를 다하도록 고취한다.
(3) 덕 윤리(Jost & Jost, 2009)는 도덕적 인격의 형성 및 도덕적 결정과 의무를 뛰어넘는 전문가의 관계적 영향을 강조함으로써 준 신학 분야에서 또 하나의 윤리적 체계로 재등장했다.

블로쉬(Bloesch, 1987)는 윤리의 철학적 유형과 신학적 유형을 구별해야 한다고 말했다. 철학적 윤리는 인간적 관점에서 선(예: 비용 대 편익[수익], 올바른 일 따위)을 이해하고자 하는 반면, 신학적 윤리는 인간 역사에서 하나님과의 신성한 관계를 추구한다. 전문적인 상담 윤리에 대한 기독교적 접근 방식은 현명한 윤리적 사고, 윤리적 책임에 대한 충실함, 그리고 성숙한 덕목의 형성에 대한 중요성에 가치를 둔다.

2. 기독교 결혼 윤리

전통적인 기독교적 결혼 윤리의 핵심이 되는 몇몇 기본적 주제를 이해하는 것이 중요하다. 이 주제에는 서약, 결혼생활에서 겪는 고통, 교회 교제 안에서 결혼, 기독교적 결혼에서 평등과 정의의 문제 따위가 포함된다.

1) 기독교적 언약

성경과 기독교 전통에 의하면 결혼 언약(marriage covenants)은 결혼 관계의 본질과 목표를 형성하는 행위로 여겨진다. 언약 윤리의 특징은 가족과 특히 가족 관계 내에서 결혼을 우선시 한다는 점이다. 언약 결혼의 당사자들은 창조주 하나님과 한 신성한 서약은 목숨을 걸고 지켜야 할 맹세라는 믿음을 지킨다. 하나님은 결혼을 창조하고 이를 유지시켜 주시는 분이라고 믿는다.

본래 언약은 양옆에 혈연 관계인 친척들을 세운 통로를 신혼부부가 지나가게 하는 전통을 통해 언약이 평생 동안 지켜야 하는 협약으로 인정되었다.

고통은 인격을 형성시켜주는 것이기 때문에, 양가에서는 앞으로의 원활한 결혼생활을 위해서 줄 수 있는 모든 것을 준다. 반면, 현대의 계약 결혼은 대가적 관계로 특징지어진다. 양가에서는 친족 사이에 공평한 몫을 나누어 주고 친족에게 실질적인 보상을 받도록 되어 있으며 약속한 보상이나 대가가 만족스럽지 못할 경우에 계약을 해지할 수 있다.

계약은 정의를 기반으로 하여 약속한 행위를 이행하기 위한 인간적 노력인 한편 재산의 교환이다. 서약은 창조주 하나님을 통해 이루어지고 하나님과 공동체가 보는 앞에서 맺어진다.

2) 결혼에서 고통

> 저는 아플 때나 건강할 때나 그 어떤 상황에서도 당신을 보호하고, 좋을 때나 나쁠 때나 끝까지 당신을 그 어떤 것과 바꾸지 않고, 주님을 기쁘게 하겠습니다(14세기 후반의 바뷰 수도원 예식서, Stevenson, 1992).

기독교 전통은 심지어 결혼에서도 고통을 통한 언약적 헌신의 인내를 강조했다. 서양의 낭만적인 결혼의 신화는 완벽한 짝을 찾고 사랑에 빠져 평생 행복하게 사는 것이지만 현실적으로 이 관계는 수십 년을 유지하지 못한다. 약속을 위반하는 것은 흔히 있는 일이지만 가끔은 심각하다. 건강 문제는 다른 건강한 배우자에게 부담과 책임감을 안겨주고, 자녀들은 가족과 자신의 신앙에 대해 방황한다. 각 배우자의 개인적 약함은 상대 배우자를 괴롭히고 당황하게 만든다.

기독교 윤리는 반드시 결혼 내에서 발생하는 고유한 고통이 갖고 있는 목적과 의미에 대해 알려 줄 정도로 충분히 견고해야만 한다. 고통의 윤리는 많은 소망을 포함한다.

① 때때로 그리스도의 고난에 동참하는 것을 강조한다(롬 8:17; 빌 3:10; 벧전 4:13).
② 고통은 인격과 소망을 발전시킨다(롬 5:3-4).
③ 결혼은 정련하는 불이 되어 각자의 믿음을 시험할 수 있다(잠 27:17).

궁극적으로 기독교 결혼 윤리는 부부가 "그곳에 있게 하신 주님을 어떤 상황에서도 기쁘게 하여" 하나님을 신뢰한다는 것을 전제한다.

3) 교회에서 교인 간의 결혼

어떤 기독교 전통에서 기독교적 결혼은 신자들의 교제 안에서 이루어졌다. 로마가톨릭교회와 여러 개신교회들에서 결혼은 성사(聖事)이고 기독교인에게는 신성한 소명이다. 과거에는 기독교 연인(Christian couples)은 약혼 전 부모와 목회자의 승인을 받아야 했다. 이런 권한은 젊은 연인에 대하여 이 땅에서 하나님의 대리인으로서 갖는 권한이었다. 많은 사람들에게 허락을 구한다는 것은 새로운 가족을 구성하고 유지하는 양가의 여러 당사자들에 대한 책임을 강조하는 것이었다.

현대 교회에는 교제 안에서 이루어진 연인들의 건강한 결혼생활을 촉진하기 위한 여러 프로그램들이 있다. 부부는 서로 교감을 하며 교회의 모임에 기여한다. 영아세례나 봉헌, 성찬, 가정예배 등이 이런 기여의 실례이다. 결혼 관계에 내재된 이런 본성 때문에 결혼의 윤리가 확장되어 교인 간의 교제, 교회의 권능 및 교리에 대한 배려로까지 이어진다.

4) 결혼에 있어서 동등성과 불평등

역사적으로 기독교 전통에는 본질상 위계질서로 이루어진 결혼 관계에서 남자가 여자를 이끈다는 생각이 거의 일방적으로 내포되어 있다. 그러나 최근 신학은 위계질서에 불평등이 내재되어 있다는 점을 지적하며 평등을 지향하는 쪽으로 나아갔다.

데이빗 블래캔혼(David Blackenhorn), 돈 브라우닝(Don Browning), 메리 스튜어트와 반 류웬(Mary Stewart, Van Leeuwen)이 집필한 책(2004)은 결혼에서 동등성 문제를 논의하는 로마가톨릭교회, 기독교회, 여성운동가, 개혁교회 등의 관점을 소개하고 있다. 위의 작가 모두 결혼에서 남녀평등의 가치에 대해 놀랄만큼 의견 일치를 보이고 있는데, 이는 초기 기독교 전통에서 벗어난 것이다.

최근에는 다음의 논쟁이 활발하다. 즉, 결혼 관계를 양성 간에 역할이 결정되어 있는 위계질서로 볼 것인가 아니면 부부 간에 서로 의지하며 유연하고 다양한 역할을 수행해야 하는 관계로 볼 것인가 하는 논쟁이다. 성경의 해석과 기독교적 가르침에 따라서 이 논쟁에서 어느 쪽이 우위에 서느냐가 판가름된다.

로마가톨릭교회 작가 다니엘 마크 세르(Daniel Mark Cere, 2004)가 지적했듯이, 이 문제는 비단 신학만의 문제가 아니라 궁극적으로 윤리적 문제이다. 세르가 주장하는 바에 따르면, 기독교인마다 결혼에서 위계질서나 평등의 윤리를 바라보는 시각이 다르지만, 본질적으로 윤리적(성경적이 아니라) 결정으로 사람들이 성경을 해석하는 경향이 강하다고 한다. 따라서 결혼에서 평등이나 위계질서의 문제에 관하여 다양한 성경적 해석을 이해하기 위해서 결혼 윤리에 대한 신중한 고찰이 필요하다.

결혼 관계에서 또한 강조되는 것은 가정폭력과 같이 명백히 부당한 상황에 관한 것이다. 기독교 공동체 안팎에서 가정폭력이 벌어진다는 사실을 교회 공동체가 인식함으로써 정의의 필요성에 대한 많은 학문적 논의들이 이루어졌다(Sokoloff & Pratt, 2005). 일부 비극적 사례들에서 우리는 '언약'과 "하나님이 주시는 모든 고통을 받아들여야 한다"라는 종교적인 언어가 심지어 기독교 공동체 내의 자유를 통제하고 폭행 피해자의 불만을 잠재우기 위해서 사용했다는 것을 보아왔다.

여러 학자들이 주장하는 바에 따르면, 올바른 기독교 윤리에는 가정폭력에 대한 비판과 가정폭력에 시달리는 가족들에 대한 교회 공동체 차원의 지원이 내포되어야 한다(West, 2005). 가정폭력을 분명히 이해하는 것이 기독교적 결혼 윤리에 필수적이다.

5) 의사결정의 어려움

부부 상담을 하는 동안 많은 어려운 윤리적 결정들이 제기되고 있는데 이것은 기독교인이 행하는 부부 상담에서 중요한 요소이다. 여기에는 처음에 든 예와 같은 실질적인 도덕적 문제들이 포함된다. 즉, 자녀가 동성애자, 양성애자, 성전환자라는 사실을 밝혔을 경우, 어떻게 해야 할 것인가 하는 문제이다. 또한 다음과 같은 문제들도 포함된다. 낙태결정을 할 때, 견해를 밝혀야 할지 말지, 밝힌다면 어떤 견해를 밝혀야 할지, 중대한 사건을 겪은 후 회복할 때 어떻게 대처해야 할지, 종교적인 신념이 사람들의 반대에 부딪혔을 때 이를 회복하는 과정에서 어떻게 대처해야 할지, 노약자를 돌보는 것과 같은 결정에 관여해야 할지, 말지 등의 문제이다.

부부 상담자가 위와 같은 문제들과 관련된 의사소통, 갈등 해결, 용서 등을 다룰 수 있음은 틀림없다. 윤리적 문제가 중점을 두는 것은 부부 상담자가 내리거나 마음속에 갖고 있는 결정의 내용에 이것이 얼마나 많은 영향을 줄 수 있는지이다.

6) 일반적인 기독교 윤리

관계에 대한 기독교 윤리 대부분이 부부 관계에 적용된다는 점을 지적하지 않으면 안 될 것이다. 배우자뿐만 아니라 다른 사람에 대한 용서, 아동 및 노약자의 가치, 인간의 존엄성, 평화, 사랑, 기타 많은 전형적인 기독교 윤리 문제들이 기독교인의 결혼과 전문적인 상담에 적용된다.

3. 전문가 윤리

기독교 상담자는 다양한 직업적 역할을 수행하고 다양한 직업 조직의 구성원이 된다. 심리학자, 결혼/가족치료사, 상담·심리치료사, 목회 상담자, 사회복지사 등은 모두 특정행위 윤리 규정이 있는 직업 조직에 참여할 기회를 갖는다.

이런 일반 윤리 규정에는 기독교인이 반대할만한 내용이 거의 없다. 미국심리학회 윤리 규정에 있는 다른 사람의 복지에 대한 관심처럼, 이 일반 윤리 규정을 구성하는 일반 원칙 및 덕목 대부분은 기독교적 덕목과 매우 일치한다. 기독교심리학자들이 행한 윤리적 실천에 관한 연구에서 발표된 내용 대부분이 미국심리학회 윤리 규정과 매우 일치한다는 사실이 밝혀졌다(Oordt, 1997).

전문 기독교 상담자에 대한 잘 발달된 윤리지침 설명서는 미국기독교심리연구학회 『윤리 규정 설명서』(CAPS, 2005)이다. 미국기독교상담자협회도 '윤리 규정'을 내놓았는데 이는 평신도 상담자나 목회자용으로 특별히 개발한 규정을 포함함으로써 지식체계를 추가하고 있다(AACC, 2004).

이들이 일반윤리 규정과 다른 점은 주로 구성원들이 성경, 교회, 가족과 독실한 생활에 헌신해야 한다는 점을 명시하고 있다는 것이다. 미국기독교심리학회 윤리 규정도 봉사의 동기인 사랑을 강조한다. 이로써 실질적인 문제에 봉착한다. 즉, 부부 상담에서 성경적 원칙 및 덕목과 직업적 원칙 및 덕목을 어떻게 통합시킬 것인가 하는 문제이다.

4. 통합적 윤리

윤리 규정은 결혼/가족치료사가 현장에서 해결해야 하는 복잡한 윤리적 상황에 맞게 원칙에 입각해 전형적으로 개발된 지침으로 윤리에 대한 결과론적 접근 방식을 기초로 하고 있다. 결과론적 접근 방식은 윤리적 의사결정을 할 때, 지침이 되는 원칙으로 결과 또는 영향을 강조한다.

하지만 복잡한 상황에 기독교 윤리 규정과 일반 윤리 규정 중 어떤 것을 적용해야 할지가 항상 분명한 것은 아니다. 윤리적 의사결정을 할 때, 기독교 상담자는 최소한 세 가지 지원을 도출해 도움을 받을 수 있다.

(1) 성경과 기독교전통 및 공동체에서 유래한 기독교 윤리로 구성된 지원이다.
(2) 직업적 규정(예: 미국심리학회, 미국기독교협회, 미국결혼/가족치료학회, 미국여성안전협회 등)의 윤리적 원칙으로 이루어진 지원이다.
(3) 기독교 상담자(예: 미국기독교상담자협회, 미국기독교심리연구학회)를 위한 특정 윤리 규정을 가진 전문 기독교기관의 지원이다.

위의 윤리적 지원 모두 모든 윤리적 상황에 대처하기에는 능력이 불완전함은 어쩔 수 없다. 윤리적 갈등을 결정할 때, 기독교 상담자는 윤리적 원칙과 규정을 참고하고 해당 사례 연구를 고려하며 종교적인 전통과 해석적 원칙(대개는 의무론적 윤리)에 따라서 무엇이 옳은지 설명하는 적절한 성경적 원칙을 재고한다.

기독교 윤리는 일반 윤리 규정으로 다룰 수 없는 성적 비행과 같은 몇몇 논점들을 언급할 것이다. 전문 규정은 현재 내담자를 광고나 연구 대상으로 사용하는 것과 같이 성경에서 분명하게 다루지 않은 것을 명백히 표현할 수도 있다. 일부 중복된 부분들이 있고 어떤 윤리적 원칙에도 분명히 표현되지 않는 일부 문제들도 분명히 있을 것이다.

미국기독교심리연구학회 윤리 규정과 미국기독교상담자협회 윤리 규정은 이런 윤리적 반영의 영역을 함께 통합하려 시도한다. 하지만 윤리적 원칙은 전체 상담기업의 도덕적 상황을 제공하는 잠재적인 윤리 이론에서 제기된다.

5. 전문적인 실제에서 제기되는 문제

부부 상담과 관련된 여러 문제들은 특별히 고려해볼 만하다. 우리는 부부 상담자가 직면하는 일부 도전적인 윤리적 문제에 어떻게 네 가지 윤리적 원칙이 영향을 미치는지에 대해서 살펴볼 것이다. 이 원칙은 '능력,' '내담자에 대한 책임,' '비밀보장,' 그리고 '성실성'이다. 이 원칙은 미국심리학회, 미국기독교협회, 미국여성안전협회, 미국결혼/가족치료학회 윤리 규정에 공통적으로 포함되어 있다(다른 명칭으로 되어 있는 경우도 있다).

1) 능력

(1) 부적절한 수련

가족 및 부부 상담을 하려고 하는 일부 상담·심리치료사들은 가족 및 부부 상담에 대한 공식적인 수련이 거의 없는 프로그램으로 수련 받는다. 정신건강 규정은 상담·심리치료사가 자신의 교육 및 수련, 수련감독에 기초하여 자신의 능력의 경계를 인식해야 한다고 강조한다.

하지만 상담·심리치료사로서 자신의 능력 수준을 벗어나기가 쉽다. 어떤 사람들은 담당 건수를 유지하기 위한 경제적 압박 때문에 자신의 능력 수준을 넘고 싶어한다. 가족치료 양태에서 상담·심리치료사를 수련하는 가장 좋은 방법에 대한 합의가 아직 없다는 점도 주목해야 한다(Raimondi & Walter, 2004). 이 점은 결혼/가족치료에 있어서 일관성과 수련의 적절함에 대한 의문을 제기한다.

상담·심리치료사의 수련에 대한 일반적 경향은 수련에 기초한 능력이다(Chenail, 2009). 이 접근 방식은 부부 상담에 대한 공식적인 수련을 받지 않은 상담·심리치료사는 두 가지 수련감독을 받아야 한다고 추천한다.

① 특별히 부부 상담에 있어서 지속적인 교육을 받아야 함
② 부부 상담에 대한 적절한 자격과 수련감독상담사로부터 수련감독을 받아야 함

기독교인은 이런 행동이 정직함의 덕목에 대한 헌신과 "선한 일에 힘쓰게 하려 함"(딛 3:8)일 뿐만 아니라 전문가 윤리 규정에 충실한 것에서 비롯되어야 한다.

(2) 시대에 뒤지지 않기

부부 상담의 연구와 실행에 있어 변화에 뒤지지 않는 것은 상담·심리치료사의 책무이다. 꾸준한 직업적 개발의 일환으로 상담·심리치료사는 부부 상담과 관련된 연수, 강의, 회의 따위를 통해 꾸준히 교육받아야 한다. 이는 미국결혼/가족치료학회 윤리 규정에도 있는 원칙이다.

그러나 이렇게 하지 않고 손쉽게 다가갈 수 있는 회의나 연수에만 참석하는 전문상담·심리치료사가 많다. 객관적으로 말해 이들이 참석하는 연구발표회는 이들이 매일 상대하는 문제를 다루는 데 필요한 특별한 능력을 체계적으로 향상시켜주지 못하는 경우가 많다.

기독교인에게 있어 진정한 능력에 대한 책임 있는 자기평가는 자만과 편의주의를 적극적으로 거부하고 겸손과 성장을 위한 열망을 열성적으로 받아들이려는 동기부여가 있을 때 향상된다. 게다가 계속적인 상담자문과 전문적인 능력개발은 신뢰와 지원을 제공하는 동료들 내에서 실행되는 언약적 관점에서 볼 수 있다.

(3) 모순되는 능력 요건

만일 서로 다른 분야에서 요구하는 능력 요건이 충돌한다면 어떻게 되는가?

예를 들어, 다양한 전문가 내에서 부부 상담자에 대한 수련감독 상담사의 자격에는 다른 기대치가 있다. 미국결혼/가족치료학회와 미국상담학회는 수련감독 상담자 역할을 수행하는데 있어서 특별하고 높은 직업적 기준을 요구하는데 일반적으로 초보 상담·심리치료사의 경우에 석사 이상의 학위를 요구한다.

심리학의 경우에 직업에 적용될 때, 수련감독 상담사의 역할에 대한 특정 기준이 없다. 따라서 분야를 넘나드는 전문가인 경우에 윤리적 갈등에 빠질 수 있다. 일반적으로 상부에서 요구하는 기준을 따라야 하지만 상담·심리치료사는 자신이 임상 과제에 바로 쓸 수 있는 적절한 수련을 받았는지 여부를 여전히 고려해야 한다.

(4) 특정 지식의 결여

리키와 다쉘(Ricky & Darchelle)에게는 주의력결핍과잉행동장애(ADHD) 판정을 받은 딸이 있다. 당시 이들은 자신들이 부부갈등 상담을 받은 상담·심리치료사(아동 상담 전공)에게 상담을 맡길지에 대해서 논의했다. 두 사람은 리키가 어렸을 때 경험한 성폭행으로 성적 부적절성 문제 때문에 기인된 성적 친밀성을 가르쳐 주는 것을 거의 포기한 상태였다. 상담·심리치료사는 의사소통과 일반적 친밀성을 높이기 위해서 리키와 다쉘과 함께 노력했고 그들의 전반적인 관계가 개선되었다. 하지만 성적 친밀성에 대한 문제는 계속되었다.

리키와 다쉘의 부부문제 상담 후 나온 능력 평가 결과를 보면 이 부부 갈등은 남편 리키가 어린 시절 정신적 충격을 받은 결과 성적 장애를 일으켰기 때문에 나타난 것이었다. 이 경우에 상담·심리치료사는 문제를 보여주는 적절한 방식이 아니라 그녀에게 익숙한 개입을 선택했다. 부부 상담자라면 성적장애 문제도 일정한 평가를 내릴 수 있을 만큼 잘 안다고 여겨진다. 또한 상담·심리치료사는 일부 문제의 경우에 의학적 치료나 행동주의 치료를 통해 성공적으로 해결되는 일이 잦다는 점도 알아야 한다.

어떤 복잡한 문제든 성 전문 상담·심리치료사나 성적장애 문제에 전문적인 능력을 지닌 사람의 도움을 받을 필요가 있을 수 있다. 이런 전문 상담·심리치료사가 없는 사회에서는 민간 상담·심리치료사가 부부 문제에 대한 자신의 능력을 밝히고 상담에 대한 동의를 얻으며 문제를 적절히 해결하기 위해서 필요한 지식을 쌓고 수련을 받을 필요가 있다.

(5) 최선의 치료에 대한 지식 부족

보카옴(Baucaom)은 어떤 부부 상담이 실험적으로 도움을 주는지 결정하기 위한 전담위원회의 책임자가 되었다(Baucom et al., 1998). 네 가지가 실험적으로 도움이 되는 것으로 나타났다. 여기에는 '통합적 행동적 부부 상담,' '정서에 초점을 둔 부부 상담,' '통찰지향적 부부 상담,' 그리고 '인지행동치료적 부부 상담'이 포함되었다. 상담에 대한 윤리적 접근은 실험지향적 상담(EST)을 사용할 것을 요구했다.

하지만 이 거슬리는 논쟁에는 정당한 이견이 있다. 경험적 지지 상담에 반대하는 사람들은 대개 상담·심리치료 실무자가 그 지역 상담을 통해 확보한 자료인 지역 자료는 통제된 임상 실험에서 수집한 자료보다 더 중요하다고 주장한다.

하지만 이것은 공식적인 타당성이 없어 비판을 받는다. 경험적 지지 상담에 대한 지지자들은 지역 자료는 내부적 정당성이 거의 없으며 대개 편견이 있는 만족도 조사에 지나지 않는다고 주장한다. 반면, 경험적 지지 상담이 임상 과학으로 자리 잡은 곳에서는 실제적인 실습의 유용성에 의심이 되는 몇 가지 문제들이 있다.

① 정확한 평가에 따라 달라질 수 있다. 제일 처음에 나왔던 제이말과 라숀다의 사례에서 제이말의 증상(우울증)은 약물남용, 폭력, 과거의 성적 학대 그리고 아마 성격장애와 같은 다른 문제를 감추고 있을 수 있다. 제이말의 우울증과 여러 장애에 대한 치료가 계획될 것이다. 그러나 여러 가지 장애의 결합에 대해서는 언제나 상세히 규정된 경험적 지지치료가 되는 것은 아니다.
② 상담·심리치료사가 경험적 지지치료 지침을 갖지 않고 있거나 경험적 지지치료와 관련되어 실시하는 수련, 수련감독을 받지 못했을 수도 있다.
③ 상담·심리치료사는 소외지역에 있을 수도 있고 그 지역의 유일한(또는 소수의) 상담·심리치료사일 수도 있으며 모든 증상에 적합한 모든 경험적 지지치료에 대한 능력이 없을 수 있다.

이런 실행의 제한 때문에 경험적 지지치료를 필요로 하거나 추천하는 윤리는 논란의 여지가 있으며 이미 결정된 결론이 아니다. 하지만 상담·심리치료사는 이 주제에 대해 앞으로 연구와 논의를 계속할 책임이 있다.

2) 내담자에 대한 책임성

부부 상담자는 내담자의 안위를 우선시해야 할 책임이 있다. 여기서 중요한 의문이 제기된다.

내담자가 누구인가?

이 주제에 대한 윤리 규정 및 전문서적은 상담을 할 때, 개인과 부부 중 누가 우선시되어야 하는지에 대해 각기 다른 견해를 보인다. 상담·심리치료사가 과연 누가 고객인지에 대해 명쾌한 생각을 갖고 있지 않을 경우에 상충하는 이해관계 속에서 상담·심리치료의 목적이 뒤죽박죽될 수 있다.

제이멀과 라숀다 부부의 경우를 다시 생각해 보자.

제이멀만 우울증 진단을 받았지만 상담·부부는 서로에게 일말의 책임이 있다고 할 수 있다. 이에 대한 결정은 복잡하고 여러 이해관계가 혼합될 수 있다. 즉, 부부가 상담에 대해 호의적인지 여부, 비용 지불자 측의 기대, 남편이 우울증 진단을 받았다는 사실, 현재까지 연구가 어느 정도 진행되어 있는지 등의 문제들이다. 상담 면에서 특정 사례의 경우에 부부체계의 한 구성원에게만 증상이 있고, 다른 구성원들은 임상적으로 정상일 수 있지만 관계체계에서 힘의 불균형에 기여할 수도 있기 때문에 조심스럽게 고려해야 한다.

(1) 진단과 보험

우울증이 부부 문제와 밀접한 연관이 있고(Whisman & Uebelacker, 2006), 상담을 위해서 내린 진단이라 하더라도 비용 지불자들은 대개 진단만 보고 부부 문제를 판단하지 않는다. 따라서 이들은 관계를 개선하기 위해서 진단과 관련 있는 증세들을 개선하려 할 것이다. 개인의 질병을 치료하기 위해서 부부 상담을 행한 경우를 조사한 연구를 보면 대부분 부부 상담을 한 것이 효과적이었으며, 특히 부부 문제와 밀접한 관련이 있는 우울증 상담(Gupta, Coyne & Beach, 2005)과 알코올 및 약물남용 상담(Ripley, Cunion & Noble, 2005)에 효과적이었음을 알 수 있다.

따라서 내담자가 우울증과 약물남용 증상으로 상담받으러 왔지만 내담자의 문제가 있는 결혼이 장애를 지속시키는 주요한 열쇠라면 관계의 개선에 초점을 맞추는 부부 상담이 그 내담자를 위한 최선의 상담일 수 있다.

반면, 부부 중 한 명이 우울증이나 알코올 등 남용의 진단을 받았지만 이것이 부부관계 때문에 생긴 문제가 아닐 경우에 부부 상담을 보조적인 수단으로 사용할 수 있다. 그러나 이런 경우는 보험금을 받을 수 없을 가능성이 있다.

(2) 지명된 내담자

누가 내담자인지에 대한 상담·심리치료사의 이해는 상담 초기에 다루어야 한다. 상담·심리치료사는 이렇게 말할지 모른다.

> 문제의 핵심은 두 사람의 관계 때문인 것 같습니다. 우선 두 사람의 관계를 회복시키기 위해서 애써야 할 것 같습니다. 제 생각에 문제를 가장 빨리 해결할 수 있는 길은 관계를 회복시키는 일인 것 같습니다. 하지만 다른 면에 초점을 맞추어 상담하는 방법도 있습니다.
> 두 사람의 관계에 초점을 맞춘다는 말이 마음에 드십니까?
> 아니면 관계 말고 다른 문제를 상담받고 싶으십니까?

이 외에도 상담·심리치료사는 상담 관계에서 개인이 우선이 아니라 원만한 부부 관계가 가장 중요하다는 사실을 명확히 밝혀야 한다. 이 점을 명확히 밝히지 않으면 부부 중 한 명 혹은 둘 다 관계를 개선시키는 데 상담의 초점을 맞춘다는 것에 동의하지 않을 수 있으며 그 결과 오해를 불러올 수 있다. 이렇게 되면 부부는 초반에 관계에 대해 직접적인 질문을 하지 않고 상담에 개인 상담이 포함되는지 여부를 뭉뚱그려 질문할 수 있다.

(3) 관계 건강을 위한 중립성?

부부 상담자는 중립성을 유지해야 하며 부부 관계가 긍정적으로 회복되어야만 상담이 성공한 것이라고 성급히 생각해서는 안 된다고 주장하는 사람이 있다.

이들은 부부에게 이렇게 말한다.

"상담 결과 두 사람은 결혼생활을 계속할 수도 있고 가장 효과적인 해결책으로 이혼을 선택할 수도 있습니다."

물론 동의한다. 이런 논리를 비유하면 상담·심리치료사가 우울증 내담자를 상담할 때 내담자마다 선택은 자유이기 때문에 상담·심리치료사는 자살에 대해서 중립성을 유지해야 한다고 주장하는 것과 같다.

그러나 하나님은 자살보다 사는 것을 좋아하듯 이혼으로 끝나는 것보다 건강한 결혼생활로 바뀌는 것을 좋아한다. 하지만 상담·심리치료사가 어떤 특정 부부에게 결혼생활을 계속해야 할지 이혼을 해야 할지에 대해 의견을 피력한다면 이는 깨질 가능성이 있는 부부 관계에 부당한 영향력을 미치는 것이 된다. 부부 중 한 명 혹은 둘 다 결혼생활이 유지될 수 있는지 물으면 상담·심리치료사는 명확한 의견을 제시해야 한다는 부담감을 느낄지 모른다.

하지만 상담·심리치료사는 결혼생활이 성공할지 아니면 실패로 끝날지 정확히 판단할 수 없으며 이는 부부가 일정 기간 상담을 받으면서 해결해야 할 중요한 질문으로 가치가 내포된 질문이라는 사실을 선뜻 인정해야 한다.

부부 상담자는 다음 사실을 깨달아야 한다. 즉, 이혼은 가능한 선택이 아니라든지 아니면 반대로 부부관계가 개선될 가망이 없다든지 하는 따위의 의견을 상담·심리치료사에게 듣고 싶어 하는 배우자 중 한 명에 의해 삼각화에 자주 현혹될 수 있다는 사실 말이다.

부부 상담을 받을지 결정하기 위해서 부부에게 상당한 시간이 필요할 수 있다. 상담·심리치료의 목적을 명확히 모르고 상담을 시작하는 부부도 있다. 상담·심리치료사는 부부 모두에게 일정 기간 상담이 끝날 때까지 이혼 결정을 연기할 의향이 있는지 물어보는 것이 바람직하다. 이는 아직 결혼 서약을 하지 않은 약혼자이나 동거 중인 연인보다 결혼생활을 하는 부부에게 효과적일 수 있다.

그러나 부부 관계에 대해 부부가 갖고 있는 생각에 상담·심리치료의 목적을 맞추는 것이 필요하다. 이혼이 불가피하다면 흔쾌히 이혼하라고 처방을 내리는 것이 최선일 것이다. 현명한 상담·심리치료사가 윤리적으로 상담한다면 부부 관계 유지냐 이혼이냐에 대한 논의가 임상적으로 유용할 수 있고 이런 논의를 통해 부부 관계나 개인적 가치관에 대해 부부 일방이나 쌍방이 갖고 있는 분명한 생각이 드러날 수 있다. 어떤 부부들은 상담·심리치료사가 그들의 삶을 바꿀 수 있는 결정에 대해 유일하게 '편견이 없는' 대화 상대라고 생각할 수 있다.

3) 진실성

진실성은 모든 전문가 윤리 규정에서 가장 명백한 원칙이다. 일반적으로 진실성은 내담자와 다른 전문가를 향한 정직함과 공정함에 대한 헌신을 수반한다. 진실성의 원칙과 관련된 부부 상담에는 세 가지 주요 논점이 있다.

(1) 진실성은 진단을 내릴 때 요구된다

일반적으로 상담이 진단을 위한 선택적 상담이 아니면 부부 상담 상담료를 위한 보험 적용이 되지 않기 때문에 상담·심리치료사는 결제를 위해서 진단(주요 우울장애와 같은)을 만드는 유혹을 받을 수 있다. 개별 회기로서 부부 상담 회기에 상담료를 청구하는 것은 진실성을 위반하는 것일 뿐만 아니라 그저 보험 사기로 특징지을 수밖에 없다(Ohlschlager & Mosgofian, 1992).

(2) 진실성은 상담·심리치료 서면동의에 필요하다

진실성은 내담자에게 상담 과정, 상담 경계 및 목적을 알리는 노력을 필요로 한다. 기독교 세계관은 많은 방식들로 결혼에 대한 상담·심리치료사의 가치를 알려 줄 것이다. 미국심리학회 윤리 규정에서 진실성에 대한 설명은 심리학자들에게 가치와 편견이 상담에 어떻게 영향을 주는지 결정하기 하기 위해서 자신의 가치와 편견을 살펴보도록 한다. 부부 상담자는 결혼의 영속성 혹은 결혼생활에서 역할들에 관해 내담자와는 다른 견해를 갖고 있을지도 모른다.

잠재적인 내담자는 상담·심리치료사에게 상담을 받을지 여부를 결정하기 위해서 상담·심리치료사의 가치를 단순히 '기독교인'이나 '여성주의자'라는 이름표가 아니라 상담·심리치료사의 가치에 대해 더 많은 정보들이 필요할 수 있다. 상담·심리치료사가 '종교적으로 수용적인' 상담을 한다면(Worthington & Sandage, 2002) 내담자에게 상담에 있어 그것이 어떤 영향을 미치는지 알려야 한다.

종교가 다른 부부나 종교적인 헌신이 다른 부부의 경우에 특별히 더 복잡할 수 있다. 현재 부부 상담에도 적용되는 종교를 수용하는 것에 대한 상담·심리치료에 관한 많은 문헌들이 개발되어 있다(Stanley et al., 2001). 상담·심리치료 서면동의 과정 전반에서 상담·심리치료사는 자신의 신앙이나 문화의 잠재적인 영향과 내담자에게 과도하게 영향을 미치는 잠재력을 인식해야 한다. 또한 그들은 내담자의 신앙이나 문화에 대해 인지해야 한다.

(3) 진실성은 상담을 지속시키는 데 필요하다

부부 상담은 실패율이 높다. 어떤 통계에 따르면, 상담을 받은 부부의 50~90%가 상담 후 관계가 개선되지 않는다고 한다(Baucom, Shoham, Mueser, Daiutoc Stickle, 1998). 상담 결과가 어떻게 나올지에 대한 이해도가 나아졌음에도 부부 상담은 대부분의 경우에 문제를 안고 있다(Baucom, Atkins, Simpson & Christensen, 2009). 적절한 수준의 전문적인 상담을 통해 일반적인 상담 과정이 끝난 후에도 상담·심리치료사 입장에서 상담이 부부에게 효과가 없다고 느끼는 경우가 흔하다.

진실성을 지닌 상담·심리치료사는 상담효과가 없다는 자신의 평가를 부부에게 정직하게 알려준다. 암 전문의가 치료 후 바라던 결과가 나오지 않았을 경우에 암 환자에게 정직하게 이야기해 주어야 하듯이 상담·심리치료사도 상담을 계속하면 관계가 개선될 수 있을지 아닌지 부부에게 정직하게 이야기해 주어야 한다. 다음의 네 가지를 선택할 수 있다.

① 다른 상담 방식이나 좀 더 전문적인 방식으로 상담한다.
② 부부 관계에 존재하는 문제를 받아들이는데 집중하는 상담 혹은 문제를 지닌 채 살 수 있는 방법을 개발하는 데 집중하는 상담을 한다(Doss, Thum, Sevier, Atkins & Christensen, 2005).
③ 그냥 상담을 끝낸다.
④ 부부 중 한 명 혹은 둘 다에 대한 개인적 치료가 부부 상담에 선행할 필요

가 있는지 재평가한다.

임상 경험으로 볼 때, 초보 상담·심리치료사의 경우에 상담을 더 해보거나 ①의 선택을 해야 하는 상황에서 ④의 선택으로 바로 뛰어 넘는 경우가 흔하다.

4) 비밀보장

상담·심리치료사로서의 필수적인 부분은 내담자의 비밀을 적절히 보호하는 것이다. 비밀보장에 제한이 있다는 것은 잘 알려져 있다.
비밀보장은 다음 경우에 깨질 수도 있다.

① 만약 내담자가 명백하고도 현존하는 위험을 스스로나 다른 사람들에게 드러냈을 경우
② 법이 요청할 때
③ 내담자가 비밀보장에 대한 권리를 포기할 때 의사와 정신건강 전문가들은 아동이나 노인 학대를 신고할 의무가 있을 때

비밀보장에 대한 구체적인 범위는 상담·심리치료 서면동의 과정의 일부로 내담자와 논의해야 한다. 때때로 다른 돕는 전문가(예: 상담·심리치료사, 정신의학자 또는 목회자)가 부부 사례에 관여하고 비공식적으로 부부 상담자에게 정보를 요청할 수 있다. 윤리적으로, 정보를 공개하기 위해서 대개 내담자의 상담·심리치료 서면동의가 필요하다.
하지만 부부 상담에서 개인의 비밀보장은 어떤가?
부부 상담자는 종종 배우자 가운데 한 사람과 상담 회기, 회기의 일부 또는 다른 전달사항에 대해 대화의 기회를 갖는다.
한 배우자가 다른 배우자에게 알리기 원하지 않는 비밀을 누설하면 부부 상담자는 이 비밀을 어떻게 다루어야 하는가?
제이말과 라숀다의 사례를 다시 생각해 보자.

라숀다는 일반 이메일을 상담·심리치료사에게 보내 자신이 이사를 고려한다는 것을 고백했고, 제이말에게 알리지 말라고 상담·심리치료사에게 부탁했다.

상담·심리치료사는 보험사의 기록상 내담자인 제이말에게 이것을 말해야 하는가?

일반적으로 부부 상담자는 비밀에 대해 세 가지 접근 방식들 가운데 하나를 취한다.

① 모든 정보는 공공정보이다. 이것은 배우자에게 모든 것을 말하는 것을 의미한다.
② 개인적으로 누설한 모든 정보는 사적이다. 이것은 비밀을 철저하게 유지함을 의미한다.
③ 한 배우자가 누설한 특정정보는 상담·심리치료사가 다른 배우자에게 비밀로 할 수 있지만 비밀보장이 약속된 것은 아니다. 이것은 상담·심리치료사가 공공지식으로 무엇을 공유할 수 있는지에 대한 조정자가 되게 한다.

상담·심리치료사가 선택한 접근 방식은 부부 앞에서 동의를 받아야 한다. 이것이 상담적으로나 윤리적으로 가장 효과적으로 보이기 때문에 우리는 가능한 한 부부를 함께 만나려고 노력한다(Kuo, 2009). 또한 이것은 부부 상담에서 내담자와의 관계에 대한 우리의 정의와 일치한다.

따라서 한 사람과 만나거나 대화할 때, 우리는 그 사람에게 나머지 배우자가 함께 있는 것처럼 말하라고 하는 것을 선호한다. 우리는 안전이나 폭력과 연관된 문제에만 예외를 둔다. 우리는 대개 자신의 '비밀'을 상담 내에서 배우자에게 공개하는 것을 고려하도록 권한다. 또한 상담·심리치료사는 부부에게 개인적인 비밀을 어떻게 다룰지에 대하여 명시된 문서에 서명하게 하는 것을 고려할 수도 있다.

(1) 불륜

불륜(Infidelity)은 부부 상담자에게 일반적인 갈등으로 나타난다. 버트러, 하퍼 그리고 시돌(Butler, Harper & Seedall, 2009)은 불륜을 공개하는 부부를 관계 윤리와 애정 문제로 보라고 권장한다. 공개는 관계를 건강하게 하고 애정을 새롭게 하는 최고의 가능성을 제공해 준다.

많은 부부들은 많은 비밀을 감추고 있기 때문에 어려움을 겪는다. 비밀을 간직하는 것은 대개 부부 상담에서 다루어야 하는 일반적인 유형이다. 그러나 올스라거와 모스고피언(Ohlschlager & Mosgofian, 1992)은 비밀을 과정의 문제뿐만 아니라 법적, 윤리적 문제로 고려해야 한다고 제안한다. 공개가 도움이 되지 않는 상황도 있을 수 있다는 것이다.

기독교 상담자는 특별히 불륜을 저지르는 부부 상담에 대한 윤리적 문제로 어려움을 겪을 수 있다. 교리적 가르침은 다양하지만 많은 기독교인들은 불륜이 이혼을 정당화할 수 있는 합법적인 사유로 간주한다. 하지만 대부분의 기독교인들은 자발적으로 결혼한 부부가 불륜 후에 화해할 것을 권장한다.

상담·심리치료사는 부정에 대한 자신의 교리적 가르침을 인식해야 하지만 이 예민한 문제에 대해 내담자의 목적과 신념 내에서 행해져야 한다. 모든 다른 임상 문제와 마찬가지로 상담·심리치료사는 과도하게 판단하거나 부부 중 한 사람을 지나치게 보호하는 위험을 피하기 위해서 그들의 역전이를 생각해 보는 것이 중요하다.

(2) 특권

마지막으로 우리는 부부 상담에 있어서 특권 문제를 살펴보고자 한다. 내담자가 특권을 갖고 있기 때문에 주요 문제는 내담자에 대한 정의이다. 미국에서는 주마다 내담자 특권을 어떻게 다룰지에 대해 다르게 규정한다.

예를 들어, 테네시 주와 뉴저지 주에서는 어느 한 배우자가 반대하면 상담·심리치료사가 증언을 하지 않아도 된다고 판사가 판결했다. 하지만 버지니아의 한 판사는 제3자 대화는 공공정보라고 판결했다. 이 관점에서 특권은 존재하지 않으며 상담·심리치료사는 반드시 증언해야만 한다. 이는 주의 법적인 지침을 알아야 하는 것의 중요성을 강조한다.

6. 신학적 해석으로 제기되는 문제

1) 이혼

(1) 결혼의 가치

결혼은 기독교인에게 중요한 신학적 구조이다. 이미 앞에서 논의했듯이, 결혼 관계의 언약적 해석은 결혼의 우선순위나 가치에 영향을 주는 기독교 전통에 뿌리를 둔다(Riply & Worthington, 2002). 영적으로 두 사람의 육체를 하나로 결합하는 것은 우리와 하나님의 언약의 본성을 보여 준다.

부부 상담자는 대개 친밀하지 않거나, 서로에게 베풀지 않고, 관계의 영속성에 대해 보통(잘해야) 양가감정을 가진 부부들을 본다. 천 명의 결혼/가족치료사를 대상으로 하는 연구에서 61%는 이혼에 대해 중립적 입장을 주장했고, 33%는 결혼을 유지하고 이혼을 피하는 것을 지지한다고 진술했다.Wall, Needham, Browning & James, 1999). 이것은 보통 이런 관계가 영구적인 것인지에 대한 의문을 제기한다.

결혼을 소중하게 여기는 기독교적 틀 안에서 부부가 그들의 고통과 번민에 갇혀 있을 때에도 상담·심리치료사가 그들의 양면성 중 긍정적인 면에 초점을 맞추는 것이 윤리적이고 도덕적인가?

긍정적인 면을 높이는 것이 윤리적이고 도덕적이 아닌가?

상담·심리치료사는 언제 부부가 결혼을 구출하도록 돕는 것을 포기해야 하는가?

그 다음에는 어떻게 하는가?

이혼은 모든 부부 상담자가 직면하는 것이며 개인적인 신념과 가치에 상관없이 현실적으로 막을 수 없는 것이다. 기독교 상담자는 네 가지 주요 문제에 직면한다.

① 이혼의 허용에 대한 성경적 윤리는 무엇인가?
② 상담 과정에서 상담·심리치료사는 이혼에 대한 자신의 가치를 어떻게 다

루어야 하는가?
③ 기독교 상담자는 서로에게 적극적으로 상처를 주는 부부에게 이혼을 권해야 하는가?
대개 이혼으로 가는 징검다리가 되기는 하지만 영구적인 별거를 대안으로 권할 수도 있다.
개선이 있을 것 같지 않다는 것이 상담·심리치료사에게 명백하고 아마 추가적인 악화를 피할 수 없을 것으로 보인다면 어떻게 해야 하는가?
전문가 윤리는 책임 있는 행동은 부부에게 알리고 부부 상담을 종결하라고 제안하지만 기독교 전통 내에서 자주 부부에게 이혼을 권하는 것이 윤리적이지도 도덕적이지도 않다고 제안하며 상담·심리치료를 종결하는 것은 이혼을 격려하는 것으로 간주한다. 기독교 부부 상담자는 다른 윤리와 공동체 사이에서 어려움을 경험한다.
④ 부부가 이혼하기로 결정하는 것에 대한 기독교 상담자의 역할은 무엇인가? 동의하는가?
그렇다면 부부의 이혼을 도와야 하는가?

(2) 이혼의 해석

루이스 스메데스(Lewis Smedes)는 기독교 결혼을 다양한 측면으로 보았는데 이는 맹세에 대한 충성 언약이며, 사람, 공동체, 관계, 그리고 소명에 대해 신의를 갖고 지키겠다는 언약이라고 말했다(Smedes, 1987). 결혼의 목적은 전적이고 포괄적이며 영구적인 언약 관계이다(Balswich & Balswick, 1987).

현실적으로 높은 이혼율은 기독교회(Christian church)에 어려움을 주어왔다. 그 결과 절대로 안 된다는 것에서 교회 헌법의 지침 아래 불륜과 같은 특정 상황에서 허용을 했고 마침내는 다양한 상황에서는 이혼을 허락하게 되었다. 최근, 신학적 논의(Nydam, 2005)는 이혼에 대한 신학적 해석 대신 목회 돌봄에 더 초점을 맞춘다.

이혼에 대한 상담·심리치료사의 신앙과 자신의 이혼 경험 또는 이혼에 근접한 경험은 상담 상황에 영향을 줄 수 있다. 윤리적 입장을 표현하는 것이 상담·심리치료사의 주요 역할이 아니라는 생각으로 위안을 삼을 수도 있다. 심지어 미국결혼/가족치료학회 윤리 규정은 "상담자는 내담자에게 자신들이 이혼과 별거와 같은 관계에 대해 결정할 책임이 있다고 분명히 알려야 한다"라고 말한다(미국결혼/가족치료학회, 2012, 규정 제1.8조).

하지만 상담·심리치료사를 책임으로부터 자유롭게 하기 위한 이 입장은 사실상 보편적인 무과실이혼법으로 더 복잡해진다. 배우자 중 한 사람은 상대 배우자의 의견에도 불구하고 일방적이고 강제적으로 이혼을 결정을 할 수 있다.

이혼이 발생했을 때 강제성을 규명할 책임이 상담·심리치료사에게 있는가?

마골린(Margolin, 1982)은 내담자의 책임 있는 결정은 상담·심리치료사에게서 어떤 영향도 받지 않는다고 주장한다. 내담자가 상담·심리치료사의 가치에 영향을 받지 않는다고 주장하는 것은 당연하다. 주요 문제는 상담·심리치료사가 (결혼 또는 개인으로 정의하건 간에) 내담자의 자율을 위반하는 방식으로 내담자에게 자신의 관점을 강요하는지의 여부이다.

『심리학자의 윤리적 원칙과 행동 규범』(APA, 2002)의 원칙 D는 인간의 권리와 존엄성에 대한 존중의 중요성을 언급한다. 자율과 자기결정권은 상담·심리치료사가 존중해야 하는 두 가지 필수적인 권리이다. 행동 규범의 원칙 D는 종교를 포함하여 다양한 문제를 언급하는데 "심리학자는 그런 요소에 기초한 편견의 영향을 제거하려고 노력해야 하며 고의적으로 그런 편견에 기초한 다른 활동에 참여하거나 묵과하지 않는다"(APA, 2002). 상담·심리치료사의 종교적인 신념이 어쩔 수 없이 내담자에게 영향을 미친다면 부부 상담자는 이혼과 관련하여 자신이 어떤 위치에 있는지를 생각하는 것이 현명해 보인다.

(3) 이혼문제의 윤리적 관리

부부 상담자는 내담자에 대한 자신의 역할을 분명히 할 수 있다. 상담·심리치료사가 내담자의 종교적인 전통에 익숙하다면 자신이 전문적인 신학자나 윤리학자가 아니더라도 내담자가 윤리적 입장을 고려하도록 도울 수 있다. 상담·심리치료사는 자신의 능력 안에서 겸손해야 하고 내담자에게 더 폭넓은 신학적인 반영을 위해서 종교적인 전문가에게 의뢰해야 한다. 상담·심리치료는 상담을 시작할 때 상담·심리치료사의 역할에 대한 내담자의 기대를 이해해야 한다.

상담자는 이혼에 대하여 다양한 결정의 잠재적인 영적 심리적 결과의 조명으로 내담자가 자신의 가치를 이해하도록 도울 수 있다. 이혼을 심각하게 고려하는 어떤 내담자는 이혼이 자신의 모든 문제를 해결해줄 것이라는 이상을 갖고 있을 수 있다. 상담·심리치료사는 내담자의 자율을 간섭하지 않고 그런 이상주의에 도전할(그리고 윤리적으로 그렇게 해야 함) 수 있다.

어떤 내담자는 이혼 후의 삶을 사는 것이 두려울 수 있고 그래서 다루기 어려운 배우자로부터 반복적인 폭행에도 불구하고 계속 결혼을 유지할 수도 있다. 이런 경우에 상담·심리치료사는 내담자가 자신의 관계를 유지할 것인지의 여부를 선택하도록 내담자를 도울 수 있다.

기독교 상담자는 이혼에 대한 자신의 신학적 입장을 은혜와 겸손의 정신으로 자신의 내담자에게 조심스럽게 알릴 수 있다. 많은 내담자들은 상담·심리치료사의 가치에 대해 직접 물어보지 않고 그저 궁금해 할 수 있다. 항상 그런 것은 아니지만 일부 배우자들은 자신이 이혼을 원하지도 않고 그럴 의도가 없어도 부부 상담 중에 고의적으로 이혼을 위협할 수 있다.

상담·심리치료사는 위협의 배후에 있는 목적을 인식하지 못하고 과잉반응을 할 수 있다. 이혼을 계획하는 많은 부부들을 관찰한 나의 경험으로 볼 때(Ripley et al., 2010) 거의 절반이 이혼을 고려했고 심지어 자신의 배우자와 논의했지만 아주 소수만이 1년 내에 별거나 이혼을 위한 실제적인 단계(예: 변호사를 만남, 별거할 집을 구함)를 취했다.

기독교 상담자는 이혼을 사회적인 방식으로 다룰 수 있다. 그들은 이혼에 대해 회중을 교육하고 용납과 용서의 분위기를 촉진하며 문제가 통제를 벗어나기 전에 부부가 상담을 받도록 격려하기 위해서 목회자와 함께 일할 수 있다. 또한 상담·심리치료사는 상담과 영적 치유를 극대화하는 이혼 회복 프로그램을 개발한 교회와 목회자에게 상담자문을 할 수 있다.

기독교 공동체는 이혼에 대해 솔직히 인식해야 하고 포괄적으로 다양한 관계 상황에 대한 사역을 제공해야 한다. 독신자와 이혼한 사람들은 돌봄을 받지 못하고 교회에서 제공하는 결혼/가족에 대한 사역에서 소외되는 사람들이다.

2) 배우자 학대

(1) 학대를 인식하기 위한 윤리적 의무

배우자 폭력(Intimate partner violence: IPV)은 기독교 공동체를 포함하여 모든 공동체가 직면한 현실이다. 연구들은 종교적인 공동체 내에서 배우자 폭력의 인식이 필요하다고 강조한다(Cassidy-Show, 2002). 남성 교회 출석자에게 더 빈번한 것 외에 종교적인 변인이 더 낮은 배우자 폭력을 예견하지는 못했지만(Cunradi, Caetano & Schafer, 2002) 종교 공동체 내에는 여전히 상당한 배우자 폭력의 문제가 있다.

많은 기독교인들은 폭행당한 배우자가 폭행을 당해도 결혼으로 복귀하여 화해해야 한다는 신앙을 수립하기 위해서 결혼의 영속성과 용서의 필요성(마 6:12, 14-15)에 대한 신앙을 허용한다. 우리는 인간의 존엄성을 위한 안전과 존중이 안전하지 않은 상황으로 복귀하는 것보다 더 중요하다고 믿는다. 공격당하기 쉬운 내담자를 육체적 위험에 처하지 않게 하고 용서를 받아들이고 화해를 시도할 수도 있다. 가해자를 용서하기 원하는 폭력 피해자를 상담하는 상담·심리치료사는 그들이 적절한 수준에서 자아 존중을 분명히 할 수 있도록 건강한 형태의 용서가 현명하게 반영하도록 도울 수 있다.

따라서 폭력이나 긍정적, 부정적인 영적 대처 방식, 종교 공동체의 지지구조(Copel, 2008), 그리고 영적으로 취약한 부분을 평가하고 인식시키는 것이 상담·심리치료사의 의무이다. 종교적인 상담·심리치료사는 폭력 피해자에게 안전하지 않은 방식으로 성경을 해석하는 것을 피하고 피해 상황에서 부부를 지켜야 한다.

(2) 성실하게 성경을 해석하기 위한 윤리적 의무

배우자 폭행에서 가장 많이 인용이 되는 구절은 아마 말라기 2:16 "나는 이혼하는 것을 미워하노라"일 것이다. 목회자, 상담·심리치료사 및 친구들은 육체적 폭행이 명확해질 때, 결혼의 안전성이 위협받는다는 것을 인지하고 이 구절을 인용하여 결혼을 유지하려고 노력한다.

하지만 이상하게도 "나는 옷으로 학대를 가리는 자를 미워하노라"라는 두 번째 부분은 거의 계속해서 무시된다. 같은 절 내에서 두 진술을 감안하면 상담·심리치료사(및 내담자)는 어떤 원칙을 더 우선할지 결정을 내리기 전에 조심스럽게 신학적인 분석을 해야 한다.

(3) 보호의 윤리적 의무

상담자에게는 먼저 자신의 내담자가 다치지 않도록 보장하고 이후에 유익성을 증진시킬 윤리적 의무가 있다. 이는 부부에 대한 첫 접근으로(전형적으로) 피해를 입은 부인(또는 이차적으로 예상되는)을 부부 별거나 심지어 법적인 청구를 통해 보호해야 한다는 것을 제안한다.

폭력적인 행동이 더 나은 소통과 갈등 해소 또는 친밀함을 통해 제거될 수 있다고 가정하는 대신 상담·심리치료사는 반드시 육체적 위협을 직접적으로 다루어야만 한다. 이렇게 해야만 부부 상담이 더 나은 관계를 추구할 수 있다.

보호의 의무 일부로 상담·심리치료사는 폭력에 관한 연구의 현재 흐름을 알아야 한다. 폭력에 관한 현재의 연구는 가해자의 유형학을 강조하는데, 이는 '가족만' 학대하는 사람(자신의 배우자와 때때로 자녀를 학대하는 남자)이나 '반사회적' 학대자(많은 상황에서 다른 사람에게 위해를 가할 위험이 높은 남자), 그리고 가족을 위험에 빠뜨리는 상대적인 차이를 검증한다(Holtzworth-Munroe, Meehan, Herron, rehman & Stuart, 2000).

일반 부부폭력(Johnson & Ferraro, 2000)은 보통 부상이 없는 폭력으로 남성보다 여성에 의해 더 발생하며 즉각적인 별거를 요하지 않는다. 이 형태의 폭력은 가벼우며 해를 끼치지 않고 문제와 갈등 해결을 위해서 비효과적인 방법이다. 동시에 육체적 부상이 없는 가정폭력의 심리적 영향을 과소평가하지 않는 것도 중요하다. 더 나아가 상담·심리치료사는 일부 내담자가 관계에 있어서 자신의 폭행을 제대로 보고하지 않을 수 있다는 가능성을 알아야 한다.

반면, 가부장적 테러리스트라고도 불리는 반사회적 폭행자는 허세와 통제 행동을 보이고 자주 성격장애를 보이며 심지어 뇌손상도 있을 수 있다. 추가 연구에서 이런 형태의 폭행자는 폭행을 거의 멈추지 않으며 그런 관계에서 육체적 위해의 가능성은 매우 높다(Holzworth-Munroe et al., 2000).

3) 결혼의 정의

　기독교 부부상담자의 일은 우리 사회에 존재하는 결혼의 과잉정의로 인해 더 복잡해진다. 한때 서구 세계에는 결혼을 종교적인 예식에 의한 거룩한 연합으로써 하나님이 만드신 꼭 필요한 것이라는 일반적인 정의가 있었다. 20세기에는 결혼에 대한 새로운 정의가 이루어졌는데 이는 사회적 산물에 의해 발생했으며 서구 문화 내에 있는 다양한 집단에 의해 다시 정의되었다.

　기독교인은 동거하는 부부나 동성 부부를 상담할 때, 결혼의 정의에 대한 중요한 문제에 직면하게 될 것이다. 또한 증가된 이민과 초문화적 자문으로 기독교 상담자는 일부다처제, 극단적인 가부장제, 중매결혼, 또는 심지어 신부 도둑과 같은 형태를 포함하여 세계적으로 다양한 정의에 직면하게 된다.

　모든 형태의 상담과 마찬가지로 문화적으로 유능한 실습이 윤리적인 부부 상담의 필수적인 부분이다. 상담·심리치료사가 내담자의 문화나 민족에 대해 잘 모르면 전문적인 상담자문이나 의뢰를 고려해야 한다.

　남성과 여성이 공식적으로 관계를 위해서 자신을 평생 헌신한다고 공표하고 함께 사는 것을 결혼이라고 정의하는 기독교인에게 결혼의 다양한 정의나 친밀관계는 명백한 어려움을 제공할 것이다.

　기독교인은 이런 부부를 어떻게 다루어야 하는가?

　기독교 상담자는 이런 상황에 대한 윤리적 결정이 다를 수 있다.

　상황의 중심에는 상담·심리치료사의 상담 목표와 도덕이 내담자의 목표 및 도덕과 상당한 차이가 있다면 상담·심리치료사가 내담자의 주요 목표와 도덕을 지지하는 상담을 제공할 수 있는지에 대한 논의가 있다.

　예를 들어, 병원에서 근무하는 어떤 기독교 상담자가 자살을 원하며 이에 가치를 두는 내담자를 상담할 수 있는가?

　안전한 직장에서 부상이나 질병의 위험이 있는 직장으로 내담자가 직업을 바꾸기를 원하면 어떻게 하겠는가?

　우리는 자신의 신앙이나 가치를 무시하고 내담자의 신앙을 받아들이려고 시도하는 삶의 모든 부분(친밀한 연합과 같은)은 상담·심리치료를 수행하는데 적합하지 않은 인공적인 환경을 만들 수 있다고 주장한다. 이것은 쉽게 견디거나 심지어 무시할 수 있는 사소한 불일치에서부터 상담·심리치료사가 개인적으로 건강하지 않거나 도덕적이지 않다고 생각하는 목표를 향해 내담자를 돕게 하는 큰 불일치까지에 이르는 연속일 수 있다. 모든 상담·심리치료사는 무엇이 아리스토텔레스가 말한 쾌락이나 좋은 삶을 만드는지에 대한 자신의 생각을 갖고 있다.

일반적으로 내담자의 목적을 말할 때 자율이 우선시되는 원칙이다. 의료 전문직(예: 의사, 간호사, 약사) 종사자는 광범위하게 모순된 가치체계를 갖고 내담자를 상담할 수 있지만 상담 관계의 친밀한 본성 때문에 상담·심리치료는 의료행위와 다르며 내담자의 신앙, 가치 및 태도가 상담의 핵심내용이다. 따라서 우리는 다음의 윤리적 원칙을 제안한다.

① 상담자는 경험이 부족한 부분(민족성이나 당면 문제와 같은)의 주제라면 자신의 능력을 향상시키도록 해야 하지만 도덕적 주제에 관해서는 상담·심리치료사가 자유롭게 선택할 수 없다고 느낄 수 있는 조정이 있다.
② 도덕이나 신앙의 불일치와 연관이 있는 '애매한 부분'에서 상담·심리치료사는 상담·심리치료 서면동의를 구하고, 동료에게 상담자문을 구해야 한다.
③ 내담자를 위하여 다양한 선택이 제공되는 상황에서 보통으로 기능하는 내담자에게 상담·심리치료사는 자신의 신앙이 내담자와 다르고 이것이 어떻게 상담에 영향을 미치는지를 비판단적으로 논의할 수 있다. 이는 내담자가 계속 상담·심리치료사의 상담을 받을지 아니면 다른 사람에게 상담받는 것을 원하는지 결정할 수 있게 해 준다.
④ 상담자가 내담자의 주요 상담목표에 동의하지 않고 그렇게 하는 것이 어느 정도 부정직하다고 느낀다면 그렇게 할 수 있는 누군가에게 자연스러운 지지적 의뢰를 하는 것이 내담자를 위한 최선이다.

이런 윤리적 고려 사항의 복잡성은 내담자가 다른 상담·심리치료사를 쉽게 선택할 자유가 더 제한적일 수 있는 상황(예: 교도소, 병원, 지방, 군대, 직장근로자 상담지원 활동(EAP) 등)을 고려할 때 증가한다. 진실되게 상담할 수 있는 체계를 고려할 때 상담·심리치료사는 가치와 서비스 간의 이런 갈등을 현명하게 고려해야 한다.

7. 연구와 실제에서 제기되는 문제

능력의 윤리적 원칙에 대한 정신건강 전문가의 헌신은 자신이 효과적인 서비스를 제공한다는 신념에 달려있다. 이것은 의도한 목적을 성취했는지의 여부로 상담 접근 방식을 반드시 평가해야 함을 의미한다.

부부 상담의 일부 접근 방식들은 특정 연령, 민족, 종교적인 성향 또는 부부 조정의 정도에 따라서 내담자에게 더 효과적이라고 증명될 수 있다. 기독교부부 상담, 혼전 상담 및 부부관계 증진 프로그램에 대한 연구가 진행될 수 있고 또 진행되어야 한다.

1) 부부 상담

(1) 장애

일반적으로 부부 상담에 대한 연구는 일반 관계 문제(Baucom et al., 1998), 약물남용(Ripley, Cunion & Noble, 2005), 우울증과 기타 기분장애(Beach, Sandeen & O'Leary, 1990) 그리고 개인 및 관계 문제의 주체에 대한 방법론을 지원한다. 일반적인 연구 경향은 부부 상담이 큰 부분을 차지하는 많은 관계 문제들에 대한 좋은 대안이라는 것이다. 부부 상담자는 일반적으로 부부 상담의 "실패" 비율이 높지만 상담을 받지 않는 것보다 훨씬 더 낫다는 점을 보증할 수 있다(Beaucom et al., 1998).

(2) 종교적으로 수용적인 상담

일반적으로 기독교- 수용적인 부부 상담에 대해 발표된 연구는 아직 없지만 종교적으로 수용적인 상담·심리치료는 최소한 일반 상담만큼은 효과적이라고 여겨진다(Worthington & Sandage, 2002). 일반 부부 상담과 동등한 효능을 보인다는 발표회에서 제시한 종교적으로 수용적인 부부 상담에 대한 임상실험 연구도 있다(Leon, Ripley, Davis, Mazzio & Smith, 2008; Ripley et al., 2010).

(3) 최고의 기독교 상담 이론으로 한 가지 이론 발달시키기

성경 자체는 부부 상담기법에 대해 침묵하며 부부에 대한 목회돌봄의 전통은 다양하다(Ahlskog & Sands, 2000). 기독교인은 결혼과 좋은 관계에 대한 일반적 생각을 성경에서 찾으려 할지도 모른다. 성경은 사랑과 결혼 그리고 다른 사람을 돕는 것에 대한 지침을 제공한다.

하지만 우리는 성경을 사용하여 특정 상담이나 강화 접근 방식을 정당화하는 것이 부적절하다고 믿는다. 자신의 입장을 다소 성경적으로 일관되도록 지원하는 것은 기독교인에게 분명히 바람직하다.

하지만 특정 상담 방식에 대해서만 성경적인 승인을 주장해서는 안 된다. 오히려 부부 상담자는 각 개별 내담자의 영적 필요를 지원하고 수용하기 위해서 자연영역(과학, 조금 낮은 수준으로는 일화, 상담 경험 등)에서 자료를 찾아야 한다. 이는 윤리적 명령이지만 윤리적으로 논의한 적은 거의 없다.

8. 부부 관계 증진, 교육 및 예방 프로그램

많은 교회들이 혼전 또는 관계 증진 프로그램을 제공한다. 심지어 몇몇은 자신의 교회에서 결혼하는 부부에게 요구하기도 한다. 자쿠보우스키(Jakubowski et al., 2004)는 기존 프로그램들을 검토했고, 부부 관계 예방 및 증진 프로그램(Prevention & Relationship Enhancement Program: PREP), 관계 확대, 부부 소통 프로그램과 소망지향적 전략 관계 증진이라는 네 프로그램이 실험적으로 지원되는 프로그램으로 등급을 받았음을 발견했다. 이 프로그램들은 기독교적 상황에서 실행되어 왔고, 부부관계 예방 및 증진 프로그램과 소망지향적 전략 관계 증진은 명시적인 기독교적 개입 방식이다.

관계 증진, 교육 및 예방과 관련된 중요한 윤리적 문제는 적절한 의뢰와 배제이다. 어려움을 겪는 부부는 결혼에 있어서 심각한 문제를 위장할 수 있는 증진 프로그램으로 더 실망하게 될 수도 있다. 심지어 어려움을 겪는 부부가 어떤 결혼 교육 프로그램으로 더 악화될 수 있다는 실험적 증거도 있다(Doherty, Lester & Leigh, 1986).

최악의 경우에 큰 어려움을 겪는 부부는 비록 자신들이 상담을 하고 이런 상담과정에서 자신들을 지원할 잘 수련 받은 전문가가 없어 오히려 갈등이 증가하더라도 증진 프로그램에 접근하려고 한다. 이것이 다른 부부들에게도 명백하게 나타나게 되면 이 프로그램이 집단으로 수행될 경우에 심지어 전체 프로그램의 효과도 저해할 수 있다.

다시 말하면, 기독교 상담자는 교회가 결혼 증진 프로그램을 개발하고 평가하는 것을 돕고 교회가 우선적으로 의뢰한 것에 대해 지원하고 적절한 평가에 근거하며 효과적인 프로그램에 관한 연구를 토대로 결혼 중재에 대해서 교회 지도자들을 교육할 수 있다.

9. 요약

우리는 기독교와 전문적인 원칙을 통합하고 결혼 상담에 대한 최근(2010년 현재)의 윤리적 문제를 규명하기 위해서 윤리적 접근을 제안했다. 또한 우리는 기독교 전통과 성경에서 전해진 기독교적 덕목과 윤리에 대해 진실하려고 노력했다. 근본적인 기독교의 덕목은 겸손함이고 이는 그리스도를 따르는 사람들이 우리가 가진 지식의 한계를 기억하도록 이끌 것이다. 은혜, 회개 및 용서는 기독교 윤리의 영향에서 언제나 중요한 위치를 차지해야 한다.

■ 참고문헌

Ahlskog, G., & Sands, H. (2000). *The guide to pastoral counseling and care.* Madison, CT: Psychosocial Press.

Alsdurf, J., & Alsdurf, P. (1989). *Battered into submission: The tragedy of wife abuse in the Christian home.* Downers Grove, IL: InterVarsity Press.

American Association for Christian Counselors. (2004). *AACC code of ethics.* Retrieved from www.aacc.net/about-us/code-of-ethics.

American Association for Marriage and Family Therapy. (2012). *AAMFT code of ethics.* Retrieved from www.aamft.org/imis15/content/legal_ethics/code_of_ ethics.aspx.

American Psychological Association. (2002). *Ethical principles of psychologists and code of conduct.* Retrieved from www.apa.org/ethics/code/index.aspx.

Balswick, J. O., & Balswick, J. K. (2006). *A model for marriage: Covenant, grace, empowerment, and intimacy.* Downers Grove, IL: InterVarsity Press.

Baucom, B. R., Atkins, D. C., Simpson, L. E., & Christensen, A. (2009). Prediction of response to treatment in a randomized clinical trial of couple therapy: A 2-year follow uP. *Journal of Consulting and Clinical Psychology, 77,* 160-73.

Baucom, D. H., Shoham, V., Mueser, K. T., Daiuto, A. D., & Stickle, T. R. (1998). Empirically supported couple and family interventions for marital distress and adult mental health problems. *Journal of Consulting and Clinical Psychology, 66,* 53-88.

Beach, S. R. H., Sandeen, E. E., & O'Leary, K. D. (1990). *Depression in marriage: A model for etiology and treatment.* New York: Guilford.

Blankenhorn, D., Browning, D., & Van Leeuwen, M. S. (2004). *Does Christianity teach male headship? The equal regards marriage and its critics.* Grand Rapids: Eerdmans.

Bloesch, D. G. (1987). *Freedom for obedience: Evangelical ethics for contemporary times.* San Francisco: Harper & Row.

Butler, M. H., Harper, J. M., & Seedall, R. B. (2009). Facilitated disclosure versus clinical accommodation of infidelity secrets: An early pivot point in couple therapy. *Journal of Marital and Family Therapy, 35,* 125-43.

Christian Association for Psychological Studies. (2007). *Ethical statement of the Christian Association for Psychological Studies.* Retrieved from http://caps.net/ about-us/statement-of-ethical-guidelines.

Cassidy-Shaw, A. (2002). *Family abuse and the Bible: The scriptural perspective.* Binghamton, NY: Haworth Press.

Cere, D. M. (2004). Marriage, subordination and the development of Christian doctrine. In D. Blankenhorn, D. Browning & M. S. Van Leeuwen (Eds.), *Does Christianity teach male headship? The equal regards marriage and its critics.* Grand Rapids: Eerdmans.

Chenail, R. J. (2009). Learning marriage and family therapy in the time of compe-

tencies. *Journal of Systemic Therapies, 28,* 72-87.
Copel, L. C. (2008). The lived experience of women in abusive relationships who sought spiritual guidance. *Issues in Mental Health Nursing, 29,* 115-30.
Cunradi, C. B., Caetano, R., & Schafer, J. (2002). Religious affiliation, denominational homogamy, and intimate partner violence among U.S. Couples. *Journal for the Scientific Study of Religion, 41,* 139-51.
Dienhart, J. W. (1982). *A cognitive approach to the ethics of counseling psychology.* Washington, DC: University Press of America.
Doherty, W. J., Lester, M. E., & Leigh, G. K. (1986). Marriage Encounter weekends: Couples who win and couples who lose. *Journal of Marital and Family Therapy, 12,* 49-61.
Doss, B. D., Thum, Y. M., Sevier, M., Atkins, D. C., & Christensen, A. (2005). Improving relationships: Mechanisms of change in couple therapy. *Journal of Consulting and Clinical Psychology 73,* 624-33.
Gelles, R. (1982). Applying research on family violence to clinical practice. *Journal of Marriage and the Family, 44,* 9-20.
Gupta, M., Coyne, J. C., & Beach, S. R. H. (2003). Couple treatment for major depression: Critique of the literature and suggestions for some different directions. *Journal of Family Therapy, 25,* 317-46.
Holtzworth-Munroe, A., Meehan, J. C., Herron, K., Rehman, U., & Stuart, G. L. (2000). Do subtypes of maritally violent men continue to differ over time? *Journal of Consulting and Clinical Psychology, 71,* 728-40.
House, H. W. (Ed.). (1990). *Divorce and remarriage: Four Christian views.* Downers Grove, IL: InterVarsity Press.
Instone-Brewer, D. (2007). What God has joined. *Christianity Today, 51,* 26-29.
Jakubowski, S. F., Milne, E. P., Brunner, H., & Miller, R. B. (2004). A review of empirically supported marriage enrichment programs. *Family Relations, 53,* 528-36.
Johnson, M. P., & Ferraro, K. J. (2000). Research on domestic violence in the 1990's: Making distinctions. *Journal of Marriage and the Family, 62,* 948–63.
Jost, J. T., & Jost, L. J. (2009). Virtue ethics and the social psychology of character: Philosophical lessons from the person-situation debate. *Journal of Research in Personality, 43,* 253-54.
Kuo, F. C. (2009). Secrets or no secrets: Confidentiality in couple therapy. *The American Journal of Family Therapy, 37,* 351-54.
Leon, C., Ripley, J. S., Davis, W., Mazzio, L., & Smith, A. (2008, February). *Forgiveness in intimate relationships: The impact of hope focused couples therapy.* American Psychological Association Division 36 Midwinter Conference on Religion and Spirituality, Columbia, MD.
Lewis, K. N., & Epperson, D. L. (1991). Values, pretherapy information, and informed consent in Christian counseling. *Journal of Psychology and Christianity, 10,* 113-31.

Lewis, K. N., & Lewis, D. A. (1985). Pretherapy information, therapist influence, and value similarity: Impact on female clients' reactions. *Counseling and Values, 29*, 151-63.

Margolin, G. (1982). Ethical and legal considerations in marriage and family therapy. *American Psychologist, 38*, 840-50.

Markman, H. J., Resnick, M. J., Floyd, F. J., Stanley, S. M., & Clements, M. (1993). Preventing couples distress through communication and conflict management training: A four- and five-year follow-uP. *Journal of Consulting and Clinical Psychology, 61*, 70-77.

Meylink, W. D., & Gorsuch, R. L. (1988). Relationship between clergy and psychologists: The empirical data. *Journal of Psychology and Christianity, 7*, 56-72.

Nydam, R. J. (2005). The messiness of marriage and the knottiness of divorce: A call for a higher theology and a tougher ethic. *Calvin Theological Journal, 40*, 211-26.

Ohlschlager, G., Mosgofian, P., & Collins, G. (1992). *Law for the Christian counselor*. Nashville, TN: Thomas Nelson.

Oordt, M. S. (1997). The ethical behavior of Christian therapists. In R. K. Sanders (Ed.), *Christian counseling ethics: A handbook for therapists, pastors and counselors*. Downers Grove, IL: InterVarsity Press.

Raimondi, N. M., & Walters, C. (2004). Training family therapists to work with children: Competence, relevance and interest ratings in the field of family therapy. *American Journal of Family Therapy, 32*, 225-37.

Ripley, J. S., Cunion, A., & Noble, N. (2005). Alcohol abuse in marriage and family: contexts and treatment considerations. *Alcoholism Treatment Quarterly, 24*, 171-84.

Ripley, J. S., & Worthington, E. L., Jr. (2002). Hope focused and forgiveness based group interventions to promote marital enrichment. *Journal of Counseling and Development, 80*, 452-63.

Ripley, J. S., Maclin, V. L., Pearce, E., Tomasulo, A., Smith, A., Rainwater, S., et al. (2010, August). *Religiously accommodative couples therapy: Process and outcome research*. Poster presentation at the annual meeting of the American Psychological Association, San Diego, CA.

Smedes, L. (1987). *The making and keeping of commitments: The Stob lectures*. Grand Rapids: CRC Publications.

Sokoloff, N., & Pratt, C. (2005). *Domestic violence at the margins: Readings on race, class gender and culture*. New Brunswick, NJ: Rutgers University Press.

Stanley, S. M., Markman, H. J., Prado, L. M., Olmos-Gallo, P. A., Tonelli, L., St. Peters, M., et al. (2001). Community-based premarital prevention: Clergy and lay leaders on the front lines. *Family Relations: Interdisciplinary Journal of Applied Family Studies, 50*, 67-76.

Stevenson, K. (1992). *Nuptial blessings: A study of Christian marriage rites*. Oxford, England: Oxford University Press.

Wall, J., Needham, T., Browning, D. S., & James, S. (1999). The ethics of relationality: The moral views of therapists engaged in marriage and family therapy. *Family Relations, 48*, 139-49.

West, T. C. (2005). Sustaining an ethic of resistance against domestic violence in black faith-based communities. In N. J. Sokoloff & C. Pratt (Ed.), *Domestic violence at the margins: Readings on race, class, gender, and culture* (pp. 340-49). New Brunswick, NJ: Rutgers University Press.

Whipple, V. (1987). Counseling battered women from fundamental churches. *Journal of Couples and Family Therapy, 13*, 251-58.

Whisman, M. A., & Uebelacker, L. A. (2006). Impairment and distress associated with relationship discord in a national sample of married or cohabitating adults. *Journal of Family Psychology, 20*, 369-77.

Worthington, E. L., Jr., & Sandage, S. J. (2002). Religion and spirituality. In J. C Norcross (Ed.), *Psychotherapy Relationships at Work: Therapist Contributions and Responsiveness to Patients* (pp. 383-99). New York: Oxford University Press.

제8장

아동 내담자

제프리 S. 베리힐(Jeffrey S. Berryhill)
안젤라 M. 사바츠(Angela M. Sabates)

미국심리학회(American Psychological Association: APA, 2009)에 따르면, 지난 십여 년 동안 아동 정신건강 문제는 국가적 사안이 되었으며, 중대한 공공건강 관심사(public health concern)로 제기되어 왔다고 한다. 미국심리학회는 대략적으로 10명 가운데 1명의 아동·청소년이 심각한 정신건강 장애를 경험하고 있으며, 추가저 10%는 경미한 문제를 경험한다고 추정하고 있다.

미국보건복지부(Department of Health and Human Services)에서는 770만에서 1,280만 명 사이의 청소년들이 진단 가능한 장애를 갖고 있다고 보고하고 있다. 현재, 적어도 8세에서 17세 사이 아동의 20%는 매년 정신건강 서비스를 받고 있다(Kazdin, 2003). 비록 우리가 기독교 공동체 안에서 청소년들에 대한 자료를 갖고 있지 않지만 기독교 청소년들 역시 비슷한 양상의 아동·청소년 문제를 경험하는 것 같다.

아동·청소년 정신건강 문제의 발생률이 점점 증가하기 시작하면서, 청소년들과 연관된 윤리적 문제의 폭넓은 이해는 모든 상담·심리치료사에게 반드시 필요하게 되었다. 만약에 상담·심리치료사가 직접적으로 아동을 내담자로 보지 않는다 하더라도 상담·심리치료사는 적어도 내담자인 아동을 동료에게 의뢰하여 돕거나 아동 역시 어리지만 가족 구성원들로 포함하여 사례를 살필 수 있어야 한다.

부부 상담을 하는 상담·심리치료사는 육아나 가족문제가 거론되었을 때, 유발할 수 있는 아동 윤리적 문제에 능통해야만 한다. 아동·청소년을 포함하는 사례가 성행하는 것을 고려해 볼 때, 윤리적 문제에 대해 잘 알기를 원하는 상담·심리치료사는 누구나, 청소년의 윤리적 상담에 대해 가능한 많이 아는 것이 필요하다.

아동·청소년을 평가하고 상담할 때 만나게 되는 윤리적 어려움들은 상당히 복잡하다. 이런 복잡성은 특정 발달 문제(예: 상담 목표를 이해하고 관여할 수 있는 아동의 능력)와 아동에게 까다로운 법적 취약성(vulnerabilities)을 포함하는 많은 요소들의 결과로 발생한다. 게다가 아동 권리 및 아동 보호에 대한 궁극적인 책임은 누구에게 있는가와 같은 논쟁 또한 윤리적 원칙 적용을 복잡하게 만든다.

정신건강 문제를 가진 청소년은 흔히 하나 이상의 단체와 지지체계(예: 학교, 사회지지기관 그리고 아마 교회나 청소년 단체) 안에 포함되는데 상담·심리치료사는 그 중 일부 또는 그 체계 전부와 정보를 협의하고 조정해야 하기 때문에 아동·청소년의 윤리적 상담은 매우 어렵다. 그리고 흔히 있는 경우로, 반드시 다루어야 할 중요한 장애가 있는 부모의 청소년 자녀와 상담을 할 때, 윤리적 갈등은 더욱 복잡해진다. 청소년과 상담하는데 있어서 중요한 논점들 가운데 하나는 누가 내담자인지를 규정하는 것이다.

미성년자인 아동인가?

아니면 그 부모인가?

아니면 전체 가족인가?

보통은 아동을 내담자라고 가정하겠지만, 이 질문에 대한 대답은 이 장에서 논의한 특별한 윤리적 문제에 해당된다. 비록 아동이 내담자일지라도 대개 아동만큼의 보호를 필요로 하지는 않지만, 부모도 보통 적절히 보호받을 권리(즉, 상담·심리치료 서면동의)를 갖는다.

이것과 관련하여, 살로(Salo, 2006)는 아동·청소년과 상담하는 것을 윤리적 도전과제로 여기는 다른 요인에 주목했다. 특별히, 살로는 청소년과 작업하는 상담·심리치료사는 자신이 고려해야 할 윤리적, 도덕적 책임과 상담·심리치료사가 반드시 해야만 한다고 법이 정하는 것 사이에서 중대한 갈등을 경험할 수 있다고 제안했다.

예를 들어, 상담·심리치료사가 부모에게 법적 의무를 갖게 될 때, 상담·심리치료사는 때때로 윤리적으로 미성년자인 내담자에게 더 막중한 책임감을 느낀다. 이런 긴장관계는 누가 내담자인지를 그리고 어떻게 상담을 진행해야만 할지를 고민할 때 어려움을 야기할 수 있다.

위와 마찬가지로 맨하임(Mannheim) 외 학자들은(2002) 청소년 내담자와 상담하는 것을 포함한 윤리적 문제에 내재하는 어려움을 말한다. 이 연구자들은 미네소타의 아동심리학자의 연구를 조사했다. 리커트식 척도(Likert-type scale)의 76가지의 항목에서 응답자들은 그들이 특정 행동에 관여하는지, 안 하는지 또 행동이 윤리적이라고 생각하는지, 안 하는지에 대해서 보여주고 있다.

응답자들은 내담자가 좀 더 나이 많은 청소년일 때보다 좀 더 어릴 때 포옹을 하거나 내담자의 행사에 참여하는 일에 더 긍정적이었다. 응답자들은 또한 더 어린 아동에 의해 공개된 정보와 비교하여 청소년의 정보를 보호하는 것에 대해 더 큰 관심을 가졌다. 이런 결과들은 아동 상담에 관한 윤리적 인식 차이의 중대한 모순을 보여준다.

> 윤리적 선택이 일상 현장에서 나타날 때, 일반적인 전문가들조차 쉽게 혼란스러워하거나 자신감이 결여될 수 있음은 당연하다(p. 27).

조사자들은 과 관련된 복잡성은 앞으로도 윤리적 문제가 될 것이라고 말한다. 앞서 주목한 것처럼, 다양한 전문기관들은 자신들만의 전문가 윤리 규정을 갖고 있으며, 원칙을 적용할때 특정 상황에서는 어려움을 겪기도 하지만 기본 원칙인 공동의 윤리적 의사결정을 함께 도출한다. 따라서 상담·심리치료사가 특별한 규율에 의해 준수되는 윤리지침을 참고하는 것은 필수적이다.

추가 정보를 얻기 위해 독자들은 미국기독교심리연구학회『윤리 규정 설명서』를 다시 읽어 볼 것을 권장한다. 이 장의 목적인 구체적인 윤리 규정은 미국심리학회(APA, 2002)의『심리학자의 윤리적 원칙과 행동 규범』및 미국상담학회(ACA, 2005)의『윤리 규정』(Code of Ethics)에서 볼 수 있다.

이 장을 통해 분명히 알 수 있듯이, 개인 윤리 문제는 서로 밀접하게 연관되어 있다. 따라서 상담·심리치료사는 윤리적 갈등에 부딪혔을 때, 명확한 문제들 사이에서 가능한 연관성이 있는지 고려해 보는 것이 바람직하다. 예를 들어, 자신의 교회에서 청소년을 상담하는 기독교 상담자는 목회자나 교회 내 다른 직원이 아동 상담에 관한 정보를 요구할 수도 있는 경우와 같이, 아동 내담자로 인한 윤리적 갈등으로 좀 더 고민하게 될 가능성이 많다. 이런 식으로, 상담·심리치료사는 비밀보장에 대한 문제뿐만 아니라 이중 관계 문제도 다루게 된다.

청소년 상담과 관련된 다른 많은 윤리 문제들이 분명히 있지만 이 장에서는 먼저 상담·심리치료 서면동의(informed consent), 사생활 보호와 비밀보장, 아동 학대와 방임의 신고 의무(mandated reporting of child abuse and neglect), 이중 관계(dual relationships) 그리고 기록 관리(record-keeping) 등에 초점을 맞출 것이다. 더 나아가 다문화에 대한 윤리적 관심에 관한 짧은 토론이 이루어질 것이다.

특별히 갈수록 더 세속화되는 세상에서 소수 인구로 여겨지는 기독교 가족들과 관련지어 고려해 볼 것이다. 가치와 삶의 선택에 있어 부모자녀 간 차이로 인한 내재된 잠재적 어려움이 나타날 것이다. 마지막으로, 목회자와의 협력과 관련하여 있을 수도 있는 윤리적 문제에 대한 논의가 있을 것이다. 특히 목회자와의 협력은 여러 다른 윤리적 갈등들과 함께 상담 상황에서 좋은 예가 될 것이다.

이 장에서 우리는 불가피하게 일어나는 법적, 윤리적 문제 때문에 비종교 상담·심리치료사뿐만 아니라 기독교 상담자도 아동·청소년을 상담하는 것을 피한다는 것을 알고 있다. 그러나 다음 논의에서 언급하겠지만 중요한 문제들에 대해 알고 어려운 상황까지도 자진하여 신중하게 대응하고자 하는 마음은 상담·심리치료사를 안전하게 그리고 윤리적으로 그들의 도움을 너무 많이 필요로 하는 아동 내담자들을 상담할 수 있게 할 것이다.

◆ 이 장의 용어(terms) 정보

오늘날 상담·심리치료사는 다양한 가족들과 가족 형태를 만나며, 그들이 만나는 아동 내담자들은 아마 한 부모나 부모, 조부모나 다른 친척들, 양부모나 다른 후견인 또는 양육 시설이나 다른 기관의 보호 아래 있을 것이다. 상담·심리치료사는 아마 생물학적 부모, 입양한 부모, 후견인, 다른 가족 구성원들 또는 가족이 아닌 사람뿐만 아니라 한 아동, 형제자매, 의붓 남매 또는 어떤 결합된 아동·청소년들과 만나게 될 것이다. 용어 선택의 간결함과 경제성을 위해서 우리는 일반적으로 한 아동 또는 십대 청소년 그리고 그 아동의 관리자인 부모에 대해 말할 것이다. 그러나 이 정보는 보다 넓은 범위에서 적용해야 할 것이다.

1. 상담·심리치료 서면동의

상담·심리치료 서면동의는 상담 과정에서 더 많은 자율성과 투자 그리고 상담 과정에서 나타나는 어려움에도 불구하고 더 오래 상담을 지속할 수 있는 가능성 등 많은 유익한 결과들을 제공한다(Beahrs & Gutheli, 2001).

본서에서 언급한 것처럼, 평가와 상담서비스 동의서를 위한 미국심리학회와 미국상담학회 윤리 규정은 상담의 종류와 과정, 비용, 제3자 개입, 미국연방의료보험 통상책임법, 사생활 보호와 비밀보장 한계에 대해 가능한 신속히 내담자에게 상담·심리치료 시면동의를 받도록 되어 있다. 게다가 상담·심리치료사는 내담자의 질문에 대답해야 하는 경우가 많다. 또한 법원에서 의뢰된 상담의 경우, 상담·심리치료사는 법에 규정된 상담 과정의 영향을 설명한다.

그러나 상담·심리치료 서면동의에 대한 윤리는 상담을 위해서 동의하거나 아니면 제공된 원치 않는 상담을 거절하는 데 있어서 심각한 상황을 제외하고는 법적으로 허용되지 않는 미성년자를 상담할 때 모호해진다. 따라서 상담·심리치료사는 누가 아동을 위한 상담에 동의할 수 있는지 그리고 어떻게 아동과 동의를 의논할 수 있는지에 대해 반드시 인지하고 있어야만 한다.

오 도나후와 퍼거슨(O'Donahue & Ferguson, 2003)은 상담을 받기 위한 아동을 위해서 동의서를 누가 써 줄 수 있을 지에 대하여 서술했다.

나이가 든 아동·청소년의 경우, 부모 동의 없이도 상담을 위해 자신이 동의서를 작성할 수 있다. 그러나 허용되는 환경은 주(state)마다 상당히 다르고 일반적으로 아동이 안전하지 못하다고 느껴지는 위험한 경우에는 보류된다. 따라서 상담을 위한 동의에 관하여 주의 규제에 대해서 상담·심리치료사는 잘 알아야만 한다. 이런 예외와 법원 명령을 받는 서비스 상황을 제외하고는(동의서를 얻는 것이 가능하다 할지라도), 동의서는 상담을 위한 전제조건이 될 수는 없다. 부모는 아동의 상담을 위해 일반적으로 법적 동의서를 작성해 주는 사람이다.

미성년자 내담자들은 보통 법적 동의를 할 수 없기 때문에 상담·심리치료는 내담자에게 최대한 유익이 되도록 결정해야 하고, 계속 진행되든 진행되지 않든 간에 상담·심리치료사는 더 큰 책임을 지게 됨을 유의해야 한다. 상담·심리치료사가 문제에 대해 미성년자 아동을 위한 상담이 필요하다고 동의한다면, 보통 한 부모나 후견인이 동의하거나 또는 결혼한 부모가 동의할 경우에 부모의 동의서는 복잡하지 않다.

반면, 결혼하여 출산한 부모나 입양한 부모(즉, 부모의 법적인 지위를 가진 사람)의 의견이 서로 다를 경우, 상담·심리치료사는 아동 혹은 청소년을 만나기 전에 상담 여부에 대해 그 부모의 의견이 일치되도록 도와야 한다.

부모가 별거하거나 이혼한 경우에는 상담을 위한 부모의 동의가 문제될 수 있다. 만약 부모가 공동 양육권을 갖고, 둘 다 상담에 동의한다면 상담·심리치료사는 아동 상담을 위해 양쪽 부모로부터 동의를 완벽하게 얻어야만 한다. 이것은 특히 중요하다. 왜냐하면 톰슨과 루도프리(Thompson & Rudoply, 1996)가 주장하듯, "법은 정상참작이 가능한 상황이 아닌 한, 일반적으로 미성년자 아동 상담을 막는 부모를 지지한다"라고 말하기 때문이다.

더 나아가 법적으로 공동 양육권을 가진 경우에 어느 한쪽 부모가 미성년자 아동의 상담·심리치료를 종결하라고 법적으로 요구할 수 있다. 만약 상담·심리치료사가 상담을 지속하기 위한 법정 허가를 얻는 적절한 법적인 단계를 거치지 않은채 부모의 요구에 저항한다면, 상담·심리치료사는 징계 조치에 처할 수도 있다.

쿠처(Koocher, 2008)는 만약 부모가 별거하거나 이혼한 상황이라서 상담에 동의하지 않는다면, 특히 그들이 공동 양육권을 갖고 있다면, 불일치를 해결하고 공동 동의서를 얻기 위해 그들을 함께 만나는 것이 최선(때로는 불가능할 수도 있지만)이라고 말한다.

별거 중이거나 이혼한 부모의 한 쪽만이 상담에 아동을 데려오는 상황이라면, 상담·심리치료사가 양육권 동의서 복사본이나 이혼 법령 또는 부모의 변호사에게 다른 쪽 부모와 관계없이 자녀를 상담에 보낼 수 있는 부모의 법적 권리 확인 편지를 요청하는 것이 현명하다.

만약 다른 쪽 부모가 아동의 상담 과정을 몰랐거나 허락하지 않았을 때, 이것은 특히 중요하다. 물론, 잠재적인 어려움을 피하는 가장 쉬운 방법은 단순히 상담에 대한 양쪽 부모의 동의 없을 경우에는 아동·청소년 상담을 거절하는 것이다.

그러나 상담과 잠재적 문제들에 대한 예상에 동의하는 부모의 권리에 대한 신중한 결정은 상담 과정에서 동의와 관련된 부모의 문제를 크게 약화시킬 것이며, 문제 가족 상황에 처한 아동을 위해 매우 절실한 도움을 제공하게 할 것이다.

비록 아동·청소년들이 법적인 동의를 할 수 없더라도 상담·심리치료사는 여전히 아동·청소년에게 상담 과정에 대한 가능한 많은 정보들을 주어야만 한다. 여기에서 고려해야 할 필수 요소는 제공되는 상담 계획의 종류와 목적에 대해 이해할 수 있는 능력과 그에 관련된 아동 발달 연령이다. 이것과 관련하여 미국 심리학회는 상담·심리치료사는 반드시 "그 사람에게 이해 가능한 언어를 사용" 해야만 한다고 구체적으로 명시했다. 비슷하게 미국상담학회도 "상담자는 동의서와 관련된 문제를 논의할 때 명확하고 이해 가능한 언어를 사용해야 한다"라고 명시했다.

여기에는 상담 목표로는 적절하지만 아동 내담자들과 공유하기에 적절하지 않은 가족의 문제, 실직 또는 경제적 어려움 또는 형제자매나 반 친구의 성적 학대와 같은 다른 요소들이 있을 수 있다. 다시 말하면, 목적은 상담·심리치료사가 '선호도와 최선의 유익'(preferences and best interests)을 감안한 합리적 설명을 제공하며, 상담 과정이나 상담 참여시 상담 초기 어떤 생각이나 느낌(두려움을 포함하여)을 표현하도록 초대하는 데 있다.

많은 경우에 부모와 아동의 표출된 문제 본질에 대한 불일치가 아동·청소년 으로부터 동의서를 얻는데 있어서 또 다른 어려움이다. 예를 들어, 예와 와이즈 (Yeh & Weisz, 2001)의 임상 표본에 따르면, 많은 부모들과 자녀들은 상담에 오게 된 의뢰된 문제가 무엇인지에 대해서조차 일치하지 않음을 발견했다. 실제적으로 예와 와이즈는 조정이 필요한 문제에 동의하는 부모와 자녀가 반도 안 된다는 것을 발견했다.

청소년과 동의서를 작성하는데 있어서 제기되는 문제는 아동·청소년은 상담·심리치료사의 사무실에 도착하기 전에 상담에 대해 가족들과는 거의 몇 마디 안 하거나 아무 말도 하지 않는다는 것이다. 따라서 대부분 초기 회기는 가족들과 함께 시작하는 것이 현실적이다. 종종, 부모는 어떻게 상담에 대해 말해야 할지 모르거나 아동에게 말할 경우, 아동이 상담에 오는 것을 거절할까봐 염려한다.

일부 사례들을 분석해 보면 아동·청소년들은 부모의 계획에 동의한다. 그러나 더 많은 경우는 속았다고 느끼며, 초기에는 상담에 동의하고 싶어하는 마음이 덜하다. 상담·심리치료사는 상담을 하려는 부모님의 결정에 아동의 의견이 반영되지 않는다는 것에 유념해야 한다. 그리고 가능하다면 상담·심리치료사는 상담에 아동이 함께 올 수 있도록 부모를 도와야만 한다.

만약에 아동이 상담을 원하지 않고 상담에 동의하는 것을 거절한다면, 포드소리와 헥커(Ford Sori & Hecker, 2006)는 상담·심리치료사가 상담에 참여하는 느낌과 진행하는 목표에 대한 자신의 생각에 대해서 솔직하게 아동과 이야기해야만 한다는 것을 재차 확인했다.

만약 아동이 상담 초기에 저항한다면 아동의 감정을 인정하고 부모로부터 상담을 받도록 강요받은 것을 충분히 이해한다고 말함으로써 상담·심리치료사는 존중의 뜻을 보여주어야만 한다. 상담 과정에서 상담·심리치료사가 상담을 통한 유익을 강압적으로 알려주는 대신 아동에 따라 다르게 요청할 수 있다.

예를 들어, 상담·심리치료사는 부모가 비합리적인 요구를 하고 있다고 생각하는 것에 대해 아동 스스로 자유롭게 말할 수 있고, 아동은 상담 상황에서 부모에 의해 긍정의 말을 더 많이 듣게 될 것이라고 말해줄 수 있다. 상담·심리치료사는 분명하게 그들이 진실이라고 믿는 것이 무엇인지 이야기해야만 하고 격려와 조종 사이에서 선을 넘지 않도록 조심해야만 한다.

미성년자들은 상담·심리치료사와 시간을 갖고 상담 과정에 대해 배웠을 때보다, 초기 관계에서 종종 더 상담에 반대한다는 것을 명심해야 한다. 청소년은 특히 초기에는 상담실에 와서도 저항하는 경향이 있다. 우리 필자들 가운데 한 사람은 종종 첫 번째 회기를 진행하는 동안 좀 더 나이 먹은 아동·청소년에게 묻는다.

"너는 여기올 때 자발적으로 왔니?
아니면 오기 싫은데 억지로 끌려왔니?"

반면 엄마와 앉아있는 동안 무뚝뚝하게 말을 잘하지 않는 청소년이라도 상담·심리치료사와 단 둘이 있을 때는 놀랍게 상담에 개방적일 수 있다는 것을 기억해야 한다.

아동이 상담에 동의하지 않을때, 상담·심리치료사는 상담에 참여하도록 적절하게 장려(incentive)하거나 아니면 아동의 의견을 존중하도록 부모에게 준비시키는 일을 해야 한다. 비록 가정과 하나님이 세우신 질서(God's established order) 안에서 자녀들이 상담을 계속하게 할 분명한 권리가 부모에게 있지만 부모의 권한을 단순하게 주장하기보다 자녀와 협의하고 존중함으로 상담적인 기반을 얻을 수 있도록 할 수 있을 것이다.

한마디 당부하고 싶은 것은, 부모가 때때로 상담 과정을 약화시키도록 부추길 수도 있다는 것이다. 어떤 경우, 부모는 상담을 거부하는 10대 청소년들에게 만약 상담이 계획했던 것보다 일찍 종결될 경우, 상담료의 나머지를 지불하겠다고 제안할 수도 있을 것이다. 당연히 그 10대 청소년들은 문제를 신속하게 말하여, 한 회기가 끝나고 나자 자신이 상담했다고 선언했다.

따라서 아동의 관심을 끌고 또한 상담 목표를 지지할 수 있는 방향으로 부모가 자녀를 장려하는 것을 선택하도록 돕는 것이 상담·심리치료사에게 좋은 방안이다. 이런 상황에서 상담·심리치료사는 내담자에게 최대한 상담 효과가 있도록 특별히 신경을 써야 한다.

만약 아동·청소년들이 자기 자신이나 다른 사람들에게 해를 입힐 긴박한 위험에 있다면, 아동·청소년의 의지에 상관없이 입원시킬 수 있다. 이 때 정신의학과에 내원한 환자들을 강제로 입원, 관리하는 문제에 있어서 각 주마다 법률 차이를 아는 것이 중요하다.

일반적으로 부모는 공판 없이 그리고 자녀의 의지와 관계없이 미성년자를 입원 상담을 할 수 있는 법적인 권리를 갖는다(Carmichael, 2006). 법원 명령에 의한 상담의 경우, 부모가 초기 아동 상담에 대한 법원의 명령을 인식하지 못할지라도 로렌스와 컬피스(Lawrence & Kurpis, 2000)는 상담·심리치료사가 가능한 빨리 아동 상담에 대해 부모에게 알리는 것이 바람직하다고 했다.

사태를 복잡하게 만드는 상항은 가끔 아동뿐 아니라 한쪽 또는 양쪽 부모 모두가 아동을 입원시키는 것을 반대할 때이다. 다시 말하면, 긴박한 위험의 경우, 상담·심리치료사는 원치 않는 입원의 과정을 시작할 권리를 갖게 되고, 때때로 그에 대한 책임을 지게 된다. 그러나 만약 부모가 동의하지 않는 경우, 상담·심리치료사는 주의하여 그 입원 상담을 추진하게 된 결정을 내린 근거를 기록해야만 한다.

상담·심리치료 서면동의서와 관련된 마지막 사안은 약물사용 가능성과 관련이 있다. 대부분의 심리학자들이나 상담·심리치료사들은 약물을 처방하지 않지만 그들은 약물이 필요하다고 평가하고 확신하면 적절한 의료 상담을 제안하는 역할을 하고 그에 맞춰서 상담·심리치료를 시작한다.

이런 경우에 상담·심리치료사는 부모(그리고 자녀)가 상담 과정의 약물 관련 부분에 대해 마지못해 동의한다는 것을 발견할 수 있다. 이 사안은 특히 아동·청소년들을 대할 때 논란이 많을 수 있으며, 일부 기독교 공동체들에서는 특히 정신장애의 약물 상담에 대해 반대한다(그들이 때때로 비슷한 효과를 가져 오는 영양보조제에는 개방적일지라도 말이다).

상담·심리치료사의 치료적 역할의 경계에 대한 혼란을 방지하기 위해, 어떤 약물에 대한 결정은 내담자와 부모 그리고 처방가능한 의사에 의해 행해져야만 한다는 것을 상담·심리치료사는 분명히 해야만 한다. 상담·심리치료사가 때때로 약물의 부작용 가능성에 대해 주지시키거나, 하나님의 치유에 대한 최고의 계획을 방해하거나 또는 질병에 대한 자아 인식을 불러일으키는 등의 치료적 개입처럼 약물에 대한 방지를 통해 아동과 부모를 도울 때가 있다.

그러나 아동이나 가족을 위해서 상담·심리치료사가 결정해서는 안 되며 약물상담의 동의는 취급하는 의사에게 주어진다는 것을 분명히 해야만 한다.

2. 사생활 보호와 비밀보장

이 장에서 이미 언급한 것처럼, 비밀보장 문제, 내담자 정보관리, 기록과 사적인 권리의 주체성 등은 상담·심리치료 전문가에게 필수 요소이다. 실제로 우디(Woody, 1999)는 비밀보장을 '전문성의 토대'라고 불렀다(p. 607). 도너(Donner et al., 2008) 등은 내담자 역시 비밀보장의 중요성에 민감해야 한다고 말하고 있다. 비밀보장의 침해는 상담·심리치료사를 덜 신뢰하도록 만들 수 있으며 비윤리적 행위로 비난을 받을 수 있다.

동의서의 윤리적 문제처럼, 비밀보장은 아동·청소년과 상담할 때 풀어야 할 과제가 될 수 있다. 많은 상담·심리치료사들과 학교 상담·심리치료사들은 비밀보장 문제를 가장 자주 경험하는 윤리적 갈등으로 생각하고 있다(Bodenhorn, 2006; Pope & Vetter, 1992; Pope & Vasquez, 2007).

다음은 미성년자의 경우에 비밀보장 문제에 직면하게 만드는 몇 가지 요소와 이런 도전들을 다루는 방법에 대한 제안이다.

상담·심리치료사는 성인 내담자와 상담할 때보다 아동 내담자의 기록과 여타 정보에 더 최우선의 책임을 진다. 왜냐하면 아동은 독립적으로 결정할 수 없기 때문이다. 아동, 부모 그리고 기타 기관이 바라는 바를 조심스럽게 고려하는 반면, 상담·심리치료사는 가족에게 최선의 유익이 될 뿐만 아니라 아동에게도 최대의 유익이 되는 범위에서 아동의 비밀보장을 잘 처리하도록 노력해야 한다.

예를 들어, 학대가 의심되거나 내담자나 다른 사람에게 긴박한 피해를 입힐 경우나 법원이 정보를 요청하는 경우에 비밀보장은 일반적으로 침해된다. 그러나 상담·심리치료사는 미성년자 내담자의 복지를 최우선으로 지지하는 방향에서 노력해야 한다. 상담·심리치료사가 아동의 이익을 보호해야만 하는 상황은 좀 더 뒤에서 다루어질 것이다.

미성년자는 자신에 대해 완전하게 법적인 책임을 질 수가 없기 때문에 보통 완전히 비밀보장이 주어지지 않는다는 것이다. 미성년자의 비밀보장 권리는 상당히 다양하다. 어떤 자료에 의하면(Michell et al., 2002) 12세 이하의 미성년자는 법에 의한 비밀보장 권리가 없으며 사법권에 따른다. 부모는 일반적으로 18

세 미만의 미성년자의 비밀보장에 대한 모든 법적 통제권을 갖는다. 임신이나 약물남용 같이 법적인 예외가 있는데, 이는 지역에 따라 다르기 때문에 상담·심리치료사는 반드시 윤리적 실천을 위해 미성년자의 비밀보장에 대한 주 정부와 지역 규제에 대해 알아야만 한다.

아동이 법적으로 비밀보장의 특권을 갖고 있지 않을 때, 법원에서 명시하지 않는다면 그 특권은 보통 부모나 후견인이 갖게 된다. 상담·심리치료사는 아동·청소년 내담자의 정보와 상담 과정 그 자체의 비밀보장을 합리적으로 유지하고자 하는 욕구와 아동의 행복을 위해서 책임을 이행하기 위해서 부모나 책임지고 있는 기관에게 충분한 정보를 제공하고자 하는 욕구 사이에서 중요한 갈등을 종종 경험한다.

따라서 한편으로 아동·청소년은 상담·심리치료사 안에서 신뢰를 주고받는 것에 대해 안전하게 느껴야 하고 다른 한편으로 상담·심리치료사는 반드시 효과적인 상담을 보장하도록 돕고 아동 내담자의 복지를 지원하는 충분한 정보를 부모에게 줄 수 있어야 한다.

렘리와 허리히(Remley & Herlihy, 2007)는 좀 더 어린 아동들은 보통 사생활 보호에 대한 우려가 덜한 반면, "10대 청소년들은 발달적으로 부모로부터 사생활 보호에 대해 바라는 것이 증대된다"(p. 204)라는 것에 주목한다.

렘리와 허리히는 아동·청소년이 항상 사생활 보호에 대해 염려한다고 생각하는 것에 대해 주의를 주면서, 아동들은 상담·심리치료사가 부모에게 그 정보가 전달될 수 있도록 상담·심리치료사와 정보를 공유할 수도 있음을 언급한다.

상담자는 부모가 정보를 원하는 만큼 청소년들 특히 나이가 많거나 더 성숙한 청소년들은 법적으로 사생활 보호를 받을 수 있다는 것에 주의해야 한다. 예를 들어, 어떤 주에서는 확실한 의료적 서비스(예: 낙태)를 하기 위해서 청소년들의 비밀보장을 허가한다. 이런 상황에서조차 부모에게 정보를 전달하는 것이 허락되기는 하지만 요구되는 것은 아니다.

하지만 부모가 상담 중에 공개된 것을 알 권리를 갖고 있는지 아닌지는 상담·심리치료사가 결정할 수 있다. 부모에게 공개할 경우에는 이것이 비밀보장 문제보다 더 중요한 문제라는 것을 상담·심리치료사는 확신해야만 한다.

예를 들어, 10대 청소년들이 마리화나를 피운 사실을 시인한 것을 부모에게 또는 다른 적절한 어른에게 알린 것이 자동적으로 정당화되는 것은 아닌 반면, 마리화나를 피우는 동안 잠재적인 자해 행동을 시인하는 그런 정보의 신고는 완전히 정당화될 것이다.

만약 상담·심리치료사가 부모에게 정보를 알려주지 않았으며, 그 정보가 후에 아동·청소년 내담자에게 해를 입히는 결과를 가져온다면, 상담·심리치료사가 그 일에 대해 책임을 져야 한다는 것에 주의해야 한다. 이런 경우, 보통 아동 내담자가 규제된 약품을 사용하는 것도 이에 해당한다(Remley & Herlihy, 2007). 모든 상담 상황과 마찬가지로 여기서 핵심 질문은 무엇이 이 내담자의 전반적인 복지를 위한 최고의 도움인가라는 것이다.

포드 소리와 헥커(2006)는 상담·심리치료사가 부모에게 정보를 공개할 때, 상담·심리치료사가 있는 상태에서 아동 스스로가 부모에게 말하는 것, 아동이 있는 자리에서 상담·심리치료사가 부모에게 말하는 것, 그 대화를 나누는 동안 아동이 밖에서 기다리는 것을 포함한 여러 가지 방법들을 선택할 수 있음을 시사했다.

이런 경우에 상담·심리치료사는 미성년자 내담자가 가족들과 새로운 정보를 나누는 것을 도울 수 있는지 확인해야 한다. 로버트와 다이어(Roberts & Dyer, 2004)는 부모가 자녀의 정보에 접근할 수 있는 상황에서조차, 상담·심리치료사는 부모에게 공개하는 정보를 제한할 수 있고 제한해야 하는 많은 상황들이 있을 수 있다는 것을 기억하는 것이 중요하다고 말한다. 만일 정보가 공개되어 아동에게 피해가 될 수 있다면 제한해야 하는 것이 하나의 예이다.

많은 기독교 부모들은 상담·심리치료사를 존중하며 그들과 함께 자녀의 사생활을 일정 수준 지지할 것이며, 자녀가 상담·심리치료사에게 마음을 여는 것을 격려할 것이다. 그리고 대부분은 자녀들에 대한 정보가 공개될 때, 상담·심리치료사가 그 정보를 아는 것에 대해 신뢰할 것이다.

물론, 부정적인 경우에 어떤 부모는 상담·심리치료사를 아동에 대한 정보를 알아낼 수 있는 간접적인 수단으로 볼 것이다. 그리고 이 때, 그들은 각 회기 동안 아동이 한 말이나 행동이 무엇인지 직접적으로 확인하기를 기대할 것이다.

이런 복잡한 사안을 가장 잘 다루려면 어떻게 해야 하는가?

윤리학의 다른 저자들(예: Lawrence & Kurplus, 2000; Ford Sori, 2006; Sparta & Koocher, 2008)과 마찬가지로 상담할 때, 공개된 정보를 다루는 방법에 관한 합의는 첫 회기 때 가능한 한 명백하게 정립할 것을 권한다. 이 접근은 상호 간의 신뢰를 쌓고 기대감을 명확하게 하는 것을 돕는다. 만약 다른 사람이 정보에 접근하는 것을 필요로 하거나 요구한다면 정보의 유출에 대한 준비 또한 되어 있어야 한다.

더 나아가 톰슨(1990)은 모두가 받아들일 수 있는 합의를 도출하기 위해서 모든 가족구성원들이 비밀보장에 대한 그들 자신의 이해와 기대를 말하도록 할 것을 제안한다. 특히 가족 안에 믿음이 부족한 경우에 합의는 서면 계약(a written contract)으로 만들어지는 것이 가장 좋다. 부모가 상담·심리치료사에게 부적절해 보일 만큼의 접근을 요청할 때, 상담·심리치료사는 부모(필요하면 사생활 보호 안에서)와 그 문제에 대해 논의해야 하고 합리적으로 타협이 되도록 노력해야 한다.

과거에 어떤 일정한 행동이 자해 행동에 앞서 일어났다면 상담·심리치료사는 유심히 관심을 가져야 하고 부모는 그 상황에 관심을 갖게 될 것이다. 반면, 부모는 아동의 경계선을 침범하는 경향이 나타날 수 있으며, 그 경향은 반드시 살펴보아야 할 필요가 있다.

만약 부모가 아동·청소년이 상담 과정에 모든 것을 알아야 한다고 주장한다면 아동 청소년은 상담 과정에 저항하려 할 것이고, 상담 목표도 성취하기 어려울 것이다. 어떤 경우, 아동의 복지를 위한 부모의 관심 그 자체가 아동의 사생활 일부를 침해하는 것은 아니다. 상담·심리치료는 부모와 상담·심리치료사 사이에 이해 없이는 지속될 수 없다. 그렇지 않으면 어려움은 필히 발생하게 된다.

부모에게 청소년 내담자의 위험 감수 행동(risk-taking behavior)을 공개하는 것을 결정할 때, 상담·심리치료사가 사용한 요인들이 무엇인지 분석하기 위해서 설리반(Sullivan, 2000) 등은 상담·심리치료사 집단을 조사했다. 13가지의 요인에 포함되는 두 가지의 핵심 요인은 다음과 같다.

(1) '행동 요인의 부정적인 본질'이다. 이것은 그 행동 때문에 내담자나 다른 사람이 위험한 정도를 말한다.
(2) 상담·심리치료사는 '상담 과정을 유지하는 요인'을 사용한다.

저자는 둘째 요인이 "아마 상담·심리치료사가 극도로 위험한 행동이 있는 경우에도 비밀보장을 깨려는 것을 억누르도록 유도할 것이다"라고 말하고 있다. 만약 비밀보장이 깨진다면 상담 관계는 무너질 것이다(p. 200).

따라서 설리반 등은 윤리적 문제를 따라야 할 하나의 규칙이라기보다 의사결정 과정처럼 상담·심리치료사가 생각해야만 할 과제라고 제안했다. 그들은 더 나아가 상담·심리치료사가 그 의사결정에 대한 법적인 책임을 피하는 것을 돕기 위해 의사결정 과정을 문서화해야 한다고 제안했다.

비밀보장과 관련된 사안은 만약 상담·심리치료사가 교회 공동체의 일원인 가족과 함께 상담하고 있다면 특히나 중요하다. 내담자의 교회와 교회 지도자는 영적 가족으로 포함된다. 그런 경우, 그들은 풍부한 상담·심리치료 자원을 제공할 수 있다. 어떤 경우에는 교회 가족은 아동의 원가족보다 더 적절한 도움을 아동에게 제공한다. 실제적으로 가족의 역기능이 폭로되고 직면하게 되는 것은 교회 안에서 흔히 있는 일이다. 비밀보장 사안은 교회가 직접적으로 관련되어 있을 때 특히 중요하다.

예를 들어, 관심이 있는 목회자가 상담에서 아동이 어떻게 행동하는지에 관한 정보를 상담·심리치료사를 불러서 요청할 때도 있다. 이것은 아마 아동 복지를 위한 진실된 노력일 것이다. 그러나 교회 지도자는 비밀보장의 법적 소지자에 의한 정보의 서면공개(written release) 없이는 이 정보에 대한 법적인 권리가 없기 때문에 상담·심리치료사에게는 비밀보장의 윤리적 위반에 해당할 수도 있다. 만약 목회자가 아동을 상담에 소개한 사람이라 할지라도 이것은 사실이다.

목회자는 때때로 교회의 영적 지도자로서 상담·심리치료사가 상담하기 위해서 어떤 노력을 하는지 또는 어떤 방법을 사용하였는지 상담 과정에서 일어나는 일들에 대해 알 권리를 가진다고 생각한다. 이것은 교회 지도자가 상담·심리치료사의 유형이나 신학에 대해 아는 데는 적절할 수 있지만, 상담·심리치료사가 허가 없이 개인의 정보를 제공하는 것 또는 그 사람이 내담자라는 것을 알리는 것조차도 비밀보장을 침해하는 것이다.

심한 경우에는 문제가 되고 있는 아동에 대한 정보를 알려주지 않는다는 이유로 상담·심리치료사가 개교회 목회자들 사이에서 '위험인물 목록'에 오르는 위협을 받게 되기도 한다. 아동과 그 부모가 허가하지 않은 경우에 목회자가 교회 지도자에게 정보를 요청한다면 반드시 그 가족과 의논되어야만 한다.

따라서 아동의 사생활 보호는 아동의 나이와 성숙성, 의뢰의 이유, 의뢰의 출처(예: 법원 명령의 상담과 같이 비밀보장이 근본적으로 승인되지 않는) 주(state)정부와 지역 규정, 상담에 대한 동의, 부모의 우선권(preferences), 그리고 상담에서 공개된 행동으로부터의 위험 결과의 가능성과 같은 여러 요인들에 의해 결정된다. 미성년자 아동은 일반적으로 그들의 사생활 보호가 제한될 수 있음을 알고 있어야 한다.

이런 요소들을 고려하는 것은 상담·심리치료사가 비밀보장에 관한 잠재적인 오해와 이해의 충돌을 다룰 수 있게 한다. 그리고 아동상담에 관하여 어느 정도의 정보가 부모와 관련이 있어야 하는지를 더 잘 결정할 수 있도록 한다.

3. 아동학대와 방임의 신고 의무

미성년자 내담자가 육체적으로나 성적으로 학대받고 있거나 아니면 방임되고 있다고 의심될 경우, 상담·심리치료사는 적절한 기관(authorities, 예: 아동보호국)에 신고해야 할 법적, 윤리적 의무를 가진다. 카미첼(Carmichael, 2006)이 언급한 것처럼, 아동학대 신고는 아동들에게 돌봄과 상담을 직접적으로 제공하는 미국 50개 주(state)의 모든 전문가들(즉, 교사, 의사, 상담·심리치료사, 간호사, 사회복지사)의 의무이다. 신고된 학대의 세 가지 일반적인 유형이 있다.

(1) '**심리적 학대**'(psychological maltreatment)라고 불리는 **정서적 학대**이다. 이것은 일반적으로 아동에게 그들이 무가치하며 그들을 원치 않는다는 것을 반복되는 행동 유형으로 전달하는 것으로 정의된다. 이것은 육체적 또는 심리적 폭력의 심각한 위협을 포함할 수 있다. 또한 이 학대는 아동·청소년들이 두려워서 정서적 학대가 일어나고 있다는 사실을 부정할 수 있기 때문에 증거를 얻는데 가장 어려운 유형의 학대이다. 육체적 증거가 없는 경우, 증명하기 어려운 사례가 될 수 있다. 그러나 합리적인 의심은 모두 의무적으로 신고가 필요하다는 것을 명심해야만 한다.
(2) **육체적 학대**는 아동이 어떤 형태의 육체적 손상으로 고통받을 수 있는 실질적인 위험 요인뿐만 아니라 아동의 분명한 육체적 손상을 포함한다. 이런 경우에 아동의 부모나 돌봄자가 고의적으로 아동에게 육체적 손상을 가한다. 이런 유형의 학대는 육체적 증거(예: 멍과 상처 등)의 가능성이 높아서 증명하기는 가장 쉽다.
(3) **성적 학대**는 일반적으로 성인 또는 상당히 나이가 많거나 아동에게 힘이나 책임이 있는 위치에 있는 사람과 아동 간의 접촉과 관련이 있다. 이런 경우에 아동은 성인 또는 다른 사람에 의해 성적으로 자극되거나 성적 자극을 위한 대상이 된다.

렘리와 허리히(Remley & Herlihy, 2007)는 모든 주(state)는 학대 신고를 위한 자신들만의 법규를 갖고 있다는 것을 상기시킨다. 그럼에도 불구하고, "많은 상담·심리치료사들은 비밀보장, 기관이 잘못 처리할 것에 대한 두려움, 보복에 대한 두려움 또는 아동의 신뢰를 배신하고 싶지 않은 소망 때문에 이를 지키지 않는다"(p. 213).

웨인스타인(Weinstein et al., 2001) 등은 상담·심리치료사가 의심되는 학대를 신고하려 할 때, 비밀보장을 파기하게 되고, 따라서 상담 관계에 부정적으로 영향을 미칠 것이라는 상담·심리치료사의 잦은 염려에 대해 언급하고 있다.

웨인스타인 등의 연구는 신고 전의 내담자와의 관계의 질이 신고 후의 결과에 가장 중요한 영향을 미친다는 사실을 발견했다. 따라서 그들은 다른 연구자들(예: Sternberg, Levine & Donech, 1997)이 그러하듯이 신뢰를 강화시키기 위해서 대단히 중요한 내담자와의 강한 상담 관계를 확립하는 것이 기관에 신고하려는 상담·심리치료사의 동기임을 강조한다.

렘리와 허리히(Remley & Herlihy, 2007)는 상담·심리치료사는 과거에 받은 학대를 현재 받고 있는 학대와 함께 신고해야 하는지 아닌지를 포함하여 미국 각 주(state)의 학대 신고에 대한 법규를 정확하게 알아야 한다고 주장한다. 상담·심리치료사는 더 나아가 만약 신고가 법에 의해 권한이 주어지고, 또한 선의로 만들어졌다면 학대에 대한 신고는 오직 법에 의해 보호된다는 것을 주의해야 한다.

또한 신고가 이루어져야만 할 사람은 누구인지, 얼마나 빨리 신고가 되어야 하는지, 그리고 문서로 필요한지 아니면 구두로 충분한지를 아는 것은 필수적이다. 게다가 학교에서 따돌림의 유의미한 비율을 볼 때, 상담·심리치료사는 학교폭력에 관한 규정된 신고 의무에 대해 인식해야 한다. 여기에는 폭력의 위협 역시 포함된다. 상담자가 의심되는 학대 상황을 윤리적으로 확실하게 다루기 위해서 따를 수 있는 여러 단계들이 있다.

(1) 주(state)법을 알고 그것을 정기적으로 재검토할 것
(2) 신고의 필요와 이를 위한 최선의 방법을 명확히 하는 것을 돕는 신뢰하는 수련감독 상담사나 동료들과 상의(내담자 비밀보장 보호에 주의하면서)하고 문서화해야 한다. 그 자문 내용을 기록해 놓을 것.
(3) 당신이 여전히 신고해야 할지 말지 아니면 어떻게 신고하는 것이 가장 좋은 방법인지 확실하지 않다면 지역 아동 보호소나 상담 전화(hotline)에 연락하여 공식적인 기록을 만들기 전에 사례별 사회복지사와 비공식으로 사례를 논의할 것.

이런 과정은 명확하게 결정할 수 있도록 도우며, 또한 기관이 이 사례를 어떻게 다룰지에 대한 더 나은 통찰을 가질 수 있게 한다는 것을 발견할 수 있다. 그리고 다른 결정을 돕는 단계는 당신이 내린 결정을 지지할 수 있도록

문서화되어야 한다.

비록 상담 과정 안에서 아동학대 신고를 다루는 것은 이 장의 범위 주에 벗어나지만 상담·심리치료사가 이 신고가 상담 관계를 손상시키거나 아동이나 가족 복지를 가장 잘 촉진하는 방향으로 다루어지지 않을 거라고 생각할 때조차, 아동학대 신고 의무는 반드시 이루어져야 한다는 것을 기억하는 것은 중요하다. 때때로 아동이나 가족과 사전에 어떻게 신고가 진행될 수 있는지 이야기하고, 아동보호단체와 관계를 촉진하기 위해서 실제 신고를 작성하는데 부모를 포함시키는 것은 가능하다.

상담·심리치료사는 또한 교회가 상담 과정 안에 포함되거나 교회 환경에서 학대가 일어난 경우에 교회와 연락하여 상담을 진행할 수 있다. 이런 경우, 기독교 상담자는 아마 뒤따르는 과정에 대처하는데 있어서 가족이나 교회에 특별히 도움이 될 수 있을 것이다. 그러나 신고가 필요하다면 궁극적으로 상담·심리치료사는 주(state)의 필요 요건에 따라서 신고가 작성된 것을 보거나 직접 만드는데 책임을 져야 한다.

4. 다중 관계

지금까지의 논의로 분명해진 것과 같이, 아동과 그 가족과의 전문적인 관계는 상당한 양의 상담·심리치료사로서의 신중한 생각과 계획이 요구된다. 상담·심리치료사가 반드시 주의해야 할 영역은 내담자와의 전문적인 관계 안에서 명확하고 합리적인 상담 경계를 유지하는 것이다.

교회나 다른 기독교 기관에서 근무하는 기독교 상담자는 특히 비임상적 상황에서 내담자를 만나게 되는 경우가 많다. 명확한 경계를 유지하는 것은 상담·심리치료사로서 객관성이 높아지는 것을 포함하여 분명한 이점이 있으며, 상담·심리치료사가 판단을 위태롭게 할 수 있는 이중 또는 다중 관계의 모호함을 피하게 돕는다. 명확한 경계는 또한 자신의 삶에서 상담·심리치료사의 역할에 대한 내담자의 혼란 가능성을 감소시킨다.

미국심리학회, 미국상담학회, 그리고 미국사회복지사협회(NASW)는 모두 이중 관계의 유형(예: 상담·심리치료사와 내담자 간의 성관계)에 관한 구체적인 지침을 제공한다. 반면, 상담·심리치료사에게는 내담자와의 잠재적으로 모호한 관계를 지속하는 것을 결정할 수 있는 많은 자유가 있다.

예를 들어, 미국상담학회 윤리 규정은 특별히 상담상황 외에 내담자와 상호작용하는 것이 유익할 수 있다는 예(예: 내담자의 결혼이나 졸업과 같은 공식적인 기념식에 참석하는 것)에 대해 언급한다. 미국심리학회 윤리 규정도 비슷하게 "합리적으로 장애나 학대의 위험 또는 손상을 야기할 것을 예기치 않은 다중 관계는 비윤리적이지는 않다"라고 언급하고 있다.

성인보다 청소년과 작업할 때, 상담·심리치료사는 반드시 다중 관계 수용의 이유와 결과에 대해서 심사숙고하여, 상담 현장 밖에서 아동과 가족의 삶에 윤리적인 적절한 방법으로 관여해야 한다. 아동·청소년 상담·심리치료사는 어떤 상황에서는 상당히 많은 영향력을 행사할 수도 있고 또는 상담을 위한 적절한 관계를 유지하는 것을 힘들게 할 수도 있다. 그래서 상담 현장 밖에서의 만남에 대한 영향을 반드시 내담자와 부모의 기대에 부응하여 신중하게 따져보아야만 한다.

예를 들어, 청소년 내담자의 교회견진성사(church confirmation)나 졸업식에 참석하는 것의 구체적인 유익이 무엇인가?

이런 유익들은 그 문제를 구하는 여러 상담·심리치료사들과 함께 문서화되어야만 한다. 어떤 경우에 상담·심리치료사가 내담자의 졸업식에 참여한 것이 보고될 수 있는데 상담·심리치료사는 적절하게 청소년을 향한 진심어린 관심과 보살핌을 입증할 수 있다(예: Pope & Vetter, 1992). 비상담적인 만남이 치료적 관계를 약화시키지 않을 것이고, 오히려 그런 만남은 상담목표를 지지한다는 것이 상담·심리치료사에게 명확해야만 한다.

잠재적인 다중 관계가 일어날 수 있는 다른 영역은 기독교 상담자가 같은 교회에 참석하거나, 상담·심리치료사나 자신의 자녀와 같은 아동 또는 청소년 집단에 참석하는 사람을 만날 때이다. 실제적으로 가족들은 때때로 그들의 가까운 신앙공동체의 일원인 상담·심리치료사에게 상담을 요청한다. 왜냐하면 그들은 부모의 영적 상태를 잘 이해하고 그 영적 상태를 상담 과정 안으로 잘 포함시킬 수 있는 사람과 작업하기를 원하기 때문이다.

　이런 경우에 상담·심리치료사는 특히 이런 내담자를 만날 때, 상대적인 이점과 잠재적인 문제점을 생각하고, 있을 수 있는 역할 혼란을 포함하며, 이런 이점과 문제점을 내담자와 부모와 처음부터 논의하여 신중히 생각해야만 한다.

　예를 들어, 상담·심리치료사는 교회 환경에서 아동에 대해 알고 있는 것이 도움이 되는지, 아닌지를 고려해야만 한다(예: 아동의 비공식적 관찰의 기회 제공은 아마 상담에 적절하게 도움이 될 것이다). 반대로, 아동이나 그 부모는 이런 상황에서 상담·심리치료사가 예배 후에 상담과 관련된 사안을 그들과 이야기하거나 상담시간 동안 교회의 문제를 이야기하는 등의 기대를 가짐으로 상담 경계를 넘나들려고 할 수도 있다.

　가능하다면 상담을 시작할 때, 그 가족과 솔직하게 상담 관계의 한계점에 대해 명확하게 이야기를 나누어야만 한다. 작은 지방 공동체에 거주하는 상담·심리치료사는 이런 이중 관계와 관련된 윤리적 문제를 더 자주 만나게 될 것이다.

　상담자는 이 현장에서 내담자의 권리와 욕구를 보호하는 것이 요구되지만 상담·심리치료사는 또한 그들의 신앙공동체의 내담자를 만날 것인지 아닌지를 결정할 때, 자신의 필요와 선호를 고려할 수 있다는 것을 기억하는 것은 중요하다. 내담자의 이익을 위해서 자신의 교회에서 사람들에게 상담을 제공하는 상담·심리치료사는 그 공동체 안에 완전하게 참여하는데 덜 자유롭다. 따라서 어떤 상담·심리치료사는 자신의 교회나 목회 안의 사람들에게 전문적인 서비스를 제공하지 않는 것을 선택하기도 한다.

　쿠처(2008)는 "아동·청소년과의 상담·심리치료는 강요된 다중 관계의 한 유형이다"(p. 606)라고 주장했다. 다시 말하면, 상담·심리치료사는 아동 내담자와 관계를 맺을 뿐만 아니라 또한 상담에 아동을 보내는 사람, 상담료를 납부해야 할 책임이 있는 사람, 아동과 다른 목표 결과를 가진 사람, 그리고 법적인 의사결정의 권한을 가진 또는 갖지 않은 사람 등 다른 모든 사람과 다양한 수준의 관계를 맺는다. 따라서 상담·심리치료사는 각각의 이 기관들과 경계를 명확하게 해야 한다. 먼저 상담·심리치료 서면동의 처리 과정을 거치고 나면 이후 여러 도전과제들이 제기된다.

또 다른 주의할 점은 상담·심리치료사는 미성년자 내담자를 우연히 또는 부수적인 방법(예: 대형 상점에서 내담자를 보거나 사교 모임에게 뜻하지 않게 내담자를 만남)으로 만날 수 있다. 아동 내담자들은 대부분 이런 우연한 만남에 대해 꽤나 개방적이다. 반면, 좀 더 나이가 든 미성년자들은 못 본척하거나 만남을 피할 수 있다. 상담·심리치료사는 일반적으로 우연한 만남에서 내담자의 지시에 따라야만 하고 이전에 동의하지 않은 이상 상담 현장 밖에서 만남을 시작하지 말아야 한다.

따라서 다중 관계 사안은 아동 내담자와 작업하는데 도전이 될 수 있다. 그럼에도 불구하고, 이미 앞에서 논의를 통해 말해왔듯이, 상담·심리치료사는 상담 상황 외의 만남에 관한 오해 가능성을 줄이도록 돕는 신중한 결정을 내릴 수 있다. 다른 모든 윤리적 문제처럼, 다중 관계의 사안은 궁극적으로 내담자의 최선의 이익과 함께 해야만 한다.

청소년들과 작업하는 상담·심리치료사는 내담자 및 연관된 다른 사람들과 적절한 경계선을 설정하는 것과 더불어, 상담 상황 밖에서 미성년의 내담자와 만나는 일부 윤리적 방법이 타당할 때, 다중 관계를 수반하게 하는 요인들에 관하여 합리적인 결정을 내릴 수 있다.

5. 기록 관리

동의서, 비밀보장, 학대에 대한 의무적 신고 그리고 다중 관계에 대한 윤리적 문제는 모두 기록을 유지해야 한다. 다른 윤리적 문제처럼, 전문가 윤리 규정은 기록관리에 관하여 미국연방법 및 주법과 갈등을 빚을 수 있다는 것을 알아야 한다. 따라서 어느 쪽이 더 엄하거나 주도권을 갖고 있는지 알고 그것을 따르는 것이 중요하다(연방법은 일반적으로 최우선권을 갖는다).

놀랄 것도 없이, 아동 청소년을 위한 기록 관리와 관련된 문제들이 있는데 이것은 성인 내담자들과 관련된 문제들과는 다르다. 일반적인 상황에서, 미성년자 내담자의 이름 아래 보호된 정보는 상담·심리치료사의 바람과 상관없이 부모, 변호사나 법정이 언제든지 정보를 얻을 수 있다는 것을 상담·심리치료사는 항상 기억해야 한다. 그래서 기록은 그에 맞추어 만들어지고 유지되어야만 한다.

기록 관리를 위한 구체적인 전략으로, 쿠처(2008)는 잠재적으로 다루기 힘들기는 하지만 유용한 전략을 제공한다. 그는 청소년과 작업하는 상담·심리치료사는 청소년과 만난 기록과 다른 사람들과 만난 기록을 분리해서 관리해야 한다고 제안한다. 예를 들어, 아동과의 상담에 관한 기록은 가급적이면 따로 구분된 동의서를 갖고 분리된 사례 기록에 의해서 가족이나 부모 중 한 명 또는 부모 모두를 만난 기록을 각각 구분하여 남겨야 한다.

쿠처는 관행대로 아동을 상담하고 아동의 이혼한 부모와 개인적으로 만난 상담·심리치료사의 예를 제공한다. 아동의 기록을 공개하는 권한을 부여받았을 때, 상담·심리치료사는 아동 부모 중 한 명이나 양쪽 부모 모두와 만났던 내용을 자료에 반드시 포함시켜야만 한다.

각각 구분된 기록은 부모가 기록에 접근하는 것을 제한할 수 있고, 특별히 이혼이나 양육권 상황에서 상담·심리치료사나 아동의 바람과 관계없이 기록이 요구될 때 도움이 될 수 있다. 이혼 상황에서 양쪽 부모 모두 상담에 관여된다면 상담·심리치료사는 아동이나 형제자매를 위해서, 그리고 각 부모를 위해서 상담 일지를 분리해 관리할 수 있다. 자녀 양육권에 대한 법적 과정에 사용하는 부모의 정보 보호를 도울 수 있다는 점에서도 부모를 위해서 분리된 기록을 관리하는 관행은 부모에게 이익일 수 있다.

우리는 특히 이혼이나 발생할 수 있는 양육권 분쟁의 경우에 이런 유형의 정책을 관리자에게 알리는 것을 강하게 권장한다. 더 나아가 쿠처는 만약 부모 중 한 명이 아동 기록의 복사본을 요청한다면 분리된 기록의 유지 여부와 관계없이 각각 다른 부모와 만난 기록은 윤리적으로 포함될 수 없으며 보통 법적으로 보호된다는 사실을 상담·심리치료사가 기억해야만 한다고 말했다.

만약 상담·심리치료사가 기관이나 집단 프로그램 안에서 일한다면 상담·심리치료사는 개인적으로 미성년자를 위해서 요청된 기록을 관리해야만 하거나 또는 적어도 기록을 보관하거나 정보공개 요청에 대응하는 직원이 이런 제한에 대해 특별한 주의를 기울일 수 있도록 교육해야만 한다.

만약 아동의 기록이 요청되었고 상담·심리치료사가 아동에게 최선의 이익이 되지 않는다고 생각되면 상담·심리치료사는 예방을 위한 적절한 단계를 공개적으로 밟아야 한다. 이런 단계는 아마 요청하는 기관에게 상담·심리치료사가 염려하는 것이 무엇인지 충분히 설명하고, 만약 기록이 소환장이나 법원 명령에 의한 요구라면 상담·심리치료사는 기록을 만들거나 그 요청을 파기하기 위해서 적절한 법원 동의를 받아 보관하는 것으로 반응해야만 한다. 후자의 상황에서, 더 나아가 법적인 행동의 목표물이 되는 것을 피하기 위해서 법적인 자문을 구하는 것은 바람직하다.

상담자는 적절할 때 미성년의 내담자 기록을 보호하기 위해서 모든 합리적인 단계를 밟아야만 하는데 적절한 관할권의 규정된 절차 안에서 신중하게 해야 한다. 다른 가족구성원들의 이름이 상담기록지에 있다고 할지라도 때때로 내담자와 관련된 어떤 기록을 찾을 수 있기 때문에 소환장의 세부사항에 철저하게 주의를 기울여야 한다.

또한 분리된 기록이 없을 때, 상담·심리치료사는 법적, 윤리적으로 소환장의 주체가 아닌 부모나 다른 사람에게 특권으로 공개되는 정보를 수정해야 한다는 것을 기억해야만 한다. 다시 말해, 법적인 전문가 뿐 아니라 임상 동료들의 자문은 매우 권장된다.

6. 다문화와 부모자녀 차이점

기독교 가족과 작업하는 것에는 많은 특별한 논점들이 있다. 이 장에서 이미 언급했던 하나의 사안은 청소년과 작업하는 교회 지도자가 상담·심리치료사와 관련된 비밀보장의 한계점을 활용하지 않는 것이다. 이 부분에서 우리는 기독교 청소년들과 작업하는 상담·심리치료사가 접하기 쉬운 상황들에 대해서, 그리고 이런 상황이 어떻게 윤리적 관점으로 고려될 수 있는지에 대한 특정 상황을 논의할 것이다.

구체적으로 말해서, 우리는 문화적 다양성(즉, 소수 민족)과 부모자녀 차이점으로 일어날 수 있는 믿음에 관한, 그리고 그 결과로 생긴 생활 양식의 선택과 같은 기독교 가족의 문제에 대해 논의할 것이다.

상담자는 문화적 소수자들과 같이 그들이 작업하는 기독교 가족에 대해 생각하는 것이 익숙하지 않을 수 있다. 일반적으로 우리는 다문화를 고려할 때, 인종과 민족이라는 요소를 생각한다. 그러나 미국심리학회와 같은 전문가 집단은 나이, 성별, 장애, 성적 지향성, 인종과 민족과 같은 광범위한 요소들을 포함하여 다문화를 고려한다. 그 중에서도 모든 윤리 규정에 따르면, 종교 또한 다문화의 중요한 특성으로 고려된다.

미국심리학회에 따르면, 심리학자들은 "이런 요소들에 기초하여 작업에 영향을 미치는 편견을 제거하기 위한 노력"과 그리고 "이런 편견에 기초를 둔 다른 활동에 고의로 참여하지 않거나 용납하지 않는" 것이 요구된다(원칙 D). 요컨대, 상담·심리치료사는 잠재적인 편견에 대해 인식하고 반드시 이 편견들이 불리하게 상담 과정에 영향을 미치지 않도록 모든 노력을 다해야만 한다. 이것이 불가능한 경우에는, 상담·심리치료사는 내담자를 다른 전문적인 능력이 있는 사람에게 의뢰해야만 한다.

다문화의 윤리적 문제를 생각할 때, 점차 증가하는 세속화되는 사회에서 소수 종교자들인 많은 기독교 청소년들을 고려하는 것은 도움이 된다. 이것은 몇 가지 이유에서 사실이다. 신앙공동체에서 적극적으로 활동하는 젊은이들은 일반적으로 문화에서 중요하다고 하는 것과 확연히 다른 삶을 선택하여 그들이 속한 공동체나 가족의 교훈에 따라서 살고자 한다(약 1:27).

이런 교훈은 품성, 혼전 성적 금욕, 술이나 약물 자제, 대중매체의 적절한 선택, 그리고 직업 선택의 사안과 관련 있을 수 있다. 상담·심리치료사가 아동·청소년의 이런 잠재적인 갈등과 교훈에 대한 반응에 민감해지는 것은 중요하다. 이 사안에 대해 도덕적으로 적절한 반응이 무엇인지 심사숙고하여 잘못된 추정을 하지 않도록 주의하고, 기독교 상담자는 또한 다양성을 위한 윤리지침을 따를 수 있도록 제공되는 경쟁적 명령들 사이에서 아동·청소년 내담자가 방향을 찾을 수 있도록 도와야 한다.

또한 문화적 소수 집단으로 기독교 가족이 고려될 때, 아동·청소년 내담자는 신앙 그 자체뿐만 아니라 생활양식의 선택과 관련된 사안들에서 부모와 크게 다른 의견을 가질 수 있다는 것을 반드시 기억해야만 한다. 예를 들어, 부모의 신앙과 자녀의 신앙이 다를 때 대중매체의 이용에 있어 무엇이 적절한지에 대한 의문과 또 이성 관계에서 성의 역할과 교회 참석, 그리고 성적 선호도가 무엇인지와 같은 논점들은 많은 청소년들에게 공통적으로 나타난다. 부모들은 기독교 세계관 때문에 기독교 상담자들을 매우 빈번하게 찾게 된다. 그러나 이런 부모의 자녀들은 삶의 현장에서 세속화된 입장을 더 많이 수용할 수 있다.

이런 차이점은 미국에 이민온 후 아동을 양육한 부모에 의해 경험되는 문화적 차이로 비유될 수 있을 것이다. 상담에 자녀를 데려온 부모는 자녀들이 자신들의 영적·도덕적 입장을 지지할 수 있도록 상담·심리치료사에게 요청한다. 상담·심리치료사는 자신의 신념과 관계없이 먼저 아동과 부모 모두를 이해해야만 하며, 또한 이 문제와 관련하여 상담·심리치료사의 역할이 무엇인지를 그들과 명확히 해야 한다. 상담·심리치료사는 특히 특정 입장에서 진실을 확신할 때조차 강압적이지 않도록 반드시 조심해야만 한다.

이미 언급한 것처럼, 어떤 특정 문제에 대해 부모와 상담·심리치료사가 내담자의 입장과 불일치할 때, 많은 논점에서 아동·청소년의 권리는 보호되어야만 한다. 일부 윤리적 문제에서 상담·심리치료사가 윤리적으로 한쪽을 선택할 수 없거나 더 권위 있는 목소리가 필요할 때, 가족을 통찰력 있는 목회자나 아니면 이 문제를 도울 수 있는 다른 사람에게 의뢰하는 것이 적절할 수 있다.

만약 상담·심리치료사가 성적 선호도나 불법 활동 같은 문제들을 전문적이고 윤리적인(또는 개인적으로 편안한) 방법으로 이 아동이나 가족을 다룰 수 없다는 것을 알았다면 다른 상담·심리치료사에게로의 신중한 의뢰는 윤리적으로 필요하다.

상담자는 아마 "때묻지 않은 세계"에 자녀들을 계속 두고 싶은 부모의 소망 때문에 더 넓은 문화에 제한적인 노출만을 하게 되는 기독교 가족의 아동과 10대 청소년들을 만나게 될 것이다. 이런 전략은 부모가 잘못된 방향이라고 말하면 매우 쉽게 동요되는 아동들에게는 꽤 효과적일 수 있다. 그러나 다른 경우에는, 이런 제약은 임상 상황을 불러일으키거나 악화시킬 수 있다. 예를 들어, 어떤 기독교 부모는 그들의 자녀가 볼 수 있는 텔레비전 프로그램이나 대중매체의 양과 종류를 심하게 제한한다. 이것은 자녀를 또래와의 상호 작용을 힘들게 만들 수 있다.

부모는 그 프로그램이 취하는 입장 때문에 자녀들을 성교육 프로그램에 '참여시키지 않기로' 했다. 그러나 성에 대해 배우지 않는다면 이 자녀들은 아마 부적절한 성적 활동의 대상이 되거나 모르고 부적절한 성적 활동을 저지를 위험이 증가할 수 있을 것이다.

다양성의 관점에서 상담·심리치료사가 종교 공동체 안에서 부모의 결정을 이해하고, 문화적으로 민감하기가 얼마나 어려운지에 대해 이야기하는 것은 중요하다. 만약 상담·심리치료사가 가족이 그들의 신앙공동체에서 극단적인 방법을 택하는지 여부를 결정할 수 있다면, 영적 지도자는 그 가족의 입장을 완화시키는 것을 돕는 중요한 자원이 될 수 있을 것이다. 다시 말하면, 기독교 상담자는 반드시 적극적으로 내담자나 가족의 행동 상황을 이해해야만 한다. 그리고 임상적으로 적절하고 또한 윤리적으로 전문적인 수련을 위해서 다양성 지침과 일치하는 방법으로 반응해야 한다.

이미 앞서 언급했듯이, 소수의 하위 문화와 같은 기독교 청소년들을 만나는 것과 관련된 중요한 문제는 기독교 상담자가 아마 가족들이 갖고 있는 신앙의 특정 표현에 대해 큰 편견을 갖고 있다는 것을 인식하지 못한다는 사실이다. 만약 상담·심리치료사가 민감해서 종교적인 교파, 자유 대 보수신학(또는 정책)은 사와 비은사적 행위 등과 같이 이런 요소와 관련된 문제에 대해 가족의 관점과 자신의 관점 간의 차이점을 인지하더라도 고의적으로 편견 의식을 지속하는 것이 나타날 수 있다.

이것은 상담 결과에 대한 기대가 다를 수 있다. 한 가지 예를 들면, 기독교 상담자가 하나님의 치유기적을 강조하는 교회에 속한 가정의 청소년을 만나는 경우이다. 이 청소년은 아버지에 의해 성추행을 당했다. 그 어머니는 상담 과정에서 딸이 아버지를 "그냥 용서해야 한다"라고 주장했고, 그러면 하나님이 그들의 관계를 회복시킬 것이며, 딸은 정서적으로 치유될 것이라고 주장했다. 이런 경우에 상담·심리치료사는 어머니가 용서로 회복시키는 능력을 믿고 있음을 인지해야 한다.

그러나 이것은 어머니가 생각하는 것보다 더 장기 상담이 필요한 청소년에게는 어려운 과정이다. 이런 경우에 상담·심리치료사는 용서에 수반되는 고통스러운 과정을 인식하지 못하는 지나치게 단순화한 어머니의 입장을 느낄 수 있을 것이다. 그러나 이런 경우에 관점의 차이점을 인식하는 것이 상담·심리치료사가 용서의 가치에 관한 어머니의 확신을 인식하도록 돕는다. 그리고 목적을 달성하기 위한 상담매체로써 하나님이 상담 과정에 사용할 수 있는 방법에 관하여 존중과 연민어린 방법으로 어머니와 이야기를 나눌 수 있다. 상담·심리치료사에 의한 이런 존중어린 반응은 상담 후 전체 가족을 위한 상담 과정의 어려움과 딸이 아버지를 결코 용서할 수 없을 것이라는 가능성에 대한 두려움에 대해 이야기할 수 있도록 어머니를 격려할 수 있다.

이것은 종교와 관련된 다양성 문제에 대한 하나의 예이지만, 상담 현장에서는 강력한 힘일 수 있다. 이런 이유로 상담·심리치료사는 윤리 규정이 제안하듯이 신학적인 편견에 의식적으로 깨어있고, 윤리적으로 상담하고 상담 과정의 효과성을 최대화하도록 돕기 위해서 내담자와 가족의 관점을 존중해야 한다는 것을 반드시 기억해야만 한다.

7. 목회자와의 협력: 윤리적 도전의 특별한(명백한) 예

이전 논의에서 제안한 것처럼, 다른 구체적인 윤리지침 간에는 고려할만한 공통부문이 있다. 예를 들어, 비밀보장의 논점은 분명히 동의서와 기록 관리, 그리고 다중 관계와 관련이 있다. 구체적인 윤리적 문제로 들어가면 교회 지도자와의 협조가 필요하다.

예를 들어, 어떤 경우, 내담자의 청소년부 목회자나 교회 지도자에게 상담과정에서 도움이 될 수 있는 추가적인 정보를 찾아 자문을 구하는 것은 도움이 될 수 있다. 이것은 미국심리학회나 미국상담학회 윤리 규정에 구체적으로 명시되어 있지는 않지만 많은 구체적인 윤리지침들을 심사숙고하는데 필요한 상담과정의 좋은 예를 제공한다.

목회자와의 협력은 미국심리학회의 '윤리적 원칙'과 일치한다.

> 바람직하고 전문적으로 적절할 때, 심리학자들은 그들의 내담자를 효과적으로 그리고 적절하게 돕기 위해서 다른 전문가들과 협력한다(3.09).

따라서 청소년 내담자의 어려움이 영적이거나 종교적이거나 아니면 교회와 관련된 문제를 포함할 때, 윤리적으로 적절한 도움은 상담·심리치료사가 이런 문제들에 전문지식과 권위를 가진 수련받은 목회자나 영적인 교회 지도자와의 협력과 협조를 필요로 한다. 흥미롭게도 이 글을 쓰던 시기에는 이런 협력을 포함하는 윤리적 문제를 다룬 구체적인 연구는 없었다.

이미 앞서 살펴보았듯이, 기독교 상담자는 전문적인 상담 세계 안에서 작업하며 실습과 규제를 따르는 것이 요구된다. 그들은 기독교 공동체 안에서, 아니면 적어도 기독교 공동체와 연관된 곳에서 작업하는데 상담·심리치료의 실습과 규제는 불명확하거나 일관성이 없을 수 있고 종종 전문적인 기준과 다르거나 갈등이 있을 수 있다.

따라서 상담·심리치료사는 전문 세계와 교회 세계 간의 차이점 안에서 안전하게 방향을 찾는 것이 필요하다. 성직자(priest)와 목회자(minister)처럼 분명히 인정되는 다른 많은 호칭들이 존재하지만 간소함을 위해서 이 논의에서는 '성직자'(clergy)라는 단어를 '목회자'(pastor)라고 사용할 것이다.

다음 논의는 목회자와 일할 때, 윤리적 도전으로서 비밀보장과 다중 관계의 이 두 구체적인 분야에 대해 초점을 둘 것이다. 일반적으로 목회자와 교회 사역자들은 상담·심리치료사처럼 조심스럽게 정보를 보호하는 것이 요구되지 않으며, 어떻게 그들이 내담자에 대한 비밀스런 정보를 다룰 것인지는 가변성이 많다. 문제의 소지가 있는 한 가지 예는 목회자가 상담·심리치료 서면 동의 없이 상담·심리치료를 의뢰할 때 또는 목회자에게 제공된 내담자 정보를 상담·심리치료사처럼 비밀스럽게 다루지 않을 수 있는 다른 교회 사역자에게 공개할 때이다.

다시 말하면, 청소년 목회자가 상담·심리치료사로부터 제공된 청소년의 말을 공유하거나 아니면 내담자도 몰랐던 자신에 대한 정보를 공유할 수도 있다. 뿐만 아니라 상담·심리치료를 위해서 돈을 지불하는 교회는 아마 상담·심리치료에 대한 정보에 접근해도 된다고 생각할 수도 있다. 베리힐(Berryhill, 2008)은 동료들과 협력할 때, 이런 상황에서 비밀보장 문제를 처리하기 위한 여러 전략들을 제안했다.

(1) 상담·심리치료사는 청소년 내담자나 그 부모(들) 그리고 목회자와 비밀보장의 한계에 대해서 매우 분명하게 하는 것이 중요하다.
상담·심리치료사가 아동의 상담·심리치료에 관한 정보의 법적인 권리를 가진 부모에 대해 한계를 충실히 지키도록 반드시 주의해야 하는데 특히 이혼이나 양육권 분쟁의 사례에서 더욱 그렇다.
(2) 교회 환경에서 누구에게라도 정보를 공개하기 전에 서면화된 허가서를 얻어야만 한다. 그리고 그 공개는 누가 정보를 받을 권한을 얻었는지에 대해서 구체적이어야 한다(예: 목회자, 비서, 장로 등).
(3) 상담·심리치료사는 교회에서 서면화된 정보를 공개하는 것에 특별한 주의를 기울여야 한다. 예를 들어, 청소년 지도자는 정말 돕고자 하는 마음으로 그 집단 구성원들 가운데 한 명의 심리검사 보고서를 보기 원할 수 있다. 그러나 청소년 지도자는 반드시 심리검사 보고서가 비밀 정보라는 것을 알아야만 한다. 이런 경우에 상담·심리치료사가 청소년 목회자와 교회 지도자에게 비밀보장 요건에 대해 교육하는 것이 필요하다.

이미 앞서 살펴보았듯이, 다중 관계는 기독교 공동체 안에서 내담자에게 제공될 때 보다 더 일반적일 수 있다. 미국심리학회의 '윤리적 기준'은 심리학자에게 "그 기능을 수행할 때, 심리학자의 객관성, 능력, 효과성을 악화시킬 수 있고… 아니면 착취하거나 해를 입힐 위험을 합리적으로 예측할 수 있을 때" 다중 관계를 피하라고 요구한다는 것을 상기해 보아야 한다. 여기에는 상담·심리치료사가 목회자와 협력할 때 나타날 수 있는 여러 종류의 다중 관계들이 있다.

예를 들어, 상담·심리치료사가 그 목회자나 가족 구성원들을 내담자로 만날 때(만나왔거나) 또는 목회자가 목회돌봄을 상담·심리치료사에게 제공할 때, 상담·심리치료사는 아동·청소년 내담자를 의뢰하거나 또는 목회자와 함께 진행하는 것을 의논하는 것이 필요할 수 있다.

다른 예는, 상담·심리치료사는 교회나 다른 곳에서 개인적으로 상담·심리치료사가 알고 있는 누군가와 상담·심리치료 하는 목회자를 상담·심리치료할 수 있다. 게다가 상담·심리치료사는 교회 신자의 사례에 관해 교회의 목회자와 협력을 시도하는 동안, 목회자나 다른 교회 지도자와 연루될 수 있다. 이런 종류의 상황은 상담·심리치료사가 기독교 공동체 안에서 상담·심리치료를 오래 하고 그 목회 공동체에 대해 더 잘 알게 될수록 더 보편적이다. 다음의 제안은 목회자와 협력할 때 다중 관계를 다루는데 도움이 되는 것들이다.

(1) 다중 관계 상황을 경계하고 적절한 내담자나 목회자를 알아 볼 것
(2) 당신이 협력하듯이 분별력 있게 신뢰를 확장시키며, 목회자가 내담자 상황에 맞는 적절한 판단을 하도록 배울 것.
(3) 자신의 분야에서 목회자와 협력한 동료들의 경험으로부터 배울 것
(4) 다중 관계가 나타나거나 발전될 경우에 적절하다면 청소년 내담자를 의뢰할 수 있도록 민감하게 준비할 것
(5) 특별히 당신이 작은 공동체에 있거나 대형 교회에서 예배드리지 않는다면 자신의 교회에서 상담·심리치료를 위해서 찾아온 사람들을 상담·심리치료를 하지 말 것

8. 윤리적 자기 방어에 대한 논의

상담자가 윤리적이고 전문적인 지침 모두를 따르며 일할 때조차도, 그/그녀는 어느 시점에 전문적인 항의나 고소에 직면하게 될 수도 있다(Lawrence & Kurpius, 2000). 특히 미성년 내담자의 복지를 위해서 돌보고 보호하는 노력으로 인한 이런 달갑지 않은 경험은 아동과 이들의 가족들과 작업하는 상담·심리치료사의 노력을 재점검하는 계기가 될 수 있다.

그러나 상담·심리치료사는 조사받거나 피소되는 것이 위반이며, 유죄선고를 받게 될 것을 의미하지 않는다는 것을 필히 기억해야 한다. 법적인 도움은 이런 상황에서 매우 가치가 있다. 그리고 법정이나, 자격관리위원회 또는 미국연방의료보험 통상책임법과 같은 정부기관 앞에서 자기 자신들을 방어할 때조차도, 상담·심리치료사는 반드시 계속 기록과 비밀보장에 관한 윤리지침을 따라야만 한다.

상담자에 대한 고소는 보통 아동보다 부모에 의해 발생된다. 그리고 때로는 상담·심리치료 과정 중에 있을 때, 이혼 상황에 있는 한쪽 부모로부터 고발된다. 이런 어려운 상황에 있을 때조차, 상담·심리치료사는 아동·청소년 내담자의 복지에 계속 전념해야 한다. 특별히 비슷한 문제에 부딪힌 동료 전문가로부터의 자문과 지원은 이런 시기에 매우 유용할 수 있고 윤리적일 뿐만 아니라 현명하게 상담·심리치료사를 도울 수 있다.

9. 결론

이 장에서 명료하게 밝힌 것처럼, 아동·청소년을 상담·심리치료하는 것은 정말 복잡하고 도전적인 과정일 수 있다. 게다가 여기서 논의한 윤리적 우려의 독특성은 청소년들과 작업하는 것과 직접적으로 관련된 것이 많다. 예를 들어, 로렌스와 컬피우스(Lawrence and Kurpius, 2000)에 따르면, 전문가 자격 규정에 관한 지침이 거의 없으며 그리고 대부분의 규제력을 가진 권한은 아동·청소년과 작업하기 위해서 특별히 필요한 기법이 무엇인지 구체적으로 명시하지 않기 때문에 **능력**의 문제가 상당히 유의미하다는 것을 강조했다.

예를 들어, 상담·심리치료사는 아동 발달에 전문적인 능력을 가진 성인 내담자에게 충분한 지식과 경험 없이도 육아에 대한 조언을 제공하고 싶어한다. 게다가 능력과 관련된 문제는 이전에 주목한 목회자와 협력하는 어려움과 같이 청소년들과 함께 작업하는 것과 관련된 특별한 윤리적 문제가 많다. 종합해 보면, 이런 사안들은 아동·청소년 내담자와 그들의 가족과 연관된 윤리적 복잡성을 진지하게 보도록 해 준다.

청소년 및 그들의 가족과 작업할 때, 상담·심리치료사가 직면하는 어려움도 있지만 이들과의 상담·심리치료의 작업이 효과적이고 또한 윤리적으로 작업하는 것이 가능함을 확신해야 한다. 잠재된 윤리적 염려를 다루는 열쇠는 내담자의 복지를 항상 잊지 않고, 가능한 해결 방안과 그 결과를 고려하여 신중한 과정을 통해 윤리적 문제를 해결하는 것이다. 게다가 동료와의 협의는 윤리적 어려움을 해결하는데 중요한 부분이다.

사실, 이미 이 장을 통해서 언급했듯이, 분명한 윤리 지침이 주어지지 않은 예들이 있다. 그럴 때 상담·심리치료사는 내담자를 위해서 가장 좋다고 다른 전문가들이 동의할 수 있는 행동을 위해서 최선을 다해야만 한다.

로렌스와 컬피우스(2000, Charmichael, 2006)는 미성년자들과 작업하는 어려운 사건(현장)을 다루는데 있어서 상담·심리치료사를 돕기 위해서 다음과 같이 제안했다. 이 제안은 이 장의 각 부분에 대한 요약이다.

① 교육 및 수련, 수련감독받은 전문 지식의 범위 안에서 실행할 것
② 속한 주의 특권과 제한점이 무엇인지 완전히 파악할 것
③ 상담을 시작할 때 아동과 부모를 위한 비밀보장을 명확하게 하고 아동과 부모(법적 후견인)의 협력을 요구하는 상담·심리치료 서면동의서를 만들 것. 그 문서는 관련기관으로부터 서명 받고, 첫 상담 회기 이전에 기록할 것
④ 모든 상담 회기에 대해 정확하고 객관적인 기록을 남길 것
⑤ 전문위원회나 다른 규제기관(예: 미국연방의료보험 통상책임법)에 의한 소송

이나 조사받을 경우에 비용을 충분히 보장할 수 있는 의료사고배상책임 보험을 확보할 것
⑥ 적절한 법적, 윤리적 절차에 확신이 없을 때, 동료 또는 법적 변호인과 협의할 것

아동·청소년은 그 어느 때보다도 정신건강 서비스를 위한 보다 큰 욕구를 갖고 있음을 볼 수 있으며, 기독교 공동체에서 청소년과 가족들에게 능숙하게 행하는 상담·심리치료사는 더 많이 필요하다. 아동과 그들의 가족을 상담·심리치료 하는 상담·심리치료사를 위한 윤리적 과제들은 상당히 많다.

하지만 일반적으로 성경과 그리스도는 특별히 아동을 중요시했고(예: 시 127:3-5; 마 18:2-6; 막 10: 13-14) 아동의 삶에 개입될 때, 그런 삶을 변화시키는 위대함과 선함은 이루어 질 수 있음을 기억하는 것은 독자들에게 중요하다. 신중하게 그들을 돕고, 여러 윤리적 문제들이 있음에도 불구하고 그들을 도와야 한다.

■ 참고문헌

American Counseling Association. (2005). *Code of ethics*. Alexandria, VA: American Counseling Association.
American Psychological Association. (2002). Ethical principles of psychologists and code of conduct. *American Psychologist, 57*, 1060-73. Also available (with 2010 amendments) from www.apa.org/ethics/code/index.aspx.
American Psychological Association. (2009). Promoting awareness of children's mental health issues. Retrieved from www.apa.org/about/gr/issues/cyf/awareness .aspx.
Beahrs, J. O., & Gutheli, T. G. (2001). Informed consent in psychotherapy. *American Journal of Psychiatry, 158*, 4-10.
Berryhill, J. S. (2008). *Ethical challenges for therapists who collaborate with pastors*. Paper presented at Eastern Regional Conference of the Christian Association for Psychological Studies, November 15, 2008, Greencastle, PA.
Bodenhorn, N. (2006). Exploratory study of common and challenging ethical dilemmas experienced by professional school counselors. *Professional School*

Counseling, 10, 195-202.
Carmichael, K. D. (2006). Legal and ethical issues in play therapy. *International Journal of Play Therapy, 15*(2), 83-99.
Donner, M. B., VandeCreek, L., Gonsiorek, J. C., & Fisher, C. B. (2008). Balancing confidentiality: Protecting privacy and protecting the public. *Professional Psychology: Research and Practice, 39*(3), 369-76.
Ford Sori, C., & Hecker, L. L. (2006). Ethical and legal considerations when counseling children and families. In C. Ford Sori (Ed.), *Engaging children in family therapy: Creative approaches to integrating theory and research in clinical practice* (pp. 159-76). New York: Routledge.
Kazdin, A. E. (2003). Psychotherapy for children and adolescents. *Annual Review of Psychology, 54*, 253-76.
Koocher, G. P. (2008). Ethical challenges in mental health services to children and families. *Journal of Clinical Psychology, 64*(5), 601-12.
Koocher, G. P. (n.d.). *Ethical issues in working with children and families*. (PowerPoint slides). Retrieved from www.oup. com/us/ppt/pdr/ChilrenandFamilies.ppt.
Lawrence, G., & Kurpius, S. (2000). Legal and ethical issues involved when counseling minors in nonschool settings. *Journal of Counseling & Development, 78*, 130-36.
Mannheim, C. I., Sancillo, M., Phipps-Yonas, S., Brunnquell, D., Somers, P. , Farseth, G., et al. (2002). Ethical ambiguities in the practice of child clinical psychology. *Professional Psychology: Research and Practice, 33*, 24-29.
Mitchell, C., Disque, J., & Robertson, P. (2002). When parents want to know: Responding to parental demands for confidential information. *Professional School Counseling, 6*(2), 156-62.
O'Donahue, W., & Ferguson, K. (2003). *Handbook of professional ethics for psychologists: Issues, questions, and controversies*. Thousand Oaks, CA: Sage.
Pope, K., & Vasquez, M. (2007). *Ethics in psychotherapy and counseling. A practical guide* (3rd ed.). San Francisco: Jossey-Bass.
Pope, K. S., & Vetter, V. A. (1992). Ethical dilemmas encountered by members of the American Psychological Association: A national survey. *American Psychologist, 47*, 397-411.
Remley, T. P. , & Herlihy, B. (2007). *Ethical, legal, and professional issues in counseling*. Upper Saddle River, NJ: Pearson Education.
Salo, M. (2006). Counseling minor clients. In B. Herlihy & G. Corey (Eds.), *ACA ethical standards casebook* (6th ed., pp. 201-3). Alexandria, VA: American Counseling Association Press.
Sparta, S. N., & Koocher, G. P. (2006). *Forensic mental health assessment of children and adolescents*. New York: Oxford University Press.
Sternberg, K. L., Levinve, M., & Doneck, H. L. (1997). Effects of legally mandated child abuse reports on the therapeutic relationship: A survey of psychotherapists. *American Journal of Orthopsychiatry, 18*, 112-22.

Sullivan, J. R., Ramirez, E., Rae, W. A., Pena Razo, N., & George, C. A. (2002). Factors contributing to breaking confidentiality with adolescent clients: A survey of pediatric psychologists. *Professional Psychology: Research and Practice, 33*(4), 197-202. Washington, DC: American Psychological Association.

Weinstein, B., Levine, M., Kogan, N., Harkavy-Friedman, J., & Miller, J. (2001). Therapist reporting of suspected child abuse and maltreatment: Factors associated with outcome. *American Journal of Orthopsychiatry, 55*(2), 219-33.

Woody, R. H. (1999). Domestic violations of confidentiality. *Professional Psychology: Research and Practice, 30*, 607-10.

Yeh, M., & Weisz, J. R. (2001). Why are we here at the clinic? Parent-child (dis)agreement on referral problems. *Journal of Consulting and Clinical Psychology, 69*, 1018-25.

제9장

상담·심리치료와 영적, 가치적 문제

랜돌프 샌더스(Randolf K. Sanders)

　이 장에서는 상담·심리치료에 있어 상당히 중요한 두 가지 문제에 대해서 살펴보고자 한다. 하나는 내담자의 영적 문제에 대한 것이고, 다른 하나는 상담·심리치료 중 내담자의 도덕적 가치 문제이다.
　이 주제를 논의함에 있어서 이 장은 독자가 임상이나 수련에 있어 기독교 정신적으로 건강한 전문가라는 것을 전제한다. 관점이 다른 믿음이나 믿음이 없는 관점에서 정신적으로 건강한 전문가를 위해서 직접적으로 다룬 장과는 다른 것임을 강조하고 싶다.
　이것을 논함에 있어서 정신적으로 건강한 기독교 전문가 집단 그 자체가 오히려 너무나도 다양한 집단이라는 것을 알게 될 것이다. 이런 다양성은 다양한 기독교 전통에서 나왔고, 종종 같은 종교적/영적 문제에 대해서도 상당히 다르게 믿으며, 상담·심리치료에 대한 철학도 다르다. 또한 상담·심리치료에 있어 영적, 가치적 문제를 어떻게 다루어야 할지에 대해서도 다른 의견을 갖고 있다.
　나는 이 장에서 이런 것들을 염두에 두고 시도하려고 한다. 추가로, 기독교 상담자에 의해서 상담·심리치료 받는 내담자의 영적 배경이 폭넓고 다양할 수 있다는 것을 이 장에서 기술했다.
　모든 내담자가 같은 교회나 동일한 종교적인 신념에서 나온 종교적인 배경을 갖고 있는 내담자를 만나는 환경도 있지만, 다양한 종교적인 신념이 있거나 또는 종교적인 배경이 없는 내담자를 다룰 수도 있다는 것을 알아야 한다.

1. 영성과 정신건강 전문가

최근, 정신건강 직종의 전문가들이 영성에 관심을 가져왔다. 이론적으로 그리고 응용/임상적 수준에서 상담·심리치료와 영성의 접점을 연구한 많은 서적들과 학술지들이 출간되었다(Aten & Leach, 2008; McMinn, 2006; McMinn & Campbell, 2007; Miller, 1999; Pargament, 2007; Plante, 2009; Richards & Bergin, 2004, 2005; Shafranske, 2006; Sperry & Shafranske, 2005). 일부 연구자들은 내용(예: 내담자의 초월성이나 삶의 궁극적 의미)의 많은 부분들을 영성에 집중한다. 반면, 어떤 연구자는 영성의 특별한 형식을 갖고 상담·심리치료와의 접목에 더 많은 집중을 한다(예: 기독교 상담 등).

정신건강 전문가들은 상담·심리치료와 영성에 대한 상대적으로 새로운 관심을 가져왔고, 주로 내담자에게 있는 오랜 기간 축적되었으나 간과되어왔던 영적 요구들에 반응하여 나타났다. 한 조사 연구에 따르면, 내담자의 55%가 상담·심리치료에 있어 종교적/영적 문제에 대해 다룰 것을 원한다고 조사되었다(Rose, Westefeld & Ansley, 2001). 이 연구의 저자는 다음과 같이 발표했다.

> 분명히, 특히 높은 영성을 갖고 있는 많은 내담자들은 종교적/영적 문제가 상담·심리치료에 있어 수용되고 다루어지는 것을 선호할 뿐만 아니라 상담·심리치료의 요인으로 중요하고 세계관과 인격을 형성하고 인간 행동을 상담하는데 중요하다고 믿는다(p. 69).

어떤 내담자들은 영적 문제를 다루어줄 것을 요청하고 또 어떤 내담자들은 이들이 영적 문제를 다루지 않으면 실망한다. 이 연구는 심지어 영적 문제들을 상담·심리치료에서 다루지 않았을지라도 때때로 내담자들은 상담·심리치료 과정에서 영적 도움으로 통합의 길을 찾는다고 제시한다(Rye et al., 2005; Sanders, 1980).

점차, 정책과 윤리적 기준을 세운 전문기관은 공식적인 언급을 통해 상담·심리치료에 있어 종교적/영적 중요성에 대한 생각을 부각시키기 시작했다. 예를 들어, 상담·심리치료사의 상담·심리치료에 초점을 맞춘 문제영역에 대한 진단을 안내하는 미국정신의학회의 『정신장애 진단 및 통계편람』 4판에서 새로운 조항을 추가했다. 이 조항(v 62.89)은 "임상적 관심의 초점이 종교적/영적 문제일 때 활용하기 위한 것"이다(미국정신의학회, 1994).

2002년에 편집된 미국심리학회(American Psychological Association: APA)의 윤리적 기준과 일반 원칙 E는 새로운 문구를 추가했는데 그 일부는 아래와 같다.

> 심리학자들은 모든 사람의 존엄과 가치 그리고 개인의 권리… 개인의 결정권을… 존중한다. 심리학자들은 종교적인 것을 포함하여 문화적, 개인적 차이와 역할의 차이를 알고 존중한다. 그리고 심리학자들은 이런 집단 구성원들을 상담·심리치료할 때 이런 요인들을 고려한다. 심리학자들은 이런 요인에 근거한 편견에 영향을 받지 않으려고 노력한다 (APA, 2002).

또한, "윤리적, 언어적, 문화적으로 다양한 사람들에게 심리적 서비스를 제공하는 사람들을 위한 지침"에서 미국심리학회는 "심리학자들은 세계관, 심리적 기능, 심리적 문제의 표현에 영향을 주는 속성과 금기 사항을 포함한 내담자의 종교적/영적 신념과 가치를 존중한다"라고 기록하고 있다(APA, 1993).

독자가 잘 알고 있는 것처럼, 의심의 여지없이 전문기관에 의해 제기된 영적 문제에 대한 이런 많은 적절한 관심들이 종교를 포함한 모든 영역에 있어 내담자의 다양성, 독립성, 그리고 내담자의 존엄과 가치를 존중하기 위해서 일어나고 있다. 내담자의 종교적인 신념에 대한 민감성과 존중은 현대의 많은 독자들에게는 분명히 있는 것 같다.

하지만 이 문제가 과거에는 전문 영역으로 주로 인정받지 못했다. 그리고 우리는 당당하게 '왜'라고 질문할 줄도 모른다. 아마 한 가지 대답은 대체로 심리학자들이 전체 미국 인구보다 덜 종교적이라고 보고한 연구에서 찾을 수 있다

(Beit-Hallahmi, 1977; Bergin and Jensen, 1990; Delaney, Miller & Bisono, 2007; Hill et al., 2000; Ragan, Malony & Beit-Hallahmi, 1980).

특히 스스로 종교적이지 않다고 생각하는 상담·심리치료사가 내담자에게 있는 이런 문제를 간과하는 경향이 있다고 생각하는 것은 부당한 것이 아니다. 불행히도 일부의 경우, 상담·심리치료사들은 내담자의 종교적인 신념을 폄하한 것으로 생각하여 실제적으로 죄책감을 갖고 있어왔다(Gonsiorek, Richards, Pargament & McMinn, 2009).

감사하게도, 아마 전문가집단 구성원들이 내담자의 종교적인 신념을 존중해야 한다고 촉구하기 때문에 현재는 상담·심리치료사가 영적 문제가 상담·심리치료에 관련이 있다는 것과 영적 작업이 정신건강에 이로울 수 있다는 것을 알게 되었다고 많은 연구들이 보여주고 있다(Delaney, Miller & Bisono, 2007; Frazier & Hansen, 2009; Hathaway, Scott & Garver, 2004).

내담자의 종교적인 신념을 존중하는 것에서 일부 전문기관들은 한 걸음 더 나아가 상담·심리치료에 있어 영적 문제를 평가하고 다루는 능력을 습득하는 것이 중요하다고 강조한다. 예를 들어, 미국심리학회 윤리 규정은 다음과 같이 기술한다.

> 심리학을 수련하는데 있어서 과학적 전문지식을 얻고자 한다면 종교와 관련된 요인에 대한 이해가 효과적인 수련을 위해 필수적이다. 심리학자들은 자신의 일에 대한 능력을 확보하기 위해서 필요한 수련, 경험, 수련감독 및 상담자문을 받아야 한다. 아니면, 이들은 적절한 사람에게 의뢰해야 한다(APA, 2002, Sect. 2.01b).

따라서 미국심리학회에서는 상담·심리치료사가 상담·심리치료에 있어 영적 문제를 이해하고 평가할 수 있는 능력을 확보할 것을 촉구한다. 또는 이런 영적 이해와 평가에 대한 기술이 부족하다면 가능한 사람에게 의뢰할 수 있도록 촉구한다.

불행히도 초기 연구는 이런 경고에도 불구하고 일부 상담·심리치료사들이 이런 기법에 대한 수련을 실제로 받으려고 하지 않았음을 보여주고 있다

(Frazier & Hansen, 2010). 내가 앞으로 간략히 기술하겠지만 이와 같은 능력을 갖고 있는 기독교 상담자가 이런 필요를 만족시켜주는 역할을 할 유일한 자격이 있을 지도 모른다.

하지만 그것을 살펴보기에 앞서 대체로 정신건강 전문기관이 영적 문제가 중요하다는 생각과 상담·심리치료의 일부분으로서 존중받고 평가받아야 한다는 생각이 있다는 것을 언급하는 것이 중요하다. 그러나 아직 이런 문제에 대해 어떻게 개입을 해야 할지에 대해서 협의된 것은 없다.

일부 전문가들은 정신건강 전문가의 개입과 성직자나 다른 종교 지도자의 개입 간의 명확한 경계를 그으려 시도하고 있다. 그들이 영적 문제에 민감하게 반응하고 싶어하지만 정신건강 전문가가 직접적으로 영적 개입을 할 때 '자질, 역할 혼동, 진실성과 존중' 문제에 대해 염려하는 부분이 있다.

따라서 이들은 그 경계를 넘나들 때 많이 주의할 것을 권고한다(Sanders, Miller & Bright, 2010). 또 다른 전문가들은 일부 종교적인 내담자들이 수용할 수 있는 영적 구조 내에서 제시함으로써 더 효과적일 수 있다고 믿는다.

예를 들어, 합리적 정서행동치료(REBT)와 같은 방법을 상담·심리치료시가 사용할 때 직접적인 영적 개입은 적절하다고 믿는다(Gonsiorek, Richards Pargament & McMinn, 2009). 여전히 일부 전문가들은 '심리학적' 개입과 '영적' 개입을 구분하는 것이 어렵다고 말한다(Pargament, 2007, 2009).

예를 들어, 맥민(McMinn)은 용서 상담과 같은 개입이 한때는 종교적인 상담·심리치료 전유물로 생각되어졌지만 지금은 상담·심리치료의 효과를 위한 거대한 내용의 심리학적 연구물이며, 이는 영성 상담·심리치료에서 뿐만 아니라 일반 상담·심리치료에서도 빈번히 사용하고 있다고 말한다(Gonsiorek, Richards Pargament & McMinn, 2009). 게다가 그는 초기 연구에서 기독교인 내담자에게 기도가 용서 상담에서 더 효과적일 수 있다는 등의 직접적인 영적 개입을 더 많이 사용할 것을 제안했다.

영적 '민감성'을 장려하지만 어떤 영적 개입도 회피했던 사람들은 공인된 정신건강 프로그램으로 수련받은 많은 전문가들이 있다는 사실을 충분히 고려하지 않았다. 그리고 이 프로그램은 상담·심리치료에 있어 영적 문제를 어떻게 다룰 것인지를 학생들에게 가르친다. 게다가 정신건강 직종의 전문가가 상담·심리치료사가 요구하는 모든 직접적인 영적 개입을 회피하는 정책을 수립한다면 종교적으로 열심이 있는 많은 내담자 집단이 정신건강 돌봄 프로그램 모두에 저항할 수 있다는 것을 그들은 이해하지 못할지도 모른다.

물론, 무비판적인 심리적 개입과 영적 통합 또한 문제이다. 반면, 파거먼트(Pargament; 2007, 2009)의 연구에 따르면, 확실히 영적 문제와 정신건강 문제는 서로 아주 많이 중첩된다. 하지만 이 둘의 노력은 매우 다르다. 정신건강 직종의 전문가들은 '심리적 적응'을 많이 강조하지만 종교계 출신의 많은 사람들은 말로니(Malony; 1982)가 '거룩'(holiness)이라고 부른 것을 강조한다.

그리고 상담·심리치료사가 상담·심리치료를 위한 특정한 영적 접근에 매우 깊이 연루되어서 내담자의 영적 여정의 긍정적인 점을 깊이 이해하지 못하고 상담·심리치료적 조언을 하는 것이 문제이다. 정신건강 전문가에 의해 '은밀히 하는 행위'(stealth)도 큰 문제이다. 즉, 이들은 과거에 정신건강 전문가 면허/자격증을 취득하고 정신건강 수련을 성급하게 시도하고 내담자에게 자신의 지위를 이용하여 특정한 영적, 종교적 접근을 실시한다.

2. 상담에 있어 영적 문제를 다루기 위한 모델

영적 개입을 위해서는 민감한 접근 방식이 요구되고 있다. 그런 접근은 많은 내담자들이 상담·심리치료에 있어 영적 문제를 통합하기 위해서 갖고 있는 욕구를 존중하고 잠재적인 문제나 갈등을 염두에 두며 종교적인 내담자가 폭넓고 다양한 방식으로 상담·심리치료에 있어 심리학적, 영적 접점을 갖고 접근한다는 사실에 민감하다.

결과적으로 단지 하나의 기준만을 주장하는 것보다 다양한 접근 방식을 고려할 것을 제안한다. 아래 단락에서 전문가 면허/자격증을 취득한 기독교 상담 전문가가 현재 사용하는 접근 방식, 즉 세 가지 모델에 대해서 기술할 것이다. 세 가지 모델은 상호배타적인 것이 아니라 연속선상의 하나로 보여질 것이다.

사실, 우리가 볼 때 두 번째, 세 번째 모델들 가운데 하나를 선택한 사람은 윤리적으로 신뢰를 받을 수 있는 접근이 되기 위해서 첫 번째 모델 또한 선택해야 한다. 이 모델들은 샌더스, 밀러, 브라이트(Sanders, Miller, Bright, 2010)에 의해 개발된 영적 돌봄의 연속성 평가를 반영하지만 의미 있는 대조로 이루어진다.

예를 들어, 상황, 내담자 집단, 상담·심리치료사의 능력, 상담·심리치료의 환경에 따라 윤리적으로 다소 차이를 두고 접근하는 것이 적당할 것이라고 나는 가정한다. 그리고 상담·심리치료 서면동의에 입각한 합의 과정이 모델에서 다루어지는 것이 윤리적으로 적당할 것이라 가정한다.

1) 민감성 기반 모델(Sensitive-based model, SB)

이 모델에서 기독교 상담자는 내담자가 제시하는 영적 문제에 민감해야 하고 적극적으로 평가해야 한다. 영적 문제를 존중하는 상황에 맞는 평가는 초기 상담의 일부분이고 상담·심리치료사는 내담자가 상담·심리치료에서 보이는 문제가 영적 문제와 어떻게 관련이 있는지에 관심을 갖는다.

그러나 상담·심리치료사는 문제 탐색을 위한 수용이나 공감적 환경의 제공 없이 영적 문제에 직접적으로 개입하지 말아야 한다. 만일 영적 문제가 중요한 것처럼 보인다면 상담·심리치료사는 그 내담자를 수용할 수 있는 종교 지도자에게 의뢰할 것을 고려한다. 내담자의 목회자, 목회 상담자, 원목, 대학 사역자, 영적 감독자 또는 기타 종교 지도자는 정신건강 문제에 공감하고 협력을 위해서 개방하는 것을 고려하고 제공해야 할 것이다.

상담·심리치료사의 주요 임무는 상담·심리치료 과정 속에서 영적 문제에 대한 중요성을 계속해서 관찰하는 것이며, 내담자의 허락으로 종교 지도자에게 요구되는 상담자문과 협력적 돌봄을 실행하는 것이다.

이 모델은 드러난 영적 문제를 다루는데 있어서 능력이 부족한 기독교 상담자에게 가장 적절할 것이다. 또는 영적 문제에 대한 반응에 한계를 보이는 구조적 제약에 직면한 기독교 상담자에게 가장 적절할 것이다.

2) 통합적 기반 모델(Integratively based model, IB)

민감성 기반 모델처럼, 통합적 기반 모델의 기독교 상담자도 내담자가 제시하는 영적 문제를 존중하면서도 상황에 적절한 방식으로 민감해야 하고 적극적으로 평가해야 한다. 영적 문제가 있다면 충분히 수련 받은 상담·심리치료사는 전반적인 정신건강 상담·심리치료 프로그램에 준한 방법을 활용하여 내담자를 다루도록 노력해야 하며, 내담자가 상담·심리치료에 나아오도록 일련의 독특한 영적 관점과 영적 도구를 가능한 많이 제공하도록 노력해야 한다.

요약하면 이 각본에 따라서 수련 받은 상담·심리치료사는 상담·심리치료의 계획의 일부로서 선택된 영적 개입의 통합을 시도한다. 그리고 내담자 중심 방식으로 통합을 시도한다. 예를 들어, 말씀중심교회(a Bible Church) 신자인 내담자가 상담·심리치료를 위해 와서 관계의 소극성으로 어려움을 겪고 있다고 말한다. 그녀는 심리적 경계선 설정의 도움을 받기 원한다.

하지만 그녀는 항상 '1km를 가자고 하면 2km를 가고' '다른 쪽 뺨까지도 돌려야 한다'고 하는 자신의 신념과 반대되는 것 같아 사람들에게 거절하는 것이 어렵다고 진술한다. 내담자의 동의와 함께 종합적인 상담·심리치료의 계획의 일환에 따라서 상담·심리치료사의 뒤이은 평가는 인지행동치료적 자기주장 훈련 개입을 구성하여 자기 주장을 위해서 영적 기반에 근거한 합리성으로 통합하는 것이다(Sanders, 1980; Sanders & Malony, 1982).

아니면, 스트레스와 불안을 다루는데 어려움을 겪어 상담·심리치료를 받으러 온 내담자를 고려해 보는 것이다. 내담자는 묵상 경험이 있었으며, 내담자에 따르면, 그것이 자신보다 더 강한 무엇인가와 '접촉'하는 것 같기 때문에 다소 도움이 된다는 평가를 내렸다.

통합지향적 상담·심리치료사는 아마 내담자의 영적 이해를 위해서 심리학적으로 건전하고 민감함을 더할 선택된 말씀 지문을 활용하여 좀 더 깊이 묵상을 탐색하기 위해서 내담자를 격려할 것이다.

3) 교리지향적 모델(Doctrinally based model: DB)

다시 민감성 기반 상담·심리치료사와 같이, 상담·심리치료사는 내담자가 진술하여 제시하는 영적 문제에 민감하고 적극적으로 평가한다. 하지만 교리지향적 모델(Doctrinally based model: DB)에서 기독교 상담자는 상담·심리치료의 모든 접근에 기저가 되는 특별한 종교지향적 관점으로 시작한다. 상담·심리치료사의 교리적 근거는 영적 문제를 다룰 방법을 직접 지도한다.

예를 들어, 상담·심리치료사는 성경에 근거하여 인지치료를 활용한 상담·심리치료를 제공할 것을 알린다. 이렇게 하는 것이 상담·심리치료사에게는 자신이 적극적으로 상담·심리치료에 협력할 수 있는 성경적 해석의 특별한 원리라고 생각하고, 자신이 활용할 수 있는 인지상담적 접근을 알리는 것이 원칙이라고 생각한다.

또 다른 경우에 기독교 부부 상담자는 모든 부부가 '친밀한 결혼을 위한 하나님의 계획'이라고 적힌 성경공부 교재를 이수할 것을 요구할 것이다. 또한 이 공부 교재를 행동지향적 부부 상담을 위한 지침처럼 사용한다.

나는 세 가지 모델이 상호배타적이지 않다는 것을 반복하여 말하고 싶다. 두 번째와 세 번째 모델은 윤리적으로 신뢰성을 갖기 위해서 그 안에 민감성 기반 모델을 포함시켜야 한다. 다시 말하면, 기독교 상담자가 한 가지 모델 이상의 요소를 제시함으로써 모델들은 연속선상에 있어야 한다. 그럼에도 불구하고 오늘날 대부분의 기독교 상담자들이 실습을 위해서 우세한 기준으로서 이 모델들 중 한 가지를 적용한다고 가정해도 무방하다.

다음으로 다룰 내용으로, 나는 상담·심리치료에 있어 영적 문제를 다룰 때, 전방에 나타나는 윤리적 원칙에 대해 먼저 개괄적으로 다루고 나서 좀 더 자세히 논할 것이다.

그런 다음, 나는 논의한 각각의 돌봄 모델이 이 윤리 원칙의 기준을 얼마나 잘 (또는 얼마나 부족하게) 충족시키는지에 대해 논의를 시도할 것이다. 우리가 주지하는 바와 같이, 각각의 모델은 자신의 영역이 있다. 하지만 이 모델들은 다른 것들보다 일부 상황에 더 적절하다.

상담에서 영적 문제를 다루는데 있어서 한 가지 윤리성을 고려해 볼 때, 작용할 수 있는 윤리 원칙은 4가지이다

(1) 상담·심리치료사의 능력이다.
상담·심리치료에서 영적 문제를 유능하게 다루기 위해서 상담·심리치료사에게 필요한 수련과 경험은 무엇인가?
어떤 형태의 영적 개입이 윤리적으로나 전문적으로 적당한가?
(2) 내담자의 자기 결정권이나 자율성과 관련이 있다.
영적 문제를 다룰 때, 내담자의 선택의 자유와 자기 결정권이 상담·심리치료 과정에서 보호되는지를 어떻게 보장할 수 있는가?
(3) 신의(충실성)와 관련이 있다(Kitchener, 1984).
상담·심리치료사로서 자신의 역할 속에 상담·심리치료 전문가들은 충성, 책임 그리고 무엇보다도 내담자에 대한 의무가 있다. 하지만 또한 전문가들은 전문가로, 상황에 맞게 더 넓은 사회기반을 갖도록 작업하며, 기독교인은 여기에 그리스도와 하나님 나라를 추가할 것이다(basileia tou theou).
(4) 유익성(benificence)이라는 것이다(Beauchamp & Childress, 1983).
상담·심리치료사의 일은 내담자에게 해를 입히지 않도록 돌보고 상담·심리치료 작업을 통해 유익을 주는 것이다(APA, 2002, Principle A).
영적 문제를 다룰 때, 어떻게 하면 내담자에게 가장 이롭게 할 수 있는가?

3. 영적 문제를 다루는 능력

분명히 상담·심리치료에서 영적 문제를 다룰 때, 상담·심리치료사의 능력은 기본적인 윤리적 관심사이다. 본서의 다른 곳에서 버트맨(Butman)도 자신을 기독교 상담자로 표방하는 사람들을 위해서 필수적인 자질을 수립하는 것은 훌륭한 일이라고 했다.
상담에서 영적 문제들을 능숙하게 다루는 기독교 상담자를 위해서 나는 아래

내용을 부연할 것이다.

1) 기독교 상담자는 수련 중 상담·심리치료에서 특별히 영적 문제를 이해하고 반응하는 데 초점을 둔 과정을 거쳐야 한다.

이 수련은 이런 형태의 상담·심리치료를 위해서 구체적인 수련을 제공하는 전문대학, 대학교, 신학대학 같은 곳에서 전통적인 교육 과정으로 개설되고 있다. 또는 이런 영적 상담·심리치료를 제공하는 집중 수련(인턴쉽)이나 실습과정을 통해서 수련 받을 수 있다. 수련 과정은 또한 미국심리학회, 미국기독교심리연구학회와 같은 전문기관의 지속적인 교과과정 개설의 지원 및 지도경험과 자기 학습을 통해서 시간이 지나면서 발전될 수 있다.

2) 수련과정의 세 가지 필수요소는 자각 훈련, 기본적인 영적 평가 기술, 영성 관련 치료적 개입 활용이다.

첫째, 자각 훈련은 최소한 세 가지 핵심능력을 포함한다.
① 자신이 갖고 있는 종교적/영적, 도덕적 참고 틀을 분명히 설명할 수 있는 능력이다.
② 영성에 따른 자신의 문화적 배경, 역사, 전통을 이해하는 것이다.
③ 지식에 있어 자신의 종교적/영적 편향, 편견, 차이를 통찰하는 것이다.

둘째, 영적 평가와 관련하여 몇몇 저자들이 이런 민감한 영역에 대해서 도움이 되는 접근 방식을 제공했다(Cornish & Wade, 2010; Plante, 2009; Richards & Bergin, 2005; Saunders, Miller & Bright, 2010).

일반적으로 그들은 영적 문제를 평가하는데 있어서 실무자에게 도움이 되도록 차별화된 일반적 질문을 권고한다. 여기에는 다음과 같은 질문이 포함될 것이다.

당신의 일상에서 영성이나 종교가 얼마나 중요한가?

당신은 특별한 종교단체에 가입되어 있는가?

당신의 영적 삶에 영향을 줄 도움을 찾는데 어려움이 있는가?

영적 평가 내용이 중요하기에 평가 과정이 중요한 만큼 알차야 한다. 리차드(Richards)의 연구에 따르면, 유능한 상담·심리치료사는 영적 문제를 평가하고 다룰 때 "영적으로 안전함을 제공하고 상담·심리치료 환경을 확고히 할 수 있는 능력"을 갖고 있어야 한다(Gonsiorek, Richards, Pargament & McMinn, 2009). 즉, 상담·심리치료사는 내담자와 그의 문제에 대해 영적 평가를 민감하면서도 부드럽게 적용할 수 있어야 한다. 이는 내담자 중심이어야 한다.

많은 경우에 대화식 영적 평가는 초기 회기에 자연스럽게 전개된다.

첫 회기에 매우 우울증이 심한 내담자가 자신의 환경에 대해 설명하고, 자신의 삶 속에 이것이 삶의 심리적 문제를 일으키는 인자라고 기술한다고 가정해 보자.

잠시 내담자의 낙담에 대해 공감적으로 반응한 후에 상담·심리치료사는 "무엇이 당신을 매일 그렇게 되도록 만듭니까?"라고 묻는다.

잠깐 생각한 후 내담자는 "글쎄요. 나는 교회때문이라고 생각해요"라고 답한다.

그에 대해서 상담·심리치료사는 "그래요. 교회에 대해 그리고 교회가 당신에게 어떻게 도움이 될지에 대해 좀 더 내게 말해 주시겠어요"라고 묻는다.

그런 후 내담자 중심의 영적 평가가 시작된다.

또한 부부 문제에 대해 내담자와 함께 생각해 보자.

초기 면담시 상담·심리치료를 위한 내담자의 목표에 대해 질문했을 때, 내담자는 "남편과 이혼한다면 하나님이 나를 용서해 주실 수 있는지 알고 싶어요"라고 말했다.

이 말을 듣고, 상담·심리치료사는 상담·심리치료 과정을 변경하여 질문을 한다.

"그래요. 하나님과의 관계에 대해서 내게 말해 주시겠어요."

아니면, 좀 더 구체적으로 "당신은 이와 같은 상황을 하나님은 어떻게 보고 있는지에 대해서 말해 주시겠어요"라고 질문한다.

영적 평가에 대한 접근은 내담자가 기꺼이 공유하는 것으로 시작하고, 가능한 내담자에 대한 존중과 민감성을 반영하여 내담자가 말한 종교적인 언어를 그대로 진술한다. 그리고 내담자의 영성이 사적이고 개인적인 문제라는 것을 설명한다. 그들이 자연스럽게 영적 평가로 진행되도록 하여 내담자 측면에서 저항을 자극하는 기회는 감소된다.

셋째, 영성 관련 개입에 있어 영성지향적 상담·심리치료를 위해서 증거에 근거한 접근훈련이 필수 교육과정에 포함될 수 있을 것이다.

윤리적으로 실천하고자 하는 상담·심리치료사는 경험적으로 입증된 치료적 개입을 알기 원하고 이에 감사한다. 물론, 그렇게 하기 위해서 상담·심리치료사는 행동주의적 통계와 연구 방법에 있어 기본적인 배경지식을 갖고 있어야 한다. 그들은 비판적으로 연구논문을 읽을 수 있어야 하며, 일상의 치료적 개입에 신중하게 그 결과물을 활용할 수 있어야 한다.

영성지향적 상담·심리치료에 관한 연구 자료가 미흡하다는 것은 인정해야 한다. 하지만 연구가 진행 중에 있고, 연구 결과에 대한 평가가 나오기 시작하고 있다(Richards & Worthington, 2010). 그러나 증거에 근거한 접근을 위한 평가와 더불어, 상담·심리치료사는 상담·심리치료에서 영적 문제에 대한 개입과 관련된 돌봄의 기준도 함께 구비할 필요가 있다.

돌봄의 기준이란 다양한 임상 문제와 관련하여 최소한 신중하게 고려된 돌봄의 기준으로 구성된 것을 정신건강 전문가 안에서 발전시킨 합의된 지침을 말한다. 이것은 임상 이론 속에서 발전되고 전문가 단체가 이따금 문제로 제기하는 지침내용 속에서 발전한다.

3) 기독교 상담자는 세상 속에서 뿐만 아니라 다양한 교회/교파의 신앙 안에서 수련되어야 한다.

기독교인인 상담·심리치료사, 특히 신학대학이나 대학교에서 종교적/영적 문제로 수련을 받지 않은 사람들은 자신의 개인적인 신앙관점이 상담·심리치료를 받으러 온 모든 기독교인 내담자를 상담·심리치료할 수 있는 자질을 만들어 준다고 잘못된 가정을 하게 된다. 그것은 잠재적인 위험성으로 가득한 근시안적인 관점이다. 심지어 종교와 관련된 교육을 신학대학이나 고등교육에서 받았다 할지라도 단지 하나의 전통으로만 그런 수련을 이따금 받았다. 그렇기 때문에 상담·심리치료사는 다른 신앙 전통에 대한 학습을 위해서 길을 모색해 보는 것도 중요하다.

지도자와 약간의 대인관계적인 상호 작용과 다른 전통 출신의 특별한 사람과의 대인관계적인 상호 작용이 포함되는 것이 이상적인 교육과정이다. 물론, 개인 내담자가 종교적인 전통을 배운 방식대로 모두 믿거나 행동할 필요까지는 없다는 것을 이해해야 한다.

모든 로마가톨릭교회가 낙태를 반대하는 것은 아니다. 그리고 자신을 성경의 무오성을 믿지 않는 거듭난 신자로 여기는 사람들도 있다. 그럼에도 불구하고, 세상 종교에 대한 지식과 교파와 교회 정책에 대한 지식은 기독교 상담자에게 다양한 전통 출신의 사람들과 함께 작업함으로써 더 폭넓은 관점을 제공할 수 있다. 그리고 이것은 또한 내담자가 자신의 신앙과 행동 간의 충돌을 경험할 때 그리고 종교적인 전통으로 배운 규범과 사회적 관습 간의 충돌을 경험할 때 상담·심리치료사에게 분별하도록 도움을 줄 수 있다.

4) 기독교 상담자는 상담·심리치료 과정 중 영적 문제를 다루는데 있어서 세부적인 전문성을 갖고 있는 정신건강 분야에 대해 자문할 수 있는 인적 자원을 개발해야 한다.

그런 자문가들은 상담·심리치료사의 전문성이 부족한 사례에 맞는 도움을 제공할 수 있고 윤리적 문제가 초래할 때 객관적인 자료로 활용할 수 있는 사례에 맞는 도움을 제공할 수 있다.

5) 유능한 기독교 상담자는 상담자문과 의뢰할 수 있는 자원으로 적당한 목회자를 세우려 노력할 것이다.

목회자, 특히 목회돌봄이나 목회직을 수련 받은 사람들은 상담·심리치료사의 능력범위를 뛰어넘는 영적 문제에 대한 조언을 종종 제공할 수 있다. 또한 때로는 상담·심리치료사의 전문 영역을 벗어난 구체적인 영적 문제나 질문에 대해 돕기 위해 담임목회자나 영적 지도자에게 내담자를 의뢰하는 것이 도움이 될 수 있다. 또는 그렇지 못할 경우, 내담자의 종교적인 전통에 맞는 종교 지도자에게 상담·심리치료를 받도록 하는 것이 더 좋을 수 있다.

우리가 보았을 때, 능력이 있느냐의 문제는 영적 문제를 다루기 위해서 필수적인 수련을 받고 보유하는 것과 관련이 있다. 내담자를 제대로 파악하는 것이 중요한데 상담·심리치료사가 특정 영역에서 지식이 부족하다면 다른 전문가와 협력하여 돌보는 것이 필요하고 더 많은 기술들을 갖고 있는 누군가에게 내담자를 의뢰하는 것이 필요하다.

흔히 상담·심리치료사는 육체적인 것이 문제라고 여겨지거나 향정신성 약물의 평가가 필요할 때 의사에게 의뢰한다. 기독교 상담자도 내담자의 영적 문제가 상담·심리치료사의 지식이나 전문성 범위를 벗어날 때, 내담자에게 맞는 종교전문가에게 의뢰하는 것이 중요하다는 생각을 할 필요가 있다.

불행하게도 맥민과 그의 동료들에 따르면(McMinn, Chaddock, Edwards, Lim & Campell, 1998) 목회자와 심리학자 간의 의뢰 형태가 의뢰의 대부분이 목회자들에게 향하는 단일 방향으로만 진행되는 경향이 있지, 그 반대로는 진행되지 못한다고 한다. 물론, 상담·심리치료사는 자신이 의뢰할 때 신중해야 한다. 모든 목회자가 기본적인 상담·심리치료와 정신병리학을 수련 받은 것이 아니다. 그리고 일부 의뢰는 좋지 않은 결과를 초래한다. 또한 상담자문이 일부 상황들에서는 도움이 되지 않는다. 특히 내담자 자신의 개인적인 삶에 대해 종교 지도자가 너무 많은 것들을 알게 되는 것을 불편해 할 때 그렇다.

이렇게 말을 했어도, 목회자나 종교 지도자와 상담·심리치료사 간에 협력적 돌봄 못지않게 상담자문도 내담자에게 유의미한 유익이 있다는 사례들이 있다.

내담자가 특별한 개입에 관하여 종교적인 것에 근거한 충돌이 있는 경우에, 내담자에게 좀 더 성공적인 치료적 개입을 심어줄 수 있는 방법으로 종교 지도자는 문제를 재구성할 수도 있다. 반대로, 만일 상담·심리치료사가 내담자의 믿음에 대한 기본 교리에 거스르는 변화를 요구한다면 종교 지도자는 상담·심리치료사의 이해를 증진시킬 수 있다.

4. 내담자의 자기 결정권: 자율성

내담자의 자율성과 상담·심리치료에 있어 어떤 유형에 참여할 것인지를 선택할 수 있는 권리는 사실 모든 상담·심리치료 전문기관의 윤리 규정의 주요 교리이다(APA, 2002, Principle E; ACA, 2005, sect. A). 주(state)에서 발급받은 전문가 면허/자격증과 이런 전문가 단체들 가운데 한 단체의 윤리 규정에 따를 것을 맹세한 모든 상담·심리치료사는 이런 원칙에 동의했다.

이것은 윤리적 상담·심리치료사가 상담·심리치료 과정에서 내담자가 영적 문제를 논의점으로 제기하고 싶은지를 선택할 내담자의 권리를 존중할 것을 의미한다. 그리고 영적 개입이 있을 때 내담자와 공동으로 작업할 것을 의미한다. 이것은 내담자의 영적 신념에 어떤 것도 부과하지 않을 것을 확실히 하는 것이다.

내담자의 자율성과 자기 결정권 보호를 보장하기 위해서 도울 수 있는 한 가지 방법은 영적 개입에 참여할 것과 관련하여 상담·심리치료 서면동의를 내담자에게 제공하는 것이다. 상담·심리치료 서면동의서는 내담자에게 제안된 영적 개입의 특성에 대한 정보를 제공하는 것이며, 그 개입을 수용하거나 거절할 권리에 대한 정보를 제공하는 것이다. 또한 여기에는 잠재적인 유익과 그 개입의 위험성에 대한 정보도 포함된다. 그리고 이것은 상담·심리치료 목적 달성을 위해서 선택이 필요하다는 것을 의미한다.

일반적으로 상담·심리치료 서면동의는 상담·심리치료사에 의해 잘 정리된 구두 진술과 내담자에 의해 상담·심리치료 동의서에 서명할 수 있는 인쇄된 정보나 내용을 통해 제공된다. 상담·심리치료사는 어떤 정보가 합의 절차 과정에 포함되어야 하는지를 결정할 몇 가지 요인에 대해서 고려할 필요가 있다. 그 가운데 하나는 상담·심리치료의 구성이다.

구체적인 교파, 교회, 그리고 종교단체와 명쾌하게 제휴된 상담·심리치료소는 상담·심리치료소에서 제공하는 상담·심리치료의 종류에 대한 일부 정보들을 상담·심리치료소 이름에 포함시킬 것이다. 다른 하나는 전화번호부에 이름이나 전문가로만 나열된 개인 상담자는 영적 문제를 어떻게 다룰 것인지에 대해 잠재적인 내담자에게 어떤 단서도 제공하지 않는다.

또 다른 요인은 상담·심리치료사가 제공하는 영적 개입의 유형과 관계가 있다. 탄(Tan; 1996)은 개입에 대한 암시적 접근과 명시적 접근에 대해 말한다. 그에 따르면, 암시적이라는 것은 상담·심리치료사가 "상담에 있어 기도와 성경 또는 다른 신성한 내용과 같은 종교적인 자원을 공개적으로, 체계적으로 사용하지 않는다"라는 것을 의미한다(Tan, 1996). 상담·심리치료사는 내담자를 위해서 상담·심리치료 밖에서 기도할지도 모른다. 그러나 상담·심리치료 중에는 내담자와 함께 공개적으로 기도하지 않을 것이다.

명시적 개입은 상담·심리치료 속에서 선택된 영적 자원을 공개적으로 사용하는 것을 말한다. 예를 들어, 명시적 개입은 상담·심리치료사가 상담 회기 동안 내담자와 큰 소리로 기도하는 것이다.

다른 모든 것들과 동등하게 명시적 개입을 사용하는 상담·심리치료사는 내담자에게 자신이 사용할 기법을 적절히 알도록 확실히 할 책임이 있다. 샌더스(2000)는 명시된 동의서로 암시적 또는 명시적 개입의 사용을 상담·심리치료사가 어떻게 소개할 것인지에 대한 몇 가지 사례를 제공했다.

또 다른 요인은 사적인 내담자와 관련이 있다. 일부 내담자들은 종교적으로 제휴된 상담·심리치료소에서 제공하는 상담·심리치료는 성격상 명시적으로 종교적일 것이라는 가정을 한다. 그리고는 만일 그렇지 않을 경우에 놀라거나 실망할 것이다. 나머지 내담자들은 그런 기관에서 상담·심리치료를 받아들인 것이 말한 것과 다르지 않다고 가정하고 의료적 회복을 강조하는 교파적으로 제휴된 의학병원에서 건강돌봄을 수용한다. 그리고 종교적/영적 문제에 대해 공개적인 강조는 하지 않는다.

상담·심리치료를 위해서 특정 교회의 구성원들만이 볼 수 있는 교회 상담·심리치료소에서 근무하는 상담·심리치료사는 제공되는 종교적인 개입에 대해 이해하고 확신하는 내담자에게 보다 안전감을 느낄지도 모른다. 그러나 심지어 이곳에서도 상담·심리치료사는 사전에 너무 많이 가정하지 않도록 조심해야 한다.

예를 들어, 미국에서 만연한 대규모의 복음주의적 '구도자' 교회들 가운데 하나로부터 후원을 받는 상담·심리치료소를 생각해 보자.

비록 그 교회 신자일지라도 일부 내담자들은 기독교인으로 새롭게 될지도 모르고, 그 교회 교리의 일부에 정통하지 않아 일부 교리에 동의할지도 모른다. 뿐만 아니라 교회의 신념과 실천 사항이 상담·심리치료 과정에 영향을 미치는 것을 이해하지 못할 수도 있다.

윤리적 관점에서 최소한의 문제 상황은 내담자가 상담·심리치료사에게 특히 내담자 자신의 의사로 영적 개입을 요구하면서 접근하는 것이다. 물론, 요구받은 영적 개입은 육체적, 정신적으로 내담자에게 해롭지 않다는 것을 가정하고 있다. 그리고 이것은 정신건강 돌봄의 다른 기본 원칙에서 벗어나지 않는다.

세 가지 모델들 중 민감성 기반과 통합성 기반 모델은 모든 내담자에게 자율성과 자기 결정권을 많이 제공한다. 이 모델에서 내담자들은 그들이 어떤 종교적/영적 배경을 갖고 있다하더라도 상담·심리치료에 있어 영적 문제가 어떻게 다루어 질 것인지에 대해서 협력할 자유가 있다. 교리지향적 모델은 교리상 상담·심리치료사나 후원기관에 의해서 적절하다고 고려된 개입을 취하도록 방향을 제한한다.

얼핏 이 접근은 분명히 불쾌한 것처럼 보이고 내담자의 자율성을 보장하는 열정적인 목적을 따르지 않는 것처럼 보인다. 하지만, 이와 반대되는 설득력 있는 사례들이 확실히 존재한다. 따라서 종교적인 배경 때문에 이런 형태의 개입을 스스로 선택하는 내담자가 있다는 것 또한 고려해야 하고, 교리적 기초에 확실히 근거하지 않는 어떤 다른 형태의 상담·심리치료에 참여하는 것을 반대하고 좋아하지 않을 내담자가 있다는 것을 생각해야 한다.

이런 내담자에게 교리지향적 모델은 그들에게 편안함을 주는 교리적 틀 내에서 돌봄을 제공함으로써 실제로 그들의 자율성을 존중하는 것으로 보일지도 모른다. 미국심리학회 윤리 규정 원칙 E(2002)는 심리학자에게 종교에 근거한 것들을 포함하여 개인적 차이에 대해 마땅히 생각하고 존중할 것을 촉구한다. 그리고 교리지향적 모델은 어떤 상황에서는 그렇게 하는 것의 방법을 제공한다.

이와 같이, 이 모델을 사용하여 상담·심리치료를 하는 상담·심리치료사는 자신들이 교리적 기초와 상담·심리치료에 대한 신앙 관점에 대한 적절한 정보를 제공하는 홍보 자료, 안내문, 상담·심리치료 서면동의를 통해서 이를 보장할 책임감이 증가하게 된다. 그 자료에서 이런 이해가 상담·심리치료 과정에 얼마나 효과가 있는지 설명되어야 하고, 이런 접근 방식을 수용하거나 거절할 자유가 내담자에게 있음을 고지해야 한다.

만일 내담자가 그에 대해서 다른 요구를 한다면 다른 방법을 사용하는 상담·심리치료사에게 내담자를 최선을 다해 의뢰할 것을 상담·심리치료사는 명확히 해야 한다. 더 나아가 상담·심리치료사는 내담자가 이런 유형의 상담·심리치료를 원한다는 증거를 내담자에게 제공할 수 있어야 한다.

무엇보다도, 선분가 면허/자격증을 취득한 기독교 상담자는 그 모델이 무엇이든 간에 내담자에게 영적 개입을 강요하는 것을 피해야 한다. 권위적인 개입은 적절하지 않다. 비록 많은 내담자들이 상담·심리치료사가 제공하는 지시에 대해 비판적으로 생각할 수 있는 강한 자아를 갖고 있지만, 상담·심리치료사는 일부 내담자들이 자신의 지시에 묵인이나 수동적 그리고 어떤 경우에는 의존적으로 반응한다는 것을 깨달아야 한다.

상담사 면허/자격증을 갖고 있지 않은 일부 목회 상담자들은 다소 다른 위치에 있다. 임명되거나 자격이 주어진 목회자들처럼 그들은 자신의 교회나 종교단체의 감독 기준을 따라야 할 책임이 있고, 상담·심리치료 전문가들과 동일한 제한을 따르지 않는다. 사실, 상담·심리치료를 위해서 목회자를 찾는 내담자들은 보통 어떤 신학적이고 도덕적 가치가 수반한 상담·심리치료가 될 것이라고 기대한다.

5. 신의와 책임성

　전문가 윤리 규정은 상담·심리치료사가 상담·심리치료를 하는 내담자에 대한 신의의 중요성에 대해 분명히 말하고 있다(APA, 2002, Principle B). 그 무엇보다도, 이것은 내담자에게 상담·심리치료사의 책임을 이행하는 것을 하나의 가치로 포함하고 있다. 그러나 내담자가 출생한 지역 사회나 내담자의 가족과 같은 다른 집단에게는 상담·심리치료사의 책임 조항 역시 스트레스가 된다. 그 지역 사회란 내담자의 교회나 영적 헌신이 포함된다.

　추가로, 상담·심리치료사는 그들이 근무하는 기관에 대한 의무가 있고, 그들에게 전문가 면허/자격증을 발급하는 전문기관과 주(state)위원회에 대한 의무가 있다. 그리고 상담료를 지불하는데 도움을 주는 제3의 지원자에 대한 의무가 있다. 기독교 상담자는 또한 자신의 믿음에 확신을 갖는다. 때로는 이런 서로 다른 기관에 대한 상담·심리치료사의 의무가 조화를 이루지만 때로는 그렇지 못하다.

1) 기관에 대한 헌신

　누군가 상담·심리치료에 있어 영적 문제를 다루려고 생각할 때, 그 사람이 근무하는 상담소나 기관이 고려되어야 한다. 이런 곳은 그런 문제에 대한 자체적인 법을 갖고 있을지도 모른다. 주립병원, 공립학교, 그리고 군대와 같은 정부지원기관은 그런 문제를 다루는데 있어서 고용된 상담·심리치료사의 능력을 상당히 제한할지도 모른다. 때때로 이런 장소에서 근무하는 기독교 상담자는 내담자의 종교적/영적 문제에 대응하여 자신의 능력을 펼치는데 제한을 받아 짜증을 낸다. 왜냐하면 그것은 자신을 채용한 기본 신념에 위배된다고 생각하기 때문이다.

　예를 들어, 미시간에서 한 사회기관 근무자는 영적 문제를 다루는데 있어서 성경읽기, 기도로 수감자에게 상담·심리치료할 것을 고집하다가 자치단체 감옥에서 정신건강 상담·심리치료사로서의 자신의 일이 묵살당했다. 그리고 상급자로부터 그렇게 하지 말 것을 교육받은 후에도 귀신을 쫓아내는 일을 고집하다가 묵살당했다(Bullis, 2001; Spratt v. County of Kent, 1985).

자치(county)주의 입장을 이해하기 위해서 상담·심리치료사는 위태로운 더 큰 문제를 이해해야만 한다. 미국수정헌법 제1조에는 "국회는 종교의 설립을 존중하는 법을 만들지 않으나 종교의 자유로운 활동을 금지하지는 아니한다"라고 기술되어 있다. 헌법 입안자들은 유럽 국교회에서 그 남용을 저지르는 것을 보아왔다. 국교회를 선호하는 식민지 사회의 시민들이 확실히 있기는 하지만 미국수정 법 제1조의 지지자들은 자연신교 신봉자(Thomas Jefferson과 같은), 교회부흥 신자(Roger William과 같은) 그리고 어느 한 종교단체에 대한 정부 지지의 위험성을 보았던 사람들의 절묘한 혼합이었다(Brauer, 1974; Estep, 1990).

그들은 또한 개인은 믿음의 문제에 있어 자신이 결정할 권리가 있음을 보장하는 양심의 자유의 중요성을 보았다. 따라서 미국에서 정부는 하나의 종교를 지지하는 것으로 이해될 수 있는 행위와 관련된 것을 금지하고 또한 종교의 자유로운 활동을 막는 것과 관련된 것을 금지하고 있다.

일상의 실천에서 이것은 시민 개개인이 그들의 표현이 다른 사람의 권리를 해롭게 위반하지 않는 한 그들의 신념에 따라서 표현하는 것을 믿을 권리가 있다는 것을 의미한다. 그러나 국가 대표자(공무원)의 역할에 따라서 행동하는 개인은 그런 권리를 갖지 못한다. 예를 들어, 공립학교 학생들은 학교에 성경책을 갖고 가서 기도하고 다른 학생들과 자신의 믿음을 나눌 자유가 있지만 학교 심리학자는 학생 내담자가 특별한 교회에 참석할 것을 추천할 자유가 없다(mosque, synagogue, etc.).

마찬가지로 국가를 위해서 근무하는 상담·심리치료사는 하나의 종교를 선호하는 것을 드러내는 행위와 관련된 것을 금하고 있다. 이런 기관에서 복음주의 기독교 상담자는 상담·심리치료에 있어 기독교적 개입을 금지하는 동일한 법이 또한 다른 종교에서도 상담·심리치료사가 종교적으로 설득하려는 것을 금지하고 있다는 사실에 위로를 찾을 것이다.

그럼에도 불구하고 이런 상담·심리치료사는 상담·심리치료를 위해서 자신들의 영적 문제를 갖고 오는 많은 내담자들에 대해 어떻게 할 것인지에 대한 문제는 남아있다. 일부 기관들에서는 목회자를 통해 이용 가능한 대안 자원을 만들어 놓음으로써 문제를 해결한다. 이런 방식으로 기관은 정신건강 전문가와 종교 전문가 간의 분명한 선을 설정함으로써 문제를 처리하려 노력한다.

정부기관에서 근무하는 상담·심리치료사는 상담·심리치료에 있어 영적 문제를 다루는 민감성 기반 모델을 채택함으로써 윤리 원칙과 규정 모두를 지킬 수 있다. 기관의 규정은 상담·심리치료사의 상담·심리치료에 있어 영적 문제에 대한 민감성을 금지시키지 말아야 한다.

그리고 내담자의 민감성을 존중하면서 평가가 신중하게 행해지는 한 영적 평가를 제공하는 것을 금지시키지 말아야 한다. 또한 이런 장소에서 근무하는 상담·심리치료사는 이런 근무 환경에서 활용가능한 목회자(사제)와의 대인관계를 개발해야 한다. 그리고 특별한 내담자의 요구에 부합하여 종교적인 도움을 제공할 수 있는 유능한 목회자에게 적극적으로 위임해야 한다.

사례 1

주립병원에서 근무하는 심리학자 젠킨스(Jenkins) 박사는 많은 종교적인 망상들을 포함한 정신이상에서 회복 중인 한 남자에게 상담·심리치료를 제공하고 있다. 교회활동에 적극적인 그 내담자는 자신이 정신장애자일 때 말하고 행동한 모든 것들로부터 영적, 정서적으로 어려움을 겪고 있다.

내담자의 동의로 젠킨스 박사는 그에게 병원 원목을 만나도록 도왔다. 젠킨스 박사와 원목은 그를 돕기 위해 협력했다. 그 내담자는 이 팀의 노력이 정신장애를 앓고 있었을 때 말하고 행한 것에 대해 마음속에 갖고 있었던 갈등을 해결하는 데 도움이 됨을 느꼈다. 그 내담자는 병원에서 퇴원하기 전에 또한 함께 협력했던 원목이 퇴원허락서에 서명하는 것에 동의했다. 그리고 그 내담자의 교회 담임목회자에게 당부한다.

정부기관 관리자들이 상담·심리치료사가 내담자의 영적 문제에 대해 민감하게 접근하는 것을 금지한다고 그렇게 기관의 규정이나 미국수정헌법 제1조를 잘못 해석하는 기록된 서류들이 많다. 이런 상황이 발생할 때, 상담·심리치료사는 지도력을 갖고 관리자들에게 갈등의 성격을 설명할 수 있도록 최선을 다해야 하고 내담자의 요구를 충족시키고 상담·심리치료사가 윤리적 기준을 지키도록 허용된 해결점을 찾아야 한다(APA, 2003, sect. 1.03). 교회와 국가기관 간의 분리를 유지하는 정신은 내담자의 종교적/영적 문제에 침묵하지 않고 또한 전문가가 내담자의 요구에 반응하는 것을 금하지 않으면서 모든 종교적 자유를 보호하기 위한 것이다.

어떤 작업 환경은 영적 문제가 다루어지는 정도를 제한하는 반면, 또 어떤 작업 환경은 영적 문제를 다루는 것을 환영한다. 늘어나고 있는 많은 종교적인 상담·심리치료소들이 통합적 기반 모델이나 교리적 기반 모델들 가운데 하나를 따르고 있고, 자신들의 사명에 중심 요소로서 상담·심리치료 속에서 영적 개념의 통합을 보이고 있다.

이런 유형의 상담·심리치료를 내담자 자신이 스스로 선택하는 일이 발생할 때, 그리고 내담자의 자율성을 자연스럽게 존중하는 유능한 상담·심리치료사와 적절히 잘 알도록 동의서를 내담자에게 제공하는 유능한 상담·심리치료사가 있을 때 통상 문제가 발생하지 않는다. 그러나 윤리 문제는 종교단체에서 후원하는 목적과 정신건강 전문가의 윤리적 기준 간의 갈등이 있을 때 발생한다.

사례 2

> 믿음교회(Faith Church)의 사역자들 가운데 한 명은 전문가 면허/자격증을 취득한 상담·심리치료전문가팀의 상담·심리치료소 직원으로 근무했었다. 그 상담·심리치료소는 교회에 출석하는 사람들뿐만 아니라 모든 영역의 내담자를 환영했다.

상담·심리치료 서면동의서뿐만 아니라 정보를 제공하는 책자도 상담·심리치료사가 상담·심리치료 과정의 일부분으로 분명히 성경을 사용했던 것을 기술했다. 그리고 내담자가 이런 것을 강조하는 상담·심리치료에 관심이 없다면 다른 곳으로 의뢰를 요구할 자유가 있음을 언급했다. 잠재적인 내담자는 직원인 상담·심리치료사가 자신들 의무의 일부로서 아직 개종할 준비가 되어 있지 않은 내담자를 기독교로 전환시키려고 적극적으로 노력할 것이란 것을 듣지 못했던 것이었다.

상담소를 통해 내담자를 개종시키고자 하는 교회의 보이지 않는 목적이 모든 내담자의 자율성과 자기 결정권을 존중해야 하는 상담·심리치료 전문가의 윤리성과 갈등하게 만든다. 종교단체가 후원하는 목적이 상담·심리치료 전문가의 윤리 규정과 충돌하는 곳에서 상담·심리치료사는 후원단체와의 갈등에 대해 설명해야 한다.

그리고 상담·심리치료사가 전문 규정에 충실할 수 있는 방식으로 갈등을 해결하도록 시도해야 한다. 전문가 면허/자격증을 취득하지 않은 사람들이 근무하고 여전히 전문가 윤리 규정을 따르지 않는 종교적으로 후원하는 기관이 있을지도 모른다.

종교적으로 후원받는 기관에 입사하기 전에 기독교 상담자는 상담·심리치료 활동과 제공된 평가 활동에 영향을 미칠 그 기관의 사명, 정책, 법, 기대에 대해 할 수 있는 모든 것을 찾는 것이 마땅하다. 고용에 앞서 기관과 상담·심리치료사 모두 서로 분명하게 한다면 많은 문제들을 피할 수 있다.

사례 3

어떤 기독교 상담자는 교회 상담·심리치료소에서 직위를 갖고 있다. 그녀가 일주일 동안 직원으로 있은 후, 담임목회자는 서로 기도해 주기 위해서 그녀가 상담·심리치료를 했던 내담자의 문제를 목회자에게 말하는 것이 그녀에게 거는 목회적 기대라고 말했다. 비록 목회자가 내담자의 이름을 요구하지 않았을지라도 상담·심리치료사는 의심의 여지없이 그녀에게 개방할 것을 요구한 정보를 근거로 내담자의 신분을 목회자가 즉시 분별할 수 있다는 것을 깨달았다.

이 경우에 상위 직원의 의도는 결백했을지도 모르며, 사역자로서 훈련받은 대로 자연스럽게 습관적으로 흘러나왔을지도 모른다. 그럼에도 불구하고 그들은 상담·심리치료사에게 원했던 내담자에 대한 비밀보장을 위반한 것이다. 그리고 이것은 효과적인 상담·심리치료를 위한 상담·심리치료소의 능력에 영향을 미쳤을 가능성이 많다.

2) 전문가 단체와 자격관리위원회에 대한 의무

상담자가 상담 자격이 부여되었을 때, 그들은 윤리 원칙과 규정 그리고 면허/자격 발급기관이나 전문가 단체로부터 전달받은 실행 법칙에 따를 것을 동의한다. 교리지향과 통합성 기반 모델의 상담·심리치료사는 제시된 상담·심리치료가 정신건강 상담·심리치료임을 보여줄 수 있어야 한다. 그리고 전문적인 도움으로 널리 알려진 기본적인 돌봄의 기준을 충족시켜야 한다.

상담·심리치료전문가들은 그들이 내담자에게 상당히 낯선 영적 개입을 소개할 때 위험에 처할 수 있다. 또는 정신건강 전문가에 의해 흔히 수용되지 않는 방법을 소개할 때 위험에 처할 수 있다. 전해진 바에 의하면, 귀신들린 내담자를 상담·심리치료했을 때 수용할 수 있는 전문적인 기준에 반대되는 임상으로 인해 미주리 주에 있는 심리학자에 대한 불만이 접수되었다(Lieb, 2003).

교회와 주(state) 모두에서 전문가 면허/자격증을 취득한 상담·심리치료사는 역할 면에서 복잡한 위치에 있다. 상담·심리치료사 자신이 자격이 부여된 상담·심리치료사로서 분명히 공적인 장소에 있다면 상담·심리치료사가 그 역할에 따라서 우선적으로 행동한다고 가정하는 것은 공정하다. 그리고 전문가의 윤리 규정을 따를 의무가 있을 것이다.

그러나 결혼/가족치료사 자격이 있고, 그렇기 때문에 교회 내에서 부부를 위해 결혼상담·심리치료를 할 자격이 있는 교회의 목회자가 신자들에게 말을 할 때처럼 상담·심리치료사가 하나 이상의 역할을 할 때 문제가 애매모호하게 된다.

이런 경우 법적, 윤리적 문제가 발생했을 때, 특별한 사례 상황에 근거하여 결정할 가능성이 많다("Texas supreme court backs pastor," 2007). 또한 상담·심리치료사 면허/자격증이 있는 목회자는 어떤 역할로 서비스를 제공할 것인지 서면으로 분명히 하는 것이 더 좋을 것이다. 그리고 이 역할이 사생활 보호와 비밀보장, 상담료 등에 대한 의미를 서면으로 분명히 하는 것이 더 좋을 것이다.

3) 상담자의 영적 충실도

다는 아니지만 많은 기독교 상담자들은 자신의 일을 직업이나 전문직 이상으로 즉, 천직이나 소명으로 여긴다. 이런 서비스에 대한 욕구는 영적인 것에 뿌리를 두고 있다. 일부 기독교 상담자들은 상담·심리치료사로서 자신의 일과 기독교 정체성 사이에 부조화를 경험한다.

상담·심리치료사가 전문가에 의한 진보된 기준과 가치 내에서 상담·심리치료적 서비스를 제공한다면 이들은 하나님에 대한 약속을 실천해야 한다는 것 역시 전제하고 있다. 모든 상담·심리치료사가 아주 매끄럽게 기독교와 심리학 간의 접점을 발견하는 것은 아니다. 이들은 전문 상담·심리치료에 대한 약속과 하나님에 대한 약속 간에 차이점이 없다면 최소한 강조하는 것에 있어서 차이점은 보게 된다.

이에 대한 좋은 사례는 모든 기독교인의 최우선 책임은 '제자를 만드는 것'이라고 전통적으로 배운 복음주의적 상담·심리치료사이다. 즉, 그리스도에 대한 복음(좋은 소식)을 나누는 것이고 기독교 신앙으로 사람들을 인도하는 것이다.

이런 전통에서 배운 많은 신자들은 사람들에게 기독교 신앙을 갖도록 돕는 것이 가장 고차원의 사랑이고 건강을 위해서 뿐만 아니라 구원을 위해서도 필수적이다. 이런 전통의 많은 사람들은 또한 "만인제사장"(priesthood of the believer)이 되는 것이다. 이것에 의해 이들이 전문 성직자는 아니지만 모든 기독교인이 사역자라는 것을 의미한다. 따라서 비신자들에게 기독교신앙을 갖도록 도울 책임이 있다. 이것은 이를 지지하는 모든 신자로 하여금 복음화를 위해서 부르심을 받았다고 느끼도록 만든다.

이런 전통 출신의 복음주의 기독교인은 종교적인 소명과 전문가 역할의 의미 간에 충돌을 경험할지도 모른다. 이런 신자들은 흔히 두 가지 방법 중 한 가지 방법으로 이런 충돌을 해결한다.

(1) 이들은 교리지향적 돌봄 모델에 가입된 환경에서 근무하는 쪽으로 기울 것이다. 그들은 종교적인 신념이 이미 자신의 신념과 유사한 내담자와 대부분 일할 가능성이 많다.
(2) 내담자의 정신건강에 대한 초점이 복음주의적이지는 않지만 하나님과 내담자의 관계를 간접적으로 맺어주는 의미 있는 사역의 형태로 받아들임으로써 충돌을 다루게 된다.

6. 유익성

상담자는 "자신이 돌보는 사람들에게 유익을 베풀고 해를 주지 않으며 돌보려고 노력한다"(APA, 2002, Principle A). 모든 상담·심리치료사의 목적은 자신들이 서비스하는 사람들에게 도움이 되는 것이다(유익). 그리고 비록 우리가 불완전한 세상 속에서 모든 이에게 항상 도움을 줄 수 없음을 알고 있지만 우리는 우리의 돌봄 속에서 돌봄 받는 사람들에게 상처를 주지 않도록 최선을 다한다(무해성의 원칙).

많은 내담자들에게 영적 차원은 정서적 고통에 대한 이해와 뒤얽혀 있다. 이런 영적 차원은 심리적 차원과 쉽게 구분되지 않는다. 분명한 차이를 도출하기 위한 시도가 임상에서는 훨씬 덜하지만 이론상으로 유용하다고 하는 것은 논쟁이 될 수 있다.

파거먼트(2002, 2003)에 따르면, 영적인 것과 심리적인 것 간의 관계는 본질적으로 '뒤엉켜'(messy)있다. 영적인 돌봄을 회피하는데 종사하는 상담·심리치료사(Sanders, Miller & Bright, 2010)나 내담자의 영적 차원을 개인적으로 거부하는 상담·심리치료사는 중요한 문제를 간과하고 있다.

그리고 어떤 경우에는 이것이 내담자에게 해로울 수 있다. 초기에 논의한 돌봄 모델이 상담·심리치료에 있어 내담자의 영적 문제에 이로운 방법으로서의 개입에 대한 시도로 대변된다. 그 각각은 장점과 단점이 있다.

감성지향(SB) 방법의 장점은 내담자 중심이 강하다는 것이다. 상담·심리치료사는 내담자의 이야기를 깊이 존중하고 판단하지 않는 태도로 내담자를 이해하려 시도한다. 상담·심리치료를 원하는 내담자의 현재 문제에 대응하기 위한 시도가 내담자의 영적 관점에 도움이 된다면 어떻게 도움이 되고, 상처가 된다면 어떻게 상처가 되는지를 이해하려 시도한다.

감성지향 모델의 약점은 관계적인 것이다. 결국은 상담·심리치료사가 더 나은 영적 도움을 위해서 종교 전문가에게 내담자를 의뢰하는 것으로 '상담·심리치료'가 종료된다. 의뢰하는데 있어서 상담·심리치료사가 얼마나 민감하게 시도했든지 간에 어떤 내담자에게는 이런 것이 치료적 관계와 궁극적인 결과에 도움이 되지 않을 것이다.

확실히 의뢰는 상담·심리치료사가 처리할 능력이 없는 영적 문제를 다루기 위한 시도로, 선호되지는 않는다. 심리적인 것과 영적인 것 간의 돌봄의 이원화는 심지어 어떤 경우에 도움이 되지 않으며 가치적인 것을 상실시킬 수 있다.

통합지향적(IB) 모델 또한 내담자 중심이 강하다. 여기서도 또 다시 상담·심리치료사는 내담자의 영적 이야기와 관점을 깊이 존중한다. 그리고 내담자의 필요에 개입하려 시도한다. 다양한 영적 경험에 친숙하고 개입을 위하여 다양한 영적 '도구'(tools)로 수련 받은 유능한 상담·심리치료사 측면에서 결과는 꽤 이로울 수 있다. 영적 평가와 개입 모두 내담자가 자신이 실행할 수 있는 영적 도구와 이 도구를 폭넓게 활용하여 내담자를 돕는데 많은 초점을 맞추고 있다.

유익의 문제는 상담자의 기술에 아주 많이 달려있다. 더 나아가 일부 선택된 지도자들에게 영적 문제를 해석할 수 있는 권한을 부여한 전통적인 교회 출신의 내담자는 통합주의적 상담·심리치료사를 침입자로 볼지도 모른다는 것에 유의해야 한다.

여기서 기술한 교리지향적(DB) 모델은 내담자에게 민감하지만 모든 상담·심리치료 과정을 지도하는 강한 교리적 관점으로 시작한다. 분명히 그런 접근은 많은 내담자들에게 유익하지 못할 것이다. 그리고 일부에게는 윤리적으로 부적절할지도 모른다.

그러나 구체적인 교리지향적 모델에 의해 지지받은 원칙을 지지하는 내담자는 그런 류의 상담·심리치료사에 의해서 도움을 받을 가능성이 더 많을지도 모른다. 그리고 다른 모델을 대표하는 상담·심리치료사는 마음이 편치 않을 것이다.

따라서 혹자는 교리지향적 모델 상담·심리치료사의 접근은 다른 모든 정신 건강돌봄을 거부하는 하위집단의 사람들에게 큰 도움이 될 것이라고 주장할 수 있다(상담·심리치료 내에서 다른 윤리적 공동체에 대한 '장소 검색'[finding place] 논의를 위해서 Tjeltveit, 1999, p. 249-51).

유익이라는 주제로 들어가기에 앞서, 유익의 왜곡된 윤리적 이상에 대한 주의를 당부하는 것이 중요하고, 내담자의 자율성이 항상 갈등이 없는 것이 아니라는 것을 유념하는 것이 중요하다. 영적 문제에 대한 내담자의 자율성을 존중하는 것이 그들에게 유익이 되지 않을 때가 확실히 있다.

이것은 내담자가 정신건강에 해로울 수 있는 특별한 종교적인 신념을 갖고 있는 상황에서는 사실이다(이런 유형의 사례에 대한 논의를 위해서 Knapp, Lemoncelli & VandeCreek, 2010 참고). 또한 내담자가 이전에 갖고 있던 종교적인 신념을 거부하는 상황에서도 그렇다. 그리고 이런 신념의 거부는 잠재적으로 그들에게 해롭다. 이런 때의 상담·심리치료사의 개입은 민감하게 측정하고 신중해야 한다.

7. 상담·심리치료에 있어 도덕적 가치

한때 많은 상담·심리치료 전문가들은 상담·심리치료는 가치 없는 노력이라고 믿었다. 그 형태가 의료적 모델이 된 후, 상담·심리치료가 정신장애를 위한 상담·심리치료가 되었다. 즉, 그 목적이 정신건강을 산출하는 것이다. 내담자나 의사의 도덕적 가치 차이가 내담자의 부러진 다리를 맞추는 데 중요하지 않는 것처럼, 도덕적, 가치적 문제가 병든 정신을 성공적으로 상담·심리치료를 하는 데 중요하지는 않았다.

로저스의 내담자 중심의 상담·심리치료와 같은 상담·심리치료의 비지시적 접근은 비록 가치 문제가 발생했다 하더라도 상담·심리치료사는 그 문제를 쉽게 회피하고 내담자에게 다른 것을 반영함으로써 성공적인 결과를 촉진시킬 수 있었다는 것을 단지 제시함으로써 가치가 빠진 상담·심리치료 개념을 강화했다. 이런 접근은 내담자가 내담자 중심 상담·심리치료에 의해 제공된 자유와 비판단/비평가적 환경을 한 번 경험하게 됨으로써 스스로 건강하고 훌륭한 길을 자연스럽게 선택할 할 것이라고 가정한다.

사실, 상담·심리치료 과정은 어쩔 수 없이 개인의 의견에 영향을 받게 된다. 대부분의 의료상담과는 달리, 상담·심리치료는 보통 어떤 상황이 '정신건강'에 좋은지에 대한 질문과 더불어, 옳고 그름, 더 좋거나 더 나쁜 그리고 좋고 나쁜 것에 대한 질문을 포함한다.

비록 그들이 그것을 의식하지 못할지라도 그리고 일부 상담·심리치료사들이 그것을 인정하지 않을지라도 내담자들은 자주 도덕적 문제를 갖고 상담·심리치료를 받기 위해서 온다. 그리고 상담·심리치료사가 인정하든 인정하지 않던 간에 그들은 암시적으로든 명시적으로든 도덕적 조언을 빈번히 제공한다. 몇 년 전 페리 런던(Perry London)의 언급에 따르면, "대부분의 내담자들은 자신들이 집에서처럼 도덕적 조언을 받을 것을 알지 못하고 단순 상담·심리치료를 위해서 온다"(1986, 48). 내담자가 상담·심리치료에서 제기한 도덕적, 가치적 문제에 대한 몇 가지 사례를 기술할 것이다.

① 나는 우울해요. 내 아내는 나를 사랑하지만 나는 아내를 사랑하지 않아요. 우리는 세 명의 자녀가 있어요.
　이혼을 해야 하나요?
② 어머니에게 단호하게 구는 것이 옳은 가요?
③ 나는 내 남자 친구를 사랑해요. 그는 성관계를 원해요. 나는 좀 더 기다리고 싶어요.
　어떻게 해야 될까요?
④ 가족의 건강보험으로 내가 신청한 것이 완벽한 것인지가 걱정이 되요.
　어떻게 해야 될까요?
⑤ 제게는 네 명의 자녀와 오랫동안 병든 부모님이 계시고, 내게는 하루 24시

간이라는 제한된 시간이 있어요.
그들에게 나쁜 영향을 줄 것을 알면서도 나를 위한 시간을 가져도 될까요?

일부 상담·심리치료사들은 내담자에게 가능한 영향을 적게 미치도록 노력하거나 무시함으로써 이런 질문에 접근한다. 그렇다고 그것이 다소 실제적이지 않은 질문을 내담자에게 하는 것은 아니다. (상담자의 도움이 있든 없든) 내담자가 그런 질문에 답하는 방식은 종종 내담자가 좀 더 좋은 느낌으로 상담·심리치료의 여행을 떠나느냐와 관계가 있다.

어떤 상담·심리치료사는 이런 질문을 내담자가 자유롭게 자신의 가치를 탐색하고, 모순을 깨닫고, 갈등을 해결하며, '자신을 위해서 옳은 과정'을 결정하도록 격려하는 다양한 '가치 명료화' 방식을 사용함으로써 다룬다.

이런 접근은 존경할 만하다. 그것들은 상담·심리치료사가 자신의 길을 찾도록 내담자의 자율성과 자유를 존중해야 하는 것이 자주 도움이 되고 바람직한 이상(aspirational ideal)에 부합한다. 그러나 어떤 내담자들은 자신의 사막으로 떠나 지속적으로 길을 선택하는데 그 길은 대부분의 관찰자들이 객관적으로 동의한 불행한 길이다. 이런 내담자들에게 있어, 건강하지 못한 선택을 하는 깊이 숨겨진 고집스러운 성향은 처음 상담·심리치료를 위해서 이들을 나오게 하는 것들 가운데 하나이다.

이런 경우에 가치 명료화로는 충분하지 않을 것이다.

더욱이 상담·심리치료를 위해서 개인주의적, 자기 향상적(self-enhancement) 접근으로 존중하는 것이 마땅하지만 내담자의 가치가 외부와 단절된 상태로 존재하지는 않는다. 일반 사람들과 같이 내담자들도 가족, 친구, 지역 사회와 문화를 포함한 복잡한 대인관계 속에서 살아간다. 개인의 가치와 더불어, 건강과 안녕의 일부는 다른 사람과 효과적으로 함께 사는 것을 배우는 것과 관련이 있다. 따라서 버진(Bergin; 1980, 1991)에 따르면, 내담자의 가족, 지역 사회, 그리고 문화의 가치는 내담자와 상담·심리치료사 간의 상담·심리치료적 만남 속에 존재하는 숨겨진 제3의 가치이다.

일부 상담·심리치료사들은 상담·심리치료에 있어 내담자에게 자신의 가치를 부여함으로써 암시적, 명시적으로 도덕적/가치적 질문을 다룬다(Richard, Rector & Tjeltveit, 1999, p. 136ff). 이상하게도 상담·심리치료에 가치가 없다거나 아니면 상담·심리치료에 있어 가치의 영향을 쉽게 최소화할 수 있다고 정직하게 믿고 있는 상담·심리치료사가 내담자에게 자신의 가치를 부여함으로써 더 큰 위험에 처할 수 있다.

왜냐하면 이들은 상담·심리치료 환경에서 만연하는 가치의 실체를 주로 인지하지 못하기 때문이다. 자신의 실패한 결혼 때문에 내담자의 결혼 문제에 대한 내담자의 목표를 결정하는 것을 간과하고 대신에 실패한 관계에 대한 "냉혹한 현실"에 대해서만 말을 하고, 이들이 '떨쳐 버려야 할' 필요가 있는 것을 내담자가 어떻게 발견할 수 있을 지에 대해서만 집요하게 말을 하는 최근에 이혼한 상담·심리치료사가 있다고 생각해 보자. 이런 류의 사례가 발생하면 불행하게도 모든 내담자들은 이런 사고 편향을 이해할 만큼 충분히 통찰력이 있지 못하다.

내담자에게 자신의 가치를 부여하는 것을 조금도 꺼리지 않는 상담·심리치료사에게 동일한 문제가 있다. 이들은 무엇이 최선인지 묻지 않아도 알고 있다고 믿는다.

사례 4

첫 회기에 결혼에 대해 낙담되어서 온 새로운 내담자는 많은 결혼 불화의 사례들을 듣기 위해서 온다. 내담자가 자신의 상황에 대해 기술할 때, 그는 이혼에 대해 많은 생각들을 했다고 말한다. 기독교 상담자는 "하나님은 이혼을 싫어하세요"라고 말했다. 그리고 상담·심리치료사는 말라기 말씀을 인용하여 말했다. 상담·심리치료사는 책상에서 계약서를 꺼내(아내가 불륜을 범하지 않았다면) 어떤 상황 하에서도 아내와 이혼하지 않겠다고 동의하는 서약서에 내담자가 서명할 것을 강조한다.

많은 상황에서 상담·심리치료사의 가치가 내담자에게 미치는 영향은 이런 사례들보다도 훨씬 더 미묘하다.

몇 년이 지난 후 정서적 학대를 하는 결혼으로 자신의 불륜을 말하기 시작한 여성 내담자에게 공감을 표현하는 상담·심리치료사가 있다고 가정해 보자.

하지만 그러고 나서 남편을 속인 것에 대해 죄책감을 표현할 때는 아무 말도 하지 않는 상담·심리치료사가 있다고 가정해 보자.

이 상담·심리치료사의 행동이 암묵적으로 정서적 학대가 있을 때 불륜은 정당한 것이라고 내담자에게 말하는 것인가?

적어도 이 상담·심리치료사의 행동은 내담자의 삶 속에서 일부 문제되는 주제가 상담·심리치료적 논의를 위해서 적절하고 일부는 그렇지 않다는 것을 내담자에게 교묘히 말하는 것인가?

또는 내담자 부부가 각각 다른 성적 상대(파트너)가 있는 자유 결혼을 하고 있다고 상담·심리치료사에게 말할 때 불편한 것을 눈에 보이게 반응하거나 아니면 눈에 보이지 않게 가려서 불만족을 나타내는 복음주의적 상담·심리치료사가 있다고 가정해 보자.

도덕적, 가치적 사안은 상담·심리치료 과정에서 정말 문제가 된다. 이것들은 많은 상담·심리치료사들이 준비가 제대로 되어 있지 않은 상담·심리치료 과정에 대한 일종의 복잡성을 밀해 준다. 그럼에도 불구하고, 가치 문제를 적절히 다루는 것은 중요하지만 성공적인 상담·심리치료의 한 부분에서 종종 간과되었다. 우리는 내담자의 가치 문제에 대해 민감하고 효과적으로 인지하고 반응하기 위해서 상담·심리치료사 과정을 더 잘 수련 받아야 한다. 이것은 많은 과정들을 이수함으로써 가능할 수 있다.

8. 내담자의 가치 문제를 다루기 위한 도움

1) 자기 자신의 가치 이해

상담에 있어 도덕적, 가치적 문제를 다루기 위한 기본적인 출발점은 상담·심리치료사라는 그 사람으로부터이다. 상담·심리치료사는 의식적으로 자기 자신의 가치와 신념을 알 필요가 있다(Vachon & Agresti, 1992). 교육 및 수련 과정에서 이것은 도덕적, 가치 문제와 관련된 자기 자신의 인생 이야기를 탐색하여 자기 평가를 통하여 상담·심리치료사를 도움으로써 촉진될 수 있다.

앤더슨(Anderson) 등에 의해서 제안된 수련 과정은 자신을 이해하는 데 있어서 초보 상담·심리치료사와 경험 많은 상담·심리치료사들에게 도움이 될 수 있다. 상담·심리치료사는 또한 자신의 가치와 신념을 개발할 때, 경험 과정을 통해서 바싹 긴장해야 한다.

개인적 경험, 성공과 실패, 내담자와 함께한 다양한 경험, 그리고 인생역경은 모두 일시적으로나 아니면 오랜 기간 동안 상담·심리치료사의 가치와 신념의 변화를 초래한다. 그리고 현명한 상담·심리치료사는 이런 것들을 유념하면서 작업을 하고 이런 변화가 상담·심리치료소에서 내담자에게 어떻게 영향을 미치는지를 이해하려고 노력하면서 작업을 해야 하는 문제들이다.

2) 내담자 관점 존중

상담자는 내담자의 도덕적, 가치적 관점을 이해하고 평가하기 위해서 의지적인 방식을 추구해야 한다. 심지어 상담·심리치료사가 내담자의 가치관에 동의하지 않을지라도 상담·심리치료사는 내담자의 관점을 공감할 수 있고, 그 관점이 내담자의 개인 내적, 외적 삶에 어떻게 연관되어 있는지 이해하려고 성실히 노력해야 한다.

상담·심리치료사는 또한 내담자의 개인적 가치가 다른 가치와 모순이 되는 것에 민감해야 한다. 또는 상담·심리치료사는 옳고 그른 것에 대한 대립되는 주장을 내담자에게 제시해야 한다. 내담자들은 이와 같은 갈등을 자주 나타낸다. 이것들은 보통 불안, 우유부단함, 낙담과 우울을 동반한다. 내담자의 정서 상태가 당시에 그렇게 심각하지 않다고 가정한다면 민감한 상담·심리치료사는 내담자의 도덕적 관점으로 더 큰 통찰을 얻도록 내담자를 돕고자 더 많이 노력할 것이다.

더불어, 내담자의 개인적 가치를 이해하기 위해서 민감한 상담·심리치료사는 또한 내담자의 출신 지역의 가치를 이해하고 존중하려고 노력할 것이다. 상담·심리치료사는 이 지역이나 문화적 가치가 때때로 내담자를 강요하거나 어쩌면 내담자와 모순된 가치와 어떻게 상호 작용하는지를 고려할 것이다.

3) 상담자의 자기 개방

일부 저자들은 상담·심리치료 초기에 상담·심리치료 서면동의 절차의 일부로서 잠재적인 내담자에게 상담·심리치료사의 가치지향에 대한 개방을 권유한다. 이것은 상담·심리치료사가 공식 동의서 속에 자신의 가치지향에 대한 몇 가지 일반적인 정보를 제공하는 것을 의미한다. 그리고 이 정보 속에는 내담자가 걱정하는 문제에 대해 고무된 내담자에게 물어볼 내용이 있다는 것을 의미한다.

만일 내담자가 상담·심리치료 과정 중 상담·심리치료 과정에 적절한 다른 가치지향적 문제를 언급한다면 상담·심리치료사는 이에도 역시 최선을 다해 반응하고 당시 내담자의 상황과 환경에 민감한 말을 조심스럽게 선택하여 주어야 할 것을 결정해야 할 것이다.

모든 경우에 이것이 특히 현재의 당면 문제나 개인주의 내담자에게 적절하지 않을 때, 상담·심리치료사의 가치방향에 대해 상담·심리치료 초기에 길거나 소모적인 논의로 집중하는 것은 상담·심리치료사에게 적절하거나 치료적인 것 같지는 않다(Ford, 2006).

만일 내담자가 상담·심리치료에서 공황 발작에 대해 어떻게 다룰 것인지를 배우기 위함이라면 혼전 성관계에 대한 상담·심리치료사의 신념은 부적절하다. 그럼에도 이것이 논의가 된다면 상담·심리치료 과정을 실제적으로 방해하는 것이 될 것이다.

예기치 못한 가치에 대한 갈등이 후에 발생했을 때, 상담·심리치료사는 내담자의 민감성을 존중하면서 조심해서 그것을 다루어야 할 것이다. 상담·심리치료사는 일부 내담자들이 자신을 권위자로 본다는 것을 기억해야 하고 그들이 상담·심리치료사에 의해 '판단'받고 있는 것으로 지각하는 것에 민감해야 한다.

사례 5

워싱턴 주에서 개인적으로 낙태를 반대했던 한 심리학자는 내담자가 임신을 끝낼 것을 결정하도록 말한 후 주(state)위원회에서 훈계를 받았다(Bartley, 1995). 그는 그 문제가 발생하기 전 3년 동안이나 그 내담자를 만나왔다. 이 사례에서 위원회는 심리학자가 자기 자신의 가치 그 자체를 갑작스런 방법으로 잘라서 말한 것보다도 내담자가 자신의 결정에 대한 정서적 충격에 대해 논의하고픈 내담자의 욕구보다 낙태에 대한 상담·심리치료사의 가치를 드러내고픈 자신의 욕구를 앞세운 것이 더 큰 잘못이라고 기술했다.

상담자를 고용한 기관이 특정한 가치 문제에 대해 엄격한 관점을 갖고 있는 상황에서는 어떻게 하겠는가?

예를 들어, 상담·심리치료사가 로마가톨릭교회 상담·심리치료소에서 근무해서 공공연히 상담·심리치료사에게 적극적으로든, 소극적으로든 낙태를 지지하는 것을 금지한다면 어떻게 하겠는가?

이럴 경우에 내담자에게 문제가 될 소지가 있는 주요 내용에 대한 신념을 글로 기술한 안내문을 그 기관에서 만들어 놓는 것이 가장 좋다. 그 내용에서는 내담자에게 상담·심리치료 시작할 때에 정보를 제공해야 한다. 그리고 그런 내용을 상담·심리치료 서면동의서에 포함시키는 것이 중요할 수 있다.

4) 가치적 문제를 갖고 있는 내담자 지원하기

이 장 초기에서와 같이 내담자의 도덕적 가치 질문은 상담·심리치료사에게 확실한 도전이 된다. 자신의 어머니에게 단호한 것이 정당한 것인지에 대한 질문이 모든 사람이 단호할 권리가 있다는 가치를 갖고 있는 상담·심리치료사로 하여금 웃음을 짓게 할지도 모른다. 하지만 그 문제는 그 이상으로 더 복잡할 수 있다.

첫째, 내담자가 단호함의 의미를 어떻게 이해하는지를 알 필요가 있다.
즉 사람들 간 존중하는 명확한 의사소통을 내포하는 어떤 것인지 아니면 공격성과 매우 유사한 어떤 것인지에 대해 알 필요가 있다는 것이다.

둘째, 내담자가 성장한 문화를 이해해야 한다.
내담자가 어떤 희생을 치르더라도 화평하고 어른을 존중하는 것이 잘한 일이라고 생각하는 문화권 출신인가?
다시 말하면, 내담자의 가치 질문에 대한 반응은 일반적으로 내담자 질문에 대한 탐색을 의미한다. 그리고 그 질문 이면의 것에 대한 탐색을 의미한다. 그것은 내담자에게 그 질문 뒤에 있는 갈등하는 가치를 말로 표현하여 돕는 것을 의미한다.
예를 들어, 도움을 받으면서 네 명의 자녀와 병든 부모를 모시는 성인은 자신이 기본적으로 두 가지 일로 갈등을 하고 있다고 생각할 것이다. 하나는 그녀가 좋은 것(가족을 돌보고 자신의 건강을 돌보는 것)을 생각하고 다른 하나는 불행히도 서로 싸우는 것이다.
또는 불륜을 지속하고 가능한 한 힘든 결혼생활을 청산하든지, 아니면 아들과 딸이 청소년기를 거쳐 자기의 길을 찾도록 지원하는 데 관심을 집중하기 위해서 결혼생활을 유지해야 할지를 결정하려고 노력하는 우울한 내담자가 있다고 해 보자.
이런 유형의 상황에서 상담·심리치료사는 내담자의 가치적 갈등을 이해하고 해결하도록 함께 노력함으로써 민감하고도 신중한 방식으로 내담자와 협력작업을 하려고 노력한다. 내담자가 정서적으로 너무 손상된 것과 같은 심리적으로 너무 유약한 일부 상황에서 내담자가 좀 더 안정될 때까지 상담·심리치료사가 가치적 갈등에 대한 논의를 자제하도록 지혜를 발휘할 것이다.
앞서 논의한 바는 가치 문제를 이해하고 명확히 하도록 노력할 것을 포함하고, 어떤 경우에는 이것이 효과적인 결정을 하는데 있어서 내담자를 촉진시키기 위해 필요한 모든 것이 될지도 모른다.
하지만 내담자가 결정하는 것을 돕는데 있어서 상담·심리치료사가 보다 직접적으로 관여하는 상황들에 대해서는 어떻게 생각하는가?

확실히 다양한 이유로 보다 직접적인 개입을 필요로 하는 내담자가 있다.

그러나 내담자의 결정에 영향을 주는데 있어서 상담·심리치료사가 얼마만큼 거리를 두어야 하는가?

분명히 상담·심리치료사의 영향은 상담·심리치료의 중요한 부분이다. 연구에 따르면, 내담자는 상담·심리치료사가 자신의 전문지식을 전달함으로써 상담·심리치료 과정에 영향을 미칠 때 상담·심리치료가 효과적이라고 지각한다고 한다(McCarthy & Frieze, 1999). 그러나 같은 연구에서 내담자가 상담·심리치료사의 영향을 성질상 강제적인 것으로 지각했을 때 이들은 부정적인 것으로 보고 유해한 영향을 미쳤다고 보고했다.

상담·심리치료에서 상담·심리치료사의 영향력을 나타내는데 사용했던 많은 다양한 단어들(교육적인, 자문의, 상담·심리치료적인, 강제적인, 설득적인, 변혁적인, 해방의, 현실적인, 목회적인, 제사장적인, 예언적인, 훈계적인, 판단적인, 지지적인, 권위 있는, 교정적인 그리고 권위주의적인)을 생각해 보자(Tjeltveit, 1999, p. 173).

한편으로는 가치 질문의 회피로, 다른 한편으로는 강제적인 권위주의로, 어느 접근이 어떤 주어진 상황 속에서 최선인가?

불행하게도 모든 상황에 간결하게 딱 맞는 답은 없다. 상담·심리치료사가 '가치의 명료자' 이상이 될 필요가 있을 때 상담·심리치료사는 '특히 연약한 개인에게 어떤 행위에 대한 결과를 짐작할 연구결과나 임상적 통찰을 동원하는 것'이 적절하다(Doherty, 1995, p. 44).

이런 상황에서 상담·심리치료사는 강제적인 것이 아니라 정보전달적이다. 그리고 그것은 상담·심리치료적으로나 윤리적으로 모두 상담·심리치료사 일의 일부분이다. 그러나 이것은 항상 신중하고 공손히 실시되어야 한다. 대부분의 경우, 내담자의 도덕적 가치 질문에 관한 상담·심리치료사의 영향은 '암묵적이고 권위주의적'인 상호 작용은 피하고 동등한 두 사람 간의 개방적 대화의 상황 속에서 발생한다(Tjeltveit, 1999, p. 172).

5) 상담자문이나 지도 구하기

상담·심리치료에 있어 많은 다른 복잡한 문제들처럼, 상담·심리치료사는 스스로가 객관성을 상실한 것을 발견할 수 있다. 그렇기 때문에 상담·심리치료사는 자신의 도덕적/가치적 문제나 내담자의 도덕적/가치적 문제를 다룰 때, 효과가 미미한 것을 발견할 수 있다.

여기서 수련감독 상담사 및 상담자문가의 개입이 이로울 수 있다. 이 사람은 사례를 보고 그것에 반응하는 상담·심리치료사의 지적인 면 뿐만 아니라 정서적인 면을 점검하도록 도울 수 있다. 그러나 어떤 수련감독 상담사 및 상담자문가라도 무방하지는 않을 것이다. 상담자문가는 상담·심리치료에 있어 여기서 개략적으로 서술한 방식으로 가치 문제를 다루는데 민감해야 하고 경험이 있어야 한다.

6) 필요시 돌봄 차원에서 의뢰할 준비가 되어있는지

어떤 경우에 내담자와 상담·심리치료사의 가치관이 현저히 다를 때, 그리고 상담·심리치료사가 내담자와 협력 작업을 하는 방법을 찾지 못했을 때, 상담·심리치료사가 또 다른 상담·심리치료사에게 내담자를 의뢰해야 할 필요가 있을 것이다(Ford, 2006; Keith-Spiegel & Koocher, 2008; Odell & Stewart, 1993).

내담자와 함께 작업하기가 불가능한 상담·심리치료사가 확고하게 갖고 있는 도덕적 신념과 정반대되는 도덕적 행동으로 내담자가 지원받기를 원하는 많은 사례들이 있다. 상담·심리치료사가 확고하게 소유한 도덕적 신념을 무시하기 위해서 힘써 노력하는 것은 상담·심리치료사나 내담자 모두를 위해서 현명한 것 같지는 않다.

첼비트(Tjeltveit, 1999)에 따르면, 그런 상황에서 의뢰하는 것은 분명히 "내담자의 자율성과 유익을 존중하는 윤리 원칙을 따라야 한다"(p. 260). 그러나 한 가지 경고가 따른다. 이런 종류의 의뢰가 진행될 때, 의뢰가 진행되는 방식에 민감하기 위해서 여전히 상담·심리치료사에게 의무감이 따른다. 상담·심리치료 중

위기 시점에서 급히 진행되는 의뢰는 내담자가 인지 정서 기능 상실이 있을 때나 통원 가능 거리 내에 다른 능력 있는 제공자가 없을 때 도움이 되지 않는다. 또한 의뢰를 위한 상담·심리치료적이고 동정어린 이유를 제공하는 어떤 시도도 없이 진행되는 의뢰도 마찬가지이다. 다시 말하면, 상담·심리치료사의 우선 동기가 내담자가 자신의 상담·심리치료의 목적을 충족시키기 위한 기회를 갖도록 보장하기 위한 의뢰도 도움이 되지 않는다.

9. 결론

상담에 있어 영적, 도덕적 가치문제를 다루는 것은 상담·심리치료적, 윤리적 과정에 또 다른 차원의 복잡성을 더해 준다. 유능한 기독교 상담자는 각 내담자에게 독특한 상황이라는 것을 충분히 유념하고 민감하고 신중한 방식으로 그런 문제에 반응하는 것은 적절하고 중요하며 윤리적이라는 것을 깨닫는다.

윤리적 상담·심리치료사는 이런 문제와 관련된 자신의 가치와 신념 그리고 상담·심리치료의 능력(또는 역량의 부족)에 훌륭한 통찰력을 갖고 있다. 그리고 내담자와 내담자의 영적, 도덕적 가치문제로 상담·심리치료하는데 있어서 이들을 지원할 도움체계를 갖고 있다.

■ 참고문헌

American Counseling Association. (2005). *Code of ethics.* Alexandria, VA: American Counseling Association.
American Psychiatric Association. (1994). *Diagnostic and statistical manual of mental disorders* (4th ed.). Washington, DC: American Psychiatric Association.
American Psychological Association. (1993). Guidelines for providers of psychological services to ethnic, linguistic, and culturally diverse populations. *American Psychologist, 48,* 45-47.

American Psychological Association. (2002). *Ethical principles of psychologists and code of conduct. American Psychologist, 57,* 1052-59. Also available (with 2010 amendments) from www.apa.org/ethics/code/index.aspx.

American Psychological Association. (n.d.). *APA guidelines for practitioners.* Retrieved July 24, 2011, from www.apa.org/practice/guidelines/index.aspx.

Associated Press. (2007, June 30). Texas supreme court backs pastor over his publicizing of affair. *New York Times.* Retrieved July 18, 2011, from www.nytimes .com/2007/06/30/us/30texas.html.

Aten, J. D., & Leach, M. M. (2008). *Spirituality and the psychotherapeutic process: A comprehensive resource from intake to termination.* Washington, DC: American Psychological Association.

Bartley, N. (1995, September 2). Therapist disciplined for remark on abortion. *Seattle Times.* Retrieved from http://community.seattletimes.nwsource.com/archive/?d ate=19950902&slug=2139432.

Beauchamp, T. L., & Childress, J. F. (1994). *Principles of biomedical ethics* (4th ed.). New York: Oxford University Press.

Beit-Hallahmi, B. (1977). The beliefs of psychologists and the psychology of religion. In H. N. Malony (Ed.), *Current perspectives in the psychology of religion.* Grand Rapids: Eerdmans.

Bergin, A. E., & Jensen, J. P. (1990). Religiosity and psychotherapists: A national survey. *Psychotherapy, 27,* 3-7.

Brauer, J. C. (1974). *Protestantism in America.* Philadelphia: Westminster.

Bullis, R. K. (2001). *Sacred calling, secular accountability: Law and ethics in complementary and spiritual counseling.* Philadelphia: Brunner-Routledge.

Delaney, H. D., Miller, W. R., & Bisono, A. M. (2007). Religiosity and spirituality among psychologists: A survey of clinician members of the American Psychological Association. *Professional Psychology: Research and Practice, 38,* 538-46.

Doherty, W. J. (1995). *Soul searching: Why psychotherapy must promote moral responsibility.* New York: Basic Books/HarperCollins.

Estep, W. R. (1990). *Revolution within the revolution: The first amendment in historical context,* 1612-1789. Grand Rapids: Eerdmans.

Ford, G. G. (2006). *Ethical reasoning for mental health professionals.* Thousand Oaks, CA: Sage.

Frazier, R. E., & Hansen, N. D. (2009). Religious/spiritual psychotherapy behaviors: Do we do what we believe to be important? *Professional Psychology: Research and Practice, 40,* 81-87.

Hathaway, W. L., Scott, S. Y., & Garver, S. A. (2004). Assessing religious/spiritual functioning: A neglected domain in clinical practice? *Professional Psychology: Research and Practice, 35,* 97-104.

Hill, P. C., Pargament, K. I., Hood, R. W., Jr., McCullough, M. E., Swyers, J. P., Larson, D. B., & Zinnbauer, B. J. (2000). Conceptualizing religion and spirituality: Points of commonality, points of departure. *Journal for the Theory of Social Behaviour, 30,* 51-77.

Kitchener, K. S. (1984). Intuition, critical evaluation and ethical principles: The foundation for ethical decisions in counseling psychology. *The Counseling Psychologist, 12,* 43-55.

Knapp, S., Lemoncelli, J., & VandeCreek, L. (2010). Ethical responses when patients' religious beliefs appear to harm their well-being. *Professional Psychology: Research & Practice, 41,* 405-12.

Lieb, D. (2003, November 23). Psychologist faces complaint for discussing demons. *Southeast Missourian.* Retrieved July 16, 2010, from www.semissourian.com/story/125037.html.

London, P. (1986). *The modes and morals of psychotherapy* (2nd ed.). Washington, DC: Hemisphere.

Malony, H. N. (Ed.). (1983). *Wholeness and holiness: Readings in the psychology/theology of mental health.* Grand Rapids: Baker.

McCarthy, W. C., & Frieze, I. H. (1999). Negative aspects of therapy: Client perceptions of therapists' social influence, burnout, and quality of care. *Journal of Social Issues, 55,* 33-50.

McMinn, M. R. (2006). *Christian counseling* [DVD in APA Psychotherapy Video Series]. Washington, DC: American Psychological Association.

McMinn, M. R., & Campbell, C. D. (2007). *Integrative psychotherapy: Toward a comprehensive Christian approach.* Downers Grove, IL: InterVarsity Press.

Miller, W. R. (Ed.). (1999). *Integrating spirituality into treatment.* Washington, DC: American Psychological Association.

Odell, M., & Stewart, S. P. (1993). Ethical issues associated with client values conversion and therapist value agendas in family therapy. *Family Relations, 42,* 128-33.

Pargament, K. I. (2007). *Spiritually integrated psychotherapy: Understanding and addressing the sacred.* New York: Guilford.

Pargament, K. I. (2009). The psychospiritual character of psychotherapy and the ethical complexities that follow. *Professional Psychology: Research & Practice, 41,* 391-93.

Plante, T. G. (2009). *Spiritual Practices in Psychotherapy.* Washington, DC: APA.

Ragan, C., Malony, H. N., & Beit-Hallahma, B. (1980). Psychologists and religion: Professional factors associated with personal beliefs. *Review of Religious Research, 21,* 208-17.

Richards, P. S., & Bergin, A. E. (Eds.). (2004). *Casebook for a spiritual strategy in counseling and psychotherapy.* Washington, DC: American Psychological Association.

Richards, P. S., & Bergin, A. E. (2005). *A spiritual strategy for counseling and psychotherapy* (2nd ed.). Washington, DC: American Psychological Association. Rose, E. M., Westefeld, J. S., & Ansley, T. N. (2001). Spiritual issues in counseling: Clients' beliefs and preferences. *Journal of Counseling Psychology, 48,* 61-71.

Rye, M., Pargament, K. I., Wei, P. , Yingling, D. W., Shogren, K. A., & Ito, M. (2005). Can group interventions facilitate forgiveness of an ex-spouse? A randomized clinical trial. *Journal of Consulting and Clinical Psychology, 73,* 880-92.

Sanders, R. K. (1980). *Short-term assertiveness training among a Christian population* (Doctoral dissertation, Graduate School of Psychology, Fuller Theological Seminary). *Dissertation Abstracts International, 41,* 2345-B.

Sanders, R. K. (2000). Informed consent: Issues facing the Christian marriage and family therapist. *Marriage & Family: A Christian Journal, 3,* 25-38.

Sanders, R. K., & Malony, H. N. (1982). A theological and psychological rationale for assertiveness training. *Journal of Psychology & Theology, 10,* 251-55.

Saunders, S. M., Miller, M. L., & Bright, M. M. (2010). Spiritually conscious psychological care. *Professional Psychology: Research and Practice, 41,* 355-62.

Shafranske, E. P. (Ed.). (1996). *Religion and the clinical practice of psychology.* Washington, DC: American Psychological Association.

Sperry, L., & Shafranske, E. P. (Eds.). (2005). *Spiritually oriented psychotherapy.* Washington, DC: American Psychological Association. *Spratt v. County of Kent,* 621 F. Supp. 594, 1985. U. S. Dist. LEXIS 13988 (1985).

Tan, S.-Y. (1996). Religion in clinical practice: Implicit and explicit integration. In E. P. Shafranske (Ed.), *Religion and the clinical practice of psychology.* Washington, DC: American Psychological Association.

Tjeltveit, A. C. (1999). *Ethics and values in psychotherapy.* New York: Routledge.

Vachon, D. O., & Agresti, A. A. (1992). A training proposal to help mental health professionals clarify and manage implicit values in the counseling process. *Professional Psychology: Research and Practice, 6,* 509-14.

제10장

성적 소수자로서 내담자

마크 A. 야하우스(Mark A. Yarhouse)
질 L. 케이스(Jill L. Kays)
스탠톤 L. 존즈(Stanton L. Johns)

이 장은 동성애자나 동성애적 성적 지향성으로 어려움을 겪는 사람을 상담·심리치료를 하는 데 중점을 두었다. 또한 성 정체성 문제나 갈등을 해결하고자 하는 사람에 대한 상담·심리치료에 초점을 맞추었다.

그러나 우리는 상담·심리치료를 받으러 오는 많은 성적 소수자들이 성적 지향성이나 행동 또는 성 정체성 갈등의 변화를 위해서 상담·심리치료를 받으러 하지 않는다는 것을 알았다. 오히려 이들은 기분장애, 불안장애, 성 기능장애, 대인관계 갈등 등과 관련된 문제로 상담·심리치료를 받으러 온다.

이런 영역이나 기타 다른 영역(그리고 그 책임성이 기존 윤리 원칙과 어떤 관련이 있는지)에서 성적 소수자들을 돕기 위해서 기독교가 할 수 있는 일이나 책임성에 대한 질문은 이 장의 범주에서 벗어난다. 그러나 우리는 기독교 상담자가 특히 능력과 관계된 것들과 다른 사람의 안녕에 대한 관심 그리고 다양한 이유로 도움을 받기 위해 오는 성적 소수자들을 효과적으로 상담·심리치료를 하기 위한 자신의 능력을 냉정하게 평가하기 위해서 적절한 윤리적 원칙을 고려하고 적용할 것을 촉구한다.

성적 지향성의 변화를 위해서 도움을 요청하거나 성 정체성 갈등에 있는 성적 소수자들을 돌보는 것과 관련된 윤리적 고려는 기독교 상담자가 명시적으로나 집중적으로 생각해 보지 않았던 관심사이다. 비록 (사회복지, 목회돌봄, 상담, 임상과 심리치료, 결혼/가족치료와 같은 것에 걸쳐있는) 기독교 상담자를 교육 및 수련하는 데 있어서 많은 여러 가지 방법들이 있지만 각각의 정신건강 프로그램은 내담자의 자율성 존중, 내담자의 안녕, 통합과 능력의 문제를 각각 다루는 데 있어서 일반적으로 동등한 윤리 원칙을 제시한다.

우리는 이런 폭넓은 윤리적 개념을 중심으로 동성애와 성 정체성 분야에서 근무하는 기독교인에게 윤리적 문제에 대한 논의의 틀을 마련해 줄 것이다.

1. 능력

능력이란 기법, 태도, 지식에 근거한 전문가를 위한 자신의 적합성을 말한다(APA, 2006). 능력은 내담자에게 해를 주지 않고 유익을 주기 위한 노력에 있어 중요한 부분이다. 그리고 가능한 최선의 상담·심리치료를 제공하기 위한 중요한 요소이다. 보다 집중적으로 임상 문제를 갖고 작업할 필요가 있는 세부 능력뿐만 아니라 그 분야에서 근무하기 위해서 중요한 일반적인 능력이 있다.

최근에 정신건강 선분가 사이에 능력을 정의하고 강화하고 측정하려는 노력이 강조되어왔다. 사실, 최근에 미국심리학회에서는 2006년에 이 주제에 대한 보고서를 내기 위해서 업무를 추진할 것을 제기했다. 이것은 전문가가 어떻게 능력을 좀 더 잘 평가할 수 있을까에 대해 조사하는 것이다(APA, 2006).

상담·심리치료사인 우리는 교육 및 수련 그리고 경험을 포함하여 다양한 방법을 통해 능력을 추구한다. 기독교 정신건강 전문가도 그 분야의 다른 전문가들과 동일한 기준의 능력을 갖고 있다. 그리고 필요한 능력이라고 생각되는 것에 대해 전에 한 번쯤은 관여해 보았을 것이다. 기독교인으로서 우리는 우리의 근무 분야에서 가장 높은 수준의 능력을 추구할 뿐만 아니라 능력을 정의하고 측정하기 위해서 추진하는 과정의 일부분이 되어야 한다.

기독교 상담자가 성적 소수자들에게 서비스를 제공하기 위해서 자신의 능력을 반성해 볼 때, 동성애와 성 정체성의 파급성, 원인, 정신건강과의 관련성, 그리고 성적 지향성이 변할 수 있는지에 대한 이론적 정보에 관해 우리가 알고 있는 것을 검토하는 것이 도움이 될 것이다(Johns & Yarhouse, 2000; Johns & Kwee, 2005; Yarhouse & Kays, 2008; Yarhouse, 2010a).

1) 파급성

독자들은 이 장에서 우리가 "성적 소수자"라는 명칭을 사용하게 된다는 것을 알게 될 것이다. 우리는 성적 소수자들을 "자아 인식과 상관없이 동성애적 끌림이나 행동을 하는 개인들"로 정의한다(Diamond, 2007, p. 142). 일부 사람들은 소수 인종이 그 명칭을 사용해오면서 파생된 고정되고 변할 수 없는 어떤 특성을 시사하는 정치적 함의 때문에 이 단어의 사용을 반대할 것이다.

우리는 그 함의를 선택하지도 않을 뿐만 아니라 그런 이유로 그 명칭의 사용에 저항하지도 않는다. 오히려 우리는 독자에게 동성애적 끌림을 경험하는 사람들이 남성의 6%이고 여성의 4%로 숫자적으로 적은 '소수'라는 주장을 정확히 상기시키고 있다(Laumann et al., 1994).

동성애적 경향이 있다고 말함으로써 상당히 많은 동성애적 끌림을 경험하는 사람들은 남성의 약2%, 여성의 약1%이다. 흥미롭게도 더 많은 조사에서는 성적 지향성과 성 정체성을 혼합한 파급의 범위를 추산하여 제공한다(Egan, Edelman & Sherrill, 2008; Herbenick et al., 2010).

2) 원인 관계론

동성애의 원인에 대한 최근 연구는 오로지 성적 지향성과 관련된 생리학적 요인에만 초점을 두고 있다. 과거부터 형제간의 출생 순서와 왼손잡이(Blanchard & Lippa, 2007; Bogaert, 2007)와 쌍둥이 연구(Langstrom, Rahman, Carlstrom & Lichtenstein, 2008)와 같은 유사한 이론들에 대한 연구들이 계속 조사되고 있었다.

반면, 일부 새로운 발달 이론이 성적 지향성에 대한 생물학적 해석을 강화하는 지지자들에 의해 밝혀지고 있다. 예를 들어, 유전 검사(Mustanski et al., 2005)

에 대한 연구와 뇌구조 및 신경 연결(Savic & Lindstrom, 2008)에 대한 연구에서 생물학적 요인은 일부 동성애자들에게 있어서 동성애성을 설명하는데 필수적이지도 않고 충분하지도 않지만 기여할 가능성이 있는 요인으로 남아있다.

사실, 모든 개인에게 있어 동성애성에 대한 생물학적 요인 단 하나만으로는 앞으로도 결정적인 증거로 남아있을 수는 없다(Johns & Kwee, 2005; Yarhouse & Kays, 2008).

스웨덴의 동일 쌍둥이 연구에서 71쌍의 쌍둥이(Langstrom et al., 2008) 가운데, 단지 7쌍(모두 쌍둥이 동성애자) 만이 일치하는 현저히 낮은 수준의 일치 지향은 단일의 생물학적 요인이 강력한 원인으로 볼 수 없는 엄연한 증거로 드러났다. 오히려 동성애성에 영향을 주는 생물학적, 환경적 요인 등 다양한 요인이 있다는 것이 우세한 가설이다. 그리고 이런 요인들은 개인들 속에 다양하면서도 강력하게 나타나고 있다.

최근, 미국심리학회(2008)는 동성애성의 원인 관계에 대한 현재까지 연구에서 조사된 이해를 다음과 같이 요약했다.

> 개인이 이성애, 양성애, 남성 동성애자, 여성 동성애자의 성적 지향성으로 발전되는 정확한 이유에 대해 학자들 간에 합의점은 없다. 비록 많은 연구에서 성적 지향성에 유전, 호르몬, 발달상, 사회 및 문화적인 영향의 가능성이 있다고 조사되었지만 어떤 결과도 학자들에게 성적 지향성이 어떤 특정 요인이나 요인들에 의해 결정된다고 결론을 내리도록 인정하게 하는 것이 못된다. 많은 사람들은 타고난 것과 양육 모두가 복잡한 역할을 한다고 생각한다(www.apa.org/topics/sorientaion.html#whatcauses).

이것은 원인 관계에 대해 현재 존재하는 지식에 대한 정확한 요약이다. 비록 생리학적 가설이 강력하게 지속적으로 발전하고, 잠재적인 환경적 영향에 대한 고려가 주로 간과되고 있더라도 하나의 영향만 있는 것은 아니다. 오히려 다양한 요인들이 동성애성에 영향을 미칠 가능성이 있고 이 요인들은 사람마다 다를 것이다.

3) 정신건강과의 상관관계

남성 동성애자, 여성 동성애자, 양성애자(GLB)로 밝혀진 사람들이 기분장애, 불안장애, 약물남용장애, 자살 경향성, 낮은 자존감 등의 위험성이 더 많다고 보고되고 있는 것이 이 분야에서는 널리 알려진 바이다(Cochran, Sullivan & Mays, 2003; Cochran & Mays, 2007; Cochran, Mays, Alegria, Ortega & Takeuchi, 2007; Hughes, 2003; Lewis, Derlega, Griffin & Krowinski, 2003; Yelland & Tiggeman, 2003).

늘어나는 심리적 스트레스, 사회적 스트레스, 그리고 HIV(에이즈 바이러스)의 더 큰 위험성이 또한 다른 건강 문제를 유발한다(Cochran & Mays, 2007). 성적 소수자들이면서 또한 소수 인종자들은 심리적 스트레스의 더 많은 위험들에 놓여 있는 것으로 생각되는 이중 소수자적 위치에 있다.

그러나 최근 보고에 따르면, 심리적 스트레스 위험이 차이가 없거나 미미하게 더 낮다(Cochran, Mays, Alegria, Ortega & Takeuchi, 2007). 또한 그 문화 사람들 간에 약물남용 비율이 줄어드는 것과 같은 다른 문화적 규범들도 심리적 문제 발생비율에 영향을 미친다.

어떤 경우에든 이런 차이를 이해하는 방식에 따라 일부 의견 차이가 있어 왔다. 남성 동성애자 사회에서 일부 사람들 간에 두드러진 해석은 이런 차이들이 오명을 반영하며, 이성애 사회에서 남성 동성애자, 여성 동성애자, 양성애자인 것과 관련하여 소수 집단의 심리적 문제를 반영한다.

그러나 이런 이론은 모든 성적 소수자들이 갖고 있는 문제는 아닌 것 같다. 따라서 다른 성적 소수자들인 개인과 집단 간에 약간의 다양성이 있는 것 같다. 그러므로 성적 소수자들에 의해 경험되는 사회적 심리 문제와 성적 소수자들의 심리적 기능과의 관계를 이해하기 위해서 보다 많은 연구들이 필요하다. 어떤 경우에 상담·심리치료사는 이런 문제에 친숙해야 하고 성적 소수자들 사이에 더 많이 존재할지도 모르는 다른 육체적, 정신적 건강 문제를 평가해야 한다.

4) 성적 지향성의 변화

성적 지향성의 변화를 위한 시도는 전형적으로 두 가지 접근 즉, 상담·심리치료전문가나 준전문/종교적인 사역들 가운데 하나로 진행된다. 이론상으로는 행동주의적 개입(Freeman & Meyer, 1975; Schwartz & Masters, 1984), 혐오 상담(McConaghy, 1970; MaCulloch & Feldman, 1967), 정신분석(Hadfield, 1958; Hatterer, 1970), 회복 상담(Nicolosi, 1991) 그리고 다양한 이론적 배경을 갖고 있는 집단 상담(Birk, 1974; Pittman & DeYoung, 1971; Truax & Tourney, 1971)을 포함한 성적 지향성에 대한 많은 접근들이 있다.

성적 지향성의 변화에 대한 실제적인 연구들 중에 이런 연구에 있어 상당한 비율을 차지하는 '긍정적인 결과'가 어떻게 산출되었든지 간에 긍정적인 결과 비율은 약 30%이었다(예: 동성애적 상상이나 행동이 줄어 들었고 이성애적 상상이나 행동, 결혼 등은 증가함).

보다 최근 조사에 따르면, 동성애 내담자로 작업하여 보고된 맥킨토시(MacIntosh; 1994)에 의한 1,215명의 분석자들에 대한 조사를 실시했고 이렇게 폭넓은 자료를 갖고 연구한 결과 일반적으로 일관된 조사 결과가 산출되었다. 그리고 이들 중 276명(23%)이 긍정적 결과를 경험했다고 전해졌다.

니콜시, 버드, 포츠(Nicolosi, J., Byrd, A. D. & Potts, R. W. 2000)에 의해 출간된 조사는 변화 결과와 유사한 변화를 보고했다. 스피저(Spitzer, 2003)에 의한 연구 또한 일부 사람들이 변화를 경험했고, 심지어 좋아하지 않았던 사람들도 상담·심리치료가 그들의 삶의 질과 가치에 의미 있고 가치 있는 것을 제공했다고 믿게 되었다고 제안했다(Schaeffer et al., 1999; 2000).

스피저는 최근에 자신의 결과를 해석한 방식에 대해, 그리고 다른 기관에서 그 결과를 사용한 것에 대해 그리고 자신들이 성적 지향성의 변화를 경험했다고 믿고 있는 사람들의 경험에 대해 말한 결과를 제시한 것에 대해 후회한다고 말했다.

전문적인 변화 상담과 종교에 기반한 사역의 효과성을 지지하기 위해서 인용된 많은 연구들이 작은 표본 크기, 분명한 정의 부족, 변화나 성공의 측정에 있어서 일관성 부족, 상담·심리치료사 보고, 변화에 대한 자기 보고를 포함한 빈약한 방법론으로 어려움을 겪고 있다고 지적한 것은 옳다(APA, 2009).

그러나 빈약한 방법론이 성공하지 않았음을 입증하는 것은 아니다. 필요한 것은 유해한 위험성도 있지만 성공을 이룰 그런 변화 프로그램과 더 큰 일관성을 도입한 연구가 곧 시도될 종적인 연구이다.

성적 지향성의 변화나 상담·심리치료를 위한 신앙에 기반한 준전문적인 접근은 '탈남성동성애자국제기구'(Exodus International Organization, 남성 동성애자 기독교인을 남성 동성애자로부터 벗어나게 하는 기독교 기구)와 연계한 사역, 익명의 동성애자와 연계한 사역, 그리고 많은 다른 독립된 사역들을 포함하고 있다. 이 모든 경우에 있어서 사역들은 변화나 상담·심리치료를 얼마나 강조하느냐에 따라 상당히 다양할 것이다. 일부는 순결과 개인적 성화를 지지하는 데 더 집중할 것인 반면, 다른 사역들은 성적 지향성의 변화나 상담·심리치료에 더 중점을 둘 것이다.

최근 연구에서 우리(Jones & Yarhouse, 2007; 2009)는 '탈 범죄 사역'(Exodus Ministries, 범죄자의 갱생을 돕는 기구)을 통해 성적 지향성의 변화를 시도한 98명의 시범 표본을 보고했다. 3년 후 이들의 성 정체성(동성애, 이성애, 양성애, '다른 어떤 것'과 결합된 특성, "알지 못함," 어떤 다른 비범주적인 응답 등) 비율 확인을 위한 구체적인 변화 결과를 요청했을 때 45%가 동성애, 양성애 그리고 이성애와 다른 어떤 것으로부터 긍정적인 변화를 경험했거나 동성애에서 양성애나 다른 것으로 변화했다고 보고했다. 40%는 변화가 없다고 보고했으며, 이는 이들이 첫 평가에서와 같이 제3의 평가에서도 같은 성 정체성(동성애, 이성애, 양성애)을 보였다는 것을 의미한다. 8명의 사람은 부정적인 결과를 보고했고, 3명은 불확실한 변화, 예를 들어, '기타'로 보고했다.

우리가 성적 지향성에 대한 다른 측정 자료를 보았을 때, 참가자의 동성애적 끌림이 평균적으로 감소하는 것으로 나타났다. 우리는 또한 이성에 대한 성적 끌림이 미약하지만, 평균적으로 좀 더 증가하는 것으로 보고했다.

우리는 또한 참가자들이 공유한 변화 노력을 근거로 참가자들을 분류했다. 3년의 조사 끝에 15%는 (이성애성으로) '성공: 전환'의 범주에 표시했고, 23%는 '성

공: 순결'(또는 동성애적 끌림의 감소 덕분에 순결하게 살 수 있는 자유)의 범주에 표기를 했고, 참가자의 29%는 '지속적인 변화 노력 중'에 표시했다. 이것은 성적 끌림에 있어 약간의 감소를 의미하는 것이지 성공을 경험했다는 것을 충분히 설명해 주지는 못한다.

또한 참가자의 15%는 변화를 위한 노력에 '무응답'으로 표시했고 4%는 '실패: 혼란스러움'에 표시했으며, 8%는 '실패: 남성 동성애자 성 정체성'에 기록했다. 실패 표시는 성적 끌림이나 성적 지향성에 있어 변화를 경험하기 위해서 탈출 과정에 있다는 의미에서 참가자들의 목표를 위해서 단순한 참고사항일 뿐이다.

2009년에 우리는 6, 7년 동안 정보를 제공한 사람들로 이 결과를 갱신했다. 연구에 남아있던 참가자 63명 가운데 평균 이득(average gains)은 변화 시도 초기에 얻은 것으로 시간이 지나면서 계속 유지된 것으로 나타났다. 다시 말하면, 더 많은 평균 이득이 이성애로 향하기(증가한 이성에 대한 성적 끌림)보다 동성애로부터 멀어졌다.(감소한 동성애적 끌림) 우리는 어느 범주가 '탈 남성 동성애자'(Exodus)에서 자신들의 경험을 가장 잘 설명하는지를 물었고, '성공: 전환'(이성애로 향한) 범주가 남은 표본의 23%까지 상승했다. 반면, '성공:순결' 또한 표본의 30%까지 증가했다.

이런 것들은 이와 유사한 변화 노력에 참가해야 할지 고민하는 사람들에게 중요한 결과 자료이다. 그러나 이런 변화들이 보통 남성 동성애자에서 곧장 변화의 범주에 들만큼의 변화를 반영하는 것이 아니라는 것을 이해하는 것이 중요하다. 이 변화들은 성적 끌림의 연속선을 따라서 이동하는 것을 말한다. 그리고 보다 성공적인 존재로 순결의 짐이 줄어드는 동성애적 끌림이 감소하는 것으로 보고되었다.

보다 적은 수의 사람들에게 이런 변화가 자신들이 이성애자로 생각하게 하는 이성에 대한 성적 끌림이 증가했다. 또한 성적 끌림 뿐만 아니라 성 정체성이나 한 인간의 자아 인식과 자신이 남성 동성애자로 밝혀질지의 여부에 있어서도 중요한 변화 또한 신호이다.

그러나 이런 경우에 조차도 사람들이 동성애적 끌림의 경험을 일부 보고했다는 것을 유념해야 한다. 아마 가장 중요한 것을 말하면 우리는 여기서 보고된 숫자가 종교적인 사역을 통해 시도된 성적 지향성의 변화를 위해서 잠재적인 성공에 대해서까지 매우 낙관주의적으로 계획했다고 생각한다. 왜냐하면 우리의 표본(이 표본은 의미 있는 방식을 통해 변화를 위해서 대표적으로 높은 동기를 유발할 수 있는 기독교인으로 구성됨)이 아마 시도하면 더 많이 성공할 것 같은 사람들로 편향되었기 때문이다.

2. 문제의 현안과 논란

성적 소수자인 내담자에 관한 윤리적 문제에 있어 능력이 주요 논점이 되고 있다. 예를 들어, 능력 문제를 다루려는 시도로, 미국상담학회 윤리위원회는 내담자의 자율성과 안녕을 상담·심리치료사에게 다시 상기시키고, 재교육을 통해 상담·심리치료에 요구되는 역사적, 사회문화적 상황을 유념하도록 2006년에 하나의 성명서를 발표했다.

그들은 또한 상담·심리치료사는 재교육 상담·심리치료를 제공할 능력이 있어야 함을 전달했다. 하지만 재교육 상담·심리치료를 위한 어떤 수련 프로그램도 존재하지 않는다(Whitman, Glosoff, Kocet & Tarvydas, 2006).

> 내담자는 자신들이 종교단체나 대중문화들 가운데 하나로부터 이에 대해 들었기 때문에 상담·심리치료 전문가에게 구체적인 상담·심리치료를 요구할 수 있다. 그러나 상담·심리치료사는 과학적으로 효과적이라고 제시되거나 전문가가 인정한 이론적 틀을 갖고 있는 상담·심리치료만을 제공한다. 그렇지 않으면 상담·심리치료사는 내담자에게 그 상담·심리치료가 '입증되지 않은 것'이거나 개발 중에 있는 것'으로 알린다.
> 그리고 상담·심리치료사는 이런 기술이나 과정을 사용하는데 있어서 "잠재적인 위험성과 윤리적 고려 사항에 대한 설명을 제공하고 혹 내담자에게 있을지 모를 손해를 막기 위해서 조치를 취하고 있다"라고 내담자에게 정보를

제공한다"(Standard C. 6e., "상담 양식을 위한 과학적 근거" Whitman et al., 2006).

상담 과정에서 취한 어떤 특별한 접근 방식에 대한 경험적 지지를 하는지 하지 않는지에 대한 정보를 제공하는 것은 분명히 바람직한 일이다. 치료적 개입을 제공하는 상담·심리치료사로부터 요구한 것에 대한 언급이 없는 많은 '입증되지 않은' 것들이나 '개발 중에 있는' 접근 방식이 계속해서 제공될 때, 이에 대해서 내담자가 요구함으로써 솔직하지 못한 것 같은 것이 어떤 치료적 개입을 통해 밝혀질 때 드러난다.

일부에서 이런 활동 영역에서 점점 더 많은 면밀한 조사를 받는 것 같다. 이것이 상담·심리치료사가 이 분야에 있어서 자신들의 지식에 대해 솔직해야 하는 것을 회피했다는 것을 의미하지 않는다. 그러나 이와 동일한 기준이 구체적인 개입을 지지할 증거가 있어야 한다는 면에서 모든 상담·심리치료 활동에 적용되어야 한다는 것을 의미하지도 않는다.

또한 미국상담학회는 내담자에게 제공되는 실제적인 서비스를 보장하기 위해서 의뢰할 때 특별한 책임감을 가질 것을 주문했다. 또한 추가로 의뢰할 경우에 정신건강 전문가가 전형적으로 요구하는 수준을 넘어서지 않을 것을 다음과 같이 제안했다.

> 위에서 전달한 모든 것을 고려해 볼 때, 미국상담학회 윤리위원회는 윤리적 상담·심리치료 전문가가 내담자를 전환 상담에 종사하는 누군가에게 의뢰하지 말 것을 강하게 제안한다. 또는 만일 그렇게 하게 된다면 의뢰 상담·심리치료사가 상담·심리치료에 대한 입증되지 않은 특성과 잠재적인 위험성 그리고 내담자에게 손해를 최소화할 조치들에 대해 충분하게 정보를 제공할 것을 그들이 확실하게 할 때에만 조심스럽게 진행하라고 제안한다.
> 또한 이 정보는 이런 상담·심리치료에 반대한다는 미국상담학회 입장과 윤리위원회의 성명에도 불구하고 전환 상담을 제공하는 상담·심리치료사에 의해 글로 기록된 정보 자료를 포함시켜야 한다. 그렇게 하지 않는 것은 미국상담학회 세부 윤리 규정이나 정신을 위반한 것이다."

다시 한 번 말하지만 이런 강도 높은 면밀한 조사는 우려 때문이다. 그런데 일부 상담·심리치료사들은 이것을 모든 상담·심리치료사에게 일관되게 적용할 것을 기대하기보다 정치적인 동기로 더 많이 본다.

3. 다문화운동과 다문화능력

성적 소수자로서 내담자를 상담·심리치료를 하는 데 있어서 윤리적 실천과 능력을 둘러싼 논의의 중요한 부분이 상담·심리치료와 심리 분야에서 강한 세력이 된 다문화운동과 관련이 있다.

다문화주의는 내담자의 독특한 차이(예: 나이, 성, 성정체성, 인종, 민족성, 문화, 출신국가, 종교, 성적 지향성, 장애, 언어와 사회경제적 지위)에 대한 이해와 인정을 강조한다. 그리고 상담·심리치료사의 사례 개념화와 내담자에 대한 상담·심리치료에 정보를 주기위하여 그런 차이들과 다양한 상황들을 허용할 것을 강조한다(APA, 2009).

다문화적으로 능력이 있다는 것은 윤리적이고 능력 있는 상담·심리치료사를 의미한다는 하나의 기둥이 된다. 그리고 이는 전문가들에게 다양한 내담자들에게 효과적으로 상담·심리치료를 하도록 지식과 기술을 얻을 수 있는 방법을 찾도록 동기를 부여한다. 미국심리학회(2002)와 미국상담학회(2002)에 의해 제시된 다문화주의 분야와 이런 모델에 따르면, 상담·심리치료사는 성적 소수자들을 상담·심리치료 하는 능력이 있을 것이라고 기대를 받는다.

그러나 필요한 지식과 기술을 포함해서 이런 내용을 꼼꼼히 들여다보면 정확하게 정의되지 않았고 여전히 개발 중에 있다. 일부는 이것을 내담자에게 남성 동성애자를 긍정하는 상담·심리치료를 우선적으로 사용하는 것으로 생각할지도 모른다. 반면, 다른 사람들은 그것을 성적 취향, 성 정체성, 행동 아니 그 이상의 다양한 면에 대해 부담으로 여길지도 모른다.

기독교인에게 있어 다문화주의의 강조는 유익과 문제 모두를 갖고 있다. 분명히 대부분의 기독교 상담자들은 다른 사람의 차별성과 독특성에 민감하게 반응하고 인정하는 것이 일반적으로 좋은 것일 뿐만 아니라 상담·심리치료 능력의 열쇠라는 것에 동의한다.

결국, 우리는 다른 사람으로부터 기독교인의 종교적인 신념과 가치를 존중하는 데 있어서 동일한 민감성을 기대한다. 다문화운동은 사람들에게 보다 열린 마음을 갖고, 다른 사람을 가치 있게 배려하도록 도울 수 있는 능력을 갖고 있다. 그리고 우리의 이해를 알리기 위해서 개인의 문화적 영향력의 풍부함과 복잡성을 허용하도록 도울 수 있는 능력이 있고, 서로 연관이 있음을 알도록 도울 수 있는 능력이 있다.

그러나 잠재적인 어려움은 다문화능력을 구성하는 것에 대한 대화는 없고, 대신에 가치적 갈등을 일으키는 구체적인 다른 관점에서 나온 것을 직접적으로 제시할 때 발생한다.

능력 척도를 개발하는 경향성이 이에 대한 하나의 사례라고 할 수 있다. 기존의 능력 척도로는 성적 취향이나 성적 행동에 대한 종교적인 신념이나 관습적 가치를 갖고 있는 학생이나 상담·심리치료사로 하여금 능력을 측정하기 위한 시도를 하지 못하게 하고 있다(Yarhouse, 2008). 특히 성적 지향성 상담·심리치료사 능력 척도(Bidell, 2005)는 성적 소수자들을 상담·심리치료하는 기술, 태도, 지식을 측정해 준다.

비델(Bidell)은 상담·심리치료사의 능력을 위한 태도를 중요하게 강조한다. 그에 대한 예로는 "개인적으로, 나는 동성애성을 정신장애나 죄라고 생각하고, 상담이나 영적 도움을 통해 치료받을 수 있다고 생각한다"가 있다(273). 상담·심리치료사 능력 척도의 또 다른 항목은 "나는 LGB(남성 동성애자, 여성 동성애자, 양성애자) 커플은 특별한 권리(일반 가정에 주는 혜택이나 결혼할 권리)가 필요없다고 믿는다. 왜냐하면 규범적이고 전통적인 가족의 가치를 약화시키기 때문이다"이다(Bidell, 2005, 273).

두 항목은 정신건강 문제와 도덕적 문제를 통합하는데 있어서 문제가 있는데, 정신적 영적 건강문제를 벗어나서 동거 관계에 따른 혜택을 둘러싼 정치적 관점에서 보았기 때문이다(Yarhouse, 2008).

새롭게 부상하는 이런 식의 능력 측정은 요구되는 가치, 신념, 그리고 정치적 관점으로 성적 소수자들을 상담·심리치료하는 능력을 정의하려고 시도하고 있다. 그리고 이는 일부 기독교인들과 충돌할지도 모르지만 전문적인 서비스를 제공하는 것과는 어떤 상관도 없을지도 모른다.

따라서 이 모든 것이 기독교 상담자에게 의미하는 것이 무엇인가?

어떻게 기독교인은 중요한 도덕적 가치나 가치적 충돌에 희생당하지 않으면서 다문화운동의 한 부분이 될 수 있는가?

기독교인에게 한 가지 중요한 요소는 다문화주의에 대한 대화에 참여하는 것이고 성적 소수자들을 포함하여 다양한 단체와 능력에 대해 함께 정의하는 것이다. 밀어내기보다 오히려 기독교인은 종교적/영적 가치와 이상을 반영하고 다양한 관점에 중요하게 추가할 수 있는 논의에 대해 중요한 목소리를 낼 수 있다.

그러나 이것은 또한 기독교인에게 열린 마음을 요구하고, 의견이 다른 관점을 묵살하지 않고 기꺼이 동참할 것을 요구한다. 궁극적으로 기독교인은 다문화주의를 지향한 그 운동에 한 부분이 되려고 노력해야 하고 가능하다면 능력과 지식에 대해 정의내리는 것을 도와야 한다.

앞서가야 할 뿐만 아니라 기독교 상담자는 우리가 상담·심리치료를 제공할 특정 개인에게 있어서 동성애적 성적 지향성, 성 정체성과 행동에 대해 더 많이 알고 민감해야 한다. 예를 들어, 우리가 성 정체성에 대해 조사할 때, 한 사람의 성 정체성이 시간이 지나면서 어떻게 발달하고 형성되었는지 이해하는 것이 도움이 된다.

성 정체성 발달과 관련된 경험을 되돌아본 성인은 8-11세쯤 처음 성적 끌림이 있었던 것으로 보고하는 경향이 있고, 이후 12-15세쯤 동성애적 행동을 따랐다고 보고했다. 행동이 (남성 동성애자로) 이름붙이기에 앞서서 일어나는 경향이 있다. 이것은 평균 15-18세쯤에 발생한다. 다른 사람에게 노출되는 것은 17-19세쯤이고, 첫 동성애 관계는 18-20세의 나이에 발생하는 경향이 있다 (Dube & Savin-Williams, 1999).

기독교인 성적 소수자들을 상담·심리치료할 때, 우리는 나이 범주가 비슷함을 알 수 있었다. 성적 끌림의 인지(12-13세), 동성애적 행동(동성애적 행동과 관련된 사람들 사이에, 16-17세), 초기 남성 동성애자 속성(17-18세); 남성 동성애자로 이름붙이기(흔하지는 않지만 발생한다면 17-18세), 그리고 첫 동성애 관계(18-19세)이다(Yarhouse, Stratton, Dean & Brooke, 2009).

흥미로운 것은 이 표본에서 아주 극소수의 기독교 성적 소수자들만이 남성동성애자로 자신들을 밝혔거나 동성애 관계를 추구했다는 것이다. 이들은 기독교 성 윤리를 가치 있게 여기는 것 같았고 성적 행동을 삼가는 것 같았다. 아마 이들은 동성애에 끌리고 있다는 사실뿐만 아니라 자신과 자신들의 성 정체성에 대해 생각하는 것도 다른 방식으로 볼 것이다.

남성 동성애자 성 정체성으로 동성애적 끌림의 경험을 통합한 기독교인과 남성 동성애자 성 정체성으로 밝혀지지 않은 기독교인을 비교한 연구에서, 우리는 성 정체성을 통합하는 과정이 훨씬 더 오랜 시간이 소요되는 것을 보았다. 남성 동성애자 성 정체성으로 동성애적 끌림을 통합한 사람들은 평균 약 26세의 나이에 일어나는 것으로 나타났다. 반면, 남성동성애자 성 정체성으로 밝혀지지 않은 사람들은 약 34세의 나이에 성 정체성 통합에 근접하는 것으로 보고되었다(Yarhouse & Tan, 2004).

일부는 남성 동성애자 성 정체성으로 성적 끌림을 통합하는 반면, 나머지는 남성 동성애자 성 정체성으로 밝혀지지 않는다는 바로 이 점이 성적 소수자들 사이에 귀인 속성과 의미를 계속해서 존중해 주어야 한다는 중요한 무엇인가가 있음을 암시한다.

대부분 동성애적 끌림을 남성 동성애자 성 정체성과 동의어로 취급한다. 그들은 누군가가 집중적으로 "정말 그렇다"(really is)라고 동성애성으로 본 '남성 동성애자 대본'(gay script)에 있는 그대로의 언급을 따랐다(Yarhouse, 2010a, 49). 이미 성적 소수자들로 살던 성 정체성을 발견하는 것이 중요함을 강조한다.

따라서 성적 끌림은 그 사람이 누구이냐의 성 정체성 핵심이고, 성적 행동은 그들이 누구이냐에 대한 표현이다. 이 대본(script)은 일종의 남성 동성애자 성 정체성에 대한 성적 자아실현으로 이어진다.

이미 앞에서 언급했듯이, 다른 성적 소수자들은 성적 끌림을 중심으로 자신의 성 정체성을 형성하지 않는다. 오히려 그들은 한 사람의 성적 끌림이 자신들에 대해 무슨 신호를 보내는지에 대한 다른 귀인 속성에 근거한 다른 대본을 따른다. 예를 들어, 기독교인 내담자의 경우, 이들은 그들의 성적 끌림을 타락으로 돌릴지도 모른다. 즉, 성적 취향과 성적 행동이 하나님의 이상과 맞지 않는 어떤 것으로 말이다.

여하튼, 상담·심리치료사는 성적 소수자들이 자신의 신념과 가치에 부합한 방식으로 살고, 방식을 찾도록 이들과 함께 상담·심리치료 작업을 할 수 있다. 그들은 자신의 성 정체성과 행동(남성 동성애자 성 정체성을 적용한 것으로 보여질 수 있는 것)을 갖고 자신의 신념이나 가치에 따라 정렬된 일종의 조화를 추구할 수 있다. 아니면, 자신들의 신념이나 가치(남성 동성애자 성 정체성으로 밝혀지지 않은 것들로 보여질 수 있는 것)를 갖고 자신의 성 정체성이나 행동에 맞는 조화를 추구할 수 있다.

어쨌든, 한 사람이 "정말 그렇다"라는 것을 발견하는 것에 초점을 두기보다 오히려 이런 성 정체성에 대한 접근은 상담·심리치료에 있어 그 사람이 남성 동성애자 성 정체성으로의 동성애적 끌림의 경험으로 통합할 것인지 아닌지를 결정하기 위한 여유를 만들어 준다.

우리는 동성애적 끌림으로 심리적 문제를 겪고 있는 내담자나 동성애적 성적 지향성이 있는 내담자가 직면한 일부 문제에 대해 독자에게 소개했다. 우리는 또한 기독교 상담자가 성적 소수자들과 함께 작업할 때 친숙해지도록 하기 위한 재교육 상담·심리치료에 대해서 살펴보았다.

4. 진정성과 내담자의 안녕

능력은 어느 정도는 중요하다. 왜냐하면 상담·심리치료사가 제공하는 서비스가 진실성을 갖고 제공되는 것을 보장하도록 돕기 때문이며, 유해한 임상 적용으로부터 대중을 보호하도록 돕는 방법이기 때문이다. 진정성 개념은 동성애성에 대해 우리가 아는 것과 모르는 것에 대해 정직하다는 것을 말한다. 이런 지식 기반은 임상 적용에 정보를 제공하는데 도움이 된다. 그리고 이것은 왜 능력에 의존하는지에 대한 이유이고, 궁극적으로 내담자의 안녕과 관계가 있기 때문이다.

사실, 내담자의 안녕을 촉진한다는 생각은 주요 정신건강기관의 윤리 규정으로써 또 다른 중요한 윤리 원칙이다. 이것은 정신건강 전문가가 내담자에게 유익을 주어야 하고 내담자에게 해로운 것을 피해야 한다는 생각이다.

그러나 심지어 기독교인 사이에서도 때로는 무엇이 정확하게 유익하고 어떤 것이 유해한 것인가에 대해 의견 차이가 있고 어떻게 정의내리고 측정할 것인지에 대해서 의견 차이가 있다. 특히 이런 갈등이 가장 두드러진 한 영역이 동성애성 분야이고 특별히 재교육 상담·심리치료와 관련하여 갈등이 두드러진다. 재교육 상담·심리치료는 동성애자에서 이성애자에 이르기까지 성적 지향성의 변화를 목표로 한다.

이는 때로 성적 지향성의 변화와 같은 것보다 오히려 종교적인 전환으로 혼란을 겪을 수 있기 때문에 일부의 사람들이 거절하는 전환 상담으로 불리기도 한다. 회복 상담은 확실히 잘못 지향된 것을 정상적인 욕동으로 수정하는 것을 강조하고 개인의 삶속에 동성애적 성적 지향성으로 동성애성의 형태를 취했던 것을 정상적인 방향으로 수정하는 것을 강조하는 성적 지향성 상담·심리치료의 특별한 형태이다.

성적 지향성의 변화 시도와 관련하여 제기되어왔던 일차적인 윤리적 문제는 제공되는 서비스에 대한 전문적, 과학적 토대가 있느냐이다. 그리고 제공된 서비스가 내담자에게 유해한가의 문제이다. 우리는 전문적, 과학적 토대에 대해 우리가 알고 있는 것을 단지 재검토해 보았다. 성적 지향성이 변화할 수 있느냐에 대한 의견 차이가 있다. 그 의견 차이의 일부는 우리가 범주적 변화로 논의해야 하느냐 아니면 어떤 연속선상의 의미 있는 변화로 논의되어야 하느냐의 문제이다.

비록 얼마나 자주 발생하느냐에 대해 정확하게 말하기 어려워도 후자는 일부 사람들에게 가능할 것 같다. 만일 그것이 모두 발생한다면 범주적 변화는 훨씬 덜 가능할 것 같다. 그럼에도 불구하고 이 말은 의미가 있다. 왜냐하면 시도된 변화에 대한 더 나은 연구의 필요성이 있는데, 특히 전문 상담과 관련하여 그렇다.

또 다른 윤리적 관심사는 재교육 상담·심리치료나 사역 관련 변화 시도가 본질적으로 유해한가의 여부이다. 성적 소수자들이 성적 지향성과 행동의 변화를 위한 도움을 요청하거나 또는 성 정체성 갈등의 방향을 잡아주는데 도움을 요청하려고 상담·심리치료를 받으러 올 때 제기되는 문제는 성적 지향성의 변화를 위한 상담·심리치료나 성적 지향성을 변화시키기 위한 사역과 같은 구체적인 활동이 유해한지에 대한 것이다.

유해한 것에 대한 변화 근거는 대부분 입증되지 않았다. 이는 '남성 동성애자에서 벗어났다가 돌아간'(ex-ex gays) 성장 환경을 통해서 파생했고, 한 번쯤 일부('남성 동성애자에서 벗어나기' 위해서 시도되었던) 종류의 변화 프로그램을 받아보았다고 표시한 사람들로부터 유래했다. 하지만 이들은 그런 변화 노력만으로 성공을 경험하지 못했다고 느꼈다.

이런 입증되지 않은 설명이 명백한 피해에 대한 연구의 기초가 되었다. 피해에 대한 문제 제기로 가장 빈번히 인용되는 연구가 쉬드로와 쇼렌더(Shidlo & Schoreder, 2002)의 연구이다. 이 연구 자체는 편의 표본의 사용과 이미 연구를 고안할 때, 편향적인 피해에 대한 잠재적인 결과와 같은 많은 방법론적 약점들이 있다.

변화 시도에 대한 최근의 후속 연구에서, 우리(Johns & Yarhouse, 2009, 2011)는 평균적으로 사람들이 피해에 대해서는 보고하지 않는 것을 발견했다. 보통 변화가 있을 때, 변화 시도 속에서 이어지는 변화들 중에 발생하는 피해라기보다 오히려 개선된 심리학적 기능의 방향 속에서 피해이다.

우리는 피해 보고서에 대해 어떻게 설명해야 하는가?

말하기가 어려운 문제이다. 변화 시도 그 자체가 원인이라고 보이지는 않는다. 활용된 접근 방식이 문제가 될 수도 있고 또는 서비스를 제공하는 사람이나 변화를 추구하는 사람의 기대나 다른 알려지지 않은 변인들이 문제가 될 수 있다.

변화 시도가 근본적으로 해로운 지의 여부에 대한 질문에 추가하여 또 다른 본질적인 질문은 그런 변화 시도가 긍정적인 결과를 가져올 가능성이 얼마나 있느냐이다. 이것 또한 답하기가 어려운 질문이다. 최근, 미국심리학회가 추진하여 진행한 발표 자료에 따르면, '성적 지향성에 대한 적절한 상담·심리치료적 반응'이 상담·심리치료사로 하여금 성적 지향성의 변화를 '가능하게 하거나 촉진하는 것'을 무력하게 만들었다. 이 보고서는 변화 노력의 효과를 지지할 만한 '증거가 불충분하다'라는 결론을 내렸다(APA, 2009).

우리는 변화 가능성과 피해 가능성을 다루는데 있어서 다른 기준을 채택하여 결정한 결론의 일부일 뿐만 아니라 연구 진행된 보고서의 일부에 동의하지 않는다. 그리고 동성애에 대해 "인간의 성적 지향성의 다양성에 대해 긍정적"으로 인정해달라는 요구를 지지하는 증거에 대해서도 동의하지 않는다(APA, 2009, p. 119).

그러나 우리는 기독교인이 변화 방법의 효과성에 대해서는 정직해야 한다는 것에 동의한다. 변화 방법의 효과성에 대해 밝힌 현존하는 자료는 대부분의 동성애자들은 재교육 프로그램에서 '상담'을 발견하지 못한다고 제시했다. 많은 사람들이 동성애적 성적 지향성과 자기 증오, 죄책감으로 자신의 삶 속에서 힘겨워하고 있다.

심지어 재교육이나 행동조절 상담을 받은 경우에도, 많은 사람들이 여전히 정욕적인 생각과 동성애적 욕망에 의해 유혹당하고 있다. 현실적으로 상담·심리치료를 덜 하거나 현재 상담·심리치료 과정에 대해 지나치게 낙관적인 결과를 가정하는 것은 윤리적으로 미심쩍은 적용을 하는 것이다.

다시 말하면, 많은 성적 소수자들이 도움을 받기 위해서 기독교 사역으로 전환한다. 프로그램 수련감독 상담사는 자신의 프로그램을 옳게 향상시키기 위해서 신중을 기해야 한다. 할데만(Haldeman, 1994)은 기독교사역 프로그램이 많은 사람들에게 상당한 영향력을 발한다고 말한 것은 맞는 말이다. 힘을 갖는다는 것은 엄청난 책임감을 수반한다.

아마 이런 사역은 동성애적 욕망이나 행동을 억제하고자 애쓰는 성적 소수자들을 위해서 지지적 환경을 제공하는 사역을 진행하고 있다는 보다 실제적인 광고를 생각해 보아야 한다. 그리고 그리스도 안에서 성 정체성을 형성하고 성화와 은혜에 젖어 순결하도록 상담·심리치료를 한다는 광고를 고려해야 한다. 다시 말하면, 재교육보다 오히려 독신이 이런 프로그램에 들어온 대부분의 사람들에게 현실적인 목적이라면 사역하는 지도자는 그에 맞추어 광고를 해야 한다.

한 가지 미심쩍은 것이 있다면 성적 지향성의 문제를 포함한 성 정체성 문제는 성적 지향성의 변화를 위해서 공인된 기준의 준비된 수련 프로그램이나 심지어 성 정체성 갈등을 안내해 줄 공인된 기준이 일반 전문수련 프로그램이나 기독교 전문수련 프로그램 안에 아직 존재하지 않는다는 것이다. 우리는 주로 '남성 동성애자에게 긍정적인' 모델로 부상하는 지침이나 정책들을 볼 수 있다(예: APA, 1997).

최근, 자료의 배경 설명을 위해서 미국심리학회가 업무 추진한 보고서에서 또한 보다 내담자 중심적이며 성 정체성 중심적인 긍정적인(남성 동성애자에게 긍정적인) 접근을 위한 근거를 제시했다. 우리는 간단히 이에 대해 살펴보고자 한다.

일단, 어떻게 우리의 업무 능력을 보장하고 피해로부터 성적 소수자로서 내담자의 보호를 보장하겠는가?

1) 부상하는 긍정적 접근 방식

우리는 성적 소수자들에게 부상하는 긍정적 접근 방식이라고 할 수 있는 것에 대해 지금부터 관심을 돌려보고자 한다. 긍정은 남성 동성애자에 대한 긍정과 달라야 한다. 우리는 이에 대해서 논할 것이다. 성적 취향에 대해 갈등이 있는 사람들을 포함한 성적 소수자로서 내담자를 상담·심리치료하는 데 있어서 수용할 수 있는 유일한 형태로 남성 동성애자 긍정 상담이나 남성 동성애자 통합 상담·심리치료에 대한 압박이 오랜 시간에 걸쳐 관심을 받아왔다. 다행히도 최근, 미국심리학회에서 개발한 것이 내담자가 성적 지향성의 변화에 도움을 요청하지 않는 한 내담자 중심적 방향에 호의적인 것 같다.

최근, 미국심리학회에서 업무 추진한 보고서는 성적 소수자들과 함께 상담·심리치료 작업을 하기 위해서 내담자의 성적 지향성, 성 정체성 중심적인 접근 방식을 지지했다. 이는 상담·심리치료사로 하여금 종교적 가치와 더불어, 모든 면의 성적 소수자들의 성 정체성을 존중할 것을 촉구한 것이다.

이것은 '남성 동성애자 긍정' 돌봄 모델이라기보다 오히려 하나의 '긍정'으로 말한 것이다. 긍정을 강조함으로써, 미국심리학회는 독단적인 남성 동성애자 긍정 접근 방식으로부터 벗어나서 좀 더 내담자에 대한 긍정이라는 의미의 용어로 확대하고 있다.

미국심리학회(2009)는 긍정접근 방식에 대해 다음과 같이 기술하고 있다.

> 우리는 긍정적 접근을 내담자의 성 정체성이나 성적 지향성을 어떻게 표현할 것인지에 대해서 상담·심리치료 목적으로 내세우지 않으면서 내담자의 성 정체성 발달을 지지하는 것으로 정의한다. 따라서 다문화적으로 유능한 긍정적 접근은 내담자에 대하여 다양한 개성과 문화적 영향을 이해하고자 열망하게 하고 내담자에게 다음과 같은 것을 결정하도록 자격을 부여한다.
> ① 자신의 정체성 과정에 대한 긍극적인 목적
> ② 성적 지향성에 대한 행동적 표현
> ③ 공적, 개인적인 사회적 역할
> ④ 자신의 성 역할, 성 정체성 그리고 표현
> ⑤ 파트너의 성과 성별(sex & gender)
> ⑥ 관계형식(p. 14).

이런 긍정에 대한 정의는 다양한 가치와 신념을 허용하고 성 정체성이나 성적 지향성의 탐색 속에 포함된 잠재적인 결과를 허용한다. 하지만 여전히 실제적인 성적 끌림이나 변화 가능성에 대한 현실적인 배려가 주어지도록 격려해야 한다. 성 정체성 문제로 갈등하는 내담자를 위해서 미국심리학회(2009)는 다음과 같은 상담·심리치료 요소를 포함하여 상담·심리치료할 것을 권장하고 있다.

(1) 다음을 포함한 수용과 지지.
   (a) 내담자를 위한 무조건적 긍정적 존중과 지지

(b) 내담자의 문제를 이해하고자 하는 방편으로서의 내담자의 관점에 대한 개방성

　　(c) 내담자의 긍정적 자아 개념의 발달 고무

(2) 내담자 삶에 낙인이 될 가능성 있는 영향 요소들 뿐만 아니라 내담자의 독특한 과거력과 다양한 사회, 문화적 상황에 대한 폭넓은 평가

(3) 내담자가 경험한 심리적 문제의 감소를 돕기 위해서 실시한 행동적, 인지적, 정서적 기법을 포함하여 내담자에게 적극적인 대처 전략 가르치기

(4) 사회적 지지를 위하여 다양한 자원들을 지원하고 수립해주기

(5) 성 정체성 탐색과 발달시키기 등이다(APA, 2009, 86). 성 정체성 탐색은 "개인의 성 정체성을 탐색하고 평가하는 적극적인 과정이며 내담자의 성 정체성이 어떻다거나 성적 지향성에서 벗어나 살도록 미리 상담·심리치료의 목표를 세우지 않고 성 정체성 갈등을 다루는 통합된 성 정체성 수립을 위해 서로 약속하는 과정이며, 과정이란 위기, 애도, 재평가, 성 정체성 파괴와 성장의 기간이 포함된 발달 과정을 말한다"라고 기술되어 있다(APA, 2009, p. 86).

내담자의 독특한 경험을 수용하고 확인하며 미리 세운 목적이나 예상 결과 없이 조화를 이루고 긍정적 자아 개념을 내담자가 성취하기 위해서 성 정체성 탐색을 통한 내담자의 상담·심리치료 작업을 허락하는 이런 과정은 '다문화주의'와 '긍정'의 개념이 일차적으로 드러나는 과정이다.

이런 강조는 특히 성 정체성으로 갈등을 겪고 있는 성적 소수자들을 위한 상담·심리치료 작업에 있어 미국심리학회의 접근의 변화를 나타내는 것이다. 이것은 남성 동성애자 긍정 대 재교육 상담·심리치료 간의 중심 관점의 변화를 반영하며 양 접근 방식 모두 과정 속에서 따라야 할 것을 도전하고 있다.

이런 방향은 상담·심리치료사에게 동성애적 끌림으로 갈등을 경험할지 모를 종교적인 내담자를 포함하여 다양한 배경과 가치를 갖고 있는 성적 소수자들에게 민감할 것을 촉구한다.

동시에 미국심리학회는 이들이 내담자에게 제기한 잠재적인 위험성과 효과

성 그리고 성적 지향성의 변화 결과의 과학적 증거에 대해서 예외적으로 비판적 평가를 내렸다. 그리고 적절한 상담·심리치료적 반응의 토대로써 이런 과정을 고무시켰다. 중점 추진팀은 성 정체성 상담·심리치료를 포함하여 내담자 중심 모델에 알맞은 상담·심리치료의 몇 가지 사례를 제공했다. 그리고 이것은 지향성의 변화를 강조하는 모델에 대한 하나의 대안으로서 매우 적절한 대안이 될 것이다.

2) 성 정체성 상담·심리치료

성 정체성 상담·심리치료(sexual identity therapy: SIT)는 성적 소수자들에 의해 제기되는 문제에 대한 내담자 중심적, 내담자에게 초점을 둔 접근 방식이다(Yarhouse, 2008). 성 정체성 상담·심리치료는 성적 지향성보다 자신의 신념과 가치에 맞게 살고 성 정체성을 발견하도록 성 정체성과의 조화에 좀 더 초점을 맞춘다.

제공되는 성 정체성 상담·심리치료에 대한 구조를 논의함에 있어, 트록모톤과 야하우스(Throckmorton & Yarhouse, 2009)는 네 가지 단계의 평가, 상세한 상담·심리치료 서면동의, 상담·심리치료, 그리고 성 정체성 통합을 논한다.

평가는 개인이 상담·심리치료에 가져오는 문제에 대한 확장된 논의를 포함한다. 만일 개인이 자신의 동성애적 끌림이나 행동으로 심리적 고통을 당한다면 이것 또한 평가된다. 상담·심리치료를 찾는 내적, 외적 동기를 고려하는 것은 중요하다. 미성년자들을 상담·심리치료할 때, 상담·심리치료사가 부모나 후견인으로부터의 동의뿐만 아니라 미성년자로부터의 동의를 얻는 것은 필수적이다.

상세한 상담·심리치료 서면동의 분야에서 논란이 되는 몇 가지 단계를 밟는다(Yarhouse, 1998).

예를 들어, 동성애성은 주요 정신건강기관에 의해 정신장애로 보지 않는다는 입장을 밝혔다. 상세한 상담·심리치료 서면동의는 또한 이용 가능한 전문적인 개입뿐만 아니라 이 분야에서 연구의 한계와 동성애의 원인에 대한 논의가 포함된다(재교육 상담·심리치료, 남성 동성애자 긍정 상담 또는 성 정체성 상담·심리치료에 대한 제대로 공인된 결과 연구가 현재는 없다). 그리고 전문적인 상담·심리치료에 대한 준전문적, 사역적 대안들에 대한 논의가 포함된다.

성 정체성 상담·심리치료 구조의 상담·심리치료 단계는 그들이 성적 끌림이나 성적 지향성의 변화를 경험하든 안 하든 상관없이 자신들의 신념이나 가치와 일치한 방식으로 생활을 하고 성 정체성을 발견하도록 내담에게 조화를 이루도록 도움을 주는 것과 관련있다.

이렇게 하기 위한 한 가지 방법(더 많은 논의들을 위해서 Yarhouse, 2008 참고)은 성 정체성 수준(예: "나는 남성 동성애자이다")보다 오히려 그 사람이 언어로 잘 설명할 수 있도록 성적 끌림과 성적 지향성과 성 정체성 간의 차이를 구별하는 것이다.

내담자들은 성 정체성, 생리적 성, 행동, 신념과 가치와 같이 한 인간으로서 자신이 갖고 있는 다른 측면으로 성적 끌림이 주어진 것으로 또한 볼 수 있다. 이런 접근 방식으로 상담·심리치료사는 내담자와 이런 조화 경험의 종지부가 될 성 정체성을 위한 귀인 속성을 밝히기 위해서 탐색 작업에 함께 협조한다. 그리고 이것은 성 정체성 통합을 위한 성 정체성 상담·심리치료 구조의 최종 단계이다.

5. 내담자의 자율성과 자기 결정권

주요 정신건강 기구 또한 내담자의 자율성과 자기 결정권을 촉진하고 보호한다. 내담자의 자율성과 자기 결정권의 보장을 돕는 한 가지 방법은 상담·심리치료 서면동의를 통해서이다. 내담자들은 자신이 이용 가능한 선택 사항을 고려할 수 있다. 그리고 종국에는 자신들의 삶이 취하는 방향으로 스스로 결정한다.

상담·심리치료 서면동의는 우리가 하는 일에 신의를 지키기 위한 노력의 주요 임무이다. 그리고 내담자의 존엄과 권리를 존중하는 것이 주요 임무이다. 로젠필드(Rosenfeld, 2002)에 따르면, 이것은 우리의 내담자를 보호는 중요한 부분이고, 내담자가 상담·심리치료에 대해 알아야 하는 정보, 자발적이고, 유능한 결정을 하는 데 필수적인 정보를 모두 확실히 갖고 있어야 하는 중요한 부분이라고 했다.

내담자를 돕기 위해서 충분한 정보를 제공하는 부담은 상담·심리치료사가 발생 가능한 나머지 정보를 공개적으로 가장 잘 결정하는 것이다. 따라서 내담자에게 상담·심리치료 서면동의를 제공하기 위한 철저한 체계적 과정은 추천될만하다(Rosenfeld).

동성애성, 특히 성 정체성으로 갈등을 겪는 것을 자세히 살펴보면 이것은 특히 중요하다. 내담자들은 상담·심리치료를 원하는 심리적 문제와 동기부여에 영향을 미치는 다양한 요인이 있을지도 모른다(예: 가족, 종교적 가치, 과거 경험 등). 그리고 상담·심리치료 서면동의 작성 과정은 내담자 자신에게 가장 좋은 상담·심리치료 과정을 보다 자율적, 공개적인 결정을 하도록 도움을 줄 수 있다.

기독교 상담자는 성 정체성 갈등에 있는 내담자와 상담·심리치료 과정에 들어가기 전에, 내담자가 상담·심리치료에 있어 가능한 가장 좋은 결정을 하도록 모든 선택 사항들과 결과들을 잘 알도록 정보를 제공하는 것은 중요하다. 이것이 우리가 이미 초기에 언급한 발전된 권장할만한 상담·심리치료 서면동의 접근 방식이며, 다양하고 중요한 영역에 대해서 내담자에게 교육할 수 있는 글로 작성된 상담·심리치료 서면동의를 확보하는 것이다. 여기에는 다음의 것들이 포함된다.

(1) 동성애성 원인에 대한 현재 지식
(2) 전문 상담 선택 사항(성공 비율과 방법의 효과 비율 포함)
(3) 준전문 사역 사항(성공 비율 포함)
(4) 상담·심리치료에 대한 잠재적인 위험성과 유익성
(5) 상담·심리치료를 통해서나 상담·심리치료 없이 발생할 수 있는 잠재적인 결과(Yarhouse, 1998)

내담자에게 글로 적어서 이런 정보를 제공하는 것과 더불어, 우리는 상담·심리치료사에게 구두로 확보된 정보와 기타 다른 주제에 대해 재검토해 볼 것을 권장한다. 그리고 내담자가 상담·심리치료에 동의하기 전에 어떤 질문이나 문제에 대해서도 철저히 다룰 것을 권장한다. 상담·심리치료사는 아래에 제시된 몇 가지 사례를 각각 다른 영역을 다룰 때 활용할 수 있다(Yarhouse, 2010b). 동성애와 동성애적 성적 지향성의 발생원인에 대한 일반적인 논의로 시작된다. 상담·심리치료사는 아래 내용을 고려해야 한다.

> 상담·심리치료사:
> 동성애가 미국심리학회와 같은 주요 정신건강기구에 의해 더 이상 정신장애로 보지 않는다는 것을 처음부터 당신에게 말하고자 한다. 그러나 당신이 오늘 여기에 있는 것은 당신이 동성애적 끌림으로 인해 심리적 고통을 겪고 있기 때문이라는 것을 나는 이해한다.
> 그리고 당신은 동성애적 성적 지향성이나 성적 끌림의 경험이 어떻게 발생하게 되었는지에 대해 알고자 여기에 온 것을 이해한다. 사람이 동성애적 끌림을 경험하거나 후에 동성애자나 남성 동성애자 또는 여성 동성애자로 밝혀지는 원인에는 몇 가지 의견이 있다.
> 중요한 것은 학자들이 어떤 사람은 동성애적 끌림을 경험하게 되고, 어떤 사람은 경험하지 않는지에 대한 확실한 이유를 정말 알지 못한다는 것이다.
> 주로 나오는 경쟁 이론으로 당신은 아마 학교에서 이미 토의했던 오래된 '자연성(타고남) 대 양육' 논쟁을 기억하는가?
> 일부 사람들은 동성애적 끌림이 선천적으로 타고나는 것이라고 말한다. 즉, 동성애적 끌림에 영향을 미치는 유전이나 부모의 호르몬의 영향인 생리학적인 것으로 본다. 또 다른 사람들은 이를 양육으로 본다. 이쪽 진영을 따르는 사람들은 부모-자녀 관계가 동성애적 끌림의 경험에 기여하는 것으로 생각하는 경향이 있다. 또는 어려서 성적으로 학대받은 사람이 후에 성장하여 삶속에 동성애적 욕망에 영향을 미친다고 생각한다.
> 이런 것들은 하나의 이론이지 사실은 아니다. 각각에 대해 일부 증거들을

살펴보도록 하자. 그러나 우리가 확실히 알 수 없다는 것을 분명히 하겠다. 성인이 되어 모두 동성애자가 된 것이 이란성 쌍둥이보다 일란성 쌍둥이가 더 발생 가능성이 많다는 쌍둥이에 대한 연구가 일부 있었다. 보다 최근 조사에 따르면, 이 이론에 대한 증거가 우리가 생각했던 것만큼 강력하지 않다고 제시했다. 이와 유사하게, 염색체 표시에 대한 연구는 초기에 동성애성에 대한 유전적 표시를 연상시켰다.

하지만 후속 연구가 이를 확인시키지 못했다. 일부의 경우에서 연구자들은 표식을 전혀 발견하지 못했다. 그러나 이와 유사한 문제가 양육이나 우리의 성 정체성을 형성하는 환경에 대한 증거를 조사할 때에도 나타났다. 부모-자녀 관계에 대한 조사는 혼재되어 있고 다소 혼란스러웠다. 일부의 연구는 이 이론을 지지하는 것 같지만 다른 연구들은 그렇지 않았다.

오늘날 대부분의 전문가들은 자연적인 것과 양육 모두가 한 사람의 동성애적 끌림의 경험에 기여한다는 것을 믿고 있다. 구체적인 것은 사람에 따라 다양하다.

주요 정신건강기구가 현재 언급한 일부 근거는 우리가 정보를 내담자에게 숨기지 말아야 하고 상담·심리치료사에 의해서 정보가 활용되어야 한다는 것이다. 동시에, 우리는 성 정체성 갈등이 내담자가 상담·심리치료를 의뢰하는 임상 문제라는 것을 여전히 알리고 싶어 한다. 그렇다면 이제 전문적인 상담·심리치료의 선택에 대한 논의에 들어가 보도록 하겠다.

상담 · 심리치료사:
동성애적 끌림이나 행동을 다루기 위해서 이용 가능한 전문적인 상담·심리치료에 대해 지금부터 당신에게 말하고자 한다. 효과를 위해서 가장 지지하는 상담·심리치료는 생각과 행동바꾸기를 다루는 추세이다. 이는 사람들이 강한 동성애적 생각이나 상상을 하지 않도록 하여 그에 맞게 동성애적 행동을 하지 않도록 하기 위함이다.

사람이 부모-자녀 관계에서 어린 시절부터 충족되지 못했던 발달적 필요에 대해 다룬 연구들이 또한 있어 왔다. 이런 접근들이 또한 연구되어 졌지만 그 연구 또한 우리가 다른 영역에서 조사했던 것만큼이나 그렇게 강력한 것이 아니라고 비판받아왔다.

그렇게 말하기는 해도, 연구자들이 이런 종류의 상담·심리치료를 받은 사람들을 조사할 때, 적어도 이 사람들이나 이들의 상담·심리치료사가 보고하는 한, 이들 중 많은 사람들이 행동의 변화를 경험하고, 때로는 성적 지향성의 변화를 경험하고 있다고 말한다.

아무튼 이 자료를 포함한 재교육, 남성 동성애자 긍정 접근 또는 성 정체성 접근이든지 간에 성 정체성 문제를 취급한 훌륭하게 고안된 결과 연구가 없다는 것을 유념하기 바란다.

여기서 중요한 것은 상담·심리치료 결과에 대한 현재까지의 조사에 대한 제한점을 전달하는 것이다. 예를 들어, 우리는 우울이나 불안의 상담·심리치료에 있는 것만큼이나 성 정체성 문제 상담·심리치료에 관한 연구의 양과 질에도 동일하게 제한점이 있다는 잘못된 인상을 주고 싶지 않다.

이런 상황 속에서 우리는 준전문적인 사역에 대한 선택 사항들을 논함으로써 전문적인 상담·심리치료에 대한 선택 사항들에 대해 보다 폭넓게 논의할 수 있다. 다음의 내용이 도움이 될 것이다.

상담·심리치료사:

나는 단지 전문 상담 일부에 대해서만 설명할 것이다. 전문적인 접근에 관한 정보를 당신과 함께 나누어 보고자 한다. 대부분 종교적으로 연계되어 지원받는 단체들이 있다. 예를 들어, 동성애적 끌림이나 행동에 대한 경험에 대해 관심을 갖고 있는 사람들을 위한 기독교 지지단체 또는 유대교 지지단체들이 있다. 이런 지지단체에 대해서나 사역의 효과성을 밝히는 조사는 많이 이루어지지 않고 있다.

그러나 연구자들이 이런 사역에 관련된 사람들을 조사해 볼 때, 많은 사람들이 순결이나 독신 지향적 상담·심리치료 작업으로 행동의 변화나 성적 지향성의 변화들 가운데 일부 성공을 경험한다고 보고한다. 적어도 이들이 이를 경험했다고 한다(p. 272). 나는 이것이 대부분 사람들의 경험이 연구된 것이 아니라는 것을 당신에게 말해야 한다. 또는 사역에 있어 전형적인 것을 연구한 것이 아니라는 것을 말해야 한다.

하지만 이 연구는 일부 사람들이 성공 경험을 보고한 것에 대해 전하는 것 같다. 일부 상담·심리치료사들은 당신의 목적에 따라서 전문적인 상담·심리치료를 위한 대안의 일부로서 사역을 사용한다는 것을 볼 수 있다.

주요 정신건강기구 사이에 동성애적 끌림의 경험으로 심리적 고통을 받고 있는 성적 소수자들에 대해 서비스를 제공하고자 하는 관심의 감소는 어떤 면에서 종교기반 사역의 확장을 가져왔다고 할 수 있다. 이들 사역은 그 제공하는 것, 제공하는 방법, 그 목적 등에 있어 상당히 다양하다.

어떤 점에서 발전된 상담·심리치료 서면동의는 상담·심리치료에서 발생 가능한 위험성과 유익을 재검토하는 데 또한 중요하다. 다음은 기독교 상담자에게 도움이 될만한 내용이다.

상담·심리치료사:
내가 여러분과 함께 논하고자 하는 또 다른 영역은 이 프로그램이 갖고 있는 잠재적인 유익과 위험성이다. 나는 당신이 현재 하고 있고 경험하는 것에 대한 폭넓은 선택적 대안을 돕기 위해서 당신과 함께 작업할 것이다. 이 모델을 따르다보면 당신은 자신이 어떻게 살 것인가에 한에서는 좀 더 정서적으로 안정된 경험을 할지도 모른다.

당신의 성 정체성 형성은 당신이 어떻게 살고 싶은지에 대해 당신이 갖고 있는 가치와 신념을 반영한다. 물론, 당신은 자신의 자신을 어렵게 만드는 다양한 방식이기는 하지만 자신의 가치에 따라 살기로 결정할 수도 있다. 그리고 우리가 예견하기는 어려울 수도 있다.

하지만 우리는 함께하는 작업을 통해서 이것을 확실히 논의할 수 있다. 위험들이란 일차적으로 재정적인 것과 정서적인 것이다. 상담·심리치료를 하는데 있어서 상담료가 많이 들고, 당신은 주머니를 다 털어 상담하는데 일부 또는 전부를 지불해야 할지도 모른다. 정서적인 위험은 상담·심리치료에 대한 기대와 목적에 얽매이는 것이다. 그리고 우리는 이에 대해 좀 더 자세히 논할 것이다.

그러나 일치성을 지향하여 작업을 진행한다면(당신의 신념과 가치에 부합된 삶을 살고 찾아가도록) 당신은 자신의 성적 취향, 성적 끌림, 행동 등에 대한 기대 또한 지속될 것이다. 그런 다른 기대들이 충족되거나 충족되지 않을지도 모른다. 그리고 우리가 충족되지 않는 기대들을 갖고 있을 때, 우리는 예상하지 못했던 방식으로 낙담하거나 좌절하게 된다.

이런 발전된 상담·심리치료 서면동의가 상담·심리치료에서 성 정체성 문제를 다루게 된다는 것이지 성적 지향성의 변화를 위한 상담에 동의한다는 의미가 아님을 유념해야 한다. 만일 상담·심리치료사가 관점에 따라 다른 상담·심리치료의 목표를 갖고 다른 상담·심리치료를 제공하게 된다면 언어나 중요한 개념은 변경되어야 할 것이다. 다음은 상담·심리치료에 대한 예상 결과를 논하는 것이 중요할 때의 내용이다.

상담·심리치료사:
내가 상담·심리치료에서 예상되는 유익이나 위험성을 재검토해 보았을 때 상담·심리치료 없이 나타나는 예상 결과를 알아보고 싶었다.
당신의 사고, 행동이나 성적 끌림에 대해 오히려 상담·심리치료 작업을 하지 않겠다고 당신이 결정한 선택에 대해 이야기를 나눌 때처럼 함께 말해 보자.
당신이 상담·심리치료를 원해서 선택한 것이 아니라면 당신이 경험한 것을 예측하는 것은 어려운 일이다. 많은 사람들이 동성애적 끌림의 경험을 남성 동성애자나 여성 동성애자 또는 양성애적 성 정체성으로 통합하고 좋은 관계를 맺으며 유익이 되는 일(gainful employment) 등으로 보고한다. 하지만 조사에 따르면, 남성 동성애자와 여성 동성애자들 사이에 성병의 높은 위험성 뿐만 아니라 우울, 불안 그리고 다른 부정적인 정서 비율이 더 높았다고 제시했다.

당신에게 가장 적합하지 못한 상담·심리치료 방법을 당신이 결정하였을지라도 일부 상담·심리치료 접근들은 도움이 될지도 모른다. 잘된 연구라고 하는 것들이 때로는 남성 동성애자와 여성 동성애자를 대표하는 표본이 아니라고 하는 비판을 받고 있다는 것을 나는 또한 분명히 하고 싶다. 다시 말하면, 문제는 다음과 같다.

남성 동성애자나 여성 동성애자의 경험이라고 할 수 있는 전형적인 틀이 있는가?

물론, 일부에서는 동성애에 대하여 사회적으로 인정받지 못함에 따라서 우울, 불안, 자살 경향성 등에서 더 높은 비율을 보였다. 그렇다면 사회가 변화되어 좀 더 인정하게 된다면 그 비율은 진정되어 올라가지 않을 것이다. 또한 관계의 불안정 비율이 특히 남성 동성애자들 사이에 높게 나타났다.

이것이 곧 남성 동성애자가 오랜 기간, 그리고 일부일처의 관계 속에서 존재할 수 없을뿐더러 많은 남성 동성애자 남성들이 존재하지 않았다는 것을 말하는 것이 아니다. 그리고 일부일처제를 위해 노력했던 이성애자 사이에서 우리가 본 것보다 더 높은 비율이라고 말할 수도 없다.

일부 학자들은 이것이 남성 동성애자와 여성 동성애자의 결혼에 있어 동등하게 지원하지 않았기 때문이라고 주장한다. 즉, 이들은 안정적이기 위한 사회적 지원이 부족하다. 또 다른 학자들은 이것은 남성 동성애자와 여성 동성애자 사이에 분명한 차이점이 있다는 것을 반영하는 것이라고 말한다.

그리고 특히 남성 동성애자 남성들은 육체적, 성적인 것에 충실하기보다 오히려 감정적인 충실함에 열정을 쏟았기 때문이라고 말한다. 다시 말하지만, 전형적인 남성 동성애자나 여성 동성애자의 경험이라고 말할 수 있는 어떤 경험도 없다는 것을 말해야겠다. 그러나 나는 당신이 여기서 어느 방향으로 가야 할지에 대해 결정을 할 수 있도록 이 분야의 연구 중 일부에 대해서는 알기를 원한다.

또한 상담·심리치료사가 상담·심리치료의 방향이나 그들의 특별한 접근 방식을 내담자에게 설명할 것을 권한다. 그리고 그것이 다른 상담·심리치료적 선택 대안들과 어떻게 다른지 설명할 것을 권한다. 기독교인으로서 자신의 세계관을 내담자에게 알리는 것과 이것이 상담·심리치료사의 상담·심리치료 접근 방식과 관점에 어떻게 영향을 미치는지 내담자에게 알리는 것은 내담자가 충분히 알고 이들이 이에 대해 동의할 것인지를 알게 함으로써 내담자에게 확신을 심어주는 또 하나의 단계이다.

마지막으로, 논의의 일부분으로서 상담·심리치료사는 상담·심리치료를 원하는 내담자의 동기가 무엇인지 철저히 탐색할 것을 권한다. 그리고 심리적 문제에 대해 이들이 생각하는 원인이나 근거, 상담·심리치료에 대한 기대와 목표 그리고 다른 관련된 주제들에 대해서도 철저히 탐색할 것을 권한다. "상담·심리치료사가 알도록 당신이 경험한 것에 대해 말해 줄 수 있나요?(Yarhouse, 2010b)"와 같은 내담자에게 객관적으로 자신에 대해 설명할 수 있도록 유도하는 개방형 질문은 이런 정보를 얻는 데 도움이 될 수 있다.

이런 대화는 내담자가 상담·심리치료에 동의하기 전인 상담·심리치료 초기에 일어나는 것이 이상적이다. 내담자가 왜 동성애적 끌림으로 인해 심리적 문제를 겪고 있는지에 대해서 이해하는 것과 이런 문제가 상담·심리치료를 위해서 동기부여가 되고, 이들이 상담·심리치료되기를 바라는 기대라고 이해하는 것은 상담·심리치료사가 취하는 대부분의 윤리적 상담·심리치료 과정에 중요한 영향을 미칠 수 있다.

예를 들어, 일부 사람들은 친구와 가족으로부터 '변화'할 것에 대해 압력을 받고 있을지도 모른다. 또는 이들은 다른 외적 압력(예: 소수자들에 대한 스트레스, 편견, 차별 등)에 의해 동기부여될지도 모른다. 이런 사례에서 보듯이, 내담자가 외적 자원에 의해 강하게 영향을 받기 때문에 어떤 방향으로 결정하는 것이 최선인가에 대해 충분히 정보를 듣고 자율적 결정을 할 수 없다는 것은 상담·심리치료사에게 있어 약간의 경고임에 틀림없다.

이런 경우에 내담자로 하여금 동성애적 끌림이나 심리적 문제의 근원에 대한 자신의 생각과 감정을 탐색하도록 돕는데 중점을 둔 상담·심리치료가 내담자에게 유익할지 모른다. 그리고 내담자가 자신의 성적 끌림을 삶 속에서 어떻게 통합하고 (다시 말하면, 조화를 이루고) 싶은지에 대해 초점을 두고 상담·심리치료를 하는 것이 내담자에게 도움이 될지 모른다.

그러므로 상담·심리치료사가 이런 다양한 주제를 탐색하는데 많은 시간을 할애하는 것은 중요하다. 그리고 바로 상담·심리치료로 들어가기 전에 내담자가 상담·심리치료 과정에 대해 충분한 정보를 갖고 자율적으로 결정할 수 있도록 보장해 주는 것도 중요하다.

이런 유형의 심사숙고와 주의는 다양한 영향과 이해관계가 나타나는 논란의 여지가 있는 문제를 다룰 때 필요하다. 이런 중요한 영역에 대해 검토하는 데 시간을 할애하는 것은 상담·심리치료사가 가장 윤리적 방법으로 임상에 적용하고 내담자가 가능한 한 정보를 많이 알 수 있도록 보장하는 것이 될 것이다(Yarhouse, 2010b).

6. 가치적 갈등과 의뢰(value conflicts and referrals)

내담자의 자율성과 자기 결정권을 존중하는 논의와 관련하여 상담·심리치료사와 내담자는 의뢰가 내담자에게 최선의 유익이라는 방식으로 가치적 갈등을 경험할지도 모른다는 사실을 깨달아야 한다. 상담·심리치료사가 내담자와 가치적 갈등을 필수불가결하게 경험할 것이라는 것은 널리 알려진 사실이다.

남성 동성애자 심리학자가 보수적인 이슬람 교도와 함께 근무할지도 모른다. 다시 말하면, 여성평등주의 상담·심리치료사가 상호보완적인 결혼으로 복음주의적 기독교 여성을 만날지도 모른다. 종종 이런 차이가 의뢰 필요성을 야기하지는 않는다.

그러나 차이들이 내담자의 안녕에 어떤 방식으로든 영향을 미칠 때 의뢰를 정당화하기에 아주 충분하다. 이것은 정치적, 종교적, 가치적 문제가 현 문제의 중심에 있는 경우에 더욱 가능성이 높다. 그런 경우에 의뢰는 실제적인 고려사항이다. 특히 상담·심리치료사의 능력이 한계에 이르렀다면 상담·심리치료사의 객관성에 대한 문제가 있거나 내담자에게 부여하는 가치에 위험성이 있다(Tjeltveit, 1986).

동성애성이나 동성애적 행동 분야에서 중요한 가치적 갈등을 경험할 수 있는 사람들은 어떻게 진행해야 하는가?

우선, 갈등의 근원을 보는 것이 중요하다.

갈등에 영향을 미치는 것은 무엇이고, 어떻게 상담·심리치료사가 심각하지는 않지만 가치적 갈등을 갖고 있는 다른 내담자와 상담·심리치료할 수 있도록 연결할 수 있는가?

상담·심리치료사가 곤란을 겪는 것이 일반적으로 도덕적 문제인가?

아니면 동성애성이라는 특별한 것 때문인가?

상담·심리치료사는 자신이 그 갈등을 더 많이 이해하려고 노력할 때 통찰을 주고 도움을 줄 수 있는 좀 더 경험이 많은 동료들에게 상담자문을 받는 것이 도움이 될 것이다.

어떤 경우, 일부 선례들에서는 특히 내담자의 안녕을 보호하는 데 도움이 된다면 의뢰를 하는 것이 가장 적절한 조치가 될지도 모른다고 제시했다. 그러나 최근, 일부 사건들은 이런 선례와 의뢰 과정이 도전을 받고 있다는 것을 말해 준다. 이런 문제를 정확하게 다룬 최근의 법적인 사례는 가장 윤리적 조치 과정에 대한 새로운 관점을 제공할 것이다.

동부 미시건대학교와 쥴리아 워드(Julea Ward)의 사례에서, 전하는 말에 의하면 한 대학원생이 동성애적 행동과 관련하여 전통적인 종교적 신념과 가치로 상담·심리치료 받는 프로그램으로 진행하는 것에 대해 동의하지 않아 상담·심리치료 과정에서 쫓겨났다고 한다.

뉴스 중계에 따르면(Coffman, 2009) 쥴리아는 내담자의 동성애적 행동에 대해 확신할 수 없었기 때문에 내담자와 가치적 갈등을 겪고 있었을 때 수련을 받는 중에 있었다. 따라서 쥴리아는 기독교적 신념체계를 다루고, 기독교적 신념체계로 상담·심리치료를 하는 프로그램에 참여할 것을 요청받았다.

그녀가 이를 거절했을 때, 그녀는 상담·심리치료 프로그램에서 퇴출당했고, 곧바로 그녀는 연합방위기관(Alliance Defense Fund: ADF)에 소송을 제기했다

(Coffman, 2009). 미국연방지방법원에서는 서비스 제공에 차별할 수 없다는 다른 여러 가지 미국상담학회 윤리 규정 가운데 그 대학교 입장에서 인용하여 요약 판결을 했다. 워드 양은 그 결정에 항소했고, 최근에 항소법원에서 그녀의 입장으로 결정을 번복했다.

이는 또 다른 분야에서 미국상담학회 윤리 규정이 가치기반의 의뢰를 허용한다는 것을 말해 준다. 이 사례에서 몇 가지 의문이 제기된다.

첫째, 언제 의뢰하는 것이 적절한가?

의뢰하는 가장 흔한 이유 가운데 하나는 상담·심리치료사가 서비스를 제공할 능력이 없다고 느낄 때이다. 능력은 교육 및 수련 그리고 임상 지도 경험에 의해 결정된다. 그리고 정신건강 전문가들은 자신의 능력 범위 내에서 임상 실습을 할 것을 요청받는다. 따라서 자신보다 더 연장자인 내담자를 상담·심리치료해 보거나 수련을 받지 않은 상담·심리치료사가 그 능력이 있는 다른 상담·심리치료사에게 그 연상의 내담자를 의뢰하게 될 때 그 의뢰가 적절한 것으로 생각된다. 그러나 능력이 의뢰를 위한 유일한 이유는 아니다.

둘째, 가치적 갈등이 의뢰를 고려해야 할 합법적인 이유인가?

잠시 되돌아가 다음과 같이 질문해 보자.

상담·심리치료에서 가치적 갈등은 주로 어떻게 다루어지고 있는가?

상담 윤리 교과서는 가치적 갈등은 정신건강 임상 현장에서 필수불가결한 것이라고 밝히고 있다(Corey & Corey, 2007). 정치적으로 자유로운 상담·심리치료사는 보수적 관점이 강한 내담자를 만날 수 있다. 즉, 남성 동성애자 상담·심리치료사가 복음주의적 기독교인 내담자를 만날 수 있고, 로마가톨릭교회 상담·심리치료사가 이혼을 결정한 여성 내담자를 만날 수 있으며 무신론자가 이슬람교에 열성적인 내담자를 만날 수 있을 것이다.

문제는 가치적 갈등이 발생했을 때 어떤 시점에서 의뢰를 해야 하느냐 하는 것이다. 이미 앞에서 논의했듯이, 주요 정신건강기관의 윤리 규정은 다문화적으로 능력을 갖출 것을 강요하는 경향이 있다. 그리고 그 차이를 존중하는 경향이 있다. 다시 말하면, 이런 것들은 종종 나이, 성, 성적 지향성, 종교, 사회경제적 지위 등의 차이로 드러났다. 이런 차이를 존중해 주는 것을 보여주는 것은 상담·심리치료에서 전혀 다른 일임을 의미할 수 있다.

그러나 이런 요인들이 최소한 내담자에게와 그들의 현재 문제에 어떤 영향을 미치는지 알게 해 준다는 데 의미가 있다. 또한 이런 요인들을 평가와 사례 개념화 그리고 상담·심리치료 계획과 함께 고려해보는 것은 종종 의미가 있다.

일반적으로 말하면 윤리 교과서는 상담·심리치료사와 내담자 간의 가치적 갈등은 함께 상담·심리치료 작업을 하는 데 있어서 부정적인 영향을 미치기에 충분히 중요하다고 보는 경향이 있다.

만일 그렇다면 의뢰는 적절한 것으로 생각된다. 연합방위기관에 접수된 불만에 따르면, 워드양의 소송에 의장을 맡았던 전문가는 실제로 가치적 갈등이 발생했을 때, 특히 동성애적 행동에 관한 가치적 갈등의 사례에 대해 윤리 교과서에 제시되어 있는 것처럼 의뢰하는 것이 적절하다는 것을 보여 주었다.

항소법원의 결정은 중요한 가치적 갈등이 있고 내담자에게 상담·심리치료사의 가치를 부여하는 것이 위험할 경우에 의뢰가 중요함을 깨닫도록 한다. 이 사례의 최종 결정이 어떻게 될 것인지 지켜봐야 할 것이 아직 남아있다. 그리고 현재 우리는 상담·심리치료사가 가치적 갈등에 근거한 의뢰를 해야만 하는 것인지 아니면 할 수 있는 것인지에 대한 명확한 답이 부족하다. 명확하게 될 때까지 윤리적 상담·심리치료사는 의뢰할 것인지에 대해서 결정할 때 내담자에게 최선의 관심을 쏟아야 한다.

상담·심리치료사가 성적 소수자로서 내담자를 상담·심리치료하는 것이 유익보다 내담자에게 손해가 더 많을 것이라고 생각한다면, 그렇다면 의뢰는 책임 있는 조치가 될 것이다. 그러나 이런 경우에 상담·심리치료사는 그런 결정을 하는 데 있어서 서두르지 않고 충분히 생각해 보아야 한다. 그리고 상담·심리치료사는 세심한 고려와 상담자문을 받은 후에야 만 진행해야 한다.

현장

우선, 가치적 갈등의 발생을 줄이기 위해서 기독교 상담자는 자신의 가치와 신념체계와 좀 더 일치하는 데서 일할 곳을 찾아야 하고, 자신의 현재 위치에서 실제 적용 범위를 고려해야 한다. 다시 말하면, 기독교 상담자가 성적 소수자들을 효과적으로 상담·심리치료를 하는 데 가치적 갈등이 자신들을 방해할 것을 알았다면 상담·심리치료사는 그런 의뢰가 가급적 적게 발생할 수 있도록 하거나 일자리를 다시 알아봐야 할 것이다.

이것이 가치적 갈등으로 인한 많은 위험성들을 줄이는 일이다. 그리고 이것이 상담·심리치료사와 내담자 모두를 위한 최선의 길이다. 상담·심리치료사와 가치가 부합되지 않은 곳에서 근무할 때 어려움이 발생할 소지가 있다. 이에 대한 가장 좋은 예가 브루프(Bruff)와 북부미시시피건강센터(North Mississippi Health Service)와의 법적인 분쟁사례에서 잘 드러난다.

고용지원 프로그램에 전문가 면허/자격증이 있는 상담·심리치료사인 샌드라 브루프(Sandra Bruff)의 사례에서 그녀는 고용주에게 동성애 관계에 있는 여성 동성애자 내담자를 상담·심리치료를 하는 것에 대해 자신의 종교적인 신념을 수용해 줄 것을 요청했다. 그녀는 자신의 요구를 조정하고자 시도한 후에 결국 상담·심리치료를 하는 일에서 자신의 임무가 묵살당하고 그 곳을 떠나게 되었다(Hermann & Herlihy, 2006).

브루프는 1964년에 발의된 공민권법 제7항에 의거(1972년에 개정됨)하여 북부미시시피건강센터(North Mississippi Health Service)를 상대로 소송을 제기했다. 회사는 종교적인 신념을 수용하지 않음으로써 미국연방법을 위반했다 (Hermann & Herlihy). 배심원은 처음에 브루프에게 손해배상으로 200만 달러를 배상하라고 했다. 그러나 법은 항소에서 번복되었다. 왜냐하면 판사는 브루프의 종교적인 신념을 수용하지 않은 것으로 고용주에게 내린 결정은 부당한 것이라고 판단했다(Hermann & Herlihy).

이 사례에는 많은 중요한 정보들이 있다. 우리는 기독교 상담자가 고용지원 프로그램(EAP)나 다른 유사한 임상 현장에서 자리를 지키기 위해서 자신들의 신념에서 벗어나고자 노력해야만 한다는 것을 보여준 하나의 도전으로 평가

한다. 어떤 사람이 어떤 기관에서 근무할 때 느끼는 문제에 대해 한계를 긋는다는 것은 능력이나 가치적 갈등의 문제가 있는지에 대해 새롭게 도전해 보아야 할 일이다. 그리고 이것은 의학이나 약물학 그리고 기타 다른 분야에서 기독교인이 이런 도전적인 문제 또한 직면하는 것처럼 정신건강서비스 분야에서도 한계를 넘어 확대해야 할 일이다.

허만과 허리히(Hermann & Herlihy, 2006)에 따르면, 이 사례에서 나온 결정을 설명할 수 있는 한 가지 방법은 고용주는 관계 문제를 해결하기 위해서 상담·심리치료를 요청한 남성 동성애자나 여성 동성애자 내담자와 관련하여 존중해야 할 법적인 의무가 없다는 것이다. 상담·심리치료사의 갈등을 반영하지 않은 이 사례만으로 그 사람의 임상 적용에 한계를 긋는다는 것은 그런 특별한 유형의 위치에서 요구하는 것에 대해 충분히 유연하게 반응하지 않은 것처럼 보였다.

많은 문제들이 이로부터 발생하고 다른 관련 사례들이 일어나고 있다. 우리는 기독교인이 정신건강 전문가로서 활동하기 위해서 주(state)로부터 전문가 면허/자격증을 취득할 때, 이들은 신뢰를 특징으로 하는 믿을 수 있는 활동 영역으로 진입할 수 있다는 것을 강조해야 한다.

대중은 전문가 면허/자격증을 취득한 정신건강 전문가가 주(state) 규정을 따라서 상담·심리치료분야나 심리학 그리고 다른 전문 분야에서 임상 활동을 할 것이라고 믿는다. 기독교인은 가치적 갈등이 발생하는 분야에서 서비스를 제공하는데 있어서 그들이 지니고 있는 문제에 답을 해야만 영예로운 것을 의미하는 것인지 신중히 생각해 보아야 한다.

따라서 우리는 의뢰가 보장된 경우에 전문가들이 적절한 의뢰를 준비하고 이해하도록 돕고 싶었다. 우리는 또한 우리가 전문적인 역할을 하면서 필요불가결하게 발생하는 가치적 갈등을 포함한 중요한 의미에서 우리와 다른 사람들에게 돌봄을 제공하는 것이 무엇을 의미하는 것인지에 대해 반성을 할 필요가 있다.

대부분의 경우에 의뢰를 필요로 할 정도로 이런 가치적 갈등이 발생하지는 않는다. 오히려 상담·심리치료사는 자신의 능력의 범위 내에서 적용할 것을 수련받는다. 그리고 이들은 가치적 갈등을 줄이기 위한 안전한 수준도 알고 있다(Hermann & Herlihy, 2006). 우리는 우리와 다른 가치를 갖고 있는 사람을 어떻게 상담·심리치료를 해야 할지 배우는 것이 좋다.

마지막으로 전문가 면허/자격증을 취득한 정신건강 전문가의 우선적인 관심은 내담자의 안녕이며 적절한 의뢰를 필요로 할 때 안전하게 보호해 주는 것이다. 가치적 갈등을 최소화하는 데 있어서 도움을 준다면 가치적 갈등에 관여하는 기독교 상담자는 자신의 가치와 신념에 부합한 환경에서 임상 활동을 하는 것이 최선이라고 결정해야 할 것이다. 그리고 이에 따라서 홍보도 하고 상담·심리치료 서면동의 및 상담·심리치료사에 대한 정보 등 관련된 정보를 내담자에게 밝혀야 할 것이다(Hermann & Herlihy, 2006).

7. 결론

기독교 상담자가 성적 소수자들과 함께 상담·심리치료 작업을 하는 것을 고려해 볼 때, 이들은 더 많은 이해를 하는데 중요한 몇 가지 윤리적 문제가 있음을 신속히 깨달아야 한다. 이런 것들에는 성적 소수자들을 상담·심리치료하고 정신건강상 고려해야 할 것들을 이해하며 때로는 종교와 성적 소수자들 간에 있을 갈등을 깨닫기 위해서 기본적인 능력이 포함된다.

이것은 이런 논란이 되고 있는 분야에서 경험적 연구와 주요 정신건강 기구에 의해서 최근에 대두되는 변화지향적 상담·심리치료를 둘러싼 논란을 이해하기 위해서 또한 중요하다.

이는 내담자 중심적이고 성 정체성과 성적 지향적인 것이 더 적절하다고 생각하는 제3자에 의해 더 많이 인식되고 있는 최근 부상하는 상담·심리치료 모델을 이해하는 데 도움이 될지도 모른다. 소수자들에 대한 성적 지향성의 변화를 제공하는 것이 불법이라고 한 미국 캘리포니아 주법원처럼 최근 법적인 사례는 상담·심리치료사가 제공하는 서비스 활동의 어떤 기준을 제공하기 시작한다. 기독교인이 적극적인 전문가집단 구성원들로 남아있는 것은 중요하다. 또한 보다 낡고 인습적인 사고로 종교적인 정체성과 가치와 신념을 갖고 이끄는 사람들의 적절하지 못한 관점과 사고가 있는 분야에서 목소리를 내어야 한다.

■ 참고문헌

American Counseling Association. (2005). *ACA code of ethics.* Alexandria, VA: American Counseling Association.

American Psychological Association. (2008). *Answers to your questions: For a better understanding of sexual orientation and homosexuality.* Washington, DC: American Psychological Association.

American Psychological Association. (2002). *The ethical principles of psychologists and code of conduct.* Available (with 2010 amendments) from www.apa.org/ ethics/code/index.aspx.

American Psychological Association. (1998). Resolution on appropriate therapeutic responses to sexual orientation. *American Psychologist, 53,* 934-35.

American Psychological Association. (2006). *APA task force on the assessment of competence in professional psychology: Final report.* Available at www.apa.org/ed/ resources/competency-revised.pdf.

American Psychological Association. (2009). *Appropriate therapeutic responses to sexual orientation.* Available at www.apa.org/pi/lgbc/publications/therapeuticresponse. pdf.

Bidell, M. P. (2005). The sexual orientation counselor competency scale: Assessing attitudes, skills, and knowledge of counselors working with lesbian, gay, and bisexual clients. *Counselor education and supervision, 44,* 267-79.

Birk, L. (1974). Group psychotherapy for men who are homosexual. *Journal of Sex & Marital Therapy, 1,* 29-52.

Blanchard, R., & Lippa, R. A. (2007). Birth order, sibling sex ratio, handedness, and sexual orientation of male and female participants in a BBC internet research project. *Archives of Sexual Behavior, 36,* 163-76.

Bogaert, A. F. (2007). Extreme right-handedness, older brothers, and sexual orientation in men. *Neuropsychology, 21,* 141-48.

Cochran, S. D., & Mays, V. M. (2007). Physical health complaints among lesbians, gay men, and bisexual and homosexually experienced heterosexual individuals: Results from the California Quality of Life Survey. *American Journal of Public Health, 97,* 2048-55.

Cochran, S. D., Mays, V. M., Alegria, M., Ortega, A. N., & Takeuchi, D. (2007). Mental health and substance use disorders among Latino and Asian American lesbian, gay, and bisexual adults. *Journal of Consulting and Clinical Psychology, 75,* 785-94.

Cochran, S. D., Sullivan, J. G., & Mays, V. M. (2003). Prevalence of mental disorders, psychological distress, and mental health services use among lesbian, gay, and bisexual adults in the United States. *Journal of Consulting and Clinical Psychology, 71,* 53-61.

Coffman, J. (2009, May). When conscience is criminalized. *Examiner.* Available online at www.examiner.com/article/coffman-when-consience-is-criminalized.

Corey, M. A., & Corey, G. (2007). *Becoming a helper* (5th ed.). Pacific Grove, CA: Brooks/Cole.

Diamond, L. M. (2007). A dynamical systems approach to the development and expression of female same-sex sexuality. *Perspectives on Psychological Science, 2*(2), 142-57.

Dube, E. M., & Savin-Williams, R. C. (1999). Sexual identity development among ethnic sexual-minority male youths. *Developmental Psychology, 35,* 1389-99.

Egan, P. J., Edelman, M. S., & Sherrill, K. (2008). *Findings from The Hunter College Poll of lesbians, gays, and bisexuals: New discoveries about identity, political attitudes, and civic engagement.* New York: City University of New York.

Freeman, W., & Meyer, R. G. (1975). A behavioral alteration of sexual preferences in the human male. *Behavior Therapy, 6,* 206-12.

Hadfield, J. A. (1958). The cure of homosexuality. *British Medical Journal, 14,* 1323-26.

Haldeman, D. C. (1994). The practice and ethics of sexual orientation conversion therapy. *Journal of Consulting and Clinical Psychology, 62,* 221-27.

Hatterer, L. (1970). *Changing homosexuality in the male: Treatment for men troubled by homosexuality.* New York: McGraw-Hill.

Herbenick, D., Reece, M., Schick, V., Sanders, S. A., Dodge, B., & Fortenberry, J. D. (2010). Sexual behavior in the United States: Results from a national probability sample of men and women ages 14-94. *Journal of Sexual Medicine, 7,* 255-65.

Hermann, M., & Herlihy, B. (2006). Legal and ethical implications of counseling homosexual clients. *Journal of Counseling and Development, 84,* 414-18.

Hughes, T. L. (2003). Lesbians' drinking patterns: Beyond the data. *Substance Use and Misuse, 38,* 1739-58.

Jones, S. L., & Kwee, A. W. (2005). Scientific research, homosexuality, and the church's moral debate: An update. *Journal of Psychology and Christianity, 24*(4), 304-16.

Jones, S. L., & Yarhouse, M. A. (2000). *Homosexuality: The use of scientific research in the church's moral debate.* Downers Grove, IL: InterVarsity Press.

Jones, S. L., & Yarhouse, M. A. (2007). *Ex-Gays? A longitudinal study of religiously mediated change in sexual orientation.* Downers Grove, IL: InterVarsity Press.

Jones. S. L., & Yarhouse, M. A. (2009, August). *Ex-gays? An extended longitudinal study of attempted religiously mediated change in sexual orientation.* In D. Byrd (Chair), *Sexual orientation and the faith tradition: A test of the Leona Tyler Principle.* Paper presented at the American Psychological Association's Annual Conference, Toronto, Ontario, August 9, 2009.

Jones. S. L., & Yarhouse, M. A. (2011). A longitudinal study of attempted religiouslymediated sexual orientation change. *Journal of Sex and Marital Therapy,*

37, 404-27.
Langstrom, N., Rahman, Q., Carlstrom, E., & Lichtenstein, P. (2008). Genetic and environmental effects on same-sex sexual behavior: A population study of twins in Sweden. *Archives of Sexual Behavior, 39*, 75-80.
Laumann, E. O., Gagnon, J. H., Michael, R. T., & Michaels, S. (1994). *The social organization of sexuality.* Chicago: University of Chicago Press.
Lewis, R. J., Derlega, V. J., Griffin, J. L., & Krowinski, A. C. (2003). Stressors for gay men and lesbians: Life stress, gay-related stress, stigma consciousness, and depressive symptoms. *Journal of Social and Clinical Psychology, 22*, 716-29.
MacCulloch, M. J., & Feldman, M. P. (1967). Aversion therapy in management of 43 homosexuals. *British Medical Journal, 2*, 594-97.
MacIntosh, H. (1994). Attitudes and experiences of psychoanalysts. *Journal of the American Psychoanalytic Association, 42*(4), 1183-1207.
Matthews, C. R. (2007). Affirmative LGB counseling. In K. J. Bieschke, R. M. Perez & K. A. Debord (Eds.), *Handbook of counseling and psychotherapy with lesbian, gay, bisexual, and transgender clients.* Washington, DC: American Psychological Association.
McConaghy, N. (1970). Subjective and penile plethysmograph responses to aversion therapy for homosexuality: A follow-up study. *British Journal of Psychiatry, 117*, 555-60.
Munzer, J. (1965). Treatment of the homosexual in group psychotherapy. *Topical Problems of Psychotherapy, 5*, 164-69.
Mustanski, B. S., DuPress, M. G., Nievergelt, C. M., Bocklandt, S., Schork, N. J., & Hamer, D. H. (2005). A genomewide scan of male sexual orientation. *Human Genetics, 116*, 272-78.
Nicolosi, J. (1991). *Reparative therapy of male homosexuality.* Northvale, NJ: Jason Aronson.
Nicolosi, J., Byrd, A. D., & Potts, R. W. (2000). Retrospective self-reports of changes in homosexual orientation: A consumer survey of conversion therapy clients. *Psychological Reports, 86*, 1071-88.
Pittman, F., & DeYoung, C. (1971). The treatment of homosexuals in heterogeneous groups. *International Journal of Group Psychotherapy, 21*, 62-73.
Rosenfeld, B. (2002). The psychology of competence and informed consent: understanding decision-making with regard to clinical research. *Fordham Urban Law Journal, 30*, 173-85.
Savic, I., & Lindstrom, P. (2008). PET and MRI show differences in cerebral asymmetry and functional connectivity between homo- and heterosexual subjects. *Proceedings of the National Academy of Sciences of the United States of America*, 1-6.
Schaeffer, K. W., Hyde, R. A., Kroencke, T., McCormick, B., & Nottebaum, L. (2000). Religiously motivated sexual orientation change. *Journal of Psychology & Christianity, 19*, 61-70.
Schaeffer, K. W., Nottebaum, L., Smith, P. , Dech, K., & Krawczyk, J. (1999). Reli-

giously-motivated sexual orientation change: A follow-up study. *Journal of Psychology and Theology, 27*, 329-37.

Schwartz, M. F., & Masters, W. H. (1984). The Masters and Johnson treatment program for dissatisfied homosexual men. *American Journal of Psychiatry, 141*, 173-81.

Shidlo, A., & Schroeder, M. (2002). Changing sexual orientation: A consumer's report. *Professional Psychology: Research and Practice, 33*, 249-59.

Spitzer, R. L. (2003). Can some gay men and lesbians change their sexual orientation? 200 participants reporting a change from homosexual to heterosexual orientation. *Archives of Sexual Behavior, 32*, 403-17.

Throckmorton, W., & Yarhouse, M. A. (2006). *Sexual identity therapy: Practice guidelines for managing sexual identity conflicts.* Unpublished paper. Retrieved August 21, 2008, from http://wthrockmorton.com/wp-content/uploads/2007/04/ sexualidentitytherapyframeworkfinal.pdf.

Truax, R. A., & Tourney, G. (1971). Male homosexuals in group psychotherapy. *Diseases of the Nervous System, 32*, 707-11.

Whitman, J. S., Glosoff, H. L., Kocet, M. M., & Tarvydas, V. (2006, May). Ethical issues related to conversion or reparative therapy. *ACA in the News.* www.counseling.org/pressroom/newsreleases.aspx?aguid=b68aba97-2f08-40c2-a400-0630765f72f4.

Yarhouse, M. A., & Kays, J. L. (2008). Homosexuality and sexual identity: An update. In D. Rosenau, M. Sytsma & D. Taylor (Eds.), *Basic issues in sex therapy.* [Reading packet]. Suwanee, GA: Institute for Sexual Wholeness.

Yarhouse, M A., & Tan, E. S. N. (2004). *Sexual identity synthesis: Attributions, meaning-making, and the search for congruence.* Lanham, MD: University Press of America.

Yarhouse, M. A. (1998). When clients seek treatment for same-sex attraction: Ethical issues in the "right to choose" debate. *Psychotherapy: Theory, Research, Practice, Training, 35*, 248-59.

Yarhouse, M. A. (2008). Narrative sexual identity therapy. *Psychotherapy, 36*, 196-210.

Yarhouse, M. A. (2010a). *Homosexuality and the Christian: A guide for parents, pastors, and friends.* Minneapolis, MN: Bethany House.

Yarhouse, M. A. (2010b). *The sexual identity clinic.* Virginia Beach, VA: Institute for the Study of Sexual Identity.

Yarhouse, M. A., Stratton, S. P. , Dean, J. B., & Brooke, H. L. (2009). Listening to sexual minorities on Christian college campuses. *Journal of Psychology and Theology, 37*(2), 96-113.

Yelland, C., & Tiggeman, M. (2003). Muscularity and the gay ideal: Body dissatisfaction and disordered eating in homosexual men. *Eating Behaviors, 4*, 107-16

제11장

만성 상태의 내담자

제임스 H. 제니슨(James H. Jennison)

많은 기독교 상담자들과 정신건강 전문가들은 정신장애자의 문제를 일반 내담자들에게 있는 삶의 여러 가지 문제들과 유사한 문제들로 생각하여 정신장애자를 대한다. 단순한 정서적 문제 상담에 효과가 있는 모델은 당연히 만성적이고 다루기 힘든 신체조직 질환이나 심리적 장애에 기초한 만성 상태의 내담자를 상담·심리치료하는 데 유용하지 않을 수 있다.

이 장은 만성적인 문제에 대한 평가와 치료를 위해서 가장 적절한 전문가의 윤리 원칙을 살펴보고자 한다. 특히 조현병(schizophrenia), 주요 우울장애, 성격장애, 알츠하이머, 외상적 뇌손상, 그리고 만성적인 고통에 대해서 논할 것이다.

기독교 정신건강 전문가들은 학문적인 다양한 수련을 받아야 하며 여러 가지 전문가 면허/자격증을 취득해야 한다. 이 장에서 정신의학 전문가와 상담·심리치료사라는 용어는 주로 정신의학, 심리학, 임상 사회복지 분야에서 정신건강 전문가나 결혼/가족치료 관련 전문가 면허/자격증을 취득한 사람을 말한다.

여기서 논하는 대부분은 목회 상담자와 상담·심리치료 과정에서 이런 내담자를 만날 수밖에 없는 준전문가에게 도움이 될 것이다. 그리고 이들은 이런 내담자를 진단하는 방법을 알 필요가 있고, 정신건강 전문가에게 의뢰할 필요가 있을 것이다. 정보의 일부는 병원에서 근무하는 원목에게 또한 도움이 될 것이다.

질병과 건강에 관한 예측은 기독교 정신건강 전문가에게 영향을 미친다. 시각장애나 마비증세와 같이 만성적이고 다루기 힘든 질환의 기적적인 치유에 대한 성경적 설명은 모든 질환이 내담자의 정서적, 영적 건강에 대한 선택에 달려 있다는 생각을 하도록 할 것이다.

우리는 내담자의 육체적, 정신장애를 영적인 의미로 해석하는 위험성이 있다. 그리고 그렇게 함으로써 도움보다 오히려 좌절과 피해를 가한다. 우리는 욥의 친구들의 전철을 피해야 한다. 이들은 욥의 심각한 문제를 어떤 영적 문제의 증상으로 해석했다. 따라서 욥에게 위로나 도움이 되기보다 오히려 고통을 더했다. 친구들의 권고에 대한 욥의 반응은 "이제 너희는 아무것도 아니로구나"(욥 6:21, NIV)였다.

고린도후서 12:7-10에서 사도 바울은 '육체의 가시'라는 표현을 했고, 이것은 육체적, 정서적으로 심각한 문제로 나타난다. 성경은 사도 바울에게 있는 질환의 특성에 대해 더 이상의 단서를 주지 않는다. 구체적으로 명시한다는 것은 단순한 추측일 뿐이다. 바울은 자신의 질환이나 육체적인 결과에 대해 말하기보다 삶속에서 영적 영향과 가시의 의미에 대해 말했다. 그는 이것이 어떻게 더 겸손하게 했고 하나님을 의지하게 했는지에 대해서 기술했다.

그러나 성경 본문은 또한 그가 정말 고통당했다는 것을 말해 주고, 그 고통으로부터 치료되기를 바랐으며 하나님께 그 고통의 치료를 위해서 간청했다는 것을 보여준다. 그러나 분명한 것은 그가 바라는 치료를 받지 못했다는 것이다. 따라서 바울은 자신의 질환을 만성적으로 갖고 있기로 했다. 성경은 그의 질환이 해결되었다거나 고통이 멈추었다고 말하지 않는다. 비록 그가 삶의 경험 속에서 영적 가치를 깨달았을지라도 말이다.

기독교 정신건강 전문가의 역할은 내담자의 질환에 대한 영적 의미뿐만 아니라 앞으로 겪게 될 인간의 경험에 대해 전하는 것이다. 만성적인 문제의 경우에 이것은 답하기 곤란한 질문(예: 왜 의로운 고통을 당해야 하는가?)이 될 뿐만 아니라 상담·심리치료사가 근무하는 데 있어서 토대가 되는 이론적인 예측에 도전이 될 수도 있는 문제에 의문을 제기할지도 모른다.

1. 전문가 윤리 규정

이 장에서 언급한 윤리 원칙과 규정은 미국심리학회(APA, 2002)에서 적용하고 출간된『심리학자의 윤리적 원칙과 행동 규범』으로 널리 알려졌으며, 심리학자뿐만 아니라 다른 정신건강 전문가에게도 적용이 가능하다. 여기서 논의를 위해 선택된 윤리 원칙과 규정은 만성 상태의 내담자와 관련되어 제기된 특별한 문제를 다루기 위한 것들이다.

이것이 기타 다른 원칙과 윤리 규정이 적용되지 않거나 덜 중요하다는 것을 의미하는 것은 아니다. 이는 정신건강 전문가가 모든 유형의 임상 적용을 할 수 있는 것으로서, 전문가로서의 충분한 윤리 기준을 따라야 한다는 것을 가정한다. 미국심리학회 윤리 규정의 가장 기본원칙은 다음과 같이 전문에 기록되어 있다.

> 심리학자들은 인간행동에 대한 과학적, 전문지식을 배양하고 인간을 이해하는데 열정을 다해야 하고 개인이나 조직과 사회의 여건을 향상시키기 위해서 이런 지식을 활용할 수 있도록 해야 한다(2002, 1062).

첫째, 심리학자들은 과학적 방법이나 전문적인 것에 근거한 전문가로서의 정체성을 갖고 있어야 한다.

전문적인 것에 근거한 정보란 사람들의 집단적 경험에 근거한 전문가 간의 합의가 이루어진 것이고, 일반적으로 전문가 내에서 수용할 수 있는 이론에 근거한 것을 말한다. 그리고 잘 알려진 과학적 자료를 기반으로 추론될 수 있는 정보를 말한다.

반면, 심리학자나 정신의학자와 달리 상대적으로 정신건강 전문가들은 이들과 다른 과학적 연구를 강조한다. 그리고 이들 모두는 전문가 내에서 합의에 의해 도출된 일단의 지식을 의지한다. 그 지식은 집단의 전문가적인 정체성에 중점을 둔다.

전문가 집단 내에서도 상당히 다양한 관점들이 있기는 하지만 전문가, 사회복지사, 정신의학자로서 자신의 정체성을 밝힌 사람들은 전문지식의 범위 내에서 책임감 있게 상담·심리치료할 것을 기대한다. 그렇기 때문에, 예를 들어, 기독교인이 자신을 심리학자로 제시하는 것도 적절치 못하지만 그렇다고 전문 심리학에서 합의하여 도출된 원칙이나 개념을 즉석에서 거절하는 것도 적절치 못하다.

일반적으로 알고 있는 질환뿐만 아니라 다양한 만성적인 문제의 독특하고 다양한 측면에 대한 지식이 점점 더 밝혀지고 있다. 정신건강 전문직 내에서도 하위 전문 분야로 확산되는 것을 알 수 있다. 지식이 발달함에 따라서 과거에 했던 것처럼 '일반상담 실무자'(gerneral practitioner) 형태로 정신건강 전문직에서 근무한다는 것은 불가능해졌다.

기독교 정신건강 전문가들은 지식기반에 공헌하기 위해 만성 상태의 내담자를 접할 기회와 이들에 대한 책임 모두를 갖고 있다. 지식과 함께 세심한 연구와 오해를 해소시키는 자료들은 만성적인 문제로 고민하는 개인에게 도움이 될 뿐만 아니라 또한 전문가가 되는 데에도 도움이 된다. 기독교인에게 기독교 원칙이 기독교인과 비기독교 정신건강 전문가 모두에 의해 확실히 수용되고 통합되는 것보다 더 좋은 방법은 없을 것이다.

둘째, 능력이다.

심리학자들은 "자신의 교육 및 수련, 수련감독 및 상담자문 경험, 그리고 연구나 전문적인 경험에 근거한"(APA, 2002, 1063) 능력과 전문성의 경계와 한계를 인정할 것을 요구받는다. 심리학자들은 항상 유용한 최신 정보를 습득할 것이라는 기대가 있다. 우리가 다양한 만성적인 문제에 대해 고려해볼 때, 특별한 집단을 진단하고 다룰 때 구체적인 지식과 경험을 분명히 요구하게 될 것이다.

익숙하지 않은 내담자를 상담·심리치료하기 시작할 때, 경험 많고 능력 있는 정신건강 전문가들은 새로운 정보를 배워야 한다. 그리고 그런 진단 집단이나 치료적 유형에 대한 경험이 있는 다른 전문가에 의해 수련감독 및 상담자문이나 지도를 받을 필요가 있다.

공식적이든 비공식적이든 간에 평생교육 또한 필수적이다. 새로운 정보는 지속적으로 증가 추세에 있으며 유용하다. 변화하는 지식을 확보하는 것이 어렵지만 윤리적으로 활동하기 위해서 필수적인 일이다.

셋째, 진정성이다.

> 심리학자들은 학문, 교육, 상담·심리치료에 있어 정확성, 정직성, 진정성을 배양할 것을 요구받는다(APA, 2002, 1063).

> 심리학자들은 나이, 성, 성 정체성, 인종, 민족성, 출신국가, 종교, 성적 지향성, 신체장애, 언어 그리고 사회 경제적 지위에 근거한 것을 포함한 문화적, 개인적 역할 차이를 인지하고 존중한다. 그리고 그런 집단 구성원들을 상담·심리치료할 때 이런 요소들을 고려한다. 심리학자들은 이런 요소로 인한 상담·심리치료적 편견을 제거하기 위해서 노력하고 그런 편견에 근거하여 다른 사람을 고의로 참여시키거나 편향된 활동을 용납하지 말아야 한다(APA, 2002, 1063).

기독교 정신건강 전문가들은 자기 자신의 성격과 경험의 필요성이나 한계, 가치, 신념을 고려해야 할 뿐만 아니라 기독교 신앙과 세계관의 함축된 의미를 구체적으로 알아야 한다. 그리고 그런 것들이 자신의 일에 미치는 영향을 알아야 한다.

이것은 결론적으로 기독교인이든 비기독교이든 간에 자신의 신념과 상이한 다른 사람의 신념을 존중하는 것이다. 문제의 관건은 내담자의 안녕과 자신의 전문성을 갖고 지속적으로 하는 전문적인 활동에 대한 존중이다.

전문가들은 누구나 내담자가 속한 집단 구성원들의 윤리 수준이나 교육 수준을 변인으로 고려하는 것처럼 변인으로서 내담자의 영적 상태도 고려할 필요가 있다. 기독교인 내담자에게 최선의 정신건강 서비스를 제공한다는 것은 기독교 용어나 개념 그리고 성경의 활용도 포함될 것이다.

하지만 비기독교인 내담자에게 그렇게 하는 것은 적절하지 못할 것이다. 기독교 정신건강 전문가들은 자신의 역할이 무엇인지 심사숙고하여 정의를 내려야 한다. 기독교 상담자가 내담자에게 복음을 증거하는 것은 적절하지 못하지만 만성 상태의 내담자에 대한 이들의 역할은 해를 거듭하면서 확장될 것이고 삶속에서 심리학자의 행동이나 기독교 원리에 대해서 반복적으로 드러내는 것이 포함되어야 할 것이다.

넷째, 이미 앞에서 논의한 것에 직접적으로 관여하는 것이다.

> 심리학자의 다중 관계가 심리학자로서 자신의 기능을 수행하는데 있어서 누가 보아도 자신의 객관성, 능력 또는 효과성을 훼손할 것이라고 생각되면 이런 다중 관계를 맺는 것을 삼가야 한다. 그렇지 않으면 그 전문가와 관계를 맺고 있는 그 사람을 착취하거나 손해를 가하는 위험성이 있다. 합리적으로 손해나 피해, 착취위험이 일어나지 않을 것으로 기대되는 다중 관계는 비윤리적인 것이 아니다(APA, 2002, 1065).

어떤 경우에는 다른 비전문 환경에서 내담자와 접촉하는 것을 금지하는 것이 불가능할 수도 있다. 이런 것은 특히 작은 소도시에서 그렇고 또한 대도시 내의 기독교 공동체에서도 그렇다. 그러나 이 문제는 전문가가 내담자와 맺고 있는 일부 다른 관계나 그 역할에 대한 영향에 대해 조심해서 평가해야 한다. 그리고 수행하는데 있어서 전문가의 능력과 전문가의 서비스가 유익을 주기 위해서 내담자의 능력에 미칠 영향에 대해 고려해야 한다.

만성 상태의 내담자와 정신건강 전문가와의 관계는 최소한 수년에 걸쳐 서서히 확장될 것이다. 내담자나 의미 있는 타인들은 상담·심리치료사를 '가족의 친구처럼' 생각하기 시작할 것이다. 특별한 단체의 안녕을 촉진시키는 조직과의 연계활동은 상담·심리치료사로 하여금 내담자와 치료적 환경 밖에서 접촉할 수 있도록 해 줄 것이다. 소도시에서는 교회와 같은 곳에 참여하는 등 어쩔 수 없이 다른 비전문 접촉이 있을 수 있다.

이런 경우에 미묘한 문제가 발생한다. 그리고 비윤리적 행동을 피하기 위해서 많은 생각들을 요구하고 다른 전문가에게 상담자문을 요구할지도 모른다. 내담자와 상담·심리치료사 간의 힘의 차이와 전문가 역할에 대한 객관성 요구가 이런 다양한 접촉이 문제의 원인이 되게 만들 수 있다.

오랜 기간 지속적인 전문가와의 접촉은 문제를 어렵고 복잡하게 만들지만 보다 단기간의 전문적인 서비스의 경우에는 다양한 역할을 통해 문제를 훨씬 더 모면하기 쉽게 만들 수 있다. 무엇보다도 더 중요한 문제는 심리학자의 전문적인 행동에 대한 능력과 진실성을 유지하는 것이다. 그리고 착취나 피해로부터 내담자를 보호하는 것이다.

다섯째, 비밀보장 문제이다.

미국심리학회 윤리 규정에는 비밀보장의 한계가 어디까지인지에 대해 구체적으로 명시되어 있지 않지만 문제의 중요성에 대해서는 분명하게 나타나 있고 심리학자는 내담자에게 그런 한계에 대해 분명히 언급해야 한다. 비밀보장이 '일차적 의무'로 기술되어 있다. 법과 전문적인 활동 그리고 전자기기를 통한 녹음과 전달 등의 기술적 문제에 대한 접점이 다루어지게 된다. 심리학자들은 현재의 법에 따를 것과 미국연방의료보험 통상책임법과 같은 규정을 따를 것을 요구받는다.

이 장에서 이미 논의한 것처럼, 만성 상태의 내담자에게 있어 비밀보장의 범위는 관련된 문제나 상황에 따라서 종합적인 치료팀, 가족이나 개인적 돌봄자, 사회봉사체계나 법적인 체계 등이 포함될 것이다. 비밀보장의 범위는 또한 만성적인 문제의 심각성이 커졌다 작아지는 것과 퇴행성 질환이 진행되는 것처럼 질환이 변화할 때 필요할지도 모른다. 내담자가 정보공개에 동의할 수 없는 경우에 제한된 비밀보장 내에서 어떤 변화도 내담자나 내담자의 보호자 및 안내자와 구체적으로 논의되어야 한다.

2. 만성적인 임상 질환

정신건강 전문가에게 노출된 많은 만성적인 문제들이 있다. 건강 돌봄에 대한 제공이 전통적인 의료 형태로 시작해서 매우 광범위하기 때문에 정신건강 종사자들은 비정신의학적인 치료적 환경에까지 점점 더 관련 범위를 확대하는 추세이다. 여기서 논의를 위해서 선택한 만성적인 임상질환은 우리가 만날지도 모를 단지 폭넓고 다양한 사례들 가운데 하나이고, 관련된 윤리적 문제의 이해를 돕기 위한 상황을 제공하기 위해 단순히 선택된 것들이다.

각각의 만성적인 문제가 제시될 때, 논의한 짧은 내용들은 내담자 집단과 관련하여 제기될 수 있는 특별한 윤리적 문제와 관련될 것이다. 다시 말하지만, 이런 논의는 완벽한 것이 아니라 이 장에서 이미 언급된 윤리적 문제를 강조하기 위해서 고안된 것이다.

1) 조현병(정신분열증, schizophrenia)

조현병에 대한 과학적인 연구는 빠르게 발전하고 있다. 최근, 편집된 사독, 카프란 그리고 사독(Sadock, Kaplan & Sadock, 2007) 같은 높이 평가받는 정신의학 교과서들은 최근의 지식 상태를 보여준다. 연구에 따르면, 무려 2, 3백만 명이나 되는 미국인이 직접적으로 고통당하고 그만큼 많은 가족들이나 사랑하는 사람들도 고통받고 있다고 한다.

그 질병에 대한 약물학석 관리에 있어 중요한 발전이 있어왔지만 상담·심리치료는 되지 않는다. 비록 고통당하는 사람의 약 1/3이 약간의 사회적 적응을 하고 있지만 대다수가 생산적인 삶을 살고 있지 못하고 다른 것에 지원을 받으며 의지하고 있다.

목적이 없는 것, 소외, 빈번한 입원, 무주택과 빈곤이 대개 만성적 조현병 환자의 삶의 특징이다. 조현병 환자에 대한 예후는 긍정적이지 못하다. 처음 입원 환자의 10-20%만이 5년에서 10년 후에 좋아졌다는 것을 들을 수 있다. 50% 이상은 결과가 좋지 않다. 병원에서 퇴원한 후 2년 이내에 재입원할 가능성이 40-60%이다. 이런 질병에 대한 지식의 부족과 효과적 관리에 대한 한계가 조현병 환자뿐만 아니라 이들의 부모, 형제자매, 사랑하는 사람의 고통을 증가시켰다.

뇌영상법의 발전과 새로운 약물 출시 그리고 증상의 시초와 재발, 치료적 결과와 관련된 관심의 증가가 이런 질병에 대한 이해를 증진시키고 임상 관리를 향상시켰다. 사후 연구와 더불어, 뇌영상 연구는 조현병의 생리학적 근거에 대한 많은 증거들을 제공한다. 광범위한 연구들이 이 질병에 대한 원인 관계에 있어 유전학적 요소를 지지하고 있다.

이것은 기존 조사 연구에서 제시하지 못했던 것을 생각하게 하는 매우 중요한 일이다. 조현병의 원인적 역할을 하는 가족의 개인 내적 관계에 대한 어떤 구체적인 형태의 잘 통제된 증거는 없다. 많은 정신건강전문 종사자들에 의해서 강하게 제기된 이런 오해는 조현병 환자를 둔 많은 부모들에게 엄청난 고통을 가했고 결과적으로 정신건강기관을 향해 분노가 끊이지 않게 만들었다.

조현병에 대한 약물학적 관리에 있어 상당한 발전이 있어왔다. 특히 크로자핀(Clozapine; Clozaril)의 출시와 이전의 항정신병에 대해 신경학적 측면에서 손상을 가하지 않는 이례적인 다른 항정신병 약물에 대한 탁월한 연구가 그렇다. 약물을 사용하지 않는 정신건강 전문가에게 있어 이런 정보를 알고 약물을 통해 도움받을 수 있는 것이 무엇인지 알도록 내담자에게 지원하는 것은 중요하다. 동시에 약물학적, 심리학적, 그리고 사회학적 연합을 통하여 개입에 근거한 최적의 임상적 향상이 일반적으로 있을 수 있는 일이다.

조현병에 대한 생물학적 근거가 잘 정립됨에 따라 증상의 시초와 재발, 치료적 결과에 영향을 미칠 수 있는 심리사회적 요인에 대한 관심이 증가하기 시작했다. 비록 쌍둥이 중 한쪽이 조현병이 있더라도 일란성 쌍둥이의 거의 절반에서는 조현병이 발병하지 않는다는 설명할 수 없는 사실이 생물학과 환경적 요인 간의 잘 이해할 수 없는 미묘한 상호 작용이 있음을 암시한다.

이에 대한 부분적인 대답은 유전적 성향과 개인의 생리적 발달의 복합성으로 가능하지만 이 질병의 발달 과정을 당뇨병이나 심장질환과 같은 다른 질병처럼 심리적 스트레스에 의해 영향을 받을 수 있다고 가정하는 것도 또한 일리가 있는 말이다. 조현병의 병인론으로서 이런 심리사회적 요인의 탓으로 돌리는 것이 중요한 것이 아니라, 심리사회적 스트레스의 세심한 관리가 질병의 시작을 지연시키고 재발을 방지하거나 매우 좋은 치료적 결과를 얻는 데 있어서 중요할 수 있다.

조현병 환자를 다루는 정신건강 종사자들은 이런 질병과 관련된 선진 지식을 잘 알고 있는 것에 관심을 가져야 한다. 이런 질병의 원인으로서 가족이나 심리사회적 요인을 강조하는 이론적 접근은 최근에 밝혀진 증거 자료와 일치하지 않는다.

유명한『정신장애 진단 및 통계편람』(DSM-IV, 수정판)뿐만 아니라 정신의학교 과서(American Psychiatric Association, 2000)에 조현병에 대해 매우 구체적인 기준이 기술되어 있다. 이런 구체적인 기준을 아는 것이 이 질병을 이해하는데 도움이 되며, 잘못된 진단이나 증세에 대해 잘못된 이름을 붙이는 것을 막는데도 도움이 될 것이다. 내담자와 가족에 대한 정확한 정보를 아는 것은 또한 적절한 의뢰와 가족이나 돌봄자에게 이들이 필요로 하는 것을 지원하여 돕는 데 있어서 중요하다.

생리학과 심리사회적 요인 모두를 다루어야 할 중요한 이유는 효과적인 치료에 있어서 다양한 전문적인 수련을 받을 필요성이 증가하기 때문이다. 과거에는 흔히 있는 일이지만 단지 원인이 정확히 밝혀진 내담자로 단순한 전문적인 상담·심리치료에 의해 최적의 상담·심리치료가 제공될 가능성은 그렇게 높지 않다. 효과적인 치료가 일부 상담·심리치료 전문가들과 돌봄 제공자 그리고 기타 다른 사람들 간의 공유된 정보를 요구할 가능성이 높을 수 있기 때문에 이것은 비밀보장 문제기 제기된다.

이런 '비밀보장의 범위'(circle of confidentiality)에 대한 한계가 정의될 필요가 있고 관련된 모두에게 분명히 전달되어야 한다. 이는 또한 내담자에 대한 현재의 정신 수준에 근거한 한계를 수정해야 할 경우가 발생할 수 있다. 정신장애가 심한 내담자의 경우에는 공유된 정보에 동의하는 것이 불가능할 수 있다. 그리고 이런 경우에 그 문제는 책임 있는 보호자나 돌봄 제공자에게 부과된다.

전문가의 진정성에 속하는 윤리 문제는 조현병의 경우에 제기될 수 있다. 조현병과 관련하여 기독교, 비기독교 단체 모두에서 지속적으로 중요한 낙인이 있어왔다. 불안할 때 기괴한 행동이 발생했고, 귀신들림과 같은 영적 개념으로 이 질병을 설명하기 위한 시도는 이 질병에 도덕적 특성을 추가함으로써 낙인을 더 증가시켰다. 기독교 정신건강 전문가들은 자신의 신념과 세계관과 관련하여 조현병의 최신 지식을 주의 깊게 고려해야 한다. 이런 재앙적 질병은 분명히 사려 깊은 기독교인에게 미해결 질문으로 남아있다.

2) 주요 우울장애

주요 우울장애는 인구의 15%나 차지하는 삶에서 느끼는 기분장애이고 여성 인구에 있어 25%나 높게 나타나고 있다. 이런 성별에 따른 차이는 모든 문화에서 발견된다. 이것은 비교적 매우 흔한 질병이기 때문에 많은 과학적 이론 배경의 주제일 뿐만 아니라 많은 유명한 책과 기사의 주제이기도 하다. 모든 주제에 인기있는 이론적 배경이 되기 때문에 전개된 상당히 많은 다양한 의견들과 '단서들'(cures)이 있다. 유명한 이론적 배경은 종종 모든 우울증적 기분을 단일 질병인 것처럼 취급한다.

조현병처럼 이 장애에 대한 생리학적 병인론에 대한 증거가 증가하고 있다. 가장 강력한 증거는 생리화학적인 것으로써 많은 연구에서 주요 우울장애 진단을 받은 내담자에게 있어 생체아민 대사물질의 이상이나 신경내분비조절 이상으로 밝혀지고 있다.

뇌영상 연구는 이에 비해 덜 확실하다. 병인론에 있어서 가족관계 연구가 주요 우울장애가 있는 사람들의 가까운 친척들이 이 장애를 일으킬 가능성이 일반인들보다 2-3배 높다는 것을 보여주듯이, 유전적 요인이 강력한 원인임을 보여주고 있다. 쌍둥이 연구 자료는 유전자가 기분장애 병인론의 50-70%을 설명한다는 '설득력 있는 증거'를 제공한다(Sadock, Kaplan & Sadock, 2007).

많은 비정신의학적 조건들이나 치료적 처치가 주요 우울장애 증세를 낳을 수 있다. 예를 들어, 내담자가 다른 이유로 섭취한 약물이 우울증적 요인이 될 가능성이 있는지 항상 고려해야 한다.

또한 심리사회적 요인은 주요 우울장애 초기에 종종 중요한 경우가 있다. 임상 관찰에 따르면, 병의 첫 단계가 후속 단계보다 삶 속에 스트레스 사건이 더 자주 선행되는 것으로 나타났다. 일부 상담·심리치료사들은 삶의 사건이 우울증의 병인론에 있어 일차적 역할을 한다고 강하게 믿는 반면, 다른 것들은 제한된 역할만을 할 뿐이라고 믿는다. 성격 연구에서 우울증을 예측할 수 있는 어떤 단 하나의 성격특성이나 유형이 밝혀지지 못했다.

주요 우울장애의 병인론에 있어 심리사회적 스트레스 인자의 역할은 과학적 지식이 완벽하지 않을 수 있다는 것을 보여주는 사례가 되었고 전문적으로 도출된 지식이 강력한 합의점을 이루지 못했다는 것을 보여주는 역할도 했다. 이런 전문가들의 의견 차이는 지속적으로 조사하고 자료를 수집하며 이해를 위한 합의점을 찾아야 한다는 동기부여를 제공한다.

우울증적 요소가 있는 내담자에 대한 서로 다른 진단을 내리는 문제는 모든 우울이 주요 우울장애를 위한 기준에 적합하지 않다는 사실에 관심을 갖게 한다. 다른 진단들은『정신장애 진단 및 통계편람 IV, 수정판』(*American Psychiatric Association*, 2000)에서 제공된다. 여기에는 기분장애, 우울장애 및 별도 지정이 없는 한 일반 의료적 조건에 따른 기분장애와 물질로 유도된(substance-induced) 기분장애가 포함되어 있다. 일차적인 우울증 증세가 있는 다른 장애들은 우울증적 기분을 동반한 적응장애와 사별(애도: 장애로 분류되기보다는 임상적 관심과 주의를 요한다)이 포함된다.

이런 광범위한 진단은 일반적으로 "우울"(depression)이라고 명명하는 것에 몇 가지 다른 조건이나 과정이 있음을 말해 준다. 사실, 우울증은 정상적인 것에서부터 심각한 정신병리학적인 것에 이르기까지 모든 범위를 말한다. 한 가지에 딱 맞는 개념이 있다는 전제는 제한적이거나 서로가 효과적이지 않을 수 있다.

기독교 정신건강 전문가들은 내담자의 문제에 대한 책임성이나 내담자의 상태에 대한 종교적/영적, 철학적 문제를 고려해 볼 때, 생리학적 요인이 상대적으로 강한 원인이라고 하는 이론과 맞서 싸워야 할 것이다. 영적 고군분투가 우울증적인 정서증세를 초래할지도 모르지만 다른 병인론에 의한 임상적 우울은 영적 진리를 풍성히 누리지 못하게 하거나 교회에 온전히 출석하는 것을 방해할지도 모른다.

주요 우울장애는 많은 경우에 만성적이거나 되풀이된다. 이 장애 집단에 대한 대부분의 연구에서 밝히는 일반적인 결과는 오랜 기간 다시 재발한다는 것이다. 대부분의 연구는 약물과 상담·심리치료의 병행이 이 장애의 상담·심리치료에 있어 가장 효과적이라고 밝힌다.

이 장애의 지속성과 재발은 상담·심리치료사 자신을 위해 내담자의 책임을 강조하는 상담·심리치료사에게 골칫거리가 될 수 있다. 내담자가 자신의 상태에 대해 자신의 책임으로 보는가 아닌가 여부가 내담자를 향한 상담·심리치료사의 행동에 영향을 미친다. 이것은 후에 논의될 것이다.

3) 성격장애

성격장애는 광범위하게 발표되고 있다. 이것은 다양한 행동 유형과 미미한 것에서 심각한 것에 이르기까지 다양한 병리학을 총망라하여 포함하고 있다. 일부 성격장애와 관련된 행동들은 혐오스럽고 기독교 도덕기준에 위배된다. 이런 성격장애 유형들은 기독교 정신건강 전문가에게 긴장을 유발할 가능성이 높다.

진실성에 대한 윤리 원칙이 여기서 적용되어야 한다. 기독교 도덕원칙을 지키고 발전시키기 위한 상담·심리치료사의 욕구가 내담자의 객관적인 평가방법에만 의지해서는 안 된다. 내담자의 행동과 관련된 부정적인 정서와 편견은 종종 내담자와 초기에 종결을 초래하거나 상담·심리치료사의 불편함 때문에 낮은 수준의 서비스를 제공하게 된다.

긍정적인 측면에서 기독교 상담자는 성격장애가 있는 내담자와 직간접적으로 소통할 수 있는 일련의 잘 정돈된 도덕적, 행동적 가치의 장점이 있다. 내적 통제가 부족한 이런 사람들은 외적 구조나 제한된 환경으로부터 유익을 얻을 수 있다. 기독교 관점에서 양심이나 인간 의지의 작용을 초월하는 외적인 도덕적 실제가 있다. 자신 안에 갖고 있는 지침(guidance)에 의지하는 철학자는 이런 내담자를 위해서 도움이 될 것 같지 않다.

기독교 도덕 원칙의 적용은 공개적이야 하고 내담자와 합의가 있어야 하며 복음주의자의 역할과 상담·심리치료사의 역할을 혼동하지 말고 돌봐야 한다.

모든 성격장애는 정의상으로 만성적이다. 즉, "성격장애의 필수적인 특징은 그 개인 문화의 기대로부터 현저하게 벗어난 내적 경험과 행동의 지속적인 양상이다"(DSM IV-TR, 2000, 686).

비록 일부 유형들은 성숙하고 나이가 들면서 쉬워지기는 하지만 그 양상은 흔히 평생 지속된다. 일부 유형들은 상담·심리치료적 수정이 다소 가능하지만 다른 유형은 매우 극단적으로 저항한다. 성격장애가 있는 사람은 자신의 행위에 대해 자주 불안을 느끼지 못한다. 그리고 불편함을 느끼지 못하기 때문에 변화를 위한 동기부여가 부족하다. 자신과 세상에 대한 부적응적 인지 도식은 다른 사람들도 그렇다고 생각하여 문제를 자각하거나 이해할 가능성이 없게 만든다.

반면, 치료적 개입을 통해 일부 상담·심리치료들이 되기도 하지만 그 변화는 미미하고 느리다. 기독교 신앙에 초점을 둔 영적 거듭남이나 중생의 개념은 상담·심리치료사로 하여금 성격장애 내담자에게서 흔히 볼 수 있는 것보다 더 많은 변화들과 더 빠른 변화를 기대하도록 만들지도 모른다.

또한 성격장애 내담자에게 다중 관계에 대한 윤리적 고려를 하는 것은 적절하다. 일부 유형의 성격장애 내담자들은 자신과 다른 사람에 대한 분명한 경계를 짓지 못한다. 이런 경계를 설정하고 명확히 하는 것이 상담·심리치료 작업의 핵심이다. 상담·심리치료사는 특히 이런 내담자와의 이중 관계와 관련하여 조심해야 한다. 다른 유형의 내담자와의는 사소한 관계일 수 있는 것이 성격장애가 있는 내담자와의 상담·심리치료 과정에서는 방해가 될 수 있다.

4) 외상적 뇌손상

향상된 신경외과적 관리기술과 응급 의료 서비스의 활용이 결과적으로 외상적 뇌손상(traumatic brain injury)을 당한 사람을 살리는 비율의 결정적 증가를 가져왔다. 총기사건과 같이 뇌를 관통하는 상처는 국소적 뇌 병변을 초래한다. 즉, 관통된 물체에 의해 뇌 조직 영역이 파괴되는 것이다. 자동차 사고에서 종종 발생하듯이, 머리폐쇄 부상은 일반적으로 더 확산되는 뇌손상을 가져온다. 뇌 조직 손상에 따른 기능의 상실은 오랜 기간 돌봄 시설에서 심각한 입원으로부터 외래환자 상담·심리치료에 이르기까지 사회복귀를 위한 상담·심리치료를 받는다.

관통된 손상에 따른 장애는 매우 극적이고 특별해서 뇌 기능영역에 있어서는 전혀 손상되지 않은 채로 남아있을 수 있다. 반대로, 머리폐쇄 부상은 엄청나게 다양한 신경행동 결함을 초래할 수 있다.

반면, 외상적 뇌손상은 단일의 진단 분류로 볼 수 있으나 치료는 내과, 외과, 지각, 인지, 행동, 정서 그리고 사회적 문제 등 광범위하게 다루어져야 한다. 갱생 노력에는 전형적으로 다양한 전공의 의사, 간호사, 물리상담자, 언어상담자, 신경심리학자, 임상심리학자, 사회복지사, 직업상담자, 목회자 등이 포함된다. 갱생을 위해서 이런 전문가와 엄청난 자원의 모든 동원을 통한 최선의 노력에도 불구하고, 뇌손상자에 대한 오랜 기간의 연구는 신경행동 결함이 뇌 기능의 완전한 회복에 지속적인 장애가 되고 있음을 자주 제시했다(Tellier, Adams, Walker & Rourke, 1990).

정신건강 전문가들은 뇌손상 환자에게 자주 나타나는 행동결함에 대해 구체적으로 다루어 줄 것을 요청받을 가능성이 많아졌다. 이런 것에는 감정표현의 변경, 자주성의 감소와 행동의 목적지향성, 충동성과 탈억제, 부인(denial), 우울 그리고 사회와 가족의 반응결과가 포함된다. 손상된 사람의 뇌의 상태나 기능이 원인의 주요 요인이지만 학습 조건의 영향, 개인 내적 상호 작용, 정신 내적 요인, 그리고 환경적 상황 또한 반드시 고려되어야만 한다.

전두엽 피질에 손상을 입은 환자의 뇌는 종종 납작하게 보이고 감정이 무뎌지게 된다. 그리고 우반구 장애가 있는 사람은 다른 사람이나 상황에서 오는 감정적 신호를 정확하게 감지할 수 없을 것이다. 정서 불안정 또한 뇌손상에 근거를 둘 수 있다. 자주성의 감소와 목적지향적 행동의 부족은 전두엽 손상의 전통적인 증상이다. 확산된 대뇌피질 손상은 자주 억제력을 감소시키고 충동성을 증가시키게 된다.

부인(denial)은 질병인식불능 상태(자신의 부족한 것을 보지 못하거나 평가하지 못하는 것)로 보여지는 것처럼 유기체적이거나 또는 심리적인 것일 수 있다.

우울은 외상적 뇌손상으로 인한 신체장애로 고통당하는 사람들에게 있어 흔히 잘 나타는 증상이다. 이것은 보통 단기간의 조정을 요하지만 더 만성적인 문제의 소지가 많을 수도 있다. '정상적' 반응으로 보일지라도 내담자의 회복과 사회복귀에 영향을 주는 부정적인 충격을 줄이기 위해서 상담·심리치료적 초점에서 더 세밀히 주의를 기울여야 한다.

부인(denial)은 물리적 외상 후 장애로 인한 상담·심리치료시 나타나는 정상적 단계이다. 내담자와 가족 모두는 현실 상황과 예후를 평가하지 못할 수 있다. 유사한 방식으로 내담자와 가족 구성원들은 종교적인 신념으로의 갑작스런 탈출 등 종교적인 개종을 경험할지도 모른다. 또는 기적적인 치유를 호소할 수도 있다. 하나님 안에서 다른 사람에게 신앙을 표현하기 위한 기독교 정신건강 전문가의 욕구는 내담자의 이런 행동으로 인해 더욱 강화될지도 모른다.

이것은 상담·심리치료적으로 역효과를 가져올지도 모른다. 그리고 이후 내담자가 자신의 장애가 영원히 지속될 것임을 알게 됨으로써 이전의 신앙적 표현을 대부분의 내담자들이 거부하기 때문에 내담자와 상담·심리치료사와의 관계에 방해가 될 수 있다.

회복과 조절의 일반적인 과정에 대한 이해는 이런 위험성을 피하는데 필수적이다. 예를 들어, 외상적 뇌손상 환자의 상실에 대한 조절을 위해서 상담·심리치료사가 '협상' 단계를 이해하는 것은 상담·심리치료사에게 보다 성숙하고 폭넓은 신앙의 근거를 위한 기초작업을 놓도록 허락할 것이다. 그리고 육체적 상태에 관계없이 내담자에게 신앙자원의 중요성을 보도록 도울 것이다.

비밀보장 문제가 또한 이런 내담자를 위해서 고려되어야 한다. 늘 그렇듯이, 여기에 관여하는 많은 전문가들이 있기 때문에 특히 사회복귀에 있어, 효과적인 상담·심리치료를 위해서 가족구성원들이나 의미있는 타인들은 물론이고 정보의 공유와 관련된 모든 전문가 간의 협력적 노력이 요구된다.

정보의 공유 정도는 내담자와 논의되어야 한다. 때로 일부 내담자들은 그 문제를 인지적으로 이해할 수 없을지라도 말이다. 매우 개인적인 정신건강 상담·심리치료사와 공유된 정보가 확실히 있을 수 있다. 그리고 치료팀을 위해서 그것은 필수적인 정보가 아닐 수 있다. 이것은 비밀로 이루어질 수 있다. 때때로 고기능(high-functioning) 내담자는 비밀을 유지해야 할 일부 정보를 선별적으로 선택해서 공유하고 싶어할지도 모른다.

비밀보장 문제는 법의학 영역에서도 역시 중요하다. 외상적 뇌손상이 있는 내담자는 때때로 민사소송이나 범죄소송에 연루된다. 그리고 정신건강 전문가들은 진술할 것을 요구받을지도 모른다. 가능하면 상담·심리치료 초기에 이런 가능성에 대해 내담자나 보호자와 논의해야 한다.

5) 알츠하이머

알츠하이머형 치매(Alzheimer's-type dimentia: AD)는 65세 인구의 약 5%나 영향을 미치는 가장 흔한 유형의 치매이고 나이를 먹을수록 그 비율은 점점 증가하고 있다.

남자보다도 여자에게 더 많이 분포하고, 알츠하이머형 치매가 있는 내담자가 미국 모든 양로원 입원자의 절반에 달한다.

이 질병의 시초는 은밀하게 시작되어 그 원인을 알 수 없다. 알츠하이머형 치매의 특징은 지적기능의 손상, 기억상실, 실어증, 시공간적 결함이다. 비록 시작 단계에서 이 모든 것이 보이지 않을지라도 말이다. 초기 발견을 위한 유용한 지침은 기억의 손상이며, 여기에 하나 더 추가한다면 손상된 인지기능 영역이다. 이 질병은 8년 동안 힘들게 살아가면서 퇴행한다. 이것은 빠르게 진전되거나(1년 안에 사망), 느리게 진전된다(20년 안에 사망). 이것에 대해 알려진 상담·심리치료 방법은 없다.

알츠하이머형 치매환자에 의해 나타나는 심리사회적 문제들은 상당하다. 주로 가족 구성원들이 주요 돌봄자가 된다. 돌봄에 대한 부담은 돌봄자의 육체적, 정신건강을 해치게 만든다. 내담자는 점점 더 악화됨에 따라서 가족 돌봄자의 자원을 탈진시키고 제도적 기관을 요구하게 된다. 인지적 악화는 말할 것도 없고 알츠하이머형 치매와 관련된 행동적, 정서적 장애도 발생한다.

이런 것에 대한 고려도 정신건강 전문가에게는 동일하게 중요하다. 왜냐하면 이것들은 흔히 나타나는 불만들이고 제도적 대체기관을 결정하는데 영향을 미칠 수 있다. 인지적 측면의 질병과는 달리, 이것은 치료에 반응하지 않으며, 행동적 장애나 불안은 때때로 약물학적으로 다루어야할지도 모른다.

나이가 많은 내담자들에게 있어서 우울은 치매로 가장할지도 모른다. 그러나 잠정적으로 되돌릴 수 있다. 그러나 우울은 만성적으로 알츠하이머형 치매가 있는 것으로 임상 진단을 받은 사람에게는 흔히 있는 증상이다. 정신건강 전문가들은 오진의 가능성을 알고 있어야 한다. 이는 결과적으로 고령의 우울증이 있는 노인에게 효과적인 치료가 될 것이다.

환각과 망상의 정신적 증상 또한 알츠하이머형 치매환자에게 나타날 수 있다. 피해망상은 흔히 내담자에게 사랑하는 사람이나 돌봄자에게 의심을 갖도록 만든다. 약물학적 개입이 이런 증상을 다루는데 종종 효과적이다.

무관심, 불안, 화를 잘 냄, 그리고 적절치 못한 행동 유형들을 포함한 다른 행동장애들은 알츠하이머형 치매환자들에 대한 관리를 복잡하게 만들 수 있다.

이런 것들은 정신건강 상담·심리치료사가 도움이 될 수 있는 영역이다. 행동수정과 환경조절 그리고 사회적 지지활동의 병행이 알츠하이머형 치매환자로 하여금 그렇지 못한 경우보다 가정환경에 훨씬 더 오래 남아있도록 만들 것이다.

질병이 진전됨에 따라서 정신건강 전문가들은 돌봄자에 대한 지지에 좀 더 직접적인 관심을 기울일 필요가 있을 것이다. 돌봄자에게 휴식을 줌으로써 내담자에 대한 돌봄의 일시적인 중단뿐만 아니라, 지지 집단도 종종 매우 유용하다. 알츠하이머형 치매환자를 돌보는 데 소요되는 육체적, 정서적 부담이 상당하고 심지어 매우 건강한 돌봄자조차도 압도해버린다.

돌봄자는 자신이 내담자를 사랑하지 못했다고 느끼게 되고 그런 죄책감으로 인해 치료적 개입을 요구할 수도 있다. 배우자나 자녀들은 내담자가 사랑하는 사람을 서서히 멀리하는 것을 보게 됨에 따라서 이들을 위한 애도 상담이 필요할지도 모른다.

상담자가 직면할 수 있는 어려운 윤리적 문제 가운데 하나는 알츠하이머형 치매환자에게 발병 초기에 정확하면서도 시기적절한 정보를 제공하는 것이다. 그 시기에 우울증세가 있을 수 있고 내담자는 정신지능이 악화되어 감을 알게 될지도 모른다. 진단은 다른 상담·심리치료할 수 있는 조건들이 초기 알츠하이머처럼 동일한 증상으로 나타날 수 있기 때문에 중요한 문제이다. 만일 진단조사가 알츠하이머 가능성으로 나타난다면 내담자와 가족은 자산운용 계획과 동거 형태의 조정 등 미리 준비할 필요가 있을지도 모른다.

아주 초기 단계부터 가족 구성원들이나 의미 있는 타인들을 비밀보장 집단에 포함시키는 것이 중요하다. 왜냐하면 이 질병은 이들에게 많은 영향을 또한 줄 수 있기 때문이다. 어떤 경우에 내담자들은 자신이 사랑하는 사람을 이 질병의 발병을 앎으로써 받는 고통에서 '보호'하고 싶어할 것이다. 또는 내담자를 의사에게 데리고 가는 가족 구성원들은 그 내담자를 보호하고 싶어할 것이다. 가족과 내담자 모두가 진단 결과에 대해 알고 있는 것이 좋다. 그리고 이렇게 정보를 공유하는 것이 가장 최선의 이익이다.

6) 만성 통증

만성 통증은 보통 6개월 이상 질병이나 상해로 정상적인 상담 회기를 넘어서 지속되는 통증으로 정의된다. 그리고 기능장애와 자주 관련이 있다. 급성과 만성 통증 간의 구별은 언제나 분명하지 않다. 악성 암과 같은 일부 질병들은 여기서 논의한 유형과 꼭 맞지 않는 특별한 경우의 만성 통증을 일으킨다.

만성 통증을 겪는 내담자는 일반적으로 물리적 병리학으로 설명할 수 없는 통증의 증상과 장애를 보인다. 따라서 정신건강 전문가가 자주 치료에 관여한다. 종종 병원에 설치된 종합통증센터는 많은 내담자들로 인해 최근 몇 년간 급증했고, 이들은 체계적 건강돌봄을 위해서 상당히 많은 문제점들을 제시했다. 효과적인 치료는 심도 있게 고안된 상담·심리치료에 관하여 다양한 전문가 면허/자격증이 있는 많은 전문가들의 협력과 소통에 달려있다.

워싱턴(Washington)대학교 위버트 포디스(Willbert Fordyce) 교수와 그의 동료들은 현재 만성 통증에 대한 상담·심리치료 모델인 조작적 조건형성 모델의 개척자들로 일반적으로 잘 알려져 있다(Fordyce, Fowler & Delature, 1968; Fordyce, 1976). 상담·심리치료사가 통증의 빈도, 강도, 지속성 그리고 통증소제를 결정하려고 (언어적 행동을 포함한)내담자의 행동에 의존하는 것을 이해하기 위해, 조건(conditioning)에 의한 '통증행동'을 분석하는 것이 선행된다.

통증행동에는 고전적 조건과 조작적 조건 모두 해당된다. 학습요인, 정서상태와 상황적 환경의 상호 작용이 매우 다양한 통증행동을 유발한다는 것을 발견했다. 통증행동은 종종 외부적 조건의 조작에 의해 상담·심리치료될 수 있다. 통증행동이 상담·심리치료됨에 따라서 주관적 스트레스와 기능적 장애 역시 자주 감소된다.

만성 통증의 조작적 조건 모델에 있어 '이차적 이득'(secondary gain)은 통증행동에 대한 강화로 나타난다. 내담자나 돌봄자에 대한 비난이나 이들의 의지로 돌릴 필요가 없게 된다. 모든 사람들은 오히려 강화 효과라는 것을 단순히 깨닫게 된다.

만성 통증을 겪는 내담자를 다루는 건강돌봄 요원의 좌절은 종종 이들을 경멸하는 일이 초래하고 따라서 비록 이것이 효과적이지 않다는 것을 알고 있을지라도 이들은 약간의 개입을 통해 단지 불만을 잠재우려 노력하는 일이 발생한다. 다양한 수술의 부작용과 마약진통제 중독을 포함한 의사의 부주의로 인한 문제가 결과적으로 종종 발생한다.

만성 통증을 겪는 내담자를 치료하는 데 있어서 상담·심리치료사는 내담자와의 상호 작용에 의한 강화 효과에 대해 상당히 많이 알고 있어야 한다. 전문적인 관심은 강화인자로서 가장 강력한 것들 가운데 하나일 수 있다. 의사는 약물 상담에 있어 상담·심리치료적 조건 요인을 알아야 한다. 가족 구성원들과 의미 있는 타인들은 자연적인(있는 그대로의) 환경에서 효과적인 결과와 치료적 유익을 얻기 위해서 치료팀의 일원이 되어야 한다.

만성 통증이 생리적인 조건과 함께 발생하지만 또한 정신병리적인 것 즉, 불안, 우울, 성격장애가 자주 동시에 있게 된다. 이런 장애에 대한 일반적인 접근 방식은 성공적인 치료를 위해서 더 폭넓게 통합해서 고려해야 한다.

이런 경우에 비밀보장을 둘러싼 윤리 문제는 많은 전문가들과의 협력을 통한 종합적인 치료가 자주 필요하기에 중요하다. 여기서의 문제는 외상적 뇌손상 환자에서 논의한 것들과 유사하다.

통증 문제는 기독교 학자나 신학자들에 의해 많은 상황 속에서 논의되어 왔다. 『고통의 문제』(*The Problem of Pain*; C. S. Lewis, 1961)와 같은 익숙한 작품은 질병에 관한 내담자의 철학적, 영적 문제를 다루는데 있어서 기독교 정신건강 전문가에게 많은 유익들을 줄 것이다. 분노는 내담자나 가족에게 매우 빈번히 수반하는 정서이다. 상담·심리치료사는 구체적인 행동주의적 상담·심리치료 목적에 대한 초점을 상실하지 않고 의미 있는 문제를 논할 준비가 되어 있어야 한다.

3. 편향의 근원

원인에 대한 특별한 진단과 상담·심리치료를 위한 효과적인 접근 방식으로 정신병리에 관한 각자 자신만의 고유한 신념을 갖고 있는 많은 유형의 치료들이 있다. 그런 신념은 학문적 수련 기능을 하고 동료 전문가들의 지지를 받는 기능을 한다. 또한 특별한 유형의 상담·심리치료나 개인적 임상 경험에 관한 정보를 출간하는 기능을 한다.

스나이더와 톰슨(Snyder & Thomsen; 1988)은 편향이 상담·심리치료사와 내담자의 상호 작용을 이해하는 모델로서 실험과 확증 가설을 사용하여 정보처리적 관점에서부터 임상 상황에 이르기까지 어떻게 발달하고 작용하게 되는지에 대한 담론을 제기했다. 상담·심리치료사의 신념과 이론적 성향은 그들이 제기한 가설에 영향을 줄 뿐만 아니라 실험 가설 결과에도 영향을 미친다.

행동주의적 확증은 일반적으로 임상상황 속에서 실험 가설의 결과이다. 그 과정은 현재 널리 알려진 실험인 학교교실에서 실시된 로젠탈과 제이콥슨(Rosental & Jacobsen; 1968)의 연구와 유사하다. 학자들이 자신의 신념과 기대에 부합하는 행동적 반응을 일으키는 다양한 방법을 다룬 매우 많은 연구들이 있다(자아 충족적 예언).

진단, 인과관계 그리고 치료의 임상 기능을 살펴보자.

상담·심리치료사는 단지 한 번의 짧은 접촉으로 진단과 관련된 상담·심리치료 가설을 수립한다. 초기 진단은 내담자 자신의 현재 상태, 의뢰자로부터 받은 이전 진단이나 정보에 의해 영향을 받을 수 있다. 모든 유형의 만성 상태의 내담자들은 진단적 의견의 과거 자료와 그들이 만났던 전문가들로부터 명명된 자료들이 축적되어 있다.

상담·심리치료사는 내담자의 증상이 현재 상태를 통해 심사숙고하지 않고 단순히 이전 진단에 따라서 진행하지 않도록 안내해야 한다. 이전 기록을 포함한 모든 정보 자료들은 고려해 볼 필요가 있다. 상담·심리치료사가 습관적, 경험적으로 자주 사용하는 진단이나 또는 최근에 상담·심리치료사에 의해 사용된 진단이 하나의 성향으로 반영된다.

이런 초기 진단은 상담·심리치료사가 내담자에게 제기하는 문제에 영향을 미치고, 선택된 질문에 따라서 내담자가 제공하는 자료에 영향을 미친다. 이런 과정이 내담자가 보고한 증상에 다양한 차이가 있음을 일부 설명할 수 있다. 즉, 상담·심리치료사가 시행한 면담(interview)에 따라 달라질 수 있다.

유사한 경향으로 가설 실험, 확증, 정도, 그리고 장애의 원인에 대한 결정에 있어 편향이 있음을 밝히기도 한다. 그리고 치료 과정과 결과에 대한 선택과 활용, 평가에 있어서도 편향이 있음도 알 수 있다.

편향 문제는 귀인 이론의 구조 내에서도 또한 개념화될 수 있다(Jordan, Harvey & Weary, 1988). 귀인은 사람, 사건, 행동, 그리고 원인관계에 대한 추론이다. 정신건강 종사자들에 의해 만들어진 환자나 내담자에 관한 추론은 다양한 관점, 이론적 관점 또는 내담자의 행동 측면에 의해 편향될 수 있다(행위자: 관찰자). 편향은 또한 상담·심리치료사의 필요나 소망에 근거할 수 있다. 예를 들어, 치료의 실패는 저항이나 이차적 이득, 성격 결함으로 돌릴 수 있다. 반면, 성공은 상담·심리치료사의 적극적인 영향이나 효과적인 개입으로 돌릴 수 있다.

만성 상태의 내담자를 위해서 특별히 중요한 것들 가운데 하나가 자신의 곤경에 대한 내담자의 책임성 문제이다. 요단(Jordan et al., 1988) 등은 상담·심리치료사가 기꺼이 도움을 주고자 하는 의지는 내담자가 생활사건에 대한 '통제력'(controllability)을 얼마나 자각하느냐에 의해 영향을 받는다고 발표한 연구를 인용한다.

다른 연구에서도 자신과 더 많이 유사하다고 내담자를 인식한 상담·심리치료사는 내적 요인보다 오히려 외적 요인인 내담자의 부정적인 삶의 사건으로 귀인시키는 경향이 더 많았다고 밝혔다.

와이너(Weiner, 1993)도 책임성 요인에 대한 통제력 귀인과의 관계성에 대해 살펴보았다. 자신의 행위 때문에 갖는 사고(thoughts)로 질환을 겪는 사람은 분노로 다루어지고 도움을 받지 못할 가능성이 더 많다. 반면, '죄가 없는 희생자'로 여겨지는 사람들은 공감과 도움이 되는 행위로 상담·심리치료를 받는다. 이런 귀인은 정신건강 분야에서 그렇게 특별한 것이 아니고 모든 면의 인간경험에 흔히 있는 일이다. 정신건강 전문가를 만나는 많은 내담자들은 그들의 상태에 대한 진단과 연관하여 각인된다.

와이너는 알츠하이머, 심장질환, 후천성면역결핍증(AIDS), 약물중독과 같이 많은 진단들과 관련된 귀인 연구들을 기술하고 있다. 그에 의하면 각인된 사람은 일반적으로 통제할 수 없는 육체적 문제에 대해서는 책임이 없었고, 반면, 개인이 책임감을 갖고 있었던 각인들은 주로 행동적, 정신적 문제들이었다는 결론을 내렸다. 그리고 이것은 일반적으로 통제 가능한 것으로 여겨졌다(Weiner, 1993, p. 960). 인과관계와 관련된 정보의 감소 및 부재로 어떤 조건은 개인의 책임과 관련된 귀인들을 환기시켜준다.

어떤 만성 상태의 문제는 통제 불가능한 것처럼 보일 가능성이 더 많다. 그리고 고통받는 사람은 그 어려움에 대해 책임이 없는 것으로 보일 가능성이 더 많다. 알츠하이머형 치매는 이런 것들 가운데 하나이다. 알츠하이머형 환자는 이 질병의 원인이 밝혀지지 않았을지라도 내담자에게 책임이 있는 것으로 볼 것 같지 않다. 다시 말하면, 개인의 책임감에 대한 귀인이 만들어지고 있을지도 모른다는 것이다. 구체적인 원인에 대한 정보의 부재로 만성적 우울증이 있는 사람은 그 상태에 대한 책임이 있는 것으로 볼 수 있다.

정보가 신경내분비의 불균형 상태와 연관될 가능성이 있다면 내담자를 희생자로 볼 가능성이 더 많다. 외상적 뇌손상에 대한 반응에서는 손상적 환경에 대해 물어보는 것이 자연스러운 흐름이다.

총기난사 사건, 전쟁피해, 범죄조직 관련 총격전, 내담자인 경찰로부터 받은 상처가 중지되도록 어떤 조치가 있었는가?

우리는 내담자에게 책임이 있는 것으로 보고, 그 고통받는 사람들이 당연히 고통을 겪어야 한다고 보는가?

우리가 만성적인 고통을 겪는 내담자를 관찰할 때, 내담자가 아무도 지켜보지 않을 때는 상당히 편안함을 보이지만 가족들 앞에서 통증을 유발하는 행동을 더하고 있다고 보지는 않는가?

우리는 그 내담자에게 개인적 책임을 돌리고 있지는 않는가?

기독교 상담자는 모든 편향의 근원을 알아야 한다. 그리고 객관성을 유지하려 노력해야 한다. 상담·심리치료사가 객관적인 방식으로 고려할 수 없는 조건들이 있다면 그 내담자에 관한 대부분의 윤리적 행위 과정을 일부 다른 전문가들에게 의뢰하는 것이 좋을 것이다.

4. 윤리적 문제와 만성 상태의 내담자

1) 상담을 위한 과학적, 전문적인 토대

상담을 위한 과학적, 전문적인 토대는 특히 정신건강전문 종사자와 관계가 있다. 모든 지각있는 정신건강기관은 비슷한 윤리 규정이 있고 그 각각은 지식의 집합체이며 일부는 과학에서 파생했고 일부는 그 전문가의 합의에 의해 나왔다.

이 장의 앞에서 이미 언급했듯이, 우리는 심리학의 전문성이 어떻게 과학적, 전문적으로 유래된 지식에 의존하는지에 대해 논의했다. 『상담·심리치료의 수치』(The Scandal of Psychotherapy)라고 하는 생각을 격동시키는 책에서 맥레모어(McLemore; 1982)는 다음과 같이 기술한다.

> 기독교 신앙이 현재적 의미에서 단어로 사용하기에 과학적이지 않다는 것은 분명하지만 상담·심리치료사가 믿고 있는 많은 것들도 덜 분명하고 마찬가지로 과학적이지 않다.

그는 더 나아가 다음과 같이 주장한다.

> 정신의학자, 심리학자, 정신병리적 사회복지사 또는 결혼상담자도 삶의 의미와 우주의 성질이나 무엇이 윤리적으로 선한지에 대해서 의견을 내놓을 특별한 자격이 없다(p. 48).

기독교 정신건강 전문가들에게는 자신의 역할에 대해 심도 있게 설명해야 할 책임이 있다. 그리고 전문가 단체는 그 역할의 한계에 대해서도 설명해야 할 책임이 있다. 기독교인으로서 자신의 심리적 사고와 신앙의 통합은 바람직하지만 신앙이나 전문지식 또한 다른 것들에 의해서 퇴색해서는 안 된다.

이 장의 앞 부분에서 이미 논의했듯이, 다양한 만성 상태의 문제는 정신건강 전문가가 지식과 정보를 얻을 필요성을 갖도록 하기 위한 의도가 있었다. 일반적인 상담·심리치료 모델은 특별한 만성 상태에 적용가능할 수도 없을 수도 있다. 그리고 최근 일부의 경우에는 이전의 세운 가정이 잘못된 것임을 보여주고 있다.

예를 들어, 조현병의 병인론에 있어 부모의 역할에 관한 이전의 이론들은 장애에 대한 생리학적 근거가 연구를 통해 밝혀짐으로써 사실이 아닌 것으로 밝혀졌다. 현재 틀렸음이 입증된 이론에 관한 지속적인 전문가의 연구는 피고인이 된 부모에게 불필요한 고통만을 가하고 있고 전문가를 위한 윤리적 기준을 만족시키지 못하고 있다.

2) 능력

자신의 전문성의 한계와 능력 부분에 있어서 상담·심리치료사 한계를 깨닫도록 하는 것이 모든 전문가에게 주어진 임무이다. 기독교 상담을 위한 일부 접근 방식들은 정신건강 실습 영역에 관한 능력의 필요성을 최소화하고 진단적 범주를 넘어선 영적 원칙을 강조했다.

지식의 부족으로 상담·심리치료사는 내담자에게 유해한 방식으로 활동할지도 모른다. 경계선적 성격장애에 적절한 상담·심리치료방법은 알츠하이머 환자에게는 부적절할 수 있다. 정서 불안정성에 관한 오해나 외상적 뇌손상이 있는 내담자의 탈억제는 실패할 것이 확실한 변화를 기대할지도 모른다.

3) 진실성

진실성을 유지하기 위해서 기독교 정신건강 전문가들은 자신의 신념, 가치, 필요성, 한계가 자신의 일에 미칠 영향을 알고 있어야 한다. 편향의 근원에 관한 논의에 있어, 질환의 원인에 대한 귀인의 중요성은 살펴보았다. 원인이 되는 속성에 근거를 둔, 더 나아가 귀인은 질환의 통제성에 관련된 것이다.

내담자가 자신의 질환에 대해 개인적인 책임으로 보든 보지 않던 간에 이것은 종종 통제할 수 있는 것인지의 여부에 달려있다. 많은 연구들은 질환에 대해 책임이 있는 것으로 인식하는 내담자와 명백한 희생자로 보는 내담자에 대한 정신돌봄 연구자의 반응에 차이가 있음을 보여주었다.

신학적인 신념은 개인의 책임에 대한 기독교 정신건강 전문가의 관점에 영향을 줄 것이다. 그러나 기독교 정신건강 전문가들은 모든 것을 비신자와 같이 인간적 실패로 대한다. 맥레모어(McLemor, 1982)는 자신의 연구에서 다음과 같이 주장한다.

> 우리는 모두 불완전한 죄인이라고 하는 교리적 주장이 신자로 하여금 자신의 심리적 외상이나 고통을 숨기는 일을 그만두게 하지 못하고, 이런 불완전성이 도덕적 실패를 들어내는 두려움을 멈추지 못하게 한다. 따라서 사회적 비난을 초래한다고 했다(p. 36-37).

4) 비밀보장

신앙에 관계없이 모든 정신건강 전문가들은 비밀보장과 만성 상태의 내담자에 관한 동일한 문제에 직면한다. 모든 것은 분명한 비밀보장의 경계가 있어야 하고 그런 경계가 내담자를 효과적으로 치료하기 위해서 계획이 변경되어야 할 때에는 조심해서 알려주어야 한다. 사회복귀 서비스나 고통 상담과 같은 종합적인 상담·심리치료는 상담·심리치료 계획을 실행하는 데 있어서 전문가와 협력자 간의 의사소통이 요구된다. 정보의 공유는 항상 목적을 갖고 조심스럽게 이루어져야 한다. 그리고 상담·심리치료에 적합한 정보만이 공유되어야 한다.

경우에 따라서 정신건강 전문가들은 내담자에게서 매우 개인적인 정보를 얻을 수 있고 상담·심리치료 과정을 오래 지속하지 못하고 나머지 과정을 치료팀에게 위임할 수 있다. 그런 정보도 비밀이 유지되어야 한다.

5. 만성 상태의 내담자에 관한 기독교 관점

만성 상태의 내담자는 수년에 걸쳐 자주 전문적인 개입을 요구하고 있다. 적절한 전문가와의 관계가 내담자와 내담자 가족 모두에게 의미 있는 서비스를 제공할 수 있다. 그리고 사랑하는 사람은 평생 동안 영향을 줄 수 있다. 반면, 전문가적 입장에서 볼 때, 끊임없는 헌신과 인내 실천을 요구하고, 만성 상태의 내담자와 함께 작업하는 것은 분명한 방법으로 하나님의 사랑을 전달할 수 있는 독특한 기회를 제공한다.

만성 상태의 내담자에 대해서 상담·심리치료를 한다는 것은 세 가지 폭넓은 목적을 다룬다. 그것은 기능 회복, 환경 조절, 현상 유지이다.

(1) 이미 갖고 있던 능력을 재교육하거나 강화시키고 결함부분을 피할 대처기제와 보상기제를 가르침으로써 내담자의 기능적 능력을 향상시키는 것이다.
(2) 내담자의 자연스러운(natural) 환경 조절로 내담자가 보유하거나 재교육 받은 능력과 보상전략 및 환경에 대한 요구 간의 '조화'(fit)를 최대화시킴으로써 지원하는 것이다.
(3) 소외당하지 않고 신체장애로 인해 부적응하지 않도록 지지, 위로, 격려를 제공하는 것이다.

내담자의 기능적 능력을 향상시키기 위한 직접적인 개입은 통찰지향적 상담·심리치료, 행동수정, 약물관리, 사회적 기술훈련, 인지적 회복과 교육 같은 다양한 활동이 포함될 것이다.

내담자의 환경 조절에 있어 상담·심리치료사의 역할은 또한 다양한 기능을 아우르고 있다. 가족 구성원들과 의미 있는 타인들은 아마 다루어야 할 가장 중요한 환경적 상황들이다. 이런 돌봄자에 대한 교육은 필수적이다. 이들은 내담자의 강점과 한계점에 대해 분명하게 이해하고 있어야 한다. 그리고 어떻게 내담자를 최선을 다해 지원할 수 있는지에 대해서도 분명히 이해하고 있어야 한다.

이들은 또한 새로운 역할과 기대하는 것이 무엇인지 배워야 한다. 직업 상담은 직장에서 내담자를 위해서 상담·심리치료사의 개입이 또한 있어야 하고 심지어 확대되어야 할지도 모른다. 지역 사회기관과의 접점 또한 상담·심리치료사 역할의 일부이다. 상담·심리치료사는 사회 프로그램과 관련하여 정보의 중요한 출처일지도 모른다. 그리고 상담·심리치료사에게서 나온 보고가 어떤 사회적 자원으로 그 내담자를 적임자로 세우는데 종종 중요한 역할을 한다.

만성 상태의 내담자와 상담·심리치료사는 대부분의 전통적인 정신건강 상담·심리치료 관계와 달리 장기간, 어쩌면 평생 동안의 전문적인 관계를 수립해야 할지도 모른다. 이것은 수십 년에 걸쳐서 가족처럼 된 의사와 같이 내담자와의 관계도 이와 비슷하다. 상담·심리치료사의 지원은 성공적인 유지관리를 위해서 중요할 수 있다.

많은 경우, 상담·심리치료사는 이런 목표를 달성하기 위해서 내담자의 가족 구성원들이나 의미 있는 타인들과 적극적으로 관계를 맺는 것이 필요할 것이다. 심지어 가장 좋은 의미를 부여하고 높은 동기부여를 제공받은 의미 있는 타인들의 노력조차도 역효과를 낳을 수 있고 장애를 가중시킬 수 있다.

특히 만성불능 질환 초기 단계에서 상담·심리치료사는 내담자가 가능한 독립적으로 기능하도록 격려하기 위해서 적절한 수준의 돌봄을 제공하는 데 있어서 가족 구성원들의 지도와 돌봄 모델을 제공받을 필요가 있다. 사랑하는 사람이 돌봄자에 의해 매우 쉽게 이행될 수 있는 일을 힘겹게 수행하는 것을 지켜보는 것은 어려운 일이다. 그러나 이것은 내담자의 자아 존중감과 적절한 독립심을 강화하기 위해서 치루어야 할 힘겨운 싸움이고 또한 성취감이다.

6. 결론

만성적이고 장애를 초래하는 질환의 고통은 내담자의 고통만으로 끝나는 것이 아니라 가족구성원들과 의미 있는 타인들에게도 또한 고통을 준다는 것이다. 모든 것 가운데 가장 큰 어려움은 고통의 무의미일 것이다. 내담자와 가족구성원 모두에게 의미를 찾도록 도와주는 상담·심리치료사의 역할은 고통을 좀 더 '견딜 수' 있도록 해 줄 것이고 부가하여 깊은 우울의 고통을 막도록 해 줄 것이다.

슬픔과 상실에 대한 현대 모델은 내담자에 의해 경험하게 될 적응에 대한 단계나 수준을 기술하고 있다. 만성 상태의 내담자에게 있어 기능상실에 대한 적응과 현재 그 의미는 엘리자베스 퀴블러로스(Elizabeth Kubler-Ross; 1962)가 기술한 죽음과 죽어가는 것의 단계와 유사할지도 모른다.

적응 국면은 부인(denial), 분노(anger), 타협(bargaining), 우울(depression) 그리고 수용(acception)으로 되어 있다. 평생 영원한 상실에 직면하기 때문에 만성 상태의 내담자는 죽어가는 내담자의 상실과 유사한 적응 과정을 갖는다. 모델에 대한 이해를 돕기 위해 다시 설명하면 내담자와 가족 구성원 모두는 절망보다 오히려 의미 있는 고통 경험 쪽으로 좀 더 기울 수 있을 것이다.

수용 단계로의 이동은 분명한 현실 직시, 자신의 유한한 한계 인정, 다른 사람을 위한 동정심 그리고 필요한 독립과 분리의 균형을 포함한 관계를 요구한다. 만일 고통의 경험이 동정, 진정한 겸손 그리고 관계와 삶에 대한 깊은 감사를 불러일으킨다면 고통은 무의미하거나 쓸모없는 것이 아니다.

■ 참고문헌

American Psychiatric Association. (2000). *Diagnostic and statistical manual of mental disorders* (4th ed., Text Revision). Washington, DC: American Psychiatric Association.

American Psychological Association. (2002). Ethical principles of psychologists and code of conduct. *American Psychologist, 57,* 1060-1073. Also available (with 2010 amendments) from www.apa.org/ethics/code/index.aspx.

Fordyce, W. E. (1976). *Behavioral methods for chronic pain and illness.* St. Louis, MO: Mosby.

Fordyce, W. E., Fowler, R. S., & Delateur, B. J. (1968). An application of behavior modification technique to a problem of chronic pain. *Behavior Research and Therapy, 6,* 105-7.

Jordan, J. S., Harvey, J. H., & Weary, G. (1988). Attributional biases in clinical decision making. In D. C. Turk & P. Salovey (Eds.), *Reasoning, inference and judgment in clinical psychology* (pp. 90-106). New York: Macmillan.

Kubler-Ross, E. (1969). *On death and dying.* New York: Macmillan.

Lewis, C. S. (1961). *The problem of pain.* London: Collins.

McLemore, C. W. (1982). *The scandal of psychotherapy*. Wheaton, IL: Tyndale House.

Rosenthal, R., & Jacobsen, L. (1968). *Pygmalion in the classroom*. New York: Holt, Rinehart & Winston.

Sadock, B. J., Kaplan, H. I., & Sadock, V. A. (2007). *Synopsis of modern psychiatry* (10th ed.). Philadelphia: Lippencott, Williams & Wilkins.

Snider, M., & Thomsen, C. (1988). Interactions between therapists and clients: Hypothesis testing and behavioral confirmation. In D. C. Turk & P. Salovey (Eds.), *Reasoning, inference and judgment in clinical psychology* (pp. 124-52). New York: Macmillan.

Tellier, A., Adams, K. M., Walker, E. A., & Rourke, B. P. (1990). Long-term effects of severe penetration head injury on psychosocial adjustment. *Journal of Consulting and Clinical Psychology, 58*, 531-37.

Weiner, B. (1993). On sin versus sickness. *American Psychologist, 48*, 957-65.

제12장

문화적으로 민감한 임상 활동의 윤리적 관심

샐리 캐닝(Sally S. Canning)
아이리나 S. 아루트(Iryna S. Arute)
안드레아 M. 리브라도(Andrea M. Librado)
안타 F. 유(Anta F. Yu)

　내(Sally S. Canning) 주변에 있는 아프리카계 미국 어머니들은 조용하지만 사려 깊고 생기 있게 말을 했다. 이들은 주로 취학 전 아동발달에 관한 연수회(workshop)의 내용을 담은 수련을 잘 받은 정신건강 전문가의 테이프를 보았다. 그 주제에는 공공 장소에서 떼쓰기에 직면한 부모를 위한 전략들이 포함되어 있다.
　그 때 당시 백인계 대학원생으로 결혼을 하지 않고 자식이 없었던 나에게는 주로 아프리카계 미국학교가 연구의 주 대상이었으며, 또한 나는 도시의 저소득 부모와 대화를 나누었다. 나는 어떤 부류의 부모교육이 이런 상황 속에서 부모에 관하여 가장 잘 참여시키고 의사소통을 잘 할 것 같은지를 알고 싶었다(Canning & Fantuzzo, 2000). 그 지역 출신의 아프리카계 미국인 연구 동역자와 나는 어머니들에게 자신들이 참여했던 연수회에 대한 솔직한 의견을 말해 줄 것을 요청했다. 일부 대답은 다음과 같다.

① 나는 인종차별주의자라고 생각하지는 않지만 그녀는 백인의 우월성을 드러내는 것처럼 보였다.
② 그녀는 왜 아이가 떼를 쓰는지 이해하지 못한다.

③ 나는 그녀가 정말 부모라고 생각하지 않는다.
④ 그녀는 정말 거기 있고 싶어 하는 것처럼 보이지 않았고, 그 곳에 있기 위해서 돈을 받는 것처럼 보였다.
⑤ 그녀가 추천하는 것은 [부모 양육에 관한] 빌 코스비(Bill Cosby)의 방법이다.

그런 대화 속에서 그리고 이와 비슷한 다른 대화 속에서, 전문적으로 계획되고 실시된 치료적 개입에 대한 내용과 형식에 대한 문화적 비평으로 넘쳐났다.

(1) 부모는 발표자의 진정성과 순수한 관심 그리고 타당성을 확신할 수 없었다. 대화적이고 서로 소통하는 방식과 차이를 보인 그녀의 절차에 따른 형식적인 진행(이것은 전문가들에게는 매우 일반적인 것일지라도)은 그들에게 신뢰를 주지 못했다. 따라서 그녀가 진행한 교육을 부모는 잘 수용하지 못했다.
(2) 연수회는 부모의 문화적 충돌성만 강화시켰다. 연수회에서 떼쓰는 문제를 다루기 위해서 지도자가 추천해 줄 때, 부모들의 반응을 보면 부모들은 우선 '자신의 아이들'은 테이프에서 제시한 것처럼 공공연하게 성질을 부리지 않는다고 했다. 즉, '자신의 아이들'은 그런 행동을 용납할 수 없는 것으로 배워왔다.
(3) 이 부모들은 존경을 표하면서도 확고하게 전문가가 제시한 전략인 "자녀의 생각을 무시하고 진정시키기 위해서 당신의 자녀를 조용한 장소로 데리고 가라"라는 것에 문제를 삼았다.
반면, 이들 부모들은 자신의 아이를 존중하는 것을 매우 높이 평가하고 있었고 이것이 효율적이고 안정적이라고 확신했다. 또한 이것이 자녀양육에 있어 더 확실한 전략이라고 생각했다.

부모들은 인종 간의 용어를 바라보는 관점의 차이에 대해 말하기 시작했다. 부모들이 '흑인'과 '백인'의 자녀 양육에 대한 인식을 솔직하게 표현하기 시작할 때 유머가 표면적으로 나오기 시작했다. 한 부모는 시장에서 있었던 일을 이야기했다. 한 백인 엄마가 혼자서 하나가 아닌 두 개의 쇼핑카트를 밀고 있었고 반면, 그녀의 아들은 전혀 도와주지도 않았고 그 옆에서 즐거운 듯이 느긋하게 걷고 있었다. 심지어 엄마가 도와달라고 요청했을지라도 말이다.

말하는 사람이 그 상황을 어떻게 해결해야 할지 방법을 추천해 달라고 하면서 이야기를 마칠 때 그곳에 있던 모든 사람이 웃음을 터뜨렸다. 메시지는 분명했다. 이 엄마는 존중하여 명령하지 않았다. 그들은 그 아들의 무례와 나태에 대한 책임성에 대해 어떤 평가도 하지 않았다.

내가 이 부모들로부터 받은 교훈은 교차 수업(cross-class)과 교차 인종 상황(cross- ethnic contexts) 속에서 활동하는 심리학자로서의 나의 정체성과 접근 방식을 극적으로 형성시켜 주었다. 수년에 걸쳐서 그들과 함께 한 이런 많은 경험들이 이 장에서 적절히 소개될 것이다. 이렇게 형성된 윤리학과 다양성에 대한 몇 가지 단순한 신념을 소개하고자 한다.

첫째, 전문가를 돕는 데 있어서 우리 모두를 위한 필수적인 진리가 있다. 그것은 문화가 영향을 준다는 것이다.

이 경우, 문화는 부모가 자신의 역할을 마음속에 그리고 실천하는 방법을 세우는 데 있어서 강력한 영향을 주었고, 부모와 전문가 간의 관점의 충돌과 신뢰관계(rapport)에 강력한 영향을 미쳤다. 그러나 임상 환경, 심리적 현상, 기능 영역, 문제 제시나 전문가 활동에 상관없이 문화는 우리가 누구와 임상을 하던 어디서 하던 간에 상담실에서 우리와 함께 있을 것이다.

둘째, 두 번째 교훈은 첫 번째 교훈에 이어서 발생하는 거의 상반된 모순인 것 같다. 즉, 문화는 뭔가 놓칠 수 있는 것이 있다는 것이다.

아마 누구나, 모든 상황이나 모든 면에서는 아니지만 나는 이들 부모들과의 상호 작용 속에서 문화의 중요한 측면을 놓칠 위험성이 분명히 있었다. 교육의 특권과 중산층의 다양한 기회를 갖고 있는 한 사람으로서, 그리고 내 민족성에 관한한 주류 문화의 한 구성원으로서, 나는 교차 수업과 교차 문화에 제한된 경험을 갖고 있었다. 그리고 이런 부모들이 경험했고 가치 있게 생각했던 것에 대한 나의 이해는 심각할 정도로 떨어졌다.

이들 부모들과 이들과 같은 많은 다른 부모들이 내가 실시했던 연수회에서 예의를 갖추고 앉아있는 모습을 보였던 것이 내게는 손해가 되지 않았지만 그렇다고 항상 유익했던 것은 아니다. 때때로 이들은 정보에 동의하여 고개를 끄떡이고 종종 정중히 참여하기도 했다. 부모들이 우리에게 정직하게 구체적인 반응(feedback)을 제시할 상황을 생각하지 않았기 때문에 우리는 이들이 실제로 받은 인상에 대해서 전혀 알지 못했고 또한 우리의 개입 속에서 우리가 중요한 것을 놓치는 것이 얼마나 심각한 것인지 배우지 못했다.

셋째, 문화는 복잡하다는 것이다.

만일 당신이 그 대본을 읽으면서 연수회를 이끌었던 사람의 얼굴이 창백해질 것이라고 상상했다면 오산이다. 그녀는 아프리카계 미국인이었다. 인종상의 유사점이 있음에도 불구하고, 참가자들은 그녀가 제안한 방식을 따르는 것을 거부했고 인종 간의 용어에서도 마찬가지였다. 그들은 피부색이나 '인종'보다도 훨씬 더 풍부한 것으로 분명히 반응했다.

일반지역이나 특정 현지지역과 심지어 학교의 가치와 전통에 따른 사회-경제적 지위, 종교적/영적 영향의 결합된 결과가 이런 상호 작용 속에서 발생되고 있었다. 정체성에 대한 단일한 측면으로는 이들의 반응을 적절히 설명할 수 없다. 또한 우리는 우리와 함께 했던 사람들에 대해 잘 알게 되었다고 스스로 만족할 수 없고, 한 가지 차원에 대해 능숙하다고 만족할 수 없다.

넷째, 교차 문화는 우리를 변화시킨다는 것이다.

자녀들을 교육할 때, 이 지역 사회에서 내가 보아왔던 양육 형태는 내가 익히 알고 있는 것보다 분명히 더 엄격하게 보였다. 나는 아동과 함께 작업하기 위해서 심리 수련에 들어갔고 이들을 위해서 매우 사랑스러운 친밀감을 갖고 있었다. 그리고 나는 이따금 거친 음성이나 모욕적인 방법에 흠칫 놀라기도 했다. 전문적인 상황 속에서 부모 양육에 대해 내가 배운 많은 것들 속에는 어떤 종류의 육체적 징벌(훈육)도 인정할 수 없다는 것이었다.

그러나 이 지역 사회에 내가 더 많이 노출되면서, 부모들이 바로 직면하는 문제를 직접적으로 보았고 이 지역 사회에서 부모 양육의 미묘함(nuances)과 풍성함을 더 친근하게 보았다. 내가 보았던 것에 대한 나의 판단이 변하기 시작했다. 다시 말하면, 나의 수련에 대해 책망하는 것으로 시작하여 거기서부터 작업하기보다 오히려 두 가지 종류의 지식이(문화내 자신과 부모들의 문화와 수련)모두 나의 관점에 새로운 정보를 주었다.

다섯째, 문화는 결과를 갖고 있다.

이 부모들은 평소 자신들이 백인들에 의해서 어떻게 보이고 있는지에 대해서 너무 잘 알고 있었다. 그리고 특히 전문가들이 이들의 부모 양육을 미흡한 것으로 보고 있다는 것도 잘 알고 있었다. 여전히 이들은 자신의 능력을 신뢰하고 있었고 다른 정책을 취해야 하는 이유에 대해서도 분명했다. 이들 지역 사회에 대한 냉혹한 경제적, 사회적 현실이 부모들로 하여금 자녀들이 갖추기 원하는 그런 종류의 성격 특성을 갖도록 관점을 형성시켰다.

반대로, 이것은 그들이 어떻게 양육해야 하는지를 알게 했다. 선호하는 것이나 전통을 초월하여 이렇게 범죄율이 높은 지역 사회에서 부모들은 심지어 생과 사의 문제일 정도로 위험성이 높다는 것을 알고 있었다. 즉, 아동은 자신이 잘 자랄 수 있기 위하여 살아남아야 한다(Stevenson, Davis & Abdul-Kabir, 2001).

본서의 기여가 우리와 함께 자신의 삶을 공유한 많은 개인과 가족들에게 영광이 되기를 소망한다. 그리고 상담·심리치료를 하는 데 있어서 문화적 고려 사항의 중요성을 강조함으로써 본서를 읽는 독자들에게 기여하기를 소망한다. 전문가를 돕는 데 있어서 윤리와 문화의 상호 작용은 매우 중요한 주제이다. 이 장에서 우리는 문화적으로 민감한 임상 활동을 정의하고 문화와 임상이 만날 때 제기되는 다음의 질문에 대해 논의할 것이다.

① 문화적으로 민감한 임상 활동에 대한 근거에 대해 성경적으로 우리는 어떻게 생각할 것인가?
② 전문가로서 우리는 문화와 관련하여 어떤 윤리적 의무에 직면하게 되는가?
③ 문화적으로 민감한 평가에 대해 어떤 고려 사항이 중요한가?
④ 어떻게 종교적/영적 문제를 이해시키고 또 다른 측면의 문화로서 관여할 것인가?

1. 문화적으로 민감한 임상활동

이 장에서 우리는 다양한 내담자 상담·심리치료, 교차 문화적 또는 다문화적 상담·심리치료 그리고 문화 중심적 또는 문화적으로 유능한 임상활동을 포함한 우리의 주제와 관련된 상당히 폭넓은 개념을 도출했다. 우리는 이런 상호관계적 문화를 아우를 수 있는 정보를 제시하기 위해서 통일된 개념으로서 '문화적으로 민감한 임상활동'(culturally sensitive practice: CSP)이라는 용어를 선택했다.

일선 상담 실무자들을 위해서 '문화'란 주제로 연구된 초기 대다수의 논문과 책은 인종/민족적 측면에서 내담자의 정체성에 대해 주로 집중되어 있었다. 또는 상담·심리치료사와 내담자 간의 인종/민족적 차이에 대해 집중적으로 다루었다. 요즘 전문가들은 문화를 기술하기 위해서 인종/민족적 정체성에 엄청난 관심을 모으는 것으로 변하고 있다. 그리고 나이, 성, 사회적 계급, 성적 지향성, 종교/영성, 능력 여부 그리고 때로는 민족성과 지역과 같이 의미상 훨씬 폭넓은 범위의 인간 차원을 포함하고 있다(Vontress, 2009).

또한 문화에 대한 우리의 이해는 점차 다문화주의가 되어가고 있다. 임상활동에 있어 문화적인 고려는 어떤 하나의 다양한 측면의 문화적 요인과 다양한 문화적 요인에 관심을 보일 것을 요구한다. 그리고 개인과 가족 그리고 체제 안에서 정체성의 상호 작용을 고려할 것을 요구한다. 상담·심리치료사가 할 일은 자신이 "다양한 문화적 차원의 세상을 동시에 경험하게 된다"라는 것을 이해하는 것이다(Burnhill et al., 2009, 246).

'능력'보다 오히려 '민감성'을 선택하는 것이 능력 개발의 중요성을 묵살하는 것을 의미하지는 않는다. 오히려 민감성은 선도자로서 뿐만 아니라 능력 이상의 더 넓은 개념이 있는 것 같다.

상담·심리치료사는 우선 문화가 임상상황에 작용하는 것과 그 상황의 중요한 특성으로 가치가 있다는 사실에 민감해야 하고 깨달아야 한다. 그렇게 할 때만이 상담·심리치료사는 이와 같은 지식을 적용할 수 있고 임상활동 능력을 구성하고 조성하는 기술을 적용할 수 있다. 더 나아가 민감성의 개념은 결과보다 과정에 의미를 더 부각시킬지 모른다.

반면, 문화적 '능력'은 완성품을 연상시킨다. 우리는 민족적, 문화적으로 민감한 임상활동이 우리가 임상 활동을 하는 한 점검활동과 양질의 개발을 요구하고, 의무의 역동성과 요구사항 그리고 복잡성이 있음을 확실히 전달되기를 소망한다.

우리가 상담·심리치료라는 단어보다 오히려 임상활동이라는 단어를 선택한 것은 신뢰관계 형성, 사례 형식, 심리평가, 개입, 수련감독 및 상담자문이든 간에 우리 작업의 모든 측면에서 문화적 민감성이 필요한 하나의 지식이기 때문이다.

이 장에서 우리가 강조하는 것은 내담자와 내담자의 상호 작용에 관한 것이지만 우리는 다른 종류의 전문적인 상호 작용과 관계에 대해서도 유념할 것을 당부한다. 그리고 이런 전문적인 상호 작용과 관계는 다른 교차적 역할(피수련 상담자와 수련감독 상담사), 전문직(목회자와 심리학자), 학문 영역(정신의학자와 사회복지사)을 말한다(Fields, 2010).

2. 문화, 다양성과 성경 이야기

전문적인 측면 및 대중적 측면에서 문화적 다양성과 임상 능력에 대한 요구로 이런 민감성에 대한 근거가 명쾌하게 제시되었는지에 대해서는 의견이 분분하다. 문화와 다양성 수용에 대해 민감할 것을 근본적으로 많이 요구하는 기본 전제는 인간 본성에 대해 인본주의적이고 탈현대주의적 사상으로 거슬러 올라갈 수 있다. 이는 엘리엇(Elliot, 2003)이 강조한 "도덕적 이상으로서의 확실성 즉, 우리 각자는 자신만의 독특한 삶의 방식이 있고 우리는 다른 누군가의 방식으로 살기보다 오히려 자기 자신의 방식으로 살기를 요구받고 있다는 생각" (p. 29)이라 할 수 있다. 다양성에 관한 폭넓은 대화 속에 함축된 상대주의는 차이와 다양성이 흔히 본질적으로 그리고 한결같이 선하다고 하는 가정과 부합한다거나 또는 이런 차이와 다양성은 최소한 개인이나 집단 밖에서 다른 사람에 대한 판단을 막아준다는 것이다.

문화적으로 민감한 임상활동에 헌신하여 전문적으로 돕는 일을 하는 기독교인이 상당히 다양하고 폭넓은 대화에서 이런 근본적인 가치와 가정들과 세계관을 포용할 필요가 있는가?

한 마디로 말해, '아니다'이다.

기독교인은 다중 관계와 상황 속에서 민감성과 능력을 위해서 열심을 포기하지 않는 한 이런 대화에 있어 근본적인 구조의 일부 또는 모두가 다를지도 모른다. 사실, 우리의 신앙 전통은 윤리적 의사결정과 임상활동을 세우기 위해 신앙 전통에 보다 확실한 토대를 둘 뿐만 아니라 이런 헌신을 위해서 설득력 있는 틀을 어떻게 제공할 수 있는지 제시하기를 소망한다.

성경 이야기에 대한 고찰은 인간 본성에 대한 사고를 위한 하나의 틀을 제공한다. 그것은 또한 우리에게 신앙적 시각을 통해 다양성에 대해 생각하는 방법을 제공할 수 있다. 기독교 이야기에는 최소한 중요한 네 단계로 전개된 극적인 곡선이 있다. 즉, 창조, 타락, 구속 그리고 부활이다. 다양성에 대한 이야기를 위해서 기독교 신앙을 축소하지 않고도 우리는 신앙에 근거하여 일부를 관찰할 수 있을 것이다.

인간에 대한 기독교적 이해는 창조자인 하나님과 함께 시작되고 하나님에 의해 창조된 인간과 함께 시작될 것이다. 신학자들은 하나님 형상의 구성에 대해 단지 다르게 생각할지 모르지만 우리는 우리의 정체성의 한 측면이라는 것에 동의할 것이다.

인간 본성에 대한 이런 특성은 창조로 형성되었다. 즉, 우리는 하나님에 의해 창조되었고 선하게 창조되었다. 그리고 우리는 하나님과 관련이 있고 인간 상호 관계를 맺으며 기타 피조물과 관련을 맺고 있다. 그리고 어떻게든 우리는 창조주의 형상을 갖고 있다.

하나님의 형상을 인간 개인의 형상을 초월하여 이해할 수 있는 한 가지 방법은 신자들의 공동체(community of believers: 교회)가 개인이 할 수 없는 방식으로 하나님을 형상화할 수 있는 방법을 알려준다는 점이다. 우리 형상의 이런 측면은 하나님의 특성인 삼위일체 특성과 관련이 있다.

인간 창조의 본성에 대한 또 한가지 측면은 하나님이 만든 모든 것과 함께 우리가 선한 존재로 여겨져 왔다는 것이다.

에덴동산에서 아담은 비록 서로 완전히 다르지만 하나님과 이브 그리고 다른 피조물과의 연합(communion)을 즐겼다. 스미스와 카힐(Smith & Cahill; 2000)은 창조 이야기를 조사하면서, 다양성은 아주 태초부터 하나님의 선한 창조의 일부였다는 결론을 내렸다. 이들은 창조 과정에서 구별이나 분리의 과정을 강조하고 "성경 이야기는 형체도 없는 공허함에서 장관을 이루는 다양한 우주를 창조한 분리의 행위를 보여준다"(p. 5)라고 말했다. 이런 해석은 죄의 출현 이전에 다양성이 실제로 나타나지 않았다는 관점과 매우 다르다.

그리고 너무 일찍 죄가 파괴적인 능력으로 모든 것에 영향을 미친다. 우리가 타락의 관점에서 볼 때, 인간 삶의 모든 차원(영적, 육체적, 심리적, 관계적 차원)은 비록 선하게 창조되었을지라도 분리와 왜곡과 악화로 점철되었다. 우리가 논의할 핵심은 관계와 사회에 미친 영향이다. 타락은 모든 것을 바꿔놓았다.

> 모든 인간 문화의 발달은 현재 선과 악 모두 존재하는 것으로 알고 있다. 그리고 구별되는 모든 것이 매우 선하다고 선포하는 것은 더 이상 가능하지 않다. 이런 새로운 상황에서 어떤 문화도 제공해야 하는 모든 것과 낯선 것으로부터 출현하는 모든 것이 선물이라고 가정할 수 없다. 다양성 그 자체로는 선하지 않다(Smith & Cahill, 2000, 7).

문화적 다양성, 윤리적 다양성 그리고 다른 종류의 다양성의 출현을 타락한 상황 속에서 기원한 것으로 보는 사람들은 바벨 이야기를 이런 주장을 정당화하는 데 사용한다. 이런 이유로, 하나님의 행위에 대한 해석은 언어를 나누어 놓아 하나님과 같이 되려고 하는 교만한 시도를 좌절시킴으로써 죄인된 인간을 응징하는 선까지 내려간다.

스미스와 카힐(Smith & Cahill, 2000)과 맥니일(McNeil, 2005)의 대안적 설명은 다른 해석을 보여준다. 이들 모두는 인간을 위한 하나님의 계획에 대한 인간의 거절을 멈추도록 하고 인간을 순종의 궤도로 되돌려 놓고자 하는 하나님의 구속사적 의도를 강조한다.

스미스와 카힐(Smith & Cahill)은 사람들의 반항을 온 세상에 편만한 하나님의 지시에 대한 저항으로 보았고, 대신에 인간은 온 세상에 자신의 명성을 과시할 도시를 건설함으로써 자신들이 있는 곳을 더욱 견고히 하기로 했다. 하나님의 개입으로써 다양한 언어의 출현은

> 거대 제국 건설계획을 심판하고 붕괴시킬 뿐만 아니라 하나님은 이들이 본래 있었던 곳으로 흩어지도록 했다. 두 번의 바벨 이야기의 결말은 사람들이 지구 전역으로 한 번 이상 흩어졌다는 사실을 강조하는 것이다. 그리고 더 많은 최종 심판들을 모면했다는 것을 시사하고 인류가 축복을 받을 수 있는 축복의 길로 선회하고 있음을 암시한다. 이야기 속에서 말하는 혼란이 기적적으로 다양한 방언을 말하게 함으로써 인지 아니면 단순히 건축자들의 의견을 음모하여 일치를 보지 못하도록 함으로써 이든지, 그것은 죄와 연관된 다양성이라기보다 오히려 억압적인 획일성이다(p. 8).

이때 우리는 이야기 속에서 다양성을 죄에 의해서 손상된 것으로 보아야 하는가 아니면 선한 것으로 보아야 하는가?

맥니일(McNeil, 2005)은 모두 "맞다!"라고 대답한다.

> 문화와 민족성을 단순히 죄의 결과로 보는 것은 하나님의 더 큰 목적을 모호하게 만드는 것이며 대인관계에 있어 다양성의 역할을 왜곡하는 것이다. 비록 우리가 타락한 인간성의 상황을 벗어나 언어와 민족성을 볼 수는 없지만 하나님의 본성과 의도와 정반대로 인간의 다양성을 보는 것은 적절하지 못하다(p. 157).

이 세상에 메시아가 도래하셨다는 것과 십자가 위에서 예수 그리스도께서 속죄 제물이 되셨다는 내용은 즐거운 이야기 부분으로 그 다음을 구성한다. 성령강림절 성령의 도래와 함께 예수 그리스도의 부활 승리와 아버지께로의 승천은 타락한 상태의 인간에게 소망을 주고 죄에 대한 용서와 하나님과 우리의 관계 및 대인관계에 변화를 가져온다. 인간과 그 창조주 간의 분리는 해결책을 찾았고, 대인관계에 있어 적대감 및 자기 중심성 그리고 사회는 새로워질 수 있고 하나 됨과 사랑, 평화로 대체될 수 있다.

이런 논의에 있어 흥미로운 것은 하나님의 행위로 모인 무리의 형상이 얼마나 다양한 언어로 말을 했는지가 성령이 메시아의 부활 후 신자들에게 강림했을 때인 성령강림절에 재현되었다는 것이다. 바벨과 성령강림은 이런 논의에 부합하여 여러 가지 방법들과 연관이 있다.

맥니일(McNeil, 2005)은 하나님이 당신(God)의 가족 모두를 새로운 시대의 가족 구성원으로 인도하기 위해서 듣는 사람에게 영향을 주었다고 강조한다. 또한 그는 심지어 모인 무리의 특수성이 보존됨으로써 이들에게 영향을 주었다고 강조한다. 스미스와 카힐(Smith & Cahill, 2000)은 다양한 언어의 출현을 다양성의 적합도를 재확신하는 것으로 본다.

> 바벨 이야기를 보다 비관적인 관점에서 읽는 것이 수정되면 우리는 언어적 차이를 저주의 행위로 보지 않고 상담·심리치료가 될 때 언어적 통일성에 대한 복귀로 보는 것을 기대할 수 있을 것이다. 따라서 듣는 사람들이 단일어로 이해하는 것이 가능하는 기적을 상상하는 것이 어려운 일이 아니다. 또한 잃어버린 언어적 하나 됨의 묘미를 회복하는 것을 상

상하는 것도 어려운 일이 아니다. 성령강림은 세상을 위해서 약속하신
하나님의 계획을 잠깐 맛보는 것이다. 그리고 약속된 미래에 대해 지금,
여기에서 감질나게 미리보는 것이다. 우리가 직면한 분열에 대한 해결
책은 사람들이 인간의 다양성을 평가절하 하거나 짓밟는다면 진정한 구
속이 아닐 것이다(p. 15).

현 시점에서 우리는 이야기 속에서 인간 존재에 대해 절반 정도 설명되고 있음을 보게 된다. 우리는 다른 모든 정체성을 대체할 수 있는 정체성인 거룩한 가족 구성원으로 구속받고 사랑을 받았다. 이것은 국가, 인종/민족 정체성, 능력 상태, 성이나 계급에 관계없이 인간의 어떤 신분이나 구성원의 일반적인 표식을 통해 획득되거나 상실당할 수 있는 것이 아니다.

동시에, 이렇게 우리의 정체성이 대체된 측면이 우리 개인이나 집단 정체성의 독특성을 무효화하지 않는다. 에베소서에서 파괴된 성전 안에서 분리된 벽에 대한 바울의 언급은 성령강림 후 성령의 역사를 통해 예수 그리스도에 의해 또 다른 다양성 속에서 강력한 통일성의 모습을 제공한다.

'세상을 위해서 약속하신 하나님의 계획을 잠시 보는 것'은 완전한 이야기를 향해 나아가는 것을 미리 말한 것이고 새 하늘과 새 땅이 도래했을 때 최종적으로 이루어질 것에 대해 미리 말한 것이며 죄가 더 이상 어떤 것도 동요시킬 수 없음을 미리 보여주는 것이다. 미래에 우리가 어떻게 되고 어떤 관계를 맺고 있을 지는 확실하게 드러나지 않았다.

그러나 우리의 정체성의 일부 독특성이 유지될 것이라고 생각하는 데에는 몇 가지 이유가 있다. 스미스와 카힐(Smith & Cahill, 2000)은 "하나로 융합되는 것이 아니라 하나님을 한 가지로 섬긴다"(습 3:9)라는 열방에 대한 스바냐의 이상에 대해 언급한다(p. 15). 또한 천성(heavenly city)을 계시하는 표현에는 그 사람이나 나라의 독특성을 인정하는 언어가 포함된다.

비록 도래할 세상에 대한 우리의 이해가 신비 속에 가려져 있을지라도 우리의 삶은 또한 독특성과 통일성이 있는 개성으로 나타난다. 그리고 다양성 속에 통일성을 우리의 운명으로 받아들이게 된다면 그 때 하나님이 그의 나라에서

행할 평화에 대해 일부 그 날에 앞서 우리에게 현재에 보여주실 것이다.

그렇다면 성경 이야기에 대한 고찰을 통해 어떤 결론을 이끌어 낼 수 있는가? 우리는 인간의 다양성으로 표현되는 방법으로 다섯 가지 관찰 내용을 제시하고자 한다.

(1) 다양성은 창조의 선함을 반영하고 하나님의 형상의 부분적 표현이다.
(2) 다양성은 하나님을 향해 반항하는 상황에서 거룩한 교정과 회복을 위한 매개체이다.
(3) 다양성은 죄가 가시적으로 표현되는 하나의 영역이다.
(4) 다양성은 현재 우리의 삶 속에 구속과 회복을 위한 하나의 상황이다.
(5) 다양성의 특징은 현재와 다가올 세상 모두를 하나님이 통치한다는 것이다.

상기 내용들이 우리 삶에 대한 적용 근거로 성경적 신의를 지킬 수 있게 해 준다면 모두 취할 수 있기 때문에 이런 주장들은 모두 선하든지 아니면 모두 악하든지 어느 하나로서 다양성의 특성을 보다 단순하게 볼 수 있는 대표적인 하나의 대안이 된다. 우리는 이런 것들이 상담·심리치료사에게 다양한 상황 속에서 자신의 임상활동에 활용할 수 있는 기본 사항을 고려할 때 유용한 부분이 될 수 있기를 바란다.

확실히 이런 것들은 무엇을 선택해야 하는지 직접적으로 말해 주지 않으며 내담자와 관계를 증진하는 방법에 대해서도 우리에게 직접적으로 말해주지 않는다. 또는 성적 지향성에 대한 주제가 제기될 때, 우리에게 직접적으로 말해 주지 않는다. 그러나 이것은 우리 자신의 태도와 접근 방식에 정보를 제공해 주고 추천된 문화적으로 민감한 임상활동에 대한 우리의 평가에 대한 지침을 제공해 준다. 그리고 우리가 상담·심리치료 작업 중에 해야 하는 많은 윤리적, 임상적 결정들에 기여한다.

3. 윤리 규정, 임상 지침 그리고 상담 실무자의 능력

성경적 틀 내에서 기독교 상담자는 수련 과정 중 제시되는 문화적 다양성과 관련하여 윤리적 의무사항을 지켜야 한다. 상담·심리치료사, 목회자, 심리학자 그리고 이와 비슷한 길을 걷는 학생들은 임상 활동의 이런 측면과 관련하여 수련 중 추천 내용과 요구 사항에 대해 알아야 하고 반응해야 할 필요가 있다. 이 분야에 있어 우리는 다양한 사람들에게 임상활동과 관련하여 발생했던 내용을 근거로 정리한 기존 전문가 윤리 규정 및 임상 지침 그리고 상담 실무자의 능력 목록에 실린 지침을 고려한다.

1) 문화 관련 윤리 지침에 대한 근거

다양성에 대한 성경적 조사는 단지 하나님 일의 시작과 끝을 제시했다. 이 입장을 따르다보면 최소한 하나의 믿음에 근거하여 전문가를 돕는 기구인 미국기독교상담자협회(AACC, 2004)는 기본적으로 "모든 인간을 위해서 하나님이 주신 존엄"(p. 6)에 대해 언급한다.

다른 전문가 윤리 규정도 인간의 존엄에 대한 사상을 수립했지만 타고난 특성이나 권리로만 되어 있다. 예를 들어, 미국심리학회(APA, 2002, 2010년 개정)는 모든 인간의 권리와 존엄에 대한 존중의 일반적인 생각만을 유지하고 있다 (일반 원칙 E). 다양성에 동참하기 위한 가장 그럴 듯한 이유들 가운데 하나는 심리학자들을 위한 보편적 윤리적 원칙의 선언에 들어있다(2008). 모든 인간의 타고난 가치에 대한 언급을 시작으로 하여 국제심리학연합(International Union of Psychological Science)은 다음과 같이 주장한다.

> 이런 타고난 가치는 모든 인간은 도덕적으로 동등하게 고려해야 할 가치가 있다는 것을 의미한다. 개인으로서 뿐만 아니라 모든 인간은 태어나서 함께 살고 역사의 일부로 그리고 인류의 계속적인 진화 과정 속에 상호 의존적인 사회적 존재이다. 다른 문화, 다른 민족성, 다른 지역,

다른 사회적 구조와 그런 사람의 다른 특성이 구성원의 정체성에 필수적인 것이며 자신의 삶에 의미를 부여한다. 엄밀한 의미의 그런 인간 존엄에 대한 존중은 도덕적 고려 사항이 포함되며 인류의 존엄에 대한 존중이 들어가 있다(p. 1-2).

2) 연구 범위의 정도와 특수성

이 장을 위해서 우리가 조사했던 모든 윤리 규정에서 개인이나 문화적 차이에 대해 언급했지만 연구의 범위나 특수성은 매우 다양하다. 일부 규정은 미국상담학회와 사회복귀상담사 자격관리위원회에 의해 문제로 제기된 것과 같이 문화와 개인적 차이의 문제에 대해 폭넓은 관심을 나타낸다.

양측 모두는 윤리 규정 서문에 다양성을 존중한다는 분명한 약속을 집어넣었다. 미국상담학회(2005)의 기준은 사명선언문에 의해 소개되었고, 이것은 "인간의 존엄과 다양성을 위한 존중을 촉진시키기 위해 상담·심리치료 전문성과 실제를 활용하는" 그 조직의 목적에 대한 중요한 면을 밝힌 것이다(p. 2).

폭넓은 범위의 연구결과로 볼 때, 미국상담학회와 사회복귀상담사 자격관리위원회는 일부 다른 기구들보다 다양성 관련 지침에 있어 더 많은 특수성을 지닌다. 다양성 관련 지침은 차별 없음이나 능력과 같은 일반 원칙에 제시되었을 뿐만 아니라 "내담자가 주는 선물을 받아야 하는 것과 관련된 문제를 이해하고 일부 문화들에서 작은 선물은 존중의 표시이고 감사를 표현한다는 것을 깨달을"(p. 6) 필요성에 대해 미국상담학회 윤리 규정에 포함된 것처럼 구체적인 임상 상황에 적용된다.

범위에서 좀 벗어나지만 이 규정들은 미국정신의학회(American Psychiatric Association: APA), 미국결혼/가족치료학회(American Association of Marriage and Family Therapists: AAMFT), 미국목회 상담자협회(American Association of Pastoral Counselors: AAPC)에서 적용되었다. 이 학회들은 서비스 영역에서 차별 없음이라는 하나의 기준으로 다양성에 대해 간단하게 언급했다. 심리학 연구를 위한 기독교학회(Christian Association for Psychological Studies: CAPS) 역시 유사한 기

준이 들어 있지만 전문가의 능력과 평가에 대한 지침이 더 포함되어 있다. 미국심리학회와 미국기독교상담자협회의 윤리 규정은 다소 그 중간 정도에 속하고 가치, 상담·심리치료, 교육과 연구 상황과 일치한 기준을 추가로 포함시켰다.

어떤 윤리적 문제는 다른 단체에서 더 많이 다루어지는 같았다. 모든 곳에서는 나이, 인종, 출신 국가 등과 같은 개인의 특성에 근거해서 차별하는 것을 거부하는 규정을 포함시켰다. 이런 특별한 기준의 획일적인 삽입은 차별적인 임상 활동이 윤리적 함의뿐만 아니라 법적으로도 보장된 것이기에 그리 놀라운 일이 아니다.

상담·심리치료사의 능력과 그 사람의 문화적 정체성 및 상담·심리치료 과정에서 그 영향력의 탐색을 또 다른 중요한 강조사항으로 포함시켰다(ACA, 2005; CRCC, 2010; IUPC, 2008). 또한 내담자가 알아야 할 정보에 동의하고 비밀보장의 과정에서 문화적 고려 사항을 중요한 강조사항으로 포함시켰다. 수련, 수련감독, 연구, 상담·심리치료 종결과 의뢰, 기법활용, 물물교환과 선물받기 그리고 다른 전문가와의 관계분야에서 다양성관련 문제에 대한 통합이 자주 발생하는 일은 아니다.

3) 임상 지침

전문가 단체에 의해 만들어진 윤리 규정과 더불어, 임상활동을 위한 많은 윤리 지침들이 개발되어 왔다. 미국심리학회(2003)의 "다문화 교육 및 수련, 연구 그리고 심리학자를 위한 유기적 변화에 관한 지침"이 하나의 중요한 본보기가 될 것이다.

이런 광범위한 자료에는 자신과 다른 사람에 대한 문화적 인식과 지식, 교육, 연구, 임상활동, 유기적 변화 및 정책 개발의 여섯 가지 부류에 대한 지침이 들어 있다. 이 지침들은 역사적 상황 속에서 만들어졌고 다문화 조직의 발전을 위해서 계속적인 교육, 모델 개발을 위한 정보자료와 지원자료가 포함되어 있다.

범위를 조금 더 좁혀서 들어간 지침들은 세부적으로 사람들에게 임상활동에 대한 정보를 제공하기 위해서 만들어졌다. 최근의 사례는 여성 동성애자, 남성 동성애자 그리고 양성애자(APA, 2005), 여성과 소녀(APA, 2007), 노인(APA, 2004)에게 임상활동 목적으로 세부지침을 만들었다.

이것은 각 사람의 관심에 맞추어 추천되는 것이지만 이 세 가지 지침 모두는 더 큰 사회적 상황 속에서 대상이 되는 사람의 요구와 문제에 맞추어져 있다. 그리고 상담 실무자들로 하여금 이런 사람에 대한 자아 인식 태도를 고무시키고 세부적인 임상활동을 추천하며 계속적으로 교육을 담당하는 전문가가 필요함을 밝힌다.

비록 여기서 추천하는 사항들이 아직은 형식적으로 적용되는 것이지만(Hathaway, 2005; Hathaway & Ripley, 2009), 미국심리학회의 분과 36(종교심리학)은 내담자의 정체성에 대한 종교적/영적 측면과 관련하여 지침을 만들어 놓았다.

4) 상담 실무자의 능력

상담 실무자의 능력을 밝히기 위한 시도는 다양한 사람에게 윤리적 임상 활동을 고무시키기 위한 두 번째 접근 방식이다. 이 입장에 맞추어 일부 종합적인 노력이 전문심리학 관련학교와 프로그램에 대한 국가위원회(National Council of School and Programs in Professional Psychology: NCSPP, 2007), 다문화상담·심리치료와 개발학회(Association for Multicultural Counseling and Development)(Arredondo et al., 1996), 수련대표자회의위원회(Council of Chairs of Training Councils: CCTC, 2007)에 의해 주로 진행되었다.

예를 들어, 수련대표자회의위원회는 자아 인식 분야에서 전문심리학자를 위한 기본적이고 기능적인 능력에 대한 광범위한 내용을 편찬했고 그 지식을 적용했다. 각 능력에는 필수 요소가 형식을 갖추어 기술되어 있고 기본적인 행동이 들어있다. 여기에는 각 능력을 평가하기 위한 적절한 방법이 포함되어있다. 능력은 실습과목, 집중 수련(인턴십), 임상활동 등록을 포함한 여러 단계 수련과정의 준비 상태를 확인하여 볼 수 있도록 발전적으로 체계화되어있다.

새롭게 부상하는 임상지침의 경우에서처럼, 문화적 임상활동 능력을 분명히 설명하기 위한 일부 노력이 구체적인 대상에 초점을 맞추도록 했다. 이에 대한 사례로써 고령화에 대한 미국심리학회 위원회(2009)에서 출간한 『노인심리학에 있어서의 다문화 능력』(Multi-cultural Competency in Geropsychology), LGBT 내담자를 상담·심리치료 하는 능력으로 추천되는 여성 동성애자, 남성 동성애자, 양성애자학회와 상담·심리치료에 있어 성전환 문제(ALGBTIC, 2009) 그리고 상담·심리치료에 있어 윤리적, 종교적/영적가치협의회(ASERVIC, 2009)에서 출간한 『상담에 있어 종교적/영적 문제를 다루는 능력』(Competencies for Addressing spiritual and Religious Issues in Counseling) 등이 있다.

5) 요구와 고려 사항

우리는 문화적인 것에 초점을 둔 임상지침과 능력 관련 많은 편찬물들이 앞으로 계속해서 증가할 것으로 기대한다. 이런 일이 일어나기만 한다면 현재 정보 자료에 대한 불만족뿐만 아니라 이 분야에 있어 추가적으로 실제적인 지침을 보유하기 위해서 상담 실무자의 긍정적인 요구에 더 잘 반응하게 될 것이다(Leach & Aten, 2010). 여기에는 최소한 다섯 가지 불만족이 있다.

첫째, 보다 많은 사람들을 위해서 더 많은 특수성들이 포함된 더 많은 지침에 대한 단순한 요구이다(Artman & Daniels, 2010; Schartz, Rodriguez, Santiago-Rivera, Arredondo & Field, 2010).
현장 전문가들은 임상지침과 형식적이지 않은 보다 광범위한 실제적인 이론 속에서 개발된 것이 시대에 뒤처지지 않고 유지될 수 있는 방법을 개발할 필요가 있을 것이다. 이것이 실행되기 위해서 실제적인 헌신을 필요로 한다. 즉, 현장의 요구를 수용하고 남은 인생을 투자하고 평생 교육과 관련하여 비용과 노력을 들여야 한다.

둘째, 개별적인 기법의 수련 및 정체성, 현실을 잘 말해 주는 '이야기, 비전, 의미체계'(McNeil & Pozzy, 2007, 83)에 대한 정보의 조각들을 초월할 수 있는 접근방식을 요구한다(한 가지 중요한 사례를 원한다면 Dueck & Reimer, 2009 참고).

셋째, 추가적으로 경험적 연구는 임상 지침의 개발사항을 공지할 것과 증거에 기반한 접근을 통해 기존 지침을 시험해 볼 것을 요구해왔다(Schwartz, Rodriguez, Santiago-Rivera, Arredondo & Field, 2010; Whaley & Davis, 2007).

지침서를 시험해 봄으로써 우리의 요구를 평가하는 것은 책임을 증가시키고 피해를 막는 데 도움이 되며 다양한 문화적 상황 내에서와 문화적 교차 속에서 효과적인 결과를 형성하는데 도움이 된다.

넷째, 비록 문화적 능력이 전문가 단체나 학자들에 의해 상당한 관심을 받아왔다고 할지라도 이런 관심의 결과가 임상 현장에서 광범위하게 나타나지 않는 것이 문제였다(Sue & Sue, 2009; Whaley & Davis, 2007).

한 조사에서 "상담자가 유능한 다문화주의적 상담·심리치료 실습을 위해서 중요한 것으로 알고 있는 것과 실제로 이들이 그런 내담자에게 상담·심리치료 작업을 하는 것"(Hansen et al., 2006, 71) 사이에는 중요한 차이가 있다고 보고했다. 작업은 윤리적 의무와 임상적 권고 사항을 실제적인 임상 현상에 옮기는 우리 능력에 달려있다.

다섯째, 우리의 동기는 철저한 검토에서 발생한다.

이런 배경 속에서 최근 갈라도(Gallardo, 2009) 등에 의해 다음과 같은 질문이 날카롭게 제기되었다. 이들은 이렇게 질문한다.

우리는 '다른' 사람을 이해하는데 진정한 관심이 있어야 하고 또는 있기 때문에 [다문화주의]에 투자하는 것인가?

우리는 자기 이익이나 의무로 윤리적 기준을 지지하는 것인가?

아니면 우리는 중요한 방법에 있어 우리와 다른 내담자와 동료의 안녕을 진정으로 가치 있게 생각하는가?

갈라도는 이에 대해 다음과 같이 솔직하게 표현하고 있다.

> 현장에서 활동하는 많은 심리학자들이 의지하는 윤리적 시각은 우리의 최우선적인 의도가 내담자의 향상에 부합하는 방식 차원에서 문화적으

로 그리고 임상적으로 반응하는 것이라고 전제하기보다 자신의 전문적,
개인적인 생계를 보호하기 위해서 할 수 있는 것은 해야 할 필요가 있다
는 가정이다. 이런 기본 전제에 따른 결과는 많은 상담·심리치료사들이
자신을 방어하고자 활용하기 위한 것이다(p. 427).

그는 다음과 같이 주장한다.

만일 우리가 문화적으로 둔감하지만 않다면 우리의 능력에 대한 최소한
의 기준으로는 불충분하다. 현장에서 활동하는 상담·심리치료사가 돌
봄에 대한 최소한의 기준을 충족시킴으로써 윤리 규정을 단순히 '따르
는' 것으로는 충분하지 않다(p. 427).

그는 우리가 내담자에 대한 복지를 위해서 진정한 관심을 갖고 있다는 하나
의 증거로서 그 분야에서 문화적 틀을 갖고 시작할 것을 요구한다. 이것은 우리
가 그 문화적 틀 속에서 내담자와 교육 및 수련을 하는 것이다.

기독교 상담자는 많은 점에서 갈라도와 의견이 다를지도 모른다. 그러나
우리는 다른 사람의 복지를 우리 자신의 이익보다 먼저 생각하는 함께 하
려는 열정이 있다면 그와 공통된 입장을 발견하게 될 것이다. 그리고 윤리
적 책임이 필요하다는 것은 알지만 다른 사람을 위한 진정한 관심과 열정이
없다면 충분하지 않다.

4. 평가에 있어 특별한 고려 사항

많은 사람들이 상담·심리치료를 상상할 때, 이들은 치료적 개입으로만 생각
하기 쉽다. 그러나 그 과정 또한 예외 없이 평가와 관련이 있다. 우리가 한 가
지 사례를 정례화하던, 공식적인 진단을 하던, 심리검사를 하던, 또는 수련감독
을 받는 실습생의 요구를 경청하던, 전문가에게 정기적으로 도움을 받든지 간

에 이 모든 것은 평가와 관련이 있다. 그리 놀랄 것도 아닌 것은 문화적 고려가 이런 상황에서 또한 필요하다는 것이다(Sandhu, 1995; Paniagua, 2010). 평가 진행 과정에서 문화에 적절하게 반응하는 책임에 대한 윤리 규정은 구체적으로 여러 곳에서 강조하여 언급되는 부분이다(APA, 2003; AACC, 2004; ACA, 2005; AAMFT, 2001의 의해 제기된 규정 참고).

여기서 우리는 문화가 내담자의 정체성, 현재 문제, 평가 상황 그리고 심리검사 및 그 방법에 따라서 제공되는 추천사항을 포함한 평가의 다양한 면에 어떻게 영향을 미치는지 고려해야 한다.

5. 문화와 정체성 평가

우리는 이미 내담자의 정체성과 관련하여 문화적 요인의 일반적인 중요성에 대해 논의했다. 한 사람이나 가족의 다양한 문화적 정체성을 이해하려고 노력하는 것은 그 사람과 그 사람의 문제를 구조화하는 데에도 또한 중요하다.

헤이스(Hays, 2001)는 상담·심리치료사가 내담자의 문화적 정체성과 자신의 정체성을 찾아 유용하게 평가하기 위해서 문화적 정체성의 탐색을 위한 단순하지만 포괄적인 방법을 고안했다. 더 큰 틀의 일부분인 첫 머리 글자만 가져와 표현한 ADDRESSING 모델은 상담·심리치료사로 하여금 다음과 같은 한 사람의 정체성의 특징을 관찰하고 탐색하도록 이끈다.

나이와 세대 간 영향(age & generational influences), 발달적/후천적 장애(developmental & acquired disabilities), 종교적/영적 성향(religion & spiritual orientation), 민족성(ethnicity), 사회-경제적 지위(socioeconomic status), 성적 지향성(sexual orientation), 토착 유산(indigenous heritage), 출신 국가(national origin), 성별(gender) 등이 있다.

문화 적응의 수준을 이해하는 것은 종종 정체성 이해의 중요한 측면이다. 문화 적응은 개인이나 가족이 새로운 문화(예: 가치와 사회적 행동)에 적응하는 정도라 할 수 있고 원문화의 요소를 유지하는 수준을 말한다(Sattler, 2008). 문화적응 수준의 적절한 고려 없이 만든 형식과 진단은 매우 불완전하기 쉽고 부정확한 진단과 비효율적 개입을 초래할 수 있다(Paniagua, 2010).

6. 문화와 현재 문제

현재의 내담자 문제를 이해하는 것은 접수면담이든 상담·심리치료의 첫 회기든 심리적 평가면담 부분이든 내담자와의 초기 상호 작용을 위해서 중요하게 강조하는 점들 가운데 하나이다. 심지어 처음 시작하는 상담·심리치료사는 그 과정이 정보의 단순한 구두 전달보다 훨씬 더 풍성하고 복잡하다는 것을 일반적으로 알게 된다.

모든 요인들은 내담자가 나눌 것을 결정하며, 그들이 그것을 어떻게 나누고 그들이 말한 것이 무엇을 의미하며, 그들이 반응으로 무엇을 기대하는지를 결정한다. 내담자와 그의 문제 특성, 상담·심리치료사와 그의 지향성과 전문성, 관계를 돕는 특성과 더 넓은 모든 상황을 돕는 특성은 인내를 요하게 된다. 문화적 영향은 그 과정의 모든 면에서 작용하게 된다.

문화적 차이를 넘나드는 의사소통은 필연적으로 불확실성과 모호성을 수반한다. 그리고 우리가 주고받는 메시지를 부호화하고 해석하는 복잡한 과정을 수반한다(Matsumoto, 2000). 내담자가 자신의 방문 이유를 공개할 때, 이런 모호성은 이런 정보에 속한 의미를 이해하는 과정 속에 제기된다(Bhui, 2008).

그것은 이야기를 하는 것과 대비되는 증상을 나열하는 것과 같이, 보고 자료에서 얻을 뿐만 아니라 의사소통되는 내용에 따라서 간접 또는 비간접적으로 영향을 미칠 수 있다. 비언어적 의사소통과 문제 이야기를 둘러싼 사회적 상호 작용 모두를 해석하는 것 또한 복잡하다.

자신의 학교경험을 기술할 때, 전문가와 눈을 맞추지 않는 한국의 청소년을 생각해 보자.

이들의 행동이 수줍음이나 우울 때문에 그런 것인가?

아니면 존경의 표시인가?

이와 같은 것을 판단하기가 까다롭다.

한편으로, 우리는 문제 현상에 대해 잘못 추측하는 것이거나 다른 한편으로, 단순히 다르거나 또는 심지어 재치가 있는 아무런 손상이 없는 한 사람의 특징이나 관계를 병리화시키는 것이다(Fontes, 2010; Sattler, 2008). 전문가들은 평가에 도움을 받기 위해서 지속적인 교육과 자아 개방 그리고 상담자문을 통해 문화적 특징이 유사하지 않을 때, 공식화하는 데 있어서 주의를 기울이는 수련을 하고 싶어할 것이다.

상담자 또한 고도로 개인주의화된 성향이 독특한 내담자의 현재 문제에 영향을 미치는 요인을 체계적으로 보는 데 제한될 수 있음에 주의해야 한다. 사회 경제적 지위, 인종차별 그리고 다른 형태의 불평등, 언어, 권한과 특권, 이민 경험 등은 실무자가 놓칠 수 있는 기능에 대해 체계적으로 영향을 미치는 사례이다(Fontes, 2010). 정말 내담자는 상황에 의해 중요하게 영향을 받는 문제를 지극히 개인화 한다(Constantine, Miville, Kindaichi & Owens, 2010).

평가 과정에 있어, 내담자와 상담·심리치료사는 문제 대 강점/자원, 인지 대 정서, 개인적인 것에 초점을 둔 정보 대 관계에 근거한 내용처럼 상담·심리치료에서 관심경험 방법이 다를 수 있다. 그 사람의 삶과 상황 속에서 회복력을 탐색하고 보호 요인을 찾는 것은 평가의 초점을 넓히고 상담·심리치료 결과에 대한 타당성을 향상시키는 전략에 도움이 될 수 있다(Eukland & Johnson, 2007; Rogers & Lopez, 2002; Sue et al., 1998).

문화적으로 민감한 임상활동은 또한 전문가가 성이나 민족성 그리고 다른 변인에 의한 일부 장애 유병률에 있어서 차이를 인지할 것을 요구한다. 그리고 그 방법에 있어서 편향은 지나치게 빈번한 진단이나 진단 오류로 발생된다. 예를 들어, 매우 적은 인원의 아프리카계 미국 아동이 비록 유병률이 일반 아동과 유사할 가능성이 있을지라도 주의력결핍과잉행동장애(ADHD)로 진단을 받고 상담·심리치료를 받는다(Baily et al., 2010).

진단에 있어 문화적 편향의 위험을 감소시키기 위해서 헤이스(Hays, 2001)는 우선 축 VI(이미 앞에서 언급한 첫 글자를 딴 ADDRESSING를 활용한)를 행할 것을 권한다. 다음으로 축 IV를 수행하고, 보다 완벽한 수행을 위해서 축 I과 축

II의 진단오류 가능성을 잠정적으로 줄인 강점지향 과정인 다음 축인 축 III을 행할 것을 권한다.

끝으로, 상담·심리치료사는 문화기반 현상이 존재함을 인지해야 한다. 또는 "어떤 사회나 문화영역에 제한되는 국소적인 특별한 문제경험"이 존재함을 인지해야 한다(APA, 2008, 898). 서아프리카와 아이티를 관찰한 정신착란증세(Boufee delirante)가 한 가지 예이고 이것은 "혼란 등과 관련되어 갑작스럽게 일어나는 공격이나 불안"(APA, 2008, 899)이라고 말한다.

일부 상담·심리치료사들은 이런 류의 현상을 결코 경험해 볼 수 없지만 그런 것이 존재하고 있다는 것 정도는 기본적으로 알고 있어야 한다. 어떤 것이 그 상황에서 발생하는지 알고 있는 것이 우리의 능력이기 때문이다.

7. 문화와 평가 상황

평가는 물리적, 대인관계 상황 속에서 발생한다. 그리고 이것은 과정과 결과에 영향을 미친다. 물리적 환경 그 자체는 업무 요구 또는 신뢰감이나 환영 느낌에 대한 내담자의 이해를 향상시키거나 분산시킨다(Fontes, 2010).

예를 들어, 자녀에 대한 평가의 일환으로 임상면담을 위해서 온 부모와 대화하는 장면을 생각해 보자.

그리고 구석에는 장난감이 쌓여있고 일반적으로 아동 상담을 위해서 사용하는 상담·심리치료소의 작은 의자와 책상에 앉아서 질문하는 장면을 생각해 보자.

만일 부모와 평가자 사이에 힘의 불일치가 크다면 아동을 위해서 설치한 도구들은 자신이 중요한 자원이라는 부모의 느낌을 강화시키지 못할 것이다. 만일 전문가의 역할과 행동이 전문성과 관련하여 형식적일 것이라는 기대로 부모의 문화가 구성되어 있다면 평가자의 신뢰성은 감소될 것이다.

평가 상황에 대한 대인관계적 측면 또한 문화 차원에서 계속적으로 고려할 만하다. 직접적인 눈 맞춤, 관심의 표시로서 앞으로 기울인 자세, 내담자와 상담·심리치료사 간의 물리적 접근 그리고 실무자의 자아 개방 활용의 일반적인 접근 모두는 적응을 위해서 필요할지도 모른다(Hays, 2001).

언어적, 비언어적 의사소통의 변화, 특히 내담자와 전문가 사이에 존재할 수 있는 지위, 권한, 성 역할 그리고 다른 차이에 따른 변화는 신뢰관계를 형성시킬 수 있고 평가에 있어 타당성을 촉진시킬 수 있다(Hofstede, 1984).

검사 행위에 대한 검사자의 개인적 특성이 어느 정도 영향을 미치는지에 대해서는 논란의 여지가 있지만(Sattler, 2008; Marx & Goff, 2005), 평가자는 자신이 '타인'으로서 어떻게 지각되는지를 고려해야 한다(Hays, 2001). 상당한 증거가 평가자의 단순한 나이나 인종뿐 아니라 관계가 중요함을 시사한다(Pope Davis, Toporek & Ortega-Villalobos, 2002; Greenfield, 1997).

8. 심리검사

평가의 특별한 형식으로서의 심리검사(psychological testing)는 지능, 성격, 사회적 행동 그리고 그 밖의 다양한 측면의 기능에 대한 측정과 관련이 있다. 가장 일반적인 규준 참조검사는 한 사람의 수행을 대표 집단과 비교하는데 활용된다(Sattler, 2008). 이 방법은 일반적으로 개인과 직접적으로 관련이 있지만 아동의 경우에는 선생님과 부모와 같은 다른 출처로부터 수집한 정보가 종종 포함된다.

심리검사는 어떤 큰 규모의 다양한 문화적 요인을 고려하지 않은 역사적 상황에서 발단했다(Sattler, 2008). 지금은 평가 과정에 문화가 중요한 고려 사항으로 수용되어야 한다는 합의가 보편적이다.

심리검사와 절차가 문화적으로 적절하지 못할 때, 결과가 부정확하고 심지어 유해할 수 있다. 이것은 학교나 거주지 결정, 양육권이나 고용 추천 또는 장애 결정과 같은 특히 관심이 많은 검사들의 경우에 그렇다.

심리검사는 문화면에서 많은 한계들이 있다. 문화적 반영(cultural loading)은 검사를 잘 수행하기 위해서 '언어와 그 문화의 역사와 지리적 환경에 숨겨진 사실'과 같은 문화지향적 지식을 검사가 요구하는 수준을 나타낸다(Sattler,

2008, p. 169). 검사 편향은 기술적, 심리측정적 의미로 사용될 때, 검사가 각각 타당하거나 하위집단이 다르면, 다른 의미가 나타나게 된다는 것을 말한다(Gregory, 2007).

예를 들어, MMPI-2(Minnesota Multiphasic Personality Inventory-성격검사)는 아시아계 사람의 전통을 지나치게 병리화하는 것으로 발견되었다(Hays, 2001; Okazaki & Sue, 1995). 심리측정을 떠나, 검사공정성은 사회적 결과와 관계가 있다. 다시 말하면, 심리검사 결과는 검사 편향이 검사시 얼마든지 있을 수 있다는 것을 인정하고 적용하지만 여전히 불공평성이 있음을 고려해야 한다는 사회적 분위기와 관계가 있다(Gregory, 2007).

이런 방법 속에는 "심리검사의 적당한 적용이 객관적인 지지를 확립할 수 없다는 중요한 결론에 이르게 된다"(Gregory, 2007, 254; 문화적으로 다양한 집단으로 추천된 도움이 되는 검사를 위해서 Paniagua, 2010 참고).

마지막으로, 전문가들은 심리검사를 위한 의뢰를 받는다는 것이 어떤 개인이나 집단에게는 중요한 문화적 부담감을 이양할 수 있다는 것을 알아야 한다. 나는(Canning) 심리학자로서의 내 역할로 기독교학교에서 낮은 수입의 도시 인근에 거주하는 아프리카계 미국인을 대상으로 서비스할 때 직접 체험으로 이것을 보았다. 그 서비스는 예방, 평가와 치료적 개입 활동을 제공했다. 그리고 부모들은 일반적으로 아동을 지원하고 돕거나 또는 학업적으로 성공하도록 돕고 싶어 하는 사람은 누구나 환영했다.

그러나 그들이 연관된 공식적인 진단에 따른 심리검사에 대한 많은 의혹들로 반대했다. 이런 유형의 평가는 낙인이나 배척이라는 딱지를 붙이는 도구로 보았다. 이것은 전문가에 의해 강압적이고 비윤리적 상담·심리치료 결과로 초래한 뿌리 깊은 불신의 전유물로 보였거나 터스키기 매독 연구(Tuskegee Syphilis Study)와 같은 사건이 증명하듯이 '과학에 유익을 주기 위한 도구'처럼 보였다.

그러므로 심리검사는 중요한 정보를 제공할 수는 있지만 오용될 수도 있다. 심리 평가가 전문가를 돕든 아니면 그 결과가 상담·심리치료 계획에 사용되든, 이런 유형의 평가 결과에 관여하거나 적용하기 전에 타당성과 세부검사가 미칠 잠정적인 영향 그리고 방법을 고려하는 것은 지혜로운 일이다.

9. 종교, 영성 그리고 문화

전문가에게 도움이 되기에 문화에 대한 강조가 증가하고 문화에 대한 이해가 많아짐에 따라서 종교와 영성은 문화의 중요한 차원이나 다양성 가운데 하나로 포함시키기 시작했다(Hage, Hopson, Siegel, Payton & DeFanti, 2006; Watts, 2001). 종교와 영성에 대한 현장 중심의 이론은 발전하고 있고 많은 윤리 규정, 임상 지침 그리고 상담 실무자의 능력 항목에 이런 특징적인 인간의 기능이 들어가 있다(주의: 종교와 영성을 정의하고 구분하는데 두 단어로 서로 중복된 의미를 사용하기에 상당한 주의가 필요했다[Aten & Reach, 2009; Hage, Hopson, Siegel, Payton & DeFanti, 2006; Post & Wade, 2009; Richards & bergin, 2005]. 우리는 여기서 이런 고려 사항에 대해 충분히 다룰 수 없고, 많은 경우에 간략하게 '종교/영성'[R/S]이라는 조합된 명칭을 사용할 것이다).

문화적으로 민감한 임상 활동에 대한 논의에 있어 종교/영성의 포함은 종교적인 전통과 심리적 전통 사이에 오랜 역사 속에 긴장으로 극명하게 드러났다. 프로이트, 스키너, 엘리스와 같은 일부 영향력 있는 인물들은 정신병리의 근원이라고 종교/영성에 대해 경멸의 말을 했다(Aten & Leach, 2009).

게다가 정신건강 전문가들은 자신들의 임상에 비해 종교를 더 하위로 보는 경향이 있고(Delaney, Miller & Bisono, 2007), 대학원 과정과 박사학위 이전의 집중수련에서 종교/영성 문제에 관련해 제한된 수련을 받는 것으로 보았다(Brawer, Handal, Fabricatore, Roberts & Wajda-Johnstone, 2002; Russell & Yarhouse, 2006; Saunders, Miller & Bright, 2010; Walker, Gorsuch & Tan, 2004). 결과적으로, 상담 실무자들은 임상 활동 차원에서 볼 때 유사성도 없고 준비가 안 된 것으로 생각할 수 있다.

그러나 최근 들어 소수의 정신건강 전문가들이 종교가 정신건강에 유익하다고 보는 것으로 나타났고(Delaney et al., 2007) 종교/영성 개입이 상담·심리치료에 있어 효과적일 수 있다고 믿는다(Morrison, Clutter, Pritchett & Demmitt, 2009). 최근, 학자들은 종교/영성을 다차원적인 것으로 좀 더 많이 묘사하고 있고, 믿기 어려운 다양한 신념과 활동 및 종교적인 중요한 변화가 있음을 깨닫는다. 그리고 적응적인 대처와 건강의 촉진을 위해서 종교/영성과 관련된 다양한 방법과 결과들이 있다고 말한다(Hill & Pargament, 2003).

현재 제기되고 있는 질문은 종교/영성이 임상 상황에서 다루어져야 하는지의 여부뿐만 아니라 어떻게 다루어져야 하는지이다(Post & Wade, 2009). 이 부분에서 우리는 문화적 측면에 종교/영성에 민감한 임상 활동을 위한 지침을 제시한다. 그리고 상담·심리치료사의 능력을 향상시키기 위한 인식-지식-기술 모델의 활용을 제시한다(Sue, Arrendondo & McDavis, 1992). 추가 정보는 본서 제9장에서 찾을 수 있다.

1) 인식

다른 문화적 측면에서처럼 종교/영성에 있어 임상 활동은 상담·심리치료사의 태도와 경험 그리고 상담·심리치료사가 중요하게 생각하는 것에 의해 영향을 받는다. 따라서 피해와 비윤리적 행위를 방지하는 데 있어서 첫 단계로 상담 실무자들의 자아 인식이 중요하다(Savage & Armstrong, 2010). 특히 상담·심리치료사와 내담자의 종교적/영적 세계관이 서로 충돌할 때 그렇다(Bergin, 1980; Jones, 1994).

종교/영성이 낮거나 자신의 삶 속에서 잘 드러나지 않는 상담·심리치료사나 부정적인 관점으로 종교/영성을 보는 상담·심리치료사는 종교적/영적 요소를 내담자가 제시할 때 무심코 간과하거나 경시할지도 모른다. 또는 비판적인 태도로 이런 요소들을 보거나 반응할지도 모른다(Gonsiorek, Richards, Pargament & McMinn, 2009).

반면, 종교/영성을 많이 드러내는 상담·심리치료사는 내담자의 삶 속에 종교/영성의 중요성을 과대평가하는 위험성이 있거나 내담자의 자율성을 파괴할 수 있는 방식으로 자신의 신념 틀을 적용할 위험이 있다(APA, 원칙 E). 그리고 신뢰관계에 손상을 가하고 악화시킬 위험이 있다(Post & Wade, 2009). 돌봄 전문가들은 또한 친숙하지 않은 종교를 지나치게 병리화 하는 경향을 인식할 필요가 있다(O'Connor & Vandenberg, 2005).

이런 장애물을 다루는 데 있어서 위긴스(Wiggins; 2009)는 할 수 있는 한 모든 장에서 상담·심리치료사가 종교적/영적 내담자에게서 경험할 수 있는 역전이 문제를 집중적으로 다루었다. 그리고 영적 자서전과 가계도, 관찰일지 쓰기와 묵상 연습과 같은 구체적인 임상 활동의 활용을 통해 자아 인식을 증가시킬 수 있는 방법에 대해 몰두했다.

인간의 다양성의 다른 차원과 비슷하게 상담·심리치료사와의 일부 동일시나 개인적 친분을 이 분야에서 능력이라고 자동으로 해석하지 않는다. 이런 점은 인종적/민족적 다양성의 영역에서 특히 그렇다. 이와 비슷하게, 상담·심리치료사의 개인적 신념이나 종교적인 경험은 종교/영성과 관련된 유능한 임상 활동에 불충분하다. 그리고 일종의 적극적인 자기 통찰, 교과 과정 이수, 경험 그리고 여타 분야의 수련이 단지 여기에 적합할 뿐이다(Gonsiorek et al., 2009).

2) 지식

우리 사회에서 종교적/영적 집단구성원은 계속해서 증가하고 다양화되고 있다(Milstein, Manierre & Yali, 2010). 심지어 우리 문화에서 잘 드러나지 않고 피상적으로 보기에는 최소한 많이 익숙해져있는 종교적인 전통 면에서 종교/영성의 역할 문제는 개인적, 사회적 삶 속에서 시간이 지나면서 변화하고 있다. 미국뿐만 아니라 전 세계적으로 종교적/영적 문제가 확산되고 중요해지고 발전하고 있기에, 상담·심리치료사는 상담 중 이런 문제와 만날 가능성이 높다(Hook et al., 2010). 그리고 내담자 삶의 이런 측면을 이해하고 대처하기 위해서 준비할 필요가 있을 것이다.

슐로써와 샤프란(Schlosser & Safran, 2009)은 상담 실무자가 종교/영성 지식을 하나하나 살펴보고 필요한 부분은 공부를 하고, 관련 도서를 읽으며 종교 지도자와의 상호 작용 및 자신의 관점 점검을 통해 향상시키는 작업을 할 것을 권한다. 사비지와 암스토롱(Savage & Armstrong, 2010)은 서부와 동부의 규범적인 요소, 어휘, 개념과 함께 이들의 주요 전통 지식을 공부할 것을 권한다.

상담자는 특정 종교인은 그들의 종교적인 활동 참여 정도와 종교적인 신념과 실천의 차원에 대한 정도가 아주 제각각이라는 것을 알 필요가 있다. 대부분의 종교는 단일적이지 않다. 특별한 종교 내에서 하위집단의 지식, 종파 및 교파가 중요하다.

문화의 다른 측면은 종교/영성 요인과 상호 작용할 것이다. 예를 들어, 더 큰 사회문화적 상황이 내담자가 종교를 어떻게 경험하는지와 내담자가 다른 사람에 의해 어떻게 경험되는지에 모두 영향을 미칠 수 있다(Savage & Armstrong, 2010). 그리고 사회문화적 상황은 개인과 가족은 무엇을 의미하고 자신의 정신병리에 어떻게 대처할 것이며 그리고 심리적, 종교적/영적 문제를 구분할 수 있는지의 여부에 영향을 미칠 수 있다(Knox, Catlin, Casper & Schlosser, 2005; Suzuki, Alexander, Lin & Duffy, 2006).

3) 기술

여기서 종교/영성에 민감한 개입을 하는 것과 관련된 기술의 범위를 상세히 언급하는 것은 불가능하다. 미국심리학회는 이 분야의 이 주제에 대해 폭넓게 다룬 몇 권의 책을 발행했다(Aten & Reach, 2009; Aten, McMinn & Worthington, 2011; Plante, 2009; Sperry & Shafranske, 2005).

추가적으로, 사비지와 암스토롱(Savage & Armstrong, 2010)은 헬미키와 쏘리(Helmeke & Sori, 2006)가 펴낸 『상담에 있어 영성 통합을 위한 상담·심리치료 사용 지침서; 상담·심리치료를 위한 과제, 유인물 그리고 활동 내용』(The Therapist's Notebook for Integrating Spirituality in to Counseling: Homework Handouts and Activities for Use in Psychotherapy)과 리쳐드와 버긴(Richards & Bergin, 2000) 그리고 에크(Eck; 2002)가 펴낸 일반적 영적 개입의 개관서를 추천한다.

증거기반 활동에 대한 강조의 증가(APA, 2006)는 이런 배경의 시대 조류를 따를 필요가 있다는 것을 의미한다. 그리고 임상 활동에 있어 증거기반 활용이 고려되어야 함을 의미한다. 포스트와 웨이드(Post & Wade, 2009)는 종교적/영적 문제를 다룬 경험적 연구를 검토하고 있다. 종교적인 개입을 기술한 이론은 풍부한데 비해, 이것의 효과성 연구는 뒤떨어지고 있다(Richards, Berrett, Hardman & Eggett, 2006).

지금까지, 종교적/영적 개입의 효과성에 대한 증거는 엇갈리고 있다. 다시 말하면, 접근 방식이 내담자의 선호와 상담·심리치료사의 편리에 따라서 활용했는지의 여부에 대한 선택의 문제가 남아있고, 이들이 세속적 접근 방식보다 더 나은 결과가 나온다고 제시한 증거는 제한적이라는 것이다(Hook et al., 2010).

교차 문화적 협력과 학제간의 교차 협력에 있어 요구되는 또 하나의 기술은 전문가 활동을 돕는 의지할 수 있는 커뮤니티가 필요할 것이다. 다른 문화적 측면과 마찬가지로 종교/영성도 그들이 추구하는 본질에 대한 인식과 도움의 근원에 영향을 미칠 뿐만 아니라 내담자 문제의 발단에 대한 개념에도 영향을 미칠 수 있다(예: 초자연적:의학적 원인).

어떤 문화권에서 사람들은 전문가에게보다 일차적 돌봄 제공자, 목회자, 전통주의적 상담·심리치료사 또는 가족이나 친구에게 보내는 경우가 더 많다(Mathews, 2008; DHHS, 2001). 종교에 열성적인 내담자에게 상담 실무자는 의뢰, 상담자문 또는 통합적 돌봄을 위해서 그 지역 출신의 상담·심리치료사나 영적 지도자와 협력함으로써 도움을 위한 접근성과 수용성을 증가시킬 수 있다(APA, 2002; APA, 2003; Johns & Sandhu, 2010; Savage & Armstrong, 2010).

목회자와의 협력은 독특한 도전이고 보답이 따른다(McMinn, Chaddock, Edwards, Lim & Campbell, 1998). 상담 실무자는 이런 도전을 인지할 것을 조언 받고 그 공동체 내의 비공식적인 결정권자(informal gatekeeper)와 자연적 조력자(natural helper)와 관계를 발전시키고 신뢰를 형성할 것을 조언 받는다(Aten, Mangis & Campbell, 2010). 그리고 필요한 능력을 갖추기 위해서 수련을 받는다(McMinn, Aikins & Lish, 2003; McMinn, Meek, Canning & Pozzi, 2001).

상담·심리치료를 하는 목회자는 종교/영성이 중요하고 자주 문화적 측면과 만나는 공동체에서 가치 있는 자원이다. 그러나 이들 또한 문화에 참여할 필요가 있다. 목회 상담자와 다른 종교적인 상담·심리치료사 그리고 회중들의 기대는 역할을 어떻게 정의하느냐에 따라서 다를 수 있다. 그리고 누가 상담·심리치료를 담당하고 비밀보장은 어떻게 이해하고 상담·심리치료가 진행되느냐에 따라서 다를 수 있다. 상담·심리치료를 책임지고 있는 종교 지도자는 이런 경험적 측면을 명료화해야 한다.

10. 윤리적, 문화적으로 민감한 임상 활동: 상담 여행의 시작 또는 지속적인 의미에서

우리 중 한 사람이(Librado) 대학원에 오기 전에 일했던 도시지역센터에서 근무하는 상담·심리치료사 두 사람이 내담자가 사무실에 모습을 나타낼 때 온화하게 맞아 주었다. 히스패닉계 여자인 첫 번째 사람은 볼에 키스를 했다. 베트남 출신의 두 번째 전문가는 악수를 하거나 가볍게 인사를 했다.

첫 인사는 전문가와 내담자 사이에 잘 환영받고 있음을 나타내고 적절하게 맞이함을 나타내는 것이다. 그러나 등장 인물이 다르다면 확실히 이런 인사는 환영받는 느낌이 덜 하고, (특히나 키스는) 윤리적으로 문제가 될 소지가 있다. 우울증으로 힘겨워하는 한 학생이 우리 중에 또 다른 사람(Yu)을 일본에 있는 자신의 가정으로 초대했다. 피곤한 듯한 모습에 그녀의 비언어적 단서를 계속해서 관찰하고 그녀가 피곤하지 않은지 직접적인 질문을 계속 했음에도 불구하고 그 젊은 여자는 피곤하지 않다고 하며 계속해서 대화를 했으나 갑작스레 "당신은 곧 집에 가실거죠?"라는 질문을 했다.

심지어 대화 유형의 미묘함을 알고서도 그리고 문화를 설명하기 위한 적극적인 시도에도 이런 상호 작용 속에서 실수를 막지 못했다.

이장을 준비하는 과정 중 우리는 문화의 힘과 문화의 복잡성에 매료되었고 이런 문화의 힘과 복잡성을 돕는 단체에 의해 매우 잘 전달되었을 때의 결과에 매료되었다. 그러나 문화 구조에 대한 이해와 상담 실무자 발전에 대한 더 많은 요구들 그리고 현재 임상활동에 유용한 정보들을 제공하기 위한 자료의 양 모두는 이유는 모르겠지만 아직은 불충분한 것 같다.

우리는 윤리적, 문화적으로 민감한 임상활동이 목적이라기보다 오히려 하나의 여정이라는 결론을 내렸다. 아직 처음이던지, 궤도에 상당히 멀리 들어왔던지, 우리는 결코 충분히 목적지에 미치지 못할 것이다. 계속해서 도전의 과정이 진행될 것이다.

그러나 우리와 함께 하는 사람들은 이런 여정에서 수고와 노력이 필요하다는 사실을 받아들여야한다. 우리가 내담자를 위해서 온화한 공간을 만들어 주려고 노력할 때, 내담자가 우리를 그들의 개인적, 문화적 세계 속으로 초대함으로써 우리 또한 내담자들에 의해 환대를 받는 손님임을 더 잘 기억할지도 모른다. 우리 또한 그 여정을 함께함에 따라서 축복받는다는 것을 발견함으로써 더욱 성장하고 기쁨이 넘치기를 소망하고 기대한다.

■ 참고문헌

American Association for Marriage and Family Therapy. (2012). *AAMFT code of ethics*. Alexandria, VA: American Association for Marriage and Family Therapy. Retrieved October 24, 2012, from www.aamft.org/imis15/content/legal_ethics/ code_of_ethics.aspx.

American Association of Christian Counselors. (2004). *AACC Code of ethics: The Y2004 final code*. Forest, VA: American Association of Christian Counselors. Retrieved January 24, 2011, from www.aacc.net/about-us/code-of-ethics.

American Association of Pastoral Counselors. (2010). *AAPC code of ethics*. Retrieved October 19, 2012, from www.aapc.org/about-us/code-of-ethics.aspx.

American Counseling Association. (2005). *ACA code of ethics*. Alexandria, VA: American Counseling Association. Retrieved January 24, 2011, from www.counseling.org/Resources/CodeOfEthics/TP/Home/CT2.aspx.

American Psychiatric Association. (2000). *Diagnostic and statistical manual of mental disorders* (4th ed.). Washington, DC: American Psychiatric Association.

American Psychiatric Association. (2009). *The principles of medical ethics with annotations especially applicable to psychiatry*. Arlington, VA: Author. Retrieved January 17, 2011, from www.psych.org/mainmenu/psychiatricpractice/ethics/resourcesstandards/principlesofmedicalethics.aspx.

American Psychological Association. (2002, with 2010 amendments). Ethical principles of psychologists and code of conduct. *American Psychologist, 57*, 1060-73. Retrieved January 17, 2011, from www.apa.org/ethics/code.

American Psychological Association. (2003). Guidelines on multicultural education, training, research, practice, and organizational change for psychologists. *American Psychologist, 58*, 377-402.

American Psychological Association. (2004). Guidelines for psychological practice with older adults. *American Psychologist, 59*, 236-60.

American Psychological Association. (2005). The professional practice guidelines

for psychotherapy with lesbian, gay, and bisexual clients. *American Psychologist, 55*, 1440-51.
American Psychological Association. (2007). Guidelines for psychological practice with girls and women. *American Psychologist, 62*(9), 949-79.
American Psychological Association, Committee on Aging. (2009). *Multicultural competency in geropsychology.* Washington, DC: American Psychological Association.
American Psychological Association, Presidential Task Force on Evidence-Based Practice. (2006). Evidence-based practice in psychology. *American Psychologist, 61*, 271-85.
Arredondo, P. , Toporek, M. S., Brown, S., Jones, J., Locke, D. C., Sanchez, J., & Stadler, H. (1996). *AMCD multicultural counseling competencies.* Alexandria, VA: AMCD. Retrieved January 19, 2011, from www.amcdaca.org/amcd/competencies.pdf.
Artman, L. K., & Daniels, J. A. (2010). Disability and psychotherapy practice: Cultural competence and practical tips. *Professional Psychology: Research and Practice, 41*(5), 442-48. doi:10.1037/a0020864.
Association of Lesbian, Gay, Bisexual, and Transgender Issues in Counseling. (2009). *Competencies for counseling with transgender clients.* Alexandria, VA: Association of Lesbian, Gay, Bisexual, and Transgender Issues in Counseling.
Association of Spiritual, Ethical and Religious Values in Counseling (ASERVIC). (2009, rev.). *Competencies for addressing spiritual and religious issues in counseling.* Retrieved January 19, 2011, from www.aservic.org/resources/spiritual-competencies.
Aten, J. D., & Leach, M. L. (Eds.). (2009). *Spirituality and the therapeutic process: A comprehensive resource from intake through termination.* Washington, DC: American Psychological Association.
Aten, J. D., Mangis, M. W., & Campbell, C. (2010). Psychotherapy with rural religious fundamentalist clients. *Journal of Clinical Psychology, 66*, 513-23.
Aten, J. D., McMinn, M. R., & Worthington, E. L. (Eds.). (2011). *Spiritually oriented interventions for counseling and psychotherapy.* Washington, DC: American Psychological Association Books.
Baily, R. K., Ali, S., Jabeen, S., Akpudo, H., Avenido, J. U., Bailey, T., et al. (2010). Attention-deficit/hyperactivity disorder in African American youth. *Current Psychiatry Report, 12*, 396-402.
Bergin, A. E. (1980). Psychotherapy and religious values. *Journal of Consulting and Clinical Psychology, 48*(1), 95-105.
Bhui, K., & Dinos, S. (2008). Health beliefs and culture: Essential considerations for outcome measurement. *Disease Management & Health Outcomes, 16*(6), 411-19.
Brawer, P. A., Handal, P. J., Fabricatore, A. N., Roberts, R., & Wajda-Johnston, V. A. (2002). Training and education in religion/spirituality within APA-ac-

credited clinical psychology programs. *Professional Psychology: Research and Practice, 33*(2), 203-6.

Burnhill, D. A., Butler, A. L., Hipolito-Delgado, C. P. , Humphrey, M., Lee, C. C., Munoz, O., & Shin, H. (2009). In C. C. Lee, D. A. Burnhill, A. L. Butler, C. P. Hipolito-Delgado, M. Humphrey, O. Munoz & H. Shin (Eds.), *Elements of culture in counseling* (pp. 245-47). Upper Saddle River, NJ: Pearson.

Canning, S. S., & Fantuzzo, J. W. (2000). Competent families, collaborative professionals: Empowered parent education for low-income African-American families. *Journal of Prevention and Intervention in the Community, 20*(1/2), 179-96.

Christian Association for Psychological Studies. (2005). *Ethics statement of the Christian Association for Psychological Studies.* Batavia, IL: Christian Association for Psychological Studies. Retrieved January 17, 2011, from http://caps.net/aboutus/statement-of-ethical-guidelines.

Commission on Rehabilitation Counselor Certification. (2010). *Code of professional ethics for rehabilitation counselors.* Schaumburg, IL: Commission on Rehabilitation Counselor Certification. Retrieved January 20, 2011, from www.crc certification.com/pages/crc_ccrc_code_of_ethics/10.php.

Constantine, M. G., Miville, M. L., Kindaichi, M. M., & Owens, D. (2010). Case conceptualizations of mental health counselors: Implications for the delivery of culturally competent care. In J. D. Aten & M. M. Leach (Eds.), *Culture and the therapeutic process: A guide for mental health professionals* (pp. 99-115). New York: Routledge/Taylor & Francis Group.

Council of Chairs of Training Councils. (2007). Assessment of competency benchmarks work group: A developmental model for the defining and measuring competence in professional psychology. Proceedings of the Benchmark Conference. Retrieved October 19, 2012, from www.psychtrainingcouncils.org/pubs/Comptency%20Benchmarks.pdf.

Delaney, H. D., Miller, W. R., & Bisono, A. M. (2007). Religiosity and spirituality among psychologists: A survey of clinician members of the American Psychological Association. *Professional Psychology: Research and Practice, 38*(5), 538-46.

Dueck, A., & Reimer, K. (2009). *A peaceable psychology.* Grand Rapids: Brazos Press.

Eck, B. E. (2002). An exploration of the therapeutic use of spiritual disciplines in clinical practice. *Journal of Psychology and Christianity, 21*(3), 266-80.

Elliott, C. (2003). *Better than well: American medicine meets the American dream.* New York: Norton.

Eukland, K., & Johnson, W. B. (2007). Toward cultural competence in child intake assessments. *Professional Psychology: Research and Practice, 38*(4), 356-62.

Fields, A. J. (2010). Multicultural research and practice: Theoretical issues and maximizing cultural exchange. *Professional Psychology: Research and Practice, 4*(3), 196-201.

Fontes, L. A. (2010). Considering culture in the clinical intake interview and report. In J. D. Aten & M. M. Leach (Eds.), *Culture and the therapeutic process: A guide for mental health professionals* (pp. 37-64). New York: Routledge/Taylor & Francis Group.
Gallardo, M. E., Johnson, J., Parham, T. A., & Carter, J. A. (2009). Ethics and multiculturalism: Advancing cultural and clinical responsiveness. *Professional Psychology: Research and Practice, 40*(5), 425-35. doi:10.1037/a0016871.
Gonsiorek, J. C., Richards, P. , Pargament, K. I., & McMinn, M. R. (2009). Ethical challenges and opportunities at the edge: Incorporating spirituality and religion into psychotherapy. *Professional Psychology: Research and Practice, 40*(4), 385-95.
Greenfield, P. M. (1997). You can't take it with you: Why ability assessments don't cross cultures. *American Psychologist, 52*(10), 1115-24.
Gregory, R. J. (2007). *Psychological testing: History, principles, and applications* (5th ed.). Boston, MA: Allyn & Bacon.
Hage, S. M., Hopson, A., Siegel, M., Payton, G., & Defanti, E. (2006). Multicultural training in spirituality: An interdisciplinary review. *Counseling & Values, 50*(3), 217-34.
Hansen, N. D., Randazzo, K. V., Schwartz, A., Marshall, M., Kalis, D., Frazier, R., et al. (2006). Do we practice what we preach? An exploratory survey of multicul-tural psychotherapy competencies. *Professional Psychology: Research and Practice, 37*(1), 66-74. doi:10.1037/0735-7028.37.1.66.
Hathaway, W. L. (2005). *Preliminary practice guidelines for religious/spiritual issues.* Paper presented at the 113th Annual Convention of the American Psychological Association, Washington, DC.
Hathaway, W. L., & Ripley, J. S. (2009). Ethical concerns around spirituality and religion in practice. In J. D. Aten & M. L. Leach (Eds.), *Spirituality and the therapeutic process: A comprehensive resource from intake through termination* (pp. 25-52). Washington, DC: American Psychological Association.
Hays, P. A. (2001). *Addressing cultural complexities in practice: A framework for clinicians and counselors.* Washington, DC: American Psychological Association.
Helmeke, K. B., & Ford Sori, C. (2006). *The therapist's notebook for integrating spirituality into counseling: Homework, handouts and activities for use in psychotherapy*(Vols. 1-2). New York: Haworth Press.
Hill, P. C., & Pargament, K. I. (2003). Advances in the conceptualization and measurement of religion and spirituality: Implications for physical and mental health research. *American Psychologist, 58*(1), 64-74.
Hook, J. N., Worthington, E. L., Jr., Davis, D. E., Jennings II, D. J., Gartner, A. L., & Hook, J. P. (2010). Empirically supported religious and spiritual therapies. *Journal of Clinical Psychology, 66*(1), 46-72.
International Union of Psychological Science. (2008). *Universal declaration of ethical principles for psychologists.* Retrieved January 17, 2011, from http://

am.org/iupsys/resources/ethics/univdecl2008.html.

Johnson, L. R., & Sandhu, D. S. (2010). Treatment planning in a multicultural context: Some suggestions for counselors and psychotherapists. In M. M. Leach & J. D. Aten (Eds.), *Culture and the therapeutic process: A clinician's guide* (pp. 117-56). New York: Routledge.

Jones, S. L. (1994). A constructive relationship for religion with the science and profession of psychology: Perhaps the boldest model yet. *American Psychologist, 49*(3), 184-99.

Knox, S., Catlin, L., Casper, M., & Schlosser, L. Z. (2005). Addressing religion and spirituality in psychotherapy: Clients' perspectives. *Psychotherapy Research, 15,* 287-303.

Leach, M. M., & Aten, J. D. (2010). An introduction to the practical incorporation of culture into practice. In M. M. Leach & J. D. Aten (Eds.), *Culture and the therapeutic process: A guide for mental health professionals* (pp. 1-12). New York: Routledge.

Marx, D. M., & Goff, P. A. (2005). Clearing the air: The effect of experimenter race on target's test performance and subjective experience. *British Journal of Social Psychology, 44,* 645-57.

Mastumoto, D. (2000). *Culture and psychology: People around the world* (2nd ed.). Stamford, CT: Wadsworth/Thomson Learning.

Mathews, M. (2008). Explanatory models for mental illness endorsed by Christian clergymen: The development and use of an instrument in Singapore. *Mental Health, Religion & Culture, 11*(3), 287-300.

McMinn, M. R., Aikins, D. C., & Lish, R. (2003). Basic and advanced competence in collaborating with clergy. *Professional Psychology: Research and Practice, 34*(2), 197-202.

McMinn, M. R., Chaddock, T. P. , Edwards, L. C., Lim, B. B., & Campbell, C. D. (1998). Psychologists collaborating with clergy. *Professional Psychology: Research and Practice, 29*(6), 564-70.

McMinn, M. R., Meek, K., Canning, S., & Pozzi, C. F. (2001). Training psychologists to work with religious organizations: The center for church-psychology collaboration. *Professional Psychology: Research and Practice, 32*(3), 324-28.

McNeil, J. D. (2005). Unequally yoked? The role of culture in the relationship between theology and psychology. In A. Dueck & C. Lee (Eds.), *Why Psychology Needs Theology* (pp. 140-60). Grand Rapids: Eerdmans.

McNeil, J. D., & Pozzi, C. F. (2007). Developing multicultural competencies. In R. Priest & A. Nieves (Eds.), *This side of heaven: Race, ethnicity and Christian faith* (pp. 81-94). New York: Oxford University Press.

Milstein, G., Manierre, A., & Yali, A. (2010). Psychological care for persons of diverse religions: A collaborative continuum. *Professional Psychology: Research and Practice, 41*(5), 371-81.

Morrison, J. Q., Clutter, S. M., Pritchett, E. M., & Demmitt, A. (2009). Perceptions

of clients and counseling professionals regarding spirituality in counseling. *Counseling and Values, 53*(3), 183-94.
National Council of Schools and Programs in Professional Psychology. (2007). *Competency developmental achievement levels (DALs) of the National Council of Schools and Programs in Professional Psychology.* Retrieved June 24, 2011, from www.ncspp. info/DALof NCSPP 9-21-07.pdf.
O'Connor, S., & Vandenberg, B. (2005). Psychosis or faith? Clinicians' assessment of religious beliefs. *Journal of Consulting and Clinical Psychology, 73*(4), 610-16.
Okazaki, S., & Sue, S. (1995). Cultural considerations in psychological assessment of Asian Americans. In J. N. Butcher (Ed.), *Clinical personality assessment: Practical approaches* (pp. 107-19). New York: Oxford University Press.
Paniagua, F. A. (2010). Assessment and Diagnosis in a Cultural Context. In J. D. Aten & M. M. Leach (Eds.), *Culture and the therapeutic process: A guide for mental health professionals* (pp. 65-98). New York: Routledge/Taylor & Francis Group.
Plante, T. G. (2009). *Spiritual practices in psychotherapy.* Washington, DC: American Psychological Association.
Pope-Davis, D. B., Toporek, R. L., & Ortega-Villalobos, L. (2002). Client perspectives of multicultural counseling competence: A qualitative examination. *Counseling Psychologist, 30*(3), 355-93.
Post, B. C., & Wade, N. G. (2009). Religion and spirituality in psychotherapy: A practice-friendly review of research. *Journal of Clinical Psychology, 65*(2), 131-46.
Richards, P. S., & Bergin, A. E. (2000). *Handbook of psychotherapy and religious diversity.* Washington, DC: American Psychological Association.
Richards, P. S., & Bergin, A. E. (2005). *A spiritual strategy for counseling and psychotherapy* (2nd ed.). Washington, DC: American Psychological Association.
Richards, P., Berrett, M. E., Hardman, R. K., & Eggett, D. L. (2006). Comparative efficacy of spirituality, cognitive, and emotional support groups for treating eating disorder inpatients. *Eating Disorders: The Journal of Treatment & Prevention, 14*(5), 401-15.
Rogers, M. R., & Lopez, E. C. (2002). Identifying critical cross-cultural school psychology competencies. *Journal of School Psychology, 40,* 115-41.
Russell, S. R., & Yarhouse, M. A. (2006). Training in religion/spirituality within APAaccredited psychology predoctoral internships. *Professional Psychology: Research and Practice, 37*(4), 430-36.
Sandhu, D. S. (1995). Pioneers of multicultural counseling: An interview with Paul B. Pedersen. *Journal of Multicultural Counseling and Development, 23,* 198-211.
Sattler, J. M. (2008). *Assessment of children: Cognitive foundations* (5th ed.). San Diego: Jerome M. Sattler.

Saunders, S. M., Miller, M. L., & Bright, M. M. (2010). Spiritually conscious psychological care. *Professional Psychology: Research and Practice, 41*(5), 355-62.

Savage, J., & Armstrong, S. (2010). Developing competency in spiritual and religious aspects of counseling. In J. A. E. Cornish, B. A. Schreier, L. I. Nadkarni, L. H. Metzger & E. R. Rodolfa (Eds.), *Handbook of multicultural counseling competencies* (pp. 379-414). Hoboken, NJ: John Wiley.

Schlosser, L. Z., & Safran, D. A. (2009). Implementing treatments that incorporate clients' spirituality. In J. D. Aten & M. L. Leach (Eds.), *Spirituality and the therapeutic process: A comprehensive resource from intake through termination* (pp. 193-216). Washington, DC: American Psychological Association.

Schwartz, A., Rodriguez, M., Santiago-Rivera, A. L., Arredondo, P. , & Field, L. D. (2010). Cultural and linguistic competence: Welcome challenges from successful diversification. *Professional Psychology: Research and Practice, 41*(3), 210-20. doi:10.1037/a0019447.

Smith, D. I., & Cahill, B. (2000). *The gift of the stranger: Faith, hospitality, and foreign language learning.* Grand Rapids: Eerdmans.

Sperry, L., & Shafranske, E. P. (Eds.). (2005). *Spiritually oriented psychotherapy.* Washington, DC: American Psychological Association.

Stevenson, H. C., Davis, G., & Abdul-Kabir, S. (2001). *Stickin' to, watchin' over, and gettin' with: An African American parent's guide to discipline.* San Francisco, CA: Jossey-Bass.

Sue, D. W., Arredondo, P. , & McDavis, R. J. (1992). Multicultural counseling competencies and standards: A call to the profession. *Journal of Multicultural Counseling and Development, 20*(2), 64-88.

Sue, D. W., Carter, R. T., Casas, J. M., Fouad, N. A., Ivey, A. E., Jensen, M., et al. (1998). *Multicultural counseling competencies: Individual and organizational development.* Thousand Oaks, CA: Sage.

Sue, D., & Sue, D. M. (2007). *Foundations of counseling and psychotherapy: Evidence- based practices for a diverse society.* Hoboken, NJ: Wiley.

Suzuki, L. A., Alexander, C. M., Lin, P. , & Duffy, K. M. (2006). Psychopathology in the schools: Multicultural factors that impact assessment and intervention. *Psychology in the Schools, 43*(4), 429-38.

U. S. Department of Health and Human Services. (2001). *Mental health culture, race, and ethnicity: A supplement to mental health: A report of the surgeon general.* Rockville, MD: U.S. Department of Health and Human Services, Substance Abuse and Mental Health Services Administration, Center for Mental Health Services.

Vontress, C. E. (2009). A conceptual approach to counseling across cultures. In C. C. Lee, D. A. Burnhill, A. L. Butler, C. P. Hipolito-Delgado, M. Humphrey, O. Munoz & H. Shin (Eds.), *Elements of culture in counseling* (pp. 19-30). Upper Saddle River, NJ: Pearson.

Walker, D. F., Gorsuch, R. L., & Tan, S. (2004). Therapists' integration of religion and spirituality in counseling: A meta-analysis. *Counseling and Values,* 49(1), 69-80.

Watts, R. E. (2001). Addressing spiritual issues in secular counseling and psychotherapy: Response to Helminiak's (2001) views. *Counseling and Values,* 45(3), 207-17.

Whaley, A. L., & Davis, K. E. (2007). Cultural competence and evidence-based practice in mental health services: A complementary perspective. *American Psychologist, 62*(6), 563-74. doi:10.1037/0003-066X.62.6.563.

Wiggins, M. I. (2009). Therapist self-awareness of spirituality. In J. D. Aten & M. L. Leach (Eds.), *Spirituality and the therapeutic process: A comprehensive resource from intake through termination* (pp. 53-74). Washington, DC: American Psychological Association.

제13장

정신건강 서비스 사업의 윤리

랜돌프 K. 샌더스(Randolph K. Sanders)

당신이 대학원을 갓 졸업한 젊은 상담·심리치료사라고 상상해 보자.

몇 년간의 대학원 과정을 마친 후에 당신은 대학원에서 공부해온 상담·심리치료의 뛰어난 기술들을 사용하고 싶어하며 순진하게도 기독교 상담 및 임상기관들이 당신을 채용하려고 줄을 설 것이라고 상상한다.

하지만 현실적으로 당신은 가까스로 일자리를 하나 얻게 되는데 결국 기독교 상담부서가 있는 신설 정신병원의 초보 사례관리자로 일을 하게 된다. 당신이 병원에 입사한지 한 달 후, 그 병원은 우울증 '진단의 날' 행사를 갖기로 결정한다. 지역주민들에게 정신병원에 와서 우울증에 대한 평가를 받으라는 광고가 나갈 것이다.

초보 사례관리자로서 당신은 우울증 판별사(screener) 중 한 사람이라는 책임감을 갖게 된다. 우울증 판별사를 위한 예비교육에서 병원 관리자는 우울증 진단을 받은 사람의 35%를 입원시키는 것이 목표인데 면담을 받는 사람 중 최소한 35%를 입원시키는 모든 판별사들에게 보너스를 보장한다고 말한다. 게다가 그는 가장 입원을 많이 시키는 판별사에게 휴가도 주겠다고 약속한다.

1. 정신건강사업

　이상적인 젊은 상담·심리치료사라면 적어도 처음에는 자신의 일을 사업으로 생각하지는 않는다. 우리는 '다른 사람을 돕기 위해서'라는 주된 목적을 갖고 대학원에 가지만 시간이 흐르면서 이 세상의 현실은 가장 이상적인 사람마저도 머지않아 자신의 일을 '사업'이라고 여기게 만든다.

　상담·심리치료사 전문가 윤리를 잊어버린 것은 젊은 상담·심리치료사뿐만이 아니다. 경험이 많은 전문치료사들도 이런 문제들을 간과한다. 윤리에 대한 대부분 전문치료사들의 생각은 비밀보장이나 다중 관계와 같은 상담·심리치료소의 문제에만 집중되어 있다. 사무실이나 위원회에서 윤리적 문제는 비교적 고려되지 않는다.

　불행하게도 사업적 문제를 판단할 때, 윤리적 결정은 신중한 도덕 또는 윤리적 고찰을 통해서가 아니라 나중에서야 떠오르는 생각(예: "어쩌나, 보험사가 내주지 않는다면 고객이 돈을 지불해야 한다고 말했어야 했는데 깜빡했네")이나 편의에 의해서(예: "재정적으로 살아남기 위해서 난 어떡해야 하지?") 결정된다.

　만약 당신이 위에서 예로 든 상담·심리치료사라면 어떻게 하겠는가?

　당신은 신설 병원의 비어있는 침대를 채울 환자들을 찾는 것이 주목적인 우울증 진단의 날에 대한 적합성에 의문을 던질 것인가?

　아니면 이제 막 시작된 경험인데, 어떤 말을 해야 하는 것이 두려워서 위태로워진 직업을 접고 다른 길을 찾겠는가?

　아마 당신은 다른 많은 병원들에서도 이와 같은 행사를 진행할 것이고 그 동기가 온전히 순수하지 않더라도 어떤 방식으로든 공공에 기여한다고 스스로에게 말할 것이다.

　상담사업에 있어서 윤리적 문제의 기저에는 공통적으로 돈이나 권한 혹은 두 가지 모두의 문제가 포함된다. 상담·심리치료나 다른 형태의 전문적인 정신건강 서비스를 제공하는 것에는 근본적으로 내재된 갈등이 있다. 그 갈등은 상담·심리치료가 상처 입은 사람을 위한 서비스임과 동시에 상담·심리치료사의 수입을 위한 방편이라는 사실에서 비롯된다.

한편으로 상담·심리치료사는 내담자/환자들의 복지를 다룰 것을 맹세했다.

하지만 또 다른 한편으로는 상담·심리치료/심리치료사는 자신과 가족들을 위해서 수입을 추구하며 한 사람의 직업인으로 종사한다.

상담·심리치료 자체에 대해 반대하는 입장인 극단적인 비판자들은 이런 갈등을 상담·심리치료의 폐단이라고 보며, 소위 전문가라고 불리는 사람들이 다른 사람들의 고통과 괴로움으로부터 이윤을 추구하는 것 자체가 상담·심리치료가 본질적으로 윤리적이지 않다는 명확한 증거라고 말한다(Masson, 1994). 대부분의 사람들은 이 정도로 비판적이지는 않다. 많은 전문가들은 육체적이건 정신적이건 혹은 법적이건 혹은 경제적이건 어려움에 처한 사람들에게 특별한 서비스를 제공하면서 수입을 얻는다.

하지만 이런 비판자들의 경고를 무시해서는 안 된다. 고통이나 괴로움에 시달리는 사람에게 특별한 서비스를 제공하는 경우, 예를 들어, 태풍 '허리케인'의 희생자들에게 물과 음식을 준다거나, 응급 치료를 하거나, 법적인 자문을 해 주거나, 건강관리를 해 주거나, 우울증에 걸린 사람을 상담·심리치료해 주는 경우, 서비스를 제공하는 사람들이 자신의 지위를 악용하여 내담자나 환자에게서 부당하게 이득을 취할 수 있는 위험이 있다.

예수 그리스도가 상인들을 성전 밖으로 내쫓아 보냈던 정당한 분노를 성경에서 명백히 강조한 것을 고려해봐야 한다. 여기에서는 신앙을 '상업화'하는 사람들, 혹은 지금 우리가 다루고 있는 개인적인 이득을 위해서 기독교 상담을 '이용'하는 사람들에 대한 폐단을 말하려는 것이다(마 21:12-14; 막 11:15-18; 눅 19:45-47; 요 2:13-16).

이 장에서는 기독교 상담 서비스 제공사업과 관련된 윤리적 문제를 집중적으로 다룬다. 우리는 광고, 상담료 설정, 제3자 지불과 같은 더 분명한 문제들을 논의하게 될 것이다. 또한 덜 다루어지기는 하지만 결코 덜 중요한 것은 아닌 관리의료 윤리(ethics of managed care)와 영리추구의 환경과 비영리추구의 환경에서 근무하는 상담·심리치료사들이 직면하는 특정 문제를 살펴보고자 한다.

2. 광고에 있어서 진실

정신건강 서비스를 광고할 때, 가장 본질적인 원칙은 진실만을 말하는 것이다. 광고를 하기 전에 이 원칙을 고려한다면 광고와 관련된 대부분의 문제들이 해결될 수 있다.

광고라는 것은 광범위한 활동을 지칭한다. 소책자나 신문 광고, 방송매체 광고, 책이나 테이프 광고 등이 포함된다. 좀 더 광범위하게 본다면, 우리의 서비스에 관련하여 사람들에게 이야기하는 것도 포함될 수 있다. 상담·심리치료사와 정신병원을 광고할 때, 특정 부분에 관해서는 특히 주의해야 한다.

1) 수련과 경험

내담자들은 상담·심리치료사의 배경, 학력이나 경험에 대해서 알 권리가 있다. 상담·심리치료사는 자신의 수련 기간에 관해 정직해야 하며, 사실만을 제공하고 실제로 수련 받지 않은 것에 대해 이야기하거나 몇 가지 진실을 은폐함으로써 내담자로 하여금 상담·심리치료사가 받지 않은 수련을 받았다고 생각하게 해서는 안 된다.

사례 1

> 상담학 석사학위와 신학 박사학위를 갖고 있는 한 상담사가 자신을 스스로 전문 상담·심리치료사 Z 박사라고 말하지만 그의 홍보물 어디에도 그가 신학분야에서 박사학위를 취득했다고 설명하고 있지는 않다. 사실, 홍보물 전체에 그는 Z 박사라고만 표기되어 있다. 이 상담사는 자신을 분명하게 설명하지 않았기 때문에 잠재적인 내담자들에게 그가 상담학을 전공하여 박사학위를 취득했다고 생각할 가능성을 남겼다.

사례 2

Y 박사는 어떤 정규 전문가 면허/자격증을 취득하지 않고 인정되지 않는 비정규의 기독교상담학교로부터 박사학위를 취득했다. 그녀는 등록비와 진행수수료(progressing fee)를 내고 몇 개의 간단한 '성경적 상담' 과정을 통신강좌로 이수했다. 그리고 그녀는 내담자들에게 상담학을 전공하여 박사학위를 취득했다고 말했다.

사례 3

X 박사는 본인이 저명한 기독교 상담자에게 수련을 받았다고 전화번호부에 광고를 내며 그 상담·심리치료사의 이름을 명시했다. 하지만 사실 X 박사는 그 유명한 상담·심리치료사가 겨우 일주일 간 진행한 세미나에 참석했을 뿐이었다.

상담·심리치료사는 자신의 학력, 면허/자격증, 수련경험 등을 명시할 때 명확하게 그리고 사람들이 오해하지 않게 작성해야 한다. 미국심리학회나 미국기독교심리연구학회(CAPS) 같은 특정 단체의 회원이라는 것은 특별한 수련과정을 마쳤거나 수행능력을 암시하는 것이므로 자신이 그 단체의 일원이라는 것을 내포하면 안 된다(APA, 2002; Sec. 5; CAPS, 2005, Sec. 8b).

2) 서비스

상담·심리치료사 및 병원들은 자신들이 제공하는 서비스에 관해 명확하고 진실하게 밝힐 의무가 있다. 그들은 일반적인 치료 기준과 일치하는 서비스를 제공할 여건이 갖추어 지지 않았다면 어떤 이유로든 특정 서비스를 제공한다고 말해서는 안 된다.

사례 4

상담·심리치료사 A 씨는 자신이 통증관리 치료소를 개업할 것이라고 발표했다. 단독 개업하게 되는 A 씨는 자신의 의학적 진료에 대해 자문해 줄 의사가 없었고 의학계에 의뢰를 위한 사회적 연계망 또한 없었다. A 씨의 통증관리 프로그램은 단지 환자들의 고통에 대한 인식을 재구성하기 위해서 노력하는 것에 그쳤다. A 씨의 상담·심리치료의 접근 방식이 올바른 치료 프로그램의 일부라고는 할 수 있지만 포괄적인 통증관리 프로그램이 아님에도 불구하고 사람들이 오해하도록 했다. 정신건강 전문가들은 자신이 제공하는 서비스에 관해 과장된 주장을 하는 것을 주의해야 한다.

사례 5

Q 박사의 전화번호부에 "다 시도해 보셨나요, 이제는 최고의 상담·심리치료사와 상담하세요"라는 광고 문구를 삽입했다. 그녀의 동료는 Q 박사가 자신이 최고의 상담·심리치료사라는 것을 절대 증명할 수 없을 것이라고 불평하며 주 면허위원회에 그녀를 고발했다. 주 위원회는 Q 박사에게 "일부 내담자들을 만족하게 한 비과학적인 사례로 다른 상담·심리치료사보다 나은 기술을 가졌다는 증거가 될 수 없다"라고 판결했다. 주 위원회는 그녀에게 추가적인 교육, 수련감독을 받을 것에 대해서 명령했다(APA, 2002, Sec. 5.01b; CAPS, 2005, Sec. 8a, b).

전화번호부, 신문, 혹은 다른 매체에 광고를 할 때에는 자신이 속한 전문가 집단의 윤리적 관례를 꼼꼼히 살펴보고 올바른지 여부를 먼저 검토하는 것이 좋다. 윤리 규정은 전문가 집단에 따라서 다르고 관할구역마다 다르기 때문이다.

최근 몇 년 동안 광고 규정에 대한 정부의 개입 때문에 올바른 광고를 판단하기가 복잡해졌다. 1970년대 중반까지만 해도 중용과 보수주의가 광고의 기본이었다. 전문가협회에서는 상담·심리치료사에게 유도 광고가 아닌 기본정보만 제공하는 간단한 광고를 하도록 했다.

그 후 미국연방통상위원회(Federal Trade Commission)와 미국사법부(U.S. Department of Justice)는 광고에 대한 전문가협회의 너무 엄격한 규정이 어떤 경우에는 부적절하게 경쟁을 제한할 수 있다는 판결을 내렸다(Kelth Spiesel & Koocher, 1985; Koocher, 1977, 1994). 당시 정부의 판결은 건강한 경쟁을 위해서였을 뿐, 화려하고 사람의 눈을 끌기 위한 광고를 촉진시키기 위함이 아니었다. 하지만 적게는 그 판결로 인해 올바른 광고가 무엇인지 결정하기 어렵게 만들었고, 따라서 부적절한 광고들이 실제로 규제 받지 않을 가능성만 증대시켰다.

물론, 기독교 상담자가 광고에 있어서 보수주의 방향으로 가는 실수를 범할 수 있다. 그들의 전문가 면허/자격증과 수련 사실을 명백하고 솔직한 방식으로 알려서 소비자들이 그들의 기술을 이해하고 정보에 기반을 둔 서비스를 선택할 수 있게 해야 한다. 하지만 그들이 알리지 않아서 소비자들이 오해할 수 있음으로 비전문가에게 잘못 인도할 수 있는 정보는 자제하고 스스로를 사실 이상으로 확대하는 정보는 피해야 한다.

무엇보다도 일반적인 상업적 혹은 문화적 기준이 다른 사람들의 복지를 걱정하고 사람들을 돌보는 것과 같은 기독교적 기준에 반드시 부합되는 것은 아니라는 것을 깨달아야만 한다. 주 혹은 전문가협회의 광고 기준을 확인하여 준수하도록 최선을 다 해야 한다. 의구심이 있을 경우에 주변 전문가들에게 자문을 구하는 것도 필요하다.

3) 기독교 상담 광고하기

기독교 상담은 매우 유명해졌다. 평신도들이 자주 기독교 상담을 요청하기 때문에 최근 들어 관리의료기관이나 관련 분야에서 상담·심리치료사에게 지원서를 작성할 때 기독교 상담 서비스 제공 가능 여부를 물어본다. 이런 환경에서 다소의 전문가들이 경제적 이윤을 위해 이런 용어를 사용하는 것은 놀라운 일이 아니다.

사례 6

일부 병원에서 영리를 목적으로 운영하는 사설 기독교 정신의학적 치료는 '하나님의 백성의 정서적 필요를 다루는 목회'라고 홍보했다. 하지만 이 프로그램은 병세가 심각하거나 만성적인 정신장애를 앓고 있는 사람들이나 서비스에 대한 비용을 지불할 경제적 능력이 되지 않는 사람들을 외면했다. 조현병을 앓고 있는 아들이 이 상담·심리치료소에서 '부적합' 판정을 받고 주립병원으로 이송을 권고 받자, 그 아버지는 조현병이지만 기독교인인 자신의 아들이 부적합하다면 이 프로그램이 과연 하나님의 사람들을 위한 것인지 프로그램 관리자에게 되물었다.

기독교 정신건강 시설이 그들에게 제시된 모든 종류의 정신장애를 다룰 수 있어야 한다는 것을 보여주기 위해 이 사례를 제시한 것은 아니다. 그러나 그들은 서비스를 판매하기 위해서 너무 광범위하고 부주의하며, 단순하게 사용하는 기독교 용어가 대중들에게 오해를 불러일으킬 수 있다는 것을 명심해야 한다.

기독교적 용어는 사람마다 다른 것을 의미할 수 있으므로 사용할 때 주의해야 한다. 이 나라에는 복음을 받아들인 수많은 사람들이 있기는 하지만 교파가 다른 기독교인 사이에는 종교적인 관례, 지식, 믿음, 관점과 같은 문제에서 대단히 큰 개별적 차이가 존재한다. '기독교 상담자' 또한 사람에 따라서 여러 가지를 의미할 수 있으며, 박사학위를 가진 기독교 심리학자부터 복음주의 전도집단의 상담·심리치료사까지 다양한 의미를 내포할 수 있다. 정신건강 전문가들은 일반인에게 자신이 누구인지 그리고 기독교 서비스가 제공하는 본질을 이해시킬 수 있을 정도로 충분히 알려 주어야 한다.

4) 제3자에 의한 광고

상담·심리치료사는 자신이 직접 하는 광고뿐만 아니라 다른 사람들이 그를 위해서 광고하는 말에 대해서도 최종적 책임을 져야만 한다. 근래에 많은 상담·심리치료사들과 기관들은 그들의 의료 서비스, 평생교육 프로그램 등을 광고하기 위해서 홍보전문가를 고용한다. 어떤 상담·심리치료사는 출판사가 광고를 해 주는 일반서적을 쓰기도 한다. 광고대행사, 도서출판사, 그리고 기타 등등의 사람들은 상담·심리치료사의 윤리적 기준에 용인될 수 없는 광고 관행을 사용할 수도 있고 어떤 광고가 적절한지 모를 수도 있다.

상담·심리치료사는 이런 사람들에게 무엇이 받아들여지는지 알도록 도와주어야 한다. 물론, 대부분의 광고대행사들은 상담·심리치료사의 입장을 수용하지만 가끔 일부는 상담·심리치료사의 업무를 소위 '파는' 자신의 능력을 상담·심리치료사가 방해한다고 생각할 수 있다. 이럴 경우에 상담·심리치료사는 윤리적 광고에 관해 적극적으로 대응해야 하며 그렇지 않을 경우에는 다른 광고 서비스 업자를 찾아야 할 것이다. 상담·심리치료사는 또한 선의이지만 잘못된 광고를 하거나 잘못된 정보를 제공하는 공동체 내의 개인들을 조심스럽게 바로잡아야 한다.

사례 7

> D씨는 교회에서 매주 결혼 세미나를 진행하고 있었다. 매주 진행을 담당하고 있는 부목사는 그녀가 결혼/가족치료사지만, 의학박사는 아니었음에도 불구하고, 그녀를 정신의학자 D 박사라고 소개했다. 이런 안내는 세미나를 진행하는 목회자의 잘못된 이해일 수도 있다. 그럼에도 불구하고 D 씨는 진행 목회자의 안내를 조심스럽게 정정하고 올바른 내용을 설명해야 한다.

전문적인 서비스에 있어서 유명인사의 보증 또한 문제가 될 수 있는 관행이다. 특히 전문적인 상담·심리치료에 관해 지식이 약간 있거나 아니면 전혀 없는 배우나 스포츠 스타들의 이름이 상담·심리치료에 관한 지식이 있는 사람들보다도 잠재적인 내담자를 끌어들이는 것 같다.

상담받은 사람들의 증언을 광고에 사용하는 것도 논란의 여지가 있으며, 실제로 기독교심리연구학회 윤리 규정은 현 내담자들의 증언을 요청하는 것을 금지하고 있다(CAPS, 2005, Sec. 8d). 스트레스를 받고 있는 잠재적인 내담자는 이런 증언을 평가하는 데에 어려움을 겪을 수 있고 그 이야기를 자신의 상황에 대입시킬 가능성이 있다. 더욱이 하나의 사례가 성공적이라고 해서 그것이 반드시 많은 사례 전반에 성공적 모형이 될 수는 없다.

사례 8

> 양극성장애의 병력이 있는 A 내담자는 R 박사로부터 도움을 받았다. 그 내담자는 R 박사의 여러 세미나에서 조증 상태에 있는 사람의 특유의 열광적인 태도로 화려한 어휘를 동원하여 사람들에게 어떻게 R 박사가 자신의 인생을 바꿨으며, 자신을 도와준 것처럼 R 박사는 누구든지 도와 줄 수 있을 것이라고 말했다.

잠재적인 내담자는 그의 추천이 어느 정도까지 양극성장애의 영향을 받았는지 알 수 없고, 양극성 장애에 대한 상담·심리치료가 다른 장애를 상담·심리치료 기법과 어떻게 다른 지 가늠할 수도 없다.

확실히 숙련된 상담·심리치료사가 새로운 내담자를 맞는 최고의 방법은 이전 내담자들의 입소문을 통해서이다. 하지만 이런 추천은 잠재적인 내담자들이 그 증언의 진실성과 자신의 필요에 적용 가능한지 여부를 파악할 수 있는 보다 개인적인 일대일 관계 상황일 때 가능하다.

또한, 추천을 하는 내담자들의 복지에 신경을 써야 한다.

사례 8의 경우, 그 내담자가 경조증 혹은 조증인 상태에서 증언을 한 것이라면 상담·심리치료사는 자신의 이익을 위해서 그의 정신장애를 이용한 것이 과실이 아닐까?

아니면 이런 상황을 만든 것에 대한 과실이 없더라도 만약 내담자가 이후에 자신의 증언(심각한 문제를 일으킬 만한)으로 인해 어떤 해를 받는 경우라면, 예를 들어, 그가 친구, 가족, 혹은 그가 속한 공동체로부터 배척될 원인이 되는 그 무언가를 공유하고 있다면?

증언은 도서, 연수회, 대중강연회, 검사(tests), 혹은 다른 제작물에 있어서는 적절하다고 여겨진다. 하지만 이런 경우에도 증언을 객관적인 자료로 받아들이거나 오해하기 쉬운 방식으로 사용해서는 안 된다.

5) 보증

가끔 정신건강 전문가들은 어떤 제작물(책 또는 비디오 테이프 등)에 대해 보증을 하라고 요구받을 때가 있다. 이런 요구는 상담·심리치료사의 전문가 면허/자격증이 제작물에 대한 지각을 높이고 구매자의 구매 의향을 증대시킬 것이라고 추정하기 때문이다. 상담·심리치료사는 자신의 지위가 이런 식으로 이용되는 것을 허용할지에 대해 고려해야 한다. 만약 이 제작물이 정신건강과 아무런 관계가 없다면 상담·심리치료 전문가 면허/자격증이 아무 것도 없는 제작물에 후광효과를 줄 수 있다. 제작물이 정신건강과 관련된 것이라 하더라도 상담·심리치료사는 자신의 보증이 제작물의 효력에 관한 객관적인 자료로 대체되지 않도록 주의해야 한다.

상담·심리치료사와 병원은 그들이 제공하는 서비스에 대해 대중들이 오해하지 않도록 해야 한다. 그들은 듣는 사람들에게 오해의 여지를 남겨서도 안 될 뿐만 아니라 확신하는 느낌을 주는 진술도 해서도 안 된다.

3. 서비스의 지불

1) 상담료

상담료(fee)는 상담·심리치료사(혹은 내담자)가 어떻게 생각하든지, 상담·심리치료의 중요한 요소이다(Knapp & Vandecreek, 1993). 금전과 관련된 내용을 회피하는 상담·심리치료사는 내담자들과 지불 절차에 관련하여 명확하지 않을 확률이 높으며, 심지어 청구액이 얼마인지도 알리지 않아 내담자를 혼란스럽게 하거나 비용은 중요하지 않다고 생각하도록 잘못된 인상을 남길 수 있다.

어떤 상담·심리치료사에게는 상담·심리치료의 사업이 상담·심리치료 서비스 자체보다 우선시되는 것 같다. 지불 청구가 가능한 시간은 매 시간 책정되고 심지어 초 단위까지 책정되며 예외는 없다. 가끔 상담·심리치료사가 높은 상담료를 자신이 제공하는 서비스의 높은 질을 의미한다고 확신을 심어주고 상대적으로 잘 수련받은 전문가들이기 때문이라며 비용을 부풀리는 경우도 있다. 상담료는 잘못 전해져서도 안 되며 부당하게 부과되어서도 안 된다. 법적으로 일관성이 있어야 한다.

미국심리학회 윤리 규정과 미국기독교심리연구학회 윤리 규정은 상담·심리치료사가 치료적 관계를 맺기 전에 가능한 상담·심리치료 초기에 상담료와 지불 방법을 명시해야 한다고 기록하고 있다(APA, 2002, Sec. 6.04; CAPS, 2005, Sec. 4.2). 상담료와 지불 방법에 관한 기본 정보는 내담자가 상담·심리치료소에 첫 전화 통화를 할 때 의논하는 것이 좋다. 상담·심리치료사는 상담·심리치료소 직원이 상담·심리치료소 재무방침에 대해 명확하게 이해하도록 지도하여 직원과 상담·심리치료사 모두가 내담자에게 명확하고 일관되게 전달할 수 있어야 한다.

상담료에 관해 문서로 작성된 더 세부적인 정보는 첫 방문시 상담·심리치료 서면동의(informed-consent) 절차와 함께 제공될 수 있을 것이다(제4장 참고). 만약 상담·심리치료사가 24시간 내에 취소하지 않고 방문을 하지 않았을 경우에 (응급 상황 제외) 상담료를 부과한다는 것에 대한 동의를 얻어야 할 경우, 그 정보 또한 미리 제공해야 한다. 상담·심리치료사나 직원은 내담자가 명확하게 숙지하지 못한 부분에 대해 질문을 할 수 있도록 해야 한다.

많은 내담자들이 특정 종류의 정신장애에 대한 상담료 지불을 위해서 건강보험을 활용한다.

이럴 경우, 서비스 제공과 동시에 내담자는 상담료를 지불해야 하는 것인가? 아니면 내담자 대신 보험사에 직접 청구를 하는 것이 관행인가?

제3자 지불을 다루는 정책을 정하는 것은 상담·심리치료사에 의해 좌우된다. 상담·심리치료사가 관리의료제도의 후원을 받는 내담자를 맡았을 경우, 관리의료약정서에 있는 많은 지불 절차 처리 방법들에 대해 정통하고 있어야 한다(managed-care: 특정 병원·의사에게만 진료를 받도록 하는 것: 관리의료 제도).

상담·심리치료사가 지불과 관련된 어떤 이유로 보험사와 직접 연락을 할 경우, 내담자의 동의를 얻어야 한다. 무엇보다도, 상담·심리치료사는 상담·심리치료를 시작할 때, 보험사가 어떤 이유에서든지 지불을 하지 못할 경우, 내담자가 결국에는 책임을 져야 한다는 것을 알려야 한다.

어떤 상담·심리치료사나 대행사는 '보험금만' 받을 것이라고 내담자에게 말한다. 이런 경우에 상담·심리치료사는 한 회기의 상담·심리치료에 대한 관례적인 비용(예: 110달러라고 할 때)을 보험사에 청구한다. 관리의료기관(managed-care company)이 최대 수가로 80달러까지만 허용한다고 하면 보험사가 40달러(50%)를 지불하고 나머지 40달러는 내담자에게로 돌아가게 되어있다.

하지만 상담·심리치료사는 총 지불 금액으로 보험사의 40달러만 받고 내담자에게는 아무 것도 내지 말라고 했다고 가정하자.

상담·심리치료사는 이것을 내담자에 대한 친절한 처사라고 생각할 수 있겠지만 보험사의 입장에서는 사기행위이다. 보험사는 상담료가 납득할 만하다고 생각하고 청구 금액 중 그들의 몫을 지불하고 동시에 내담자도 내담자에게 해당되는 50%를 지불할 것이라고 예상한다.

또 다른 부정적인 관행은 제3자 지불을 받을 자격이 있는 상담·심리치료사가 실제로는 전문가 면허/자격증이 없는 상담·심리치료사가 행한 상담 회기에 대해서 상담료를 청구할 때이다. 예를 들어, 전문가 면허/자격증을 취득한 정신의학자는 보험회사의 서비스 제공자 명단에는 없지만 자신의 진료실에서 일하는 다른 상담·심리치료전문가 진행한 진료 회기에 대해 자신이 한 것으로 서명을 해버릴 수도 있다.

아니면 전문가 면허/자격증을 취득한 상담·심리치료사가 전문가 면허/자격증이 없는 수련상담자가 진행한 상담 회기에 대해 보험사에게 자신이 상담·심리치료를 하지 않은 것을 알리지 않고 청구할 수도 있다. 이런 관행은 잘못되었을 뿐만 아니라 법정 소송으로 이어질 수도 있다.

상담료와 지불 방법을 정하고 난 후에 내담자가 상담료를 지불하지 않을 경우, 상담·심리치료사는 제일 먼저 내담자와 직접 이 문제에 관해 의논해야 한다. 상담·심리치료사는 정신적으로 혹은 다른 이유로 상담료를 지불하지 않을 가능성이 높은 내담자를 예측하고 상담 회기 중 적절한 때에 이 문제에 관해 대처해야 한다.

사례 9

P씨는 첫 번째 상담 회기 중에 상담·심리치료사에게 '항상' 수금원이 자신의 집 앞에서 대기하고 있고 인생 내내 미루는 습관 때문에 문제가 많았다고 말했다. 첫 회기가 끝날 즈음, P씨는 상담·심리치료사에게 상담 회기 동안 '시간제 지불 계획'을 결정해 줄 것을 언급했다.

어떤 상담·심리치료사는 수금 대행사나 법적인 절차를 이용하여 오랜 시간 지불되지 않은 상담료를 받으려고 할 것이다. 하지만 상담·심리치료사 혹은 대리인은 내담자가 청구에 대해 어떤 반응도 없을 경우에 그런 조치를 취할 수 있음을 미리 알려 주어야 한다(APA, 2002, Sec. 6.04e). 상담·심리치료 시작 시점에 충분한 정보를 제공하고 그에 대한 동의를 얻으면서 상담·심리치료사는 내담자에게 지불하지 않은 상담료에 대해서는 수금 대행사를 통해 지급받을 수 있는 권리가 있음을 말해야 한다.

더 나아가 미국연방의료보험 통상책임법이 규정하는 서비스를 제공하는 상담·심리치료사는 내담자의 정보를 수금 대행사에 제공하기 전에 수금 대행사와 미국연방의료보험 통상책임법에 관련해서 사업제휴 계약을 맺어야 한다. 이런 상황에 있다 할지라도 상담·심리치료사가 수금 대행사나 법적인 수단으로 미납된 상담료를 받으려 할 때, 가끔 내담자들이 상담·심리치료사를 부당하게 고소할 수 있는 계기를 제공할 수도 있다는 것을 명심해야 한다(Knapp & Vande-Creek, 1993).

일반적으로 상담·심리치료사는 내담자에게 일정 시간 내에(치료가 끝난 시점이 제일 좋다) 일정 부분의 상담료를 내도록 종용하는 분명하고 이해 가능한 정책과 규정을 갖고 있을 때 상담료를 더 잘 받을 수 있다.

2) 가난한 사람들과 상담료

가난한 자를 도와야 한다는 부인할 수 없는 성경의 명령이 있다. 항상 우리 주변에는 가난한 사람이 있고, 그리고 우리는 그들에게 열린 마음을 가질 의무가 있다(신 15:11). 예수 그리스도와 초대 교회는 가난한 사람들과의 유대를 강조했고 이것은 분명하고 의심의 여지가 없다. 예수 그리스도는 억눌리고 가난한 사람들을 자유케 하러 왔다고 말했다(눅 4:16-21). 그는 가난한 사람들의 어려움을 돌아보지 않는 것에 대해 강하게 경고했다(눅 16:19-31).

가진 자인 우리는 갖지 못한 자들과 나눌 수 있어야 하며(딤전 6:17-18; 히 13:16) 가난한 자보다 부유한 자를 배불리지 말라고 성경은 권한다(약 2:1-5).

정신건강 윤리는 대개 어떤 종류의 서비스는 가변요금제(sliding scale)나 무료로 제공하도록 상담·심리치료사에게 권고하곤 한다(APA, 2002, Principle B). 이것은 어떤 환경에서는 다른 상황에서보다 실행하기가 더 쉽다. 지역 정신건강 의료원에 있는 의사에게는 가난한 내담자를 위한 주(state)지원금, 재단, 아니면 자선단체의 상담료 지원 등이 설정되어 있을 수 있다.

하지만 개인의료원의 경우에 이런 지원금이 없어 돈이 없는 사람들을 지원하는 것과 자신의 의료원이 경제적으로 생존할 수 있는 것 간의 균형을 잘 조절해야 한다. 상담료 차등은 신중하게 결정되어야 하며, 공동체가 요구하는 상담료와 양질의 서비스를 제공하는 데 필요한 실제 비용 간의 균형을 맞추어야 한다(Hinkle, 1981). 사실, 기독교 정신건강 전문가들은 가난한 사람들에게 서비스를 제공할 때 두 가지 수준의 책임을 갖고 있다.

첫째, 미시적 수준이다.

그들을 방문하는 개별 내담자들의 요구에 어떻게 대응할 것인가에 대해 걱정하는 것이다. 기독교 상담자는 그들이 무상 혹은 유상으로 상담·심리치료를 제공하든지 간에 상담·심리치료를 받으러 오는 다양한 사회 경제적 지위의 사람들에 대한 의식적 혹은 무의식적 편견을 신중히 생각하는 것이 필요하다. 그들에게 실질적이고 온정적인 정책을 개발해야 한다.

만약 상담·심리치료사가 개인적 능력 문제 혹은 경제적 문제로 가난한 사람에게 서비스를 제공할 수 없다고 생각된다면 그는 적당한 자원을 제공할 사람을 찾기 위해서 사회적 연계망을 개발해야 한다.

둘째, 거시적 수준이다.

전문가들은 거시적 수준에서 예언자적 목소리를 내는 사람이 되거나 의견을 내는 책임에 대해서도 관심을 가져야 한다(예: 공공정책 수준). 전문가들은 보잘 것 없는 수준의 상담·심리치료만을 받을 수 있는 주위의 가난한 사람들에 대해서도 신경을 써야 한다. 그들은 현재의 건강관리 정책 때문에 치료에 접근하는 것이 차단된 중간계층의 사람들이나 가난한 사람들에 대해서도 신경을 써야 한다(예: 보험의 보상을 받을 수 없을 만큼 비싸게 비용이 부과된 사람이나 기존의 여건 때문에 보험의 보상혜택을 받을 수 없는 사람들).

기독교 정신건강 전문가가 부유한 사람만을 위해서가 아닌 모든 사람을 위한 보다 인간적인 정신건강 체계의 옹호자가 되려면 어떤 책임감을 가져야 하는가?

미국의 일부 주에서는 비용을 절감하기 위해서 만성적이거나 혹은 경도의 정신장애자에게(대부분 이들은 가난하거나 돈이 없다) 서비스를 제한했다. 한때 이 사람들 대부분이 주립병원이나 지역 정신건강단체에서 진료혜택을 받았으나, 지금은 빈민굴, 버스 정류장과 같은 곳으로 쫓겨나 최소한의 지원으로 생존하고 있다.

다른 한편으로는 건강 산업에 종사하는 '가진' 자들이 부자와 가난한 사람 간의 간격을 더 넓히려고 위협하는 구조화된 체계를 갖고 있다. 아이젠버그(Eisenberg, 1986)는 이 과정을 의료업계의 '크림 스키밍'(cream skimming)이라고 부른다. 크림 스키밍이란 이윤이 가장 많이 남는 일부 서비스만 자신의 병원에서 제공하고 비싼 서비스의 경우는 궁핍한 공공병원에서 받도록 하는 것이다(편의적 선취[cream-skimming]는 공급자의 이익이나 평판을 고려하여 소비자를 선별하는 행태를 의미한다. 이는 이윤 극대화를 위해서 특정 내담자만을 회피 또는 선택하는 기회주의적 행태이다).

1980년대에 이런 양상이 급격하게 증가했고, 이미 많은 짐을 지고 있는 공공병원에 과도한 세금을 부과했다. 아이젠버그(Eisenberg)에 따르면, 이윤을 추구하는 기관들 중 일부는 예를 들어, 병원 위치를 선정할 때에 비용이 많이 들어가는 특정 질환을 피할 수 있는 위치를 선정하는 등 특정 내담자를 상담·심리치료에서 제외시키기 위한 전체 프로그램을 구축했다. 이런 환경에서 내담자에게 돈을 쓰는 경우에는 어떤 형태로든 그것이 병원에 득이 되는 홍보효과를 가져올 때일 뿐이다.

'크림 스키밍'은 정신건강분야에서도 일어난다. 어떤 기관에서는 다루기 힘든 상태의 내담자나 다양한 이유로 재정적 자원이 거의 없는 내담자들은 적극적으로 기피한다.

기독교적 관점에서 볼 때, 이윤이 내담자보다 우선시되어서는 안 된다. 그들이 갖고 있는 것을 떠나, 보살핌이 필요한 특정 사람을 거부함으로써 더 많은 이득을 취하는 것은 인간적인 것이 아니다.

하지만 균형의 문제는 있다. 한편으로는 그들의 소득에 상관없이 최대한 효율적이고 관심 어린 서비스를 제공하는 것에 대한 필요성이고 다른 한 편으로는 서비스를 제공하는 기관이 재정적으로 건전해야 할 필요성이다. 개개인의 기독교 상담자는 모든 사람의 요구를 충족하기 위해서 자신의 상담·심리치료 방식이 지역사회의 다른 서비스제공 체계와 어떻게 통합되고 혹은 통합되지 않는지에 대해 더 큰 그림으로 바라볼 필요가 있다.

3) 알선 수수료와 뇌물

자신이 잘 알고 믿으며 실력과 진실성을 가진 사람에게 내담자를 의뢰할 수 있다는 사실에 이의를 제기하는 상담·심리치료사는 없을 것이다. 마찬가지로 교사, 의사, 목회자, 변호사, 그리고 다른 사람들은 그들이 의뢰하는 사람을 편하게 생각해야 한다. 하지만 이런 전문가들 간의 의뢰에서 돈이 오간다면 그 의뢰에서 내담자의 필요와 상담·심리치료의 우수함보다 돈이 더 중요한 문제가 될 위험성이 항상 있다(APA, 2002, Sec. 6.07).

사례 10

기독교 고등학교의 한 상담·심리치료사는 심각한 문제가 있는 청소년들을 50마일 떨어진 곳에 제대로 된 기독교 프로그램이 있었음에도 불구하고 400마일 떨어진 곳에 있는 청소년 기독교 수련장을 추천했다. 그 대가로 상담·심리

> 치료사는 학생당 171달러를 받았다. 표면상으로 그 비용은 내담자에 대한 간략한 '배경 보고서'를 위한 대가이다.

이 사례에서 우리는 그 상담·심리치료사가 멀리 있는 기관으로 학생을 보낸 이유가 과연 프로그램이 훨씬 우수하다고 생각해서 인지 아니면 그 곳에 보냄으로써 돈을 받을 수 있기 때문인지 의심해 볼 필요가 있다.

4) 제3자 지불인 그리고 관리의료

보험사와 다른 제3자 지불인들은 보상되는 상황과 보상 금액을 명기하는 보험증서에 자세한 규정을 갖고 있다.

상담·심리치료사가 추가적인 보험 이익을 얻기 위한 의도로 제3자 지불인에게 허위 진술하거나 속이는 것은 비윤리적이다. 일반적으로 보험업자를 오해하게 만드는 것은 적어도 두 가지 방면에서 발생할 수 있다.

상담·심리치료사는 보험사로부터 받는 금액을 최대화하기 위해서 일정 금액을 청구하고 실제로는 더 적은 금액을 받을 수도 있다.

사례 11

> 어떤 상담·심리치료사가 경제적으로 어려움을 겪는 내담자들을 위해서 가변 요금제를 적용한다. 일반적으로 비용은 100달러이지만 수입이 적어진 내담자들에게는 80달러만을 요구한다. 하지만 내담자의 보험사에 청구할 때에는 100달러를 청구하는 것이다.

이 경우, 상담·심리치료사는 보험사에 내담자의 경제적 어려움을 감안한 요금제로 상담료가 청구되었으며, 총 청구금액은 100달러가 아닌 80달러였다는 것을 청구서에 기록해야 한다.

상담·심리치료사는 상담료를 받기 위해서 거짓으로 진단함으로써 보험사를 속일 수도 있다. 제3자 지불인은 특정 질병의 진단에 대해서 다른 경우보다 더 많이 보상할 수도 있고(예: '중증' 정신장애는 '경증' 정신장애보다 더 많이 보상한다.) 어떤 진단에 대해서는 전혀 보상하지 않을 수도 있다(예: DSM V-코드; DSM V-코드: 축 I[임상적 장애]이나 축 II[성격장애 및 정신지체]에 해당되는 진단이나 상태가 없을 때 기록하는 코드이다).

진단을 거짓으로 알려줌으로써 상담·심리치료사는 내담자가 갖지 않은 질병에 대해서 부정하게 지불을 받을 수 있다. 이 두 가지 행동은 사기죄에 해당되고 이런 행위가 밝혀질 경우에 심각한 처벌에 직면할 수 있다. 이상하게도 보험사나 관리의료기관의 청구 담당자는 가끔 상담·심리치료사에게 비용을 받기 위해서 진단서를 바꾸도록 충고하는 경우와 같이 규칙을 왜곡하는 것을 공식적으로 승인하는 것으로 여겨서는 안 된다. 만약 이런 상황에서 진단서를 위조했을 경우, 보험사 대표가 암묵적으로 승인했을지라도 상담·심리치료사가 대가를 치르게 되는 경우가 많다.

관리의료의 증가는 정신건강 직종에 완전히 새로운 일련의 윤리적 갈등을 가져왔다(Sanders, 1998a). 관리의료란 필요없거나 비용효율성이 떨어지는 것으로 여겨지는 의료에 대해 비용지불을 거절할 수 있는 권리를 갖고, 개별 내담자에게 제공되는 의료에 대해 예비적으로 혹은 직접 평가를 함으로써 '의료이용을 통제'하려는 조직화된 노력으로 정의될 수 있다(Appelbaum, 1993).

예를 들어, 정신건강 의료는 의학적 치료가 필요하다는 것을 입증할 경우에만 보험혜택을 받을 수 있다(Thurston, 1998). 그것을 지지하는 사람들에 따르면, 관리의료의 목적은 사례 분석을 통해 "가장 적정한 수준으로 의료를 규격화하고 질을 유지하며 가격과 서비스를 조정하는 것"이라고 한다(*NASW NEWS*: Dwokrin & Hirsch, 1994, p. 2에서 인용).

그들은 관리의료가 1980년대 후반과 1990년대 초반에 비용이 급격하게 증가한 정신건강 분야를 포함한, 대부분의 전문분야에서 민간보험업계가 의료비가 급격하게 오르는 것에 대처하는 가장 좋은 방법이라고 생각한다(Throckmorton, 1998).

관리의료를 비판하는 사람들은 관리의료란 산업화된 세상에서 이미 비용효율성이 가장 낮은 미국의 건강의료체계에 편입된 또 하나의 이익추구산업일 뿐이라고 말한다(Reid, 2009). 관리의료가 내담자에게 적정한 비용에 좋은 상담·심리치료를 받도록 보장한다는 주장과는 반대로 질과 효율적인 면에서 그들이 필요로 하는 의료를 종종 받지 못하게 만든다. 이것은 진료를 찾는 잠재적인 환자와 의료를 제공하려는 전문가 사이에 제한과 반감, 혼란이라는 장애를 가져올 뿐이다.

관리의료는 의료 제공자에게 배상을 꾸준히 줄여나가는 동시에, 의료제공자가 직원들에게 점점 더 많은 비용을 쓸 수밖에 없게 만드는데, 그 직원들의 주요 업무라는 게 흔히 배상이나 허가에 있어 관리의료의 실수를 교정할 뿐만 아니라 관리의료의 요구조건을 간신히 처리해내느라 많은 시간을 보내는 것뿐이다. 또한 미국의료제도에서 관리의료는 개인보험회사와 그들의 최고 지도자 그리고 그 보험사의 주주들이 유리한 쪽으로 힘의 균형을 유지한다.

실제로, 관리의료하에서 제공될 수 있는 의료의 질과 관리의료가 대체로 환자에 대한 서비스보다 보험 제공자의 비용 절감에 더 중점을 두는 현실에 관해 많은 의문들이 제기되어왔다(Landerman et al., 1994). 이러저러한 이유들로 어떤 상담·심리치료사는 관리의료위원회에 들지 않으려고 하며, 이런 유형의 제3자 지불인에게 의존할 필요가 없는 환경에서 일을 구하려고 한다. 하지만 대부분의 환경에서 경제적으로 생존하기 위해서 적어도 일부 위원회에 가입해야 할 필요성이 있다.

관리의료의 일원이 된다는 것은 상담·심리치료사가 어떤 상담·심리치료를 할 것인지에 대해 보험사와 특정 조건을 정하고 계약하는 것이다(주석이 달린 일반적인 계약조항 목록을 보려면 Poloshy, 1993 참고). 상담·심리치료사는 관리의료 서비스를 제공하는 모든 계약을 맺기 전에 작은 글씨로 인쇄된 부분을 면밀히 읽어야 하며, 계약조항이 상담·심리치료사의 윤리관행 규정에 부합하는지 주의 깊게 확인해야 한다(Dworkin & Hirsch, 1994).

상담·심리치료사는 계약 조항이 자신의 윤리 규정과 맞지 않을 경우에 관리의료위원회에 참여해서는 안 된다(Higuchi, 1994). 계약은 여러 진료 항목들에 대해 보험사가 얼마를 지불하고 환자가 얼마나 지불할지에 대한 제한을 둘 것이다.

어떤 계약에서 이런 '허용 가능한' 항목은 굉장히 적고, 상담·심리치료사의 일반적인 상담비보다 훨씬 낮게 책정되는 경우도 종종 있다. 계약을 체결할 때, 상담·심리치료사는 그들 스스로 허가사항에 구속되는 것을 받아들이는 것이고 상담·심리치료사의 일반적인 혹은 관례적인 비용이 얼마든지 간에 환자에게 추가적인 비용을 부과할 수 없다는 것을 이해해야 한다. 관리의료에 참여하는 상담·심리치료사는 사회적 연계망 제공자로서 직면하게 될 여러 종류의 윤리적 문제들을 알아야 할 필요가 있다.

사례 12

B씨는 심각한 우울증에 시달렸다. 그녀의 정신의학자는 여러 종류의 항우울증 치료제들을 처방했으나 모두 효과가 없었으며 부작용만 나타났다. 마침내, 의사는 B씨의 우울증을 성공적으로 치료할 약을 찾아냈다. B씨는 기뻐했으나, 새로운 약물을 복용한지 8주 후에, 그녀의 보험사는 그 약은 유명회사 제품으로 비싼 약이기 때문에 추가 비용을 지불할 수 없으므로 과거에 복용했던 값이 좀 싼 약물을 다시 복용하도록 통보했다. B씨는 "다른 방도가 없다"라는 보험사 직원의 말을 듣고 혼란에 빠졌다. 그녀는 자신의 상황을 고민하느라 잠을 이루지 못했으며, 다시 심각한 우울증에 시달렸다.

사례 13

젊은 남성인 J씨는 그가 성장하는 동안 부모에게 당한 학대 때문에 생긴 심각한 우울증을 치료받기 위해서 상담·심리치료소를 방문했다. 게다가 이제는 연로한 부모가 성인이 된 그의 삶에 심각한 스트레스를 주고 있다. J씨의 허락을 받고 상담·심리치료사는 내담자의 보험사와 연락하여 J씨의 상담·심리치료를 허용해달라고 요청했다. 보험사는 몇 번이나 요청을 연기한 후에야 15회기의 상담·심리치료를 허용했고 더 필요할 경우에 작성해야 할 자료를 보내주었다. 15회기의 상담·심리치료 후, J씨는 다소 호전되었으나, 부모 때문에 일어난 매우 스트레스가 심한 사건과 과거의 문제로 인해 진행 속도가 느려졌다. 상담·심리치료사는 추가 상담·심리치료를 허락 받기 위해서 문서를 작성하여 보냈고 보험사는 추가 상담·심리치료를 15회기 더 허용했다.

하지만 10회기의 추가 상담·심리치료 후, J씨의 보험사가 더 이상의 상담·심리치료에 대한 지불을 거부했다. 그 이유를 묻자 J씨의 계약 조항에 연간 25회기의 상담·심리치료만 허용되었다고 했다.

상담·심리치료사는 10회기 상담·심리치료가 남아있음에도 불구하고 왜 15회기의 추가 상담·심리치료만을 허용해주었느냐고 보험사에게 질문하자, 관리의료 기관의 직원은 보험사가 상담·심리치료사에게 보낸 승인서에서 비록 어떤 허가 조건을 잘못 말했다 하더라도 보험사가 책임을 지지 않는다는 면책 조항이 있음을 상담·심리치료사에게 상기시켜주었다. 보험사의 행동에 대한 J씨의 반응은 다음과 같았다.

"그래요, 제가 어릴 적에 부모님이 나에게 했던 것과 똑같네요. 그들은 나에게 하나를 약속하고 나서 다른 것이 그분들에게 적합하다고 판단되면 다른 일을 해 주곤 했죠."

사례 14

A씨와 8회기의 상담·심리치료를 마친 후, 관리의료기관에서 상담·심리치료사에게 진단, 증상, 현재 질병의 경중, 그리고 상담·심리치료사의 치료계획과 같은 정보를 작성하도록 요청했다. 상담·심리치료사가 판단하기에 작성해야 하는 내용이 미국연방의료보험 통상책임법 규정에서 제시한 제공 가능한 정보와 일치했기 때문에 서류를 작성하여 제출했고, 관리의료기관에서는 8회기의 추가 상담·심리치료를 승인했다.

추가 상담·심리치료가 종결된 후, 관리의료기관에서 더 이상의 추가 상담·심리치료를 승인하기 전에 상담·심리치료사와 전화 면담을 하자고 요청했다. 면담 동안 관리의료기관의 분석가는 내담자의 증상과 관련된 개인적인 인생사를 질문하기 시작했다. 상담·심리치료사는 이런 질문들이 내담자의 개인적인 정보(예: 상담·심리치료 기록)로 더 높은 단계의 개인적 신상이며 미국연방의료보험 통상책임법 규정에 어긋난다며 대답을 거부했다. 그러자 관리의료기관의 직원은 추가 상담·심리치료 승인을 거부했다.

사례 15

X씨는 공황장애로 상담·심리치료를 받았다. 10회기의 상담·심리치료 후에 그녀의 증상은 완전히 치료되었다. 1년 후, X씨는 큰 회사인 직장을 그만두고 건강보험이 전혀 제공되지 않는 작은 비영리 기독교 목회기관에 채용되었다. 그녀가 민간건강보험에 가입하려고 했지만 이전에 공황장애로 진단받은 기록이 있었다는 이유로 보험 제공을 거부했다.

이런 사례들은 관리의료와 현대의 건강보험 시대에 정신건강치료를 제공하는 것과 관련하여 몇 가지 두드러진 문제점을 보여준다. 관리의료와 관련해서 상담·심리치료사와 관리의료기관의 분석가 모두에게 새로운 책임이 생기게 된다. 이중 일부가 다른 곳에서 이미 검토되었다(Applebaum, 1993; Sanders, 1998a).

상담·심리치료사는 관리의료기관의 결정이 내담자들에게 불리하게 적용될 때 그 결정에 항의할 필요가 있다. 이전에는 그렇지 않았지만 상담·심리치료사는 내담자의 대변인이 되어, 필요할 경우에 해당 상담·심리치료를 주장하도록 요구받고 있다(Sanders, 1998a). 상담·심리치료사는 그들이 단지 자신의 능력을 최대한 활용하여 내담자의 문제를 해결하고 진단하는 것뿐만 아니라 내담자와 상담·심리치료사 자신이 보험사로 인해 입는 피해와 관료적 장벽을 넘어야 한다는 것에 대해 당연히 좌절감을 느낄 수 있다.

하지만 아무리 어렵다 하더라도 (그리고 때로는 아무리 성과가 없을지라도) 기독교치료사는 변호인의 역할을 수행하고, 적절한 곳에서 환자의 요구를 옹호하는 윤리적 책임을 감당해야 한다. 물론, 우리는 내담자의 변호인이 되어야 할 뿐만 아니라 외교적 수완을 발휘해서 관리의료 기관의 직원이 자신의 분명한 임무를 다하도록 요구해야 하고, 또한 그들의 회사에 보험금을 맡긴 사람들이 적절하게 상담·심리치료를 받도록 해야 한다(Sanders, 1998a).

마찬가지로 기독교 상담자는 자신의 내담자가 받고 있는 상담·심리치료 수준이 적절하며 문서로 정확하게 표시되었는지의 여부를 확인하고 스스로 조절해야 할 책임이 있다.

상담·심리치료사는 가능한 치료를 시작할 때, 관리의료사가 치료를 제한할 수 있는 가능성을 환자들에게 교육해야 한다. 사실 이것은 관리의료사의 의무이지만 환자에게 쉽게 이해할 수 있게끔 그들은 이런 정보를 제공하지 않는다. 많은 내담자들은 (의료보험규정의 보험료를 보조해 주는 사용자들뿐만 아니라) 상담료에 대해 보험사가 제기할 수도 있는 제한에 대해 종종 무지하다.

만성적 정신장애나 성격 문제 같이 쉽게 해결되지 않을 수 있는 문제를 가진 환자에게 어느 정도의 치료가 충분한지 결정하는 것은 어려운 문제일 수도 있다. 이것은 상담·심리치료사와 내담자가 상담·심리치료 중에 솔직하게 의논해야 할 문제이다.

만약 환자의 관리의료기관이 더 이상의 보상을 거부하거나 보상을 심각하게 제한하지만 환자는 여전히 치료를 원하고 상담료를 지불할 만한 재정이 없다면 상담·심리치료사는 그 일부 환자들을 위해서 비상시의 대책을 강구하도록 노력해야 한다. 이런 상황에서 상담·심리치료사의 목표는 환자를 돕기 위해서 자신이 할 수 있는 일을 하거나 유능한 관련 상담·심리치료사의 도움을 받는 것인데 후자의 경우에 환자를 버렸다는 어떤 의심도 피하게 된다.

상담·심리치료사는 또한 관리의료 기관과의 관계에서 비밀보장 문제에 신중해야 한다.

보험사가 치료를 승인하기 위해서 얼마나 세부적으로 내담자의 상황을 알아야 하는가?

미국연방의료보험 통상책임법은 상담·심리치료사가 상담·심리치료를 정당화하기 위해서 보험사에 제공하는 정보의 양을 제한하지만 사례 14에서 볼 수 있듯이, 이 법안 때문에 보험사들이 전혀 정보를 구하지 않는 것은 아니다.

상담·심리치료사와 환자들의 정보를 보험사에 보냈을 때, 과연 비밀보장에 대해 확신할 수 있는가?

만약 관리의료기관의 분석가가 내담자의 직장과 관계가 있어서 상담·심리치료 내용이 공개되어 직장에서 부정적인 영향을 받는다면 어떻게 해야 하는가?

히구치(Higuchi, 1994)는 관리의료기관에 환자의 비밀보장에 관한 정보를 제공하는 것에 따른 위험성과 유익을 명시한 동의서를 같이 첨부하여 보낼 것을 추천한다. 그녀의 논문에는 견본 문서가 있으며, 샌더스(Sanders, 1998a)의 저서에도 부분적으로 문서가 포함되어 있다(1998a).

사례 15가 보여주듯이, 과거의 치료가 성공적이었을 때조차도 사람들이 정신건강 진료를 받게 되면 나중에 보험에 가입하는데 제한을 받는다는 것은 슬픈 사실이다. 의회를 통과하고 대통령이 승인한 적정가격진료법(Affordable Care Act), 즉 일명 오바마의료법은 2014년부터 기존의 질병 때문에 보험을 거부당하는 사례를 막고 보험을 가진 미국인의 수를 늘리기 위해서 재정되었는데 아직 어느 범위까지 민간보험사가 보장할 것이며 어떤 비용으로 제시할 것인지 미지수이다.

물론, 정신건강 전문가 중에서는 상담·심리치료사가 아닌 관리의료기관의 사례분석가로 있는 사람들도 있다. 윤리적 관점에서 이들은 여러 가지 사례들을 주의 깊게 평가하여 보험회사를 위해서 비용을 절약하고 보험 계약자에게는 적절한 치료를 제공하여 보험사가 모순된 가치를 신중하게 고려해야 할 책임이 있다. 검토자들은 상담·심리치료사의 특정·심리치료 계획을 심사할 때, 필요한 적절한 수련을 받은 것이 보장되어야 한다.

예를 들어, 인지행동치료와 관련된 교육을 조금 밖에 받지 않았거나 아니면 아예 받지 않은 간호실습생이 우울증 관련 인지치료로 이루어진 치료계획을 심사하는 것이 과연 적절한가?

혹은 내담자의 심리검사를 사전에 보장받기 위해 관리의료기관의 분석가와 교섭하는 심리학자를 생각해 보자.

그 분석가가 검사에 대한 보장을 거부했다고 하자.

하지만 그 분석가가 검사와 관련된 수련을 전혀 받은 적이 없다면 분명히 그 분석가는 자신의 능력을 벗어난 일을 하는 것이다.

이 부분에 대해 결론을 내리기 전에 관리의료와 제3자 지불인과 관련된 윤리적 문제가 항상 진료시에만 발생하는 것은 아니라는 것을 강조하는 것이 중요하다. 정신건강의료정책의 어떤 부분에서나 여러 가지 문제들은 있다(Sanders, 1998b; Tjeltveit, 1999). 기독교 사회정의 관점에서 기독교 상담자는 광대한 건강의료 체계에서 생기는 더 많은 문제들을 배우고 자신의 재능과 영향력을 갖고 체계를 더 정의롭고 인도적으로 만들도록 노력해야 할 것이다.

예를 들어, 어떤 상담·심리치료사는 자신이 속한 분야의 주요 회사에 근무하는 이익조정자와 만나서 최대한 회사의 비용을 낮추면서 직원들을 위한 가장 유익한 조건을 어떻게 선택하는지 이해하도록 도울 수도 있다. 다른 상담·심리치료사는 지역 사회 지도자와 대화를 하거나 여러 종류의 매체들을 통해서 문제들에 대해 일반 대중에게 알리고 교육할 것이다. 또 어떤 상담·심리치료사는 정치계 혹은 정치인과 정책 의사결정권자들과 관심사를 논의하는 전문가 단체에 참여할 수도 있다.

4. 직장 내외 교류

정신건강 전문가들은 직장 동료, 직원, 고용주, 학생들을 정중하게 대할 의무가 있다. 정신건강사업은 이런 관계를 잘 유지하려고 노력하지 않는 전문가들로 인해 심각하게 방해받는다(APA, 2002, sects. 2.05, 3.01-3.04, 3.08-3.09).

1) 동료, 직원, 학생과의 관계

모든 직장에는 직장을 이끌어가기 위한 명확한 내규와 절차가 필요하다. 고용에 관련해서는 갈등과 고충을 해결하는 방식과 고용과 승진 조건이 있을 것이다. 한 직장에서 함께 일하는 전문가들은 서로에게 예의를 갖추도록 노력해야 한다. 회사를 책임지고 있는 전문가들은 비밀보장과 같은 기본적인 일, 명확한 비용제시 그리고 의심스러울 때, 어떤 직원에게 물어봐야 하는지 등의 사무직 그리고 행정직 직원들의 기본 윤리교육을 제공해야 한다.

문서로 된 내규와 설자에 대한 책자에는 직상의 규칙을 명확히 하고 윤리적 문제를 다루는 것에 대한 기본정보를 포함해야 하며 그리고 직원들이 그런 규칙을 이해하고 기꺼이 지킬 것임을 확인하는 서명을 받는 것도 중요할 것이다.

사례 16

어떤 부목사가 그의 교회신자들 가운데 한 사람이고 나이가 20세인 여성신자에 대해 문의하기 위해서 상담·심리치료사의 사무실로 전화를 걸었다. 그는 사무실 직원에게 자신이 전화를 한 동기는 순수한 것이며 교회에서 자선기금으로 그 여성의 상담료를 부담할 것을 고려중이기 때문에 전화를 거는 것임을 확실히 말했다. 그는 사무실 직원에게 언제 그 여성이 상담·심리치료를 시작했으며, 누구와 상담·심리치료를 하고, 얼마나 오랫동안 치료를 받았고 진단이 무엇인지 물어보았다.

이런 상황을 경계하고 환자에 대한 개인정보는 물론 그가 환자인지 여부조차 알려주지 말라고 교육하는 것도 상담·심리치료사의 책임이다.

예를 들어, 문의를 했던 목회자가 그 여성에게 최근 성적으로 옳지 못한 행동을 하려 했고 그녀가 그를 두려워한다는 사실이 치료 도중 밝혀졌다고 가정해 보자.

직장에서 비밀보장 문제에 관련해서, 상담·심리치료사는 주기적으로 환자의 이름, 주소, 지불 정보 등과 같은 비밀 정보를 접근할 수 있는 계약상담자와의 관계에 있어서도 신중해야 한다.

예를 들어, 대부분의 상담·심리치료사들은 사무실의 컴퓨터를 수시로 수리하고 새로운 결제 프로그램을 개발하는 등의 업무를 하는 컴퓨터 자문을 두고 있다. 미국연방의료보험 통상책임법은 그런 개인들이 상담·심리치료사의 사무실에서 업무 과정 중에 보게 되는 모든 정보들에 관해 비밀을 유출하지 않을 것을 동의하는 문서를 읽고 서명하게 하라고 권유한다. 상담·심리치료사는 또한 사무실의 문서정보 및 파일정보 등 개인정보의 보안을 유지하기 위한 정책을 갖고 있어야 한다.

2) 전문가들 간의 관계

상담·심리치료사는 현재 직장 밖의 동료 전문가와 가능한 최대한 협동해서 일하도록 노력해야 한다. 이것은 상담·심리치료사에게 도움이 될뿐만 아니라 간접적으로 내담자에게도 도움이 된다. 정신건강 전문가들은 '협회 간 전쟁'을 피해야 하며 각각의 치료 직종이 기여하는 바를 최대한 알고 있어야 한다.

상담·심리치료사는 정신건강, 의학, 목회사역에 환자를 돕기 위해서 자신의 특별한 재능을 더할 수 있을지도 모를 다른 전문가와 연합하여 긴밀하게 일해야 한다.

관리의료비와 관련해 과도한 경쟁이 있는 현대 사회에서는 다른 상담·심리치료사와 비윤리적 세력 다툼을 하는 경향이 늘어나고 있다. 상담·심리치료사는 "환자뺏기"라고 불리는 상황을 피해야 하며, 다른 정신건강 전문가의 치료를 받는 동안이나 혹은 치료를 받은 후에 찾아오는 내담자에게 조심스럽게 현재 상황을 명확히 해야 한다(APA, 2002, Set. 4.04).

사례 17

> C 박사는 여성 내담자를 상담·심리치료하고 있었다. 얼마 지나지 않아 그녀의 남편도 상담·심리치료를 받아야 한다는 것을 알았지만 여러 이유에서 C 박사는 내담자의 남편은 다른 상담·심리치료사를 만나는 것이 더 좋은 결과를 얻을 수 있겠다고 생각했다. 그는 그 내담자의 남편을 다른 상담·심리치료소로 의뢰했고, 그 쪽의 상담·심리치료사에게 그에 대해 설명했다. 남편이 새로운 상담·심리치료사를 처음 만났을 때, 그 상담·심리치료사는 자신이 남편과 아내 둘 다 개별적으로 상담·심리치료를 받아야 하며 아내가 C 박사에게 상담·심리치료를 받는 것은 비윤리적이라고 말했다. 새로운 상담·심리치료사는 C 박사에게 이 권고에 대해 어떤 대화도 나누지 않았으며 그가 이 사실을 안 것은 그 상담·심리치료사가 C 박사의 내담자를 '빼앗아' 간지 몇 주가 지나서였다.

전문가들 간의 관계에 있어서 가장 중요한 것은 도덕성과 의사소통이다. 다른 집단처럼 전문가들도 서로 대화를 나눌 때 강한 신뢰와 관계가 구축된다.

3) 고용주와 이사회의 관계

현대 직장에서 고용주에 대한 종업원의 충성심이든 그 반대이든 겉보기에 충성심이란 덕목은 사라졌다. 충성심이 없으면 직장의 대인관계는 일시적 특성을 띤다. 하지만 충성심, 특히 고용주에 대한 종업원의 충성심은 거저 생기지 않는다. 정당한 권위가 있는 곳에서 충성심이 생기는 것이다.

정당한 권위가 있는 고용주가 있는 곳의 직원들은 회사의 발전을 위해서 일하고 원칙을 지켜야 할 책임이 있다. 그들은 회사와 내담자의 요구사항 혹은 기관과 개인의 윤리적 기준과 충돌할 때, 그 문제를 해결하기 위해서 노력한다.

비영리 상담·심리치료기관에는 정신건강 전문가의 질문에 적극적으로 대응하는 이사회(boards)가 있다. 이사회와의 상호 작용에서는 일부 특별한 윤리적 질문이 제기된다.

첫째, 문제는 이사회와의 정직성 문제이다.

이사회는 흔히 지혜롭고 친절하지만 상담·심리치료소의 일과에 대해서는 제한된 지식을 가진 사람들로 구성된다. 상담·심리치료사는 상담·심리치료소를 지혜롭게 이끌기 위해서 필요한 지식을 이사회에 제공하고 자신의 일에 대해 이사들을 정직하게 교육할 책임이 있다. 이것은 이사들이 정신건강에서 비전문가라는 것이 아니다. 그들은 회사를 효율적으로 발전시킬 수 있도록 이사회에 가져 오는 문제들을 해결할 수 있는 특별한 능력을 발휘하기 위한 충분한 정보력을 지니고 있다.

둘째, 정신건강 전문가와 이사회와의 관계의 진실성은 이사회가 사내에서 일어나는 모든 것을 아는 것은 불필요하다는 사실을 뒷받침할 정도로 강해야 한다.

가끔 이사들은 상담·심리치료사에게 비밀보장을 위반할 것을 요청하는 경우가 있다. 물론, 이사들일지라도 비밀을 유지하지 않는 것은 잘못된 것이지만 만약 이사회와 상담·심리치료소 경영진과의 관계가 강하게 결속되어 있다면 그런 갈등을 극복하기가 쉽다.

정신건강 상담·심리치료소의 행정 관리자들은 이사들과의 잠재적인 이중관계를 조심해야만 한다. 이것에는 이사들을 내담자로 받아들이는 것과 이사들과 외부의 재정을 연합하는 것이 포함되지만 제한되지는 않는다.

사례 18

회계사인 F씨는 한 상담·심리치료소의 이사회에 들어와서 회계 담당자가 되라는 제의를 받았다. 이사회에 들어간 후 얼마 되지 않아 F씨는 상담·심리치료소의 대표자를 만나서 그가 몇 년 동안 고민했던 일을 다시금 떠올리게 했다며 이사회에 들어와서 기쁘다고 말했다. 왜냐하면 그는 정말 결혼상담이 필요했기 때문이다. F씨는 상담·심리치료소의 대표자에게 자신이 이사회에 근무하는 대가로 자신의 결혼상담·심리치료를 해달라고 요청했다.

마지막으로, 이사회와 위원회는 흔히 상담소의 자금조달에 관여하므로, 정신건강 상담·심리치료소 행정 관리자들은 적절한 자금조달을 권장해야 한다. 이를 수행하기 위해서 자금이 어떻게 사용하는지에 대해서 뿐만 아니라 상담·심리치료소에서 무슨 일을 하는지에 대해서도 이사회는 올바르게 숙지해야 한다. 이사회는 정기적인 회계감사나 공식적 재정검사를 통해 증빙된 재무보고서로 상담·심리치료소의 재정 상태를 정직하게 보고받아야 한다.

5. 결론

상담·심리치료사와 관리자들이 발생 가능한 문제들을 무의식 중에 간과하기 때문에 상담·심리치료의 사업을 진행할 때 윤리적 문제는 흔히 발생한다. 최악의 문제 대부분은 아픈 사람들에 대한 서비스로서의 정신건강 사업과 전문가들에게 생계수단을 제공하는 직업으로서의 정신건강사업 간에 존재하는 필연적 갈등을 잘 다루지 못하는 데서 비롯된다.

상담·심리치료사가 상담·심리치료소를 운영하는 사업에 있어서 문제를 피하고 좋은 의도로 사업을 하기 위해서 관계자들과 진실한 관계를 수립하는 것이 필요하다. 그들은 먼저 내담자의 이익을 우선으로 하고 사업과 상담·심리치료소를 효율적이고 효과적으로 운영할 수 있도록 하기 위한 명확한 기준을 수립해야만 한다.

■ 참고문헌

American Psychological Association. (2002). Ethical principles of psychologists and code of conduct. *American Psychologist, 57,* 1060-73. Also available (with 2010 amendments) from www.apa.org/ethics/code/index.aspx.

Appelbaum, P. S. (1993). Legal liability and managed care. *American Psychologist 48,* 251-57.

Christian Association for Psychological Studies. (2005). *Ethics statement of the Christian Association for Psychological Studies.* Batavia, IL: Christian Association for Psychological Studies. Retrieved from http://caps.net/about-us/statementof- ethical-guidelines.

Dworkin, M., & Hirsch, G. (1994). Responding to managed care: A roadmap for the therapist. *Psychotherapy in Private Practice. 13,* 1-21.

Eisenberg, L. (1986). Health care: For patients or for profits. *American Journal of Psychiatry, 143,* 1015-19.

Higuchi, S. A. (1994). Recent managed-care legislative and legal issues. In R. L. Lowman & R. J. Resnick (Eds.), *The mental health professional's guide to managed care* (pp. 83-117). Washington, DC: American Psychological Association.

Hinkle, J. E., Jr. (1981). Central issues related to the use of fee scales. In J. C. Carr, J. E. Hinkle & D. M. Moss III (Eds.), *The organization and administration of pastoral counseling centers.* (pp. 123-30). Nashville: Abingdon.

Keith-Spiegel, P. , & Koocher, G. P. (1985). *Ethics in psychology.* New York: Random House.

Knapp, S., & VandeCreek, L. E. (1993). Legal and ethical issues in billing patients and collecting fees. *Psychotherapy, 30,* 25-31.

Koocher, G. P. (1977). Advertising for psychologists: Pride and prejudice or sense and sensibility? *Professional Psychology, 8,* 149-60.

Koocher, G. P. (1994). APA and FTC: New adventures in consumer protection. *American Psychologist, 49,* 322-28.

Landerman, L. R., Burns, B. J., Swartz, M. S., Wagner, H. R., & George, L. K. (1994). The relationship between insurance coverage and psychiatric disorder in predicting use of mental health services. *American Journal of Psychiatry, 151,* 1785-90.

Masson, J. M. (1994). *Against therapy.* Monroe, ME: Common Courage.

Polonsky, I. (1993, May-June). How to write treatment reports for managed care. *The California Therapist,* 29-32.

Reid, T. R. (2009). *The healing of America: A global quest for better, cheaper, and fairer health care.* New York: Penguin.

Sanders, R. K. (1998a). Integrity in the age of managed care. *Journal of Psychology & Christianity, 17,* 101-9.

Sanders, R. K. (1998b). Integrity: The micro and the macro issues. *Journal of Psychology & Christianity, 17,* 175-76.

Throckmorton, W. (1998). Managed care: "It's like deja-vu, all over again." *Journal of Psychology & Christianity, 17,* 131-41.

Thurston, R. (1998). An apologetic for managed care. *Journal of Psychology & Christianity, 17,* 142-47.

Tjeltveit, A. C. (1999). *Ethics and values in psychotherapy.* New York: Routledge.

제14장

상담하는 목회자

빌 블랙번(Bill Blackburn)

"목사님, 이번 주에 제가 목사님과 상담 좀 할 수 있을까요?
목사님의 도움이 필요합니다."

"저는 저의 어머니에게 어떻게 해야 할지 마음이 너무 아픕니다.
이번 주말에 만나 뵐 수 있을까요?"

"목사님, 저는 실직을 했는데 상담을 좀 받고 싶습니다."

"목사님, 제 아내가 오랫동안 저를 사랑하지 않았다고 하면서 이혼하자고
합니다. 저는 어떻게 해야 할지 모르겠어요.
다시 잘 지낼 수 있을까요?"

"주님이 저를 사역자로 부르신 거 같아요, 하지만 저는 확신이 없어요. 목
사님과 상담을 하고 싶습니다."

"저는 한 번도 전에 이런 감정을 느껴 본 적이 없어요. 저는 아무 것도 하기
싫고, 아무도 만나고 싶지 않아요."

어떤 사람은 제가 우울증에 걸린 것 같다고 하는데 목사님께서 저를 도와 주실 수 있으신지요?"

나는 목회자로서 목회 현장에서 은퇴하기 전까지 목회 상담의 범주에 속한 많은 상담·심리치료의 요청들을 받았었다. 각각의 이야기는 독특했으며, 이야기를 풀어가면서 새로운 차원의 본질적인 의문들이 생기기 시작했다. 하지만 각 사례에는 공통점이 있는 것 같았다. 마음의 상처를 입고 교회의 목회자에게 도움을 요청하는 이런 사람들은 그들이 갖고 있는 문제에 영적인 그 무엇인가가 있다는 것을 자신들이 알고 있음을 넌지시 내비쳤다.

이 장에서는 목회 상담에 포함되는 주요 윤리 문제에 대해서 다루어 보고자 한다. 이런 논점은 목회자가 목회 상담을 할 때, 자신이 어떤 역할을 해야 하는지, 목회자의 특별한 역할 차원에 중점을 두고자 하는 것이다. 이런 유형의 질문에 대하여 여기서 나누고자 하는 내용들은 다음과 같다.

전반적인 목회사역의 조명으로서 목회 상담은 어떻게 이해되는가?

목자로서 목회자의 성경적인 모습이 목회 상담의 이해와 실천에 어떻게 영향을 미치는가?

목회 상담에서 하나님을 개인적 평안을 위한 수단으로 여기는 일반적인 경향은 어떤가?

목회 상담분야에서 목회자가 할 수 있고 또 해야 하는 것과 한계에는 어떤 것이 있는가?

윤리적 차원은 어떤 것이 있는가?

상담하는 목회자를 위한 기본지침은 어떤 것들이 있는가?

나는 이와 같은 질문들에 대한 답을 찾기 위해서 몇 가지 윤리적 차원의 상담을 탐색함으로써 상담을 하는 목회자 및 그 밖의 사람들을 돕고자 한다.

1. 현장에서 목회 상담

많은 목회자들은 목회사역을 크게 세 분야로 나누었다.

(1) 설교/교육
(2) 목회돌봄
(3) 리더십/행정

명백하게 이 세 가지 영역은 서로 중첩되고 상호보완적인 면이 있다.

나는 목회돌봄이라는 영역 안에 목회 상담을 포함시키고 싶다. 목회돌봄이라는 것은 병원심방, 신자들이 전화상으로 자신의 문제나 확신을 요구하는 전화상담, 신자들의 필요시 이루어지는 비공식적인 간략한 대화 등을 포함한다. 이 장에서는 이런 내용을 목회 상담으로 다루고자 한다.

또한 나는 약속시간 즉, 신자들이 직면한 문제에 대한 도움과 안내를 받기 위해서 또는 적절한 관점을 제시해 주기를 요청하기 위해서 오는 다양한 시간에 대해서 언급할 것이다.

목회자가 자신의 다양한 목회 의무를 이행하기 위해서 시간을 할애하거나 그것을 제한하는 지침을 수립하는 것은 중요한 일이다. 나의 경우를 든다면 내가 목회자가 되었을 때, 나는 주당 3시간에서 4시간만 목회 상담을 하고, 신자 한 사람에게 3회기 이상의 시간을 할애하지는 않을 것이라고 교회에 공표했다.

왜 이런 지침을 두고 유지하려고 했는가?

첫째, 나는 목회자가 주당 3시간에서 4시간 이상의 상담·심리치료를 하고서도 다른 목회활동을 잘 해낼 수가 있을 것이라고 생각하지 않는다.

한 교회의 목회자로서 나의 주요 사역은 설교이며 교사로서의 일이었다. 나는 아침마다 집에서 연구하고, 기도하고, 공부하고, 설교 준비를 하고, 성경공부를 하는데 시간을 보낸다. 목회자로서 많은 목회돌봄을 해왔지만 나의 주요 관심은 상담·심리치료가 아니었다. 나는 목회자가 목회 상담만을 강조함으로써 교회를 이끌고 갈 수 있다고 믿지는 않는다. 그리고 동료 목회자들도 "그리스도의 몸이 제대로 기능하기 위해서 많은 문제들이 보통사람들의 수준에서 해결되어야 하고, 상담하는 곳에서는 어디서나 이것이 우선되어야 한다"라고 말했다(Getz, 1980, p. 132).

둘째, 나는 신자들을 보호하기 위해서 이런 지침을 수립했다.
적지 않은 사역자들이 처음 상담·심리치료를 함으로써 신자들과 성적인 문제에 빠질 수도 있다. 여신자들이 자신의 모든 마음을 남성 사역자에게 털어놓을 때, 이런 상담 회기가 얼마나 위험스러운 친밀의 시간이며, 유혹적인 시간인지 분명히 알 수 있다. 특히 그 여신자가 불행한 결혼생활을 하고 있거나 미혼인 경우는 더욱 유혹에 빠질 수도 있다. 여신자들은 다른 남성들로부터 받지 못했던 경청과 수용을 느끼면서 전이와 역전이 문제가 발생하게 된다(Seat, Trent & Kim, 1993).
게다가 목회 상담 회기에 대한 지침이 없으면 누구는 상담 회기가 많아지고 누구는 상담 회기가 적게 잡히게 된다. 종종 이런 결정은 친밀감이나 의존도, 성적 욕망 같은 것에 의해 무의식적으로 이루어지게 된다.

셋째, 한 연구에 따르면, 목회자와 매우 깊고 장기 상담·심리치료를 한 교인 대다수가 결국 교회를 떠났다고 한다.
결국, 그 신자들은 자신의 감정이 노출되었고 사회적인 접촉에 수용되는 보호막이 없어진 상태에 처해졌다고 생각한다. 흔히, 그들은 목회자가 강단에서 설교시간에 자신의 사례를 예화로 사용할 것이라고 믿는다는 것이다.

넷째, 이 지침들을 따르면, 목회자는 상담·심리치료를 간단하고, 도움을 주는 상담·심리치료나 안내 정도의 상담·심리치료로 제한할 수 있다.
나는 이런 것들이 목회자에게 가장 적합한 상담·심리치료의 유형이라고 믿는다(Stone, 1994). 나는 상담·심리치료를 하기에 필요한 교육 요건과 경험이 있지만 장기 상담이 개교회 신자들에게 목회자로서 해야 하는 당위적인 사역이라고 느껴본 적은 전혀 없다.

2. 목자로서의 목회자

신약성경에서 목회자의 가장 기본적인 이미지는 목자이다. 그것은 문학적 의미의 용어이다.

그러면 목자의 전형적인 역할은 무엇인가?

이는 에스겔 34장, 요한복음 10장, 마태복음 18:10-14, 그리고 누가복음 15:3-6에서 찾아볼 수 있다. 이 구절들을 보면 목자의 3가지 모습을 보게 된다.

(1) 양들을 먹이고,
(2) 양들을 보호하고,
(3) 양들을 인도한다.

이것은 상담자로서의 목회자에 대해 우리에게 무엇을 시사하고 있는가?

상담은 목회자의 모든 사역의 확장된 또는 다른 차원이다. 상담 상황에서 목회자는 말씀과 영적 통찰력을 공급할 뿐만 아니라 내담자의 삶에서 발생되는 사건에 대한 관점, 지혜, 분별 그리고 지혜와 지식, 가르침의 은사, 목회자의 수련, 경험을 제공해야 한다.

목회자는 몇 가지 방법을 제공한다. 신뢰와 비밀유지의 상담 관계에서 개인이나 부부 또는 가족은 목회자가 개방적이고 이해해 주고 비밀보장을 하며 기도하는 사람으로서 경청을 잘 한다는 것을 알고 있기에 이들은 자신이 느끼고 있는 바들을 다 쏟아 놓거나 일어난 일들을 다 보고한다. 부부나 가족이 상담에 왔을 때, 목회자가 중재자나 해석자로서의 역할을 했을 때 보호될 수 있다. 목회자는 이 역할에서 내담자들이 갈등을 다루도록 돕고 무리 안에서 갈등을 관리할 수 있도록 돕는 역할을 한다.

목회자는 또 다른 방법으로 내담자를 보호할 수 있다. 목회자는 내담자에게 다른 사람이 겪었던 동일한 문제의 끔찍한 결과를 예를 들어 경고할 수 있다. 그리고 목회자는 내담자가 알코올이나 약물남용, 잘못된 곳에서 사랑을 구하는 것, 그리고 불법적 성관계와 같은 부적절하거나 파괴적인 것의 도움을 구하지 않도록 주의를 주어야 한다. 때때로 자살까지 야기하는 위기 상황에서 결정하는 위험성에 대해서도 이야기하는 것이 중요하다.

목회자는 다양한 방식의 경청과 반응, 관찰을 제공하고 가능한 제안 방법을 포함하는 지침을 제공할 수 있다. 예를 들어, 나는 다소 진부한 인본주의 상담·심리치료의 비지시적 접근을 처음으로 수련받았다. 그 수련은 나로 하여금 주의 깊게 듣고 내담자가 상담·심리치료사에게 들은 것을 어떤 형식으로 반영해야 하는지를 알도록 가르쳐 주었다. 그럼에도 불구하고 나는 상담·심리치료를 함에 있어서 보다 지시적인 방법을 택했다. 그 이유는 그것이 철저하게 성경적이기 때문이다.

지침에 보다 근접하여 직접적으로 따르다 보면 목회자는 내담자의 문제가 무엇인지, 어떤 관점을 갖고 있는지, 어떻게 반응하는지, 어떤 선택을 할 수 있다고 판단하는지를 주의 깊은 경청과 질문, 대답을 통해 탐색하게 된다. 그리고 상담·심리치료사는 내담자에게 무엇을 알게 되었는지, 사건에 대한 관점과 이에 대한 초기 제안과 지침을 공유한다. 또한 적절한 성경구절의 가르침을 통해 성경적 원리를 사용할 수 있다. 여기서 목회자는 내담자와 식이요법, 운동, 수면, 취미, 대인관계, 영적 원리들에 대한 중요성을 이야기할 수도 있다.

3. 목회자의 진실성

윤리를 논하는 데 있어서 진실성은 매우 중요하다. 진실성은 건전함, 원칙에 충실함, 분열되지 않는 자아의 통합을 포함한다.

상담자로서 목회자가 가져야 할 진실성은 어떤 형태인가?

첫째, 진실성은 주님에 대한 신실함으로 나타나야만 한다.
상담 회기에 어떤 문제가 나오던지 간에 궁극적인 문제는 내담자가 맺는 주님과의 관계임을 이해해야만 한다. 목회 상담학과 종교심리학 분야의 선구자인 오티즈는 목회 상담에 임하는 목회자들이 "만약 당신과 내가 영원하신 하나님의 임재를 내담자와의 대화에서 역동적인 핵심이 되도록 만들 수 있다면 그 차이가 가져오는 것"을 알도록 돕고 싶다는 깊은 갈망이 있다고 했다. 그는 "본질적으로 나는 목회 상담에서 **양자 간의 대화**(dialogue)**를 3자 간의 대화**(trialogue)로 옮기고 싶다"라고 덧붙였다(1986, 23).

이것은 모든 상담 회기가 짤막한 설교가 되어야 한다는 의미는 아니다. 그러나 목회 상담이 이런 방향으로 이해되었을 때, 상담·심리치료에는 놀라운 반전이 있을 수 있다. 내담자가 하나님과의 관계에 있어 어떻게 자신을 나타내고, 문제를 드러내고, 어떤 것을 이야기하고 싶지 않고, 어떤 배경을 말해야 하는지는 삶의 중요한 주제가 된다. 목회 상담영역의 고전적 작품인『목회자와 영혼돌봄』(The Minister and the Care of Souls)에서 윌리엄스(Williams)는 이렇게 말한다.

> **인간 영혼에 구원을 가져다주는 것이 기독교 사역과 목회돌봄의 목적이다**(1961, p. 23).

그는 다음과 같이 관찰했다.

> **목회돌봄의 핵심은 우리 신앙의 기독론적 핵심에 자리하고 있다. 왜냐하면 우리는 그리스도를 하나님 아래서 인간이 어떤 존재인지를 드러내주는 가장 완벽한 계시로 이해하기 때문이다**(p. 13).

하나님은 그저 사람들 사이에서 내담자를 돕는 어떤 사람으로 불리는 어떤 만능 선수가 아니다. 목회자와 기독교 지도자들에게 전하는 예언적 메시지로 "21세기 교회"라는 주제로 개최된 총회에서 로렌스 크랩(Lawrence Crabb)은 사람들은 하나님을 자신의 편의를 위한 한 부분으로 삼았고, 하나님은 인간의 필요를 채우시는 분으로 인간의 필요에 초점을 맞추는 것으로 설명했다. 크랩은 내담자들이 겪는 증상을 놓고 다음의 핵심 질문을 할 것을 제안했다.

하나님으로부터 이들을 차단시킨 영혼의 장애물이 무엇인가?(Crabb, 1993)

아버지와 어머니를 떠나는 문제에 관한 예수 그리스도와 정신분석학의 교훈의 차이점에 대해 웨인 오츠(Wayne Oates)는 다음과 같이 말했다.

> 정신분석학은 고착(fixation)에 근거하고 있으며, 용감한 의지적 행동을 통해 자신의 삶을 더 좋게 만들기 위해서 통찰을 사용하려는 개인으로 본다. 이와 대조적으로 신약성경은 "태초에는 그렇지 않았다"라고 말한다. 즉, 창조주는 한 인간이 아버지와 어머니를 떠나도록 의도했다고 말하는 것이다. 인간은 하나님과 이웃의 더 큰 사랑 때문에 떠나도록 힘을 부여받는다(1986, 47).

목회 상담 안에는 하나님에 대한 믿음의 중요성에 관한 또 다른 예가 있다. 상담 회기의 중심에 하나님이 계실 때, 하나님이 그냥 도와주기 위한 대안들 가운데 하나가 결코 아니라는 것이다.

둘째, 역할의 진실성이다.
당신은 교회의 목회자로서의 존재와 상담 회기 안에서 존재 사이에 있다. 신이 누구이며, 당신의 관점은 무엇이며, 어떻게 당신을 제시하는가가 통일성, 곧 완전성을 지닌다. 목회 상담 회기 중에도 당신은 여전히 목회자이다.

당신은 지금 초보 심리학자도 정신의학자도 아니다. 당신은 지금 최근 상담·심리치료의 연수회에 참석하여 가장 최신의 상담·심리치료 기법을 배워서 그것을 응용하는 상담·심리치료사도 아니다.

당신은 도움을 구하는 사람에게 귀를 기울이고 도움을 줌으로써 주님께 신실하기 원하는 목회자이며, 당신의 소명에 충실하기 원하는 목회자이다.

셋째, 성경에 대한 진실성이 있다.

마치 시드기아 왕처럼 목회자를 찾는 사람은 "여호와께로서 받은 말씀이 있느뇨?"(렘 37:17)라고 직접 구하지 않을 것이다. 그 질문은 틀림없이 모든 상담 회기의 배경이 된다. 그러므로 공유되고 조언된 것은 성경에서 진실성을 가져야 하고 성경 말씀속의 원칙에 위반되어서는 안 된다.

넷째, 신자들과의 진실성이 있다.

목회 상담환경에서 목회자는 신자들을 대표한다. 목회 상담은 그리스도의 몸 안에서 존재한다. 목회자는 신자들을 위해서 대리인으로 행동한다. 그는 신자의 돌봄을 상징하고, 신자의 지도자로서 대변하며, 상담·심리치료에서 발생된 일에 대한 처리를 도와주며 신자들의 더 많은 능력들을 대표한다. 목회 상담 회기 중에 발생하는 일들과 신자들의 대표자로서의 목회자의 역할 사이에 갈등이 있어서는 안 된다.

다섯째, 진실성은 약속했던 것에 대해서 반드시 지켜져야만 한다.

목회자는 반드시 상담·심리치료에 있어서 그의 역할을 해석하고 재해석을 하기 위해서 기회를 직간접적으로 가져야만 한다. 돌봄은 많은 것들을 약속하거나 비현실적인 희망으로 이끌어 가서는 안 된다. 나의 멘토였으며 목회상담학 교수 웨인 오츠(Wayne Oates)는 목회상담학 전공 학생들에게 "나를 계속 깨어 있게 만든 것도 약속이고 나를 잠들게 하는 것도 약속이다"라고 말하곤 했다.

여섯째, 진실성은 목회자의 수련, 경험 또는 책임의 한계를 고려한다.

많은 평신도들은 목회자가 어떤 수련을 받았고 수련 내용이 무엇인지에 대해서 알지 못한다. 그러나 이것이 거론되었을 때, 나는 목회자 자신이 당면한 특정 문제를 다루어 본 수련이나 경험 또는 시간이 부족했다고 솔직하게 고백을 했을 때, 대부분의 사람들이 감사해 한다는 것을 발견하게 되었다. 예를 들어, 약물남용, 끊임없는 우울증, 성적 학대, 거식증 또는 자살의 심각한 위험과 같은 것들에 대해서 왜 내가 필요한 도움을 줄 수 없는지 그리고 왜 또 다른 전문가들을 불러야 하는지 조심스럽게 설명한다.

서렌더와 마로니(Sullender & Malony)는 간행물 「목회돌봄 저널」(*The Journal of pastoral Care*)의 기사에서 다음과 같이 이야기한다.

> 성직자는 반드시 충분히 성숙해야만 하고 문제 있는 사람들을 상담·심리치료 할 때 자신의 한계를 알 정도로 전문적이어야 한다. 이런 한계들은 수련 가능한 시간, 이해의 상충 또는 가용한 에너지와 관련이 있다 (1990, p. 206).

모든 목회자와 기독교 사역자들은 다윗 왕과 백성들에 대한 그의 리더쉽을 잘 기술한 다음 구절을 묵상해야 한다.

> 이에 저[다윗]가 그 마음의 성실함으로 기르고 그 손의 공교함으로 지도하였도다(시 78:72).

4. 의뢰의 윤리

상담하는 목회자가 다른 전문가에게 내담자를 기꺼이 언급하고 언제 누구에게 내담자를 의뢰해야 하는지를 아는 것은 중요하다. 다음은 이를 위해서 사용될 수 있는 몇 가지 지침들이다.

첫째, 목회자는 자신이 내담자에게 의뢰해 주어야 할 다양한 전문가들을 알고 있어야 한다.

만약 당신이 교인에게 다른 전문가를 소개해 주어야 한다면 당신은 그 전문가에 대한 다음의 것들을 알고 싶어할 것이다.

(1) 명성
(2) 그가 받은 수련
(3) 그의 경험
(4) 그가 전문가로서 수련감독의 도움을 줄 수 있는지의 여부
(5) 그 전문가가 연결할 수 있는 다른 전문가나 병원 연계망
(6) 신앙적 헌신 또는 내담자 속에 있는 그런 헌신에 대한 가치

처음 세 가지는 쉽게 알아볼 수 있는 것이며, 나머지 세 가지는 일종의 설명을 필요로 한다. 목회 상담자, 임상사회복지사, 심리학자, 정신의학자 중 무엇이던 간에 전문가들은 자신의 일에 대한 수련감독 및 상담자문의 형태를 받아들이고 있다는 점이 매우 중요하다. 이것은 곤경에 처한 사람들을 돕는 과정에서 자신의 관점을 지키고자 하는 욕구와 그 사람의 전문가 윤리를 의미한다.

상담자문과 의뢰의 전문적인 사회적 연계망은 어느 정도이어야 하는가?
입원해야 할 필요가 있다면 그 내담자를 위해서 어떤 조치를 취할 수 있는가?
목회자는 교인들에게 오직 기독교 상담자만을 소개해야만 하는가?
아니다.

물론, 목회자는 할 수 있으면 그렇게 해야만 한다. 목회자가 의뢰할 곳이 많다면 다행이다. 그러나 비신자인 전문가에게 이런 특별한 요구사항을 다루는 데 있어서 최고의 기술과 경험을 갖고 있다는 것을 알게 된다면 그리고 그 상담자가 종교적인 신념을 떨어뜨리지 않을뿐더러 자신의 신앙적 열심을 벗어나서 어떤 일을 하도록 제안하지 않을 것을 안다면 나는 비신자에게도 의뢰할 수 있다.

둘째, 목회자는 내담자에게 추천에 대한 올바른 설명을 할 책임이 있다.
목회자는 반드시 왜 그가 이런 추천을 받는지 그리고 왜 특정 전문가를 선택했는지에 대해서 조심스럽게 설명해야만 한다. 그 목회자는 자신의 시간상의 한계 또는 수련의 한계와 다른 전문가의 자격을 신중하게 설명해야 하며, 다른 전문가들은 무엇을 할 수 있는지 약속을 하지 않아야 한다.

필요하다면 내담자가 미치지 않았고(그리고 이것은 종종 그 단어를 사용하는 것이

적절할지도 모른다) 단지 화를 내려고 하려던 참이라고 내담자에게 확신시켜 주는 것은 좋은 생각이다. 내담자를 종종 정신건강 전문가에게 소개하는데 이것은 많은 내담자들이 가장 두려워하는 것이다.

셋째, 목회자는 전문가에게 보낸 후에 내담자와 어떤 방법으로 연락을 취할 것인지 그리고 내담자가 전문가와의 상담 회기를 통해 무엇을 기대할 수 있는가에 대해 설명해야만 한다.

만약 상담료를 추가로 지불해야 한다면 무엇이 가능한지에 대한 정보를 제공해 주고 만약 교회에서 이런 비용을 보조해 줄 수 있는 예산이 있다면 그 사람에게 알려 주는 것이 좋다. 어떤 경우에는 목회자가 상담·심리치료 전문가에게 연락하여 첫 약속을 잡을 수도 있다.

넷째, 목회자는 내담자에게 관계에 대한 확신을 주어야 한다.

도움이 필요했던 내담자를 목회자가 거절하는 것이 아니었음을 알게 할 필요가 있다. 내담자와 항상 연락할 수 있고, 함께 대화하며 기도를 할 수 있다는 사실을 충분히 설명하는 것이 필요하다. 물론, 목회자는 목회자가 아닌 다른 상담·심리치료사로서의 역할에 깊이 관여하지 않도록 주의해야 한다.

다섯째, 목회자는 내담자와의 관계에 대한 확신을 줄 뿐 아니라 이 관계를 잘 유지해야 할 책임이 있다.

이를 위해서 목회자는 내담자의 기도제목을 기록하고 이를 보며 정기적으로 기도하고 통화하며, 문자하며, 심방을 지속해야 한다.

여섯째, 목회자는 내담자를 의뢰한 상담자와 지속적으로 소통하는 것이 바람직하다.

어떤 상담자는 첫 방문 전에 내담자에 대한 정보를 필요로 하며, 그렇지 않은 전문가도 있다. 목회자로서 상담 회기 중의 모든 사항에 대해 보고를 받거나 할 필요는 없으나 앞으로 내담자에게 도움을 줄 수 있는 사항을 알아두는 것이 필요하다. 교회를 통해 이루어지는 지속적인 관계 때문에 당신은 의뢰된 사람과 관련해 제기되는 교회관계 문제들에 관해 때로 전문가와 의논해야 할지도 모른다.

5. 경계선 문제

목회자는 얼마만큼의 치료적 개입을 해야 하는가?
관심 있게 지켜봐야 할 사람은 누구인가?
적합한 상담·심리치료는 어디까지인가?
어떻게 도움을 주어야 하는가?

많은 경우에 합리적인 결정을 하지 못하기 때문에 이런 상담·심리치료의 범주를 분명히 하는 것이 필요하다. 정신건강, 가정생활, 신자들의 리더십에 대해 목회자는 상담·심리치료를 통해 효과를 내야 하는 부담을 갖게 된다. 이 문제들은 앞 페이지들에서 직간접적으로 다루어졌다. 그러나 이 문제들은 너무 중요하기 때문에 좀 더 구체적으로 다루어져야만 한다.

이미 앞에서 개괄적으로 거론한 지침들에서 나는 상담·심리치료를 위해서 주당 3시간에서 4시간 밖에 기울일 수 없음을 밝힌 바 있다. 분명히 이것은 그 때 그 때마다 약간씩 다를 수 있다. 그러나 여건상 여전히 목회 상담을 위해서 주당 반나절 이상을 넘지 못하는 실정이다.

교회의 규모에 따라서 목회 상담에 더 많은 시간을 기울이지 않으면 안 되기도 한다. 목회 상담을 하는데 시간을 제한적으로 기울이기 위해서 목회자는 회중과 의사소통하는데 무한정 시간을 사용해서는 안 된다. 나의 설교학 교수였던 조지 버트릭(George A. Buttrick)은 우리에게 이렇게 말하곤 했다.

"많은 목회자들은 어떻게도 사용가능한 유동적인 존재이다."

나는 나를 필요로 할 때 남편일 수도, 아버지일 수도, 목회자일 수도 있다. 그저 항상 어떤 역할도 할 수 있게끔 대기하고 있어야만 한다. 대부분의 목회자들은 허락된 경우에 하루 12시간동안이나 상담·심리치료를 해야 하기도 한다. 그러나 사역의 경계를 설정하고 사람이 할 수 있는 것의 한계를 정하는 데 실패하면 다른 문제들을 야기할 수 있다.

"아니요" 또는 "다음에요"라고 목회자가 말할 수 없을 정도로 그렇게 그들 마음에 들어야 할 필요가 있는가?

목회자가 상담·심리치료로부터 오는 힘과 자신이 그들에게 유익하다는 느낌과 과찬을 느끼기 위하여 과도한 양의 상담·심리치료로 이끄는 무기력함이 다른 분야의 사역 안에서 느껴지는가?

상담·심리치료에서 부적절하게 정서적인 필요를 채우도록 고무되어서 목회자의 결혼/가족에 문제가 있는가?

그 목회자는 문제가 있는 사람들을 구원하는 구세주 콤플렉스를 갖고 있는가?

다른 의무들과 관계를 피해서 상담·심리치료 안으로 철수하는가?

누가 상담·심리치료에 오고 그렇지 않는가를 볼 때, 너무 많은 상담·심리치료들과 관련된 근본적인 문제에 대한 단서가 있는가?

이 마지막 질문에서 많은 목회자들에게는 자신의 교회 신자가 아닌 사람에게 상담·심리치료를 해야 하는지 그렇지 않은지에 대한 골치 아픈 문제가 있는 것으로 보인다.

나는 일반적으로 목회자가 다른 교회로부터 온 신자를 상담·심리치료하는 것을 권하지 않는다. 그 목회자는 자신의 교회에 나오지만 등록하지 않은 신자로 볼 수도 있고, 때에 따라서 공동체 안에서 아는 사람이 어려움에 처해 있어 상담을 의뢰할 때도 있다. 마지막 경우에 이 만남은 한 번에 그쳐야만 한다. 만약 필요하다면 의뢰할 필요가 있다.

오늘날 목회자의 문제들 가운데 하나는 자신의 교회 신자가 아닌 사람을 상담할 때, 법적 책임이 더욱 크게 수반될 수 있다는 것이다(ABA, 1989).

경계에 관하여 복음서를 보면 예수 그리스도는 자신이 방문한 마을에서 모든 문제 있는 영혼을 다 보셨는가?

그는 모든 아픈 사람을 다 고치실 때까지 머무셨는가?

바디매오는 여리고에 사는 유일한 소경 거지였는가?

예수 그리스도가 제자들과 함께 또는 필요에 따라서 홀로 떠나지 않았는가?

그가 다른 곳으로 이동할 때, 뒤에 남겨진 도움을 필요로 하는 사람들이 여전히 남아있지 않았는가?

예수 그리스도는 치유와 기적보다 제자들을 가르치고 훈련하는 것에 더 열심이 있지 않으셨는가?

예수 그리스도는 사역을 시작하기 전, 광야에서 사탄의 유혹을 받았을 때부터 사람들에게 자신을 나타내시고 예루살렘에서 마지막 날을 보내셨고, 부활하시여 승천하시기 전 나타나시기까지 자신의 사명이 무엇이지, 자신이 누구인지에 따라서 분명한 한계와 영역을 설정했다. 예수 그리스도는 반복적으로 "나는 ~이다"를 통해 자신의 영역과 한계 그리고 가능성을 나타내셨다.

요즘 목회자들은 이런 경계 설정 문제를 어떻게 해결하고 있는가?

현명한 목회자는 목회자의 역할로 신자들에 대해 이해하는 부분에 있어 상담·심리치료의 필요성을 인정하고 시간을 어떻게 활용해야 하는지, 상담·심리치료에 있어 어떤 지침을 가져야 하는지를 분명히 알고 싶어 한다. 다양성이 요구되는 목회를 함에 있어 설교를 준비하고, 교육하고 행정하고, 돌보는 것에 적절한 시간을 안배하는 것이 중요하다.

목회자를 돕는 행정요원(pastor's secretary)은 일정 부분 할당된 시간 내에서 일정을 정리하고, 약속을 정하는 데 도움을 줄 수 있다. 설교 준비, 예배 계획, 행정 처리, 교직자와 주요 직분자 회의, 심방을 위한 시간은 반드시 필요하다. 현명한 목회자는 가족과 휴식, 재충전을 위한 시간을 마련한다.

6. 목회 상담을 위한 일반적인 지침

다음은 목회 상담을 할 때 목회자가 명심해야 할 지침이다. 이들 중 어떤 항목은 전에 논의되었지만 다시 한 번 반복된다.

(1) 비밀보장을 유지할 것

비밀을 보장하는 것에 대한 예외는 비밀을 깰 것을 지시하는 법적, 윤리적 이유가 있을 때 만이다. 목회자는 성직자로서 갖는 의사소통의 면책특권정보와 관련된 해당 지역의 법률에 대해 알고 있어야 한다. 대개 이 예외는 아동학대라는 의심이 드는 것과 같은 것을 포함한다. 이런 상황들이란 어떤 것도 상담 회기 중에 나온 정보를 외부로 유출시키지 않겠다는 무차별적인 약속을 하지 않아야 한다는 것을 가리킨다.

(2) 내담자/성도를 조종하려는 것을 피할 것

내담자를 조종하려는 것을 피해야 한다는 점은 이야기 할 필요가 없으며, 위기로 인해 목회자를 찾는 많은 사람들의 취약성으로 인하여 그 위험은 항상 도사리고 있다. 따라서 이러한 점은 서면으로 선언되어야 한다.

(3) 도움을 구하는 사람을 위한 결정을 내려주는 것을 피할 것

목회자는 성경 지식이 있는 권위자이며, 강력한 기도생활을 하는 사람으로 생각하기 때문에 많은 사람들은 즉시 문제에 대한 하나님의 계시가 있는 응답이 있을 것이라 기대한다. 이미 앞에서 언급했듯이, 나는 목회자가 종종 상담 중 내담자의 문제에 직접적으로 개입을 하지만 내담자를 위해서 단순히 의사결정을 내려주는 것이 그 내담자에게 유해가 될 수 있다고 생각한다.

(4) 부적절하게 메시지를 전달하지 말 것

어떤 사람에 대한 행동이나 말에 대한 해석이 적절하거나 치유가 될 때 화해의 사역이 이루어진다. 그러나 목회자는 내담자에게 영향을 주거나 소외감을 주는 가족들이나 집단과 접촉하고 있으며, 종종 목회자는 이들에게 정보를 전달하는 우편 배달원이 되고 싶은 기대와 욕망을 갖게 된다. 이것은 부적절하다.

(5) 훔쳐보는 행동을 하지 말 것

특별히 목회자는 내담자의 문제에 관계된 직·간접적인 관찰에 있어 당면한 호소 문제와 연관이 없는 성적인 정보를 구하지 않도록 주의해야만 한다. 성적 자극을 위한 정보를 찾는 것은 부적절하며 부당하고 소모적이다.

(6) 내담자와 애정관계 또는 성적인 관계를 갖지 말 것

당연한 이야기로 들릴지 모르지만 목회자가 내담자와 애정관계를 갖거나 또는 성적으로 절대 관련되어서는 안 된다는 내용은 중요하고 잘 알려진 부분이다.

체이브와 갈랜드(Chaves & Garland, 2009)의 최근 연구에 따르면, 최소 한 달에 한번 이상 종교집회에 참석한 여성의 2.2%는 18세 이후 그들이 속한 공동체 안에 결혼한 성직자와 종교 지도자들로부터 성적 접근의 대상이 된 적이 있다고 한다.

기혼과 미혼을 포함한 성직자를 대상으로 했을 때는, 이런 비율은 3.1%로 증가했다. 이것은 다양한 종교적인 배경을 갖고 있는 여성들을 대상으로 조사한 것이었다. 이 연구자들은 교회를 출석하는 여성들 30명 중에 한 명에서 50명 중에 한 명 범위에 이르는 수치가 목회자에게 성적 접근의 대상이 된 것으로 추정한다.

성직자의 성적 비행은 중대한 문제로서 목회자의 문제는 희생자뿐만 아니라 목회자의 가족과 교회를 분열시킬 수 있다(Hopkins & Laaser, 1995). 남침례교단 교육위원에서 실시한 침례교 목회자들에 대한 연구에 따르면, 성적인 문제를 갖고 있었던 성직자 가운데 71%가 상담 회기를 통하여 이러한 문제가 시작되었다는 것을 보여준다(Booth, 1994).

이성 내담자와의 일대일의 상담·심리치료 관계는 강력한 성적 유혹을 불러온다. 목회자는 모든 인간이 때때로 느끼는 어떤 종류의 성적 유혹에 면역력이 있다고 생각해서는 안 된다. 내가 상담을 3회기까지로 한정하고, 여성 내담자와 상담·심리치료를 하게 될 때, 내가 상담하는 사무실 영역에 반드시 다른 누군가를 있게 하는 것을 첫 번째 원칙으로 하는 것도 바로 이런 이유에서이다.

마지막 지침으로, 웨인 오츠는 아침에 일어나서 오늘 여성 내담자를 만날 것이 생각났을 때, 자신이 위험한 선을 넘기 시작했으며, 여성 내담자와의 상담·심리치료를 기대하면서 넥타이 선택을 주의하게 될 때, 위험이 다가오고 있다는 사실을 알았다고 학생들에게 이야기하곤 했다.

7. 결론

목자로서의 부르심, 책임, 기회가 있다는 것은 대단한 것이다. 목자는 하나님의 도움 없이는 우리의 필요를 온전히 채울 수 없다는 것을 알기에 무릎으로 주님께 나아가야 한다. 앞으로 다변화되는 사람들의 요구와 기대 그리고 우리 사회의 혼란과 악화로 인해 목회자의 목회사역은 어려워질 것이다. 이런 가운데 오직 기도와 지혜 그리고 많은 수련들을 통해서만 목회자는 영적, 정신적, 육체적, 가족과 사회적 건강을 유지하며 하나님의 사역을 수행할 수 있다.

이러한 건강을 유지하기 위하여 목회자로서의 경험에서 우러난 나의 깊은 확신은 신앙과 교회와 목회의 사명에 대한 분명한 이해에 근거한 시간관리가 필수적이라는 것이다. 이와 관련된 두 권의 책을 소개하고자 한다.『우선순위를 분명히 하라』(*First Things First*)(Stephen R. Covey, A. Roger Merrill and Rebecca R. [Merrill, New York: Simon & Schuster], 1994)와『목회를 경영하라』(*The Management of Ministry*)(James D. Anderson & Ezra Earl Jones, [San Francisco: Harper & Row], 1978)이다.

마지막으로 이 글을 읽는 독자들을 위한 나의 기도는 하나님께서 당신이 진실한 마음과 공교한 손을 가진 목자가 되도록 도우시는 데에 이 책을 사용하시기를 바란다는 것이다.

■ 참고문헌

American Bar Association. (1990). Tort and religion. Cited in R. S. Sullender & H. N. Malony. Should clergy counsel suicidal persons? *Journal of Pastoral Care, 44,* 206.
Booth, G. (1994, spring). *The Baylor Messenger,* P. 4.
Chaves, M., & Garland, D. (2009). The prevalence of clergy sexual advances toward adults in their congregations. *Journal for the Scientific Study of Religion, 48,* 817-24.
Crabb, L. (1993, June). Vision v. community. Presentation made at the Church in the 21st Century Conference, Orlando, FL (sponsored by Leadership Network).
Getz, G. (1980). Leadership forum: The demands, dilemmas, and dangers of pastoral counseling. *Leadership, 1,* 132.
Hopkins, N. M., & Laaser, M. (Eds.). (1995). *Restoring the soul of a church: Healing congregations wounded by clergy sexual misconduct.* Collegeville, MN: Alban Institute.
Oates, W. E. (1986). *The presence of God in pastoral counseling.* Dallas, TX: Word.
Seats, J. T., Trent, J. T., & Kim, J. K. (1993). The prevalence and contributing factors of sexual misconduct among Southern Baptist pastors in six southern states. *Journal of Pastoral Care, 47,* 363-70.
Stone, H. W. (1994). Brief pastoral counseling. *Journal of Pastoral Care, 48,* 33-43.
Sullender, R. S., & Malony, H. N. (1990). Should clergy counsel suicidal persons? *Journal of Pastoral Care, 44,* 206.
Williams, D. D. (1961). *The minister and the care of souls.* New York: Harper.

제15장

평신도 상담자의 수련

샹양 탄(Siang-Yang Tan)

정신건강 상담 수련을 못 받았거나 충분히 받지 못한 비전문가 혹은 준전문가가 행하는 평신도 상담 및 사람을 돕는 서비스 분야는 최근 몇 년 동안 일반 상담 · 심리치료 분야와 기독교 상담 분야에서 발전하고 있다(예: Tan, 1990, 1991a, 1991b, 1994b, 1997, 2002, 2011). 점차 교회는 평신도 상담자나 평신도 돌봄 제공자로서 지지 및 회복집단을 보살피기 위해 평신도를 수련시키며, 애도상담 및 상처받은 사람을 상담하기 위한 몇 가지 차별화된 도움의 서비스를 제공하고 있다.

기독교 정신건강 전문가들은 평신도 상담 수련감독 프로그램이나 서비스를 개발하는 것과 수련감독을 요구받았다. 평신도 상담자 수련에서 윤리적 문제는 평신도 상담자의 적절한 선택, 그들에게 제공되는 수련의 타당성, 그들이 수련 받는 상담의 종류, 그리고 그런 평신도 상담자를 적절히 수련 감독하는 전문가나 목회자의 책임을 포함한다. 이런 대부분의 문제들은 다른 곳에서 다루어졌으며(Tan, 1991a, 212-26). 여기서는 간단하게 요약하고 최근 정보를 덧붙일 것이다(Tan, 2002, 2011).

평신도 상담은 성경에 기초한 사역이며 그 효과성에 대해서는 문헌 연구에서 많은 지지를 받아왔다(Tan, 1991a, 1997, 2002, 2013, p. 201). 통상 평신도 상담자는 상담·심리치료 전문가만큼 효과적인 상담자로서 대체로 검증되어 왔다

(Atkins & Christensen, 2001; Berman & Norton, 1985; Bickman, 1999; Christensen & Jacobson, 1994; Durlak, 1979, 1981; Hattie, Sharpley & Rogers, 1984; Nietzel & Fisher, 1981; Ali, Rahbar, Naeem & Gul, 2003; Neuner et al; 2008). 특히 개교회 상황에서 평신도 기독교 상담의 특정 효과를 평가하기 위해 좀 더 통제된 연구결과가 필요하다(Toh et al., 1994; Toh & Tan, 1997; Garzon & Tilley, 2009; Garzon, Worthington, Tan & Worthington, 2009).

1. 법적, 윤리적 논점

법적인 문제와 기독교 상담에 대한 중요하고도 유용한 몇 권의 책들이 출판되어 왔다(Levicoff, 1991; Ohlschlager & Mosgofian, 1992). 또한 윤리적 문제와 기독교 상담 관련문헌은 최근에 많이 성장해왔다(Collins, 1991; Ohlschlager & Clinton, 2002; Tan, 1994a, 2003; Browning, 2006; Tjetveit, 1999). 그러나 평신도 기독교 상담수련 및 돌봄과 관련된 법적, 윤리적 문제에 대한 출판물은 좀 더 제한적이기 때문에 여기서는 그것을 간단하게 검토할 것이다(Tan, 1991a, 1997, 2002, 2011).

베커(Becker, 1987)는 교회 상황에서 준전문가 또는 평신도 상담자와 관계되는 주된 법적, 윤리적 고려사항을 다룬 도움이 되는 기사를 작성해왔다. 그는 관계에 대한 비밀보장, 상담·심리치료사의 능력, 내담자의 선택의 자유라는 세 가지 주요 부문에서 상담·심리치료 관계에서 신뢰를 발전시킬 필요성을 강조한다.

1) 비밀보장

비밀보장 영역에서 베커가 강조하는 것은 평신도가 상담·심리치료 전문가의 법적, 윤리적 기준을 따라야 하며, 이 기준은 상담·심리치료 전문가가 일반적으로 아동 또는 노약자에 대한 학대 사건 및 자신과 다른 사람에 대한 잠재적인 위험성을 포함하는 상황에 대해 보고하는 것을 요구한다. 상담을 시작할 때, 평신도 상담자는 내담자에게 바람직하게는 상담·심리치료 서면동의(또는 적어도 평신도를 도와야 하는 비공식적 상황에서는 구두상으로)를 받음으로써 내담자에게 비밀보장에 한계가 있다는 것을 설명해야 한다.

비록 미국의 일부 주(state)에서는 평신도 상담자가 그런 상황에서 보고해야 하는 것이 법으로 규정되어 있지는 않지만 나는 그렇게 하는 것이 더 현명하다는 베커(1987)의 주장에 동의한다. 만일 평신도 상담자가 상담·심리치료 전문가 면허/자격증이 있는 정신건강 전문가의 수련감독을 받고 있는 경우에는 보고 의무를 철저히 준수해야 한다. 그런 비밀보장의 한계와는 별도로 평신도 상담자는 윤리적으로 각별한 주의를 기울여 비밀보장을 할 필요가 있다.

이와 관련된 문제는 평신도 상담자가 교회 구성원이 지켜야 하는 도덕률을 깬 내담자를 징계하는 교회 규율에 직접적으로 참여해야 하는지, 그리고 비밀보장이 교회 규율의 편의를 위해서 깨어져야 하는지에 대한 것이다. 평신도 상담자는 내담자가 그들의 죄를 적합한 교회 지도자에게 고백하도록 용기를 줄 수 있을지라도 교회 규율의 대리자로 행동하지 않을 것을 베커는 권고한다. 어떤 교회는 적절한 교회의 징계를 포함, 성경 방향을 제공하고 강조하며 권면적 상담방식을 사용하는데 특히 이런 권장 사항과 일치하지 않을 수도 있다.

특히 권면적(nouthetic) 상담 접근 방식을 사용하는 일부 교회들은 적절한 교회 규율을 포함한 성경의 지시를 제공하는 것을 강조하기에 그런 권고에 동의하지 않는다. 그런 교회의 평신도 상담자는 상담·심리치료 시작 전에 동의서를 얻는 과정에서 교회 규율의 필요에 따라서 비밀보장이 좀 더 제한적이라는 정보를 내담자에게 알려 주어야 한다.

그러나 교회 규율을 시행하는 것은 여전히 많은 세심함과 사랑 및 지혜를 필요로 한다(Southard, 1986; White & Blue, 1985). 또한 미성년자와 상담·심리치료 시 비밀보장의 한계가 따른다(Berryhill & Sabates). 베커(1987)는 특히 집단 상담 상황에서 비밀보장의 필요성을 강조하고 바람직하게는 내담자를 상담·심리치료 전문가 면허/자격증이 있는 전문적인 수련감독 상담사의 돌봄에 맡김으로써 내담자의 안전과 보호 측면에서 기록을 보관할 필요성을 강조한다.

2) 능력

베커(1987)는 평신도 상담자를 적합하게 그리고 조심스럽게 선발하고 수련감독을 받도록 하고 수련감독해야 할 필요를 강조한다. 그렇게 함으로써 평신도 상담자는 그들의 능력의 한계 안에서 또는 돕는 능력과 수련 간에 효율적으로 기능할 수 있다. 그리고 평신도 상담자는 다루기 어려운 내담자를 적합한 정신건강 전문가에게 의뢰하는 것을 배울 수 있다.

나는 평신도 상담자가 어떻게 이런 것을 해야 하는지에 대해 상세한 설명을 작성해왔다(Tan, 1991a). 요약하면 평신도 상담자는 다음과 같은 기준에 근거하여 신중하게 선발되어야 한다.

(1) 영적 성숙도
(2) 심리적 또는 정서적 안정성
(3) 사람에 대한 애정과 관심
(4) 사역을 돕는 적절한 은사(예: 격려 또는 권고, 치유, 지식, 지혜, 영적 분별력과 자비)
(5) 약간의 인생 경험
(6) 사람을 돕는 것에 대한 사전 수련 및 경험(필수적인 것은 아니지만, 가능하면)
(7) 내담자를 돕기에 적합한 나이, 성별, 민족적/ 문화적 배경
(8) 배울 수 있는 능력과 시간
(9) 비밀을 유지하는 능력

잠재적인 평신도 상담자는 심사 과정의 필수적인 부분으로서 개별 면접 또는 집단 면접을 받아야 한다. 또한 여기에는 추천서와 같은 다른 요구사항도 포함할 수 있다(Collins, 1980). 또한 영적 은사, 영적 안녕, 그리고 영적 성숙의 척도를 사용하는 것도 유용하다(Tan, 1991a).

콜린스(1980)는 평신도 상담자 선발에서 심리검사의 사용이나 16PF와 같은 척도를 사용할 것을 제안했다. 그러나 이 상황에 있어서 평신도 상담자가 외부의 전문가 면허/자격증이 있는 심리학자와 상담·심리치료사가 아니라면 심리

검사는 예언 타당도와 평신도 상담자에 대한 특정 검사의 신뢰도의 결여와 같은 문제 때문에 논란의 여지가 있을 수 있다. 또한 검사를 주관하는 사람과 친구일 수도 있는 잠재적인 평신도 상담자에 대한 윤리 문제 때문에 논란의 여지가 있다. 그러므로 평신도 상담자를 선발하는 데 있어서 심리검사를 사용하지 말 것을 추천한다.

평신도 상담자에 대한 교육에 있어서는, 조직적 교육 프로그램이 필수적이다 (Tan, 1991a). 그런데 이것은 수련 기간, 상담·심리치료의 접근 방식(예: 로저스 학파, 정신역동, 인지행동치료 및 체계) 또는 양상(예: 개인, 부부 및 가족, 집단)에 있어서 매우 다양하다.

경청과 도와주는 요령에 대한 수련이 보통 몇 주에서 몇 개월 동안에 최소 24시간에서 50시간 이상까지 평신도 상담자에게 제공된다. 그러나 기간이 더 길고 복잡한 프로그램이 기간도 짧고 단순한 프로그램보다 좀 더 좋고 효과적이라는 것이 전제되어서는 안 된다고 콜린스(1987)는 지적했다. 콜린스는 전문가가 항상 평신도 상담자를 수련시키는 최적의 사람인지 아닌지에 대해 추가적인 문제를 제기했다. 다음은 좋은 프로그램의 몇 가지 구성요소이다.

(1) 실용적이고 명백한 강의
(2) 독서 숙제
(3) 수련감독 상담사 또는 경험이 풍부한 다른 상담·심리치료사에 의한 좋은 상담·심리치료 기법을 실제로 보기(또는 비디오테이프 또는 DVD를 통해)
(4) 역할극을 통한 연습 또는 경험이 있는 내담자나 친구 또는 심지어 실생활 사례(공식적으로 상담·심리치료 서면동의를 얻어야 함)

콜린스(1980)는 평신도 상담자를 위한 수련교육 과정의 내용은 다음과 같은 것을 포함해야 한다고 제안했다.

(1) 기본적인 성경지식, 특히 사람을 돕는 사역과 관련된 내용(Collins, 1993)
(2) 상담·심리치료 기법에 대한 지식(경험적 연습 또는 역할극)

(3) 우울, 불안, 스트레스 및 영적 침체와 같은 공통 문제에 대한 이해
(4) 상담·심리치료에서 위험성과 도덕적 인식
(5) 의뢰의 중요성과 의뢰 기술에 대한 지식이 포함된 내용

평신도 상담자는 다양한 범위의 문제에 대해 사람을 도울 수 있는 반면, 자신의 한계를 알아야 하고, 어려운 상황, 예를 들어, 내담자가 심각하게 의기소침하거나 자살하고 싶어하거나 극도로 공격적인 행동을 보이거나, 다량의 술과 마약을 하거나, 심각하게 혼란스러워하거나, 법적인 어려움 속에서 큰 돈을 필요로 하거나, 의학적 주의가 필요하거나, 다른 상담·심리치료사로 바꾸기를 원하거나, 평신도가 제공할 수 있는 상담·심리치료 횟수보다 더 많은 상담·심리치료들을 필요로 하거나 상담자를 굉장히 싫어하거나, 평신도 상담자에게 성적 충동을 느끼거나, 평신도 상담자를 협박 하는 상황에서는 적합한 전문가에게 내담자를 의뢰할 필요가 있다(Collins, 1976, p. 113).

평신도 상담자는 예를 들어, 평신도 상담자보다 더 높은 수련을 받은 좀 더 적합한 전문가에게 내담자가 도움을 충분히 받을 자격이 있다고 말을 함으로써 민감하면서도 지지적으로 내담자를 의뢰해야 한다. 평신도 상담자의 수련감독과 관련해서는 전문가 면허/자격증이 있는 정신건강 전문가로부터 수련감독 받을 것을 추천한다(Adair, 1992; Lukens, 1987).

그러나 내가 비록 이것이 이상적이거나 더 좋은 것이라고 강조하기는 했지만 필수적인 것은 아니다. 예를 들어, 지방에 있는 일부 교회들에는 그런 전문가들이 없기 때문에 그것이 가능하지 않을 지도 모른다.

그럼에도 불구하고 평신도 상담자의 수련감독 상담사는 적어도 기본적인 수련과 목회돌봄 및 상담에서 경험이 있어야 하고 상담자문가로서 주위에 전문가 면허/자격증이 있는 정신건강 전문가가 있어야 한다(Tan, 1991a).

평신도 상담자는 그들이 제공하는 상담·심리치료 서비스에 대해 수련감독을 정기적으로 지속해서 받아야만 한다. 일반적으로 그런 수련감독은 주당 1시간 동안 진행되는데 개별적이거나 둘이 짝을 이루거나 소집단으로 수행된다. 수련감독은 또한 필요에 따라서 격주(격주에 약 2시간의 만남) 또는 매월 정기적으로(한

달에 한 번 2~4시간) 소집단 형태로 이루어질 수 있으며, 필요에 따라서 개별적인 수련감독을 받을 수도 있다.

워싱턴(1987)이 지적한 것처럼, 가능한 한 평신도 상담자의 실제 상담·심리치료 장면의 관찰이 있어야 한다. 수련감독은 실제 상담·심리치료에 대한 오디오 테이프나 비디오 테이프를 통해 진행될 수도 있다. 일방경(one-way mirror)을 통해 직접적인 관찰을 하는데 평신도 상담자와 수련감독 상담사는 상담 회기를 함께 진행한다.

평신도 상담은 교회 또는 공동체 안에 있는 평신도 상담소와 같은 공식적이고 유기적인 모델을 통해 제공되거나 혹은 집이나 병원, 요양원, 식당 등등 비공식적인 유기적 모델을 통해 제공될 수 있다(Tan, 1991a). 이런 비공식적 상황에서 상담·심리치료는 실질적으로 평신도 상담자를 관찰하는 가장 실질적이고 도덕적 방법인 것처럼 보인다.

워딩턴(Worthington, 1987)은 친구와 평신도들이 뛰어난 정서적 지원과 위기에 처한 사람들에 대한 동정을 포함하며, 주의 깊은 공감적 경청과 이해 후에 좋은 충고를 주는 것 등, 서로 잘 돕는 것을 강조하기 위해서 수련감독 상담사의 필요성을 강조해왔다. 수련감독 상담사는 또한 최근 출판된 수련감독 문헌을 활용하여 자신들이 할 수 있는 최선의 수련감독을 제공해야 한다(예: Aten & Hernandez, 2004; Tan, 1991a, pp. 135-58, 2007b, 2009; & Worthington, 1987).

평신도 상담자를 포함하여 상담·심리치료사의 수련감독에 관련된 특정 법적, 윤리적 문제가 있다(Harrar, Vande Creek & Knapp, 1990; Stoltenberg & Delworth, 1987). 이런 문제들은 만약 집단 수련감독이 사용된다면 상담 회기 중에 다루어지는 정보에 대해서 수련감독 상담사와 다른 평신도 상담자가 공유해도 되는지에 대해 내담자가 동의할 필요성이 있다. 물론, 그런 정보가 수련감독 회기에서는 비밀유지가 지켜지고 내담자는 누가 수련감독을 제공할 것인지, 얼마나 자주 수련감독을 받는지, 누가 참석하는지와 관련된 정보를 제공받아야 한다.

어데어(Adair, 1992)는 또한 평신도 상담자가 수련감독 과정의 한 부분으로서 기록을 잘 보관해야 될 필요성에 대해 강조하며 베커(1987)가 말한 것에 동의하는데 바람직하게는 전문가 면허/자격증이 있는 사람으로서 수련감독 상담사에 의해 그런 기록들이 안전하게 비밀로 간직되어야 하거나 혹은 적어도 다른 교회 구성원들의 기록과는 구분되어 보관되어야 한다.

상담·심리치료가 시작되기 전에 내담자들에게 그들에 대한 기록이 유지될 것을 알려야 한다. 내담자는 상담·심리치료가 시작되기 전에 상담·심리치료기록이 보관될 것이라는 정보를 제공받아야 한다. 공식적이며 평신도로 구성된 상담·심리치료소를 갖고 있는 대부분의 교회는 상담·심리치료사가 내담자에 대한 간단한 기록을 보관하도록 요구한다.

그러나 다른 교회 특히 좀 더 비공식적이지만 평신도 상담자 및 돌봄을 제공하는 것으로 구성된 그런 교회는 상담·심리치료사나 돌보는 사람들에게 내담자에 대한 기록을 간직하라고 요구하지 않는다. 각각의 평신도 상담 서비스나 상담·심리치료소는 기록 보관에 대해 명백하게 결정해야 한다. 평신도 상담이 사용된 조직화된 모델로서의 간단한 기록(특히 공식적인)을 남기는 것이 가장 현명하다.

또한 어데어(Adair, 1992)는 미국 텍사스 주 소재 기독교 상담자는 평신도 상담자가 수련감독에 대한 지침의 일부로서 의료사고배상책임보험을 들 것을 요구하는 것을 덧붙였다(Sandy, 2009). 그러나 모든 교회가 평신도 상담자를 위해서 의료사고 배상책임보험을 들고 있지 않다. 왜냐하면 비용이 매우 비싸서 일부 교회들에서는 그럴만한 여유가 없기 때문이다. 일부 주에서는 의료사고배상책임보험을 드는 것이 아주 불가능한 것은 아니지만 매우 어려울 수도 있다.

평신도 상담자를 수련 감독하는 면허/자격증이 있는 정신건강 전문가들은 만일 평신도 상담자가 그들의 수련감독 하에 있을 때 법적, 윤리적 잘못을 저지른다면 잠재적인 책임을 갖고 있다. 그러므로 샌디(Sandy, 2009)는 면허/자격증이 있는 정신건강 전문가가 그런 보험을 갖고 있는 것처럼 평신도 상담자도 의료사고배상책임보험을 들 것을 권고했다. 요약하면 스캔쉬와 맥민(Scanish & McMinn, 1996)은 평신도 기독교 상담자의 능력을 평가하기 위한 지침을 다음과 같이 제시했다.

(1) 평신도 상담자는 노골적인 죄를 짓는 삶을 살지 않는다.
(2) 평신도 상담자와 그들의 가족은 영적으로 정서적으로 건강하다.
(3) 평신도 상담자는 성경을 폭넓게 이해하고 사용한다.
(4) 평신도 상담자는 그들 자신을 정확하게 나타낸다.
(5) 평신도 상담자는 적절한 것을 참고한다.
(6) 평신도 상담자는 그들의 수준에 맞는 수련을 받는다.
(7) 평신도 상담자는 그들 자신의 문제를 위해서 도움을 요청한다.
(8) 평신도 상담자는 새로운 국면에 대해 적절한 인식을 유지한다.
(9) 평신도 상담자는 대중 앞에서 말할 때 주의한다.
(10) 평신도 상담자는 인간의 다양성에 대해 민감하다.

3) 선택

선택 분야에 있어, 베커(Becker, 1987)는 내담자의 선택이나 상담·심리치료 서면동의의 자유는 상담·심리치료 과정과 목표와 예측 가능한 상담·심리치료의 결과뿐만 아니라, 평신도 상담자의 자질과 수련 및 가치에 대한 정확하고도 충분한 정보를 평신도 상담자에게 요구할 것을 강조한다. 그렇게 함으로써 내담자는 특정 평신도 상담자로 상담·심리치료를 받을 것인지 아니면 다른 상담·심리치료사로 교체할 것인지를 포함한 여러 가지 선택들을 할 수 있다.

평신도 상담자는 그들 자신이 전문적으로 수련받은 것으로 잘못 표현되지 않도록 특별히 조심해야 하며, 그들이 누구이며 무엇을 하는지와 관련하여 심리학자 또는 상담·심리치료와 같은 용어를 사용하지 말아야 한다. 일부 주(state)에서는 전문가 면허/자격법 때문에 심지어 상담자라는 용어조차도 평신도 상담자에게는 사용하지 않으며, 평신도 도우미, 평신도 사역자, 평신도 조력자와 같은 별도의 명칭을 대신 사용하기도 한다.

베커(1987)는 또한 평신도 상담자는 윤리적 기준을 따라야 하고 상담·심리치료전문가의 윤리지침 혹은 미국상담학회, 미국결혼/가족치료학회와 미국심리학회와 같은 학회의 지침을 따를 것을 권고한다. 다른 곳에서도 언급했듯이

(Tan, 1991a) 평신도 상담자를 위해서 베커가 제안한 것처럼 모든 전문가 윤리 규정을 따르는 일은 쉽지 않다. 이 규정들 대부분은 잘 적용되고 있지만 이중관계를 피하는 것과 관련된 한 가지 특별한 지침은 평신도 상담자에게 명확히 적용될 수 없다. 왜냐하면 평신도 상담자 가운데 많은 사람들이 동료관계나 친한 관계 속에서 상담·심리치료가 진행되고 있기 때문이다.

나는 평신도 상담자가 특히 교회라는 상황에서 동료와 친구들을 돕는 것이 적절하다고 믿는다. 그러나 그들은 객관적으로 판단할 때 위험하거나 악화될 때는, 내담자를 다른 평신도 상담자 또는 상담·심리치료전문가에게 조심스럽게 위임할 필요가 여전히 있다. 좋은 수련감독은 평신도 상담자가 적당한 한계와 경계를 지키도록 돕는 것이 중요하다. 비록 이런 것들이 상담·심리치료전문가가 지켜야 하는 것과는 약간 다를 지라도 말이다.

예를 들어, 평신도 상담자는 내담자와 애정관계를 갖거나 또는 성관계를 피하고 자신의 능력의 한계 내에서 도움을 제공해야 한다는 등의 그들에게 명백히 적용될 수 있는 특수 상황에 대한 다른 윤리지침을 따라야 한다. 평신도 상담자뿐만 아니라 기독교 정신건강 전문가에게 유용한 기독교 관점에 입각한 준수해야 할 다음과 같은 적어도 세 가지의 윤리 규정이 있다.

(1) 기독교 상담자를 위한 윤리 규정(Beck & Mathews, 1986)
(2) 미국기독교심리연구학회(2005; Christian Association for Psychological Studies or King, 1986) 윤리 규정
(3) 미국기독교 상담자협회(AACC, 2004) 윤리 규정

2. 평신도 상담자가 직면할 가능성 있는 위험 요소

베커(Becker, 1987)는 평신도 상담자가 위법으로 고소당할 가능성을 일부분 줄이기 위해 다음과 같은 고위험 상황을 피해야 한다고 경고한다.

(1) 상담료나 기부금을 요구하는 것
(2) 적절한 수련이나 수련감독 없이 심리검사를 사용하는 것
(3) 피상적인 개입, 오진 또는 손상을 가져올 수 있는 단순한 믿음을 갖는 것
　　(예: 모든 문제가 영적이라는 신념)
(4) 전문적인 도움이 요구되는 심각한 문제를 갖고 있는 내담자, 심리적 혹은 의료적 처치에 대해 충고 하는 것
(5) 해를 입힐 의도 또는 위법적인 행동 가능성과 관련된 내담자 상태를 무시하는 것
(6) 피고용인 또는 친척을 상담하는 것
(7) 내담자와 애정관계를 갖거나 또는 성 관계로 발전하는 것

니딤(Needham, 1986) 또한 그의 저서에서 성직자의 위법행위에 대해 도움이 될 수 있는 내용의 글을 한 장에 걸쳐 기록했다(Malony, Needham & Southard, 1986). 그는 목회자와 평신도 상담자가 피해야 할 20가지의 고위험 상황에 대한 목록을 조심스럽게 살펴볼 필요가 있음을 강조했다. 그런 것들의 많은 부분이 베커가 언급했던 것과 중복되는 비윤리적이거나 불법적인 것이다.

니딤(Needham)은 또한 소송의 위험을 줄이면서 다른 사람을 돌보는 다음의 단계를 제시했다.

(1) 몇 가지 중요한 분야를 다루는 공식적인 상담정책 개발(예: 필요한 목표를 결정하고, 자원에 접근하고, 유기적인 연락망과 책임을 결정하고, 절차 선택을 제정하고, 상담수련 및 상담 수련감독 규정을 설정하고, 비용이나 기여도와 같은 문제들에 대한 지침을 공식화하고, 의료사고 배상책임보험의 보상범위를 확인하고, 피드백 처리시스템을 개발하는 것)
(2) 적절한 선택, 수련, 수련감독 개발
(3) 오해를 초래하는 주장을 피하는 것
(4) 내담자가 보여준 문제에 대한 철저한 평가
(5) 심리검사로부터의 유익을 배우는 것(적합한 장소와 적절히 수련 받은 자질있는

사람을 활용)

(6) 개입 수준을 결정함(적절히 능숙한 평신도 상담자)
(7) 상담자문과 의뢰를 사용
(8) 평생교육의 유익
(9) 기록 및 정보를 비밀로 하고 안전하게 보관
(10) 사후 돌봄 제공

콜린스(1988)는 그의 잘 알려진 기독교상담 저서에서 평신도 상담자를 포함한 기독교 상담·심리치료사가 겪을 수 있는 잠재적인 문제 및 위험에 대해 좋은 내용을 한 장에 걸쳐서 기술했다. 그 분야는 상담·심리치료사의 동기, 효과성, 역할, 취약성, 성생활, 윤리성, 탈진을 포함하는 분야를 다룬다(Collins, 2007 참고). 그 밖의 다른 곳에서도 나는 이런 잠재적인 문제 분야에 대해 요약했으며 그것들을 피하거나 최소화할 필요성을 강조했다.

아데르(Adiar, 1992)는 상당한 정도의 종교적인 상담을 수행하는 평신도 상담자는 보통 무보수로 상담을 하는데, 이들에게 수퍼비전을 제공하는 전문가의 문제를 지적했다. 그것은 평신도 상담사역을 하는 사람들에게 상담·심리치료사가 비용을 부과하거나 기부금을 요청해서는 안 된다는 것이 나의 충고이다(Tan, 1991a). 명백하게 종교적이거나 기독교 상담을 하는 데 있어서 평신도 상담·심리치료사는 종종 기도, 성경, 적절할 때 교회 또는 선교단체에 의뢰하는 것과 같은 영적 자원을 활용한다(Tan, 1991b). 인간의 다양성에 대한 중요한 요소로서 종교를 다루는 민감함과 능력은 미국심리학회의 "심리학자의 윤리적 원칙과 행동 규범"에 따른다(2002).

그러나 명백히 종교적인 상담은 여전히 윤리적이면서도 능숙한 방법으로 행해져야 한다(Tan, 1994a, 1996, 2007a). 왜냐하면 피해야 할 잠재된 윤리적 위험이 종교적인 상담에서 존재하기 때문이다(Younggren, 1993).

예를 들어, 넬슨과 윌슨(Nelson & Wilson, 1984)은 만일 그들이 영적 개입에 의해 도움을 받을 만한 문제를 다루거나, 그렇게 함으로써 그들 자신의 종교적인 신념을 내담자에게 강요하는 것을 피하고, 그들이 명백히 상담계약서에 종교적/영적 자원이나 개입에 대한 활용을 포함시키고, 그것에 대해 내담자에게 동의를 받는다면 상담 상황에서 그들의 종교적인 신념을 사용하거나 공유하는 것이 윤리적이라고 제안한다.

평신도 기독교 상담자는 평신도 상담이 윤리적이고 도움이 되는 방법으로 명백히 기독교적이거나 종교적으로 행해지기 위해 이러한 지침을 따를 필요가 있다. 그들은 그들의 기독교적 가치를 내담자에게 강요함 없이 있는 그대로 공유할 수 있으며 내담자에게 그들 자신의 가치와 행동 과정을 선택할 자유를 줄 수 있다.

리차드(Richard, 1987)는 전문상담자가 준전문 정신건강단체나 평신도 상담 수련 및 평신도 상담사역에 개입할 때 직면할 수 있는 몇 가지 잠재적인 위험을 간략하게 묘사했다(Tan, 1997). 그것들은 다음과 같은 시나리오를 포함한다.

(1) 다른 전문가들은 평신도 상담자의 활동에 위협을 느낄 수 있다. 따라서 평신도 상담자의 효과성에 대해 이들에게 교육할 필요가 있으며, 또한 일반적으로 전문가와 함께 근무하는 평신도 상담자는 이런 상황에서 협력적인 방법을 모색하며, 필요시 그들에게 의뢰를 하고, 기존 정신건강제도에 의해 현재 적절하게 서비스를 받지 못하는 사람들에게 지속적인 돌봄을 제공한다.
(2) 일부 교회 또는 교회 단체는 여전히 반심리적이고 반상담적이다. 그리고 이런 태도는 매우 어렵지만 변화가 불가능한 것은 아니다.
(3) 평신도상담자협회에 무리하게 헌신한 전문상담·심리치료사가 완전 지치거나 탈진될 위험이 있으므로 그 일은 다른 사람들과 분배되어야 한다.
(4) 사적인 상담실을 운영하는 전문상담가는 이익(이해)에 따른 충돌이 있을 수 있다. 그러므로 그/그녀는 좀 더 개인적인 시도를 위하여 평신도기관 사용을 피해야한다.

3. 평신도 상담자에 대한 적절한 평가

충분히 강조되지 않는 마지막 한 가지 윤리 침이 평신도 상담자 평가의 필요성이다. 평신도 상담자 수련 프로그램의 효과성과 평신도 상담가, 특히 평신도 기독교 상담자에 의해 제공되는 상담·심리치료의 효험성은 통제된 연구에서 좀 더 포괄적으로 평가되어야만 한다(Toh et al., 1994; Toh & Tan, 1997; Garzon & Tilley, 2009).

나는 다른 곳에서 어떻게 하면 그렇게 조심스러운 평가가 이루어질 수 있을지에 대해 구체적으로 제안을 해왔다. 또한 평신도 상담자의 기술, 약점 및 한계에 대해 좀 더 밀접하게 검토하는 추가 연구가 필요하다(Durlak, 1979). 더 많은 연구들과 자료들이 필요한데 특히 중요한 영역이 평신도 상담자의 실제 임상이 얼마나 윤리적인지에 대한 질문과 관련이 있다.

특히 우리는 아직까지 얼마나 많은 평신도 상담자들이 실질적으로 상담·심리치료를 하기에 앞서 내담자의 서면 동의서를 습득하고 적절한 보안을 유지하며 이미 앞에서 언급한 다른 도덕적 지침을 지키는지 알지 못한다.

비록 평신도 상담자가 전문 상담자만큼 효과적으로 상담을 해온 것으로 알려졌음에도 불구하고, 전문 상담자만큼 도덕적인지 아닌지는 의문이다. 오직 심층 연구만이 이런 중요한 질문에 좀 더 적절하게 답할 수 있다. 평가에 대하여 이미 진행했던 연구에 추가하고 심화하는 것이 중요하다.

4. 결론

평신도 상담자수련 프로그램과 평신도 상담사역은 기독교 정신건강 전문가가 참여해야 하는 중요한 서비스 분야이다(Tan, 1997). 이 장에서 다룬 윤리적인 주제와 이와 관련된 법적인 문제뿐만 아니라 이와 관련하여 제공된 권고사항이나 제안들이 전문가들의 발전과 평신도 상담자를 효과적이고 윤리적으로 지도하는 데 도움이 되고, 그렇게 함으로써 평신도 상담자 스스로가 어떻게 하면 효과적이고 윤리적으로 사람을 잘 도울 수 있는지 방법을 배울 수 있기를 희망한다.

■ 참고문헌

Adair, J. (1992, November). *Ethical considerations of a professional supervising lay counselors*. Paper presented at the meeting of the Second International Congress on Christian Counseling. Atlanta, GA.

Ali, B. S., Rahbar, M. H., Naeem, S., & Gul, A. (2003). The effectiveness of counseling on anxiety and depression by minimally trained counselors: A randomized controlled trial. *American Journal of Psychotherapy, 57*, 324-36.

American Association of Christian Counselors. (2004). *AACC code of ethics: The Y2004 final code*. Forest, VA: American Association of Christian Counselors.

American Psychological Association. (2002). Ethical principles of psychologists and code of conduct. *American Psychologist, 57*, 1060-73. Also available (with 2010 amendments) from www.apa.org/ethics/code/index.aspx.

Atkins, D. C., & Christensen, A. (2001). Is professional training worth the bother? A review of the impact of psychological training on client outcome. *Australian Psychologist, 36*(2), 1-9.

Aten, J. D., & Hernandez, B. C. (2004). Addressing religion in clinical supervision: A model. *Psychotherapy: Theory, Research, Practice, Training, 4*, 152-60.

Beck, J. R., & Mathews, R. K. (1986). A code of ethics for Christian counselors. *Journal of Psychology and Christianity, 5*, 78-84.

Becker, W. W. (1987). The paraprofessional counselor in the church: Legal and ethical considerations. *Journal of Psychology and Christianity, 6*, 78-82.

Berman, J. S., & Norton, N. C. (1985). Does professional training make a therapist more effective? *Psychological Bulletin, 98*, 401-7.

Bernard, J. M., & Goodyear, R. K. (2004). *Fundamentals of clinical supervision* (3rd ed.). Boston: Allyn & Bacon.

Bickman, L. (1999). Practice makes perfect and other myths about mental health services. *American Psychologist, 54*, 965-78.

Browning, D. S. (2006). *Christian ethics and the moral psychologies*. Grand Rapids: Eerdmans.

Christensen, A., & Jacobson, N. S. (1994). Who (or what) can do psychotherapy: The status and challenge of nonprofessional therapies. *Psychological Science, 5*, 8-14.

Christian Association for Psychological Studies. (2005). *Ethics statement of the Christian Association for Psychological Studies*. Retrieved November 4,

2010, from http://caps.net/about-us/statement-of-ethical-guidelines.
Collins, G. R. (1976). *How to be a people helper.* Santa Ana, CA: Vision House.
Collins, G. R. (1980). Lay counseling within the local church. *Leadership, 7*(4), 78-86.
Collins, G. R. (1987). Lay counseling: Some lingering questions for professionals. *Journal of Psychology and Christianity, 6,* 7-9.
Collins, G. R. (1988.) *Christian counseling: A comprehensive guide.* (Rev. ed.). Waco, TX: Word.
Collins, G. R. (1991). *Excellence and ethics in counseling.* Dallas: Word.
Collins, G. R. (1993). *The biblical basis of Christian counseling for people helpers.* Colorado Springs: NavPress.
Collins, G. R. (2007). *Christian counseling: A comprehensive guide* (3rd ed.). Nashville: Thomas Nelson.
Durlak, J. A. (1979). Comparative effectiveness of paraprofessional and professional helpers. *Psychological Bulletin, 86,* 80-92.
Durlak, J. A. (1981). Evaluating comparative studies of paraprofessional and professional helpers: A reply to Nietzel and Fisher. *Psychological Bulletin, 89,* 566-69.
Falender, C. A., & Shafranske, E. P. (2004). *Clinical supervision: A competency-based approach.* Washington, DC: American Psychological Association.
Garzon, F., & Tilley, K. A. (2009). Do lay Christian counseling approaches work? What we currently know. *Journal of Psychology and Christianity, 28,* 130-40.
Garzon, F., Worthington, E. L., Jr., Tan, S.-Y., & Worthington, R. K. (2009). Lay Christian counseling and client expectations for integration in therapy. *Journal of Psychology and Christianity, 28,* 113-20.
Harrar, W. R., VandeCreek, L., & Knapp, S. (1990). Ethical and legal aspects of clinical supervision. *Professional Psychology: Research and Practice, 21,* 37-41.
Hattie, A., Sharpley, C. F., & Rogers, H. J. (1984). Comparative effectiveness of professional and paraprofessional helpers. *Psychological Bulletin, 95,* 534-41.
King, R. R., Jr. (1986). Developing a proposed code of ethics for the Christian association for psychological studies. *Journal of Psychology and Christianity, 5,* 85-90.
Levicoff, S. (1991). *Christian counseling and the law.* Chicago: Moody Press.
Lukens, H. C., Jr. (1987). Lay counselor training revisited: Reflections of a trainer. *Journal of Psychology and Christianity, 6,* 10-13.
Malony, H. N., Needham, T. L., & Southard, S. (1986). *Clergy malpractice.* Philadelphia: Westminster Press.
Needham, T. L. (1986). Helping when the risks are great. In H. N. Malony, T. L.
Needham, & S. Southard (Eds.), *Clergy malpractice* (pp. 88-109). Philadelphia: Westminster Press.

Nelson, A. A., & Wilson, W. P. (1984). The ethics of sharing religious faith in psychotherapy. *Journal of Psychology and Theology, 12,* 15-23.

Neuner, F., Onyut, P. L., Ertl, V., Odenwald, M., Schauer, E., & Elbert, T. (2008). Treatment of posttraumatic stress disorder by trained lay counselors in an African refugee settlement: A randomized controlled trial. *Journal of Consulting and Clinical Psychology, 76,* 686-94.

Nietzel, N. T., and Fisher, S. G. (1981). Effectiveness of professional and paraprofessional helpers: A comment on Durlak. *Psychological Bulletin, 89,* 555-65.

Ohlschlager, G. W., & Clinton, T. E. (2002). The ethical helping relationship: ethical conformation and spiritual transformation. In T. E. Clinton & G. W. Ohlschlager (Eds.), *Competent Christian counseling* (pp. 24-293, 750-51). Colorado Springs: Waterbrook.

Polanski, P. J. (2003). Spirituality in supervision. *Counseling and Values, 47,* 131-41.

Richard, R. C. (1987). The professional counselor and local paraprofessional mental health organizations. *Journal of Psychology and Christianity, 6,* 35-38.

Sandy, J. L. (2009). *Church lay counseling risk management guidebook.* Fort Wayne, IN: Brotherhood Mutual Insurance.

Scanish, J. D., & McMinn, M. R. (1996). The competent lay Christian counselor. *Journal of Psychology and Christianity, 15,* 29-37.

Southard, S. (1986). Church discipline: Handle with care. In H. N. Malony, T. L. Needham & S. Southard (Eds.), *Clergy malpractice* (pp. 74-87). Philadelphia: Westminster Press.

Tan, S. Y. (1990). Lay counseling: The next decade. *Journal of Psychology and Christianity, 9,* 59-65.

Tan, S. Y. (1991a). *Lay counseling: Equipping Christians for a helping ministry.* Grand Rapids: Zondervan.

Tan, S. Y. (1991b). Religious values and interventions in lay Christian counseling. *Journal of Psychology and Christianity, 10,* 173-82.

Tan, S. Y. (1994a). Ethical considerations in religious psychotherapy: Potential pitfalls and unique resources. *Journal of Psychology and Theology, 22,* 389-94.

Tan, S. Y. (1994b). Lay counseling: A Christian approach. *Journal of Psychology and Christianity, 13,* 264-69.

Tan, S. Y. (1996). Religion in clinical practice: Implicit and explicit integration. In E. Shafranske (Ed.), *Religion and the clinical practice of psychology* (pp. 365-87). Washington, DC: American Psychological Association.

Tan, S. Y. (1997). The role of the psychologist in paraprofessional helping. *Professional Psychology: Research and Practice, 28,* 368-72.

Tan, S. Y. (2002). Lay helping: The whole church in soul care ministry. In T. E. Clinton and G. W. Ohlschlager (Eds.), *Competent Christian counseling* (Vol. 1, pp. 424-36, 759-62). Colorado Springs: Waterbrook.

Tan, S. Y. (2003). Integrating spiritual direction into psychotherapy: Ethical Issues and guidelines. *Journal of Psychology and Theology, 31,* 14-23.

Tan, S. Y. (2007a). Use of prayer and scripture in cognitive-behavioral therapy. *Journal of Psychology and Christianity, 26,* 101-11.

Tan, S. Y. (2007b). Using spiritual disciplines in clinical supervision. *Journal of Psychology and Christianity, 26,* 328-35.

Tan, S. Y. (2009). Developing integration skills: The role of clinical supervision. *Journal of Psychology and Theology, 37,* 54-61.

Tan, S. Y. (2011). *Counseling and psychotherapy: A Christian perspective.* Grand Rapids: Baker Academic.

Tjeltveit, A. C. (1999). *Ethics and values in psychotherapy.* New York: Routledge.

Toh, Y. M., Tan, S. Y., Osburn, C. D., & Faber, D. E. (1994). The evaluation of a churchbased lay counseling program: Some preliminary data. *Journal of Psychology and Christianity, 13,* 270-75.

Toh, Y. M., & Tan, S. Y. (1997). The effectiveness of church-based lay counselors: A controlled outcome study. *Journal of Psychology and Christianity, 16,* 260-67.

White. J., & Blue, K. (1985). *Healing the wounded: The costly love of church discipline.* Downers Grove, IL: InterVarsity Press.

Worthington, E. L., Jr. (1987). Issues in supervision of lay Christian counseling. *Journal of Psychology and Christianity, 6,* 70-77.

Younggren, J. N. (1993). Ethical issues in religious psychotherapy. *Register Report, 19,* 1, 7-8.

제16장

혼합기관의 갈등:
군대와 다른 정부기관 소속 전문가

브래드 존슨(W. Brad Johnson)[1]

다수의 정신건강 전문가들은 정부기관, 학교, 교정시설, 의료센터 또는 대학이나 교회 등과 같은 단체에 소속되어 있다. 때때로 이런 단체들은 정신건강 전문가의 역할을 규정하거나 그 역할에 대해 정책적으로 또는 비공식적 암묵적 기대를 나타낼 수 있다.

흔히, 정신건강 전문가들은 동시에 두 개 이상의 기관에 대한 의무에 휘말리게 되고 혼합기관의 윤리적 갈등을 만날 수 있다. 그것은 대부분 개별 내담자에 대한 정신건강 전문가의 신의와 그가 속한 조직 사이에서 발생하는 갈등이다(Howe, 2003; Johnson & Koocher, 2012; Kennedy & Johnson, 2009). 혼합기관 갈등 상황에서 윤리적 상담자는 내담자와 기관, 사회에 대한 윤리적 의무를 조심스럽게 분리하는 동시에 책임을 갖고 피해가 되지 않는 범위에서 그 갈등을 해결해야 한다(Koocher & keith-Spiegel, 2008).

전문가들은 업무 중 여러 상황에서 혼합기관 갈등을 만날 수 있다. 사실, 단체나 기관, 협회에서 일하는 정신건강 전문가들은 내담자의 이익이나 요구사항이 단체의 이권과 동일하지 않거나 최악의 경우 정반대의 상황을 만나게 된다. 예

---

[1] 이 장에서 설명하는 내용은 나의 개인적인 견해이며 미국 정부나 국방부 또는 미해군의 입장이나 공식적인 정책을 나타내는 것은 아니다.

를 들어, 종교학교(religious school), 병원, 관리의료단체(managed care groups), 재향군인관리국(Veteran's Administration: VA)에서 일하는 정신의학자, 상담·심리치료사, 사회복지사는 내담자와 더 큰 기관의 이권에 대한 이중 의무에 집중해야 하는 윤리적 곤경에 처하게 된다(Johnson & Koocher, 2012; Koocher & Keith-Spigel, 2008).

이 장에서는 군대와 다른 정부 보안기관에서 나타나는 혼합기관 갈등을 중점적으로 다룰 것이다. 군 상담·심리치료사는 내담자(예: 군 장병)에 대한 의무와 미국국방부(United States Department of Defense: DOD)에 대한 의무 간의 균형을 잘 이루어야 한다. 또한, 군 상담·심리치료사는 임명된 장교이기 때문에 정신건강 전문가의 전문가 윤리 규정의 중요한 요소와 어긋날 수도 있는 여러 범위의 연방 규제를 지켜야 할 법적인 의무가 있다(Jeffrey, Rankin & Jeffrey, 1992; Kennedy & Johnson, 2009).

미공군 상담·심리치료사를 대상으로 한 설문조사에서 그들이 가장 자주 경험했던 윤리적 갈등은 윤리와 기관의 요구사항에 대한 갈등이었다(Orme & Doerman, 2001). 조사 대상자의 거의 절반은 미공군 장교로서 기대하는 의무를 시행하는 것과 윤리적 책임에 대해 지속적인 갈등을 경험했다고 했다.

이 장에서는 정신건강 전문가의 내담자와 기관에 대한 이중 충성으로 인한 혼합기관 갈등 외에도, 기독교 정신건강 전문가의 종교적 의무가 개입되었을 때의 복잡한 갈등에 대해서도 다룰 예정이다. 또한 전문가가 내담자와 기관 그리고 개인의 신념에 대한 의무 사이에서 비롯되는 불일치와 긴장을 경험하는 상황을 묘사하기 위해서 나는 3차원의 혼합기관 갈등(three-dimensional mixed-agency dilemmas)이라는 용어를 사용할 것이다.

1. 군대에서 정신건강 업무의 특징적 요소

군 상담·심리치료사는 군인, 군인 가족 그리고 국가를 위한 봉사에 탁월한 오랜 역사를 갖고 있다(Driskell & Olmstead, 1989; Kennedy & McNeil, 2006; Kennedy

& Zillmer, 2006; Kraft, 2007; Page, 1996). 보통 군의관들은 고립되어 있는 자신의 근무 기지나 전투현장에서 유일한 정신건강 전문가일 경우가 많다. 그러므로 정신건강 전문가들은 전투와 관련된 스트레스장애를 위한 응급처치와 선별적 서비스를 제공하기 위해서 준비되어 있어야 하고 다방면으로 우수한 전문가이어야 한다.

게다가 군 상담·심리치료사는 종종 조직의 일부로 소속된 제공자이다. 이는 그들이 군대나 부대의 일원으로 배치된다는 의미이다(p. 399). 이런 맥락에서 볼 때, 정신건강 전문가들은 군대에 소속된 일원이므로 법적으로 군의 임무를 최우선적으로 시행해야 한다. 배치받은 군대와 다른 정부서비스 환경에서 일을 하는 것에는 몇 가지 분명한 업무상 특징이 있다. 이런 특징 하나 하나는 정신건강 전문가로 하여금 특별한 윤리적 긴장을 쉽게 일으키게 하고 혼합기관 갈등 또한 악화시킬 수도 있다.

1) 군 상담·심리치료사는 (적어도) 두 개 이상의 다른 전문가 신분을 갖는다

군 상담·심리치료사는 공인된 정신건강 전문가로서의 역할과 군 장교로서의 역할을 동시에 수행함에 있어서 정체성 혼란을 가질 수 있다(Jeffery et al., 1992; Johnson, 1995; 2008; Moore & Reger, 2006). 전문가 면허/자격증을 취득한 전문의로서 정신건강 전문가들은 관련전문가 윤리 규정뿐만 아니라 자신이 전문가 면허/자격증을 취득한 관할 주(state)의 요건을 준수해야 한다.

하지만 이와 동시에 군 상담·심리치료사는 국방부(DOD) 규정과 군 상관의 법적인 명령을 지켜야 할 의무가 있다. 특히 군대에 소속된 군 상담·심리치료사에게는 당면한 군대의 임무가 가장 중요한 의무이다. 예를 들어, 내담자와 함께 먹고, 자고, 이동해야 하는 경우에 정신건강 전문가의 윤리적 의무를 지키기 위해서 명확한 선을 유지하고, 다중 관계를 피하는 것이 불가능하지는 않더라도 매우 어려울 수 있다.

더욱이 군 상담·심리치료사가 하급자인 자신의 내담자를 훈육하거나 처벌하도록 요구받을 때 갈등을 경험할 수도 있다. 캠프(Camp, 1993)는 군 상담·심리치료사는 '이중 관리'(double agent) 신분을 갖는다고 말했다. 그러므로 때때로 내담자 중심의 치료적 이권과 기관 중심의 행정상 이권들 가운데 하나를 선택해야만 한다.

2) 때때로 윤리 기준과 국방부 규정은 일치하지 않는다

군 상담·심리치료사는 윤리 기준(예: 미국심리학회: APA, 2010)과 국방부 법령과 규정(regulations) 사이에 미세하거나 분명한 불일치를 발견할 수도 있다(Jeffrey et al., 1992). 일반적인 갈등은 비밀보장, 다중 관계, 상담·심리치료 서면 동의와 같은 분야와 개인의 최대 이익을 제공하는 상황에서 드러난다(Johnson, 2008). 군대 내에서 비밀보장에 관련된 법적, 윤리적 불일치는 이런 갈등의 대표적인 예이다.

내담자의 자료에 저장된 의료기록을 포함해서, 내담자의 비밀보장을 보호하기 위해서 군 상담·심리치료사가 합리적인 예방조치를 취해야 하는 의무에 관한 윤리 지침은 분명하지만 군대 문화에서는 군인의 비밀보장이라는 개념에 관심이 없거나 심지어 적대적일 수도 있다(Jeffrey et al., 1992; Johnson, 1995; Orme & Doerman, 2001).

게다가 국방부 법령에는 합법적인 군 당국자가 군인의 배치를 위한 적합성과 능력을 평가하기 위한 목적으로 군 당국자가 '알 권리'가 있을 때, 군인의 정신건강 기록을 열람할 권리가 있다고 명시되어 있다. 군 상담·심리치료사는 군대 명령체계에서 어떤 주체가 합법적인 알 권리를 갖는가를 결정하는 것과 관련해서 어려움을 겪을 수 있다.

군 상담·심리치료사는 국방부의 규정을 준수하는 것에 대해 전문가 단체로부터 비난을 받아왔고, 또한 윤리적 의무를 준수하는 것에 대해서는 국방부의 비난을 받아왔음을 아는 것이 중요하다(Jeffrey et al., 1992).

3) 군대에서 '내담자'를 명확히 규정하는 데 종종 어려움이 있다

군 상담·심리치료사가 어려움을 겪을 수 있는 정부 서비스 설정 기능들 가운데 하나는 주 내담자의 신분을 확인할 때 필연적으로 따라오는 어려움이다. 비록 대부분의 민간 전문가들이 그들의 내담자를 그들의 서비스에 대한 주요 수혜자로서 그리고 윤리적 관점에서 볼 때, 우선적으로 고려해야 하는 대상으로 쉽게 정의할 수 있다.

하지만 군대에서는 항상 그렇지 않다. 예를 들어, 진료를 받고 있는 군인의 지휘관이 여러 업무 적합성 평가를 실시하라고 지시할 때, 군 상담·심리치료사는 개별 군인과 지휘관, 더 넓게는 국방부에 대한 모순된 의무를 경험할 수도 있다.

민감한 임무를 위한 전투부대를 준비하기 위해서 군인을 평가할 때, 군 상담·심리치료사의 일차적인 내담자는 지휘관인가?

아니면 개별 군인인가?

4) 군 상담·심리치료사는 내담자에 대한 중요한 역할 전환을 언제나 예상할 수 없다

군대에서 혼합기관 갈등을 심화시킬 수 있는 또 다른 요인에는 내담자와의 예상치 못한 역할전환이라는 현상이 포함된다. 군 상담·심리치료사는 내담자와의 임상 관계에서 시작과 종결을 선택하기가 거의 어렵다(Johnson, Ralph & Johnson, 2005). 고립된 임무 부대의 유일한 의료 서비스 제공자로서, 정신건강 전문가들은 공동체 내의 모든 직원들에게 서비스를 제공해야만 한다.

따라서 군 상담·심리치료사는 여러 내담자들과 다양한 역할을 수행한다. 설상가상으로, 군 의료관은 거의 예고 없이 내담자에 대한 역할 변화를 요구 받는다.

예를 들어, 군 상담·심리치료사는 지휘관으로부터 현재 자신이 상담·심리치료중인 내담자를 포함한 보안 등급 평가를 실시하라고 명령받을 수 있다. 임상 작업이 시작되었을 때, 내담자가 이 갑작스런 상황에 대해 사전에 알지 못했다

하더라도 평가 결과는 군인 경력에 심각한 영향을 끼칠 수도 있으며 군 상담·심리치료사는 이런 이차적인 역할을 법적으로 거부하지 못할 수도 있다.

5) 군인은 고위험 직업이다

군 상담·심리치료사는 대부분의 민간 상담·심리치료사와 비교했을 때 위험성이 높은 역할을 수행한다. 정신건강 전문가들은 소속 군부대의 일원이 될 정도로 전투 현장에 부대와 함께 이동할 것을 요구받을 수 있다. 드문 경우이기는 하지만 군 상담·심리치료사는 자기 방어를 위해서 혹은 내담자나 부하를 보호하기 위해서 적에게 무기를 사용할 수 있다(Johnson & Kennedy, 2010).

군 상담·심리치료사는 전시 상황에서 내재된 스트레스뿐만 아니라 심리적 외상을 입을 정도의 사건이나 충격적인 광경에 직접 또는 간접적으로 노출되기가 매우 쉽다. 부상의 위험, 심리적 외상, 지속적인 정서적 고통의 위험으로 특징되는 환경에서 혼합기관 갈등이 발생했을 때 올바른 윤리적 판단을 하는 것이 어려울 수 있다. 전시 상황은 정신건강 전문가로 하여금 내담자 개인을 배려하기보다 기관의 필수적인 임무에 더 치우치는 입장에서 결정을 할 수도 있다.

6) 국방부정책과 연방법은 정신건강 전문가의 종교적인 신념과 상치될 수 있다

경우에 따라서 기독교 혹은 다른 종교를 가진 전문가들은 기관(국방부)의 요구가 중요한 종교적인 신념과 책임에 서로 상치된다는 것을 발견할 수 있다.

예를 들어, 심리적 외상을 입은 군인을 돌보기 위해서 군대에 소속된 퀘이커 교도인 군 상담·심리치료사는 부대의 주요 임무가 적진 깊숙이 있는 반군 지도자를 암살하는 것일 경우, 특수부대원의 단결력을 강화시키고 능률적이 되도록 도울 것을 명령 받았을 때 이를 종교적인 이유로 거부할 수 있다.

다른 예로, 보수적인 기독교 사회복지사는 최근에 폐지된 게이나 레즈비언 혹은 양성애자들을 군대에 복무하지 못하게 하는 법령인 "묻지도 말하지도 말라"(Don't Ask Don't Tell)는 연방법의 폐지에 관해 반발할 수 있다. 소규모 부대에 유일하게 소속되어 있는 정신건강 전문가로서의 사회복지사는 그가 제공하는 치료(부부 상담 포함)를 LGB(레즈비언·게이·양성애자를 일컫는 용어) 군인에게 제공하는 것에 대해 이의를 제기할 수 있다.

기독교 혹은 다른 종교의 개입에 접근하는 방식은 대부분 군종목사에 의해 결정된다. 정부기관에서 종교와 군대의 분리라는 다소 분명한 약속에 비추어볼 때, 독실한 정신건강 전문가가 내담자를 상담할 때 공공연하게 종교적인 부분을 개입시킬 경우, 동료나 감독자로부터 저항을 받을 수 있다.

2. 혼합기관 갈등과 미국심리학회 윤리 규정

주요 정신건강 기관들이 전문적인 업무와 관련하여 각각의 윤리 규정을 반포하지만 여기에서는 지면상, 미국심리학회의 지침을 중심으로 혼합기관 갈등이라는 주제를 살펴보고자 한다. 미국심리학회가 최근에 수정하여 출판한 『심리학자의 윤리적 원칙과 행동 규범』(APA, 2010)은 다른 윤리 규정들과 여러 가지 관점에서 유사하며 군대나 다른 정부기관에서 일하면서 혼합기관 갈등을 겪고 있는 정신건강 전문가를 위해서 도움이 된다.

제1.03조 # 윤리와 관리기관의 요구 사이에서 갈등

> 만약 상담·심리치료사가 일하는 관리기관의 요구가 윤리 규정과 상치될 경우, 상담·심리치료사는 갈등의 원인을 명확하게 파악하고 윤리 규정에 대한 그들의 의무를 알아야 하며, 윤리 규정의 윤리적 기준과 일반 원칙에 해당되는 갈등을 해결하기 위한 합리적인 절차를 밟아야 한다. 어떤 경우에도 이 원칙은 인권 침해를 옹호하거나 정당화시키는 데는 적용될 수 없다.

미국심리학회 윤리 규정 제1.03조는 혼합기관 갈등 해결에 대한 책임을 분명하게 군 상담·심리치료사에게 부과하고 있다(Johnson, Grasso & Maslowski, 2010; Kennedy & Johnson, 2009). 따라서 국방부의 '알 권리'정책의 잘못된 접근으로 인해 내담자의 비밀보장이 심각하고 불필요하게 침해당하는 것을 알게 된 군 상담·심리치료사는 미국심리학회 윤리 규정을 따름과 동시에 명령체계에서 해당 권한자에게 이 갈등을 알릴 분명한 윤리적 의무가 있다.

유사한 사례로, 아동 상담 전문가의 다른 부대 전출로 인해 부대장이 아동에 대한 임상경험이 없는 군대 소속의 정신건강 전문가에게 소아병원에 근무하라는 명령을 하였을 때, 그는 자신의 부적절한 능력을 근거로 그 지시에 대해 거부할 의무가 있다.

군 상담·심리치료사는 기관이 윤리적 문제를 이해하도록 돕는 동시에 비윤리적 치료(예: 최소한의 수련감독이나 적절한 수련을 받은 적이 없는 정신건강 전문가가 아동 내담자를 상담·심리치료하는 것)에 관여하기를 거절할 때 확고하지만 책임있는 태도를 보여야 한다.

제1.02조 # 윤리와 법, 규정 혹은 다른 정부 당국 간의 갈등

> 만약 상담·심리치료사의 윤리적 책임이 법, 규정 혹은 다른 정부 당국과 상치될 때, 상담·심리치료사는 그 갈등의 본질을 명확하게 파악하고, 윤리 규정에 대한 그들의 책임을 알리고 일반 원칙과 윤리 규정의 윤리적 기준이 상치되는 갈등을 해결하기 위한 합리적인 절차를 밟아야 한다. 어떤 경우에도 이 원칙은 인권 침해를 옹호하거나 정당화시키는 데 적용될 수 없다.

아마 군 상담·심리치료사에게 가장 고민스러운 윤리적 상황은 윤리적 의무가 법이나 법적인 규제와 상치되어 그 사이에서 진퇴양난을 느낄 때 일 것이다(Howe, 2003; Johnson, 1995; Johnson et al., 2010; Orme & Doerman, 2001). 정신건강 전문가들은 비밀보장, 상담·심리치료 서면동의 혹은 수감자 심문과 같은 비전통적인 역할을 수행하는 부분에서 법적, 윤리적 갈등을 마주하기가 가장 쉽다. 대부분의 경우에 법적인 요구사항과 윤리적 요구사항은 일치하지 않고 정신건강 전문가로 하여금 갈등을 유발하지만 이 모순은 쉽게 해결될 수 있다. 실제 갈등 상황에서 군 상담·심리치료사는 법적인 의무를 완수하기 위해 그 자신의 윤리 규정을 어길 수밖에 없다는 것을 발견할 것이다.

예를 들어, 이라크에 주둔한 군 상담·심리치료사는 매우 심각하고 극단적인 경우(예: 다른 정신장애와 합병증세를 보일 경우)에만 외상 후 스트레스장애(PTSD)로 진단하라는 의료명령지침을 받았을 때 압박감을 느낀다. 군 상담·심리치료사에 의해 외상 후 스트레스장애로 진단되지 않을 경우에는 군인들은 간단한 처방을 받고 다시 최전방으로 복귀해야 한다(Moore & Reger, 2006).

만약 상담·심리치료사가 단지 기관의 정책을 준수하기 위해서 임상적 진단을 바꾸는 것은 비윤리적이라고 항의한다면 지휘관은 정신건강 전문가에게 명령 규율을 준수하고 명백하게 외상 후 스트레스장애일 경우라도 그렇게 진단하지 말라고 명령할 것이다. 이 상담·심리치료사는 법적, 윤리적 갈등을 분명히 표현해야 하고 계속해서 건전한 윤리적 실천을 준수하며 해결책이 제시될 때까지 더 높은 명령체계에 지속적으로 우려를 제기할 윤리적 의무가 있다.

군대에서 이것은 상담·심리치료사가 멀리 떨어진 기지에 있는 자신의 수련 감독관(아마 의무실을 책임지고 있는 의사)에게 가서 전문의로서의 의무와 상관의 명령 혹은 국방부정책 시행에 대한 불일치에 대해 설명하는 것이 될 것이다. 만약 그 감독관이 대응하지 않아 갈등이 지속된다면 상담·심리치료사는 더 높은 상관에게 우려를 제기할 의무가 있다. 지금과 같은 군 상황에서는 아마 그 지역의 사령관이나 의료 선임 의무장교가 될 것이다.

2010년에 개정된 미국심리학회 윤리 규정은 법적, 윤리적 갈등에서 윤리 규정을 준수해야 하지만 명백한 의무규정 제1.02조에서는 상담·심리치료사가 윤리적 원칙과 규정을 지키기 위해서 반드시 법을 위반하라는 것이 아니라는 것을 알아야만 한다. 오히려 규정에서는 내담자에 대한 의무나 발생 가능한 위험과 같은 특정 상황에서 나타날 수 있는 변인 범위를 고려해서 갈등을 적절한 방법으로 신중히 해결하도록 정신건강 전문가의 올바른 판단에 맡기고 있다.

때때로 군 상담·심리치료사는 전문가의 윤리에 대한 의무와 양심 문제로 법적 명령이나 법령을 위반하는 쪽으로 결정할 수도 있다. 그런데 그런 위반은 법이나 명령을 따르므로 인권을 침해하게 될 경우에만 허용된다. 그렇지 않을 경우에는 정신건강 전문가들은 윤리 의무에 위배되더라도 법을 계속 따르면서, 수련감독관이나 기관의 지휘관들과 정중하게 협력하며 갈등을 해결하기 위해서 지속적으로 노력해야 한다.

제3.04조 # 피해 방지

> 상담·심리치료사는 그들의 내담자/환자, 학생, 수련받는 실습생(supervisees), 실험 참가자, 기관의 내담자 그리고 같이 일하는 다른 사람들이 피해를 입는 것을 막고 예측 가능하지만 막을 수 없는 피해를 최소화하기 위해서 합리적인 절차를 취한다.

때때로 정부기관에 소속된 정신건강 전문가들은 더 큰 집단, 혹은 전체 사회의 최고의 이익을 증진하거나 지키기 위해서 한 사람의 이익을 간과하거나 자유를 제한할 수밖에 없다고 느낄 수 있다(Howe, 1986; Kennedy & Johnson, 2009; Koocher & Keith-Spiegel, 2008). 군 상담·심리치료사는 내담자들을 언제 다시 전투에 투입시켜야 할지 혹은 투입 여부를 결정하는 것에 있어서 때때로 어려움을 겪는다(Howe, 1986).

인도적, 종교적, 혹은 의료적인 관점에서 이의를 제기하더라도 전문가들은 내담자(특히 상당한 외상을 겪었던 사람)를 다시 위험의 길로 돌려보내는 것과 관련된 윤리와 씨름할 수 있다. 한편으로 사실 모든 군인은 나라를 지키고 보호하기로 맹세한 지원자들이다. 하지만 다른 한편으로 내담자를 전투에 돌려보내는 것에 대한 상담·심리치료사의 의견이 군대의 필요와 긴급한 군대의 임무와 상치되는 경우에도 내담자의 피해를 막는 것이 윤리적 의무라고 이해할 수도 있다.

제3.10조 # 상담·심리치료 서면동의: 고지(告知)에 입각한 동의

(a) 상담·심리치료사가 연구지도 혹은 진료, 치료, 상담, 상담자문 서비스 등을 직접 제공하거나, 전자통신, 혹은 다른 통신수단을 이용하여 제공할 때, 그들은 상담·심리치료 서면동의를 받지 않고 활동을 수행하는 것이 법이나 정부 규정에 의해 허용된 경우나 이 윤리 규정에 달리 기록된 사항을 제외하고는 개인이나 다수에게 합리적으로 이해될 수 있는 언어로 상담·심리치료 서면동의를 얻어야 한다.

제3.11조 # 기관을 통한 혹은 기관에 제공하는 심리학적 서비스

(a) 기관에 혹은 기관을 통해서 서비스를 제공하는 상담·심리치료사는 내담자와 적절할 때, 서비스의 직접적인 영향을 받는 사람들에게 아래와 같이 사전에 정보를 제공해야 한다.

① 서비스의 성격과 목적
② 예정된 서비스 대상
③ 내담자로 판단되는 개인
④ 상담·심리치료사와 각 개인과 기관과의 관계
⑤ 제공된 서비스와 수집된 정보의 예상 용도
⑥ 정보에 대해 접근할 수 있는 사람
⑦ 비밀보장의 제한 가능한 즉시, 적절한 사람들에게 그들이 제공한 서비스의 종결과 결과에 대한 정보를 제공함

정부기관 산하 많은 혼합기관의 윤리적 갈등의 핵심은 내담자에게 명확하고 지속적인 상담·심리치료 서면동의를 구하는 것이며 이것은 부정할 수 없는 분명한 윤리 의무이다. 군대에 유일한 정신건강 제공자로 소속되어 있는 신중한 윤리적인 정신건강 전문가들은 명확한 상담·심리치료 서면동의 절차를 제

공함으로써 내담자의 오해와 피해의 잠재적인 가능성을 줄이도록 도울 수 있다 (Jeffery et al., 1992; Johnson, 2008; Staal & King, 2000).

특히 지휘관 혹은 넓게 보아 국방부가 정신건강 전문가의 업무를 사용할 가능성과 현재 임상에서 행정 또는 법의학으로의 역할전환 가능성 그리고 특정 진단과 치료에 대한 결과가 경력에 포함될 가능성에 대해 개별 내담자에게 주의해서 정보를 제공해야 한다. 물론, 정신건강 전문가가 내담자에게 군대에서 비밀보장은 쉽지 않고 내담자의 상담·심리치료 기록을 통제하지 못한다는 것을 인식시키기 위해서 노력한다면 혼합기관 갈등은 줄어들 수 있다.

이런 사실을 내담자에게 알리는 것과 더불어, 정신건강 전문가들은 내담자의 사생활 보호와 비밀보장을 위해서 가능한 최선을 다해야 한다. 예를 들어, 만약 지휘관이 내담자의 정신건강 상태에 대한 정보를 요구한다면 정신건강 전문가들은 어떤 정보만이 국방부의 '알 권리' 정책에 부합하는지에 대해서 엄격한 기준을 채택해야 한다(DOD, 1993). 일반적으로 이것은 전투배치를 포함한 추천, 진단, 계속되는 임무를 위한 적합성에 대한 판단을 포함할 것이다.

3. 혼합기관 갈등을 다루는 전략과 권고사항

군대나 다른 정부기관에 소속된 정신건강 전문가가 기관에 대한 충성심과 내담자에 대한 의무 사이에서 그리고 더 큰 기관과의 사이에서 갈등하게 될 때, 이것을 다루는 세 가지 일반적인 접근 방식이 있다(Johnson & Wilson, 1993).

이 세 가지 방법은 모두 군 소속 전문 상담·심리치료사들이 때때로 쓰는 방법이기는 하지만 앞의 두 가지는 정신건강 전문가에게 자기 모순적이 되기 쉬우며 내담자와 기관에 부정적인 결과의 위험을 증가시키는 경향이 있다.

1) 군대 교본적 접근법

군대 교본적 접근법을 활용할 경우에 정신건강 전문가들은 국방부 법규, 연방 법 그리고 그런 요구사항을 기관에 맞게 해석하는 것을 엄격히 준수해야 한다. 본질적으로 국방부 법규는 윤리적 원칙과 규정보다 우위에 있다. 군 상담·심리치료사의 이런 접근 방식은 특정 내담자나 상황에 대해 결정할 때, 윤리적 분석을 심사숙고하는 과정이 전혀 없는 것으로 보이므로 문제가 있다(Kennedy & Johnson, 2009).

이 접근 방식을 사용하면 정신건강 전문가들은 내담자의 특정 정보에 대한 지휘관의 정당한 알 권리나 내담자의 사생활을 보호받을 권리에 대해 신중하게 고려하지 않고 지휘관의 모든 질문에 대답할 수 있다.

2) 은밀한 접근법

은밀한 접근법에는 자신의 윤리 규정의 완전한 준수를 주장하여 윤리적으로 문제가 되는 법적인 요구사항과 기관정책을 은밀히 무시함으로써 혼합기관 갈등을 해결하려는 시도가 포함된다(Johnson & Wilson, 1993). 케네디와 존슨(2009)은 이런 방법을 사용하는 정신건강 전문가들은 군사법전(Uniformed Code of Military Justice)에 위배되는 특정 성적 행동, 개입이 필요치 않고 아무도 위험에 처하게 하지 않는 사소한 약물사용과 같은 활동관련자료들을 누락시키는 애매하고 불완전한 상담·심리치료 기록을 남길 수 있다고 지적했다. 이런 은밀히 접근하는 방식은 장교로서의 역할의 대가로 상담·심리치료사로서의 역할을 선호한 선택을 한다.

3) 최대 이익 접근법

대부분의 군 상담·심리치료사들은 혼합기관 갈등을 관리하고 해결하기 위해서 한 가지 접근 방식을 적용한다. 최대 이익 접근법(Johnson & Wilson, 1993)이라고 불리는 이 접근은 군인, 국방부, 그리고 사회, 모두의 유익을 동시에 증진시키려는 협력을 필요로 한다. 이 접근법은 정신건강 전문가에게 내담자의 이익을 보호하고 피해를 방지하며 분명한 윤리적 원칙과 규정을 손상시키지 않으면서 기관의 목표 달성을 돕는 최고의 희망을 제공한다.

최대 이익 접근법은 정식으로 성문화(成文化)되어 있거나 어느 기관에서 권유하는 사항은 아니지만 기관의 배경 하에 내담자들에게 최대 이익을 주고 싶어 하는 윤리 정신건강 전문가가 가장 자주 적용하는 접근 방식이다.

최대 이익 접근법은 내담자의 이익을 증진하고 피해 방지라는 윤리적 원칙과 정의, 그리고 인권과 존엄성에 대한 존중을 가장 잘 실현하고 있다. 기관에서 일하는 정신건강 전문가가 최대 이익 접근법을 사용하면 윤리 규정과 연방법이라는 두 가지 의무에 대해 효율적으로 균형을 맞출 수 있는 최고의 기회를 제공한다.

케네디와 존슨(Kennedy & Johnson, 2009)은 이 접근 방식을 설명하기 위해서 해군 낙하산 정비원이 어느 날 술 냄새를 풍긴 채로 출근한 상황을 예로 들었다. 이 사건으로 인해 그에게 약물남용 검사를 시행하는 도중, 해군 군 상담·심리치료사는 알코올 의존 증상을 발견했다. 또한 그에 대한 평가를 하던 중, 그가 명령체계에서 보다 높은 지위에 있는 사람으로부터 여러 차례 애정관계 또는 성관계를 노린 접근을 당했다는 사실을 밝혀냈다.

이 경우에 상담·심리치료사는 그 정비원이 비행단에서 떨어져 일하는 동안 필요한 알코올중독치료를 받는 것이 국방부(예: 건강이 악화된 낙하산 정비원을 배제시킴으로써 다른 군인들의 안전 도모를 위해)와 개인 내담자(예: 내담자는 명확하게 알코올중독으로 고통을 겪고 있었기 때문에 성공적으로 치료를 마치고 금주 상태를 유지하여 그의 경력을 지킬 수 있는 유일한 길이 되게 하는 것) 모두에게 최고의 이익이 된다고 판단했다.

비록 군 인사관련부서가 군인들의 성희롱이 드러날 때마다 보고해야 하지만 이 경우에 상담·심리치료사는 그 정비병과 모든 가능성에 대해 의논한 후, 의무적인 보고서에 기록하지 않도록 결정했다. 왜냐하면 보고서는 그에게 성희롱을 한 상관을 포함한 모든 상관에게 노출될 것이고, 현재 정식 고발 결과에 타격을 주는 것을 원하지 않았으므로 상담·심리치료사도 그의 의견을 존중했다. 또한 그의 경력에 피해가 가지 않기를 원했기 때문에 상담·심리치료사는 내담자가 물질남용에 대한 치료와 성희롱으로 인한 그의 상태에 중심을 둔 외래 심리치료를 받는다는 전제 하에 성희롱 사안은 보고하지 않기로 동의했다. 이 경우, 상담·심리치료사는 군인들의 안전과 올바른 임무수행을 위해서 군인의 사생활 보호와 개인의 이익이 기관의 이익과 균형을 이루도록 노력한 것이다.

개인 내담자와 더 큰 기관의 최대 이익에 균형을 맞추기 위해서 노력하는 것 이외에도 군 상담·심리치료사는 군대 내에서 혼합기관 긴장에 대한 부정적인 영향을 개선하기 위해서 다음의 권고사항을 하나씩 살펴봄으로써 임무를 훌륭하게 수행하게 될 것이다.

1) 아무리 장교일지라도 정부(군)업무는 건강관리 전문가로서 의무를 넘어 설수 없다

군대에 소속된 정신의학자, 심리학자, 상담·심리치료사와 다른 건강관련업계 종사자는 전문가로서 윤리 규정을 지키기 위한 의무를 지속적으로 시행하는 것을 잊지 않기 위해서 매우 주의해야 한다(Annas, 2008). 배속받은 군대에서 근무할 때(비 의료적인), 고도의 작전 업무를 수행할 때, 그리고 다른 정신건강 전문가와 떨어져있는 전투 상황에서 오랜 시간 동안 근무할 때, 군대와 다른 정부기관의 정신건강 전문가들은 전문가 윤리의 고수를 포기하고 군전통과 규정을 일차적으로 충성해야 한다는 방향으로 '흐름'(drift)을 막기 위해서 주의해야 한다(Johnson et al., 2010).

정부기관 내에 일하는 정신건강 전문가가 개인의 윤리적 사명과 전문인으로서의 정체성을 민감하게 유지하기 위해서 전문기관에의 참여와 동료관계를 유지하기 위해서 열심히 노력하는 것은 매우 중요하다.

2) 모든 내담자에게 엄격하고 진행적인 상담·심리치료 서면동의를 구할 것

정부기관에서 근무할 때, 종종 내담자의 사생활 보호와 비밀보장, 예상치 않은 역할 전환이나 의도치 않은 결과에 위협을 줄 수 있기 때문에 정신건강 전문가들은 모든 내담자에게 상세하고 분명한 상담·심리치료 서면동의를 받는 것을 명심해야 한다(Jeffrey et al., 1992; Johnson et al., 2005). 군대나 다른 기관에서 정신건강 치료를 받는 것은 오점으로 남을 수도 있어(Porter & Johnson, 1994) 심한 외상이 있거나 건강이 악화된 군인 혹은 직원이 필요한 진료를 받는 것을 피하려 할 수 있다(Hoge et al., 2004).

정신건강 전문가의 많은 상관들은 내담자의 의료 기록에 대한 접근 권한을 가질 수 있다는 것과 특정 진단이 경력에 극단적으로 불리한 결과를 줄 수 있는 것, 보안문서열람허가 평가자와 같은 예기치 않은 새로운 역할에 근무하도록 정신건강 전문가가 요구받을 수도 있다는 것을 이런 환경에서 근무하는 내담자는 이해해야 한다.

더 나아가 이와 같은 상황에서 정신건강 전문가들은 내담자에 대해 존중하고 그들이 가질 수 있는 다양한 역할의 범위와 앞으로 발생할 수 있는 불편한 만남에 대해 내담자가 어떻게 하고 싶은 지를 명확히 해야 한다.

3) 기관 내의 모든 구성원이 잠재적 내담자라고 가정할 것

군대 혹은 다른 정부기관에서 일할 때의 특징 하나는 사회와 동떨어진 환경에 있다는 것이다. 농촌이나 심지어 작은 종교단체나 혹은 교회의 경우에서처럼, 군부대는 격리된 공동체로서 정신건강 전문가가 도착하는 첫날부터 모든 직원들 혹은 군인들을 잠재된 내담자로 보아야 한다.

예를 들어, 항공모함에서 근무하는 정신건강 전문가들은 계급이 높은 장교와 가까운 친구들을 포함하여 탑승한 모든 사람들이 언젠가 정식 내담자로서 정신건강 전문가를 필요로 할지도 모른다는 것을 염두에 두어야 한다(Johnson et al., 2005).

그 외에도, 개교회에 다니는 작은 마을의 정신건강 전문가들은 모든 동료 신자들이 곧 내담자가 될 수 있다는 것을 생각해야 한다. 혼합기관 갈등은 만일 정신건강 전문가가 기관에서 합리적으로 중립적인 입장을 유지하고 다른 사람들과 너무 개인적으로 얽히지 않았다면 완화될 수 있다. 그리고 기관 밖에서는 상담자문 관계를 유지할 것을 매우 권장한다.

4) 혼합기관 긴장 상황과 갈등 상황을 구별할 것

군 상담·심리치료사가 법적인 명령 혹은 국방부 규정과 윤리 기준 간에 드러나는 명백한 긴장이나 불일치를 만났을 때, 그에 대한 법적, 윤리적 대응이 꼭 상호배타적이라는 의미는 아니다(Johnson et al., 2010). 민감한 혼합기관 갈등(법을 준수하면 동시에 윤리 규정을 지키지 못한다거나 그 반대의 상황)은 혼합기관 긴장보다 훨씬 적게 일어난다.

예를 들어, 만약 군 상담·심리치료사가 국방부의 '알 권리'법령(DOD, 1993)에 의해 내담자의 정신건강 기록을 제공하라는 명령을 받았다면 숙련된 전문가일 경우에 혼합기관 긴장을 느낄 것이고 명령에 대해 구체적인 관심정보를 결정하기 위해서 요청자료를 갖고 동료들과 협력해서(collegially) 작업할 것이다(예: 이 대원은 전시 상황에 투입되어도 되는가?). 일반적인 업무 적합 여부에 관한 의견이나 권고 사항으로 충분할 것이며, 그로 인해 다루기 어려운 갈등에 대한 긴장이 심화되는 것을 피할 수 있을 것이다.

5) 기관의 상급자들과 긍정적인 근무관계를 확립할 것

이미 앞에서 언급한 권고 사항과 함께 정부기관에서 근무하는 정신건강 전문가들은 때때로 명령체계의 상급자들과 밀접하게, 그리고 상담자문을 구하면서 일하면 혼합기관 갈등을 피할 수 있다는 것을 발견할 것이다. 이를 위해서 정신건강 전문가들은 그들의 의료명령체계의 상급자, 정신건강 전문가의 서비스를 이용하는 군부대의 상급자와 긍정적인 업무관계를 발전시켜야 할 필요가 있다

(Kennedy & Johnson, 2009).

그렇기 때문에 상관들과 협조해서 일을 하고, 지역 부대원에게 스트레스 예방연수회와 같은 심리교육을 제공하며 상관에게 일상적인 자문을 언제든지 제공하는 데 상당히 많은 시간을 보내는 군 상담·심리치료사는 긴장 상황이 갈등으로 되지 않도록 함으로써 훨씬 더 편한 시간을 보내게 될 것이다.

협력적인 근무관계는 상급자와 정신건강 전문가 사이에 신뢰를 심어줌으로 부대 지휘관들은 군인들의 사생활을 침해하거나 정신건강 전문가가 비밀보장을 위반하도록 강요하지 않고도 군인들의 배치에 대해서 정신건강 전문가의 판단에 따른다.

6) 윤리적 의사결정 과정을 따르고 발전시킬 것

혼합기관 갈등이 자연스럽게 정신건강 전문가에게 불안을 유발할 수 있지만 전문가들은 내담자나 기관의 지도자에게 성급하거나 또는 충동적인 반응을 보이지 말아야만 한다. 최고의 이익 제공이라는 사고방식을 갖고 시작할 때에 군 상담·심리치료사는 법적인 명령이나 연방 법이 윤리적 기준보다 우위에 있다거나 연방 규정이 부적절함으로 윤리적 고려를 우선시하여 무시되어야 한다고 성급하게 결론을 내리지 않는다면 임무를 잘 수행하게 될 것이다.

정신건강 전문가들은 세심하고 합리적인 윤리적 결정을 내리기 위해서 몇 가지 신중한 방법들 가운데 하나를 채택해야 한다(예: Barnett & Johnson, 2008; Koocher & keith-Spiegel, 2008). 최소한 이런 의사결정 모델들 덕분에 정신건강 전문가들은 상황을 분명하게 정의하고, 그 의사결정이 누구에게 영향을 미칠 것인지 판단하고, 관련된 윤리지침과 법규와, 혼합기관 갈등과 관련된 각 당사자들에 대한 정신건강 전문가의 의무를 참고하여 각각의 결과를 고려한 행동의 대안 방향을 명확하게 정할 수 있다.

7) 증거를 기반으로 한 영적 혹은 종교적인 개입을 강조할 것

　미군과 다른 정부기관은 일반적으로 특성과 임무에 있어 비종교적이다. 비록 군인이 개인의 종교적인 의무라는 관점에서는 전체 범위를 차지하지만 군사심리학이나 정신의학에서 정신건강을 제공하는 자로서의 역할과 군종목사의 역할을 구분하는 강한 전통이 있다. 물론, 이것은 정부기관에서 일하는 기독교 정신건강 전문가가 종교적인 신념에 대한 토론이나 종교적으로 적당한 관습에 참여하는 것을 삼가라는 의미는 아니다(Worthington & Sandage, 2002).

　윌리엄 헤서웨이(Willian Hathaway, 2006)는 그가 공군의료진료소에서 영적으로 민감하고 종교적으로 수용할 만한 개입을 했던 사례 중에서 몇 가지 훌륭한 사례를 제공했다. 몇 가지 사례에서 내담자의 종교적인 전통에 대한 해서웨이의 이해력과 임상적 중재와 함께 내담자 신앙요소를 수용하는 전문지식이 긍정적인 결과를 촉진하는 데 있어서 매우 가치가 있다는 것을 증명했다.

　적어도 한 사례에서, 내담자들의 종교적인 틀 안에서 일한 그의 능력은 진단을 이해하고 지휘관에게 정확한 추천을 하는 데 필수적이라는 것을 증명했다. 기독교 정신건강 전문가가 정부에서 주관하는 종교적인 개입의 조정에 참여할 때 고려해야 할 두 가지 주의사항이 있다.

　첫째, 비종교적인 상황에서 종교적인 임상가들은 그들의 접근을 뒷받침할 만한 증거를 보여줄 준비가 되어 있어야 한다(Worthington & Sandage, 2002).

　지금까지, 일부 종파의 상담·심리치료 접근법이 최소한 예비적 경험적 지지를 받았다. 기독교 정신건강 전문가들은 그들의 상관이나 다른 동료들에게 질문을 받았을 때, 종교적인 평가와 중재전략에 대해서 합리적인 이유와 증거 지원에 대해 방어 없이 토론할 준비가 되어 있어야 한다.

　둘째, 서로 다른 종교적인 전통에 대해 관용하고 수용할 수 있어야 한다.

　정신건강 전문가가 군대나 다른 정부기관 부서에서 일하기로 결정했을 때, 만나게 될 모든 내담자들에게 마음을 열고 최선을 다해 도움을 주어야 하고 존중해야 한다.

기독교 정신건강 전문가들은 상상할 수 있는 모든 종교적 배경을 가진 내담자뿐만 아니라 공공연하게 종교에 대해 적대적인 내담자까지 만나게 될 것을 예상해야 한다. 군 상담·심리치료사는 작고 고립된 군부대 내의 유일한 상담·심리치료사이기 때문에 그들은 내담자를 의뢰하는 것을 선택하거나 치료를 거부할 수 없다.

따라서 그들의 영성이나 종교를 치료의 일부로서 받아들이는 데 익숙하지 않는 정신건강 전문가들은 이 일에 적합하지 않을 것이다. 공군진료소에서 근무하는 기독교 상담자인 헤서웨이가 우울증으로 괴로워하는 25세의 주술을 숭배하는 하사에게 신중하고 도움이 되는 치료를 할 수 있었던 것은 내가 여기에서 설명한 바와 같이 그리스도를 닮은 개방성을 거울삼았기 때문이다.

4. 결론

조만간 대부분의 정신건강 전문가들은 둘 혹은 그 이상의 기관에 대한 동시적인 의무에서 비롯된 윤리적 갈등을 직면하게 될 것이다. 이 윤리적 갈등에는 가장 빈번하게 정신건강 전문가의 내담자에 대한 의무와 더 큰 기관에 대한 의무 사이에서 일어나는 갈등을 포함할 것이다. 이런 혼합기관 갈등을 해결하기 위해서 윤리적인 정신건강 치료사는 관련된 윤리적 기준과 일반 원칙을 존중하고 해를 입히지 않으면서 각 기관에 대한 모순된 의무를 신중하게 분류해야 한다.

혼합기관 갈등은 군대와 같은 정부기관에 가장 만연되어 있지만 의료센터, 교정시설, 학교, 교회와 같은 다른 기관에서 일하는 정신건강 전문가도 마찬가지로 내담자와 기관 갈등에 대해서 동일한 주의를 기울여야 한다. 기독교 정신건강 전문가들은 개인적 신념과 종교적인 신념 때문에 내담자나 기관에 대한 의무 사이에서 긴장이 증가할 때 생기는 3차원 혼합기관 갈등에 대해 더욱 민감해야 한다.

혼합기관 갈등이 발생하지 않는다 하더라도, 정신건강 전문가들은 자신에게 '이런 상황에서 어떻게 정신건강 전문가가 각각의 최상의 이익을 촉진시키는 동시에 각기 다른 내담자에 대한 의무와 더 큰 기관 사이에서 일어나는 분명한 갈등을 줄일 수 있겠는가?'라고 물으며 최선의 이익을 위한 사고방식을 채택하도록 권고된다.

더 나은 결과를 얻기 위해서 정신건강 전문가들은 기관에 근무하는 모든 내담자에게 정확하고 계속적인 상담·심리치료 서면동의를 제공해야 한다. 또한 기관의 모든 구성원이 궁극적으로 내담자가 될 수 있다고 가정하고, 분명한 윤리적 의사결정 과정을 지키며, 기관의 상관과 긍정적인 업무관계를 확립하고 기관의 임상에 대해 전문지식을 가진 숙련된 정신건강 전문가로부터 필요한 자문을 구해야 한다.

■ 참고문헌

American Psychological Association. (2010). *Ethical principles of psychologists and code of conduct: 2010 Amendments.* Retrieved on April 2, 2010, from www.apa.org/news/press/releases/2010/02/ethics-code.aspx.

Annas, G. J. (2008). Military medical ethics: Physician first, last, and always. *New England Journal of Medicine, 359,* 1087-90.

Barnett, J. E., & Johnson, W. B. (2008). *The ethics desk reference for psychologists.* Washington, DC: American Psychological Association.

Camp, N. M. (1993). The Vietnam War and the ethics of combat psychiatry. *American Journal of Psychiatry, 150,* 1000-1010.

Department of Defense (1993). National Defense Authorization Act for Fiscal Year 1994 (Pub L., 1-3-160, 107 Stat. 1547). Washington, DC: Department of Defense.

Driskell, J. E., & Olmstead, B. (1989). Psychology and the military: Research applications and trends. *American Psychologist, 44,* 43-54.

Hathaway, W. L. (2006). Religious diversity in the military clinic: Four cases. *Military Psychology, 18,* 247-57.

Hoge, C. W., Castro, C. A., Messer, S. C., McGurk, D., Cotting, D. I., & Koffman, R. L. (2004). Combat duty in Iraq and Afghanistan, mental health problems, and barriers to care. *New England Journal of Medicine, 351,* 13-22.

Howe, E. G. (1986). Ethical issues regarding mixed agency of military physicians. *Social Science & Medicine, 23,* 803-15.

Howe, E. G. (2003). Mixed agency in military medicine: Ethical roles in conflict. In D. E. Lounsbury & R. F. Bellamy (Eds.), *Military Medical Ethics,* vol. 1 (pp. 331-65). Falls Church, VA: Office of the Surgeon General, U.S. Department of the Army.

Jeffrey, T. B., Rankin, R. J., & Jeffrey, L. K. (1992). In service of two masters: The ethical-legal dilemma faced by military psychologists. *Professional Psychology: Research and Practice, 23,* 91-95.

Johnson, W. B. (1995). Perennial ethical quandaries in military psychology: Toward American Psychological Association-Department of Defense collaboration. *Professional Psychology: Research and Practice, 26,* 281-87.

Johnson, W. B. (2008). Top ethical challenges for military clinical psychologists. *Military Psychology, 20,* 49-62.

Johnson, W. B., Grasso, I., & Maslowski, K. (2010). Conflicts between ethics and law for military mental health providers. *Military Medicine, 175,* 548-53.

Johnson, W. B., & Kennedy, C. H. (2010). Preparing psychologists for high-risk jobs:

Key ethical considerations for military clinical supervisors. *Professional Psychology: Research and Practice, 41,* 298-304.

Johnson, W. B., & Koocher, G. P. (2012). *Ethical conundrums, quandaries, and predicaments in mental health practice: Cases from the files of experts.* New York: Oxford University Press.

Johnson, W. B., Ralph, J., & Johnson, S. J. (2005). Managing multiple roles in embedded environments: The case of aircraft carrier psychology. *Professional Psychology: Research and Practice, 36,* 73-81.

Johnson, W. B., & Wilson, K. (1993). The military internship: A retrospective analysis. *Professional Psychology: Research and Practice, 24,* 312-18.

Kennedy, C. H., & Johnson, W. B. (2009). Mixed agency in military psychology: Applying the American Psychological Association Ethics Code. *Psychological Services, 6,* 22-31.

Kennedy, C. H., & McNeil, J. A. (2006). A history of military psychology. In C. H. Kennedy & E. A. Zillmer (Eds.), *Military psychology: Clinical and operational applications.* New York: Guilford Press.

Kennedy, C. H., & Zillmer, E. A. (2006). *Military psychology: Clinical and operational applications.* New York: Guilford Press.

Koocher, G. P. , & Keith-Spiegel, P. (2008). *Ethics in psychology: Professional standards and cases* (3rd ed.). New York: Oxford University Press.

Kraft, H. S. (2007). *Rule number two: Lessons I learned in a combat hospital.* New York: Little Brown.

Moore, B. A., & Reger, G. M. (2006). Clinician as frontline soldier: A look at the roles and challenges of Army clinical psychologists in Iraq. *Journal of Clinical Psychology, 62,* 395-403.

Orme, D. R., & Doerman, A. L. (2001). Ethical dilemmas and U. S. Air Force clinical psychologists: A survey. *Professional Psychology: Research and Practice, 32,* 305-11.

Page, G. D. (1996). Clinical psychology in the military: Developments and issues. *Clinical Psychology Review, 16,* 383-96.

Porter, T. L., & Johnson, W. B. (1994). Psychiatric stigma in the military. *Military Medicine, 159,* 602-5.

Stall, M. A., & King, R. E. (2000). Managing a dual relationship environment: The ethics of military psychology. *Professional Psychology: Research and Practice, 31,* 698-705.

Worthington, E., Jr., & Sandage, S. (2002). Religion and spirituality. In J. C. Norcross (Ed.), *Psychotherapy relationships that work: Therapist contributions and responsiveness to patients* (pp. 383-99). New York: Oxford University Press.

제17장

대학 상담소에서 윤리적 문제

로더릭 헤첼(Roderick D. Hetzel)
캐시 켄드릭(Cassie Kendrick)
수잔 헤첼(Susan Matlock-Hetzel)

이 장에서는 대학 상담소(university counseling center: UCC)에 근무하는 상담·심리치료사가 자주 겪는 윤리적 문제를 다루고자 한다. 이 장에서 다루는 구체적인 문제는 버지니아공과대학교(Virginia Tech)의 총기난사 사건 같은 대학 전반의 위기 결과로 많은 주목을 받아온 사생활 보호와 비밀보장 문제, 전문가의 윤리 기준과 대학 정책과 절차 간의 잠재적인 갈등, 다중 관계와 관련된 윤리 문제, 임상 과정에서 종교/영성을 통합하는 것과 전문가의 능력과 관련된 윤리 문제가 포함된다.

특정 문제가 기관마다 다를 수는 있겠지만 일반 대학에서 일하는 기독교 상담자뿐만 아니라 기독교 대학에서 일하는 상담·심리치료사의 필요성을 충족시켜 줄 수 있기를 바란다.

대학에서 사생활 보호와 비밀보장을 이해하는 데 기초를 제공하기 위해서 이 장은 연방교육권리 및 사생활 보호법(Federal Education Rights and Privacy Act: FERPA)과 대학 상담소에 대한 영향에 대해 먼저 다룰 것이다. 이렇게 확립된 기초와 함께, 이 장에서는 대학 상담소에 근무하는 상담·심리치료사가 흔히 겪는 특정 윤리적 문제를 다룰 것이다. 각 윤리적 문제는 다음 형식으로 논의할 예정이다.

(1) 윤리 문제를 설명하기 위한 사례 연구
(2) 주목할 만한 윤리 원칙과 규정 재고
(3) 해당 윤리 문제에 대처하기 위한 지침과 제안

이 장은 대학 상담소 환경 내에서 자주 대두되는 윤리적 문제에 대한 간단한 개요와 그에 대한 적용법을 제공하기 위한 것이다. 이런 원칙과 기준에 대한 더 철저한 토론에 관심이 있는 독자들은 본서의 다른 장들을 참고하기를 바란다. 이 장에서는 대학 상담소에 근무하는 상담·심리치료사가 대학 상담소 내에서 발생할 수 있는 윤리적 갈등에 대응하기 위해서 고려할 몇 가지 일반적인 지침을 제공하면서 마무리하고자 한다.

이 장 내내 대학 상담소에서 근무하는 심리학자, 상담·심리치료사, 그리고 다른 정신건강 전문가를 지칭하기 위해서 일반적인 용어인 상담·심리치료사라는 표현을 사용할 것이다. 전문가의 윤리적 원칙과 규정에 대한 것은 미국심리학회(APA, 2002)에서 발간된 『심리학자의 윤리 원칙과 행동 규범』을 기준으로 할 것이다. 미국심리학회에 소속되지 않은 상담·심리치료사는 해당 전문가협회에서 발간된 윤리 기준을 참고해야 한다.

1. 연방교육권리 및 사생활 보호법(FERPA)과 대학 상담소(UCC)

학생의 사생활 보호와 비밀보장의 윤리에 대해서는 2007년 버지니아공과대학에서 집단 살해 사건과 같은 대학 내 비극의 결과로 특히 더 많은 대중의 관심과 철저한 검토가 이루어졌다. 다른 학생에게 해를 끼칠 위험을 가진 학생에 대처하는 대학 규정과 절차뿐만 아니라 미국 총기법에 대한 대대적인 비판과 국제적인 뉴스 취재가 이 비극적인 이야기의 결과로 뒤따랐다. 약 두 시간 간격으로 벌어진 두 건의 사건에서 조승희 학생은 32명을 살해하고 자살하기 전에 많은 사람들에게 상해를 입혔다.

이 대량 살해 사건은 미국 역사에서 한 명의 총기 소지자에 의한 가장 치명적인 대학 총격 사건들 가운데 하나이다. 비록 총기 사건 당시에 조승희 학생의 심리상태와 심리진단에 대해서는 알 수 없지만 정신건강 치료를 받았던 기록이 있었고, 두 여학생을 스토킹하여 대학에서 징계처분을 받았으며, 그의 교수 중 적어도 한 명의 교수가 그에 대해 우려를 표했다는 것이 알려졌다.

이 비극 이후, 대학 관계자가 조승희 학생의 행동에 관한 정보, 더 나아가 문제를 일으킬 가능성을 지닌 학생의 행동에 대해 다른 대학 관계자나 가족 혹은 다른 정신의료기관이나 법집행기관과 공유했어야 했는지 여부에 대한 질문들이 대두되었다.

대학에서 사생활 보호와 비밀보장에 관해 논의할 때, 연방교육권리 및 사생활 보호법(FERPA: 미국교육부, 2008)을 이해하는 것이 중요하다. 1974년에 처음 제정된 연방교육권리 및 사생활 보호법은 학생의 교육 기록을 열람하고 공개하는 것에 관련된 연방법에 관한 정보를 포함하고 있다.

연방교육권리 및 사생활 보호법은 미 교육부가 관리하는 프로그램으로부터 자금지원을 받는 교육기관들은 학생에게 그들의 교육기록 열람을 허용할 법적인 의무가 있으며 그 기록에 대한 정보공개에 대한 어느 정도의 통제권과 수정할 기회를 갖고 있다고 명시한다.

이 경우에 교육 기록이라는 용어는 학생과 직접적인 관계가 있는 정보를 포함하고 교육기관 혹은 그 대행기관에 의해 관리하는 모든 기록을 말한다. 이것은 수기, 인쇄물, 테이프, 필름, 마이크로필름, 마이크로필름카드(microfiche), 디지털 이미지 등에 기록된 모든 정보를 포함한다.

몇 가지 예외를 제외하고, 대학은 교육 기록을 공개하기 전에 학생의 동의를 얻어야만 한다. 승인된 예외들 가운데 하나는 '합법적인 교육적 관심사'가 있을 때, 교수진과 직원이 서로 정보를 공유하도록 허용하는 것이다.

예를 들어, 수업활동에 방해가 되는 학생의 행동에 대해 우려하는 대학교수라면 이것이 '합법적인 교육관심사'(규정 제99 CFR 31조)로 해석이 될 수 있으므로 학장이나 대학 상담소에 근무하는 상담·심리치료사와 같은 다른 교수진과 직원에게 상담자문을 구하는 것은 연방교육권리 및 사생활 보호법 규정 하에서 허용될 것이다.

버지니아공과대학교 사건의 경우에 조승희의 불온한 수업태도를 목격한 영어과 교수가 그에게 필요한 도움을 제공하거나 그의 행동에 대해서 대처하도록 도와 줄 수도 있었을 학장이나 다른 대학 직원에게 자문을 구하고 이런 정보를 공유하는 것이 허용되었을 것이다. 문제가 될 수 있는 학생의 정보를 교수진과 직원들이 서로 정보를 공유할 수 없다고 생각하는 것은 연방교육권리 및 사생활 보호법을 잘못 이해한 것이다.

버지니아공과대학교 사건 이후로 개정된 연방교육권리 및 사생활 보호법에서는 건강이나 안전 관련 위급상황에서는 대학이 가족이나 다른 개인과 자료를 공유할 수 있다는 예외 조항을 정했다. 규정 제34 CFR 99.36조에서는 이렇게 명시되어 있다.

> 교육기관이나 교육단체는 학생 혹은 다른 개인의 건강이나 안전에 위협이 되는 상황을 전체적으로 고려할 수 있다. 만약 교육기관 혹은 교육단체가 학생이나 개인의 건강과 안전에 중요하고 분명한 위험이 있다고 판단할 경우, 학생 혹은 개인의 건강과 안전을 보호하기 위해서 정보를 알아야 할 필요가 있는 모든 사람에게 기관은 교육 기록에 있는 정보를 공개할 수도 있다. 교육부는 입수한 정보를 근거로 결정하려고 할 때, 결정을 위한 합리적 기준이 있어야 하고 상황을 판단하고 결정하는데 있어서 교육기관의 결정을 대신하지 않을 것이다.

연방교육권리 및 사생활 보호법은 학생 교육기록을 다루기 때문에 관찰이나 언어적 소통은 적용되지 않는다. 따라서 대학 관계자는 필요시에는 법집행기관, 부모, 혹은 다른 관계자들과 교육기록을 공유할 수 있다.

연방교육권리 및 사생활 보호법이 대학 상담소나 정신건강 기록에는 어떻게 적용되는 것인가?

연방교육권리 및 사생활 보호법(규정 제34 CFR 99.3조)에서 교육기록이라는 용어는 그런 서류나 기록에 적용되지 않는다고 명시한다.

> 의사, 정신의학자, 심리학자 혹은 다른 인정된 전문가나 준전문가의 전문적인 능력을 갖고 활동할 때와 준전문가 능력으로 지원할 때에 작성하거나 관리하는 기록; 그 기록은 학생의 치료와 관련해서만 작성되고, 관리되고, 보관되고 사용될 수 있으며 치료를 제공하는 개인에게만 공개된다.

이 정의를 명확히 하기 위해서 치료라는 용어에는 대학교육 프로그램의 일부인 보충 교육활동이나 그 밖의 활동은 포함하지 않는다고 명시하고 있다. 이를테면 대학 상담소 의료 혹은 진료 기록에 포함된 모든 정보는 연방교육권리 및 사생활 보호법 규제 하에서는 공개할 수 없다. 연방교육권리 및 사생활 보호법이 학생의 정보를 특정 상황에서 대학관계자들이 서로 공유하는 것을 허용하지만 전문가 면허/자격증을 취득한 정신건강 전문가들은 자신의 전문분야의 윤리적 기준과 주(state)정신건강법에 맞추어 행동해야 한다.

주에서 취득한 전문가 면허/자격증을 갖고 정신건강 서비스를 제공하는 대학 관계자에게는 전문가 윤리 규정과 주정신건강법이 연방교육권리 및 사생활 보호법보다 상위 기준이다. 이는 대부분의 경우에 대학 상담소에 근무하는 상담·심리치료사는 비밀보장의 기준이 법적, 윤리적 예외 조항에 해당될 경우를 제외하고, 정신건강 치료를 받는 학생의 정보를 제공하지 않을 수도 있다는 의미이다(예: 자신 혹은 다른 사람에게 해를 끼칠 수준의 급박한 위험).

학교폭력의 문제를 조사하기 위해 미국대통령경호실(U.S. Secret Service)과 교육부(U.S. Department of Education, 2004)는 '안전한 학교 구상'(Safe School Initiative)에 관한 최종 보고서와 조사 결과를 발간했다. 그것은 1974년 12월부터 2000년 5월까지 미국에서 발생한 계획된 학교폭력의 37가지 사례에 대한 광범위한 조사의 정점이라고 볼 수 있다. 이 구상은 두 가지 당면한 질문에 대한 해답을 구하는 것이었다.

"우리가 이 폭력 사건이 계획되고 있다는 것을 미리 알 수 있는가?"

그리고 만약 그렇다면 "이 폭력 사건이 일어나지 않도록 하기 위해서 우리는 무엇을 할 수 있었는가?"

보고서에서는 대부분의 계획된 학교폭력은 개인의 최초 폭력 사건이라고 결론을 내렸다. 또한 폭력행위는 갑작스럽거나 충동적이 아니라, 생각과 행동의 납득할 수 있는 과정의 결과라는 것을 발견했다. 그러나

> 그 행동은 일반적으로 생각과 함께 시작되고 계획이 발전되고 실현할 수단을 찾으며 결국 폭력으로 드러난다. 이것은 공격자의 행동과 언어 소통으로 알 수 있거나 찾아낼 수 있는 과정이다(p. 32).

그들은 정신장애(가장 많게는 심각한 상실감이나 개인적 실패에 대처하는 데에 어려움을 겪거나, 다른 사람에게 괴롭힘을 당하고, 박해 받고, 해를 입었다고 느꼈다)와 폭력 간의 상관관계를 밝혀냈지만, 대부분의 가해자들은 정신건강 평가를 받거나, 정신장애 진단을 받거나 약물남용에 연루된 적이 없었다고 보고했다. 이 보고서는 계획된 학교폭력에 가담한 학생들에 관한 정확하고 유용한 정보가 없다고 결론을 내렸다.

버지니아공과대학교 사건의 여파로 자신 혹은 다른 사람에게 해를 입힐 위험성이 있는 학생들을 파악하라고 대학으로 압력이 들어왔다. 모든 대학은 학생들의 정신건강, 규율, 법적인 문제를 다룰 수 있는 절차나 제도를 갖춰야 하고, 대학 행정상의 어려움은 학생 개인의 인권과 더 큰 사회공동체 보호와의 균형을 유지하는 것이다.

위험한 학생을 파악하기 위한 방안들 가운데 하나는 대학 중재팀이나 '관심학생'(students of concern)팀을 이용하는 것이다. 델워스(Delworth, 2009)는 대학 중재팀이 대학 상담소, 대학 경찰 혹은 안전요원, 행정부, 사법 혹은 징계위원, 법률 자문 등의 인적 자원으로 구성되어야 한다고 말했다. 델워스는 그런 대학 중재팀의 일차적 책임을 다음과 같이 기술했다.

> 첫째, 대학 중재팀은 학생들을 평가하고 대학 내의 특정 제도를 지정하는 정책과 절차를 개발하도록 도와야(혹은 적어도 승인하도록)한다.
> 둘째, 그 팀은 이런 임무를 계속해서 할당받아야 한다.

> 셋째, 가장 시간을 많이 소모하는 팀의 기능은 초기에 방해를 받거나 방해를 하는 것으로 평가되거나 팀의 첫 임무로부터 불이익을 받는 학생에 대해서 평가와 개입 프로그램을 개발하고 시행하는 것이다(p. 17).

대학생의 정신건강에 관한 경험과 수련 때문에 대학 상담소에 근무하는 상담·심리치료사는 대학 중재팀의 일원으로 참여하도록 요구 받을 수 있다. 그런 팀에 대한 대학 상담소의 대표자 역할은 대학의 필요와 문화에 따라서 여러 가지가 있겠지만 아마 대학 관계자가 대학의 위급 상황에 더 빠르게 대처하거나 예방을 희망하면서 위험성이 있는 학생들을 파악하는 규정과 절차를 개발하는 것을 돕는 것이 될 것이다. 대학 중재팀에 참여하는 것은 대학 상담소 대표자에게는 특별한 어려움이 될 수 있다.

예를 들어, 대학 상담소 대표자는 팀회의에서 과거 혹은 현재의 내담자로서 학생의 이름이 제기되어도 이들의 비밀보장을 유지해야 한다. 다른 대학 직원은 비밀보장과 관련된 주정신건강법과 윤리적 의무에 대해 알지 못할 수 있으므로 대학 상담소 대표자가 팀을 구성할 때 구성원들에게 자신의 법적, 윤리적 의무를 설명해야 한다.

대학 상담소 대표자는 특정 학생에 대해서 팀으로부터 정보를 받고, 필요한 경우에는 효과적인 치료를 촉진하고 도울 목적으로 다른 대학 상담소에 근무하는 상담·심리치료사에게 그 팀에서 받은 정보를 전달해 주는 팀의 '조용한 구성원'으로 활동할 수 있다.

대학 중재팀의 대학 상담소 대표자는 팀회의 중 논의되는 학생을 진단하는 것에 대해 주의해야 한다. 심리학적 진단은 적절한 심리학적 평가(최소한 학생과의 임상적 면접이 필요하고 또한 심리검사가 필요할 수도 있다)가 끝난 후에만 심리학적 진단이 내려져야 한다. 비슷한 맥락으로 대학 관계자는 '안전한 학교 구상'(Safe School Initiative)의 조사 결과를 기억하는 것이 중요하다. 정신건강전문직은 폭력을 정확히 예측할 수 있는 능력에 한계가 있다.

결과적으로, 접근 방식에 있어서 개별 사례적인 대학 내의 위협 평가팀의 개발을 더욱 강조해야 한다. 유효성이 한정된 기존의 자료에 의존하는 대신에 위협 평가 팀은 특정 학생이 폭력의 방향으로 진행할 것인지 여부를 확인하는 노력에 의해 생각과 행동의 개인적 유형을 볼 수 있다. '안전한 학교 구상'은 기존의 자료보다 개별적인 사례 자료를 사용해야 하는 이유를 설명한다.

> 일단 학교폭력의 위험성을 지닌 특정 학생이 확인되었다 하더라도 비슷하게 이런 식으로 자료를 사용하는 것은 계획된 학교폭력 가능성을 가진 학생을 찾아내거나 학교폭력 위험성을 평가하기 위해서 효과적인 접근법은 아니다. 향후 학교폭력을 예측할 때 자료에 의존하면 두 가지 중대한 위험성이 있다.
>
> '학교 내 총격사건 가해자'의 일정한 특징에 부합하는 대부분의 학생들은 실제로 계획된 폭력의 위험을 지니지 않는다. 그리고 실제로 폭력 위험성을 내포하고 있지만 위의 학교 총격자들과 특징이 거의 부합하지 않는 학생을 판단하는 데에는 실패할 것이다.
>
> 계획된 학교폭력을 저지를 수도 있는 학생의 '유형'을 결정하려고 애쓰기보다 그 학생이 폭력을 계획하거나 준비하는 것으로 보이는지를 결정하기 위해서 오히려 학생의 행동과 대화 내용에 조사를 집중해야 한다. 특정 학생이 전에 학교폭력을 행사했던 학생과 '비슷해 보이는지'의 여부를 묻기보다 그 학생이 폭력을 준비하는 행동으로 보이는지, 만약 그렇다면 그 학생이 얼마나 빠르게 준비하는지 그리고 어디에서 개입이 가능한지를 묻는 것이 보다 생산적이다(p. 34).

관심 있는 독자라면 학교 평가전략에 관한 추가 정보와 자료를 제공하는 래디(Reddy et al., 2001)를 참고하면 도움이 될 것이다.

2. 대학 상담소에서 흔히 일어나기 쉬운 윤리적 문제

1) 상담·심리치료 서면동의

사례 1

> 17세의 대학생이 우울증 증세로 대학 상담소에 방문했다. 대학 상담소는 임상 심리학 박사과정 프로그램을 위한 교육센터로 쓰이고 있어서 내담자인 학생은 최초 면담 약속을 전문가 면허/자격증을 갖고 있는 전문심리학자의 수련감독 하에 있는 실습생과 잡았다. 이 내담자는 대학 내의 기숙사에서 살고 있다.

이 경우와 관련된 윤리 문제는 무엇인가?

이 사례에서 드러나는 두 가지 윤리 문제는 대학 상담소에서 종종 발생하는 상담·심리치료 서면동의와 관련되어 있다. 즉 아직 전문가 면허/자격증이 없는 실습생(수련상담자)이 제공하는 상담·심리치료와 미성년자에게 제공되는 상담·심리치료라는 두 가지 문제이다.

상담·심리치료 서면동의는 규정 제3.10조(상담·심리치료 서면동의) 이하 제8.02조(연구 상담·심리치료 서면동의), 제9.03조(평가 상담·심리치료 서면동의), 제10.01조(치료 상담·심리치료 서면동의)로 나뉜다.

요약하면 이 윤리적 기준은 전문서비스(예: 연구, 평가, 치료, 상담, 상담자문 등)를 제공하는 심리학자는 서비스를 받는 사람들에게서 그 사람들이 이해할 수 있는 언어를 사용하여 상담·심리치료 서면동의를 받아야만 한다. 다시 말하면, 내담자들은 그들이 받을 전문서비스에 관해 충분히 알아야 하고, 그 서비스를 받거나 참여하기 위해서 상담·심리치료 서면동의를 해야 한다. 이 사례의 상담·심리치료 서면동의와 관련하여 특정 문제를 논의하기 전에 몇 가지 요점을 기억해야 한다.

(1) 상담·심리치료 서면동의는 치료의 시작 시점에 단 한 번의 행위라기보다 상담·심리치료사와 내담자 간에 지속적인 논의를 요하는 과정으로 이해

하는 것이 가장 좋다.
(2) 상담·심리치료 서면동의는 치료가 시작된 후에는 소급해서 받을 수 없다. 대학 상담소에 근무하는 상담·심리치료사는 내담자가 이해할 수 있는 용어를 사용하여 전문적인 관계를 시작하기 전에 진행될 의료 서비스에 대해 설명해야 한다. 상담·심리치료사는 치료 과정에 대해서 필요한 경우에 이런 논의를 계속해야 한다.
(3) 상담·심리치료 서면동의 과정에서 상담·심리치료사는 치료계획과 필요할 경우에 치료계획 변경, 그리고 치료의 잠재적인 위험성과 장점에 대한 명확한 정보를 제공해야 한다.
(4) 상담·심리치료 서면동의는 의료기록에 기록되어야 한다. 이것은 보통 글로 작성된 문서를 의미하지만(별도의 임상기록에 상담·심리치료사가 작성한 기록과 함께 내담자가 날짜를 기입하고 서명한 상담·심리치료 서면동의 양식의 형태) 때에 따라서 오디오 혹은 비디오 테이프를 통한 기록이 포함될 수도 있다.

첫째, 이 사례에서 나타난 우선된 문제는 전문가 면허/자격증이 없는 수련상담자(실습생)가 전문서비스를 제공하는 조항이다.

많은 대학 상담소들은 심리학, 상담학 그리고 다른 정신건강 관련 전공 대학원생의 교육장소로 사용된다. 규정 제10.01(c)조에는 다음과 같이 기록되어 있다.

> 상담·심리치료사가 실습생이고 제공되는 치료의 법적인 책임이 수련감독상담사에게 있을 때, 내담자/환자에게 상담·심리치료 서면동의 과정의 일부로 상담·심리치료사가 수련 중이며 수련감독을 받고 있다는 것과 그 수련감독 상담사의 성명을 알려주어야 한다.

이 사례의 경우, 상담·심리치료 서면동의 과정의 일부로 실습생들은 내담자에게 자신이 실습생 신분임을 알려야 하고 자신의 수련감독 상담사의 성명을 알려주어야 한다. 내담자가 읽고 서명할 문서화된 상담·심리치료 서면동의 양식에 이런 정보를 포함할 뿐만 아니라 과정에서 가능한 빨리 내담자와 의논할 것을 권한다. 좋은 임상 경험은 실습생의 지위가 예정된 치료에 어떤 영향을 줄 것인지에 대해 내담자가 가질 수도 있는 모든 우려나 의문에 관해 실습생이 논의하도록 할 것이다.

추가적으로, 어떤 주에서는 임상수련감독을 하기 위한 목적으로 전문가 면허/자격증이 없는 수련상담자들(실습생)의 상담·심리치료의 장면을 녹음/녹화를 하도록 한다는 것을 알아야 한다. 만약 상담·심리치료 과정이 녹음/녹화될 경우, 수련상담자(실습생)는 내담자에게 상담·심리치료 과정의 녹음/녹화를 허락하는 문서화된(경우에 따라서 구두로) 상담·심리치료 서면동의를 얻어야 한다. 이 문제는 규정 제4.03조에 명시되어 있다. 이 과정은 내담자에게 상담·심리치료 과정이 녹음/녹화되고 있으며, 녹음/녹화의 이유를 설명하고, 어떻게 사용될 것인지 그리고 얼마나 오래 보관될 것인지에 대한 정보와 녹음/녹화된다는 것에 관한 내담자의 모든 의문점과 우려를 논의하는 것이 포함될 것이다. 만약 내담자가 녹음/녹화를 원치 않을 경우, 그 내담자를 전문가 면허/자격증이 있는 상담·심리치료사에게 보내야 한다.

둘째, 이 사례의 또 다른 문제는 미성년자에게 서비스를 제공하는 것과 관련이 있다.

대부분 성년이 되지 않은 1학년생과 대학 상담소에 근무하는 상담·심리치료사가 상담하는 것은 드문 일이 아니다. 이 경우, 이 미성년자들은 스스로 상담·심리치료 서면동의를 해도 되는 것인가 아니면 상담·심리치료사가 치료를 시작하기 전 부모의 상담·심리치료 서면동의를 얻는 것이 필요한가?

이 문제는 윤리 규정에 직접적으로 명시되어 있지 않으므로, 대학 상담소에 근무하는 상담·심리치료사는 그 주정신건강법을 참고하는 것을 권유한다. 예를 들어, 미국텍사스가족법(Texas Family Code, sec. 32.003)에서는 다음의 조건하에서는 미성년자가 부모의 동의 없이 스스로 상담·심리치료 서면 동의하는 것이 법적으로 가능하다고 명시되어 있다.

① 미성년자가 군복무 중일 경우
② 미성년자가 16세이거나 그 이상이며 부모의 동의 여부나 기간에 관계없이 부모와 따로 살고, 수입에 관계없이 스스로 재정을 관리할 경우
③ 미성년자가 미혼이고 임신 중이며 낙태가 아닌 다른 목적으로 의료 서비스를 필요로 할 경우
④ 미성년자가 현재 약 혹은 화학물질 사용, 약물남용, 중독, 자살 충동이나 성적, 신체적, 정서적 학대를 받는 상태일 경우

이 사례의 경우에 내담자는 16세 이상이며 부모와 떨어져서 기숙사에 살고 있으므로 스스로 치료에 동의할 수 있을 것이다. 이 사례에서는 직접적으로 명시되어 있진 않지만 이 내담자는 스스로 재정 관리를 한다고 추정할 수 있다. 다시 말하면, 그녀가 일을 해서 돈을 벌든, 대학이나 연방 재정지원이나 혹은 부모의 지원을 받든 간에 스스로 돈을 쓰는 데에 있어 책임을 지고 있다.

이 사례에서는, 내담자에게 상담·심리치료 서면동의를 받는 것과 함께 미성년 내담자가 치료에 동의할 수 있는 특정 상황을 기록하도록 권고한다. 이것은 상담·심리치료사가 미성년 내담자가 읽고 서명하도록 제공하는 미성년자용 제2동의서(대학 상담소의 표준 동의서 이외에)를 확보함으로써 쉽게 해결할 수 있다.

비록 어떤 주들은 미성년자가 치료에 동의할 수 있는 근거를 담고 있는 상담·심리치료 서면동의서를 상담·심리치료사가 받도록 되어 있지만 또한 상담·심리치료사가 미성년자의 동의여부에 관계없이 그 부모에게 정보를 공개하도록 허용할 수도 있다.

미국 텍사스주에서 정신건강 전문가들은 다음 경우에 제공되거나 혹은 필요한 치료에 대해서 부모에게 정보를 제공할 수도 있다. 그것은 성적, 신체적, 정서적 학대, 자살 충동, 화학물질 혹은 약물중독이나 의존의 경우이다. 부모에게 내용을 알려야 할 상황이 발생하면 부모에게 알릴 수 있다는 가능성을 상담·심리치료 서면동의 과정 중에 내담자에게 알리고 상의해야 한다.

이런 경우에 부모는 미성년 학생의 의료 기록에 대해 열람을 요청할 권리가 있지만 이것은 기록에 대한 법적 권리가 있는 것과는 다르다. 결국 정보를 제공

할지 여부는 정신건강 전문가와 미성년 학생이 결정한다. 다시 말하지만 상담·심리치료사는 더 상세한 정보를 위해서 자신이 속해있는 주정신건강법과 법적인 자문을 구하는 것을 권고한다.

2) 비밀보장

사례 2

> 한 학생이 대학 내에서 계속해서 술을 마셔온 것을 발견한 기숙사 사감이 그를 대학 상담소에 보냈다. 기숙사 내에서 음주는 학생수첩에도 명백하게 적혀있는 공식적인 대학의 정책 위반이기는 하지만 기숙사 사감은 그 학생이 최근에 가까운 친구가 죽은 이후 우울해 있다는 것을 알았기 때문에 징계하지 않기로 결정했다.
> 다섯 번째 상담 회기를 마친 후, 기숙사 사감은 그 학생의 상담·심리치료 과정에 대한 최근 상황을 물어보기 위해서 상담·심리치료사에게 전화를 했고, 학생이 수업에 출석하지 않아 걱정이라고 했다. 그 주 후반에 그 학생의 어머니가 화가 난 상태로 상담·심리치료사에게 전화를 했다. 그녀는 아들을 교육하는데 많은 돈을 학교에 지불하고 있으므로 그녀의 아들을 돕기 위해서 상담·심리치료사가 무슨 일을 하는지 알아야 한다고 말했다.
> 이 경우와 관련된 윤리적 문제는 무엇인가?

이 사례에서는 대학 상담소에서 종종 일어나는 사생활 보호와 비밀보장에 관련하여 종종 문제가 되는 윤리적 문제를 강조하고 있다.

상담·심리치료사가 어떻게 내담자의 사생활 보호와 비밀보장을 지켜줄 수 있으며 어떤 경우에 다른 대학 관계자와 가족들에게 내담자에 대한 정보를 공개할 수 있는 것인가?

이 사례의 경우, 대학 상담소에 근무하는 상담·심리치료사는 자신의 전문가 윤리 기준과 기관의 요구 사이에서 갈등에 직면할 수도 있다. 예를 들어, 학생과 교수 중에는 대학정책을 위반하는 학생을 처벌하는 대신 상담·심리치료를 받으라고 명령하기도 한다.

게다가 일부 기독교대학들(그리고 일부 부모들)은 대학이(더 나아가 대학 상담소가) 대리부모의 역할을 할 책임이 있다고 여겨 그 역할을 명시한 서류에 동의할 수도 있다. 따라서 상담·심리치료사는 전문가의 윤리 기준과 주법이 규정하는 명령을 넘어서 비밀보장의 제약을 완만하게 적용하라는 압박을 받을 수 있다.

이 사례의 윤리 문제에 대한 대응으로 사생활 보호와 비밀보장 그리고 특권 간의 차이를 이해하는 것이 중요하다. 사생활 보호는 제4차미국수정헌법(Fourth Amendment to the U.S. Constitution)에서 보장하는 기본 권리이다. 이것은 광범위한 개념으로 내담자뿐만 아니라 모든 사람에게 적용된다.

E원칙(Principle E)에서 나타나듯이, 사생활 보호는 인간 존엄성을 보장하기 위해서 필수적이며, 비밀보장과 특권 개념의 기초가 된다. 비밀보장은 내담자에 관한 어떤 정보도 유출하지 않고 보호하겠다는 전문가의 행동 규범이다. 이것은 윤리적 기준(규정 제4조에서 나타나듯이)임과 동시에 법적 지위이다. 따라서 모든 비밀보장의 침해는 법적, 윤리적 조치를 받는다.

쿠처와 케이스 스피겔(Koocher & Keith-Spiegel, 1998)에 따르면, 특권이란 "법 집행시에 정보공개로부터 보호를 받는 어떤 특정 유형의 관계를 말하는 법적인 용어이다"(p. 58). 법적으로 상담·심리치료사가 내담자를 대신하여 특권을 주장할 수 있지만 법적으로는 내담자가 그 특권을 갖고 있다고 여긴다.

규정 제4.05조에 따르면, 상담·심리치료사가 내담자의 정보 유출을 허용할 수 있는 경우는 내담자의 동의가 있거나, 혹은 법적인 요구나 허락이 있을 경우에만 내담자의 동의와 상관없이 정보를 공개할 수 있다.

규정 제4.05조에 따르면, 상담·심리치료사가 정보를 공개하는 것이 허용되는 경우는 내담자가 정보공개에 동의하거나 상담·심리치료사가 내담자의 동의에 관계없이 정보를 공개하도록 법에 의해 명령을 받거나 법이 허용하는 경우뿐이다. 일반적으로 다음의 상황 중 어떤 상황이라도 비밀보장 원칙이 적용되지 않는다.

(1) 내담자가 자신 혹은 다른 사람에게 급박한 해를 입힐 위험성이 있다고 판명된 경우
(2) 내담자가 아동, 장애인, 혹은 노인 학대나 방임을 당했다고 판명되는 경우
(3) 내담자가 다른 정신건강 전문가로부터 성적 비행을 당했다고 판명된 경우

상담·심리치료사가 정보를 공개하도록 명령을 받는 구체적인 상황과 그들이 그 정보를 공개하는 방식은 주마다 다를 수 있다. 따라서 추가 정보를 위해서 주 정신건강법과 주전문가협회의 자문을 구할 것을 권고한다.

현 사례의 경우, 상담·심리치료사는 내담자에 관한 정보공개를 내담자가 동의하지 않는다면 관계된 기숙사 사감이나, 화가 난 내담자 어머니 중 누구에게도 공개할 수 없다. 대학 상담소에 근무하는 상담·심리치료사는 특정 학생이 내담자라는 것을 '인정하거나 부정하는 것'에 대해 주 법이 금지하고 있다는 것을 재확인할 수 있다. 이것은 제3자와의 대화에 어려움을 줄 수 있지만 내담자의 사생활 보호와 비밀보장을 유지하는 데 중요하다.

이 상황에 대처하는 한 가지 접근 방식은 상담·심리치료사가 제3자의 관심사를 주의 깊게 듣고 공감하는 마음으로 대응하는 동시에 윤리적 기준과 주 법에 대해 교육하는 것이 될 것이다. 부모의 입장에서 소통의 필요성과 자녀들이 안전하다는 믿음 그리고 자녀들이 성숙한 어른이 되도록 돕고 싶은 소망 간의 균형을 잡는 것은 쉽지 않을 수 있다. 상담·심리치료사로부터 받는 약간의 공감은 큰 영향을 미칠 수 있고 궁극적으로는 내담자와 내담자의 부모가 개별화의 요구에 대처하도록 도움을 줄 수 있다.

정보제공 요청에 대해 대처할 때에, 상담·심리치료사가 학생에 관해 더 많은 정보들을 공유할 수도 있는 다른 대학 관계자(예: 학생처장, 대학 교목, 학무 부총장, 혹은 관계 직원이나 부모의 걱정을 해결해주는 업무를 담당하는 다른 관계자)에게 제3자를 보내는 것도 가능하다. 상담·심리치료사가 내담자에 관한 정보를 공개하는 것은 법으로 금지되어 있지만 다른 대학 관계자는 연방교육권리 및 사생활 보호법(Federal Education Rights and Privacy Act: FERPA) 하에 있어 더 허용 범위가 넓다는 것을 기억해야 한다. 상담·심리치료사가 정보제공 요청을 거부하는 경

우, 제3자는 대학 상담소 책임자, 학장, 부총장 심지어 총장과 대화할 것을 요구하며 상위 행정책임자에게 호소할 수 있다.

이 상황에서 상담·심리치료사는 다른 대학 관계자에게 윤리적 기준의 관계 요건과 주(state)법에 대해서 알릴 기회를 이용하는 것이 중요하다. 규정 제3.07조과 제3.11조 윤리 기준에서는 심리학자가 모든 당사자들에게 심리학자와 내담자의 역할, 습득한 정보나 제공된 서비스의 용도, 비밀보장의 잠재적인 한계에 대해 가능한 빨리 전달해야 한다고 명시되어 있다.

대학 상담소의 경우에 상담·심리치료 서면동의 과정 중에 내담자와 비밀보장의 한계를 명확히 하라는 의미이지만 또한 대학 관계자에게 비밀보장의 잠재적 한계에 대해서 알려주라는 의미이기도 한다. 압박이 심한 갈등 상황에서는 상기시켜 주는 것이 필요하겠지만 소송의 시대에 살고 있는 대부분의 대학 관계자들은 윤리와 법을 준수해야 한다는 것을 이해하고 있다.

물론, 상담·심리치료사가 부모나 다른 대학 관계자에게 정보를 공개하는 것이 임상적으로 필요한 상황도 있겠지만(예: 사회적 지원을 확보하기 위해서 필요한 자원을 얻고 도움을 청하기 위해) 이런 정보공개는 치료 계획과 치료 과정에 포함될 필요가 있다. 이런 정보공개가 초기에 동의했던 치료 계획의 수정을 유발했을 경우, 내담자에게 정보 제공 동의뿐만 아니라 치료 계획의 변경 동의도 얻어야 한다. 이런 경우에 상담·심리치료사는 다음에 대해서 내담자의 동의를 얻도록 조언한다.

(1) 어떤 유형의 정보가 공개되는가?
(2) 어떤 제3자들에게 공개되는가가?
(3) 어떤 목적으로 공개되는가?

내담자들은 또한 그들의 정보공개 동의를 철회하는 과정에 대해서도 알아야 한다. 대학 상담소에서 흔히 일어나는 사생활 보호와 비밀보장에 관련된 다른 상황들도 있다. 이메일이나 문자 혹은 다른 형태의 전자통신이 점점 흔해짐에 따라서 학생에게 전자메일은 개인적이거나 사생활 보호와 비밀보장에 적합한 의사소통 양식이 아니라는 것을 미리 알려주어야 한다.

　이메일은 서비스 제공자의 기록에 남아있으며, 이메일을 받고 보내는 개인 컴퓨터에 저장되었을 수도 있다. 다른 보호되지 않는 전자 소통과 더불어, 이메일은 제3자의 간섭에 취약하고 잠재적으로는 보내는 사람이나, 받는 사람의 허락 없이 자격이 없는 사람이 접근할 수도 있다.

　대학 상담소는 학생의 이메일에 대한 대처나 다른 전자 통신 수단을 이용했을 경우에 대한 대처 절차나 정책을 개발할 필요가 있다. 또한 대학 상담소에 근무하는 상담·심리치료사는 학생들이 졸업에 임박해서 구직을 시작할 때 사생활 보호와 비밀보장 문제에 마주칠 수 있다.

　의료계, 주 변호사, 군과 연방 기관 그리고 종교계의 지원서에는 학생들에게 정신건강 진료를 받은 기록이 있는지 여부를 요구하는 경우도 있고 어떤 경우에는 지원자들에게 정보공개에 동의할 것을 요청하는 경우도 있다. 이런 가능성을 상담·심리치료 서면동의 과정 중에 학생과 논의해야 한다.

3) 다중 관계

사례 3

> 대학 상담소에 근무하는 상담·심리치료사가 학부생을 위한 스트레스관리법에 관한 두 번의 아웃리치(outreach) 강의 중 한 번을 기숙사에서 진행했다. 강의가 끝날 즈음에 한 여학생이 다가와서 자신이 극심한 스트레스로 고통 받고 있으며 본인과 상담·심리치료를 할 수 있겠냐고 물었다.

　이런 상황에서 발생할 수 있는 윤리적 문제는 무엇인가?

　대학 상담소에 근무하는 상담·심리치료사는 특히 작은 대학에서 근무하는 경우, 학생들과 다중 관계를 맺는 경우가 종종 있다. 이 사례의 핵심적인 윤리적 문제는 다중 관계이다. 규정 3.05(a)조에서는 다음과 같이 규정한다. 다중 관계는 한 심리학자가 한 개인과 전문적인 역할을 수행하며 동시에 그 사람에 대해 또 다른 역할을 수행할 경우, 심리학자가 전문적인 관계를 구축하는 내담자와 밀접하게 관계가 있는 사람과 동시에 관계를 맺을 경우, 아니면 내담자나 혹은 그 내담자와 밀접하게 관계가 있거나 관련된 사람과 추후에 또 따른 관계를 맺고자 약속하는 경우에 발생한다.

이 기준에 의하면 "심리학자가 객관성이나 자신의 능력, 혹은 심리학자로서의 역할을 수행하는데 있어서 합리적으로 판단해 볼 때 효율성을 떨어뜨릴 것으로" 예상이 되는 경우, 혹은 "전문적인 관계를 맺고 있는 사람에게 해를 입히거나 불이익을 줄 위험성이 조금이라도 있을 경우" 심리학자는 다중 관계를 삼가야 한다.

게다가 윤리적 기준은 다중 관계가 상담·심리치료사의 역할에 문제가 되거나 내담자에게 해를 입히거나 불이익의 위험이 예상되는 것이 아니라면 비윤리적이지 않다고 명시한다.

사례 3의 경우, 대학 상담소에 근무하는 상담·심리치료사는 학생에게 아웃리치 서비스를 진행하는 동시에 상담·심리치료를 하는 것이 그 학생에게 해를 끼치거나 불이익을 줄 위험성이 있는지를 결정해야 한다. 얼핏 보기에 이 경우는 해를 끼치거나 불이익을 줄 가능성이 없어 보여 학생의 요청을 들어주어도 될 것 같다.

하지만 상황의 특수성에 따라서 이것은 바뀔 수도 있다. 만약 대학 상담소에 근무하는 상담·심리치료사가 그 특정 기숙사에서 계속해서 아웃리치 강의를 해야 한다면 상담·심리치료사는 나중에 학생과 발생할 수 있는 관계 유형에 관해 생각해 보아야 할 것이다.

앞으로 상담·심리치료사가 학생과 맺게 될 관계가 강의를 하거나 상담·심리치료를 진행할 때 상담·심리치료사의 객관성을 저해할 수 있는가?

기숙사에서 외부강의를 할 때, 상담·심리치료사는 내담자에게 해를 입힐 수 있는 (그리고 또한 제3.06조 이해 관계의 갈등이나 제3.08조 불이익을 주는 관계에 해당할 수 있는) 행정적인 혹은 규율상의 책임을 감당할 수 있는가?

대학 상담소에 근무하는 상담·심리치료사는 자신의 일상적인 업무에서 또 다른 유형의 다중 관계를 경험하기가 쉽다.

예를 들어, 만약 상담·심리치료사가 대학에서 강의를 하고 있다면 그가 가르치고 있는 학생 가운데 한 명을 내담자로 받을 수 있는가?

대부분의 상담·심리치료사들은 이런 상황이 잠재적으로 상담·심리치료사의 객관성을 해치거나 학생에게 해를 끼치거나 불이익을 줄 수 있는 다중 관계라는 것에 동의할 것이다. 그러므로 그 학생을 내담자로 받는 것은 비윤리적이 될 것이다.

하지만 특정 상황이 바뀐다면 어떻게 되는가?

만약 그 강의가 많은 학부생들을 대상으로 한 강의이고 대학원생 조교가 수업을 진행하며 상담·심리치료사는 단지 수련감독만 한다면 그 학생을 내담자로 받을 수 있는가?

만약 그 학생이 지난 학기에 상담·심리치료사의 강의를 들었지만 현재는 강좌에 등록하지 않았다면 이 상황이 윤리적 의사결정 과정에 어떤 변화를 줄 것인가?

이런 결정을 할 때 때때로 복잡할 수 있겠지만 상담·심리치료사는 다음의 두 가지 핵심 질문으로 다시 돌아와서 생각해야만 한다.

객관성이나 능력에 손상을 줄 수 있는 가능성은 무엇인가?

내담자에게 해를 끼치거나 불이익을 끼칠 위험성은 무엇인가?

4) 능력

사례 4

> 한 학생이 연인관계가 깨지고 난 후 우울한 감정으로 인해 대학 상담소에 도움을 요청하러 왔다. 상담·심리치료사는 우울증을 동반한 적응장애라고 진단을 내리고 단기 지지 상담을 받을 것을 권유했다. 내담자는 이 치료 계획에 동의하지만 자신은 기독교적 신념이 중요하며 치료에 영적 내용을 포함한 '기독교상담'을 받고 싶다고 말했다.

이 경우에 발생할 수 있는 윤리 문제는 무엇인가?

이 장의 다른 사례의 경우처럼, 이 사례는 기독교대학에서 일하는 대학 상담소에 근무하는 상담·심리치료사뿐만 아니라 종교와 관계가 없는 대학에서 일하는 상담·심리치료사에게도 익숙한 상황이다. 이 사례의 핵심적인 윤리 문제는 능력이다.

내담자가 말한 '기독교 상담'의 의미는 무엇인가?

그는 자기가 성경에 명시된 원칙과 명령을 불순종하는 부분에 접근하고 자신을 도와 하나님의 뜻에 기꺼이 순종할 수 있도록 성경을 기반으로 한 상담·심리치료방식을 원하는 것인가?

상담·심리치료를 하는 내내 종교적/영적 주제를 엮어서 성경보다 더 폭넓은 기독교적 상황에서 조언과 지도를 할 수 있는 목회 상담을 원하는 것인가?

상담·심리치료사가 자기와 함께 기도하고 성경에서 시편이나 다른 성경 구절을 읽어주기를 원하는 것인가?

그는 상담·심리치료사가 기독교 신념을 갖기를 원하는 것인가?

만일 그가 기독교 신념에 대해 토론한다면 단지 상담·심리치료사가 영적 문제에 민감하고 그의 기독교 신념에 긍정해주기를 원하는 것인가?

기독교 상담이란 용어는 많은 것들을 의미할 수 있으므로 상담·심리치료사는 그의 개인 내담자가 어떤 것을 원하는지를 알아내는 것이 중요하다.

상담·심리치료사가 치료에 종교/영성을 개입시키는 방법에 대해서 빈번이 일어나는 복잡한 문제를 다루는 것은 중요하다. 갤럽과 린제이(Gallup & Lindsay, 1999)는 미국인을 대상으로 한 설문조사에서 다음과 같은 결과를 보고했다.

① 96%는 하나님을 믿는다.
② 90%는 하나님에게 기도한다.
③ 87%는 인생에서 종교가 중요하다고 한다.
④ 82%는 영적 성장을 경험할 필요가 있다고 한다.
⑤ 71%는 하나님과의 관계를 발전시키는 데 관심이 있다고 한다.
⑥ 80%는 위기에 대응할 때 기도를 중요시 한다.
⑦ 64%는 위기에 대응할 때 성경 읽기를 중요시 한다.
⑧ 1억 명 이상이 믿음을 기초한 작은 집단에 소속되어 있다.

이 결과는 많은 미국인들이 절대적인 존재를 믿고 종교/영성이 자신에게 중요하다고 말하지만 많은 상담·심리치료사들은 치료에 종교/영성을 개입하는 방법에 관한 적절한 교육을 받지 못했다. 윤리와 다양한 강의 내용을 검토할 때, 야하우스(Yarhouse, 2005)는 대부분의 교육 프로그램들에서는 소외집단이나 성별, 인종, 그리고 성적 지향성에 관련된 다양한 주제에 더 많은 관심들을 기울이고 종교나 영성은 간과하고 있다고 했다.

하지만 상담·심리치료사는 치료할 때 종교/영성의 문제를 다루어야 할 윤리적 의무가 있다. E 원칙(Principle E)에서는 심리학자들이 "...종교에... 따른 차이를 포함해서 문화적, 개인적 그리고 역할의 차이를 존중하고 알아야 하고 그런 집단의 구성원들과 상담·심리치료를 할 때에 이런 요인을 고려해야 한다"라고 명시하고 있다.

또한 E원칙에는 "심리학자가 이런 요인에 의해 발생하는 편견이 그들의 일에 미치는 영향을 제거하도록 노력해야 하고, 그런 편견 때문에 생기는 다른 사람들의 행동을 알면서도 참여하거나 용납해서는 안 된다"라고 명시되어 있다.

추가적으로 규정 제2.01조에서는 "심리학자는 자신의 능력, 자신이 받은 교육 및 수련, 수련감독 및 상담자문을 받은 경험, 연구, 그리고 전문적인 경험 내에서만 상담·심리치료와 교육을 제공하고 여러 분야에서 여러 집단과의 연구를 수행해야 한다"라고 명시되어 있다.

또한 이 기준은 심리학자에게 "종교...와 관련된 요인을 이해하는 것이 그들의 서비스를 효율적으로 제공하는데 필수적이라는 것을 인식시키고 심리학의 과학적, 전문지식 관련 분야의 수련과 경험을 쌓아야 한다"라고 명시한다.

샤프란스케와 말로니(Shafranske & Malony, 1996)는 "종교적/영적 세계관은 문화의 중요한 측면이며 상담·심리치료를 받고자 하는 많은 내담자들에게는 더욱 중요하다"라고 말함으로써 윤리적 의무를 강조했다. 더 나아가 그들은 "상담·심리치료사는 열린 마음을 가져야 하고 문화적 다양성의 중요한 구성 요소로서 종교적/영적 관심사를 기꺼이 탐구해야 한다"라고 명시했다.

윤리적 의무와 더불어, 상담·심리치료사는 그들의 내담자와 종교/영성의 문제를 경험적으로 다루어야 할 의무가 있다. 비록 경험적 결과에서 복잡하고 도움이 되거나 혹은 해로운 신앙적 표현을 발견하겠지만, 연구 결과는 긍정적인 종교/영성에 관한 표현이 관상동맥질환, 폐기종, 간경화(Comstock & Partridge, 1972), 우울증(Catipovic-Veselica 외, 1995), 불안(Richards & Bergin, 2000) 등을 측정한 결과 건강이 개선되는 것과 관련이 있음을 증명했다.

종교/영성 그리고 건강에 대한 결과에 관한 이 문헌들에 대해 개괄적 평가를 제공하는 것은 이 장의 범위에서 벗어나므로, 관심 있는 독자들은 이 결과의 최초의 출처와 다른 문헌들의 논평을 참고하기를 바란다.

이 경험적 의무를 지지하며, 왓츠(Watts, 2001)는 "내담자의 종교적/영적 신념을 무시하거나 깎아 내리거나, 병적으로 취급하는 것은 현명하지 못하고, 비윤리적이고, 임상적으로 무책임하다"라는 것과 내담자의 종교적/영적 체계 하에 일하는 상담·심리치료사는 실제로 "윤리적이고 동시에 효율적으로 일할 수 있음을 보여주는 충분한 경험적 증거가 있다"라고 보고했다.

스페리와 샤프란스케(Sperry & Shafranske, 2004)는 임상 상황에서 종교/영성은 항상 신중해야 한다고 명시했다. 종교가 내담자의 세계관에 크게 중요하지 않아 보이는 상황에서도 종교는 치료 과정과 결과에 영향을 끼칠 수 있다. 또한 그들은 종교적/영적 문제에 더 익숙한 상담·심리치료사는 "내담자의 현재 고민, 증상, 자원, 인생사에 관한 전반적인 이해 속에서 영성의 잠재적인 기여도를 깨닫게 될 것이다"라고 했다.

사례 4의 경우, 상담·심리치료사는 어떻게 반응해야 하는가?

첫째, 우선적 권고는 상담·심리치료사가 '기독교 상담'에 대한 내담자의 요구와 영적 문제를 치료에 통합시키고자 하는 그의 소망을 명확하게 하는 것이다.

만약 내담자가 특정 유형의 성경 중심의 상담이나 기독교 상담을 원한다면 그 후의 상담·심리치료사의 윤리적 행동 과정은 자신이 그런 치료를 할 수 있는 능력(이것은 전문지식, 기술, 그리고 수련)이 있는지를 판단하는 것이 될 것이다. ,

만약 상담·심리치료사가 이 치료를 제공할 능력이 있다면 이런 서비스를 제공하는 것이 상담·심리치료사가 속한 학과와 대학의 사명과 목표에 서로 부합하는지 판단하는 것 또한 중요할 것이다(예: 특정 기독교 상담 모델로 수련 받은 상담·

심리치료사가 일반 대학교에서 그런 상담·심리치료를 진행해도 괜찮은지?).

만약 상담·심리치료사가 스스로 그런 서비스를 제공하기에 능력이 부족하다고 느낀다면 다른 정신건강 전문가 혹은 (내담자의 필요에 따라) 종교 전문가와 같은 다른 서비스 제공자에게 의뢰하는 것이 정당하다. 만약 의뢰가 이루어지면 확실히 하기 위해서 내담자가 의뢰받은 서비스 제공자와 연락을 했는지 확인하고 필요하다면 의뢰 과정에서 발생할 수 있는 모든 문제를 해결할 수 있도록 도와주기 위해서 차후 상담자문 약속을 위해서 내담자를 만나는 것을 고려해 보아야 한다.

만약 내담자가 특정 종교를 기반으로 치료 양식을 원하는 것이 아니고 안전하고 지지받는 환경에서 종교적/영적 문제를 자유롭게 논의하고 싶어한다고 판단되면 상담·심리치료사 스스로 그 서비스를 제공하는 것이 윤리적인 지를 결정할 수도 있다.

하지만 상담·심리치료사가 성별, 인종, 성적 지향성 등 다른 다양성에 대한 표현들과 관련된 문제에 관한 수련을 추구하고자 하는 것처럼 영적으로 민감하고 신념이 확고한 서비스를 제공하는 것을 보장하기 위해서 필요한 지식과 기술을 갖추는 것이 중요할 것이다.

다행히도, 정신건강 전문가가 연수회, 온라인 교육과정, 책, 잡지 등을 포함한 이런 분야에서 평생교육 및 수련을 받을 기회는 충분하다. 이 사례의 경우, 만약 상담·심리치료사가 내담자에게 서비스를 제공하기로 결심한다면 상담·심리치료사는 내담자의 삶에서 종교/영성의 역할을 파악하기 위한 간단한 평가와 심사를 수행해야 한다. 스페리와 샤프란스케(Sperry & Shafranske, 2004)는 다음과 같은 내용이 포함되는 유용한 심사모델을 제안했다.

(1) 믿음의 중요성("당신 삶에서 믿음은 얼마나 중요한가요?")
(2) 믿음지향적 체계로의 통합("당신의 믿음에 관해 얘기해 주세요. 얼마나 자주 믿음을 실천하시나요?, 당신의 믿음은 어떤 형태인가요?")
(3) 고통에 대처하는 믿음의 역할("당신의 삶에서 진정한 고통을 겪었던 순간을 떠올리세요. 어떤 상황이었죠? 어떻게 대처했나요? 이 때 믿음의 역할은 무엇이었나요?")

(4) 믿음과 관련된 현재 불만("당신의 고민이 믿음과 어떤 관련이 있나요?")
(5) 믿음 관련 긴장과 자원("믿음이 당신에게 어떤 유익함을 제공하나요? 무엇이 믿음을 유지하나요? 믿음 때문에 어떤 스트레스나 스트레스 요인이 생기는가요?")

만약 평가 결과가 내담자에게 믿음이 중요하다고 나타난다면 스페리와 샤프란스케(Sperry & Shafranske)는 신앙을 포함하여, 소속, 실천 및 예배, 도덕적 허용 혹은 금지 항목, 가족과 공동체의 배경, 종교적인 훈련과 획기적 사건, 가치관-생활방식의 일치, 종교적인 동기부여(예: 내적/외적), 하나님과의 애착 유형, 하나님 이미지(보상 vs. 보완), 종교적인 대처 방식 등 종교적/영적 변인을 더 자세히 평가하기 위해서 좀 더 깊이 있는 면접을 진행할 것을 권고했다.

아텐과 리치(Aten & Leach, 2009)는 종교/영적 문제를 다룰 때 유용한 지침을 제공했다. 이 지침은 다음과 같은 사항들의 중요성을 강조했다.

(1) 치료적 동맹으로서 내담자의 관점을 신뢰하는 것
(2) 영적 관점에 대한 이성적 경험을 잠재적인 연결점으로 사용하는 것
(3) 내담자의 영적 관념(그들이 언급했듯이, 영적 믿음, 실천, 의심, 성취 등은 삶에서 가장 중요한 사건들과 함께 엮여있는 경우가 많다)을 존중하는 것
(4) 내담자가 자신의 믿음에 대한 개념을 구축하는 것에 대해 판단 없이 시간을 갖고 탐구하는 것
(5) 영적 믿음에 대해 공개적으로 논하는 것에 대한 내담자의 저항 정도를 탐구하는 것

그들은 내담자가 영적 관점과 심리적 고통 간의 관련성을 이해하는 것을 도와주기 위해서 치료에 힘을 실어주는 중재의 필요성을 과소평가하면 안 된다고 강조했다.

스텐포드(Stanford, 2008)에 따르면, 믿음을 가진 사람들, 특히 정신장애 진단을 받은 사람들은 정신건강과 자신의 믿음 간의 연결고리에 관해 엇갈린 조언을 들었으며, 많은 사람들에게 더 많이 기도해야 하고 죄를 회개해야 한다는 이

야기를 듣는다.

그런 내담자들이 대학 상담소에 오면 그들은 믿음의 역할을 온전히 탐구하고 논의하는 것을 주저할 수 있다. 상담·심리치료사는 그런 상황에서 내담자가 겪었을 양가 감정에 대해 공감적 이해를 추구해야 하지만 그럼에도 불구하고 상담·심리치료사는 내담자와 그들의 믿음과 현재 문제 간의 연결을 탐구하고 논의하는 것을 계속해야 한다.

프랜트(Plante, 2009)는 내담자가 치료에 도움이 되는 요소가 되는 것을 찾아낼 수 있는 종교적/영적 도구 목록을 제공했다. 내적 도구로는 기도('신성한 존재와의 대화'라고 묘사된), 명상(외부적 물체에 집중하는 집중적인 접근법, 정신을 집중하기 위해서 만트라나 신성한 말을 반복하는 초월명상법을 포함한다), 독서요법이 있다.

많은 경우에 치료 현장 밖에서 사용하는 외적 도구로는 지역 서비스나 의식에 참여하거나, 자원봉사 활동이나 자선 활동, 윤리적 가치와 행동을 장려, 용서와 감사와 친절, 사회 정의활동에 참여하기, 영적 모델과 교사로부터 배우기, 자신과 다른 사람을 수용하기, 자기 자신보다 더 큰 무언가에 관계하는 것, 삶의 신성함을 인정하고 감사하는 것이 있다.

둘째, 기독교 대학 상담소에서 종교적/영적 문제를 치료에 통합시킬 경우, 내담자의 도덕적 행동이 대학에서 요구하고 지지하는 도덕적 가치와 크게 일치하지 않을 때, 대학 상담소에 근무하는 상담·심리치료사는 그 행동을 어떻게 다루어야 하는지에 관한 의문점이 발생할 수 있다.

예를 들어, 물질남용이나 성적 행동, 교실의 부정행위 등과 관련하여 상담·심리치료사는 행동 규범이나 기대를 장려할 도덕적 혹은 제도상의 책임이 있는가? 다시 말하지만, 전문가 면허/자격증을 취득한 전문의로서 우리의 임상활동은 주(state)정신건강법과 전문가의 윤리 기준을 따라야 한다. 또한 달리 명시되어 있지 않는 한, 우리의 내담자는 학생이지 대학이 아니라는 것을 기억해야 한다.

우리의 목표는 내담자가 대학이 요구하는 종류의 사람이 되게끔 도와주는 것이 아니라, 자기 자신에 대해 더 잘 알고, 인생의 목표를 세우고 달성하며, 자신의 믿음과 가치관에 부합하는 방식으로 삶을 구축하도록 도와주는 것이다. 만약 한 내담자의 행동이 기독교 대학의 행동 규범과 일치하지 않지만 그 행동이 치료에 관련된 것이 아니라면 개입을 위한 대상이 되어서는 안 될 것이다.

그렇다고 해서 대학의 가치와 부합하지 않는 태도를 상담·심리치료에서 다루지 말라는 의미는 아니다. 통상적인 연령의 대학생들 대부분은 자신이 이전에 갖고 있던 종교적인 신념과 행동에 관해 묻고, 도전하고, 심지어 포기까지 하는 의심을 품는 과정이 포함되는 보편적인 발전 과정으로서의 개성화를 위해서 노력하고 있다. 이런 과정을 통해서 일부 학생들은 대학의 사명이나 행동 규범과 상치되는 것으로 보일 수도 있는 새로운 믿음과 행동을 탐구하는 방향으로 나아갈 수 있다.

그런 행동들이 단순히 대학의 정책을 위반하거나 아니면 도덕을 약화시키는 증거로 해석될 수도 있겠지만 정상적인 개성화 과정에서 '경계인'(liminality)을 나타내는 것으로 이해되는 것이 더 효과적일 것이다. 경계라는 뜻을 지닌 라틴어 '리멘'(limen)에서 비롯된 '리미넬러티'(liminality)는 '예전의 삶'을 떠나서 '새로운 삶'에 도달하는 '경계' 어딘가에 서있는 삶의 혼란스럽고 때때로 고통스러운 단계에 있는 사람들에게 적용하는 용어이다. 버레슨(Burleson, 2011)은 이것을 대학생의 경계 공간이라고 말했다.

> 당신은 지금 한 공간을 떠났지만 다른 공간, 언제나 어색한 그 공간에 아직 도달하지 못했다. 이 공간에서 당신은 당장은 어디에 무엇이 있는지 모르고… 무엇이 어떻게 작용하는지 모른다. 우리는 균형을 잃었고 대체로 불편하게 느껴지는 이 경계 공간에 서있다. 따라서 우리의 반응은 서두르는 것이다.… 앞으로 혹은 뒤로 말이다… 그렇게 함으로써 우리는 편안하고 안정적이며 다시 통제하고 있다고 느낄 수 있다.

경계인의 관점에서 이해하면 새로운 믿음과 행동을 표현하는 내담자는 복잡한 발달 과정에서 길을 찾으려는 시도를 하는 것으로 보일 수 있다. 그들이 누구였는지는 알고 있지만 지금 누구인지, 혹은 앞으로 어떤 사람이 될 것인지는 아직 알지 못한다. 이런 문제를 상담·심리치료에서 자유롭게 그리고 솔직하게 다룰 수 있다면, 학생들은 확실하고 전망 있는 엄청난 성장 가능성을 갖게 될 것이다.

종교/영성이 개입된 모든 임상현장에서, 상담·심리치료사는 내담자가 자신의 얘기를 들어주고 있고 이해하고 있다고 느끼게끔 강한 치료적 동맹을 구축하려 노력해야 한다. 상담·심리치료사가 종교/영성에 관련된 자신의 신념과 가치(그리고 역전이)를 깨달음으로써 내담자와 온전히 함께하고 내담자로부터 직접적으로 배우는 것이 중요하다. 왓츠(Watts, 2001)는 다음과 같이 언급한다.

> 상담자는 '알지 못하는' 입장을 취하고, 내담자가 자신의 영적 신앙과 가치에 대해서는 전문가임을 인정함으로써, 내담자의 영성에 부여하는 특별한 의미, 성장지향과 성장저해적 의미 둘 다를 철저하게 반영하기 위해서 내담자에게 공간을 열어 줄 수도 있다.

고인이 된 헨리 나우웬(Henri Nouwen, 2000) 신부는 치료에 종교적/영적 문제를 다루는 치료사를 위해서 교훈적인 비유를 제공했다.

> 내 친구가 하루는 아름다운 수련 사진을 보내주었네!
> 난 이렇게 멋진 사진을 어떻게 찍었냐고 그에게 물었지.
> 그는 웃으며 말했어!
> 글쎄, 굉장히 인내하고 집중해야만 했어!
> 수련을 칭찬한지 몇 시간 후에야 드디어 나에게 사진을 찍게 허락해 주더군!

인내와 관심이 주어지면 내담자들은 자신의 믿음에 대한 내적 의미와 중요성을 상담·심리치료사에게 가르쳐 줄 것이다.

3. 윤리적 갈등에 대처하기 위한 일반지침

아무리 잘 수련되고 박식한 상담·심리치료사라도 때때로 복잡하고 까다로운 윤리적 갈등을 겪게 될 것이다. 경험이 풍부한 대학 상담소에 근무하는 상담·심리치료사라면 이 장에서 논의한 문제들이 대학 상담소에서 겪기 쉬운 다양한 윤리적 갈등의 예시를 나타낸다는 것을 알아차렸을 것이다.

윤리적 갈등에 대응할 때, 서문과 일반 원칙은 권고되는 원칙인 반면, 윤리 기준은 강제집행 규칙이라는 것을 기억해야 한다. 또한 상담·심리치료사는 윤리위원회에서 제재할 수 있는 행동이 형사 혹은 민사재판으로 이어질 수 있으며 이것은 주마다 다르다는 것을 기억해야 한다. 인식 부족이나 오해는 비윤리적 행위로 인한 소송에서는 정당한 방어 수단이 되지 않는다.

결정을 할 때, 상담·심리치료사는 자신의 전문분야의 윤리강령, 적용되는 법(연방교육권리 및 사생활 보호법: FERPA, 미국연방의료보험 통상책임법과 주정신건강법), 전문가 자격관리위원회 규정, 그리고 근무하는 대학의 규정을 고려해야 한다. 윤리적 갈등에 대처할 때, 동료들의 수련감독 및 상담자문도 중요하지만 대학 상담소에 근무하는 상담·심리치료사는 대학의 법률고문에게 법적 자문을 구하는 것도 고려해야 한다. 미국, 연방 전문가 협회와 전문가 협회 또한 윤리적 갈등에 대한 상담자문 서비스를 제공할 수 있다.

마지막으로, 모든 상담·심리치료사는 포프와 바스케즈(Pope & Vasquez, 2011)가 제시한 모델과 같은 윤리적 의사결정 과정 모델에 익숙해 질 것을 권한다. 또 다른 윤리적 의사결정을 위한 모델은 본서의 제21장에서 찾을 수 있다. 만약 상담·심리치료사가 대학의 요구가 자신의 윤리 기준에 위배된다는 것을 발견한다면 이 갈등을 위해서 적합한 대학 관계자와 논의해야 한다.

규정 제1.03조에서 명시하듯이, 심리학자들은 "갈등의 본질을 분명히 하고 윤리강령에 대한 그들의 의무를 알아야 하며 윤리강령의 윤리적 기준과 일반 원칙에 해당되는 갈등을 해결하기 위한 합리적인 절차를 밟아야 한다."

■ 참고문헌

American Psychological Association (2002). Ethical principles of psychologists and code of conduct. *American Psychologist, 57*, 1060-73. Also available (with 2010 amendments) from www.apa.org/ethics/code/index.aspx.

Aten, J. D., & Leach, M. M. (Eds.). (2009). *Spirituality and the therapeutic process: A comprehensive resource from intake through termination*. Washington, DC: American Psychological Association.

Burleson, B. (2011). In between: Responses to new student orientation readings. [Web Log post]. Retrieved from http://buspirituallife.wordpress.com.

Catipovic-Veselica, K.; Ilakovac, V.; Durjancek, J.; & Amidzc, V. (1995). Relationship of eight basic emotions with age, sex, education, satisfaction of life needs, and religion. *Psychological Reports, 77*, 115-21.

Comstock, G. W., & Partridge, K. B. (1972). Church attendance and health. *Journal of Chronic Disease, 25*, 665-72.

Delworth, U. (2009). Dealing with the behavioral and psychological problems of students. In J. H. Dunkle (Ed.), *New Directions for student services, 128*, 11-21. San Francisco: Jossey-Bass.

Gallup, G., & Lindsay, D. M. (1999). *Surveying the religious landscape: Trends in U.S. beliefs*. Harrisburg, PA: Morehouse.

Koocher, G. P., & Keith-Spiegel, P. (1998). *Ethics in psychology* (2nd ed.). New York: Oxford University Press.

Nouwen, H. J. M. (2000). *Clowning in Rome: Reflections on solitude, celibacy, prayer, and contemplation*. New York: Image.

Plante, T. G. (2009). *Spiritual practices in psychotherapy: Thirteen tools for enhancing psychological health*. Washington, DC: American Psychological Association.

Pope, K. S., & Vasquez, M. J. T. (2011). *Ethics in psychotherapy and counseling: A practical guide* (4th ed.). New York: John Wiley.

Reddy, M., Borum, R., Berglund, J., Vossekuil, B., Fein, R., & Modzeleski, W. (2001). Evaluating risk for targeted violence in schools: Comparing risk assessment, threat assessment, and other approaches. *Psychology in the Schools, 38*, 157-72.

Richards, P. S., & Bergin, A. E. (Eds.). (2000). *Handbook of psychotherapy and religious diversity*. Washington, DC: American Psychological Association.

Shafranske, E. P., & Malony, H. N. (1990). Clinical psychologists' religious and spiritual orientations and their practice of psychotherapy. *Psychotherapy, 27*, 72-78.

Sperry, L., & Shafranske, E. P. (Eds.). (2004). *Spiritually oriented psychotherapy*. Washington, DC: American Psychological Association.

Stanford, M. S. (2008). *Grace for the afflicted: A clinical and biblical perspective on mental illness*. Downers Grove, IL: InterVarsity Press.

U.S. Department of Education. (2008). 34 CFR Part 99: Family Educational Rights and Privacy; final rule. Retrieved from www2.ed.gov/legislation/FedRegister/finrule/2008-4/120908a.pdf.

U.S. Secret Service and U.S. Department of Education. (2004). *The final report and findings of the Safe School Initiative: Implications for the prevention of school attacks in the United States.* Retrieved from www2.ed.gov/admins/lead/safety/preventingattacksreport.pdf.

Watts, R. E. (2001). Addressing spiritual issues in secular counseling and psychotherapy: Response to Helminiak's view. *Counseling and Values, 45,* 207-17.

Yarhouse, M. A. (2005). Constructive relationships between religion and the scientific study of sexuality. *Journal of Psychology and Christianity, 24,* 29-35.

제18장

선교/구호자 돌봄의 윤리: 국제적인 체계를 위해

켈리 오돈넬(Kelly O'Donnell)

나는 내 능력과 내 판단에 따라서 환자의 이익을 위해서 양생법(regimens)을 처방하고 결코 아무에게도 해를 끼치지 않겠다.
-히포크라테스 선서, BC 4세기-

신중하게 던진 다트는 표적을 맞추고, 솜씨 있게 생각을 담은 말은 널리 퍼진다. -셈 톱(Sem Tob), 14세기-

모든 인간은 태어날 때부터 자유로우며 그 존엄성과 권리에 있어 동등하다... 그리고 인류애의 정신으로 서로를 위해서 행동해야 한다.
-세계인권선언, 1948-

이 장에서는 세계 각국의 다양한 선교/구호자들에게 윤리적인 '선교/구호자 돌봄'을 제공하기 위해서 중요하게 고려할 사항을 설명하고자 한다.[1]

---

[1] 이 장에 관하여 많은 조언과 격려를 해주신 스티브 앨리슨 박사에게 감사드린다. 내용의 많은 부분이 *Global Member Care: The Pearls and Perils of Good Practice* (2011, William Carey Library)에서 발췌되고 적용되었으며, 허락 하에 사용되었다. 회원 돌봄 윤리에 대하여서는 제3장("회원 돌봄의 윤리와 인권: 선교/원조)를 참조하시오. 2009년에 풀러신학교에서 녹

국제적인 환경에 적합한 윤리는 우리의 일반적이고 전문적인 규정을 보완하고 그 이상의 원칙을 반영해야 한다.

정신건강 전문가나 목회 상담자를 포함해서 여러 유형의 선교/구호자 돌봄 실무자에게 적용될 수 있고 도움이 되는 지침은 무엇인가?

주요 문제점은 무엇인가?

우리는 세 가지 지침과 함께 기본가치와 전제를 탐구하고자 한다. 더불어, 이 자료는 선교/구호단체에서 좋은 선교/구호자 돌봄 관행에 대해 국제적인 체계를 제공한다. 인생은 멋지다. 하지만 또한 지옥일 수도 있다는 것을 우리 모두는 알고 있다.

신앙인, 정부, 의료분야, 시민 사회분야의 협조적 참여를 요구하는 '국경 없는 문제'들인 세계가 매일 겪는 몇 가지의 불행한 사건들을 생각해 보자.

> 자연재해(지진, 쓰나미), 환경재난(기름 유출, 환경오염), 가난(10억 명의 빈민촌 거주자), 에이즈(3,300만 이상의 감염), 말라리아(약 2억 5천만 명의 감염과 매년 100만 명의 사망자 발생), 내전(현재 15개의 평화유지 작전에 약 125,000명의 UN 관계자가 근무 중), 정신적, 신경학적으로 현재 고통 중이거나 혹은 약물남용 상태로 괴로워하는 약 4억 5천만 명의 사람들.[2]

선교/구호 단체의 돕는 업무는 불안하고 제정신이 아닌 곳에서 제정신을 유지하는 것(그리고 살아 있는 것)을 의미할 수 있다.[3] 물론, 선교/구호 업무가 항상

음된 비디오/오디오 형태의 자료도 있다. (Integration Symposium at Fuller School of Psychology, Pasadena, California: www.fuller.edu/academics/school-of-psychology/integration-symposium-2009.aspx.)

2 인류가 당면한 주요 문제에 대한 빠르고 예리한 개관에 대하여서는 (1) UN 연감의 멀티미디어 자료, 2012년, 2011년 등과 (2) 밀레니엄 개발 목표의 개관 (www.un.org/millenniumgoals)를 참조하시오.

3 선교/원조는 신앙에 기반하고 기독교적 사역을 아우르는 점점 넓어지는 전 세계의 초점과 공헌을 개괄하는 용어이다. 이 책에서 선교라 함은 다문화적 환경에서 섬기는 기독교 사역자들과 자국에서 섬기는 기독교인을 모두 지칭한다. 원조라 함은 인도주의적인 원조의 더욱 광범위한 영역을 지칭한다. 이 영역 혹은 분야는 민간단체, NGO, UN, 신앙에 근거한 단체 등의

생명을 위협하는 상황만 있다는 것은 아니다. 하지만 '불구자(maims)와 신음하는 자(moans)'가 생기지 않도록 도우려면 대가가 필요하다. 선교자/구호자는 자신이 돕고 있는 사람들과 같은 특별히 어려운 몇 가지 문제들이 있다. 다음의 예를 생각해 보기 바란다.

선교/구호자의 어려움

(1) 아시아에서 난민을 돕는 독신의 의료 요원

올 한해 스트레스를 받는 기간 동안 나는 균형잡힌 식사 방식을 유지하기가 힘들었다. 우리는 항상 호출상태에 있고, 우리를 필요로 하는 사람들을 외면하기 쉽지 않다. 이 기간 중에 나는 배가 고프지 않다는 것을 알면서도 먹을 것을 찾아 냉장고로 갈 때가 있었다. 음식으로 스트레스 해소하려는 나를 보는 것이 너무 싫고 이런 사실은 나를 정말 괴롭혔다. 우리의 걱정을 들어주고 조언과 격려를 해 줄 수 있는 목회자의 마음을 가진 사람이 우리 기지에 한 명이라도 있었으면 좋겠다.

(2) 신입 실무자를 코치하는 인도의 한 기관 지도자

우리의 신입직원이 다른 언어와 문화를 배울 때, 문화 충격은 가장 큰 어려움이다. 그들의 정체성 때문에 이것은 굉장히 어려운 일이며 오랜 기간 동안 일할 수 있는 사람과 그렇지 않은 사람을 구분하기가 어렵다. 첫 해는 외로움과 고립이라는 말로 표현할 수 있겠다. 그들에게 새롭게 주어진 일과 씨름하다보면 우울증이 오는 경우가 많지만 우울증은 그들이 받는 스트레스의 일부일뿐이다.

구조와 개발 작업을 망라한다. 선교와 구제는 서로 겹치는 부분이 있으며, 선교/구제라는 용어를 사용함은 이러한 실제적 현실을 반영한 것이다.

(3) 중동에서 일하는 교사부부

서양인으로서 우리는 정치적 파괴 분자 또는 기존 종교의 적으로 부당하게 낙인찍히게 되는 두려움과 싸워야 하고 결국에는 그 나라에서 추방당할 것이 틀림없을 것이라는 피해망상 때문에 나누고 돕는 일을 못할 수 있다. 우리는 종종 격리되고 과도하게 바쁜 삶을 살 수밖에 없다고 느낀다. 우리는 '여가 시간'에 사람들을 방문하고, 공부하고, 방문자들을 대접하는데 사용한다. 믿음은 우리를 인간 중심적이고 동정적이 되도록 이끌고 기꺼이 사람들에게 너무 많은 시간을 할애하게 한다. 문제는 시간이 충분하지 않다는 것이다!

(4) 유럽에서 일하는 중년관리자

나와 아내를 사임으로 이끈 문제점이 무엇인가?

나는 여기에서 3년 이상 일했지만 이 나라에 있는 우리 기관의 다른 지도자들로부터 어떤 연락도 받은 적이 없다. 내가 어떻게 지내는지, 무엇을 하고 지내는지, 왜 그런지 물어본 사람이 없다. 정규직 원과의 단절, 동료애의 상실, 문제해결 방안의 상실이 가장 주된 요인이었다.

이상하게도 이런 문제를 다른 지도자들과 의논하면 그런 일이 문제가 될 수 있다는 사실에 당혹스러워 하는 것처럼 보였다. 이런 마음이 나로 하여금 국제적 감독관에게 실무자와 지도자들에 대한 더 깊이 있고 포괄적인 목회적인 관리의 필요에 대해 우려를 나타낸 편지를 보내게 했다. 그들은 우리에 대한 이해가 많이 부족하고 그리고 너무 많은 추측들을 한다.

1. 선교/구호자 돌봄의 배경

지난 20년 동안 기독교 선교/구호 단체 내에서 '선교/구호자 돌봄'이라고 불리는 특별한 사역이, 즉 실제로는 하나의 운동이 세계적으로 발전해왔다. 선교/구호 관계자를 더욱 발전시키기 위해서 지속적인 지원을 제공하는 것이 선교/구호자 돌봄의 핵심이다. 현재 약 41만 7천여 명의 정규직 '해외 선교사'들이 있고 1200만 명 이상의 여러 교파들의 기독교 사역자들이 있다(Johnson, Barrett & Crossing, 2012).

우리가 선교/구호자 돌봄을 수행하는 관할구역은 굉장히 넓다!

그러나 이런 숫자는 인도주의적 구호와 같은 중복 분야에 관련된 기독교인의 수는 반영되고 있지 않고, 또한 정확한 숫자가 파악되지 않은 '자비량 선교사,' 즉 의도적으로 다른 나라에서 선한 일과 믿음을 나누는 사역을 하는 기독교인의 수도 포함되지 않는다. 단체와 교회를 파송할 때, 동료나 친구, 전문기관, 그리고 우호적인 현지인은 선교/구호자 돌봄을 제공하는 중요한 공급원이다.

역사적으로, 선교/구호자 돌봄사역과 활동이 쉽게 발전되지는 않았다. 기독교 사역자의 힘든 업무수행을 돕기 위해서 양질의 지원이 필요하다는 것을 사람들이 깨닫기 시작한 것은 위기나 실수, 실패를 통해서였다. 이런 필요성을 돕기 위해서 저술된 최초의 책들 가운데 한 권이 1974년 마조리 콜린스(Marjorie Collins)에 의해 출판되어 교회와 후원자가 선교/구호 사역자들을 더 잘 지원할 수 있도록 많은 아이디어들을 제공했다(『누가 선교사에게 관심을 갖는가?』[*Who Cares About the Missionary?*]).

그전 1970년에 남아시아에서 사역 중이던 정신의학자이자 선교사 요셉 스트링햄(Joseph Stringham)은 계간지 『복음주의 선교』(*Evangelical Missions Quarterly*)에 선교사의 정신건강에 관한 두 가지 획기적인 기사를 실었다. 스트링햄은 문화 충격, 다른 사람에게 환멸을 느끼는 것, 아동과 의료(외적), 분노, 성문제, 결혼생활의 어려움, 부정직함, 죄책감, 영성, 유년 시절의 심리적 외상/박탈감과 욕구(내적)를 포함해서 많은 내적 및 외적 어려움들을 밝혔다.

특히 위험을 무릅쓰고 선교/구호에 뛰어든 정신건강 전문가들은 특별히 추가적인 지원을 바라는 것은 기독교 사역자로서 믿음이 부족하거나 의지가 약하고 하나님을 온전히 신뢰하지 못하는 것이라는 생각에 직면했다. 투커와 앤드류스(Tucker & Andrews)는 그들의 논문 "선교사 관리의 역사적 기록"(Historical Notes on Missionary Care, 1992)에서 다음과 같이 지적했다.

> 선교 집단은 희생이라는 이상에 사로잡혀 있다. 하나님에 대한 강한 믿음이 건강한 정신과 영에 대한 처방이라고 판단했다…. 자립심이 선교사의 특징이었다. 기도를 통해 하나님을 의존함으로 강화될 수 있다(p. 24).

생각해 보면 약간의 과잉 일반화일 수도 있지만 우리는 (포괄적으로 말하면) 우리 자신이 인간임을 간과하고 있었고, 때로는 우리가 아닌 다른 존재가 되기 위해서 노력했다. 선교/구호단체 내에서 우리는 서로를 위해서 성경의 필요성을 더 많이 인정하기 시작했다. 신약성경에서 '서로'라는 수십 개의 문구가 나타나는 것처럼 말이다. 우리의 믿음이 부족해서가 아니라 하나님의 공급하심과 돌봄을 명확하게 보지 못하기 때문에 문제가 생긴다는 것을 우리는 이해하기 시작했다.

선교/구호자 돌봄의 발전은 "서로 사랑하라"(요 13:34), "서로 짐을 나누라"(갈 6:2), "서로 친절하게 하며 불쌍히 여기라"(엡 4:32), "서로를 가르치고 권면하라"(골 3:16), "매일 피차 권면하라"(히 3:13)는 성경적 가르침과 신약성경에 나와 있는 '서로'라는 비슷한 많은 구절들에 그 기원이 있다. 그런 관점에서 선교/구호자 돌봄은 새로운 것이 아니다. 기독교 그리고 기독교 사역자들은 좋든 싫든, 수세기 동안 이런 관계 원칙을 실행하려고 노력해왔다.

그러나 새로운 것은 서로 다른 문화의 기독교 사역자들을 지원하기 위해서 포괄적이고 지속가능한 선교/구호자 돌봄 접근법을 개발하려는 범세계적으로 보다 조직화된 시도이다. 이런 시도는 여행/열대 의학, 심리학과/정신의학과, 다문화와 전환 연구(transition studies), 목회돌봄과 코칭, 실무자와 인적 자원개발, 회복 및 외상관리 등 다양한 건강관리 분야의 실무자들 공헌 덕분이었다.

선교/구호자 돌봄은 1990년대 초에 보다 공식적으로 정의되기 시작했다. 선교/구호자 돌봄은 실무자의 양육과 개발을 위해서 파송기관과 봉사기관, 실무자 스스로에 의해 계속해서 자원을 투자하는 것이었고 앞으로도 그럴 것이다. 그것은 어린 아이들과 재택근무자를 포함한 기관 내 **모든 선교/구호자들**에게 초점을 맞춘다. 선교/구호자 돌봄에는 예방, 개발, 지원, 회복관리가 포함한다.

선교/구호자 돌봄의 핵심은 실무자들이 서로에게 제공하는 상호돌봄이다. 실무자는 돌봄을 받기도 하고, 주기도 한다.

지역/집단 공동체의 자원이나 사람들과 접촉하는 것 또한 중요하다. 선교/구호자 돌봄은 **모집부터 은퇴까지** 적절한 돌봄을 **지속적으로** 시행하려고 한다. 그러므로 개인이 **건강하고 효율적으로** 일을 수행할 수 있도록 하는 주요 항목인 회복력, 기술력 그리고 장점을 개발하는 것이 목표이다. 선교/구호자 돌봄은 **내적 자원**(예: 인내, 스트레스 내성) 개발과 **외적 자원**(예: 조직 구축, 물류 지원, 기술교육)을 제공하는 것 두 가지 모두를 포함한다.

'선교/구호자 돌봄'이라는 용어는 한 집단 내의 사람들이 서로에게 갖는 상호책임을 의미하므로 특히 유용했다. 따라서 선교/구호자 돌봄은 처음부터 파송자나 파송받는 자 모두 서로에게 책임이 있다는 뜻으로 '쌍방향 개념'으로서 인식되었다. 또한 소속감(한 단체의 일부인 선교/구호자들 간의 공동체 의식)을 뜻하기도 한다.

나아가 선교/구호자 돌봄은 중립적인 용어로 감독과 보안이 문제가 되는 상황에서 보다 쉽게 사용될 수 있었다. 선교/구호자 돌봄이라는 용어는 주로 기독교 선교/구호 단체 내에서 지난 20년에 걸쳐 국제적으로 뿌리를 내렸다. 지금까지 사용하여 온 비슷한 용어들은 인사개발, 인적 자원관리, 심리사회적 지원, 실무자 관리와 개발, 선교/구호자의 건강과 복지 그리고 실무자 돌봄 등이 있다.

연결하기와 공헌하기: 정신건강 전문가와 목회 상담자

정신건강 전문가와 목회 상담자로 하여금 선교/구호자 돌봄에 적응하고 준비하도록 도와주는 많은 자료들이 있다. '멤버 캐러밴'(Member Caravan: 선교/구호단체) 웹사이트에 이런 사례들이 제시되었다.(선교/구호자 돌봄을 위한 수련 부분)

(1) '현장 상담심리치료: 왕겨에서 밀알 골라내기'(Ceny & Smith, 2002)는 『선교/구호자 돌봄을 잘하는 법: 전 세계의 관점과 실천 사례』(Doing Member Care Well: Perspectives and Practices form Around the World)에 실려있는 50여 가지의 글들 가운데 하나이다. 그것은 윤리적 현장 관리를 위한 다섯 가지 원칙(접근하기, 비교문화 문제, 이중관계, 내담자와 기관에 대한 책임, 이메일 사용), 비밀보장 서약서 견본과 분석을 첨부한 여덟 건의 짧은 사례 삽화가 포함되어 있다.

(2) '선교/구호자 돌봄 실무자 수련 및 운용'(Gardner & Gardner, 1992)은 선교/구호자 돌봄이라는 25장의 개요서 일부이며, 선교단체와 선교 환경에 서비스를 제공하는 조직 내외의 정신건강 전문가를 위한 몇 가지 제안을 제공한다.

(3) '선교/구호 최고경영자가 정신건강 전문가에게 바라는 것'(What Mission CEOs Want from Mental Health Professionals: McKaughan, 2002)은 선교/구호자들에게 활력을 불어넣는 것(Enhancing Missionary Vitality)에 있다. 즉, 세계 선교/구호를 수행하는 정신건강 전문가 관련 56가지의 기사가 있다. 최고경영자(조사를 근거로 했을 때)의 주요 제안 중 두 가지는 이해할 수 있는 언어와 협력적 사고였다.

(4) '한 주간 현장 상담의 주목할 점'(선교/구호자 돌봄협회: Member Care Associates, Inc. 2012)은 기관의 선교/구호 실무자와 선교/구호자 돌봄을 위한 방문을 일자별로 간단히 설명해놓은 것이다. 여기에는 다양한 서비스와 교육이 포함되어있다. 지도력에 대한 자문, 단기 상담심리치료, 보고받기, 회의 발언과 수

련 등이 그것이다.

2. 윤리를 잘 수행하기

선교/구호자 돌봄 실무자들은 꽤 다양한 단체의 일원이다. 그들은 여러 나라들로부터 왔고, 다른 교육 배경과 다른 기관에 소속되어 있다. 그러므로 우리는 윤리적 관리를 고려할 때 이 다양성을 염두에 두어야 한다(Gauthier & Pettifor, 2011; Sinclar, 2012).

이 글에서 나는 선교/구호자 돌봄 윤리에 대한 국제적인 체계를 세워나가는데 도움이 될 세 가지 지침을 제시하려고 한다. 이 체계는 선교/구호자 돌봄 실무자를 위한 핵심적 의무사항과 선교/구호 단체가 실무자들을 지원/관리할 수 있게 도와주는 일련의 원칙 그리고 윤리적 합리화를 재검토하기 위한 기준을 포함한다.

보다 최근에 폭 넓은 기반의 윤리적 체계에 대한 강조는 선교/구호자 돌봄 분야 발전에 기여했다(O'Donnell, 2011b). 그들은 전문가 윤리 규정과 함께 이 체계를 동료들이 활용하도록 권고한다. 또한 선교/구호자 돌봄 실무자들은 세계 정신건강 영역에서 특히 세계정신보건의 주요 동향을 따라가도록 권고했다.

이 체계의 기저에는 윤리의 양면성이라고 할 수 있는 유익성과 무해성의 핵심가치관이 있다. 이런 가치관에 따라서 우리의 실행과 영향력 안에서 의도적으로 선을 행하고 해를 끼치지 않도록 노력해야 한다.

이것은 기원 전 5세기 히포크라테스 선서에 나와 있는 구절이며, 많은 건강 분야의 윤리 규정(예: 미국심리학회의 『심리학자의 윤리적 원칙과 행동 규범』(2002), 공동의회(6개의 협회)의 기관목사, 목회 상담자, 목회교육자, 그리고 학생을 위한 일반윤리강령(2004), 국제심리학연합(International Union of Psychological Science)과 응용심리학의 국제교류협회(International Association of applied Psychology) 심리학자를 위한 윤리적 원칙의 세계선언(Universal Declaration of Ethical Principles for Psychologists, 2008) 등에 나와 있다.

선교/구호자 돌봄에 히포크라테스 선서가 얼마나 더 적용되었는지 확인하고 싶으면 www.COREmembercare.blogspot.com에서 2009년 7월에서 9월까지의 블로그(web blog) 기록을 확인하기를 바란다.

선교/구호 상황에서 양질의 돌봄을 제공하고 싶은 사람은 다음의 다섯 가지 기본 전제를 받아들이고 분명하게 할 필요가 있다. 이런 전제들은 유익성과 무해성의 가치를 기반으로 구축되었다. 이 전제는 좋은 선교/구호자 돌봄 활동을 위해서 필요한 윤리적 결정에 긍정적인 영향을 끼친다. 이것은 또한 선교/구호 파송기관의 목적과 실무자들을 지키기 위한 보호 요인이다.

선교/구호 상황에서 흔히 일어나는 몇 가지 윤리적 문제를 다음 세 가지 사례들을 통해 살펴보자.

주지하는 바와 같이, 이런 세 가지 전제를 적용하는 것은 언제나 간단한 과정이 아니다.

여러분이라면 선을 행하고 해를 끼치지 않겠다는 관점에서 다섯 가지 전제를 어떻게 적용하겠는가?

윤리적 선교/구호자 돌봄을 위한 다섯 가지 전제

(1) 실무자들은 본질적 가치를 지닌 인간이지 단지 전략적 가치를 가진 자원이 아니다. 우리는 그들이 하는 일뿐만 아니라 그들의 인격에 대해서도 인정해야 한다.

(2) 윤리적 관리는 선교/구호에 개입되어 있는 모든 사람의 복지와 관련되어 있다. 이것에는 기관과 기관의 목적 그리고 그 실무자에 대한 복지도 포함된다.

(3) 희생과 고통은 선교/구호 업무의 일반적인 부분이다. 하지만 우리는 위험도가 높은 곳에서 업무에 수반되는 심각한 부정적인 결과를 인정하지만 이를 최소화하기 위해서 노력해야 한다.

(4) 전문적인 업무에 대한 요구와 개인적 성장욕구 간의 균형을 이

룰 것을 장려한다. 실무자는 일과 개인적인 삶 간의 균형을 찾아 일과 휴식 둘 다 잘 할 수 있도록 해야 한다.

(5) 우리가 실무자에게 서비스를 제공하는 방식은 실제 서비스 그 자체만큼 중요하다. 우리는 모든 사람의 존엄성과 권리를 존중함으로써 주의 깊게 양질의 돌봄을 제공한다.

일반적인 윤리적 도전 상황

(1) 능력

경험 많은 한 자문위원이 아프리카에 본부를 둔 한 인도주의적 단체에게 조언을 한다. 이 자문위원은 콜레라와 말라리아가 만연한 집단 재난 지역에서 일하는 긴급 구호 실무자들을 돌보는 것에 관해 말하고 있다. 하지만 그 자문위원은 그 지역의 문화적 상황과 단체에 관해서도 친숙하지 않다.

그 자문위원이 갖고 있는 이런 배경의 한계에 비추어 볼 때 어디까지 기관에 알릴 수 있는가?

실무자의 수련과 경험 이상으로 '확장하는' 것은 어디까지가 바람직한가?

만약 아무도 쉽게 충고를 해 줄 사람이 없다면 어떻게 해야 되는가?

그 자문위원의 행동은 적합한가?

(2) 비밀보장

온정적인 한 지도자가 비공식적으로 결혼생활에 문제가 있는 실무자와 이메일을 주고받았다. 그는 아시아인 이웃들이 들을 수 있을 정도로 아내와 자주 싸운다고 말한다. 그는 또한 거의 매일 밤 그 지역에서 생산하는 술을 마신다. 그 후, 그 지도자는 자신의 부인과 함께 그 실무자의 부부 싸움을 위해 기도했다. 지도자의 부인이 이런 내용을 아는 것이 괜찮은가?
보호되어야 할 정보인 중요한 문제를 공개해도 되는가?
지도자에게 다른 사람에게는 알리지 말라고 하는 것이 '비밀보장'이 될 것인가?
그렇다면 비밀보장에 적합한 유형은 어떤 것인가?

(3) 책임

한 유명한 파송기관이 한 가족의 준비 기간을 세 달에서 한 달로 단축시킨다. 그 이유는 의사인 남편이 중동의 난민 진료소에서 발생한 중요한 공석을 빨리 메꿀 수 있도록 하기 위해서였다.
그런 식으로 '조정'을 하는 것이 선교/구호 업무의 실제 상황에 어느 정도까지 반영이 될 수 있는가?
만약 사람의 목숨이나 자금조달이 현재 위태로운 상황이라면?
그렇다면 기관이 어디까지 가족 또는 난민 환자들에 대한 책임을 져야 하는 것인가?
선교/구호 상황에서는 여러 다른 유형들의 윤리적 문제가 혼재되어 있고, 그 가운데 중요한 것은 관할권 문제와 여러 역할 수행, 파송기관/실무자와의 서로 다른 유형의 관계 등이다(Barber & Hall, 1996). 그와 관련하여 많은 사례들 가운데 몇 가지가 아래에 제시되어 있다. 파송기관과 선교/구호자 돌봄 실무자들이 이런 문제를 예상하고 함께 논의하는 것이 중요하다. 따라서 우리가 결정을 내리도록 만드는 가치관, 윤리적 원칙, 지침에 매우 정통할 필요가 있다.

선교/구호활동에서 추가적 윤리 문제

(1) 어린이를 포함하여, 선정에 있어 육체적/정신장애를 평가하는 것(예: 실무자를 채용, 배치, 승진 시에 이런 장애의 참조여부)
(2) 개인정보에 접근할 수 있는 사람을 결정하는 것(예: 집단지도자가 집단구성원의 개인정보 특히 '부정적' 정보의 접근권을 가질 것인지의 여부)
(3) 제한적인 수련감독, 비상대책, 제한된 개인적인 보고를 받으며 스트레스를 받는 환경에서 일하는 것(예: 파송기관은 고립된 환경의 실무자, 혹은 극단적인 스트레스 요인이 있는 환경에서 일하는 실무자를 적절하게 지원할 수 있는지)
(4) 많은 유형의 사회적/업무관계를 공유하는 사람들과 상담 심리 치료를 하는 것(예: 당신의 기관 출신의 실무자가 포함된 관계부처 기관 사이의 갈등 중재를 해야 할지의 여부)
(5) 지도자나 다른 실무자의 건강하지 못하고 해로운 관행에 직면하는 것(예: 문제를 제기하는 실무자를 어떻게 보호할지, 특정 생활방식을 선택하는 것이 개인적인 일이라고 해야 할지)

3. 세 가지 지침

선교/구호자 돌봄 실천에 적용할 수 있는 많은 유형의 전문가 윤리 규정들이 있다. 일부 실무자들에게 이런 윤리 규정은 필수적이며 적합한 것이다.
하지만 하나의 방식을 모든 상황에 적용할 수는 없다!
예를 들어, 수단에서 외상 후유증 치료 수련과 돌봄을 제공하는 숙련된 나이지리아 목회자는 북미의 '상담자 규정'이 별로 도움이 되지 않는다는 것을 알게 될 수 있다. 이런 윤리 규정은 주로 특정 분야와 국가에 관련되어 있다.
하지만 아직도 많은 선교/구호자 돌봄 실무자들은 그들의 삶의 경험과 비공식적인 수련을 통해 선교/구호자 돌봄의 일을 하고 확실한 윤리 규정이 있는 전문가 협회에 소속되어 있지 않다. 따라서 다른 국가나 특정 분야의 윤리 규정을 따르는 것은 개인과 규정사이에 상당히 다루기 어려운 부적절한 결합을 야기할 수도 있다.[4]

따라서 우리의 문화적 그리고 경험적 배경에 적합할 뿐만 아니라 초월할 수 있는 **적절한 윤리지침**을 상세히 파악하려고 한다. 다시 말하면, 선교/구호자 돌봄 실무자와 파송기관은 윤리적 사고를 형성하고 자신의 선교/구호자 돌봄 방법을 안내할 수 있는 국제적인 체계를 만들어야 한다.

이 체계는 다음을 강조한다.

① 선교/구호자 돌봄 실무자와 파송자에 의한 **양질의 서비스**
② 파송자와 선교/구호자 돌봄 실무자의 **지속적인 성장**
③ 선교/구호자 돌봄 실무자서비스를 받는 혹은 제공하는 사람들에게 **알려진 기준**
④ 안전장치를 이용한 서비스 수혜자의 **보호**

이제 우리는 윤리적 선교/구호자 돌봄을 위한 국제적인 체계를 만들도록 도와 줄 세 가지 핵심지침을 볼 것이다.[5]

---

4 기독교 선교 전반의 여러 가지 주제와 윤리적 어려움에 관한 예시로는 다음을 참고하시오. (1) Serving Jesus with Integrity (2) Ethics and Accountability in Christian Mission (2010), Christian Mission: A Case Study Approach (1995). 국제적 윤리와 문화적 능숙을 훈련하기 위한 추가 자료로는 "전문 윤리 과정의 국제화" (Leach & Gauthier, 2012)와 "국제화 사회의 문화 능력 훈련" (Dana & Allen, 2008)와 Springer의 국제와 문화심리학을 참고하시오.
5 윤리적 회원 돌봄의 국제적 체계에 관하여 우리는 세 가지 가이드라인을 제시한다, "MCW 헌신과 파송자 원칙"은 남반부와 북반부의 동료들을 포함하여 많은 나라의 동료들에 의하여 개발되고 검토된 것이다. "The Rationalization Grid"은 근본적 관점, 즉 우리의 선천적 기만이나 자기 속임의 경향이 성경, 정신건강 문헌 그리고 역사를 통틀어서 명료하게 검토되었다. 선교/구제에 관한 또 다른 체계는 "World Association of Non-Governmental Organization's Code of Ethics and Conduct for NGOs" (2004)이다.

1) 선교/구호자 돌봄 실무자의 책무

다음 지침 '선교/구호자 돌봄 실무자의 책무'는 모든 종류의 선교/구호자 돌봄 실무자를 위한 10가지 기본 책무를 담고 있다. 여기에서는 선교/구호자 돌봄을 윤리적으로 수행하기 위해서 필요한 개인의 특성, 배경, 그리고 관계(자질과 평가)에 중점을 둔다. 모든 세 가지 지침처럼 '선교/구호자 돌봄 실무자의 책무'는 주기적으로 적용하고, 동료들과 논의하고, 다양한 배경을 고려하기 위해서 만들어졌다. 자신의 실무자들을 위해서 선교/구호자 돌봄 실무자 서비스를 요청하고 제공받는 파송기관은 내외적으로 선교/구호자 돌봄 실무자를 면밀히 살펴 선정하는 데에 책임이 있다. 따라서 이 10가지 책무를 이해하고 참고문헌과 교육/경험 배경을 재검토 하는 것은 향후 서비스 제공자를 평가하는 데에 도움을 줄 것이다.

선교/구호자 돌봄 실무자의 책무

(1) 지속적인 수련, 자아개발 그리고 자기관리를 한다.
(2) 수련감독 및 상담자문을 포함한 개인적인 삶 그리고 직장 생활에 대해 지속적인 책임을 진다.
(3) 자신의 강점과 한계를 인식하고 스스로의 능력과 배경을 올바르게 사용한다.
(4) 같이 일하는 사람의 욕구, 문화, 다양성을 이해하고 존중한다.
(5) 다른 동료들과 함께 일하고, 필요 시 업무를 의뢰한다.
(6) 문제를 예방하고 지원 서비스, 복구 서비스 그리고 때에 따라서는 무료 법률 서비스를 제공한다.
(7) 자신이 행하는 업무에 대해 높은 기준을 갖고 특정 윤리지침을 수용한다.

(8) 다른 선교/구호자 돌봄 실무자에게 적용되는 서로 다른 종류의 징계, 규제와 규범을 인식한다.
(9) 자신이 지내고 활동하는 곳에서 선교/구호자 돌봄을 제공할 때 어떤 법적인 규제도 준수한다.
(10) 완전한 상담 심리치료사인 그리스도와의 관계를 성장시킨다.

(1) 적용 1: 자신에게 알맞은 윤리규범을 모색할 것

어떤 선교/구호자 돌봄 실무자는 자신의 해당 분야에서 전문가이고 높은 학위와 전문가 면허/자격증을 갖고 있다. 예를 들어, 목회 상담, 임상심리, 인적 자원관리 등을 전문으로 하는 전문가들은 이에 해당하는 전문가협회의 규정을 따르는 것이 적절할 것이다. 다른 선교/구호자 돌봄 실무자는 공식적이고 체계적인 수련이 보다 부족하다(예: 연수회, 인생 경험 등). 아직은 선교/구호자 돌봄 실무자에 적용되는 총괄적인 전문가 면허/자격증이나 전문가협회는 없다.

위의 지침에서 책무 7의 관점에서 보면 선교/구호자 돌봄 실무자는 그들에게 알맞은 특정 윤리강령에 비추어 선교/구호자 돌봄을 해야 할 것을 강하게 권고하고 있다. 이는 국가의 혹은 국제적인 기관이나 분야에서 만들어진 기독교 상담자, 코치, 영적 지도자, 행정관찰관을 위한 규정과 같을 수도 있다. 또한 기관에서는 그들의 능력과 책임감을 입증하기 위해서 서약서를 쓸 것을 권유한다. 현장 지도자와 단체 지도자는 주기적으로 선교/구호자 돌봄을 한다는 것을 인지해야 한다.

대부분의 경우에 선교/구호자 돌봄을 위한 그들의 역할은 직무기술서에 포함되어 있다. 현장지도자와 단체지도자에게는 특정 규정이 필요하지 않을 수 있지만 최소한 그들은 이 본문에서 다뤘던 것과 같은 윤리지침을 면밀히 알아야 한다.

(2) 적용 2: 자기 관리 및 품성

선교/구호자 돌봄 실무자는 다른 사람과 마찬가지로 정신적, 가족적 혹은 도덕적 문제와 같은 심각한 문제를 경험할 수 있다. 이런 경우에 선교/구호자 돌봄 실무자가 제공하는 서비스의 질이 떨어질 것이고 선교/구호자 돌봄 실무자에게는 돌봄과 책임, 때로는 회복을 위한 휴식을 필요로 할 것이다.

선교/구호자 돌봄 실무자가 자신의 삶을 잘 관리하지 못한다면 선교/구호 '가족'을 어떻게 관리할 것인가?(딤전 3:4-5)

선교/구호자 돌봄 수혜자는 기독교 선교/구호자 돌봄 실무자가 건강하고, 경건한 생활과 하나님과 가까운 관계를 유지할 것을 기대한다. 책무 1, 2, 10은 선교/구호자 돌봄 실무자 특성에 가장 잘 부합한다. 이것은 개인적 성장, 책임 그리고 그리스도와의 관계를 포함하고 있다.

(3) 적용 3: 수련과 능력

남아시아의 기독교 사역자는 기관 내 실무자에게 목회돌봄을 제공하기 위해서 수련을 받았다. 그들 대부분은 보건학에 관한 지식이 없었다. 하지만 그들은 지도자가 선정한 잘 수련받은 사람으로서 기본 상담·심리치료, 위기관리, 개인 사무실 운영과 조직 구축과 같은 분야의 특별 수련을 1년에 2번씩 받았다.

또한 그들은 수련자에게 인터넷이나 전화로 상담사례에 관해 상담자문을 구할 수도 있다. 기관 내에서 도움이 되는 서비스를 제공할 수 있을 것이라고 인정받은 이 선교/구호자 돌봄 실무자 까닭에 돌보는 사람의 수가 늘어나고 있다.

다른 예는 아프리카의 '동료 보고자'(peer debriefers)로 위태로운 상황이 발생하면 가장 먼저 도움을 줄 수 있도록 교육을 받고 있다. 책무 1, 2, 3, 8, 9는 선교/구호자 돌봄 실무자의 능력에 있어 특히 중요하다. 이것은 지속적인 수련을 받고 수련감독 및 상담자문을 받는 것, 스스로의 강점과 한계를 알고, 여러 다른 선교/구호자 돌봄 실무자 규칙을 알며 법적인 규정을 지키는 것을 포함한다.

(4) 적용 4: 희생과 열정

선교/구호자 돌봄 실무자는 종종 스스로를 희생한다. 이는 개인적 결핍을 보상하기 위해서가 아니라 다른 사람이 성장하도록 도와주려고 하는 열정으로부터 비롯된다. 열정은 한계가 있고, 선교/구호자 돌봄 실무자는 그 경계선과 자기 관리에 주의해야 한다.

그럼에도 불구하고 다른 사람을 위해서 봉사하는 데 희생이 큰 시간과 계절

이 있다. 그리고 돕는 것이 의무감과 복종의 개념으로 실행되는 것일 수도 있고, 일시적으로는 자기 관리를 위한 의무에는 소홀할 수도 있다(예: 군중에게 봉사하라는 요구를 받은 피곤한 제자들 9:10-17). 선교/구호자 돌봄 실무자가 계속해서 열정을 유지하기 위한 책무는 1, 5, 10번이다. 여기에는 자기관리, 욕구 존중, 그리고 그리스도와의 관계를 포함한다.

파송자를 위한 원칙

(1) 인적 자원 전략

인적 자원은 우리의 전략적, 운영계획의 필수적인 부분이다. 기관은 충분한 인적 그리고 재무적 자원을 할당하여 인사 전략의 목적을 달성한다.

(2) 실무자 정책 및 실행

인적 자원 정책은 효율적이고 공정하며 투명해야 한다.

실무자 채용과 관련된 규정과 실행은 문서화되어 있어야 하고, 관리감독 및 점검이 되어야 한다. 실무자는 자신에게 영향을 주는 정책과 실행에 익숙해야 한다.

(3) 인력관리

실무자에 대한 좋은 지원, 관리 그리고 지도력이 효율성의 핵심이다.

실무자는 명확한 업무 목표와 실적에 대한 기준이 있으며 누구에게 보고해야 하고 어떤 관리지원을 받을 수 있는지 알아야 한다. 모든 실무자는 고충처리 절차와 처벌 절차를 알아야 한다.

(4) 상담자문과 의사소통

직장에 영향을 미칠 수 있는 실무자의 문제에 관한 대화는 우리의 정책과 관행의 질과 효율성을 향상시킨다.

실무자에게 영향을 끼치는 인사 규정과 실행을 새로 만들거나 검토할 때, 실무자는 그 내용을 알고 있어야 하며 상담자문을 구할 수 있어야 한다.

(5) 모집과 선택

정책과 관행은 우리의 요구사항을 충족하는 능력과 기능을 갖춘 다양한 인력을 유치하고 선택하는 것이 목표이다.

기관 내 실무자 채용 및 선정 방식을 기술한 규정과 절차가 문서화되어야 한다. 선정 과정은 공정하고, 투명하며 일관되어야 한다.

(6) 교육 및 수련과 개발

교육 수련과 실무자 개발은 기관이 제공해야 한다.

모든 실무자에게 자신의 역할을 올바르게 안내하고 상세하게 설명해 주어야 한다. 문서화된 규정에는 실무자가 기관에 기대할 수 있는 수련, 개발, 교육의 기회가 기술되어있어야 한다.

(7) 건강, 안전, 보안

실무자의 보안, 건강, 안전을 위해서 기관은 우선적 책임이 있다. 보안, 개인 건강, 돌봄과 지원, 건강과 안전에 관련된 문서화된 규정은 실무자들의 열람이 가능하다. 프로그램 계획에는 특정 국가나 지역의 보안, 안전, 여행, 건강 위험 등의 진단 자료를 적당한 간격으로 재검토하는 것이 포함되어 있다.

국제적인 과제를 수행하기 전, 모든 실무자는 건강검진을 받는다. 또한, 실무자와 그 동반자들에게 수행해야 할 역할에 따른 위험 및 그런 위험을 경감시킬 수 있는 보험과 같은 장치에 대해 구두로 그리고 문서로 설명해야 한다. 새로운 조치, 절차, 혹은 위험성이 확인되었을 경우에 그것을 다시 설명해 주어야 한다.

모든 실무자들은 모든 계약이나 임무가 끝날 때 임무 보고 또는 퇴직 면접(exite interview)을 거쳐야 한다. 건강검진과 개인 상담,

직업 상담 심리치료 또한 제공된다. 관리자는 이런 서비스 제공을 책임지도록 수련 받았다.

2) 파송자를 위한 원칙

이 지침은 파송기관이 실무자들(지역/국내 실무자, 재택근무 실무자, 실무자의 가족)에 대해 책임을 갖고 지원하고 관리하는 핵심 역할에 중점을 둔다. 이것은 또한 선교/구호자 돌봄에 대한 큰 그림으로 기관과 실무자의 건강과 채용부터 퇴직까지 책임을 지는 것을 고려한다. 이 지침은 영국의 원조 단체에서 수립된 '구호 인력관리와 지원에의 올바른 시행 규정'(Code of Good Practice in the Management and Support of Aid Personnel, 2003)에서 비롯한다. 일곱 가지 원칙과 여러 가지 핵심 지표들(원칙이 어떻게 시행되는지 보여주는 상세 기준)을 포함하고 있다.

파송기관은 선교/구호자 돌봄 규정이 자신의 전체적인 목표에 어떻게 통합되어 있는지 판단하는 데에 이 원칙을 적용할 수 있다. 이 원칙은 모든 수준의 파송기관에 소속된 실무자들이 이해하고 수용했을 때와 성실하고 숙련된 관리자들에 의해 시행할 때 효율적이다.

규정 전체와 관련 자료는 www.peopleinaid.rog/code에서 확인할 수 있다. 그 외에도 지금까지 파송기관을 위한 규정 중 가장 세부적인 '지구촌 연결'(Global Connection, 영국)의 '선교/구호자 돌봄의 올바른 시행을 위한 지침'(Guidelines for Good Practice for Mission Member Care, 2009)에는 여러 핵심 가치들과 그 가치를 수행할 때의 상세 지침이 나와 있으니 참고하기 바란다.

(1) 적용 1: (자원을 잘 갖추고 있는) 파송자가 없을 경우
여기에 제시된 지침과 대조되는 몇 가지 중요한 요소가 있다.

첫째, 모든 선교/구호 실무자에게 '파송자'가 있는 것은 아니다.
적어도 많은 곳은 지속적인 장기 파송자가 없다. 대부분 단기 계약조건으로 일하고, 기관을 넘나들며 일한다. 다른 실무자들은 파송기관 없이 그들 스스로 더 많은 일을 한다. 그들의 자선사업과 복음증거는 다른 문화 속에서 그들 생활 방식의 일부가 되었다. 많은 선교/구호 실무자는 본서에서 요구하는 방식에 맞게 파송자가 지원하고 관리해 주기를 바란다!

둘째, 어떤 파송기관의 입장에서는 이 지침들이 지나치게 이상적이고 너무 심한 부적절한 압력으로 느껴질 수 있다.

철학적으로 다르거나, 경험이 적고, 경제적으로 제한된 지역에서 온 파송자는 선교/구호자 돌봄과 선교/구호를 잘 실천하기 위해서 필요한 것에 대한 입장이 다를 수도 있다.

예를 들어, 어떤 파송자는 성경에서 예수 그리스도가 제자들에게 여벌 옷이나 지팡이 또는 돈 없이 가라고 했던 명령을 따르는 것 외에 다른 관련 내용을 모를 경우에 선교사를 '발가벗긴' 채로 파송하며 지침을 불이행할 수도 있다. 이 사람들은 안식년이나 퇴직 등의 이유로 본국으로 돌아갈 것이라는 예상을 하지 못한 채 주어진 일에 최선을 다해 실행한다. 이것이 극단적인 행위로 보일 수 있지만 정말 그렇게 행하고 파송자에 대한 '폭넓은' 선교/구호자 돌봄을 제공하기 위한 일련의 또 다른 극단을 시사한다.

이와 관련하여 기록된『일선 현장과 후방 지원자 간의 소통』(*Sharing the Front Line and Back Hills*, 2002)의 결론장에서 다니엘(Danieli)은 그녀의 편집 작업에 기여한 몇몇 사람들이 어떤 식으로 그녀의 일을 '터무니없고 가당치 않은' 것으로 폄하했는지를 말하고 있다. 그 이유는 그녀가 도움이 필요한 가난한 피해자에 초점을 맞춘 것이 아니라 구호 실무자 즉, 보호자와 제공자에 중점을 두었다고 보앗기 때문이었다.

(2) 적용 2: 좋은 사례:나쁜 사례

유럽의 한 파송 교회는 10명의 선교/구호 실무자를 지원한다. 실무자들은 다른 독립기관에 속해있으며 네 개의 다른 대륙에서 일하고 있다. 기관의 가장 큰 문제는 이 실무자들과 소통을 유지하고 서로 연결되어 있음을 느끼게 해 주는 것이다. '실무자를 관리하고 지원'할 의무는 교회보다 파송기관에 속해있는 것으로 여겨진다. 지난 한 해 동안에 실무자 중 한 명은 자동차 사고로 심각하게 다쳐서 몇 달간 집중적으로 물리치료를 받아야 했고 다른 실무자는 말라리아로 인해 고통 받고 있었다.

어떻게 해야 하는가?

① 좋은 사례

교회는 각 실무자에게 한 달 단위로 연락을 취할 수 있는 봉사지원자를 지정했다. 선교/구호 담당자는 교회 목회자와 장로들과 같이 일곱 개의 '좋은 실행의 원칙'을 검토했다. 그들은 이 원리를 적용하는 데에 동의했고 '좋은 실행의 원칙'(Code of Good Practice) 복사본을 봉사 지원자, 실무자 그리고 파송기관에 보내주었다. 이후 두 달 동안 선교/구호 책임자는 파송기관의 각 대표자들과 이야기했다. 그들은 해당 실무자를 최대한 잘 지원해 주기 위한 방안을 검토했으며 규정 제4조, 제6조, 제7조(실무자와의 소통, 교육 기회, 건강/안전 문제)를 특히 참고했다.

② 나쁜 사례

파송 교회가 세 명의 선교사를 더 보내는 것에 동의했다. 교회 입구에 있는 세계지도 위에 3명의 선교사 사진이 추가된 것이 꽤 좋아 보인다. 선교/구호 책임자는 '좋은 실행의 원칙' 복사본을 구해서 감사하고 충실하게 읽은 후, 문서로 보관했다. 하지만 이 후 13명의 선교/구호 실무자 중 한 명에게 새로운 위기가 봉착했다. 평안이 산산이 부서진 것이다.

3) 합리화 검토를 위한 기준

'합리화를 위한 기준'은 실무자의 과실을 위한 10개의 일반적인 합리화로 구성되어 있다. 은폐용으로 사용하며 이는 윤리적 실수만큼이나 나쁘거나 혹은 더 나쁠 수도 있다. 이런 합리화는 안타깝게도 우리가 너무 쉽게 허용하거나 심지어 적용하는 표준 이하(substandard)로 보일 수 있다. 여기에서 sub이라는 접두사는 더 낮은 혹은 잘못된 것을 뜻한다. 파송기관과 선교/구호자 돌봄 실무자는 이 10가지 조항으로부터 자신들에게 편한 합리화를 적용하여 이득을 취할 수 있다.

하지만 조심할 것은 우리가 초합리화(metarationalizations)를 통해 우리의 합리화를 합리화할 수 있다는 것이다. 초합리화의 주요 사례들 가운데 하나는 자신이 실제로 합리화하지 않았다는 이기적인 믿음이다. 아니면 필연적인 고차원합리화로서 우리가 합리화를 하더라도 이것은 윤리적이고 더 고결한 이유로 한다고 믿는 것이다.

나는 켄 포프와 멜바 바스퀴즈(Ken Pope & Melba Vasquez, 1999)의 문헌에서 그들이 심리학의 사례에서 파악한 합리화를 추가하고 적용했다.

합리화의 기준

(1) 당신이 알고 있는 성경 구절, 법, 혹은 윤리적 원칙에 제한되지 않을 경우에 그것은 윤리적이다.

(2) 당신의 동료나 서비스 수혜자가 이의를 제기하지 않거나, 당신 이외에는 아무도 모르거나 혹은 알고 싶어 하지 않고, 다른 사람에게 옳다고 설득할 수 있는 한, 그것은 윤리적이다.

(3) 당신의 상황이나 통신 상태가 좋지 않아서 당신의 일상적인 작업의 질에 영향을 미치거나 혹은 상황이나 결정이 어렵거나 또는 바쁘고 급한 할 일이 많은 경우라면 그것은 윤리적이다.

(4) 당신이 윤리지침을 대부분 지키고 있고 혹은 한 때라도 그것을 지키려 노력하는 한, 그것은 윤리적이다.

(5) 당신이 해를 끼치려는 의도가 없고, 진실하고 '당신의 마음은 옳은 곳을 향해' 있고 당신이 최선을 다하려고 노력하는 한, 그것은 윤리적이다.

(6) 당신이 도덕적인 사람이거나 유능한 적임자이거나 혹은 존경을 받는 한 또는 무료로 서비스를 제공하는 한 그것은 윤리적이다.

(7) 당신이 자신의 선택이나 행동에 '책임을 지거나,' '진실성'을 갖고 행동하거나, 당신의 행동이나 감정에 부정적인 영향을 끼

치지 않는 것처럼 보이는 한, 그것은 윤리적이다.

(8) 완전히 옳거나 그른 상황이 아닌 이상, 당신보다 다른 사람이 '잘못되었거나 또는 더 잘못되었고,' 혹은 다른 사람들도 다 그렇게 하고 있으며, 당신보다 더 권한 있는 누군가가 당신에게 안심시키거나 압박하고 그것을 행하도록 시키고 있는 한, 그것은 윤리적이다.

(9) 당신이 윤리적이라고 믿거나 비윤리적이 아니라고 느끼는 이상 또는 하나님이 당신 편이라고 생각하는 한, 그것은 윤리적이다.

(10) 당신이 중요한 사람이고 가장 힘 있는 사람인 이상, 그것은 윤리적이다.

(1) 적용 1: 합리화 혹은 성찰

'합리화 기준'을 사용하는 것은 파송기관과 선교/구호자 돌봄 실무자가 자신의 마음의 거울을 규칙적으로 들여다 볼 수 있는 긴 과정들 가운데 하나이다. 우리는 개별적 혹은 다른 사람들과 함께 우리의 선교/구호자 돌봄 업무의 의도와 윤리의 실을 세밀히 살피기 위해 이 과정을 거친다. 우리의 개인적 혹은 업무 관련 이력에 대한 자아 기만과 자아 정당화의 능력은 많은 우려들에 대한 원인이 된다.

얼버무리려고 하는 인간 본성을 보여주는(예: 렘 17:9) 방대한 양의 성경을 검토하는 것과 더불어, 우리가 어떻게 현실을 왜곡하는지 알기 위해서 태브리스와 애런슨(Tavris & Aronson, 2007)의 주목할 만한 다음 작품인『문제가 생겼다 (나 때문은 아니다): 어째서 우리는 어리석은 믿음, 잘못된 결정, 상처가 되는 행동을 정당화 하는가?』를 참고하라.

따라서 우리는 자기 자신을 분명히 믿어야 하며, 그와 동시에 스스로의 왜곡 가능성에 대한 건강한 수용이 있어야만 한다.

한 상황을 떠올려보자.

한 국제건강관리회의에서, 선교/구호 지도자 단체와 선교/구호자 돌봄 실무자의 단체가 특별 관심집단에서 선교/구호자 돌봄 문제를 논의했다. 진행자는 합리화 기준의 10가지 항목을 사용하여 양질의 서비스가 어떤 식으로 타협되는지 논의하고자 한다. 많은 복잡한 실례들이 다음과 같이 표명되었다.

"참고할만한 서적이나 상담자문을 구할 동료가 없었기 때문에 난 내가 가장 최선이라고 생각하는 것을 해야 했어요."

"나는 우울증을 위한 기도회와 전문가의 윤리는 관계가 없다고 생각해요."

"나는 좋은 사람이고 좋은 의도로 인사부서를 운영해요."

그래서 참가자들이 이런 10가지 합리화를 잠언의 격언에 대비하여 논의할 수 있게 작은 집단으로 나누었다. 그들은 또한 '선교/구호자 돌봄 실무자의 책무와 파송자의 원칙'에서 윤리적으로 수준 이하의 표준(substandard)에 빠지지 않도록 보호하는 두개의 안전장치들을 확인했다.

4. 최종 고찰

우리는 선교/구호의 다양한 선교/구호자 돌봄 분야에서 윤리적 부분을 탐구했다.[6] 나는 윤리적 실천을 도와 줄 수 있는 몇 가지 중요한 가치와 전제를 제안했다. 또한 선교/구호자 돌봄에 대한 국제적인 체계의 설립으로 인도해 줄 수 있을 것이라고 믿는 세 가지 지침을 제시했다. 이 지침들은 자신에게 해당하는 전문가 윤리 규정을 보완할 수 있을 것으로 보여 진다.

윤리적 선교/구호자 돌봄에 대한 탐구에는 목적이 있다. 인류가 직면한 주요 도전과제에 긍정적으로 영향을 미치기 위해서 노력할 때, 그것은 결국 어려움에 처한 세상으로 우리를 인도할 것이다(Grand Challenges, 2011; Johnstone, 2011).

우리의 양질의 윤리적 관리는 선교/구호 단체에 있는 수백, 수천 명의 실무자들의 복지를 상당히 개선할 수 있을 것이다. 따라서 우리의 선교/구호자 돌봄은 험난한 세계에서 숭고한 방법으로 수고하고 있는 그들을 돕기 위한 전

---

6 선교/구제 회원 돌봄에 대한 추가적 자료: (1) CORE Member Care blogsite: www.COREmembercare.blogspot.com. (2) the Member Caravan web site: hppt://sites.google.com/site/membercarecaravan. (3) "God in the Global Office (2009)": www.slideshare.net/MCAresources/god-in-the-global-office.

략적 지원이다.

신앙심 깊은 필립(Phillip)과 가족의 사례

나는 두 가지의 사례 연구를 분석하면서 이 장을 마치려고 한다. 이 사례들은 국제적인 선교/구호 상황에서 마주칠 확률이 높은 선교/구호자 돌봄 문제와 윤리적 도전 모두를 보여준다. 이 가상의 사례는 잘 진행된 윤리적 실행(두 번째 사례)뿐만 아니라 많은 비윤리적 실행(첫 번째 사례)을 포함해서 적어도 25개의 잘못된 실행을 내포하고 있다. 비슷한 사례(제19장 선교/구호자 관리(Missionary Care, 1992)의 분석은 Member Caravan 웹사이트인 http://sites.google.com/site/membercaravan/test/mc-counting-the-cost-book-에서 확인할 수 있다.

검토 1: 좋은 의도

이 사례를 읽고 여러 윤리적 문제들을 파악해보자. 분석할 때 크게 세 가지를 염두에 두어야 한다.

① 실무자 돌봄을 위한 기관의 방침과 절차
② 실제 '문제'가 어디에 그리고 누구에게 있는가
③ 돕는 역할에 좋은 의도를 가진 사람들의 개입 등 이 모든 분야는 이 사례의 다문화 상황과 얽혀 있다.[7]

---

[7] 조력 전문가에 관한 문화적 주제의 관점에 대하여 다음을 참고하시오. (1) "Twelve Critical Issues for Mental Health Professionals Working with Ethno-Culturally Diverse Populations", Anthony Marsella, 2011, *Psychology International* 22, 7-10 (2) "Mental Health in A Changing World" Jenifer Erickson et al., (2010) World Federation for Mental Health (3) *Handbook*

이 장에서 다룬 세 가지 지침(선교/구호자 돌봄 실무자책무, 파송자 원칙, 합리화 기준)이 어떻게 활용되고 있으며 혹은 활용되지 않는가?

검토 2: 좋은 개입

윤리적 돌봄을 위한 이런 다섯 분야(기관의 책임, 비밀보장, 선교/구호자 돌봄 실무자의 능력, 검사, 개인의 가치/법적인 기준)의 관점에서 어떻게 할 것인지 설명해 보자.

종결 부분을 참고하여 목회 상담, 정신건강 전문가, 그리고 경험 많은 지도자(senior leader)가 올바르게 개입된 주요 방법을 나열 해 보자.

이 기관의 선교/구호자 돌봄 프로그램을 개선하기 위한 조언을 요약해 보자.

정신건강 전문가와 목회 상담자가 이런 국제적인 상황에서 일할 때 직면할 수 있는 윤리적 문제를 나열 해보자.

신앙심 깊은 가족

부모: 필립(Phillip), 앤(Anne) 자녀: 파티마(Fatima), 제롬(Jerome)

- 1부 -

필립 페더펄(Phillip Faithful)은 동남아에 있는 큰 기독교 인도주의적 기관에 소속되어 있는 실무자로 28세이다. 그는 하루에 평균 10시간씩 일하고 사무실에서 필요로 할 때에는 거의 언제나 도우러 나갈 준비가 되어 있다. 그는 선한 인상을 풍기는 사람이며, 가끔 "아

of Multicultural Counseling Competencies (Hoboken, NJ: John Wiley & Sons).

니!"라고 대답하지 못하여 손해를 보기까지 한다. 그에게 매년 주어지는 3주간의 휴가 대부분은 다른 사람을 돕는 데 쓴다.

필립은 싱가포르에서 자랐고 영국에 있는 대학에 2년 동안 다녔으며, 지금의 부인인 앤을 만났다. 24세에 결혼했고 건강한 파티마 (3세)와 제롬(6개월) 두 자녀가 있다. 지금 그와 그의 가족은 인도네시아 자카르타에 살고 있으며, 그 지역과 아시아 전역의 업무를 맡고 있다.

항상 친절했던 필립이 지난 3개월 동안 급격히 동료들에게 짜증을 냈고 그 이유는 모르겠지만 가족들과도 뚱하게 지내게 되었다. 그의 감독자는 이런 변화를 감지하고 필립이 보여준 '자존심과 독립심'에 대해서 필립의 부인과 이야기했다. 그녀는 필립과 자신이 서로 무관심하다고 했고 또한 가정과 일을 돌볼 기력이 없다고 털어놓았다.

감독자는 몇몇 성경 구절을 그녀와 공유했다. 그리고 그녀에게 필립이 휴식을 취해 다시 업무로 돌아올 수 있도록 권유하고 격려했으며, 누군가와 그의 문제에 관해 이야기해 보라고 했다. 그녀는 그 충고를 받아들였다.

필립은 휴식을 가질 여유가 없었지만 상담 심리치료를 위해서 훈련 지도자 노스와 연락을 해 보는 것에는 동의했다. 그녀는 북미 출신으로 기독교대학교에서 상담 심리치료 과정을 마쳤으며 경청하고 적절한 조언을 하는 능력이 있었다. 그녀는 또한 돈을 벌기 위해서 개교회에서 기독교인에게 상담 심리치료를 제공했다.

노스는 교회의 모금위원회에서 일했고 거기에서 필립과 한 달에 한 번 만났다. 필립은 미팅 후에 그녀에게 다가가 그의 문제에 관해 이야기하고 기도하기 위해서 약속을 잡았다. 그녀 또한 필립을 위해서 교회의 목회돌봄위원회와 주기적으로 기도하기 시작했다.

노스는 필립의 배경을 더 잘 알기 위해서 인사부서에 있는 임시직 비서로부터 필립의 개인 자료를 얻었다. 필립은 선교/구호 실무자로 일하기 위한 검사의 일부로 두 가지 성격검사를 받았다. 그는 '우울증' 지수가 높았고, 따라서 그녀는 그가 심각한 정서장애 경향이 있는 것이 아닐까 의문을 가졌다.

또한 노스는 그의 문제를 더 잘 이해하기 위해서 필립의 아내와 그의 감독과 이야기하기로 결정했다. 감독은 그의 성격을 더 연구하기 위해 노스에게 '기질 분석' 검사를 필립에게 해 보게 할 것을 권유했다. 그녀는 그 연구와 스트레스 진단목록을 시행한 후 감독에게 필립을 서류 작업이 적고 많은 사람들과 교류할 수 있는 부서로 옮겨 줄 것을 권유했다.[8]

필립과 노스는 네 번의 상담 회기 동안 만나게 되었다. 그들은 대부분의 시간을 그의 두 아이를 키우는 어려움, 과거 아버지와의 관계, 지도자들과 자신의 업무상 고충에 대한 불안을 이야기하는 데 보냈다. 노스는 그의 문제의 근원이 무엇인지 알아내기 위해서 그의 이야기를 들었고, 그에게 일하는 시간은 줄이고 가족과 함께하는 시간을 늘리며, 동료들에게 확고한 태도를 보일 것을 조언했다.

네 번째 상담 회기 후에 노스는 필립에게 유럽의 기독교 자선단체에서 오는 지도자를 만날 것을 권유했다. 그녀는 그 사람이 필립에게 용기를 북돋아 줄 수 있을 것이며 현 상황에 대한 더 많은 통찰들을 제공할 수 있을지도 모른다고 생각했다. 필립은 그녀의 상담 심리치료에 작은 사례를 했으며, 며칠 후 그 지도자를 만났다. 그 지도자는 필립에 대해 아무 것도 듣지 못했다.

---

8 스트레스 관리와 직업–삶 균형에 관한 자기 진단 도구의 예시들은 Reality DOSE website에 나열되어 있다. http://sites.google.com/site/mcaresources/giantsfoxeswolvesandflies

- 2부 -

일주일 후, 필립의 상황은 전혀 변하지 않았고 감독은 기관의 고위 지도자에게 이런 사실을 알렸다. 그 지도자는 감독, 노스, 그리고 자카르타에 사는 전문 목회 상담자와 만날 약속을 잡았다. 그 목회 상담자는 호주에서 수련을 받았으며 여러 인도주의 기관들로부터 정기적으로 상담 심리치료의 의뢰를 받는다.

그 만남에서 필립의 자료를 검토한 후 모두 필립이 선교/구호자 돌봄 문제에 봉착했으며 전문적인 도움이 필요하다는 것에 동의했다. 노스는 이 일이 자신에게 어려웠음을 함께 간단히 나누었다. 목회 상담자는 가족들도 지원이 필요하다는 것을 지적하고 필립과 그의 부인인 앤이 원한다면 그들을 만나는 것에 동의했다.

그는 신체검사, 우울증 증상을 위한 평가 도구와 전반적인 직장 환경과 관계를 파악하는 것이 도움이 될 것이라고 했다. 목회 상담자는 서비스 비용(기관에 내야 할 비용)과 비밀보장 규정(일반 진행 보고서는 필립과 앤의 동의 하에서만 제공될 수 있다고 기록)을 명확히 밝혔다. 그날 이후 상관은 필립과 앤이 어떻게 지내는지 보기 위해서 또한 목회 상담자와 미팅에 대해 알려주고 그들의 생각이 어떤지 그리고 어떻게 하는 것이 최선인지 묻기 위해서 그들을 방문했다. 부부는 특히 그 목회 상담자가 명성이 있고 필립과 같은 기관에 소속되어 있지 않다는 사실에 안도했으며 그를 만나고자 하는 의지를 보였다.

그날 밤, 기관 지도자는 그의 처제와 이 상황에 대해 (인터넷 화상채팅을 이용하여) 비공식적인 대화를 나누었다. 그녀는 미국에서 정신건강 전문가로 일하고 있으며, 선교/구호자 돌봄의 연계망을 갖고 있으며, 그 일원으로서 국제적인 선교/구호자 돌봄상황에 대해 주기적으로 상담자문을 제공하고 있다.

그녀는 전반적인 정보를 줄 수 있어 기쁘고 주어진 정보가 제한적이라는 단서와 함께 지역 목회 상담자가 필립과 앤의 선교/구호자 돌봄을 위한 상담심리치료에 있어서 가장 핵심 역할을 맡아야 할 것이라고 했다. 그들의 좋은 관계와 비슷한 배경 때문에, 그녀는 솔직하게 지도자와 얘기할 수 있었고, 그가 지금 생각하는 것과 지금까지 잘되지 않았다고 생각하는 것들에 대해 물어볼 수 있었다. 그 후 그녀는 기관의 윤리성이 업무와 선교/구호자 돌봄에 끼치는 영향에 관한 큰 그림에 대해 대화를 나누기로 결정하고, 현재 기관의 전체적인 인적 자원체계(human resource system: HR)를 파악했다. 처제(정신건강 전문가)의 조언과 현재 발생한 필립의 문제들을 바탕으로, 지도자는 인적 자원체계와 선교/구호자 돌봄을 개선하는 데에 관심이 생겼다. 그렇게 하기 위한 여러 가지 방법들을 같이 고민했다.

이 과정에서 지도자는 처제에게 과중한 업무에 대한 부담과 그로 인한 시간 부족이 스스로를 지치게 하는 필립의 상황과 지금 자신의 상황이 비슷하다고 털어놓았다.

처제는 지도자와 그의 부인이 온라인으로 일과 생활의 균형목록을 작성하고 부부가 함께 논의하여 자신의 삶에서 힘든 부분과 힘이 되는 부분을 파악할 것을 권유했다. 처제는 지도자가 인적 자원 체계의 주요 요소를 이해하는 것을 도와 줄 인적 자원체계 평가자료를 보내주기로 하고 국제기관에서 인적 자원체계 업무를 맡고 있는 동료를 소개해 주었다. 그들의 대화는 지도자에게 돕는 사람들의 '올바른 행동 규범'(2003)을 상기시키고 그것을 동료 지도자들과 재검토하기로 약속하며 끝났다.

참고문헌

American Psychological Association. (2002). *Ethical principles for psychologists and code of conduct*. Washington, DC: American Psychological Association. Retrieved from www.apa.org/ethics/code2002.html.

Cerny, L., & Smith, D. (2002). Field counseling: Shifting the wheat from the chaff. In K. O'Donnell (Ed.), *Doing member care well: Perspectives and practices from around the world* (pp. 489-99). Pasadena, CA: William Carey Library.

Collins, M. (1974). *Who cares about the missionary?* Chicago: Moody.

Council of Collaboration (2004). *Common code of ethics for chaplains, pastoral counselors, pastoral educators and students*. Retrieved from www.acpe.edu/acroread/Common%20Code%20of%20Ethics%20Revised%20March%202005.pdf.

Dana, R., & Allen, J. (2008). (Eds). *Cultural competence training in a global society*. New York: Springer.

Danieli, Y. (2002). (Ed.). *Sharing the front line and the back hills: Peacekeepers, humanitarian aid workers, and the media in the midst of crises*. New York: Baywood Press.

Gardner, L., & Gardner, R. (1992). Training and using member care workers. In K. O'Donnell (Ed.), *Missionary care: Counting the cost for world evangelization* (pp. 315-31). Pasadena, CA: William Carey Library.

Global Connections (2009). *Guidelines for good practice for mission member care*. London: Global Connections. Retrieved from http://www.globalconnections.co.uk/forums/TCKForum/membercareguidelines.

Grand Challenges in Global Health (2011). Retrieved from www.grandchallenges.org/about/Pages/Overview.aspx.

Hall, M., & Barber, B. (1996). The therapist in a missions context: Avoiding dual role conflicts. *Journal of Psychology and Theology, 24*, 212-19.

Hippocratic oath. Retrieved from www.bbc.co.uk/dna/h2g2/A1103798.

International Union of Psychological Science, and International Association of Applied Psychology (2008). *Universal declaration of ethical principles for psychologists*. Retrieved from www.cpa.ca/cpasite/userfiles/Documents/Universal_Declaration_asADOPTEDbyIUPsySIAAP_July2008.pdf.

Johnson, T., Barrett, D., & Crossing, P. (2012). Christianity 2012: The 200th anniversary of American foreign missions. *International Bulletin of Missionary Research, 36*, 28-29.

Johnstone, P. (2011). *The future of the global church*. Downers Grove, IL: InterVarsity Press.

Leach, M., & Gauthier, J. (2012). Internationalizing the professional ethics curriculum. In F. Leong, W. Pickren, M. Leach & A. Marsella (Eds.), *Internationalizing the psychology curriculum in the United States: Meeting the challenges and opportunities in a global age* (pp. 29-50). New York: Springer.

doi:10.1007/978-1-4614-0073-8_3.

McKaughan, P. (2002). What mission CEOs want from mental health professionals. In J. Powell & J. Bowers (Eds.), *Enhancing missionary vitality: Mental health professions serving global mission*. Palmer Lake, CO: Mission Training International.

O'Donnell, K. (2002). (Ed.). *Doing member care well: Perspectives and practices from around the world*. Pasadena, CA: William Carey Library.

O'Donnell, K. (2011a). *Global member care: The pearls and perils of good practice*. Pasadena, CA: William Carey Library.

O'Donnell, K. (2011b). Global mental health: A resource map for connecting and contributing. *Psychology International, 22*(2), 4-6. Retrieved from www.apa.org/international/pi/2011/07/global-health.aspx.

O'Donnell, K., & O'Donnell, M. (1992). Ethical concerns in providing member care services. In K. O'Donnell (Ed.), *Missionary care: Counting the cost for world evangelization* (pp. 260-68). Pasadena, CA: William Carey Library.

People in Aid. (2003). *Code of good practice in the management and support of aid personnel*. London: People in Aid.

Pope, K., & Vasquez, M. (1999, May). On violating the ethical standards. *California Board of Psychology Update*, 1-2. (Excerpted from *Ethics in psychotherapy and counseling: A practical guide*. [2nd ed.]. San Francisco, Jossey-Bass, 1998).

Stringham, J. (1970). Likely causes of emotional difficulties among missionaries. *Evangelical Missions Quarterly, 6*, 193-203.

Stringham, J. (1970). The missionary's mental health. *Evangelical Missions Quarterly, 7*, 1-9.

Tavris, C., & Aronson, E. (2007). *Mistakes were made (but not by me): Why we justify foolish beliefs, bad decisions, and hurtful acts*. Orlando: Harcourt.

Tob, S. (1985/c. 1355). *Proverbios morales*. Madrid: Editorial Castalia.

Tucker, R., & Andrews, L. (1992). Historical notes on missionary care. In K. O'Donnell (Ed.), *Missionary care: Counting the cost for world evangelization* (pp. 24-36). Pasadena, CA: William Carey.

United Nations. (1948). *Universal declaration of human rights*. United Nations. Retrieved from www.un.org/en/documents/udhr/index.shtml.

World Organization of Non-Governmental Organizations (2004). *Code of ethics and conduct for NGOs*. Retrieved from www.wango.org/codeofethics.aspx.

제19장

심리적 응급처치 제공을 위한 윤리

신시아 B. 에릭슨(Cynthia B. Eriksson)
토마스 C. 듀크(Thomas C. Duke)

예수 그리스도의 "네 이웃을 네 자신과 같이 사랑하라"는 말씀은 지상명령의 한 부분으로서 토라에서 인용한 것이다(레 19:18; 막 12:28-31). 그러자 유대법에 정통한 어떤 사람이 그러면 "내 이웃이 누구니이까"라고 예수에게 물으면서 도전한다(눅 10:29). 이에 예수는 이른바 선한 사마리아인 비유로 알려진 이야기로 대답하는데 이는 절실하게 도움을 필요로 하는 사람이 두 명의 다른 종교적인 지도자에게 외면당하다가 마침내 기대하지 않았던, 전통적인 유대교에서는 배척받던 사마리아인에게서 도움을 받는다는 이야기이다.

예수 그리스도는 이 이야기를 한 후 "이 세 사람 중에 누가 강도 만난 자의 이웃이 되겠느냐"라고 물으셨다(눅 10:36). 율법사는 "자비를 베푼 자"라고 대답했다. 이에 예수는 "너도 가서 그와 같이 하라"고 말씀하셨다(눅 10:37).

만일 우리가 네 이웃을 네 자신처럼 사랑하라는 명령을 따르려면 우리도 역시 가서 그와 같이 행해야 한다. 이 비유에서 사마리아인은 국적, 혈연, 종교적인 경계에 제한이 없는 긍휼을 보여주었다(Nolland, 1993, p. 597). 사마리아인이 이웃을 사랑하는 방법으로 보여준 것은 단순히 자비를 베풀고, 기본적인 필요를 제공하고 그리고 좀 더 많은 도움들을 공급받을 수 있는 안정된 장소로 인도하는 것이었다.

정신건강 전문가로서 학습하고 시행할 수 있는 심리적 응급처치(psychological

first aid)는 사마리아인 이야기와 같이 "가서 이와 같이 행하라"라는 예수 그리스도의 가르침을 따르는 것이다.

긍휼에 대한 소명을 가진 기독교 상담자를 돕기 위해서 이 장에서는 대규모 재난과 비극적 상황에 즉각적으로 대처하게 하는 현존하는 방법에 대한 기본적인 설명을 제공할 것이다. 무엇이 심리적 응급처치이고 무엇이 아닌지에 대한 이해는 능력, 책임감, 진실성과 다양성을 포함하여 이런 사역의 윤리적 측면의 개괄을 제시해 줄 것이다.

기독교 상담자나 종교 전문가가 특별히 도전받아야 할 것이 무엇인지 분명히 드러날 것이고, 비로소 저자인 나는 국제적인 상황 속에서 제공되는 심리적 응급처치 제공을 위한 윤리적 차원을 소개할 수 있을 것이다.

1. 심리적 응급처치란 무엇인가?

응급상황 후에 개입에 대한 최상의 실행을 명령하기 위한 경험적 증거의 부재는 두 가지 일반적인 접근을 야기한다.

(1) 모든 사람을 보살필 것(예: 보고 모델, debriefing model)
(2) 당면한 위기가 지나가고 임상적 장애가 식별되는 사람이 나타날 때까지는 아무 것도 하지 말 것

그러나 여러 단체들과 개인의 노력은 분명한 대안을 만들어 냈다(Watson & Ruzek, 2009; Watson & Shalev, 2005). 심리적 응급처치는 재난과 대규모 폭력의 영향으로 인한 사람들의 즉각적 고통을 줄이고, 현재의 기능을 강화하고 그들이 효과적으로 대응할 수 있도록 돕는 데 목적을 가진 최근의 정신건강 연구결과에 기초를 둔 일련의 실행 항목들이다(Brymer et al., 2006a).

이런 실행 과정의 발달은 외상의 영향과 초기 개입의 유익에 대한 관심이 서서히 전개된 것으로부터 시작된다. 미국에서 국가아동외상 후 스트레스장애 전

문기관연계망(National Child Traumatic Stress Network: NCTSN)과 국가외상 후 스트레스장애협회(National Center for PTSD: NCPTSD)는 심리적 응급처치에 대한 현장 실전 지침서를 만들기 위해서 노력했고 재난 반응에 탁월한 일부 사람들과 연합했다. 현재 이 지침서는 재난과 집단폭력을 줄이는 일을 하는 기관들 사이에서 널리 사용하고 있고, 국가외상 후 스트레스장애협회(NCTSN)와 웹사이트 주소(http://www.nctsnet.org/content/psychological)에서 별도의 비용 없이 이용이 가능하다.

심리적 응급처치는 응급 상황 생존자의 존중과 존엄에 입각하여 제공된다. 이것은 공동체 구성원들의 당시 지배적 사건에 대한 반응에 따라서 각각 달라질 수 있으며, 각 구성원들은 그들이 사용할 수 있는 강점과 자원을 보유하고 있다는 가정을 전제해야 한다. 심리적 응급처치의 여덟 가지 구성요소는 아래와 같다.

(1) 접촉과 관여
(2) 안전과 평안
(3) 안정
(4) 정보 수집: 현재의 필요와 문제
(5) 실질적 도움
(6) 사회적 지원과의 연계
(7) 대처 정보
(8) 협력 서비스 연계(Brymer et al., 2006a, p. 19)

이런 요소들은 명확하고, 실질적이며 접근이 용이해야 한다. 그것은 단지 정신건강 전문가에 의해서 활용되기 위해서 만이 아니다. 심리적 응급처치 요원은 어떤 재난이나 응급 대처 상황을 위해서 일부분 개인적으로 일할 수도 있고, 종교적인 전문성을 가진 공동체 등의 어떤 조직체나 단체를 이루어 일을 할 수도 있다(Brymer et al., 2006b). 심리적 응급처치 요소들은 생존자들의 필요를 우선적으로 살필 수 있도록 돕고, 그들의 필요가 불편하지 않은 방법으로 충족되도록 하기 위해서 고안된 것이다.

일단 심리적 응급처치 요원이 어떤 특별한 재난 상황과 특별한 서비스 지역(보호 지역, 식량 보급소, 응급실이나 병원 시설 등)에서 일을 하도록 편성되고 수련을 받게 되면 그들은 우선적으로 생존자들과 접촉을 시도하게 되며, 그런 후에 실질적 도움을 계속 유지함으로써 임무를 시작하게 된다. 재난 직후 시간은 극단적으로 혼돈 그 자체로 여겨지기 때문에 가장 우선적인 단계는 바로 생존자들을 안전한 곳으로 침착하게 인도하는 것과 그들의 우선적이고 필수적인 필요를 공급하는 것이다.

이는 도움이 필요한 희생자들에게 즉각적인 구호 서비스를 연결해 주는 것, 잃어버린 가족을 찾도록 돕는 것, 재난으로 인해 사랑하는 사람을 잃어버린 상실감을 위로하는 것 등을 포함한다. 심리적 응급처치 요원은 특별히 정서적으로 극단적인 불안함과 혼돈을 일으키는 생존자들에게 안정을 제공할 수 있도록 수련 받는다.

기본적인 안전과 안정이 형성되고 난 후에, 돌봄자는 가능한 많은 필요 구호품들과 회복서비스에 대한 정보를 확보해 놓고, 생존자들의 가장 시급한 필요가 무엇인지를 찾을 수 있도록 돕고, 생존자들이 스스로 도움 제공자들과 연결할 수 있도록 해 주어야 한다. 이것은 자아 효능감과 소망을 회복할 수 있도록 돕는 일련의 과정이다.

또한, 심리적 응급처치 요원은 일련의 스트레스성장애의 증상, 자신을 해하거나 다른 사람을 해할 수도 있는 증상을 일으킬 가능성이 있는 위험요소를 갖고 있는 사람들에게 특별한 관심을 가져야 한다. 일단 급박한 필요가 전달된 후에, 생존자들이 그들이 속한 공동체 일원들과 다시 연결될 수 있도록 도와주고, 또한 생존자들에게 긍정적인 대처 기술을 가르쳐 주며, 외상에 대응하는 보편적인 방법을 알려줌으로써 그들을 도울 수 있다.

끝으로, 여전히 더 많은 의료적 도움, 정신건강 서비스, 종교적 서비스 등을 포함한 부수적인 서비스를 요구하는 이들이 있을 수 있다. 심리적 응급처치 요원은 이때 각 생존자들이 필요에 대한 도움을 접할 수 있도록 돕고 전문가들을 연결시켜주는 일을 할 수 있다. 응급처치 요원은 이 때 아동, 노인 또는 장애인 등 가장 위험에 처한 사람들에게 특별한 관심을 가져야 한다(Brymer et al., 2006a).

심리적 응급처치는 지역사회 서비스의 범위 안에서 개입을 한다. 재난방지 수련과 재난대비 활동은 실제 발생하는 사건보다 우선하여 더 가치와 의미가 있다. 일단 사건이 일어난 후에는 구조가 가장 먼저다. 심리적 응급처치 요원이 우선적으로 안전, 지원, 그리고 핵심 구조를 제공할 수 있는 것은 초기 상태가 어느 정도이냐에 달려 있다.

지속되는 응급 상황에 대한 대응으로서 지역사회 중심의 수련, 정확한 정보 제공, 필수품 정리와 분류는 매우 중요하다(Watson & Ruzek, 2009). 또한 높은 위험지수를 갖고 있는 사람들은 특별한 초기 개입, 이를테면 응용인지 행동치료, 약물치료 등 심리적 외상을 감소시키는 것으로 증명된 간결한 상담·심리치료가 필요할 수 있다(Bryant, 2007; Gray & Litz, 2005; McNally, Bryant & Ehlers, 2003).

2. 심리적 응급처지와 관련된 윤리 문제

1) 진실성과 능력

심리학자는 학문, 가르침 그리고 심리적 실제에 있어서 정확성, 정직성, 진실성을 증진시키기 위해서 많은 노력을 한다(APA, 2010, 2). 미국심리학회 진실성의 기준은 능력과 긴밀히 연결되어 있다. 정확성과 진실성은 능률, 효율, 실제적 능력에 있어서 투명성을 요구한다. 응급 대처라는 독특한 상황에서 우리는 누가 심리적 응급처치를 제공하는가, 그들은 정확히 무엇을 하는가, 그리고 그들은 왜 그것을 하는가를 고려해봄으로써 능력과 효율의 경계와 윤곽을 그려낼 수 있다.

누가 심리적 응급처치자가 되느냐의 문제와 관련해서는 정신건강 전문가, 공동체 구성원, 또는 다른 재난 대응 상황에 종사하는 사람이라면 누구나 될 수 있다고 볼 수 있다. 각각의 전문적인 배경은 능력별 기준을 갖고 있다. 그리고 심리적 응급처치의 여덟 가지 구성 요소 범주 안에서 각 전문가들은 개인별 한계나 수련을 점검할 시간들을 강요 받을 수 있다. 예를 들어, 목회 상담자는 생존자의 대응 결여나 불안정이 의학적 주의를 요구하는지 여부의 평가를 의뢰받을 수 있고, 한 여자가 남편의 전통적인 장례 의식에 관한 조언을 듣기 위해서 상담·심리치료사를 방문할 수도 있다.

미국심리학회 윤리 규정은 응급상황시 제공되는 서비스의 능력과 관련하여 구체적인 언급을 하고 있다(APA, 2010). 이는 어떤 심리학자가 그런 경우와 관련해서 전문적인 수련을 받은 적이 없다고 하더라도 심리학자는 정신의학적 치료를 받지 못하는 내담자에게 심리 상담을 할 수 있도록 허락하고 있다. 이런 도움은 그런 서비스가 접근 가능할 때 적절한 제공자에게 이동될 것이라고 기대하기 때문이다. 이런 규정은 응급상황에서 심리학자들이 특별히 수련 받지 않았거나 언급되지 않은 부분에 대해서 역할을 수행할 수 있도록 하는 장치이다.

그러나 심리적 응급처치 지침서는 그들의 능력과 팀활동 역할 범위 내에서 활동할 것을 강조하고 있다(Brymer et al., 2006a). 개개인의 능력에 앞서 팀활동이 장려되며 각 전문가들은 응급 상황돌봄에서 자신의 능력과 잠재된 약점 간의 균형을 잘 맞추어야 한다(Rosser, 2008).

재난상황에서 목회자의 능력을 증가시키기 위해서 일부 단체들은 재난시 정신건강, 심리적 외상관리, 그리고 영적 혼돈 등의 문제를 다루는 지역 목회자를 위한 구체적인 수련법을 개발했다(McCabe et al., 2007; Suite, Rollin, Bowman & La Bril, 2007). 뿐만 아니라 심리적 응급처치 지침서는 인터넷 웹기반 수련 프로그램도 개발했다. 이는 http://learn.nctsn.org/course/category.php?id=11.에서 활용할 수 있다.

또한 실제 현장에서 능력과 진실성은 심리적 응급처치와 실제적으로 연관이 있다. 연구자가 응급 상황에서 최근 문헌의 철저한 조사를 토대로 초기에 대응해야 하는 다섯 가지 요소를 밝혔다.

(1) 안전감(a sense of safety)
(2) 침착함(calming)

(3) 자신감과 공동체 효능감(a sense of self and community efficacy)

(4) 유대감(connectedness)

(5) 소망(Hobfoll et al., 2007, 284)

심리적 응급처치의 여덟 가지 요소는 이런 지지 그리고 권한부여와 밀접한 관련이 있다. 그 요소들은 또한 각 개인과 공동체가 재난과 응급상황에 대한 반응 범위를 보여 주고 있으며, 적응에 도움이 되도록 지지받거나 확장된 사회적 연계망, 개인적 능력 그리고 대처전략을 갖고 있다는 것에 기초하고 있다.

심리적 응급처치는 응급 상황에서 능력을 규명하기 위한 것이 아님을 아는 것 또한 중요하다. 이미 앞에서 언급했듯이, 심리적 응급처치는 보고 모델에 대한 하나의 대안이다. 초기 현대적인 심리적 외상 후 상담ㆍ심리치료의 실제는 제1, 2차 세계대전 당시 군인들의 필요에 따라 처음 등장했다. 미군은 군인들이 이미 경험했던 심리적 외상을 극복하기 위한 방법으로 전쟁 후 전쟁시의 사건을 회상하고 바로 보고하여 가능한 빨리 전투를 다시 준비하는 것이 그 방법이었다(Litz & Gray, 2004).

최근, 이런 보고 모델의 변형은 여러 재난 초기 대응기관에서 인기가 있는데 이는 간결성과 추정적 효과에 기인한다고 볼 수 있다. 그 후 이런 방법은 공동체 환경에 이용되기 시작했다(Litz & Gray, 2004).

일반적으로 보고 모델은 단일 회기만을 하고, 심리적 외상 경험을 다시 언급하도록 유도하며, 정서적 반응을 점검하며 생존자들의 경험을 일반화한다(Rose, Bisson, Churchill & Wessely, 2002). 그러나 보고 모델을 평가하는 경험주의 배경에 대한 체계적인 검토는 초기 개입의 방법이 긍정적인 결과를 일으킨다는 증거가 거의 없고, 이런 실행이 일부 개인들 사이에서 부정적인 결과와 관련 있다는 사실이 보고되었다(Litz & Gray, 2004; Rose & Bisson, 1998).

사실 로즈(Rose)와 그의 동료들은 심리적 외상의 희생자에게 충동적으로 자기 보고를 하도록 요구하는 것은 중단되어야 한다고 주장한다(p. 1). 그들은 재난과 생존자들이 자연스럽게 그들의 경험을 심리적 응급처치 요원과 공유하는 동안 심리적 응급처치 모델은 무슨 일이 일어났는지에 대한 세부설명을 요구함으로써 '보고'를 하게 해서는 안 된다고 말한다.

끝으로, 진실성의 원칙은 또한 심리적 응급처치 요원의 동기로 작용하거나 또는 왜 그 사람이 그 긴급 상황에 참여하게 되었는지 알게 된다. 많은 상담·심리치료사들이나 목회자들은 그들의 일을 자원봉사로 여기는 반면, 어떤 단체와 개인들은 자신의 생계를 위해 인도적 차원에서 후원하는 기금에 의존하기도 한다. 심리적 응급처치와 재난에 대한 초기 개입에 대한 다양한 연구가 지속됨에 따라서 이 일을 담당하는 사람들은 비록 특정 개입을 지지하지 않았더라도 그 결과에 대한 보고에는 신의를 지킬 필요가 있다.

2) 상처를 입히거나 해를 끼치지 말 것

긴급한 대처 중 생존자에게 상세한 보고를 하도록 하지 않는 것은 해를 피하는 한 가지 확실한 방법이다. 그러나 좋은 의도를 가진 상담·심리치료사가 미묘하게 상처나 해를 주는 경우도 있다. 예를 들어, 심리적 응급처치 작업의 독특한 면은 그 집단이 생존자들로 구성되어 있고 요원들이 저절로 회복되는 과정을 존중할 필요가 있다는 것에 대한 인식이다. 이는 많은 생존자들이 최근의 상실, 불확실성 그리고 응급 상황의 무질서 등으로 인해 힘든 상황에 놓여있다는 사실과 반드시 균형과 조화를 이루어야 한다.

그 때 상담·심리치료사 또는 목회자는 심리적 응급처치 상황에서 아슬아슬한 곡예를 한다. 다시 말하면, 이들은 모두 전문지식을 동원하지만 정신건강 전문가나 종교 전문가가 되기 위한 역동적인 능력을 발휘한다. 특별히 미국심리학회 윤리 규정 원칙 A는 심리학자는 자신의 영향력이 잘못 사용하는 요소들에 대해 방어해야 한다고 진술한다.

심리적 응급처치 요원은 자신의 발언이 진단, 영적 확신 또는 행동의 기준으로 여겨질 수도 있다는 면에서 중립을 지킬 필요가 있다. 심리적 응급처치 요원은 모든 사람들이 심리적 외상을 겪었다고는 가정하지 않는다. 그리고 그들은 생존자들에게 존엄성과 존중으로 대한다(Brymer et al., 2006a).

심리적 응급처치에 응하는 종교 전문가들은 단지 그들의 직책 또는 종교적인 입장 때문에라도 다양한 반응들이 있다는 것을 인지하는 것이 중요하다 (Brymer et al., 2006b). 어떤 생존자들은 종교 전문가들이 지닌 직책으로 인해 편안함을 느낄 수도 있다. 반면, 어떤 사람들은 중립적 입장을 취할 수 있다. 그리고 어떤 사람들은 그 전문가들이 대표하는 종교 또는 역할에 부정적인 반응을 보일 수도 있다. 개개인의 반응이 어떻든 간에 이런 반응 상황에서 평온함을 유지하고 긍휼한 태도를 보이는 것이 무엇보다도 중요하다는 사실을 명심하는 것은 매우 중요하다.

매우 기초적인 단계에서 상담·심리치료, 목회돌봄 또는 상담·심리치료의 '윤리적 행위'라는 것은 관계 또는 원칙 A에서 그들이 함께 작업하는 사람들에 의해서 정의된다(APA, 2010, p. 1). 이는 한 가지 의문을 제기한다.

심리적 응급처치는 치료인가 아니면 상담인가?

전문가들은 그것이 외상적 상황을 정서적으로 해결하는 과정이나 심리적 개입으로 의도된 것은 아니라는 점에 동의한다(Litz & Gray, 2004). 그러나 위기 상황에서 발현되는 것이 바로 관계라는 것에는 동의한다. 심리적 응급처치 사역의 특징은 종종 접촉이 생존자가 사역자를 찾아 나서기보다 그 사역자의 개입 착수로 시작된다는 것이다.

심리적 응급처치 사역 개발자들은 심리적 응급처치 요원이 위기 상황에서 자신이 누구인지, 자신의 전문적인 역할과 목적이 무엇인지에 대해서 명확히 표현하고 소개하도록 수련한다는 의미에서 상담 동의서의 문제를 설명한다. 생존자가 상담·심리치료사의 사역에 관심을 갖거나 응할 것인지는 전적으로 그의 선택이다.

사역자는 또한 처음에 부모 또는 보호자와 연결되어 아동이 상담·심리치료를 해도 되는지 허락을 받는다. 또는 위기 상황에 놓인 아동이 주변에 보호자가 없는 경우, 상담·심리치료사는 아동에게 자신을 소개하고 그 아동이 필요로 하는 것이 있는지를 물어보고, 후에 책임 보호자를 찾고 그에게 여러 가지 일들을 알리고 상담·심리치료를 계속한다(pp. 23-24 of PFA Field Operations Guide, Brymer et al., 2006a).

비밀보장과 관련해서 심리적 응급처치 지침서는 일단 개인이나 가족이 심리적 응급처치 요원과 대화할 것을 선택하면 비밀은 심리 전문가의 임상처럼 철저히 유지되어야 한다는 점을 확실히 한다. 이는 대화 상황이 사생활 보호에 제한이 있는 경우에도 마찬가지이다.

예를 들어, 심리적 응급처치 요원이 아동학대와 방치 신고의무자라면(mandated reporter of child abuse and neglect), 그는 적절한 권한자에게 그 상황을 보고해야 된다는 법을 숙지해야 한다. 더욱이 동료 상담자문은 심리적 응급처지 요원들이 그들의 현장 경험을 나누는 것으로서 매우 중요한 요소이다.

그러나 비밀을 유지하는 것은 당연히 일반화되어야 한다(Brymer et al., 2006a). 보건의료환경에서 미국연방의료보험 통상책임법 규정은 건강, 인권 서비스 차원에서 응급 상황인 경우에 허용되는 것인 반면, 공식적인 허용 절차가 없더라도 미국 연방 의료보험 통상책임법 사생활 보호 규정은 가족 구성원을 찾는 등의 상황을 돕는 차원이나 상담·심리치료를 위한 차원에서 특정한 신원확인의 정보를 개방하는 것을 허용한다.

심리적 응급처치 요원은 종종 적십자나 다른 조난 기구의 요청에 의해 집이나 활동 장소를 떠나서 일을 하기도 한다. 그러나 기독교 상담자는 자신의 교회나 신앙공동체 또는 지역단체로부터 활동 장소를 찾을 수 있다. 이중 관계가 형성되는 지역에서 심리적 응급처치 요원에게 다소 도전으로 다가오는 것이 바로 이런 다양한 지역성이다. 그 지방 출신의 심리적 응급처치 요원은 그 지역에서 다른 역할들을 유지할 수 있는데 이는 도움을 제공할 수 있는 기회에 영향을 줄 수 있다.

많은 경우에 지역 사회에서 정신적, 종교적인 지도자로서 요원의 역할은 유리하다. 왜냐하면 그들에게 신뢰감이 부여되기 때문이다. 그러나 초기의 상황을 넘어서 계속 그 지역 사회에 있게 될 지역 상담·심리치료사는 심리적 응급처치 지원 모델을 초월한 돌봄이나 정신건강 개입에 대한 기대에 대하여 의도적으로 경계선을 지키려고 할 필요가 있다.

예를 들어, 스커필드(Scurfield)는 학문 분야에서 근무하는 심리학자는 허리케인 카트리나(Hurricane Katrina)에 의해서 좋지 않은 영향을 받았다고 설명한다. 그는 허리케인이 한바탕 휘몰아친 후 환경이 어느 정도 수습된 상황에서 서로 간의 자연스러운 대화가 있었지만, 교수로서 학생들과 동료 교수들에게 돌봄을 제공하는 데 있어 이중 관계가 될 가능성이 있음을 인지할 필요가 있었음을 또한 밝혔다.

미국심리학회 윤리 규정의 원칙 A는 심리학자는 함께 일하는 사람들을 도울 수 있는 자신의 육체적, 정신적 영향에 대해 숙지해야 한다고 진술하고 있다(APA, 2010, 1). 응급 상황에서 상담·심리치료사와 목회자가 심리적 응급처치를 공급하는 상황에서 그들 자신의 현재 상태를 고려하는 것은 중요하다는 것이다.

로서(Rosser)는 허리케인 카트리나의 충격을 받은 많은 정신건강 전문가들은 그들 자신의 생존을 위해서 기본적인 필요를 공급받을 필요가 있다고 주장했다. 그는 허리케인 카트리나의 충격을 받은 많은 정신건강 전문가가 이미 상담·심리치료사로서의 역할도 하지 못할 지경이었고 서비스 제공자로서의 역할을 기대할 수도 없었다고 말했다. 그는 또한 그 자신이 응급 정신건강 서비스에 자원봉사자로 지원한 결정이 당장 자신의 가족에 대한 책임감, 전문가로서의 의무감, 그리고 자신의 능력과 동기 등 세 가지 측면에서 볼 때 아무 것도 이루지 못했다고 이야기했다(Rosser, 2008).

지역 사회의 종교 전문가들도 그들 신앙공동체가 어떤 재난이나 비극에 잘 반응하고 있는지를 그들 자신의 지역에 대한 책임부터 고려해 볼 필요가 있다(Brymer et al., 2006b).

3) 존엄성과 다양성

재난구호 업무는 어떤 경우의 돌봄이라도 다양한 문화, 종족, 사회-경제, 연령, 능력, 성적 지향성, 정치적 배경 등에 상관없이 존중을 전제로 대해야 한다(Brymer et al., 2006a; Church World Service, n.d.). 이런 다양성에 대한 의도적인 인식은 항상 있었던 것은 아니다. 허리케인 카트리나에 영향을 받은 사람들의 종교적, 윤리적 다양성을 재고해 볼 때, (아프리카계 미국인, 북미 원주민, 멕시코인, 베트남인, 백인, 기독교회 신자, 오순절교파 신자, 로마카톨릭교회 신자, 불교 신자 등,

Dass-Braislford, 2006; Bourne, 2006) 정곡을 찌르게 된다.

심리적 응급처치 요원은 이민 신분, 언어, 정신건강 상태, 사회-경제적 차이 등이 응급 상황에서 지원물 공급, 대피소에서 환영받고 안전하게 느낌 등의 해결책을 찾는 데 어려움을 줄 수도 있다는 사실을 명심해야 한다. 재난 상황에서 일부 주민들에게 일반적인 문화적 문제와 민감성들을 소개한 내용이 마셀, 존슨, 와트슨 그리고 그릭킨스키(Marsella, Johnson, Watson & Gryczynski, 2008)에 의해 편집된 책에서 찾아볼 수 있다.

심리적 응급처치는 또한 각 개인들이 다양한 영적 혼란이나 종교적인 신념과 관련해서 고통스런 반응을 경험할 수 있다는 사실을 인정한다. 심리적 응급처치 지침서는 공동체의 종교 전문가들에 의해서 사용된다. 그리고 고통스러운 반응의 유형에 대한 가능성을 언급한 부분도 있다(예: 하나님에 대한 분노, 두려움, 개인적 죄책감, 종교적인 의식을 따르는 것에 대한 어려움과 관련된 불안).

기독교상담적 응급처치 요원은 이에 대해 경청할 수 있으며, 이 사람이 처한 상황에 대해서도 존중할 필요가 있다. 심리적 응급처치 요원은 누군가 자신의 종교적인 신념에 대해 말하는 것이 개인의 정서에 고통을 주는 것처럼 보일지라도 굳이 수정하거나 가르치지 않도록 교육을 받는다. 심리적 응급처치 요원의 역할은 신학적 논쟁이나 교훈을 가르치는 것이 아니다. 이해심을 갖고 경청하는 것은 마음을 열게 할 수 있으며, 그 때 심리적 응급처치 요원은 생존자가 그들과 같은 배경을 가진 종교 전문가와 연결되기를 원하는지 물을 수 있다.

우리가 바라는 것은 이것이 기본적 이해라는 것이다. 그러나 최우선적으로 재난 후의 상황이 전도를 위한 상황이 아니라는 것을 언급하는 것은 중요하다. 우리는 보살피고 희생하고 도움을 주기 위해서 확실히 부름받았다. 베드로전서는 우리가 가진 소망에 대해 대답해 줄 준비가 되어 있어야 한다고 말한다(벧전 3:15). 그러나 교리 전달을 위해서 보살핌을 사용하는 것은 옳지 않으며 사람들에게 기독교를 전하기 위해서 재난을 이용하는 것도 옳지 않다.

다른 기관들은 종교적 또는 교리적 경계를 넘나들면서 돌봄을 제공하는 것에 대해 영적, 윤리적 문제가 있음을 깨달았다. 이런 기관들은 영적 돌봄을 위한 합의점과 행동 규범을 만들었다(교회세계봉사(Church World Service, n.d.); 국가재난자원봉사기구[National Voluntary Organizations Active in Disaster, 2009]).

　돌봄에 대한 세계교회 봉사 기준의 첫 합의점은 그 경계를 잘 전달하고 있다.
　우리는 그리스도에 대한 헌신과 자비로운 말씀에 충실하고자 하는 욕망과 공의를 행하며, 주님과 함께 겸손히 걸어가고자 하는 말씀에 대한 믿음의 소망으로 이런 사역에 부름을 받았다. 우리는 재난을 전도를 위한 기회로 이용하는 것을 억제하는 반면, 그럼에도 불구하고 하나님과 지체들 간, 그리고 우리가 섬기는 사람들에 대한 사랑으로 이 일을 하도록 명령받은 것이다.

3. 국제적인 상황에서 심리적 응급처치를 제공에 따른 윤리 문제

　기독교 상담자나 기독교 전문가 집단은 재난이나 위기 뒤에 공동체를 돕고 지원하기 위해서 완전히 다른 문화적 배경의 장소로 가는 것을 결정해야할지도 모른다. 심리적 응급처치를 제공하는 윤리적 측면은 국제적인 활동에서 좀 더 복잡할 수 있다는 것을 아는 것이 중요하다.
　저소득 국가와 중간소득 국가 내의 위기돌봄을 위한 일반 원칙을 반영하는 국제적인 심리적 응급처치 내용을 언제든지 온라인에서 이용할 수 있다(세계보건기구[WHO: World Health Organization], 전쟁외상기구[WTFWV: War Trauma Foundation and World Vision, 2011]).
　다시 말하면, 훌륭한 실무와 전문적인 안내기준을 위한 일차적 자료는 기관 간상임위원회(Inter-Agency Standing Committee: IASC)의 긴급한 상황 속에서 정신건강과 심리사회적 지원에 관한 안내서이다. 국제적인 상황에서 심리사회적 혹은 정신건강돌봄을 제공하는 데 관심이 있는 어떤 개인이나 단체라면 반드시 이 안내서를 읽어야만 한다.
　국제적인 응급상황에서 돌봄을 제공하는 데 있어서 특이한 요인들 가운데 하나는 일반적인 심리적 응급처치 모형을 지원하는 사회기반시설이 체계화되어 있지 않기 때문일 것이다. 그러나 공식적인 시설이 없다 할지라도 지역 문화와 지도자들과 신앙공동체는 지원과 회복을 위한 노력의 중심이 되어야 한다. 사실, 국제적인 상황에서 지원을 제공하려는 개인이나 단체가 이런 노력들에 공식적인 초청을 받는 것은 중요하다.

일반적으로 돌봄을 받는 공동체와 서비스 제공자들 간에 힘의 역동성이 의도치 않은 해를 불러올지도 모르는 국제적인 응급상황에서 해를 끼치지 않겠다는 책임감은 중요한 문제이다(Anderson, 1999; Corbett & Fikkert, 2009).

예를 들어, 생존자는 먼저 심리사회적 프로그램에 참여한 사람들이 재정적으로 재원을 갖고 있어 지원하여 주는 것도 기대한다. 현지 요원들과 함께 프로그램을 갖고 성급하게 뛰어드는 것은 수련감독이나 지원도 없이 긴급한 위기상황의 최전방으로 직원들을 내모는 것이다.

또한 오직 상담·심리치료를 위해서만 책정된 후원금은 상담·심리치료기술 수련을 받지 않고 상담·심리치료에 한계가 있는 현지 요원이 상담·심리치료를 진행하도록 인도주의적인 보조 프로그램을 추진할 수 있게 한다. 이것은 아마 상담·심리치료보다 더 간단하면서도 필요한 재정 지원일 것이다(Gilbert, 2009).

국제 비상사태에서 초기 혼란은 즉각적인 위기 반응에 참여하는 것을 제한한다. 사실, 초기 노력은 국제적인 긴급구조원(first responders)에 의해 실시되어야 하며, 그들의 우선적인 일은 국제 구호이다. 재해의 초기 영향 여하에 따라서 심리적 응급처치 요원은 개입을 시작할 수 있다. 그리고 거기에는 잘못되거나 해로운 계획을 수립할 가능성을 줄일 수 있는 몇 가지 단계가 있다.

첫째, 요원들은 인간의 권리와 존엄에 대한 기본 의무와 함께 정신건강과 심리학적 돌봄에 관한 과업에 접근해야 한다.

둘째, 심리적 응급처치 요원은 지역단체와 국제단체 사이에서 상호학습하고, 중복되는 서비스의 방지와 누락된 서비스가 가능한 없도록 확실히 노력해야 한다. 또한 서비스의 가치 경쟁과 계속적인 평가는 피해를 방지하도록 돕는다.

심리적 응급처치 요원은 특별한 상황에 있는 문화적 감수성을 충분히 갖고 있어야 하며 지각된 요구사항, 상황, 자원과 이용 가능한 지지 구조들의 평가(이 평가는 공동체의 참여를 포함한다)에 기초한 개입 계획을 세워야 한다. 프로그램 개발은 현재와 적절한 증거들을 고려하여 이루어져야 한다. 그리고 거기에는 프로그램의 효과에 대한 계속적인 보고와 평가 속에서 명료하게 이루어져야 한다(IASC, 2007). 이런 일반 원칙에 덧붙여, 기관 간 상임위원회(IASC) 지침서는 각 기관과 프로그램이 자원봉사자와 직원 사이의 의사소통을 함에 있어 행동 규범과 윤리적 기준을 갖고 있어야 함을 강조한다.

지역 공동체는 이런 기준이 어떤 것이고, 어떻게 비밀유지 하에 불만을 말할 수 있는지 알아야 한다. 종교적/영적 문제 가능성은 국제적인 공동체에서도 감지된다. 기관 간 상임위원회 지침서는 종교적인 의식이나 지방 종교 지도자의 관여와 직접적으로 관련된 심리학적 혹은 정신건강 돌봄의 일부 측면만을 강조한다.

예를 들어, 시행령 제5.3조의 규정은 심리적 응급처치 요원은 지역 종교 지도자와 영적 지도자에게 접근해야 하며, 다른 문화적 안내자들은 사람들이 지역의 영적 지도자와 다른 문화적 지도자로부터 어떻게 영향을 받아왔는지, 그리고 영향을 받은 사람들을 지원하는 실천들에 대한 관점을 배우기 위해서 그들을 가까이 해야 한다고 말하고 있다(IASC, 2007, p. 107).

셋째, 심리적 응급처치 요원은 육체적 손상을 일으키거나 인권 존중에 반하는 종교적인 행동에 있어서 윤리적으로 민감해야 함을 경고한다.

만약 이런 문제가 제기되었을 때, 존경과 관심을 갖고 종교 지도자들과 신중하게 평가 및 의사소통을 하는 것은 중요하다. 예를 들어, 라이베리아에서 인도적 돌봄을 진행하는 중에, 기도하던 도중 고아원 지도자가 "전쟁고아들이 만약 자다가 오줌을 싸면 금식을 해야 한다"라고 하나님이 계시하셨다며 저자 중 한 사람에게 이야기했다. 이 대화는 그 지도자가 하나님을 의지한다는 것을 지지할 목적으로 말한 것으로 오히려 일을 복잡하게 만들었다.

그러나 이미 영양실조의 위험성 속에 있는 아동 집단에게 금식이 얼마나 위험한 지에 대해 말해 주었다. 결론적으로 이것은 심리적 외상과 스트레스에 반응하는 아동들의 퇴행적인 행동에 관한 고아원 직원과의 의미 있는 대화였다.

또한 기관 간 상임위원회 지침서는 문화적 상황에서 지역 지도자로부터 상담·심리치료의 전통적인 방법에 관해 배울 수 있다는 이점을 보여준다. 이런 전통적인 개입들은 '잠재적으로 유익하거나 해롭거나 중립적'이라고 평가된다 (IASC, 2007, p. 137). 만약 지역의 종교적인 실천이 요원에게 정통으로 여겨지는 것과 맞지 않다거나 어떤 실천이 그들의 신앙에 반한다고 확실히 여겨진다면 이런 유익과 해악에 대한 대화들은 기독교 요원들에게 있어서 복잡해질 수 있다. 기독교 요원은 영적 갈등과 영적 지지에 관한 그들 자신의 기대를 자각해야 한다. 그리고 그것은 요원이 어떤 관행에 있어서는 참여하지 않겠다고 선택하는 것을 의미할 것이다.

그리고 마지막으로, 국내 위기와 마찬가지로 국제적인 재앙이나 위기상황을 개종의 일환으로 사용하거나 더 나아가 어떤 특정 종교적인 관점에 서게 하도록 사용하는 것은 비윤리적 것이다(국제 적십자연합과 회교국의 적십자사[International Federation of the Red Cross and Red Crescent Societies, 2010], p. 1). 기관들은 신앙을 바탕으로 하는 조직으로 일할 수 있으나, 구호는 다른 신앙을 가진 사람들에 대해서 차별 없이 제공되어야 한다.

여기 그런 특정 영적 갈등이나 종교적인 자원을 대상으로 하는 국제적인 심리사회적 혹은 정신건강 개입을 위한 지침들은 거의 없다. 그리고 그것은 의도치 않게 다른 사람들에게는 구호를 제한하면, 특수한 문화적 상황에서 영적 필요를 이야기하는 기관들에게 윤리적 도전을 줄 수 있다(Schafer, 2010). 더 나아가 조사와 대화가 필요하다. 그리고 그러는 동안 국제적인 상황에 있는 응급처치 요원은 외부기관으로서 필요한 자원을 공급해 주고 현지 종교 지도자와 의미 있는 협력을 하는 등의 복잡한 힘의 균형을 유념해야 한다.

4. 결론

불행히도 이 세상에는 재해와 폭력 그리고 기타 다른 위기 상황이 언제나 있을 것이다. 이런 일들이 우리 집 뜰에서 일어나든 수천 마일 떨어진 곳에서 일어나든, 우리는 "가서 이와 같이 하라"는 하나님의 말씀으로 부름을 받았는지 물어야 한다. 심리적 응급처치 모델은 경험적 증거로 제시된 것에 근거를 둔 자비와 열정을 위한 독특한 틀을 제공한다.

이 경험적 증거는 개인과 가족 그리고 공동체에 회생과 회복을 촉진시킨 것들로 위로, 여러 자원, 개인적 또는 서로 간의 적응력, 사회적 연계망, 그리고 소망 등이 있다. 윤리적 실재는 다양한 방식으로 이런 원칙과 기술을 제정하기 위해 노력할 것을 요구한다. 그리고 그 방법은 능력, 봉사에 있어서 진실성과 다양한 문화적, 종교적 그리고 긴급한 맥락에 대한 책임감에 최우선 순위를 두는 것이다.

■ 참고문헌

American Psychological Association. (2010). *Ethical principles of psychologists and code of conduct: 2010 Amendments*. Retrieved from www.apa.org/ethics/code/index.aspx.

Anderson, M. B. (1999). *Do no harm: How aid can support peace—or war*. Boulder, CO: Lynne Reinner.

Bourne, D. R. (2006). Evacuation patterns of ethnic minority populations affected by Hurricane Katrina. In *Hurricane Katrina: A Multicultural Disaster* [Special Section] (pp. xiii-xvi) *Communique*. Washington, DC: Office of Ethnic Minority Affairs, Public Interest Directorate, American Psychological Association.

Bryant, R. A. (2007). Early intervention for post-traumatic stress disorder. *Early Intervention in Psychiatry, 1*, 19-26. doi:10.1111/j.1751-7893.2007.00006.x.

Brymer, M. J., Layne, C. M., Jacobs, A. K., Pynoos, R. S., Ruzek, J. I., Steinberg, A. M., et al. (2006a). *Psychological first aid: Field operations guide* (2nd ed.). Los Angeles: National Child Traumatic Stress Network and National Center for PTSD. Retrieved from www.nctsnet.org/nccts/nav.do?pid=typ_terr_resources_pfa.

Brymer, M. J., Layne, C. M., Jacobs, A. K., Pynoos, R. S., Ruzek, J. I., Steinberg, A. M., et al. (2006b). *Psychological first aid: Field operations guide for community religious professionals*. Los Angeles: National Child Traumatic Stress Network and National Center for PTSD. Retrieved from www.nctsnet.org/nccts/nav. do?pid=typ_terr_resources_pfa. Church World Service. (n.d.). *Church World Service standard of care for disaster spiritual care ministries*. Retrieved from www.churchpandemicresources.ca/ files/SpiritualCare-Standards.pdf.

Corbett, S., & Fikkert, B. (2009). *When helping hurts: How to alleviate poverty without hurting the poor . . . and yourself.* Chicago: Moody Publishers.

Dass-Brailsford, P. P. (2006). Eye witness report: Ignore the dead! We want the living! Helping after the storm. In *Hurricane Katrina: A Multicultural Disaster* [Special Section] (pp. vi-viii) *Communique.* Washington, DC: Office of Ethnic Minority Affairs, Public Interest Directorate, American Psychological Association.

Gauthier, J., & Pettifor, J. (2011). The evolution of ethics in psychology: Going international and global. In P. R. Martin, F. M. Cheung, M. C. Knowles, M. Kyrios, L. Littlefield, J. B. Overmier & J. Prieto (Eds.), *IAAP handbook of applied psychology* (pp. 700-714). Hoboken, NJ: Wiley-Blackwell.

Gilbert, J. (2009). Power and ethics in psychosocial counseling: Reflections on the experience of an international NGO providing services for Iraqi refugees in Jordan. *Intervention, 7,* 50-60. doi:10.1097/WTF.0b013e32832ad355.

Gray, M. G., & Litz, B. T. (2005). Behavioral interventions for recent trauma: Empirically informed practice guidelines. *Behavioral Modification, 29,* 189-215. doi:10.1177/0145445504270884.

Hobfoll, S. E., Watson, P. , Bell, C. C., Bryant, R. A., Brymer, M. J., Friedman, M. J., et al. (2007). Five essential elements of immediate and mid-term mass trauma intervention: empirical evidence. *Psychiatry, 70,* 283-315. doi:10.1521/psyc. 2007.70.4.283.

Inter-Agency Standing Committee. (2007). *IASC Guidelines on Mental Health and Psychosocial Support in Emergency Settings.* Geneva: IASC. Retrieved from www. who.int/mental_health/emergencies/guidelines_iasc_mental_ health_psychosocial_june_2007.pdf.

International Federation of the Red Cross and Red Crescent Societies. (2010). *The code of conduct: Principles of conduct for The International Red Cross and Red Crescent Movement and NGOs in disaster response programmes.* Retrieved from www.ifrc.org/publicat/conduct/code.asp.

Litz, B. T., & Gray, M. J. (2004). Early intervention for trauma in adults: A framework for first aid and secondary prevention. In B. T. Litz (Ed.), *Early intervention for trauma and traumatic loss* (pp. 87-111). New York: Guilford.

Marsella, A. J., Johnson, J. L., Watson, P. , & Gryszynski, J. (Eds.). (2008). *Ethnocultural perspectives on disaster and trauma: Foundations, issues, and applications.* New York: Springer.

McCabe, O. L., Lating, J. M., Everly, G. S., Mosley, A. M., Teague, P. J., Links, J. M., & Kaminsky, M. J. (2007). Psychological First Aid training for the faith community: A model curriculum. *International Journal of Emergency Mental Health, 9,* 181-92.

McNally, R. J., Bryant, R. A., & Ehlers, A. (2003). Does early psychological intervention promote recovery from posttraumatic stress? *Psychological Science in the Public Interest, 4,* 45-79. doi:10.1111/1529-1006.01421.

National Voluntary Organizations Active in Disaster. (2009). *Points of consensus: Disaster spiritual care.* Retrieved from http://march2recovery.org/wp-con-

tent/uploads/2012/05/Points-of-Consensus-Spiritual-Care.pdf.
Nolland, J. (1993). Luke 9:21-18:34. In D. A. Hubbard & G. W. Barker (Eds.), *Word biblical commentary, 35b* (pp. 586-98). Dallas: Word.
Rose, S., & Bisson, J. (1998). Brief early psychological interventions following trauma: A systematic review of the literature. *Journal of Traumatic Stress, 11*(4), 697-712. doi:10.1023/A:1024441315913.
Rose, S. C., Bisson, J., Churchill, R., & Wessely, S. (2002). Psychological debriefing for preventing post-traumatic stress disorder (PTSD). *Cochrane Database of Systematic Reviews, 2*, no. CD000560. doi:10.1002/14651858.CD000560.
Rosser, B. R. S. (2008). Working as a psychologist in the Medical Reserve Corps: Providing emergency mental health relief services in Hurricanes Katrina and Rita. *Professional Psychology: Research and Practice, 39*, 37-44. doi:10.1037/0735-7028.39.1.37.
Schafer, A. (2010). Spirituality and mental health in humanitarian contexts: An exploration based on World Vision's Haiti earthquake response. *Intervention, 8*, 121-30. doi:10.1097/WTF.0b013e32833c1f57.
Scurfield, R. M. (2006). Post-Katrina aftermath and helpful interventions on the Mississippi Gulf coast. *Traumatology, 12*, 104-20. doi:10.1177/1534765606295924.
Sinclair, C. (2012). Ethical principles, values and codes for psychologists: An historical journey. In M. M. Leach, M. J. Stevens, G. Lindsay, A. Ferrero & Y. Korkut (Eds.), *The Oxford handbook of international psychological ethics* (pp. 3-18). Oxford: Oxford University Press.
Suite, D. H., Rollin, S. A., Bowman, J. C., La Bril, R. D. (2007). From fear to faith: Efficacy of trauma assessment training for New York-based Southern Baptist church groups. *Research on Social Work Practice, 17*, 258-63. doi:10.1177/10497315 06296678.
Watson, P. J., & Ruzek, J. I. (2009). Academic/state/federal collaborations and the improvement of practices in disaster mental health services and evaluation. *Administration and Policy in Mental Health and Mental Services Research, 36*, 215-20. doi:10.1007/s10488-009-0212-4.
Watson, P. J., & Shalev, A. Y. (2005). Assessment and treatment of adult acute responses to traumatic stress following mass traumatic events [Electronic version]. *CNS Spectrums, 10*, 123-31.
World Health Organization, War Trauma Foundation and World Vision International. (2011). *Psychological first aid: Guide for field workers*. WHO: Geneva, Switzerland. Retrieved from http://whqlibdoc.who.int/publications/2011/97892 41548205_eng.pdf.
U.S. Department of Health and Human Services. (October, 2008). *Is the HIPAA Privacy Rule suspended during a national or public health emergency?* Retrieved on October 17, 2010, from www.hhs.gov/hipaafaq/providers/hipaa-1068.html.

제20장

상담·심리치료 수련 프로그램

타마라 L. 앤더슨(Tamara L. Anderson)
그레고리 R. 슈넬러(Gregory R. Schneller)
존 에릭 스웬슨 3세(John Eric Swenson III)

> 도덕은 뒷전에 두고 머리만 키우는 교육은 사회의 병폐를 낳을 뿐이다.
> —테오도어 루스벨트(Theodore Roosevelt)

전문가 윤리교육은 해당 분야의 실무자에게 기대할 수 있는 행동을 이해하는 데서 출발한다. 심리학에서『심리학자의 윤리적 원칙과 행동 규범』(APA, 2002)은 심리학자가 실무에 적용할 바람직하고 실행 가능한 규범을 제공한다(이 규범은 상담·심리치료사를 관장하는 다른 규정도 반영하고 있다). 널리 알려지진 않았으나 주목해 볼만한 점이 있다면 미국심리학회 직능별 규정의 발전은 본래 '주요 사건 분석법'에서 비롯되었다는 점에서 매우 독특하다는 것이다.

20세기 심리학자들에게 점차 상담·심리치료가 주요업무가 되자, 실무자에게 지침과 기대사항을 제공하기 위하여 행동 규범이 필요한 듯했다. 1947년, 심리학자에 관한 윤리규범위원회(Committee on Ethical Standards for Psychologists)는 행동 규범을 고안해내기 위해서 발족했다. 첫 규정은 현역 실무자를 대상으로 본인이 상담·심리치료 과정에서 부딪치거나, 동료가 직면하는 윤리적 갈등을 기술하는 과정을 통해 발전해왔다. 당국이 연락한 7,000여 명 가운데 응답률은 2,000명에 그쳤는데(APA, 1953), 여기서 윤리 규정이 탄생했다.

그 후 윤리위원회의 역할은 점차 발전하여 상담자문뿐만 아니라 부적합한 실무자에 대한 제재 추가되었다. 심리학 윤리 규정의 발전 가운데 독특한 특징은 전문가 지침을 세우기 전에 특정 지역에서 여론조사를 실시한다는 것이었다. 전문가 규정을 둘러싼 전형적인 접근 방식은 위원회를 선출하여 규정을 제정하고 이를 특정 지역구에 전파하는 것이었다. 그러는 과정에서 부딪치는 갈등은 위원회의 견해와 독자적인 경험을 벗어나지 못한다.

심리학 윤리 규정의 기원을 이해한다면 다양한 분야의 실무자들이 겪는 실제적 갈등을 다루었던 규정을 개발하려는 의도에 주안점을 둘 것이다. 이와 같이 역사적인 맥락과 해당 분야의 변천 과정에 근거하여 개정한 바를 감안해 볼 때, 심리학 윤리 규정은 다양한 역할을 감당하는 심리학자에게 중요한 실무지침을 제공한다. 심리학 전공 대학원생은 이런 규정을 습득하고, 내담자의 관리와 연구를 위해서 필요한 틀을 제공하는 규정의 주요 역할을 숙지해야 마땅하다.

교육생이 윤리교육을 시작할 때면 임상현장의 다양한 측면에 대처하는 요령을 밝힌 규정을 암기하는(혹은 되풀이하는) 데만 몰두하면 그만이라고 생각하기가 쉽다. 이런 추세를 감안해 볼 때, 교육자는 심리학 윤리 규정의 역사를 이해하고(내담자 관리에 따른 행동 규범도 아울러) 규정을 학습해야 할 당위성을 수긍할 수 있도록 돕는 것이 무엇보다 중요하다. 이런 토대가 마련된다면 교육자는 윤리적 의사결정이 의외로 미묘하게 깔려있는 현실을 대학원생이 시인하게 된다는 데 흡족해 할 것이다.

사실, 윤리적 갈등을 효과적으로 대응하는 법을 제대로 가르치려면 윤리 규정의 위반 여부에 주안점을 두기보다 교육생이 갈등하는 폭넓은 상황을 파악하는 데 보탬이 되어야 한다. 교육자는 학습자가 대부분의 윤리적 갈등에 존재하는 다양한 양상에 대해 분별력을 개발하기를 바랄 것이다. 이 장에서 나는 엄격한 윤리교육에 필요한 요소와 기독교 상담자가 윤리교육에 대해 보고한 바와 관련된 연구결과를 조명하여, 윤리교육에 추가해야 마땅한 주요 영역을 밝힐 것이다.

1. 윤리 이론교육의 중요성: 의사결정력 강화

1979년, 미국심리학회는 이 학회가 개설한 프로그램에 대학원생을 위한 윤리교육이 포함되어야 한다고 발표했다. 이같은 결정은 대학원생들이 윤리 규정을 섭렵하여 전문가의 책임을 이해할 뿐만 아니라 윤리적 의사결정과 윤리적 행동을 구성하는 것이 무엇인가에 대하여 논의해야 한다는 신념에 근거를 둔 것이다. 전문가와 교육생이 토론에 참여한다면 윤리 문제의 틀을 조성하는 데 윤리 이론교육이 중요하다는 점은 분명해진다(Cottone & Claus, 2000; Welfel, 2000). 마이너(Miner, 2005)는 다음과 같이 밝혔다.

> 윤리의 철학적인 기반을 교육하면 학습자는 암묵적 도덕 이론을 파악할 뿐만 아니라 선함에 대한 개념화의 다양한 방법을 발달시키고, 자신들의 의사결정에 대한 명료하고 설명할 수 있는 윤리적 정당함을 제시할 수 있게 된다(p. 54).

윤리교육은 구속력이 있는 규범을 넘어 상담·심리치료 과정에서 부딪치는 갈등의 기록에 근거를 두어 좀 더 깊이 있는 의사결정 과정이 필요하다고 그녀는 덧붙였다. 또한 마이너는 "도덕 이론은 처음 마주치거나(수준이 높은 비판적 사고력을 발휘해야 하는) 극단적인 상황에서 윤리적으로 처신하는 근거를 제공한다"라고 주장했다.

사실, 데이비슨, 가튼, 그리고 조이스(Davidson, Garton & Joyce, 2003)는 교육생이 윤리적 의사결정 과정을 충분히 숙지하여 윤리교육 권고안을 이행해야 한다고 역설했다. 즉, 1-3년차는 도덕 이론을 가르치고, 4년차에는 윤리적 의사결정, 5~7년차는 응용 윤리를 교육해야 한다는 것이다. 세 학자는 모두 타당한 이유를 제시하며 윤리 이론을 깊이 이해해야 한다고 주장했다.

기술이 발달한 오늘날 상담·심리치료사가 겪는 윤리적 갈등은 예전보다 훨씬 더 복잡해졌다(Foreman, 2010). 요즘 들어 상담·심리치료사가 부딪치는 고민은 내담자를 검색해야 할지, 그를 페이스북(Facebook)에 친구로 등록해야 할지 등이 있다. 그레고(Greggo, 2010)는 생명윤리를 비롯하여, 기독교 상담자라면 으레 건강문제까지도 조언해 줄 수 있는 지식을 겸비해야 한다고 제시했다. 그는 기독교 상담자라면 전문가와 내담자의 간극을 줄여야 한다고 강조했으나, 기존의 윤리교육은 그처럼 난해한 상황에까지 매번 개입할 수 있도록 대비하지는 않는다.

종교와는 무관한 도덕 이론은 행동의 복잡한 면을 두고 가치 있는 통찰을 제공한다. 그러나 기독교 윤리 영역에도 교육생에게 분명 이익이 되는 문서기반이 풍부하다. 기독교 윤리는 신앙을 가진 상담·심리치료사와 기독교인 내담자에게 적합하지만 사실, 유대-기독교적 교리를 인정하지 않는 사람도 '기독교 윤리를 사회의 값진 지침과 이상'으로 인정하기도한다(Rae, 2009, 24).

그렇다면 기독교 윤리는 신앙이 있는 상담·심리치료사에게 어떻게 전문가 윤리를 제시할 것인가?

이는 상담·심리치료사가 인간의 환경을 보는 관점에서 출발한다. 기독교 윤리는 "하나님이 자기 형상 곧 하나님의 형상대로 사람을 창조하시되"(창 1:27)나 "하나님이 지으신 그 모든 것을 보시니 보시기에 심히 좋았더라"(창 1:31)라는 구절에서 밝혔듯이, 학습자가 창조주와 피조물의 관점에서 인간의 환경을 파악할 수 있도록 돕는다. 하나님의 형상대로 창조되었다는 것이 기독교인의 정체성에 중심을 차지하며 하나님이 인간을 "좋았더라"라고 인정하신 점을 이해할 때, 비로소 인간의 신념과 사고, 정서 및 행동을 파악할 수 있는 맥락이 제공된다.

기독교 윤리학자는 도덕이 하나님의 인간성에 근거를 두고 있으며, 도덕의 궁극적인 근원은 하나님의 법이 아니라 하나님의 성품이라는 기본 사상을 인정한다. 하나님의 성품은 구약성경에 기록된 율법과 영적 원리뿐만 아니라, 신약성경에서 밝힌 그리스도의 인격과 성령의 내주하심에서 드러난다(Browning, 2006; Geisler, 1989; Rae, 2009).

하나님은 완전하고 성품도 온전하므로 "도덕성은 궁극적으로 하나님의 성품에 토대를 둔다"라는 것이다(Rae 2009, 24). 그리고 주님은 항상 동일하며 특별 및 일반(자연법칙) 계시를 통해 그의 성품을 세상에 드러내신다. 이와 같은 계시는 기독교 신앙을 지탱해온 근간이기도 하다. 사회정의를 구현하고 빈곤한 자를 돌보며, 덕을 세우고 서로 사랑하는 것 등의 개념은 기독교 윤리의 핵심이며 임상실무와도 직결된다.

요컨대, 상담·심리치료사에게 기독교 윤리와 도덕 이론의 토대를 교육하는 것도 그렇지만 전문가 윤리 규정을 몸소 준수하는 것과 현안에 관심을 두고 실무 경험을 쌓아나감으로써 발전을 촉진하는 것도 중요하다. 그러나 다양한 도덕 이론을 제시하는 교육 과정을 시작하기보다 각 학습자가 윤리·도덕에 얽힌 역사를 적극적으로 의식해야 할 것이다. 이를 통해 이론 교육과 현실적인 갈등이 결정되고 모든 윤리적 판단이 가능해질 것이다.

2. 의사결정의 개인적 내력 이해

대학원 과정에서 윤리학을 강의하던(철학박사/Ph.D 및 심리학박사/Psy. D 학위과정 2년차 봄학기 강의) 앤더슨(Dr. Anderson) 박사는 학기 초에 '윤리 가계도(ethics genogram)'를 작성해오라는 과제를 냈다. 본래 그녀는 『가계도: 평가와 개입』 (*Genograms: Assessment and Intervention*)(McGoldrick, Gerson & Shellenberger, 1999)에 개괄적으로 서술된 가계도를 작성하는 원리와 과정을 염두에 두고 교육생에게 윤리적 내력을 그려보라고 했다.

그들은 "윤리적 사고력을 가르쳐준 사람은 누구인가?"와 "윤리적 의사결정의 모델은 누구인가?" "닮고 싶지 않은 사람은 누구며, 그 까닭은 무엇인가?" 등의 설문을 바탕으로 자신의 가계도를 구체적으로 그려보았다. 앤더슨 박사는 미적 기교와 색상과 형태를 그럴 듯하게 표현하여 창의성을 발휘해달라고 주문했다.

해마다 같은 과제를 낸 교수는 영향력이 특출한 인물뿐만 아니라, 인생의 순간을 미적 감각으로 승화시킨 삽화나 통렬한 선언을 13년간 감상해온 셈이다. 교육생들을 4-5개 집단으로 나누고 과제를 서로 논의하며, 윤리적 가계도를 작성하는 과정에서 겪었던 사례를 들려주기도 했다.

그러자 교수는 좀 더 큰 집단과 그동안 관찰했던 바를 자발적으로 교환하라고 주문했다. 이때 나온 의견이 매년 과제의 흥을 돋웠다. 일부 교육생들은 "옳고 그름의 기준이 저와 아버지와 할아버지가 비슷했다는 데 놀랐습니다"라든가 "전에는 생각도 하지 않았는데 외할머니가 사람을 상대하지 '않는' 법을 가르쳐주신 듯합니다. 외할머니는 선입견이 강하신 데다, 옳은 일을 몸소 실천하는 것보다 그렇게 보이는 데 관심이 더 많으셨습니다"라는 등 서로의 경험담을 털어놓았다.

이는 의사결정의 내력이 그들 내면에 자리 잡았다는 것을 보여준다. 즉, 지금껏 지켜왔거나 물려받은 신념과 행동 때문에 그들이 직업 및 윤리적 상황을 독자적인 시각으로 볼 수 있게 되었을지도 모른다는 것이다. 결국, 교육생은 이같은 영향력을 규명하고 고찰할 뿐만 아니라 일반적인 윤리적 갈등을 어떻게 접근하며 처리할지 본인의 입장을 파악할 수 있게 되었다. 신앙에 기반을 둔 기관에서 과제가 제시된 까닭에, 닮거나 피하고 싶은 영적 멘토와 지도자를 참고하는 경우도 더러 있다.

교육 이론에는 윤리 가계도가 근거를 두는 개념과 의미가 같은 "전환 학습"(transformative learning)이라는 용어가 있다. 이는 메지로(Mezirow, 2000)의 전환 학습 이론에서 비롯된 것으로, 학습자가 암묵적인 신념을 의식하는 과정을 기술한다. 이런 신념과 경험이 의식화된 후, 학습자는 그것이 서로 관련성이 있는지 판단할 수 있게 된다.

우리가 어디서 왔으며, 친숙한 문화와 경험적 변인이 의사결정 과정에 무엇을 제시할지 인정하는 것은 중요하다.

좀 더 폭넓은 관점에서, 우리는 세상을 어떻게 보고 있는가?
시각이 의무론이나 목적론에 치우친 것은 아닌가?(Nagy, 2011)

의무론적 의사결정은 일관성에 근거를 둔다. 이는 매사에 옳은 일을 행한다는 의무나 도리를 강조하며, 임마누엘 칸트(Immanuel Kant, 1724-1804)가 최초로 개념을 정립하고 주장한 바 있다. 그의 논지에 따르면, 인간은 현재 상황에 관계없이 과거의 행동과 흡사한 과정을 밟는다.

목적론적 관점은 대의에 부합하는 결과가 나올 가능성을 가늠하며 개별적인 상황을 고려한다. 제레미 벤담(1748-1832)이 개발하고 존 스튜어트 밀(1806-

1873)이 정교하게 다듬은 이 가설은 다수의 유익에 대한 인과관계와 모순을 감안했다(Callan & Callan, 2005; Nagy, 2011).

이미 앞서 언급한 두 가지 시각에서 공통적인 임상적 갈등에 접근하는 방법의 사례로 몇 가지 문제를 상고해 보자.

상담·심리치료사는 내담자를 포옹해도 되는가?

상담·심리치료학계의 다수가 이를 반대한다면 의무론적 관점에서 볼 때, 상담·심리치료사는 상황에 관계없이 그를 안아서는 안 된다. 반면, 목적론적 관점에서는 포옹이 '허용될 수도' 있다. 상담·심리치료사는 내담자의 이력과 상황을 살피고 포옹을 비롯한 여러 대안들을 강구할 수 있다. 상담·심리치료사는 관심이 늘고 있는 목적론적 관점이 아닌 의무론적 시각에서 자동적으로 대처할지도 모른다. 이제까지 그래왔기 때문이다.

이와 같은 성향은 상담·심리치료사의 교육 발달 수준을 반영한다. 교육 초년 시절에는 절대적인 기준에 부담이 없으나, 연수가 쌓이다보면 회색지대가 오히려 더 편할 수도 있다. 본인의 반사적인 대응을 이해하고, 그에 관심을 두도록 지도한다면 교육생은 윤리적 상황의 미묘한 변인을 고려하여 안전성이나 엄격한 원칙을 고집하지 않게 될 것이다.

그렇다면 학습자의 의사결정 및 실무 능력을 개발하고 평가할 방법은 무엇인가?

교육 프로그램이 윤리적으로 여러 영역을 아우르며 능력을 기르기 위해서 감당해야 할 책임은 무엇인가?

3. 임상 적용 및 능력을 둘러싼 문제

1992년, 웰펠(Welfel)은 지난 40년 간 윤리교육과 관련된 문헌을 검토하면서 교육 분야에서 체계가 잡히지 않은 점 세 가지를 지적했다.

(1) 미국심리학회 윤리 규정을 임상 적용하는 데 좀 더 관심을 가져야 하고,
(2) 수련받는 자의 능력을 이해해야 하며,

(3) 윤리교육의 결과에 대해 공식적인 평가가 실시되어야 한다"(p. 188; Callan & Bucky, 2005도 참조할 것).

이 장에서 우리는 웰펠의 두 가지 주장을 논의하고자 한다.

첫째, 윤리 규정을 임상에서 좀 더 적용해야 한다는 주장으로 대학원 과정의 윤리교육을 담당하는 교수나 저자 및 연구자가 관심을 둔 분야이기도 하다 (예: Callan & Callan, 2005; Kanpp & VandeCreek, 2003; McMinn & Meek, 1997; Nagy, 2005).

윤리적 의사결정을 지도하는 데는 교육생이 다양한 대응 사례를 '실습해 보고' 가상의 결과를 토론해 보는 실습도 필요하다. 충분한 토론과 더불어, 다양한 윤리적 갈등을 제시하는 사례 도안을 활용해도 좋다.

우선 가상 시나리오를 작성하여 몇 가지 상황과 공간 혹은 시간대를 바꾸는 것도 효과적인 방법이다. 그러면 해당 분야의 지식 기반에 보탬이 될 뿐만 아니라 융통성 있는 사고방식을 습득하여 실제 임상경험에 앞서 예상할 수 있는 바를 정확히 가늠할 수 있을 것이다.

다음 사례를 살펴보자.

사례

한 목회자가 상담·심리치료를 위해 수지와 이야기를 나누고 있다. 수지(24세)는 미혼인 백인 여성이었다. 첫 상담 회기에서 그녀는 다른 상담·심리치료사와도 상담하고 있지만 별 효과가 없었다고 털어놓았다. 이유를 묻자 '잘못된 결정'을 하도록 만든 아동기의 고통스럽고 수치스런 일에 대하여 통상적이지 않은 생각을 갖고 있다면서 정신과 의사를 만나보라고 권했기 때문이라고 했다. 당한 일이 무엇인지 묻자, 그녀는 별 일 아니라며 화제를 돌렸다.

여러분이라면 어떻게 하겠는가?

이런 경우를 두고는 법적, 윤리적 문제를 논의해볼 만하다. 이를테면, 수지는 당시 다른 상담·심리치료사에게 상담을 받고 있었다. 규정 제10.04조(다른 상담·심리치료사의 서비스를 받고 있는 내담자 상담·심리치료)는 상담·심리치료사를 추가하는 이유를 내담자와 이야기해야 한다고 명시했다. '혼란과 갈등이 일어날 가능성을 최소화하기 위해'(APA, 2002, 4) 그렇게 권고한 것이나, 수지에게는 본인의 건강관리를 스스로 결정할 권리가 있다.

그렇다면 여러분은 어떻게 대처하겠는가?

수지가 사고장애 내담자라면 증상은 얼마나 심각한가?

당신은 내담자의 상담·심리치료에 대해 법적, 윤리적 책임을 감당해야 하는가? 또한 그녀가 털어놓은 '고통스럽고 수치스런' 경험은 무엇인가?

행여 아동학대와 관계된 사실을 밝히기라도 한다면 어떻게 대응하겠는가?

그녀는 현재 19세 이상인 성인이므로, 당신에게는 학대 사실을 당국에 신고해야 할 의무가 있을 수도 있고, 그렇지 않을 수도 있다. 게다가 학대당하는 아동이 더 있을지도 모른다.

신고 관련법이 주에 따라서 다르다면 당신은 비밀보장 원칙을 위반할 것인가 준수할 것인가?

윤리 규정 제4.01조(사생활 보호와 비밀보장)에 따르면, 상담·심리치료사는 분명한 이유 없이 비밀을 누설해서는 안 된다.

이번에는 구체적인 사실을 바꾸어보자.

수지가 나이 17세인 멕시코계 미국 아동이라면 어떨까?

연령과 인종을 바꾸면 의사결정도 달라지게 마련이다.

멕시코 문화를 잘 아는가?

수지는 몇 세대 이민자인가?

미국심리학회 윤리 규정에 따른 원칙 E는 구속력은 없으나 문화적 차이도 이해할 것을 권한다. 아울러 미성년자인 수지가 상담·심리치료에 스스로 동의할지도 감안해야 할 것이다.

주 당국은 미성년자인 수지가 털어놓으려는 사실을 부모에게는 비밀로 해둘 수 있다고 규정하는가?

혹시라도 '수치스런 일'이 어릴 적 아버지가 자행한 학대라면 어떨까?

다양한 가상 시나리오와 인구통계학적 변화에 근거하여 사건을 재고한다면 상황을 신속히 파악하고 임상환경에서 자주 벌어지는 돌발 사태에 대처할 수 있다.

둘째, 임상 능력에 대한 교육과 관계가 깊은 데 수년 후 여러 임상 영역을 포괄하는 능력은 미국심리학회와 미국전문심리학교상담프로그램협회(National Counsel of Schools and Programs in Professional Psychology: NCSPP)를 비롯한 여러 단체들의 주요 논점이 되었다.

두 단체가 전문 심리학의 능력을 정의하는 문건을 내놓은 바 있다. 예를 들어, 2006년, 미국심리학회교육위원회(Board of Educational Affairs)는 교육협회장위원회(Council of Chairs of Training Councils)와 함께 실무 집단을 편성하여 상담·심리치료사에게 필요한 능력 분야를 약술한 문건을 구체적으로 작성하고는 능력의 규정에 그치지 않고 이를 측정하고자 했다. 그 결과 『능력기준 실무 집단 평가: 전문심리학 분야에서 능력을 정의·측정하기 위한 개발 모델』(*Assessment of Competency Benchmarks Work Group: A Developmental Model for Defining and Measuring Competence in Professional Psychology*, Fouad 외, 2009)이 발표되었다.

전문 실무의 중요한 영역(예: 평가와 수련감독 및 치료적 개입)과 더불어, 이 문헌은 구조 모델(cube model)의 핵심적인 능력 영역으로 세분화되는데(Rodolfa et al., 2005), 좀 더 구체적으로는 근본적 능력과 기능적 능력으로 나눈다.

> 근본적 능력이란 심리학자가 감당할 기능의 근간이 되는 지식과 기술, 태도 및 가치관(예: 윤리를 이해하고 개인 및 문화의 다양성을 의식하고 파악한다)을 일컫는다(p. 5).

반면, 기능적 능력은 평가와 개입 및 연구 등, 심리학자의 주요 기능을 포함한다. 구조 모델의 핵심 능력은 실습 과목 준비도와 수련의 준비도, 초급실무 준비도 및 고급실무 전문화의 준비도로 구분되며, 개발 수준에 따른 능력의 성취도를 감안한다. 개발 수준을 토대로 한 교육생 분석은 성취도에 대한 정확한 예측과 각 영역에서 기대되는 진전 사항을 고려한다. 기준 문헌에 수록된 것 중 특히 중요한 근본적 능력은 성찰적 실무 자기평가이다.

이는 연수생이 능력의 한계를 이해하고, 비판적 사고력을 발휘하며 평생학습에 전념해야 할 필요성을 강조한다. 이 용어와 목표를 채택한 교육 프로그램은 자기 성찰이 연수생의 발전에 매우 중요한 영역이라는 점을 강조한다. 이는 예부터 정의나 분석하기가 어려웠지만 윤리적 대응을 위해서 필수적인 영역이다.

자기 평가 및 성찰을 유도하는 요령들 가운데 하나는 교육 중인 상담·심리치료사 전원에게 상담·심리치료를 권하는 것이다. 그러면 그것은 여러 모로 교육생에게 좋은데 여기서 나는 두 가지만 짚어두고 싶다.

첫째, 교육생은 상담·심리치료사와 자리를 함께 할 때, 자신의 경험을 내세우며 상대를 가르치려 들기 쉽다.

상담·심리치료사가 실시하는 상담·심리치료경험 모델링은 교육생의 내면을 감찰할 뿐만 아니라 상담·심리치료사의 정체성을 형성한다는 점에서 실로 막강한 영향력을 발휘한다. 자신의 정서적 문제에 대한 자기 평가는 업무 습관으로는 바람직하나 교육을 받는 상담·심리치료사 중 상당수는 자신의 발전영역을 파악하지 못해 내담자 관리에 부정적으로 작용하기도 한다(Schwartz-Mette, 2009). 따라서 교육 중인 상담·심리치료사 각자가 상담 경험이 분명해야 내적 감찰이 이루어질 수 있는, 안전하고 믿음직한 환경을 조성할 수 있는 것이다.

바이올라(Biola)대학교의 로즈미드(Rosemead)심리학대학원은 40년 전부터 수강자 전원에게 50시간의 개별 상담·심리치료를 주문해왔다. 수강자는 평균 80회의 상담 회기를 진행했고, 매년 미국심리학회가 수집한 프로그램 결과 자료에 따르면, 로즈미드 졸업생들은 개인 상담이 교육 이수기간 중 배울 점이 가장 많았다고 한다.

둘째, 상담·심리치료를 받는 교육생은 상담·심리치료의 교육 중 흔히 겪는 스트레스(예: 초보자가 겪는 스트레스)를 처리할 수 있다.

슈바츠-메테(Schwartz-Mette, 2009)는 학술교육 프로그램을 비롯하여, 교육 중인 상담·심리치료사의 수련감독상담사 및 동료를 두어 교육생이 정서장애를 겪을 때, 이를 주시해야 할 필요성을 논의한 바 있다. 교육생이 장애를 겪은 뒤 개인 상담을 주문하는 것은 비밀보장과 책임 간의 갈등으로 비화될 수 있으나 (Elman & Forrest, 2004) 박사과정의 일환으로 상담·심리치료를 선택한 교육생은 스트레스를 누그러뜨리기 위해서 자신의 상담·심리치료 경험을 활용할 수 있을 것이다.

개인상담·심리치료가 필수라고 생각하여 대학원 프로그램에 참여한 교육생은 내적 통찰과 변화에 개방적인 사람일 공산이 크다. 또한 내적 통찰을 실시하려는 수강자는 상담·심리치료 과정에서 느끼는 성적 감정과 다중역할 등, 내담자와의 잠재적인 경계를 둘러싼 문제를 좀 더 효과적으로 처리할 수 있게 된다.

4. 상담·심리치료 과정에서 느끼는 성적 감정

포프, 선 그리고 홀로이듬(Pope, Sonne & Holroydm 1993)에 따르면, 윤리교육 시 내담자에 대한 상담·심리치료사의 성적 감정에 대해서 지금껏 논의가 부족하다고 했다. 상담·심리치료 과정에서 상담·심리치료사가 성적 감정을 느낄 때, 수련감독과 교수 및 동료에게는 대개 그런 감정을 숨기기 쉽기 때문이다.

맥민과 믹(McMinn & Meek, 1996, 1997)은 한 설문조사를 통해 기독교 상담자가 내담자에게서 성적 매력을 느끼고도 "그런 적이 없다"라고 보고할 가능성이 높다는 것을 알게 되었다. 아마 기독교 상담자들 가운데 일부는 초월자의 보호하심이나 수치심으로 성 문제를 둘러싼 윤리적 갈등을 접근하려 들 것이다.

전자(초월자의 보호)는 몇 해 전, 한 교육생과 내(필자 Anderson)가 윤리학 시간에 나눈 대화에서 찾아볼 수 있다. '조건이 아니라 때가 관건'(it's not if but when)이라는 개념(상담자도 어느 때든 내담자에게서 성적 매력을 느낄 수 있다)을 강의할 때 어느 학생이 이렇게 대꾸했다.

"오, 앤더슨 교수님, 저는 처가 있는 기독교인인데 그런 경우가 있다니 믿어지질 않네요."

사실, 상냥하고 머리도 뛰어난 데다 행실도 바른 젊은이지만, 그렇게나 순진하다는 데 놀랐다. 아내가 있고 신앙이 있다는 점에서 그럴리가 없다며 혀를 내두르는 것은 내담자와의 성관계에 이미 한발짝 내디딘 반증이라고 일러두었다. 내가 그렇게 답변한 까닭은 내담자와의 부적절한 관계를 일체 부인하는 상담·심리치료사는 전조를 의식하지 못해 이를 미연에 방지할 수 없기 때문이다.

물론, 대부분은 내담자와의 성관계를 염두에 두고 상담·심리치료를 진행하지는 않을 것이다(Pope, 1994). 그러나 설문조사에 따르면, 적어도 87%는 성욕을 한 번쯤은 느껴본 적이 있다고 한다(Tabachnick & Keith-Spiegel, 1987). 부적절한 관계로 이어지는 과정은 매우 미묘하며 오랜 세월에 걸쳐 벌어지게 마련이다. 그러므로 이와 같은 사실을 감안해 볼 때, 교육 중인 상담·심리치료사라 해도 충족되지 않은 욕구는 부적절한 관계로 이어질 수 있다는 점을 명심해야 할 것이다.

포프는 『상담·심리치료시 느끼는 성적 감정』(*Sexual Feelings in Psychotherapy*) 에서 부적절한 관계로 이어질 수 있는 적신호를 몇 가지 살펴보았다. 내담자를 의식하며 옷을 입는다거나, 그와 조금이라도 더 동행할 요량으로 상담·심리치료를 저녁으로 미룬다거나, 혹은 "상담·심리치료를 받는 사람에게 매력을 느끼고 있다"라는 사실을 인정할 수 없어 내담자와의 진솔한 상담·심리치료가 이루어지지 않는다는 것은, 인간의 정서뿐만 아니라 내담자가 상담·심리치료사의 판단력을 흐리게 하고 처신에 영향을 줄 수 있다는 점을 잘 보여준다(Pope et al., 1993).

또한 기독교 상담자는 종교적인 하위문화가 조성해온 수치심과 죄의식으로 성문제를 논할지도 모른다. 이런 정서는 방치될수록 행동으로 표출될 가능성은 점차 증가하게 될 것이다. 성적 매력이라는 문제를 단도직입적으로 접근할 수 있는 교육자라야 이를 논의하는 것이 건전하고도 적절하다는 점을 몸소 일깨워 주고 내담자와의 성적 행동을 경계하도록 도울 수 있을 것이다.

상담·심리치료 시 성적 감정을 두고 믿음직한 동료와 편히 이야기를 나눌 수 있는 분위기가 조성된다면 대수롭지 않아 보이지만 실은 영향력이 막강한 내담자와 얽힌 상황도 수월하게 논의할 수 있을 것이다.

5. 기독교 상담자의 다중역할

상담자는 상담·심리치료를 진행해오면서 다중역할을 더 감당하게 되는데 기독교신앙인에게만 찾아오는 경우도 간혹 있다.

이를테면, 내담자와 한 교회에서 같은 찬양팀을 섬기고 성경공부도 함께 하는 경우가 있다고 가정해 보자.

제6장에서도 이를 구체적으로 살펴본 바가 있는데(Sanders, Swenson & Schneller, 2011 "다중역할 연구" 참고) 자주 벌어지는 민감한 갈등을 논의하는 교육자라면 사전에 대처 방안을 시연해 볼 것이다. 교육 중인 상담·심리치료사는 이로써 문제해결 요령을 습득할뿐만 아니라 같은 상황에서 느낄지 모를 감정에도 대응할 수 있다. 예컨대, 상담·심리치료사가 매주 수요일 아침에 열리는 여성성경공부반 강의에 참석할 때, 내담자가 그 동호회에 참여한다면 심기가 불편해질 수도 있다. 기독교 공동체에서 내담자와 마주치는 경우는 이외에도 많을 것이다.

그러면 기독교 상담 분야에서 벌어지는 윤리적 갈등을 짚어보고, 상담·심리치료사가 이를 얼마나 잘 대응하는지 살펴보자.

6. 기독교 상담 과정에서 겪는 윤리적 갈등교육: 연구 결과

1950년대 이후 윤리교육은 심리교육 프로그램에서 점차 강화되어오다가 1990년대에 미국심리학회가 승인한 프로그램은 이를 필수 교육으로 채택했다(Vanek, 1990). 윤리교육의 효율성에 대한 실험 연구가 이런 추세를 낳은 것이다. 윤리교육 프로그램의 효용성에 대해 교직원을 대상으로 실시한 설문조사에 따르면, 강사는 프로그램이 교육생에게 윤리적 능력을 효과적으로 주입한다고 자부하는 것으로 나타났다(Urofsky & Sowa, 2004; Vanek, 1990; Welfel, 1992).

그러나 교육생의 평가가 강사와 항상 일치하는 것은 아니었다. 예컨대, 휴스먼과 스테이크(Housman & Stake, 1999)는 대학원과정인 성윤리교육을 둘러싼 양자의 견해를 조사해 본 결과, 교직원이 이를 훨씬 더 긍정적으로 평가했다고 밝혔다.

분명 교육생(혹은 전 교육생)에게 대학원 윤리교육의 범위와 깊이를 물어야 하고, 윤리교육에 대한 이전 연구가 대부분 종교와는 무관한 교육영역에 주안점을 두었다는 점도 주목해 볼만하다.

그러나 종교적인 신념을 임상교육에 통합한 프로그램을 가동시키는 것은 어떨까?

신앙과 전문가 교육을 통합한 박사과정의 수효는 지난 30년 간 점차 증가해 오고 있으나(Johnson & McMinn, 2003), 이와 같은 프로그램에서 윤리교육을 조사한 연구는 극소수에 불과했다. 최근에 실시된 것은 종교색을 띤 상담·심리치료 교육 프로그램으로, 다문화 교육에 관한 과정이었다(Kanitz, Mendoza & Ridley, 1992). 그들은 88%가 이 교육을 실시하고 있다고 밝혔다. 다문화적 능력을 개발하는 것은 건전하고 윤리적 실무의 단면에 불과했기 때문에 윤리교육을 조사하는 연구는 그다지 성과를 거두지는 못했다.

맥민과 믹(McMinn & Meek, 1997)은 900명의 미국기독교상담자협회 회원들을 대상으로 윤리적 신념과 행동을 조사한 바 있다. 몇 가지 설문에서 응답자는 대학원 교육 프로그램의 적합성을 평가했다. 두 연구자는 표본의 79%가 이를 '적절하다'고 했고, 60%는 '교육생에게 효과적이고 적절하고 윤리적 실무를 준비하는'데 '좋다'거나 '매우 좋다'라고 밝혔다(p. 279). 교육 프로그램이 '적절치 않다'는 답변은 6%에 그쳤다. 즉, 기독교 정신건강 전문가의 과반수는 윤리적 문제를 다루는 대학원 교육을 중시한다는 것이 연구자들의 결론이었다.

맥민과 믹의 연구는 참여자들에게서 대학원 윤리교육이라는 전반적인 평가만을 도출한 까닭에 다루어야 할 문제가 몇 가지 더 남아있었다. 이를테면, 기독교 상담자가 겪게 될 윤리적 갈등에는 어떤 종류가 있으며, 그들이 이에 대처하기 위해서 대학원 교육을 받을지 여부도 의문이었다. 기독교인의 상담·심리치료 과정에서 불거지는 윤리적 문제를 처리하는 교육이 종교색을 띠든 그렇지 않든 어떤 상황에서든 벌어질 수 있는 윤리적 갈등만큼은 철저하게 해결해 줄 수 있을지도 물어봄직했다.

두 권위자는 최근 연구를 통해 이같은 의문을 해소하려했다(Schneller, Swenson & Sanders, 2010). 나의 연구결과는 차차 논의할 것이다.

연구 대상은 기독교 정신건강 실무자로 가닥을 잡았다. 미국기독교심리연구학회 회원이자 전문가로 활동 중인 1,289명을 대상으로 윤리에 관한 설문을 요청하고 인구통계학적 자료를 수집한 결과, 362명이 설문에 충실히 답변했다. 연구방법론과 참여자의 인구통계학적 자료는 다른 곳에서도 조사된 바 있다(Swenson, Schneller & Sanders, 2009). 윤리에 관한 설문은 80가지 구체적인 윤리적 갈등을 담았다. 23가지 항목은 전에 실시했던 대규모 설문에서 채택한 것이다(Helbok, Marinelli & Walls, 2006; McMinn & Meek, 1996; Pope et al., 1987).

여기에는 윤리적 판단력이 필요한 상황은 포함되나('내담자에게 돈을 빌려준다') 종교에 바탕을 둔 상담·심리치료 환경을 담은 내용은 없었다. 나는 여기에 57가지의 항목을 추가했는데, 이 중 42가지는 종교색을 띤 윤리적 상황을 담았고('내담자의 요청에 따라서 그와 기도한다') 15가지는 다중 관계 문제를 다루었다. 80가지 윤리적 상황에 대해서 응답자는 '예, 그런 상황과 관계된 윤리교육을 이수했다'거나 '아니오, 이수하지 않았다'라고 밝혔다.

연구는 기독교적 상황에서 부딪치는 윤리적 갈등이 결부되었을 때, 벌어지는 '보편적인' 윤리적 갈등을 탐구하고 비교하는 데 주안점을 두기로 했다. 편의상 이와 같은 갈등을 분석하는 설문 항목은 각각 '일반 항목'과 '기독교적 항목'으로 구분해 둘 것이다. 응답자들은 기독교적 항목보다 보편적인 항목을 훨씬 더 많이 교육받았다고 진술했다. 교육을 이수한 응답자들 가운데 상당수가 겪었던 윤리적 갈등은 일반적인 항목이었다는 것이다.

교육 중 큰 비중을 차지하는 것은 '상담을 시작하며 내담자와 비밀보장의 한계에 대해서 논의(교육을 이수한 응답자의 98.3%),' '내담자(혹은 후견인)가 동의한 서면 양식(97.5%)' 및 '난해한 경우에 대해서 동료와 논의(97.5%)'로 보고되었다. 종교색을 띤 항목은 특히 윤리적 갈등 중 가장 낮은 비중을 차지했다.

예컨대, '기독교 가치관을 신봉하지 않는 상담·심리치료사에게 의뢰하기가 어렵다(교육을 이수한 응답자의 45.2%)'거나 '성경에서 흔히 볼 수 있는 이야기를 상담·심리치료 중에 활용하되 대놓고 이를 밝히진 않는다(41.6%)'거나 '상담 중에 사귀축출(exorcism)로 악령을 쫓아내기도 했다(35.3%)'.

두 변인은 응답자의 표본에서 윤리교육의 비중에 영향을 준 듯하다.

첫째 변인은 응답자의 연령을 비롯하여, 대학원에 진학하게 된 경위와 관계가 깊었다.

비교적 젊고 최근에 교육을 이수한 상담·심리치료사는 좀 더 폭넓고 철저한 윤리교육을 받았다고 보고했는데 이는 일반적이든 기독교 윤리적 갈등이든 모두에 해당되었다. 특히 지난 10년 간 이수 대상자들은 가장 폭넓은 교육을 받았다고 보고했다.

보고된 윤리교육의 양에 영향을 미치는 둘째 변인 응답자들은 통합교육과 관련되었다.

우리는 참여자들에게 자신의 대학원 교육 과정에 기독교 신앙을 상담·심리치료에 통합하는 방편까지 포괄하는지 물었다. 대개는 해당 교육을 받았다고 응답했고(62.5%) 최근에 진학한 대학원생은 통합교육을 받았을 공산이 큰 것으로 나타났다. 윤리적 갈등 교육에 관해서 통합교육이 유익한 듯하다.

통합교육을 이수한 상담·심리치료사는 그렇지 않은 사람보다 윤리교육을 좀 더 이수했다고 밝혔다. 그들은 기독교 신앙에 근거한 환경에서 부딪치는 윤리적 갈등을 극복하는 대안을 좀 더 배웠을 것이다. 게다가 대학원 과정에서 통합교육을 이수한 교육생은 일반적인 항목을 두고도 훨씬 많은 교육을 이수했다고 한다. 즉, 통합 프로그램은 상담·심리치료의 환경에서 직면할 수 있는 일반화된 윤리적 문제에 대응하는 데 철저한 대비가 이루어졌다는 것이다.

여기서 흥미로운 사실은 통합교육의 이점이 대학원 과정에서 좀 더 분명히 드러난다는 점이다. 설문에 참여한 사람들에게 평생교육 환경에서 통합교육을 받았는지 물었으나 통합 평생교육의 학점시수는 일반적인 항목이든 기독교적 항목이든 윤리교육의 비중과는 관계가 없었다. 통합평생교육연수회는 대개 전문가 윤리보다 다른 주제에 주안점을 두어 그럴지도 모르겠다. 미국의 주(state) 자격관리위원회 중 절반 정도는 통합교육학과에 윤리교육을 필수로 채택하고 있다(APA, 2006). 그러나 통합교육의 효과와 윤리교육을 공식적으로 비교 연구한 적은 없다.

저자가 내놓은 결과는 통합교육 프로그램에 긍정적인 전망을 제시한다. 기독교 상담자의 표본 중 특히 통합대학원 프로그램에 가담한 상담·심리치료사가 일반적인 윤리 문제에 대해서 교육을 받았다는 점은 매우 긍정적인 사실이다.

또 다른 희소식은 최근 대학원생이 종교색을 띤 윤리적 갈등교육을 폭넓게 이수하고 있다는 점이다. 몇 가지 연구결과를 보더라도 최근 대학원 과정에는 윤리교육의 질이 향상되었다고 한다(Glaser & Thorpe, 1986; Eldman-Summers, 1992). 이와 같은 결과는 통합교육 프로그램에 대한 과제를 제시했다.

특히 기독교적 상황의 실무에 관련된 일부 윤리적 문제들은 대학원 과정의 윤리교육에서 철저히 다루어야 할지도 모른다. 될 수 있는 대로 기독교신앙에 바탕을 둔 대학원 교육 프로그램이 윤리교육에서 다룬 문제를 폭넓게 검토하여, 기독교상담이라는 상황에서 실시하는 실무와 관련된 윤리적 문제에 대처할 수 있기를 바란다.

7. 윤리교육의 효과적인 방법론

이미 앞에서 언급한 연구를 비롯하여 저자의 경험과 다른 문헌에서 수집한 정보에 따르면, 세 가지 교육 방법론이 윤리영역의 교육에 도움이 된다고 한다. 아울러 기독교 프로그램에서 가능한 통합적 접근 방식도 언급되었다.

1) 자신의 경험을 공유하는 교수

대학원생과 전문가를 대상으로 실시한 설문조사에 따르면, 멘토를 둔 수강자는 박사과정 프로그램에 더 만족했고, 연구 발표뿐만 아니라 전문가 조직 참여율도 높은 것으로 나타났다(Cameron & Blackburn, 1981; Clark, Hardin & Johnson, 2000; Reskin, 1979). 즉, 멘토에게 지도편달을 받은 교육생은 그렇지 않은 동료에 비해 실질적인 유익을 체감했다. 존슨(Johnson, 2002)은 멘토링(mentoring)을 다음과 같이 규정했다.

> 멘토링이란 연륜이 깊은(대개는 연령이 높다) 교직원이나 전문가가 경험이 짧은(대개는 연령이 낮다) 대학원생이나 후임 전문가의 스승과 역할 모델, 후원자 및 선도자의 역할을 하는 대인 관계를 일컫는다. 멘토는 제자가 해당 분야의 정식 구성원이 되기까지 지식과 도전 의식을 심어주고 지도와 상담·심리치료 및 지원을 아끼지 않는다(p. 88).

이와 같은 멘토링 관계는 교실 안팎에서 이루어진다. 교육생은 대체로 멘토/교수의 경험에서 무언가를 배우고자 하며 '스승'이 들려주는 이야기(와 가르침)를 되새기곤 한다. 교육 중인 상담·심리치료사가 담당교수의 긍정적인 지도와 사려 깊은 판단력으로부터 교훈을 배운다면, 이들은 과거 실수와 판단 부족, 그리고 비슷한 교수들 때문에 직면하는 곤란한 윤리 문제를 함께 나눔으로써 또한 더 많이 배울 수 있다.

교육생은 가르침에 자신을 투사하기 때문이다. 멘토의 경험을 듣는다면 자신도 때로는 실수할지 모를 선택의 기로에 서게 된다는 점을 깨닫고, 최선과 최악의 전례를 숙지할 뿐만 아니라 상담·심리치료사가 되더라도 불안감을 덜 느끼게 될 것이다. 교수가 몸소 털어놓는 실화에 버금가는 책이나 동영상은 없다.

그렇다면 왜 일부 교수들은 경험을 공유하는 데 인색한가?

부정적인 면이 노출되는 데 심기가 불편해질 수도 있고, 수강자가 그와 같은 잘못을 저지르려고 할 때, '교수도 그러는데…'라는 안일한 생각을 우려하기 때문일 수도 있다. 성패를 둘러싼 사례를 지혜롭게 활용할 때 수강자에게 많은 유익이 돌아가듯이, '내세울 것이 적은' 경험이더라도 이를 숨기는 것은 바람직하지 않다고 본다.

2) 곤란한 문제에 대한 실제적인 상담자문

상담자문에 적응하도록 돕는 것 또한 상담·심리치료사를 교육하는 데 매우 중요하다. 교육생이 동료와 윤리적 갈등에 관하여 상담자문할 수 있는 기회를 반복적으로 제공하는 것은 그들이 새로운 어려움에 직면했을 때 참고할 수 있는 내적 사례를 개발해 낼 수 있다. 수강자가 몇 개의 집단으로 나뉘어 가상 시나리오를 논의하는 과정을 각 윤리강좌에 편성하기를 바란다.

또한 포프가 집필한 『상담·심리치료시 느끼는 성적 감정』(Sexual Feelings in Psychotherapy, 1993) 등을 읽거나, 여러 동료들이 매주 모여 읽은 책을 토론하거나, 강좌에서 논의할 법한 문제를 담은 시나리오를 적어도 좋을 것이다. 자신의 생애를 통해 자문하는 것을 배우고, 이로써 소외당할 위험성을 방지하는 것은 많이 격려되고 실천되어야만 하는 하나의 태도이다. 피셔(Fisher, 2009)는 "동료와의 자문이 업무능력을 비롯하여, 심리학에서 밝힌 윤리적 행동을 유지하고 정립하는 주요 수단"이라고 했다(p. 148).

3) 신앙을 가진 상담·심리치료사에게 해당되는 문제에 대한 교육

기독교 상담자를 대상으로 실시하는 윤리교육에 대해 슈넬러(Schneller et al., 2010) 등은 기독교 상담자가 신앙인과 상담·심리치료시 벌어질 수 있는 상황을 교육하는 데 관심이 부족하다는 것을 알았다. 이미 앞에서 간략하게 언급했듯이, 기독교 상담자는 내담자가 소속되어 있을 법한 현지 기독교공동체에 참여할 때 1인 다역을 감당해야 할 상황에 직면하게 된다.

슈넬러 외 일부 학자들에 따르면, 기독교대학원에 진학하여 과정을 이수하는 기독교 상담자는 자신과 밀접한 문제에 대해서 항상 깊이 있게 대화를 이끌어 가지는 않는다고 한다. 기독교 교육기관은 이 같은 대화에 참여하는 데 앞장서야 한다. 윤리학 교수는 이런 문제에 대응했던 경험을 들려주고, 기독교인이 부딪칠 수 있는 상황에 대해 동료가 머리를 맞대는 기회를 유도할 수 있어야 한다.

기독교 상담자가 종교와는 무관한 윤리 문제에 대한 대비가 철저하다는 점 또한 고무적인 일이나, 기독교 신앙에 기반을 둔 기관이라면 특히 기독교 상담자가 감당해야 할 상황(예: 내담자와 함께, 혹은 그를 위해서 기도하거나 교회의 지체로서 그와 상담·심리치료를 하는 것 등)을 해결해야 할 때 필요한 지식과 경험을 제시할 수 있어야 마땅하다.

8. 평생교육의 동향: 전공 분야

대학원 과정에서 윤리적 의사결정을 충분히 가르칠 수 있다는 것은 순진한 발상이다. 교육과정에서 나올 법한 윤리 이론과 윤리적 갈등을 다양하고도 심도 있게 접해 보고 창의성을 발휘한다고 하더라도 이 분야는 너무 다양하고 세분화된 까닭에 모든 사건을 일일이 구분하기도, 논의하기도 버겁기 때문이다.

게다가 신기술과 관계가 깊은 새로운 갈등이 속출하려고 할 때 윤리적 결과와 사고력을 기존과는 달리 해야 할 것이다. 그래서 평생교육이 윤리적 의사결정에 필요한 것이다. 사실, 주 당국들은 대개 평생교육 이수학점을 요구하는데 이수 단위를 지정하는 기관도 많다(예: 미국 캘리포니아주의 심리학자들은 윤리과목에서 총 36시간 중 네 시간을 의무적으로 이수해야 한다).

해당 교육 모델이나 윤리 규정들(예: 상담심리학자와 임상심리학자, 결혼/가족치료사)을 근거로 전문가 윤리를 논의하는 세미나와 더불어, 일부 단체들은 이론적 체계를 통해 독자적인 과정을 개발하기도 했다. 예컨대, 미국정신분석학회(the American Psychoanalytic Association) 회원들은 저 나름의 관점에서 윤리를 고찰하는 접근 방식을 집필해왔다(Dewald & Clark, 2008; Ransohoff, 2010; Sandler & Godley, 2004). 이처럼 평생교육을 둘러싼 다양한 접근 방식은 한때 장황했던 까닭에 대학원에서 이미 논의한 갈등을 반복하는 듯싶기도 했지만 윤리 문제를 검토하는 폭이 넓어졌다는 긍정적인 추세를 예고하는 것 같기도 하다.

평생교육 과정에 대한 추세에 합류하기 위해서 기독교인에 국한된 윤리적 갈등이 평생교육 신설과목에 도입될 만큼 적합하고 보탬이 되는 주제가 되어야 할 것이다. 이를테면, 미국기독교심리연구학회는 강의 프로그램의 일환으로 이

같은 평생교육을 승인하곤 했다(www.caps.net). 기독교대학원 프로그램이라면 해당 강좌를 후원하고, 이를 이끌어나가기 위해서 전국에서 신앙적인 환경에서 활약해온 교수와 실무자를 초빙하여, 폭넓은 견해와 논점을 제시해야 할 것이다.

9. 결론

성공적으로 돕는자로서의 전문직에 종사하고 윤리적 상황에 대처함에 필요한 자질인 '분별력'을 다시 한 번 짚어보자.

교육 프로그램은 수강자에게 윤리적 갈등을 각자의 윤리적 의사결정 과정과 임상 행동 규범 및 논리적 사고력에 대한 지식을 활용하여 갈등을 벗어나는 방법을 가르칠 뿐만 아니라 언행심사의 융통성도 몸소 보여야 할 것이다. 수강자가 윤리적 갈등을 완벽히 분석하기 위해서는 얼핏 보기에 모순된 듯한 두 과정이 공존해야 한다. 엄격한 기준으로만 윤리적 갈등을 접근하려 한다면 내담자와 상황에 숨겨진 미묘한 변화와 차이는 간과하게 될 것이다.

신앙심이 있는 상담·심리치료사라면 하나님이 '전지적인 존재'(All-knowing One)라는 부인할 수 없는 진리를 염두에 두고 적절한 윤리적 행실과 도덕 이론을 겸비하고자 노력할 것이다. 그는 하나님이 아니기 때문에 진실을 파악하는 데는 한계가 있다는 생각에 하나님의 지혜를 구하게 된다. 가르치는 자든 배우는 자든, 임상적 상황이나 윤리적으로 타결해야 하는 상황을 잘 해결할 수 있다고 자부한다면 그는 이미 무언가를 놓치고 있는 것이다. 벤자민 프랭클린(Benjamin Franklin)의 다음과 같은 말에 공감이 간다.

> 여러 상황들과 결정적인 정보를 감안하고 난 후, 판단이 전혀 틀리지 않으리라 확신하여 중대한 결정을 번복했는데 알고 보니 오판이었던 적이 더러 있었다.

내담자를 상담·심리치료할 뿐만 아니라 자신의 몫을 감당하며 사는 데 보탬이 될 것이라는 마음으로 윤리적 문제에 대해 혜안과 분별력을 발휘할 수 있도록 가르치고 그들의 모범이 되어야 할 책임은 교육자인 우리에게 있다.

■ 참고문헌

American Psychological Association. (1953). *Ethical standards of psychologists*. Washington, DC: American Psychological Association.
American Psychological Association. (2002). Ethical principles of psychologists and code of conduct. *American Psychologist, 57*, 1060-73. Also available (with 2010 amendments) from www.apa.org/ethics/code/index.aspx.
American Psychological Association. (2009). *Guidelines and principles for accreditation of programs in professional psychology*. Retrieved July 15, 2010, from www.apa.org/ed/accreditation/about/policies/guiding-principles.pdf.
American Psychological Association. (2006). Results of State Provincial Mandatory Continuing Education in Psychology (MCEP) Requirements Survey—2006 Results. Retrieved July 15, 2010, from www.apa.org/ed/sponsor/resources/requirements.aspx.
Browning, D. S. (2006). *Christian ethics and the moral psychologies*. Grand Rapids: Eerdmans.
Callan, J. E., & Bucky, S. F. (2005). Ethics in the teaching of mental health professionals. *Journal of Aggression, Maltreatment & Trauma, 11*(3), 287-309.
Callan, J., & Callan, M. (2005). An historic overview of basic approaches and issues in ethical and moral philosophy and principles: A foundation for understanding ethics in psychology. In S. Bucky, J. Callan & G. Stricker (Eds), *Ethical and legal issues for mental health professionals* (pp. 11-26). Binghamton, NY: Haworth Maltreatment & Trauma Press.
Cameron, S. W., & Blackburn, R. T. (1981). Sponsorship and academic career success. *Journal of Higher Education, 52*, 369-77.
Clark, R. A., Harden, S. L., & Johnson, W. B. (2000). Mentor relationships in clinical psychology doctoral training: Results of a national survey. *Teaching of Psychology, 27*, 262-68.
Cottone, R. R., & Claus, R. E. (2000). Ethical decision-making models: A review of the literature. *Journal of Counseling and Development, 78*, 275-83.
Davidson, G., Garton, A., & Joyce, M. (2003). Survey of ethics education in Australian university schools and departments of psychology. *Australian Psychologist, 38*, 216-22.
Dewald, P. A., & Clark, R. W. (Eds.). (2008). *Ethics case book of the American Psy-*

choanalytic Association. New York: American Psychoanalytic Association.
Elman, N., & Forrest, L. (2004). Psychotherapy in the remediation of psychology trainees: Exploratory interviews with training directors. *Professional Psychology: Research and Practice, 35*, 123-30.
Fisher, C. B. (2009). *Decoding the ethics code: A practical guide for psychologists*. Thousand Oaks, CA: SAGE Publications.
Foreman, J. (2010, April 12). Think before you click: In a 21st-century twist on medical ethics, internet search engines and social networking sites test traditional boundaries between patients and doctors. *Boston Globe*.Fouad, N. A., Grus, C. L., Hatcher, R. L., Kaslow, N. J., Hutchings, P. S., Madson, M., Collins, F. L., Jr., & Crossman, R. E. (2009). Competency benchmarks: A developmental model for understanding and measuring competence in professional psychology. *Training and Education in Professional Psychology*. Vol. 3(4, Suppl.), November 2009, S5-S26. doi:10.1037/a0015832.
Geisler, N. L. (1989). *Christian ethics: Options and issues*. Grand Rapids: Baker.
Glaser, R. D., & Thorpe, J. S. (1986). Unethical intimacy: A survey of sexual contact and advances between psychology educators and female graduate students. *American Psychologist, 41*, 43-51.
Greggo, S. P. (2010). Applied Christian bioethics: Counseling on the moral edge. *Journal of Psychology and Christianity, 29*, 252-62.
Helbok, C. M., Marinelli, R. P., & Walls, R. T. (2006). National survey of ethical practices across rural and urban communities. *Professional Psychology: Research and Practice, 37*, 36-44.
Housman, L. M., & Stake, J. E. (1999). The current state of sexual ethics training in clinical psychology: Issues of quantity, quality, and effectiveness. *Professional Psychology: Research and Practice, 30*, 302-11.
Johnson, W. B., & McMinn, M. R. (2003). Thirty years of integrative doctoral training: Historic developments, assessment of outcomes, and recommendations for the future. *Journal of Psychology and Theology, 31*, 83-96.
Kanitz, B. E., Mendoza, D. W., & Ridley, C. R. (1992). Multicultural training in religiously-oriented counselor education programs: A survey. *Journal of Psychology and Christianity, 11*, 337-44.
Knapp, S., & VandeCreek, L. (2003). Legal and ethical issues in billing patients and collecting fees. *Psychotherapy: Theory, Research, Practice, Training, 30*, 25-31.
McGoldrick, M., Gerson, R., & Shellenberger, S. (1999). *Genograms: Assessment and intervention*. New York: Norton.
McMinn, M. R., & Meek, K. R. (1996). Ethics among Christian counselors: A survey of beliefs and behaviors. *Journal of Psychology and Theology, 24*, 26-37.
McMinn, M. R., & Meek, K. R. (1997). Training programs. In R. K. Sanders (Ed.), *Christian counseling ethics: A handbook for therapists, pastors, and counselors* (pp. 277-96). Downers Grove, IL: InterVarsity Press.
Mezirow, J. (2000). *Learning as transformation: Critical perspectives on a theory in*

progress. San Francisco: Jossey-Bass.
Minor, M. H. (2005). Ethics education: Further reasons why a grounding in ethical theory is essential. Comment on Davidson, Garton and Joyce (2003). *Australian Psychologist, 40*(1), 54-56.
Nagy, T. (2005). *Ethics in plain English: An illustrative casebook for psychologists*. Washington, DC: American Psychological Association.
Nagy, T. F. (2011). *Essential ethics for psychologists: A primer for understanding and mastering core issues*. Washington, DC: American Psychological Association.
Pope, K. S., Tabachnick, B. G., & Keith-Spiegel, P. (1987). Ethics of practice: The beliefs and behaviors of psychologists as therapists. *American Psychologist, 47*, 993-1006.
Pope, K. S., & Feldman-Summers, S. (1992). National survey of psychologists' sexual and physical abuse history and their evaluation of training and competence in these areas. *Professional Psychology: Research and Practice, 23*, 353-61.
Pope, K. S., Sonne, J. L., & Holroyd, J. (1993). *Sexual feelings in psychotherapy: Explorations for therapists and therapists-in-training*. Washington, DC: American Psychological Association.
Pope, K. S. (1994). *Sexual involvement with therapists: Patient Assessment, subsequent therapy, forensics*. Washington, DC: American Psychological Association.
Rae, S. B. (2009). *Moral choices: An introduction to ethics* (Rev. ed.). Grand Rapids: Zondervan.
Ransohoff, P. M. (2010). Ethics education in psychoanalytic training: A survey. *Journal of the American Psychoanalytic Association, 58*, 83-99.
Reskin, B. F. (1979). Academic sponsorship and scientists' careers. *Sociology of Education, 52*, 129-46.
Rodolfa, E. R., Bent, R. J., Eisman, E., Nelson, P. D., Rehm, L., & Ritchie, P. (2005). A cube model for competency development: Implications for psychology educators and regulators. *Professional Psychology: Research and Practice, 36*, 347-54.
Sanders, R. K., Swenson, J. E., & Schneller, G. R. (2011). Beliefs and practices of Christian psychotherapists regarding non-sexual multiple relationships. *Journal of Psychology & Theology, 39*, 330-44.
Sandler, A. M., & Godley, W. (2004). Institutional responses to boundary violations: The case of Masud Khan. *International Journal of Psychoanalysis, 85*, 27-42.
Schneller, G. R., Swenson, J. E., & Sanders, R. K. (2010). Training for ethical dilemmas arising in Christian counseling: A survey of CAPS members. *Journal of Psychology & Christianity, 29*, 343-53.
Schwartz-Mette, R. A. (2009). Challenges in addressing graduate student impairment in academic professional psychology programs. *Ethics & Behavior,*

19(2), 91-102.
Swenson, J. E., Schneller, G. R., & Sanders, R. K. (2009). Ethical issues in integrating Christian faith and psychotherapy: Beliefs and behaviors among CAPS members *Journal of Psychology and Christianity, 28*, 302-14.
Urofsky, R., & Sowa, C. (2004). Ethics education in CACREP-accredited counselor education programs. *Counseling and Values, 49*, 37-47.
Vanek, C. A. (1990). Survey of ethics education in clinical and counseling psychology. *Dissertation Abstracts International, 52*, 5797B. (University Microfilms No. 91-14, 449).
Welfel, E. R. (1992). Psychologist as ethics educator: Successes, failures, and unanswered questions. *Professional Psychology: Research and Practice, 23*, 182-89.
Welfel, E. R. (2000). *Ethics in counseling & psychotherapy: Standards, research, & emerging issues* (3rd ed.). Belmont, CA: Thomson, Brooks/Cole..

제21장

윤리적 의사결정 모델

랜돌프 K. 샌더스(Randolph K. Sanders)

탁월한 상담·심리치료사가 되고 싶은 기독교 상담자는 일상 공간인 상담·심리치료소나 교실 혹은 회의실에서 '진실하게' 처신하는 요령을 배워야 한다. 이를 비롯하여, 윤리적 관행의 상부구조를 제시하려면 윤리 규정과 지침 및 법률에도 익숙해야 할 것이다.

그러나 상담·심리치료시 마주치게 되는 윤리적 갈등은 규정이 적절히 해결해 주면 좋겠지만 그럴 수 없을 만큼 복잡한 경우가 비일비재하다(Barnett, Behnke, Rosenthal, Koocher, 2007). 대립된 윤리 조건을 둘 이상 처리해야 하는 상황이 벌어질 수도 있는데, 그다지 바람직하지 않은 형편에서도 최선의 선택을 해야 한다. 때로는 규정이 구체적인 문제를 명쾌히 해결해 주지 못하기도 하고, 법과 윤리적 요구가 서로 대립되는 경우도 종종 있다.

또한 일반인과 마찬가지로 상담·심리치료사에게도 약점은 있게 마련이다. 주지하는 바와 같이, 신학이라는 시각으로 보면 죄는 자연세계뿐만 아니라 우리의 삶 속에도 항상 존재해왔다는 것을 우리는 잘 알고 있다(Cooper, 2003; Niebuhr, 1964). 과학적인 시각으로 보더라도 사회심리학과 유전학, 신경학, 도덕적 발달 및 교육 분야 역시 인간이 온전치 못하다는 현실에 대해서 각각 할 말이 있을 것이다.

불안장애와 우울장애, 피로 및 분노는 상담·심리치료사의 객관성을 떨어뜨림으로써 윤리 문제에 대처하는 그의 객관적인 판단력을 흐릴 수도 있다. 이성적인 사고력을 발휘하는 인간의 습성도 그렇다. 특히 상담·심리치료사일 경우, 이성이 작용하면 윤리 규정이 요구하는 것과 다르게 처신하면 그는 자신을 합리화하는 데 급급해질지도 모른다.

도덕 발달론의 전공자들은 이른바 '도덕성 판단과 행동의 간극'을 주장해 왔다. 이를 근거로, 옳은 지식과 결과적인 행동이 서로 일치하지 않는다고 그들은 지적했다(Blasi, 1980; Walker, 2004). 인간은 일관성보다 편의와 기회를 노리며 의사결정하는 일이 종종 있다. 사실, 스미스(Smith)를 비롯한 여러 학자들이 실시한 연구에 따르면(1991) 규정이 분명치 않다거나 이를 뒷받침할 법조항이나 판례가 없을 경우, 윤리적 갈등에 부딪친 정신건강 전문가들은 규정이 주문하는 바를 충실히 이행하지 않는다고 했다.

복잡하기도 하고 혼동하기 십상인 윤리적 갈등을 극복하기 위해서 기독교 상담자는 윤리적 의사결정 모델을 갖추어야 한다. 이 모델은 완벽하진 않지만 일상에서 마주치게 되는 까다로운 윤리적 문제를 처리하는 데 보탬이 될 것이다. 이를테면, 스트레스를 받더라도 객관성을 유지하고, 다양한 문제를 극복하는 데 필요한 도구를 제공할 뿐만 아니라 이렇다 할 해결책이 없는 갈등에 빠졌을 때 찾아오는 환멸감도 능히 피할 수 있게 해 줄 것이다.

1. 윤리적 의사결정 모델 설계하기

이번에는 윤리적 의사결정 모델과 이를 적용해 본 두 가지 사례 연구들을 살펴보고자 한다.

다양한 윤리적 의사결정 모델은 현 모델을 형성해왔다(Eberlein, 1987; Forester-Miller & Davis, 1995; Kitchener, 1986; Koocher & Keith-Spiegel, 2008; Pope & Vasquez, 2011; Sileo & Kopala, 1993; Tymchuk, 1982; Welfel & Kitchener, 1995). 어느 모델이든 효용 가치를 발휘하려면 상담·심리치료사가 윤리 규정과 실천규범, 법적인 기준뿐만 아니라, 제1장에서 살펴본 바람직한 이상에도 친숙해지리라

는 전제에서 출발해야 한다. 이와 같은 기준을 숙지하는 것이 윤리적 상담·심리치료의 근본이기 때문이다. 효과적인 의사결정 모델은 상담·심리치료사가 윤리적 대응을 방해하는 환경을 극복하는 데 도움이 되어야 한다. 쿠처와 키이스-스피겔(Koocher & Keith-Spiegel, 2008)은 상담·심리치료사가 윤리적으로 대응하지 않는 이유를 열거한 바 있는데 이를 정리해 보면 다음과 같다.

(1) 무시와 허위정보.
(2) 무능력.
(3) 무감각.
(4) 착취.
(5) 무책임한 행동.
(6) 복수심.
(7) 정서장애나 탈진.
(8) 대인 간 경계(interpersonal boundaries)에 대한 시각의 결여나 왜곡.
(9) 자기 합리화.
(10) 주의산만이나 일시적으로 목표로부터 벗어나 일어나는 '실수'(pp. 9~16).

열 가지가 모두 중요하겠지만 그 중에서도 특히 이를 포괄하는 '무감각'이야말로 각별히 염두에 두어야 할 것이라고 생각한다. 무감각이 '상대방의 입장을 감안할 줄 모르는' 상담·심리치료사를 두고 하는 말일 때 그렇다는 이야기다. 물론, 상담·심리치료사가 무감각할 수 있다는 점은 선뜻 이해하기가 어려울지도 모르겠다. 공감훈련은 정신건강 전문가가 이수해야 할 대학원 교육 프로그램의 기초 과정들 가운데 하나이기 때문이다.

그러나 일부 상담·심리치료사들은 내담자에게 최대한 유익을 주는 견지에서 상황을 볼 수 없는 탓에 윤리에 어긋나는 일을 자행하는 경우가 비일비재한 것이다. 이렇듯 상담·심리치료사가 내담자의 입장에 무딘 이유는 상당히 많으며, 쿠처와 키이스-스피겔이 꼽은 나머지 목록은 내담자의 유익에 공감하지 못하는 원인이 적지 않다는 점을 여실히 보여준다. 이미 앞에서 언급한 목록의 일부 항목들에는 만성적이든 돌발적이든, 상담·심리치료사가 안고 있는 정서적 문제가 내포되어 있다.

스트레스나 우환에 취약한 자신을 의식하지 못하는 상담·심리치료사는 윤리에 어긋나는 결정을 내릴 가능성이 있으며, 행여 우울증이나 양극성장애 등을 앓고 있다면 윤리적 판단력을 제대로 발휘할 수 없을지도 모른다. 자기애에 빠졌다거나, 성향이 반사회적이거나 혹은 극단적인 상담·심리치료사 또한 윤리적 결정은 어렵다고 봐야 한다.

쿠처와 키이스-스피겔(Koocher & Keith-Spiegel, 2008)은 목록을 제시하면서 상담·심리치료사들은 최소 둘 이상의 이유로 비윤리적으로 처신한다고 지적했다. 목록이 그런 문제를 모두 해소할 수 있으리라 오해해서는 안 되겠지만 윤리적 의사결정 모델을 참고하는 데는 유익할 것이다. 예컨대, 동료와의 자문을 유도하는 모델은 쿠처와 키이스-스피겔 목록의 맹점을 극복하는 데 이롭고, 내담자에 대한 윤리적 의사결정의 여파를 고려하라는 모델은 상담·심리치료사가 자기 합리화식 편견을 극복하는 데 도움이 된다.

2. 갈등에 대한 대비 수준

윤리적 의사결정 모델은 상담·심리치료사가 이를 적용할 준비가 되어있다는 가정에서 출발한다. 즉, 상담·심리치료사는 갈등이 벌어지기 전부터 윤리적 의사결정에 필요한 단계를 적극 밟아왔다는 것이다(Crowley & Gottlieb, 2012. Anderson, Schneller & Swenson이 집필한 윤리교육 관련 내용 참고).

만반의 준비가 된 상담·심리치료사의 요건은 아래와 같다.

① 상담·심리치료 분야에 적용되는 윤리 규정과 지침 및 법의 근본적인 원칙을 철저히 숙지한다.
② 혹시 마주칠지 모를 윤리적 갈등에 대해 경각심을 불어넣을 수 있는 사전 절차와 양식 및 기타 수단을 확보해둔다.

③ 윤리적 갈등이나 심각한 위험을 초래할 만한 임상 상담·심리치료나 진료 상황을 미리 염두에 둔다.
④ 예기치 못하게 도움이 필요할 경우를 대비하여 조언을 듣거나 참고할 만한 사회적 연계망을 갖춘다.
⑤ 자신만의 윤리와 신념, 가치관 및 취약점뿐만 아니라 그것이 윤리적 추론에 어떤 영향을 미칠지도 의식한다.
⑥ 돌발적이거나 만성적인 정서적 취약점을 의식하고 그것이 윤리적 추론에 어떻게 작용할지 자각한다.
⑦ 윤리적 추론과 판단력에 도움이 되는 긍정적인 수단을 염두에 둔다. 이를테면, 관상기도와 묵상기도, 스트레스 해소 및 인지적 재구성은 각각 윤리적 갈등을 둘러싼 감정과 생각의 한계를 극복하는 데 일익을 담당하고 있다. 상담자는 갈등에 대비함으로써 문제가 불거질 때마다 좀 더 신중하고 객관적으로 이에 대처할 수 있어야 할 것이다.

3. 윤리적 의사결정 모델

앞으로 소개할 윤리적 의사결정 모델이 모든 범위를 포함하지는 않는다. 모든 윤리적 갈등을 해결할 수 있는 즉석 프로그램을 제공하는 것은 아니라는 것이다. 물론, 아래 열거된 단계는 많은 갈등에 활용될 것이다. 당연히 1, 2단계는 의사결정 과정 중 초반에 적용되어야 하지만, 정확한 순서보다 각 단계에 적절히 비중을 두어야 한다는 점이 관건이다. 각 단계가 모두 중요한 것은 아니지만 정작 필요한 단계를 건너뛰는 일은 없어야 한다.

이 모델은 개인의 성격과 덕목의 발전을 가져오지는 않지만, 그리스도의 제자로서 헌신하는 삶을 통해 의미 있는 타인들로부터 배울 수는 있다. 기독교인의 성숙이란 친히 인간을 양육하는 하나님 앞에서 자신이 나약한 존재라는 점과 습득한 원칙이 실천을 통해 존재에 스며들게 하여 그것이 일상에서 자연스럽게 우러나는 과정을 아울러 일컫는다. 이는 정신건강 전문가나 상담·심리치료사를 위한 정규 교육을 이수하기 훨씬 전부터 시작하여 평생 이어지기를 바라는 학습의 중요성을 시사한다.

키츠너(Kitchener, 1984)의 말대로, 도덕적 추론이 '직관적' 차원 및 '비판·평가적 차원'에서 벌어진다면 인격과 도덕의 발달로 직관적이거나 '전 반성적 차원'(pre-reflective level)의 윤리적 추론은 더 수월해질지도 모른다.

한편, 윤리적 의사결정을 둘러싼 많은 혼동을 간파하는 데 이로운 모델도 있다. 이 모델은 당면 문제뿐만 아니라 향후 논점을 결정하는 데 적용할 만한 기술을 확보하는 데도 도움이 되는데 이를 개괄적으로 소개하면 다음과 같다.

(1) 윤리적 측면에서 상황을 분석할 것.
(2) 규정과 원칙을 적용하여 문제를 정의할 것.
(3) 문제에 대한 정서적 반응을 이해하고 처리할 것.
(4) 필요시 상담자문을 구할 것(의사결정 과정에서 어느 때든 실시되어도 무방하다).
(5) 윤리적 판단에 앞서 고려해야 할 사람은 누구이며 왜 그래야 하는지 결정할 것.
(6) 의사결정에 보탬이 될만한 사례가 있는지 확인할 것.
(7) 바람직한 대안을 생각할 것.
(8) 각 대안의 결과를 고려할 것.
(9) 결정 뒤에는 결과에 따른 책임을 감당할 것.

상담자는 의사결정 과정의 각 단계에서 통찰력과 혜안을 제시해 줄 수 있는 동료 전문가와 상담자문하는 대안을 두어야 한다. 윤리적 갈등에 부딪쳤을 때 혼자서 이를 해결하기란 어렵기 때문이다. 사실, 윤리적 상담·심리치료사라면 동료와 오랫동안 격리되어서는 안 된다. 상담자문과 지원을 아끼지 않을 뿐만 아니라 책임 의식까지 투철한 하나님과 동료와의 관계를 돈독히 다져야 한다. 본인은 의식하지 못하는 까닭에 비윤리적 결과를 초래하기 쉬운, 사고방식의 맹점과 취약점을 극복하는 데 이와 같은 관계가 도움이 될 것이다.

1) 윤리적 측면에서 상황을 분석할 것

혹시라도 마주칠지 모를 윤리적 갈등은 당면 사건에 대응하며 느끼는 막연한 불쾌감으로 다가올 때가 종종 있다. 즉, 보험금을 타내기 위해서 청구서를 조작해달라며 상냥하게 설득하려는 내담자가 있는가 하면, 10대 청소년 딸과의 상담 회기가 어떻게 진행되고 있는지 스스럼없이 캐묻는 목회자도 있고, 부부의 평안을 진심으로 바란다며 이혼 절차가 순조롭게 타결되도록 상담·심리치료의 기록을 요구하는 이혼 전문 변호사도 있을 것이다.

문제를 밝히기 전에 뭔가 석연치 않은 점을 감지하는 경우가 비일비재한데 갈등이 분명히 드러나지 않은 상황에서 이를 자연스럽게 의식할 수는 없을 것이다. 그러려면 실무자는 윤리적 감수성을 발휘할 수 있어야 하며, 윤리 규정과 이를 토대로 세운 원칙을 소상히 알고 있어야 한다.

이 단계에서 상담·심리치료사는 상황을 정의하고, 혹시 그 문제에서 윤리적 측면이 발견되는지 규정하기 위해서 정보를 수집할 것이다. 상담·심리치료사는 어려운 문제가 있다는 점을 의식하고 나서 그 의미를 모색하는 데 신중해야 한다. 객관적인 사실뿐만 아니라, 문제 상황을 조목조목 나열하기만 해도 생각을 정리하는 데 도움이 되는 경우도 더러 있다. 자문도(4단계 참고) 유익할 것이다.

2) 규범과 원칙을 적용하여 문제를 규정할 것

정보가 수집되면 윤리 규정과 지침 및 법을 살펴보아야 한다.

당면 문제에 직접 적용되는 규범이 있는가?

명심해야 할 점은 규정과 법조항과 제도적 정책이 항상 일치하지는 않는다는 것이다. 결국, 적용 가능한 지침 및 법규를 검토할 책임은 상담·심리치료사에게 있다. 대개의 경우, 지침은 당면 문제를 분명히 거론하여 대립되거나 복잡한 문제는 벌어지지 않는다. 지침이 분명하다는 전제하에 규정을 준수하면 반드시 해결책이 나오게 마련이다(Forester-Miller & Davis, 1995). 해결책이 보이지 않는다거나, 특정 규정이나 지침 및 법의 적용 여부가 불투명하거나 모순되거나 대립된다면 규정에서 바람직한 이상을 검토해 보는 것도 도움이 된다.

키츠너(1984)는 내담자의 자율성 존중(autonomy)과 무해성(nonmaleficence), 유익성(beneficence), 공평성(justice) 및 충실성(fidelity)이 윤리 규정보다 더 추상적인 데다, 구체적인 윤리 규정이 모순되거나 적용하기 어려운 상황에 오히려 효과적으로 적용될 수 있다고 지적한 바 있다. 제1장에서 언급한 기독교 윤리적 이상은 합리적으로 의사결정을 하려는 상담·심리치료사에게 유익할지도 모른다. 바람직한 이상은 규정을 적용할 때 혜안을 제시할 것이다.

3) 문제에 대한 정서적 반응을 이해하고 처리할 것

정신건강 윤리의 전통적인 교육은 강의실에서 어느 정도의 지적 수준으로 사례를 연구하고, 행동 규범을 분석적, 논리적으로 각 사례에 적용하는 데 주안점을 두었다. 그러나 임상 현장에서 부딪치는 갈등은 그런 환경에서 벌어지지는 않는다. 갈등은 감정이 격앙되는 상황에서 발생하는 경우가 흔하며, 위기 상황에서 발생하는 사례는 소수에 불과하다(Rogerson et al., 2011; Sanders, 1997).

윤리적 문제가 정서적 반응을 부추긴다면 이를 의식할 수 있는 수단을 강구하는 것이 중요하다. 이런 정서는 판단력뿐만 아니라, 문제에 대한 의사결정에 영향을 미칠지도 모르기 때문이다(Loewenstein, Weber, Hsee & Welch, 2001). 연구에 따르면, 윤리적 갈등에 직면한 상담·심리치료사는 대응 요령을 고려할 때, 윤리 규정에 의존하기도 하지만 실제로 행할 바를 두고 개인적인 가치관과 직관 및 편의도 감안하는 것으로 나타났다(Smith 외, 1991). 윤리적 갈등에 대해서 감정을 제어하는 능력은 윤리적 의사결정 모델이 대부분 간과하고 있으나 바람직한 대응의 핵심 요소로 밝혀졌다.

상담자가 윤리적 갈등에 봉착하면 자칫 그릇된 결정으로 법적인 분쟁이 발생하지는 않을까 노심초사할 것이다. 예컨대, 상담·심리치료사는 내담자가 자신의 자녀를 학대하지 않았다고 생각할지 모르지만 실제로는 그렇지 않다면 책임은 상담·심리치료사가 감당해야 한다. 내담자가 자살 충동을 표현했을 때(내담자가 자살을 마음에 품었다는 점을 밝혔다고 할 경우), 그 발언이 상당히 애매하다면 그의 안전도 그렇지만 혹시라도 비밀을 누설하는 것은 아닐지 내심 우려하게 될 것이다.

그러므로 상담·심리치료사는 윤리적 갈등에 분노를 느낄지도 모른다. 마침 임상 현장이나 대인관계에서 비롯된 스트레스에 대응할 때 윤리적 갈등이 발생하는 경우도 있다. 상담·심리치료사는 내담자의 빠른 회복세를 둔화시킨다거나 이를 복잡하게 만드는 것은 아닐까 하는 의구심에 좌절할지도 모를 일이다. 혹은 불청객과 같은 갈등이 찾아올 때 이미 부정적인 '역전이'를 느낄 수도 있다. 물론, '성적이거나 애정적인 감정'도 객관성과 공감의 걸림돌이 되기도 한다.

윤리적 갈등이 임상현장에서 사업 문제와 관계가 있어도 사뭇 다른 정서가 표출될 수 있다. 이를테면, 자신이 직접 개업한 '담당 구역'에 다른 상담·심리치료사가 자리를 잡는다거나 다른 사람의 영역에 진입할 생각을 한다면 위기의식이나 탐욕을 느낄 수도 있다.

문제가 상담·심리치료사의 과거에서 비롯되는 경우도 있다. 만약 당신이 어릴 적 누군가에게 학대당했다면 내담자에게서 그와 유사한 사례를 들었을 때, '증오심'이나 '심적인 고통' 또는 '분노'를 느끼며 자신의 본분을 객관적으로 보기가 어렵게 된다. 만약 당신이 평소에 엄청난 스트레스를 겪고 있다면 윤리적 갈등은 극심한 좌절감을 불러일으킬 것이다. 내담자의 당면 문제를 객관적인 안목으로 집중하기가 어렵고, 본인의 고충 탓에 신중한 판단력에서 이탈하게 되는 불상사도 벌어지기 쉽기 때문이다.

어쨌든 자신의 정서 상태를 인정하고 이를 차근차근 수습해나가는 것이 윤리적 문제를 성실히 다루기 위해서 갖추어야 할 필요조건이다. 문제를 간략히 적어두기만 해도 상황을 객관적으로 파악할 뿐만 아니라 이를 효과적으로 해결할 수 있을 것이다. 횡격막호흡이나 점진적 이완 등, 정신생리학적 방법론도 상담·심리치료소 안팎에서 두려움을 진정시키는 데 도움이 되며, 관상기도 역시 당면 문제를 다른 관점에서 보고 부정적인 정서를 긍정적으로 바꾸는 데는 효과가 있다.

신망을 얻고 있는 동료의 도움을 받는 것도 마음을 잡고 윤리적 갈등을 성실히 감당해나가는 데 보탬이 될 수 있다. 종종 윤리적 갈등에 더해진 스트레스는 상담·심리치료사의 개인적 삶의 다른 문제점들을 증폭시키고, 그 자신을 위한 전문적인 도움의 필요성을 인식하게 한다.

4) 필요시 상담자문을 구할 것

상담자문은 의사결정을 앞두고 언제든 고려해도 무방하다. 상담·심리치료사는 문제가 벌어지고 있다는 불쾌한 육감이 들 때부터 상담자문을 염두에 두는 편이 낫다. 사실, 다른 전문가의 상담자문을 구하는 것은 당면 문제를 정확히 규정하는 데 도움을 주기도 한다. 믿음직한 동료에게 상담자문을 구하는 것은 의사결정 과정에서 어느 때든 할 수 있는 매우 중요한 방법들 가운데 하나이다.

이상적인 상담자문가는 연륜이 있고 오랜 경험이 쌓인 데다 윤리적 의사결정 요령에 밝은 사람이어야 한다. 동료나 수련감독 혹은 윤리적 문제를 처리하는 데 능력이 특출한 사람도 좋다. 특정 임상 사례(예: 학대나 가정사의 비밀, 약물, 술, 혹은 경계선적 성격장애 등)를 다루어야 할 때라면 해당 분야의 전문지식을 습득한 사람과 협의해야 바람직하다. 사실, 상담자문가가 그 방면에 문외한이거나 지식이 미흡하다면 아무리 총명한 사람이라도 별로 도움이 되지 않기 때문이다. 가령, 법적인 결과를 감안해야 할 경우라면 정신건강 문제에 대해 경험이 있는 변호사에게 조언을 구해야 한다. 상담자문이 중요한 이유를 몇 가지 살펴보면 다음과 같다.

첫째, '객관성'을 확보할 수 있다는 것이다.

사건에 개인적으로 연루된 상담·심리치료사라면 객관적인 안목을 갖기가 쉽지 않다. 상담자문가는 상담·심리치료사가 문제를 좀 더 정확히 규정함으로써, 의사결정 단계에서 여러 행동과정들을 분석하여 가장 진실된 것을 선택하는 데 도움을 준다.

둘째, 상담·심리치료사는 윤리적 문제를 감안하여 가능하면 다양한 경험을 제공한다.

상담자문가의 임상 경험이 상담·심리치료사 본인의 것과는 사뭇 다를 공산이 크다. 게다가 임상분야에서는 상담자문가가 대체로 더 많은 경험을 갖고 있고, 당면 문제와 관련된 분야에 대해서 전문적인 교육을 이수한 사람이라면 더할 나위 없이 좋을 것이다.

셋째, 상담자문가가 경험자인 데다 상담·심리치료사와 호흡을 맞추어왔거나 그를 잘 안다면 탁월한 '멘토'이자 상담·심리치료사의 '모델'이 될 수도 있다(제20장 참고).

여러 임상사례들에서 모델이 되어온 그를 면밀히 관찰해왔다면 이미 효과를 경험했을 것이다. 좀 더 일반적인 경우, 상담자문가의 덕목과 건전한 발상 그리고 신중한 처신은 이를 모방하는 상담·심리치료사에게 합리적인 의사결정에 대한 능력을 개발하고 싶은 의욕을 불러일으킬 수도 있다.

넷째, 유능한 상담자문가는 책임감을 고취시키기도 한다.

가장 이상적인 상담자문관계는 서로에게 불편한 정서가 없어 임상 사례를 두고 상담자문가의 의견을 전적으로 신뢰하는 경우를 일컫는다. 이처럼 상담자문가는 관계가 서먹해지지 않고도 상담·심리치료사의 문제를 효과적으로 지적해 주고 그에게 책임의식을 불어넣어 줄 것이다.

상담자문 내용은 상담·심리치료사가 집중력을 발휘하고, 위험 요소를 줄일 수 있다는 점에서 문서로 남기는 것이 중요하고 도움이 되기도 한다. 상담·심리치료사가 자신을 변호해야 할 형편이라면 진퇴양난의 상황이 벌어져 도움을 청해야 할 필요성을 감지했다는 사실을 입증하는 것이 중요하다. 이와 관련된 법적인 사례를 보면, 법정은 상담·심리치료사가 까다로운 윤리적 갈등에 부딪쳤을 때, 적절한 협력을 구할 책임이 그에게 있다고 판정한 바 있다(Rost v. State Board, 1995).

5) 윤리적 판단에 앞서 고려해야 할 사람은 누구이며 왜 그래야 하는지 규정할 것

상담자라면 내담자가 가장 큰 관심사가 되어야 할 것이다. 내담자의 평안과 자율 및 자기 결정권이 매우 중요하다.

그러나 에버레인(Eberlein, 1987)이 지적한 바와 같이, 내담자를 존중한다고 해서 그 밖의 사람들을 외면해서는 안 된다. 사실, 일부 윤리적 갈등들이 해결하기 어려운 까닭은 상담·심리치료사가 둘 이상의 욕구와 권리를 모두 감안해야 하는 입장이기 때문이다. 상담·심리치료사는 내담자를 상담하고 있으면 다른 사람은 외면해도 상관없으리라는 생각을 버려야 한다. 이는 가족치료나 집단 상담 혹은 내담자가 둘 이상인 환경이라면 모두 적용될 수 있다.

상담·심리치료사가 아동 내담자에게 비밀을 지키겠노라 약속했다고 하자.

아버지가 보호자의 자격으로 아동이 귀띔해 준 이야기를 알고 싶어한다면 어떻게 하겠는가?

전통적인 상담·심리치료법으로 성인을 상담·심리치료를 한다고 하더라도 상담·심리치료사는 윤리적 결정이 내담자뿐만 아니라 가정, 혹은 사회적인 영역에까지 영향을 미칠지 모른다는 점을 명심해야 한다. 실무자가 윤리 규정을 법적 혹은 충동적으로 현장에 적용하려는 습관을 극복하고자 한다면 여러 사람들이나 집단들이 서로 다른 윤리적 시각을 내세우는 상황을 감안해 보는 것도 좋다.

이를테면, 양극성장애의 병력이 있는 내담자와 상담·심리치료를 진행한다고 하자.

그는 최근에 결혼했는데 아내는 증상을 전혀 모르고 있다. 그러니 앞으로 어떤 부작용이 벌어질지도 알 수가 없다. 하지만 내담자는 본인의 질환을 이해시키고, 그것이 더는 악화되지 않도록 관리하자는 취지에서 아내와 함께 오라는 상담·심리치료사의 제안을 거절했다.

이때 상담·심리치료사가 이 둘에 대해 감당해야 할 책임은 무엇인가?

가장 단순한 차원에서 상담·심리치료사는 내담자의 자기결정권과 사생활 보

호권을 인정해야 할 의무가 있다.

그렇다면 그 외의 경우, 상담·심리치료사가 책임감을 발휘하고 적절히 처신하고자 할 때 내담자와 그의 아내 및 가족을 위해서 감당해야 할 의무가 있는가?

그럴 경우에 상담·심리치료사는 어떻게 대처해야 하는가?

각 당사자가 겪게 될 위험과 유익은 무엇이며, 장단기적인 차원에서 상담·심리치료사가 취할 조치는 무엇인가?

6) 의사결정에 보탬이 될 만한 이전 사례가 있는지 확인할 것

이전에 기록된 사례가 있다면 당면한 문제를 두고 그럴 듯한 해결책을 얻는 데 도움이 될 수 있다. 과거의 사례는 다양한 의사결정의 잠정적인 결과를 분명히 파악하는 데도 유익할 것이다.

미국심리학회 윤리위원회가 제시한 사례를 담은 정기간행물을 발간하고 있으며, 심리·상담 윤리를 다룬 도서에는 풍부한 사례가 수록되어 있다(APA, 1987, Bennet 외, 1990, Bersoff, 2008, Corey, Corey & Callanan, 2010, Ford, 2006, Koocher & Keith-Spiegel, 2008). 타라소프(Tarasoff) 판례(1974, 1976)를 비롯한 법적인 사례를 참고하면 법정이 문제 상황을 분석한 경위뿐만 아니라, 변호할 수 있는 행동을 파악하는 데도 도움이 될 것이다. 윤리적 행동의 사례 연구와 윤리적 의사결정을 다룬 기사를 참고해도 좋다.

상담자 본인이나 동료의 경험도 도움이 된다. 많은 임상 경험들과 더불어, 신망이 두터운 동료도 갈등을 다른 관점에서 볼 수 있도록 도울 수 있다. 재차 언급하지만 이는 노련한 동료와의 상담자문이 중요한 까닭이기도 하다.

그러나 윤리적 갈등은 본인이나 다른 사람의 사례를 맹목적으로 끼워 맞추었다가는 일을 그르칠 수 있을 만큼 특이한 경우도 있으니 각각의 미묘한 의미의 차이도 감안해야 할 것이다.

7) 바람직한 대안을 생각할 것

상담자는 윤리적 갈등을 해결하기 위해서 가능한 모든 대안을 고려해야 한다. 그런 후에야 이를 비판적으로 분석하거나 제외할 수 있을 것이다. 때로는 둘 이상의 대안에 장점이 있을 수 있지만 완벽한 대안은 없다.

대안을 생각할 때는 갈등을 내담자와 의논하여 그의 혜안을 듣는 것이 유용한지 자문해 보자.

예를 들어, 이것은 종종 이미 존재하거나 예상되는 성과 무관한 다중 관계에 개입하는 상황에 유용하고, 개입할지 말지 애매한 질문에도 유용하다. 그러나 최종 결정을 두고는 내담자와 논의하지 않는 편이 나을 때도 있는데, 상담·심리치료사라면 최종 분석시 쌍방의 관계상 윤리적 적절성에 정통한 책임자(수탁자)는 본인이라는 점을 항상 명심해야 할 것이다.

8) 각 대안의 결과를 감안할 것

5단계에서 상담·심리치료사의 결정이 각자에게 어떤 결과를 초래하는가?

상담·심리치료사는 장단기적인 결과뿐만 아니라, 심리적이거나 사회 혹은 경제적 측면의 장·단점을 모두 감안해야 한다(Tymchuk, 1982).

9) 결정 뒤에는 결과에 따른 책임을 감당할 것

상담자는 자신이 내린 결정을 문서로 남겨둔다. 예를 들어, 결정의 근거 등을 담아두면 좋을 것이다. 이런 책임을 적절히 감당만 해도 추가확인이 가능해지므로 갈등을 해결하기 위해서 취할 수 있는 조치가 당사자에게 어떻게 작용할지 다시금 고려할 수 있게 된다. 그러면 충동적으로 결정하던 상담·심리치료사도 자신의 행동을 재고해 볼 것이며, 말을 잘 하지 않는 상담·심리치료사도 성실히 대응할 것이다.

처음부터 그렇게 하기는 어렵겠지만 상담·심리치료사가 자신의 행동에 대한 책임을 수용한다면 용기를 갖고 문제를 해결해 나갈 수 있는 힘을 얻을 수 있을 뿐만 아니라 매우 까다로운 문제를 만나더라도 모종의 행동 절차를 선택하는 것이 때로는 그다지 만족스럽지 않은 대안 중에서 최선을 선택하고, 긍정적인 결과를 대담하게 소망하는 것임을 깨닫게 될 것이다.

물론, 상담·심리치료사가 자신의 선택에 항상 만족할 거라는 뜻은 아니다 (Gladding, Remley, Huber, 2000). 예를 들어, 상담·심리치료사는 공공연하게 자살을 시도하려는 사람을 보호하기 위해서 경찰을 불러야 한다면 기분이 썩 좋지는 않을 것이다.

사례 1

샐리 베논(Sally Vernon) 박사는 직장 스트레스와 우울증을 호소하는 잭 번스(Jack Burns)를 상담·심리치료했다. 잭은 전문가가 처방해 준 항우울제를 복용하고 있었다. 상담 회기가 몇 주간 진행되자 잭은 특히 밤에 상당히 많은 술을 마셨다고 털어놓았다. 잠을 청할 요량으로 항우울제를 복용하기 전에 술을 마신 것이다. 내과의사가 복용약과 술을 함께 먹으면 안 된다고 일러두었음에도 그는 계속 술을 마셨다.

베논 박사는 상담·심리치료를 진행하던 중, 그가 전문가에게는 음주 사실을 숨겼다는 것을 알게 되었다. 박사는 잭에게 내과의사의 의도를 상냥하게 설명해 주기로 했다. 이를테면, 알코올은 항우울제의 약효를 떨어뜨려 과음할 경우에 심각한 위험에 빠질 수 있다는 말이다. 또한 술과 약을 함께 먹어서는 안 된다고 경고한 점을 그에게 상기시키고는 두 번째 상담 회기가 있기 전에 내과의사를 찾아가 잘못을 이야기하고 구체적인 지침을 문의하라고 했다. 그녀는 현재 상담·심리치료를 받고 있다는 점도 말하라고 덧붙였다.

얼마 후, 잭이 상담·심리치료소에 다시 들렀다. 그는 전문가를 만나지 않았고 여전히 술과 약을 혼용하고 있다고 고백했다. 베논 박사는 의사에게 이를 직접 통보하기 위해서 면책보증서에 서명할 것을 요구했으나 그는 딱 잘라 거절했다. 전문가와는 같은 교회에 출석하기 때문에 과실이 밝혀지면 곤란한 데다 그녀가 사실을 알게 되면 자신을 업신여길 거라고 그는 둘러댔다. 그러고

술을 끊고 "문제를 알아서 처리하겠다"라고 다짐했다.

베논 박사는 일단 의견을 존중했지만 음주를 중단하리라는 장담은 미덥지가 않았다. 그리고 나니 내담자와의 대인관계가 여러모로 소원해진 듯싶었다(1단계). 그녀는 비밀을 유지하겠다고 맹세했으므로(2단계) 내담자가 면책보증서에 서명하지 않으면 정보를 누설하지 말아야 한다. 그러나 그의 안전에 만전을 기하겠다고 약속한(2단계) 베논 박사는 잭의 행동이 건전하지 못하다고 믿었다.

그녀는 사건을 두고 대립하는 정서를 의식했다. 예를 들어, 도와주고는 싶지만 적절히 서비스를 제공하는 데는 운신의 폭이 좁을 뿐만 아니라 어쩌면 잭과 상담·심리치료를 계속 진행하면 위험해질지도 모른다는 걱정이 앞섰던 것이다(3단계). 사실, 그녀는 전문가가 아니므로 약물에 알코올이 섞였을 때 그것이 얼마나 해로운지 몰랐다. 그래서 전문가를 만나 협조를 구하기로 했고(4단계) 내담자가 복용하는 약물과 알코올과의 작용을 그에게서 들었다. 해당 약물과 술은 혼용을 권하지 않는다는 전문가의 지적에 상담·심리치료사는 이를 진료기록기에 기록해두었다.

베논 박사는 감안해야 할 사람을 신중히 떠올렸다. 상담·심리치료는 받아야 하지만 그에는 별로 관심이 없는 듯한 잭이 바로 주인공이다. 잭의 담당의사에 대한 염려도 있었다. 그는 분명히 사례에 대한 중요한 사실도 모른 채 잭을 치료하려고 하니 말이다. 마침내 베논 박사는 잭을 제대로 상담·심리치료를 할 수 있을 지 자신의 노력에 대한 의구심이 들었다.

게다가 잭의 행동에서 '부인'(denial)이 감지된 것이 염려되어 상담·심리치료상 솔직한 관계를 맺고 싶어졌다. 그녀의 눈에 잭은 숱한 문제를 끌어안고 괴로워하는 하나님의 백성이었던 것이다. 박사는 내담자의 입장으로 돌아가 약물 남용을 비롯하여 여러 가지 위험한 행동들을 두고 상담·심리치료사가 이를 덮어주기 바라는 과거의 사례를 참고했다(6단계).

그녀는 자신 나름대로의 대안과 가능한 결과를 떠올렸다(7, 8단계). 마음만 먹으면 상담·심리치료를 종결할 수도 있다. 그러면 잭이 전문가의 조언과 대안을 따르지 않으니 그와는 상담·심리치료가 불가하다는 점을 암시하게 될 것이다.

물론, 이 문제를 그와 함께 고민해 볼 수도 있다. 그릇된 행동의 문제점을 신중히 짚어보고 박사가 지켜야 할 규정과 그가 적용할 수 있는 대안을 살펴보며 아울러 그의 관점도 상의해 볼 수도 있다(7단계). '부인'이라는 방어기제를 이야기해도 좋을 것이다. 이를 비롯하여 다른 대안을 모두 고려한 후 가능할 법한 결과도 예상해봄직하다.

당신이 베논 박사라면 어떻게 하겠는가?
최선의 해결책이 있는가?

사례 2

안토니 케이스(Anthony Case) 박사는 마서 릴리(Martha Riley)와 두 번째 상담 회기를 가진 후 경과를 기록했다. 그러고 보니 그는 내담자와의 관계가 쉽게 가까워졌다는 데 놀랐다. 그는 의뢰서를 처음 받았을 때 자신에 대한 첫인상이 어땠는지 궁금해졌다. 상담·심리치료가 좋은 결과를 맺으려면 첫인상이 중요하기 때문이다.

마서는 속내를 감추는 법이 없었고 적극적으로 상담·심리치료에 참여했다. 그녀는 쉽게 가까워질 수 있는 여성이었다. 그러던 어느 날, 마서는 상담·심리치료가 큰 도움이 되었다고 이야기했다. 이번이 고작 두 번째 상담 회기인지라 그리 미덥지는 않았지만 마서의 증세가 많이 호전되었다는 데는 의심의 여지가 없었다.

좀 더 진전이 있었으면 하는 마음에 그는 세 번째 상담 회기를 머릿속에 그리며 시간이 날 때마다 어떻게 상담·심리치료를 준비해야 할지 고민했다.

아니나 다를까, 상담 회기는 원활히 진행되었다. 예상이 전혀 빗나가는 법이 없었고 무엇을 권고하든 그녀는 흔쾌히 수긍하는 듯싶었다. 오늘 마서는 창가에 앉아있었다. 햇살을 가득 담은 얼굴을 보니 참 아름다웠다. 정확히 누군지는 기억이 잘 나진 않지만 예전에 알고 지내던 누군가가 떠오르기도 했다.

그날은 왠지 상담·심리치료를 끝내기가 쉽지 않았다. 이야기가 꼬리에 꼬리를 물자 시간이 너무 짧게 느껴졌기 때문이다. 두 사람은 자리에서 일어나 문쪽으로 가다가 마서가 물어볼 게 있다며 걸음을 멈추자 둘 사이의 거리가 매우 좁혀졌다. 어떤 내담자와도 그렇게 가까운 적이 없었다. 잠시 후 답변으로 상담·심리치료는 일단락되었다.

그러고 난 후, 그녀가 수시로 생각났다. 주지하는 바와 같이, 서로에 대한 유대감도 돈독했고 그녀의 혜안도 탁월했지만 상담·심리치료 외의 다른 관계는 생각지 않으려 했다.

네 번째 상담 회기가 종결될 무렵, (그녀를 마음에 두고 있다는) 진실은 외면하기가 어려웠다(1단계). 자리를 뜰 때 마서가 또 가까이 다가왔다. 그녀는 잠시 머뭇거리며 입가에 미소를 띠고는 연신 감사하다는 말과 함께 그의 팔에 살포시 손을 댔다. 그러고는 밖으로 나갔다. 몸이 마비될 정도로 복잡한 감정이 교차했다.

그는 문제를 파악했고(2단계) 협조를 받아야 한다는 것을 깨달았다(4단계). 문제를 규정하고 이를 현명한 동료와 상의한다는 것은 곧 문제를 시인하고 이를 분명히 이해하고 있다는 증거이다.

처음에는 그럴 생각이 없었지만 규정에 대한 지식과 수년 간 습득해온 영적, 인격적 가치관 그리고 두려움과 죄의식으로 그는 멘토를 청할 수밖에 없었다. 그와 멘토는 상담·심리치료의 차원의 관계가 어떻든 쌍방의 관계가 발전하고 있다는 사실을 의논했다(2단계). 안토니의 정서적 반응도 솔직히 나누었다(3단계).

그간 느꼈던 복잡한 감정이 좀 더 분명히 와 닿기 시작했다. 이를테면, 쉽게 가까워진 유대감에 마음이 놓였고 마서의 문제에 공감했으며 도움이 되었다는 호평에 보람을 느끼는가 하면 서로가 매력을 감지했다는 데 기분이 좋았다는 것이다. 하지만 한편으로는 이런 감정을 동료에게 털어놓는다는 것이 민망하기도 했고 현 상황이 좀 걱정스럽기도 했다.

멘토는 각자를 염두에 두고 필요한 것은 무엇이며(5단계), 문제에 적용되는 기독교적 원칙에는 어떤 것이 있는지 고려해 보라고 했다.

둘은 머리를 맞대고 몇 가지 문제점을 고민해 보았다.

① 하나님의 백성인 마서와 상담·심리치료 시 신뢰의 중요성.

　한때 그녀는 아버지와의 관계가 심각하리만치 좋지 않다고 털어놓은 적이 있는데 지금은 상담·심리치료기는 하지만 다른 남성과 새로운 대인관계를 맺게 되었다. 그러니 이를 어설프게 다루었다가는 상처가 더 깊어질지도 모른다.

② 정직성의 문제.

　이 상황이 지속된다면 상담·심리치료는 상담·심리치료라고 규정하기가 어려워질 것이다.

③ 재능의 청지기.

　이 상황에 대해 그릇된 결정을 내린다면 박사의 경험과 진실성에 흠이 갈 수도 있다.

④ 기독교인의 책임.

　박사는 하나님 나라가 상담·심리치료소에도 확장되었다는 점을 믿기 때문에 자신의 감정에 대해서도 주님께 솔직히 고백해야 하며, 조건을 따지지 않는 사랑과 책임감을 갖고 마서를 상담·심리치료해야 한다.

안토니 박사는 '불명예를 안고 퇴출된' 상담·심리치료사를 떠올리며 그 때문에 벌어진 당사자의 고충을 생각했다(6단계). 지난 며칠간 당면한 문제에 적절히 대처할 수 있는 가상 목록을 작성하고 나서 마서와 상담·심리치료를 진행하기 전에 멘토와 이를 상의하기로 했다(4, 7단계). 그러고는 그가 선택할법한 대안과 각각의 결과도 고려했다(8단계). 멘토는 "내담자에게 매력을 느낀다"는 발언이 대개는 도움이 되지 않으며 자칫 심각한 문제를 초래할 수 있다는 문서상의 증거를 일러두었다(Fisher, 2004). 그래서 그 점은 대안에서 제외하기로 했다.

당신이 안토니 박사라면 어떻게 대응하겠는가?

각 대안의 긍정적인 결과와 부정적인 결과는 무엇인가?

4. 결론

교육 수준이 아무리 높은 상담·심리치료사라도 언젠가는 쉽사리 해결할 수 없는 윤리적 상황에 직면하게 마련이다. 그러나 기독교인은 상담·심리치료소나 교실 및 회의실에서 바람직하고 옳은 것을 구별해내고 실천해야 한다. 윤리 규정은 숙지해두면 도움이 되지만 상황이 복잡해지면 일일이 적용하기가 어렵다는 단점이 있다.

게다가 인간 본성에 뿌리박힌 연약함도, 규정을 따라야만 하는 윤리적 전략을 활용하는 데 패인으로 작용할 때가 있다. 윤리적 의사결정에 대한 모델은 윤리라는 잣대를 대기 곤란한 상황에서도 감정을 제어하여 좀 더 합리적인 판단력을 발휘하는 데 보탬이 될 수 있다.

혼자서는 해결할 수 없을 때 협력자를 찾는 것도 바람직한 모델들 가운데 하나이다. 전문가 집단 안에서 다른 사람들과의 지지와 신뢰의 관계는 기독교 상담자가 윤리적 오류와 잘못을 범하게 하는 맹점과 편견에서 벗어나게 해 줄 것이다.

이같은 대인관계는 현장뿐만 아니라 전문 조직 내의 관계를 통해서도 구현되며, 기독교 상담자나 상담·심리치료사가 하나님과 함께 개발하려고 노력해야 할 '사랑과 지원 및 책임'이 담긴 친밀관계를 반영한다.

■ 참고문헌

American Psychological Association. (1987). *Casebook on ethical principles of psychologists*. Washington, DC: American Psychological Association.
American Psychological Association. (2002). Ethical principles of psychologists and code of conduct. *American Psychologist, 57*, 1060-73. Also available (with 2010 amendments) from www.apa.org/ethics/code/index.aspx.
Barnett, J. E., Behnke, S. H., Rosenthal, S. L., & Koocher, G. P. (2007). In case of ethical dilemma break glass: Commentary on ethical decision making in practice. *Professional Psychology: Research and Practice, 38*, 7-12.
Bennett, B. E., Bryant, B. K., VandenBos, G. R., & Greenwood, A. (1990). *Professional liability and risk management*. Washington, DC: American Psychological Association.
Bersoff, D. N. (Ed.). (2008). *Ethical conflicts in psychology* (4th ed.). Washington, DC: American Psychological Association.
Blasi, A. (1980). Bridging moral cognition and moral action: A critical review of the literature. *Psychological Bulletin, 88*, 1-41.
Christian Association for Psychological Studies. (2005). *Ethics statement of the Christian Association for Psychological Studies* (Available from www.caps.net).
Cooper, T. D. (2003). *Sin, pride and self-acceptance*. Downers Grove, IL: InterVarsity Press.
Corey, G., Corey, M. S., & Callanan, P. (2010). *Issues and ethics in the counseling Professions* (8th ed.). Monterey, CA: Brooks/Cole.
Crowley, J. D., & Gottlieb, M. C. (2012). Objects in the mirror are closer than they appear: A primary prevention model for ethical decision making. *Professional Psychology: Research and Practice, 43*, 65-72.
Eberlein, L. (1987). Introducing ethics to beginning psychologists: A problem-approach. *Professional Psychology: Research and Practice, 18*, 353-59.
Fisher, C. D. (2004). Ethical issues in therapy: Therapist self-disclosure of sexual feelings. *Ethics and Behavior, 14*, 105-21.
Ford, G. G. (2006). *Ethical reasoning for mental health professionals*. Thousand Oaks, CA: Sage.
Forester-Miller, H., & Davis, T. E. (1995). *A practitioner's guide to ethical decision-making*. Annapolis Junction, MD: American Counseling Association.
Gladding, S. T., Remley, T. P., & Huber, C. H. (2000). *Ethical, legal, and professional issues in the practice of marriage and family therapy* (3rd ed.). Upper Saddle River, NJ: Prentice-Hall.
Kitchener, K. S. (1984). Intuition, critical evaluation and ethical principles: The foundation for ethical decisions in counseling psychology. *Counseling Psychologist, 12*, 43-55.
Kitchener, K. S. (1986). Teaching applied ethics in counselor education: An inte-

gration of psychological processes and philosophical analysis. *Journal of Counseling and Development, 64,* 306-10.
Koocher, G. P. , & Keith-Spiegel, P. (2008). *Ethics in psychology and the mental health professions: Standards and cases* (3rd ed.). New York: Oxford.
Loewenstein, G. F., Weber, E. U., Hsee, C. K., & Welch, N. (2001). Risk as feelings. *Psychological Bulletin, 127,* 267-86.
McMinn, M. R. (2004). *Why sin matters.* Wheaton, IL: Tyndale.
Miller, D. J. (1991). The necessity of principles in virtue ethics. *Professional Psychology: Research and Practice, 22,* 107.
Niebuhr, R. (1964). *The nature and destiny of man.* (Vols. 1-2). New York: Scribner's.
Pope, K. S., & Vasquez, M. J. T. (2011). *Ethics in psychotherapy and counseling* (4th ed.). New York: Wiley.
Rogerson, M. D., Gottlieb, M. C., Handelsman, M. M., Knapp, S., & Younggren, J. (2011). Non-rational processes in ethical decision making. *American Psychologist, 66,* 614-23.
Rost v. State Board, (1995). Cited in "Legal Briefs." *Register Report, 22*(1996): 18-19.
Sanders, R. K. (1997). A model for ethical decision making. In R. K. Sanders (Ed.), *Christian counseling ethics: A handbook for therapists, pastors and counselors* (pp. 297-312). Downers Grove, IL: InterVarsity Press.
Sileo, F. J., & Kopala, M. (1993). An A-B-C-D-E worksheet for promoting beneficence when considering ethical issues. *Counseling and Values, 37,* 89-95.
Smith, T. S., McGuire, J. M., Abbott, D. W., & Blau, B. I. (1991). Clinical ethical decision-making: An investigation of the rationales used to justify doing less than one believes one should. *Professional Psychology: Research and Practice, 22,* 235-39.
Tarasoff v. Board of Regents of the University of California, 13 Cal. 3d 177, 529 P. 2d 533 (1974), *Vacated,* 17 Cal. 3d 425, 551 P. 2d 334 (1976).
Tymchuk, A. J. (1982). Strategies for resolving value dilemmas. *American Behavioral Scientist, 26,* 159-75.
Walker, L. J. (2004). Gus in the gap: Bridging the judgment-action gap in moral functioning. In D. K. Lapsley & D. Narvaez (Eds.), *Moral development, self, and identity* (pp. 1-20). Mahwah, NJ: Erlbaum.
Welfel, E. R., & Kitchener, K. S. (1995). Introduction to the special section: Ethics education—an agenda for the '90s. In D. N. Bersoff (Ed.), *Ethical conflicts in psychology.* Washington, DC: American Psychological Association.

부록 1: 윤리 규정과 지침

앞으로 소개할 부록에서는 기독교적/종교적인 성향을 띤 윤리 규정 중 활용 빈도가 높은 것에 주안점을 둘 것이다. 지면 관계상 각 규정이 윤리적 원칙을 해석한 것인지 기독교의 근간을 설명하는 것인지는 구체적으로 규정할 수 없다. 따라서 독자는 인터넷에 접속하여 규정의 전문을 열람하는 데 필요한 웹페이지 주소(URL)를 활용하면 될 것이다. 규정 목록이 매우 완벽한 것은 아니다. 국내외적으로 규정이 다수 있지만 주제별 규정을 검색하면 중복되는 경우도 더러 발견하게 될 것이다.

상담자는 전문가 집단이 정립한 윤리 규정과 아울러, 상담·심리치료에 관련된 실천규범과 주 당국이 정립한 개업규정도 숙지해야 한다.

1. 미국심리학회(APA) 『심리학자의 윤리적 원칙과 행동 규범』(2010)

http://www.apa.org/ethics/code/index.aspx

미국심리학회 윤리 규정은 정신건강 전문가가 고안해낸 윤리 규정 1호다. 최근 개정판은 2002년에 발간되었고, 2010년에 다시 수정 작업을 거친 바 있다. 규정은 크게 윤리적 기준과 일반 원칙으로 나뉜다. 일반 원칙은 심리학자들이 성취하려고 노력해야 할 바람직한 이상과 폭넓은 윤리적 주제 및 원칙으로 이를테면, 서비스 대상 내담자에게 유익이 되고자 하고(유익성) 피해가 되는 일은 삼가며(무해성), 성실할 뿐만 아니라 내담자의 권리를 존중하라는 내용이 담겨있다.

반면, 윤리적 기준은 구속성이 있는 규정으로 미국심리학회 및 여타 기관이 심리학자에 제재를 가해야 할 경우에 활용된다. 전부 89가지의 규준이 있으며, 상위 항목으로 10개의 주제가 있다. 이를 모두 열거하면 다음과 같다.

① 당면한 윤리적 문제해결
② 능력
③ 대인관계(다중관계와 상담·심리치료 서면동의 및 괴롭힘 등)
④ 사생활 보호와 비밀보장
⑤ 홍보 및 공식성명
⑥ 기록관리 및 상담료
⑦ 교육 및 수련
⑧ 연구·출판
⑨ 평가
⑩ 상담·심리치료

윤리 규정과 아울러, 미국심리학회는 가끔씩 지침을 발표하는데 이는 구속력은 없지만 다양한 상담·심리치료영역에서 기록관리 및 심리검사 등 심리학자들이 활용할 수 있는 권고안을 제공한다.

2. 미국상담학회(ACA) 윤리 규정(2005)

http://www.counseling.org/ethics/feedback/aca2005c0de.pdf
미국상담학회 윤리 규정은 총 여덟 가지의 부분은 다음과 같다.

① 상담·심리치료 관계(내담자의 복지 존중과 기록관리, 구직자 상담, 상담·심리치료 서면동의, 피해방지 및 가치부여, 다중 관계, 집단상담, 임종 돌봄, 상담료와 현물거래, 종결·의뢰 및 기술

② 사생활 보호와 비밀보장, 면책특권정보
③ 전문적인 책임(능력과 홍보 및 공적 책무)
④ 다른 전문가들과의 관계
⑤ 평가, 사정 및 해석
⑥ 교육 및 수련, 수련감독
⑦ 연구 및 출판
⑧ 윤리적 문제해결

미국상담학회 윤리 규정은 각 여덟 개 분야 아래 매우 다양한 개별적인 규정이 상세히 기술되어 있다.

3. 미국결혼/가족치료학회(American Association for Marriage and Family Therapy: AAMFT) 윤리 규정(2012)

http://www.aamft.org/imis15/content/legal_ethics/code_of_ethics.aspx
미국 결혼/가족치료학회 윤리 규정은 총 여덟 가지 원칙이 있으며 다음과 같다.

① 내담자에 대한 책임성(상담·심리치료 서면동의와 다중 관계)
② 비밀보장(결혼/가족치료)
③ 전문적인 능력과 진실성
④ 학생과 수련 받는 실습생에 대한 책임
⑤ 연구 참여자에 대한 책임
⑥ 전문성에 대한 책임
⑦ 재정적 협정
⑧ 홍보

4. 미국기독교심리연구학회(CAPS) 윤리 규정(2005)

http://caps.net/about-us/statement-of-ethical-guidelines

미국기독교심리연구학회 윤리 규정의 서문에 따르면, 우리는 기독교 지도자로서 법적인 의무라기보다 예수 그리스도 안에서 하나님과의 친밀한 언약관계의 일환으로 윤리적 성품을 갖추어야 한다. 2005년 규정은 크게 '성경적 원칙'과 '윤리적 원칙'으로 나눈다. 성경적 원칙이란 윤리적 원칙의 근간으로 하나님의 형상과 죄의 현실 및 청지기적 지도자의 책임을 밝힌다. 그리고 윤리적 원칙은 다음과 같이 아홉 가지 주제로 분류된다.

① 기독교인의 개인적 헌신
② 능력
③ 비밀보장
④ 상담·심리치료(상담·심리치료 서면동의와 재정적 협정), 결혼/가족치료, 문서 기록, 집단상담, 다중 관계 및 차별금지)
⑤ 분석과 검사
⑥ 교육 및 수련
⑦ 연구 및 발표
⑧ 홍보와 공식성명
⑨ 윤리적 문제해결

5. 미국기독교상담자협회 윤리 규정(2004)

http://aacc.net/wp-images/fammed/aacc_code_of_ethics.doc

미국기독교상담자협회 윤리 규정은 성경적·윤리적 근간과 윤리 규준 그리고 판단 절차를 다루는 절차규정을 담고 있다. 성경·윤리근간은 다시 일곱 가지로 분류되며 그 가운데 첫째는 '예수 그리스도(구약성경과 신약성경에서 드러난 주님의 현현)는 기독교상담과 윤리 및 상담·심리치료의 활동의 출중한 모델'로 규정되어 있다. 윤리 규준은 다섯 가지 하위 항목으로 구분되며 다음과 같다.

① 기독교 상담자의 윤리 규준
② 수련감독상담사와 교육자, 연구자 및 저자의 윤리 규준
③ 목회자 및 목회 상담의 사례와 규준
④ 평신도 조력자와 기타 사역자의 규준과 사례
⑤ 법적, 윤리적 분쟁 해결을 위한 규준

기독교 상담자의 하위 규준에는 상담·심리치료 전문가에게 적용될 수 있는 규정이 명시되어 있다. 총 여덟 가지 영역은 다음과 같다.

① 무해성
② 기독교상담에 대한 능력
③ 기독교상담 서면동의
④ 사생활 보호와 비밀보장 및 면책특권정보
⑤ 기독교 상담과 평가의 윤리적 관행
⑥ 전문가 직장에서 윤리적 대인관계
⑦ 홍보와 공적 관계에서 윤리
⑧ 주 당국과 기타 사회체계와의 윤리적 관계로 각 하위영역에는 많은 규정들이 구체적으로 제시되어 있다.

6. 미국목회 상담자협회(American Association of Pastoral Counselors: AAPC) 윤리 규정(2010)

http://www.aapc.org/about-us/code-of-ethics.aspx
미국목회 상담자협회 윤리 규정은 아홉 가지 원칙을 담고 있는데 다음과 같다.

① 서론
② 전문적인 실습
③ 내담자의 관계
④ 비밀보장
⑤ 수련 받는 실습생과 학생 및 직원의 대인관계
⑥ 상호전문적인 관계
⑦ 홍보
⑧ 연구
⑨ 절차(불만을 잠재우는 비결 등을 포함)

서론에 따르면, "미국목회 상담자협회 회원들은 다양한 이론과 전통 및 기독교공동체의 가치관을 존중하고, 개인의 존엄성과 가치를 위해서 헌신"할 뿐만 아니라 "내담자의 행복을 증진시키며, 전문가적 행동의 높은 규범과 능력을 유지하기 위해서 노력한다"라고 한다.

7. 윤리 규정 참고자료

- 미국 정신의학회(American Psychiatric Association)(2006)『의료 윤리의 원칙』(Principles of medical ethics with annotations especially applicable to psychiatry. http://www.psychiatry.org/practice/ethics.
- 미국 사회복지사협회(National Association of Social Workers)(2008)『윤리 규정』(Code of ethics). http://www.naswdc.org/pubs/code/code.asp.
- 캐나다 심리학회(Canadian Psychological Association)(2000)『심리학자를 위한 캐나다 윤리 규정』(Canadian code of ethics for psychologists). http://www.cpa.ca/cpasite/userfiles/Documents/Canadian%20Code%20of%20Ethics%20for%20Psycho.pdf.

부록 2: 양식

　이 장을 비롯하여 여러 지면을 할애하여 소개할 양식은 정보를 공개하거나 동의 여부를 통보하는 데 적절히 활용할 수 있는 양식(견본)으로, 여기에 포함된 정보는 상담·심리치료 서비스의 종류(상담 대상과 질환이 정해진 상담·심리치료소)와 상담·심리치료 환경(교회상담소, 개인상담소, 정신병원, 학교, 단체) 등에 따라서 얼마든지 달라질 수 있다. 아울러 각 양식과 미성년자 상담·심리치료, 비밀보장의 예외 등의 통합 여부에 관한 법은 주마다 다르다는 점도 알고 있어야 한다.
　그러므로 미국연방의료보험 통상책임법이 내놓은 개인정보 기재 양식 견본은 본서에 수록하지 않았다(각 주에 적용되는 미국연방의료보험 통상책임법 개인정보 양식은 APA(www.apait.org/apait/resources/hipaa/faq.aspx)나 기타 전문가 집단에서 찾을 수 있을 것이다). 치료적 과정에서 부대 상황이 개입될 때 요긴하게 쓸 수 있는 상담·심리치료의 동의서 견본은 www.apait.org/apait/resources/riskmanagement/cinf.aspx에 접속하면 확인할 수 있다. 현지의 전문가 지도자와 상의하거나 법률 상담을 받고 나서 각자 형편에 맞게 양식을 작성하는 경우도 있을 것이다.

우편 ___ 팩스 ___ 파일 ___

◆ 정보공개·활용 및 건강정보공개 위임장 ◆

(성명)____ 에게 정보를 입수하여 ____ 에게 공개하는 데 ____ 와(혹은) 직원 ____에게 위임한다.

기관 _____
주소 _____ 우편번호 _____
전화 _____ 핸드폰 _____ 팩스 _____

정보는 아래와 같다.
비밀건강정보 / 모든 의료기록 / 대화록 / 1차 검사 / 진행기록보고 / 사회심리적 이력 / 심리검사보고 / 정신의학과 검진 / 퇴원상담적요 / 처방약품목록 / 기타(구체적으로)_____

본 위임장은 _____(만료일)까지 유효하다.

귀하는 _____ 박사 사무실로 통지서를 보내면 언제든 위임을 취소할 수 있다. 그러나 박사나 직원이 이미 위임장에 의거하여 모종의 조치를 취했거나, 위임장이 보험계약조건으로 입수되어 보험사가 이의를 제기할 법적인 권리가 있다면 취소할 수 없다.

위임장에 의거하여 활용·공개된 정보는 수취인에 의해 재공개될 수 있으며 그럴 경우에 미국연방의료보험 통상책임법 개인정보 보호규정이 더는 적용되지 않는다.

내담자 _____ 생년월일 _____
내담자 서명 _____ 서명일자 _____
부모/후견인 서명 _____ 서명일자 _____
(내담자가 미성년자일 경우)

우편 ___ 팩스 ___ 파일 ___

◆ 상담·심리치료의 기록 공개 위임장 ◆

상담·심리치료의 기록은 귀하의 의료기록과는 별도로 보관해둔 것으로, 개인·집단·합동·가족치료 중 서로 나누었던 대화에 대해 기록해둔 자료로 정의할 수 있다. 이 기록은 미국연방의료보험 통상책임법에 의거한 법보다 훨씬 효력이 크다.

(성명)＿＿＿＿ 에게 정보를 입수하여 ＿＿＿＿ 에게 공개하는 데 ＿＿＿＿ 와(혹은) 직원 ＿＿＿＿에게 위임한다.
기관 ＿＿＿＿＿＿＿＿＿＿＿＿＿＿＿＿＿＿＿＿＿＿＿＿＿＿＿＿
주소 ＿＿＿＿＿＿＿＿＿＿＿＿＿＿＿＿＿＿ 우편번호 ＿＿＿＿＿＿＿
전화 ＿＿＿＿＿＿＿ 핸드폰 ＿＿＿＿＿＿＿＿ 팩스 ＿＿＿＿＿＿＿＿

해당 정보: 상담·심리치료의 기록

이 정보는 상담·심리치료를 계속하거나(구체적으로) ＿＿＿＿＿＿＿＿＿＿＿을 위해서 공개된다.
위임장은 ＿＿＿＿＿＿＿＿＿＿＿＿＿(만료일)까지 유효하다.
귀하는 ＿＿＿＿＿＿＿ 박사 사무실로 통지서를 보내면 언제든 위임을 취소할 수 있다. 그러나 박사나 직원이 이미 위임장에 의거하여 조치를 취했거나, 위임장이 보험계약 조건으로 입수되어 보험사가 이의를 제기할 법적인 권리가 있다면 취소할 수 없다.
위임장에 의거하여 활용·공개된 정보는 수취인에 의해 재공개될 수 있으며 그럴 경우에 미국연방의료보험 통상 책임법 개인정보 보호 규정이 더는 적용되지 않는다.

내담자 ＿＿＿＿＿＿＿＿＿＿＿＿＿ 생년월일 ＿＿＿＿＿＿＿＿＿＿＿＿＿
내담자 서명 ＿＿＿＿＿＿＿＿＿＿＿ 서명일자 ＿＿＿＿＿＿＿＿＿＿＿＿
부모/후견인 서명 ＿＿＿＿＿＿＿＿ 서명일자 ＿＿＿＿＿＿＿＿＿＿＿
(내담자가 미성년자일 경우)

◆ 보험·결제 정보 ◆

책임 당사자

성명 _____
주소 _____ 우편번호 _____
자택전화(   ) _____ 핸드폰전화(   ) _____
생년월일 _____ 내담자와의 관계 _____
고용 _____ 주소 _____
직업 _____ 직장 연락처(   ) _____
배우자 성명 _____ 생년월일 _____
제1 보험사 _____ 유효기간 _____
피보험자 성명 _____ 생년월일 _____
주소 _____(다른 경우)
보험증권 번호 집단 번호 _____ 내담자와의 관계 _____
제2 보험사 _____ 유효기간 _____
피보험자 성명 _____ 생년월일 _____
주소 _____(다른 경우)
보험증권 번호 _____ 단체 번호 _____ 내담자와의 관계 _____

본인(우리)은 모든 의료·상담·심리치료 서비스 제공자에게 의료비 지급을 승인합니다. 나(우리)는 서비스 제공자가 보험 처리에 필요한 정보를 공개한다는 점과 보험금이 _____에 직접 지급될 수 있다는 점에 동의합니다. 본인 부담이나 공동 부담, 혹은 보장이 제외되는 의료비는 본인(우리)이 지급해야 할 책임이 있다는 것을 숙지하였습니다. 서명의 사본은 원본과 효력이 같습니다.

책임 당사자 서명 _____ 서명일자 _____
배우자 서명 _____ 서명일자 _____

(부부 상담을 할 때 필요하다면) 사본을 보관해야 하니 보험카드를 제시해 주십시오. 규정이 변경되면 저희에게 통보해 주시기 바랍니다.

◆ 아동상담 동의서 ◆

성명 _____ 생년월일 _____
내담자 성명 _____

관계: 부모·계부모·조부모·후견인·기타
상기 아동의 법적인 부모나 후견인입니까? 예/아니오
이혼한 경우에는 아동의 법적인 보호자라야 상담·심리치료에 동의할 수 있습니다.
이혼한 부모나 계부(모), 조부모 혹은 후견인이라면 상기 아동의 법적 후견인임을 입증할 법원 증명서 사본을 제출해야 합니다. 그럴 의향이 있습니까? 예/아니오
상기 서류를 제출할 수 없거나 그럴 의사가 없다면 본 사무소에서 법원 증명서를 수취하기 전에는 상기 아동을 상담·심리치료할 수 없습니다.
하단 서명으로써 아동이 ___ 임상 면담을 비롯하여 ___ 심리검사와 ___ 상담·심리치료 및 기타: _____ 등의 상담·심리치료를 받는 데 동의합니다.

친부모(이혼한 경우도 적용)는 아래 기재된 의료 서비스 제공자에게서 아동의 상담·심리치료 과정과 종류에 대한 정보를 입수할 권리가 있음을 인정합니다.
동의자 성명 _____
동의자 서명 _____
일자 _____

◆ _____ 박사 내담자의 숙지사항 ◆

환영합니다!
본 자료는 상담·심리치료와 저에 대한 이해를 돕고자 작성한 것입니다. 상담·심리치료 중에라도 언제든 의문사항이 있으면 기탄없이 알려주시기 바랍니다. 질문이 상담·심리치료에 도움이 되리라 믿고 흔쾌히 답변해드리겠습니다.
_____ 박사

의료 서비스
_____ 박사의 상담·심리치료 서비스는 아래와 같습니다.
- 성인이나 청소년 혹은 아동의 개인상담·심리치료
- 부부 상담
- 심리 검사
- 목회 상담·심리치료
- 건강심리 서비스

특별한 문제나 기타 서비스에 대한 자세한 문의사항이 있으시면 _____ 박사의 사무실에 연락주시기 바랍니다.

상담·심리치료
_____ 박사는 증상의 성격에 따라서 다양한 상담·심리치료법을 활용하고 있습니다. 주로 연구·임상시험에서 검증된 상담·심리치료법을 사용하며, 자주 사용하는 상담·심리치료법으로는 인지행동치료와 변증법적인 행동상담 및 내담자 중심의 상담·심리치료가 있습니다.

증상의 원인과 이를 둘러싼 주변 요인부터 분명히 파악하는 것이 1차적인 업무이므로 _____ 박사는 내담자의 상담·심리치료에 필요한 바를 파악하기 위해서 심리검사를 제안할 때도 있습니다.

상담·심리치료는 개별적인 교육과정의 일환으로 알려져 있으므로 내담자와 ____ 박사는 현 문제를 되짚어보고 내담자가 회복될 수 있는 방편을 모색할 것입니다. 경우에 따라서 상담·심리치료 후 과제를 내줄 때도 있습니다. 여느 교육과정도 그렇지만 상담·심리치료가 되기까지는 시간이 필요하며 이는 증상의 성격과 인성, 배경 및 적극적인 참여도에 따라서 달라질 수 있습니다. 대개는 상담·심리치료로 도움을 많이 받았다고 합니다.

물론, 상담·심리치료 과정이 항상 쉬운 것만은 아닙니다. 상담·심리치료를 하는 중에 좌절감을 느끼거나 감정이 격해지는 경우도 있기 때문입니다. 상담·심리치료가 긍정적인 자아 개발과 이해력을 끌어올리기도 하지만 모든 사람이 그럴 거라고 장담할 수는 없습니다.

각 상담 회기는 보통 45분입니다. 대개 상담 회기는 매주 또는 격주에 한 번 꼴로 진행되며 내담자의 형편에 따라서 회기 수는 달라질 수 있습니다. 상담 회기도 증상의 성격을 비롯한 여러 변인들이 좌우합니다. 주당 상담·심리치료의 시간, 빈도나 상담 회기 혹은 상담·심리치료의 방향이나 성격에 대해 문의할 점이 있다면 망설이지 말고 말씀해 주시기 바랍니다.

비밀보장

상담 회기는 비밀이 보장됩니다. 내담자의 개인정보는 동의 없이 공개하지 않으나, 법적인 문제로 비밀보장이 제한되는 경우도 있으니 이 점 양지하시기 바랍니다. ____ 박사는 내담자의 동의 없이도 자격이 있는 제3자에게는 정보를 제공해야 할 의무가 있습니다. 몇 가지만 예를 들면, 자신이나 다른 사람이 위험해진다거나 아동학대가 벌어질 우려가 있다거나 혹은 법정 절차상 필요할 때는 제3자와 정보를 공유할 수 있습니다.

구체적인 사례는 본 서류에 동봉된 미국 연방 의료보험 통상책임법 통지서 견본(HIPAA Notice Form)에서 확인할 수 있습니다. 보험처리를 신청하시려면 보험사에 상담·심리치료 관련정보를 제공할 수 있도록 동의서에 서명해야 합니다. 비밀보장에 대해 문의할 점이 있다면 주저함 없이 말씀해 주시기 바랍니다.

자유와 책임

목표를 이루어 증상이 회복되기까지 충분한 기간 상담·심리치료를 받기 바랍니다. 내담자가 상담·심리치료의 목표를 달성하려면 굳은 의지력을 발휘해야 합니다. 달라지기 힘든 점도 더러 있기 때문입니다. ____ 박사는 목표를 실현할 수 있도록 조력자가 되어 드리겠지만 상담·심리치료 시 변화와 개발에 대한 궁극적인 책임은 내담자에게 있습니다. 상담·심리치료는 원치 않으시면 언제든지 중단 또는 종결할 수 있다.

개인의 가치관

상담자와 내담자의 개인적인 신념과 가치관이 항상 분명하게 표출되지는 않지만 그에 따라서 상담·심리치료 결과가 달라질 수도 있습니다. ____ 박사는 기독교인이므로 개인적인 가치관 또한 기독교전통에서 비롯된 것입니다. 내담자에게 신앙을 강요하진 않더라도 믿음에 대한 가치관은 ____ 박사의 인생과 사역에 매우 중요한 부분을 차지하고 있습니다. 개인적인 신념이나 영적 문제나 가치관을 상담·심리치료 중에 의논하고 싶다면 ____ 박사에게 알려주시기 바랍니다.

상담료와 보험

____ 박사의 기본 상담료는 아래와 같습니다.

1차 진단(첫 상담·심리치료) $ _____
기본 상담·심리치료(회기당 45분) $ _____

심리검사나 내담자가 신청한 서비스의 비용은 별도로 절차에 따라서 달리 부과됩니다. 상담료는 서비스가 완료된 후 현금이나 수표로 지급해 주시기 바랍니다. ____ 박사가 제공하는 서비스는 건강보험사나 지급 의무가 있는 제3자 지불인이 일부나 전액 보장합니다. 보장을 받고 싶다면 귀하의 동의하에 보험사에 진료비를 청구할 때 보장 내역 조회를 도와드리겠습니다. 그러나 보험사가 보장을 취소할 경우에 상담료는 본인이 부담해야 한다는 점 양지하시기 바랍니다. 보장 범위는 꼼꼼히 확인하시고 의문점이 있으시면 보험사에 연락하는 것이 바람직합니다. 이미 앞에서 언급했듯이, 보험사는 서비스를 보장하기 위해서 귀하의 신상과 진료 정보를 요구할 수 있습니다. 서비스 비용과 보험에 대해 궁금한 점이 있으면 언제든 연락 주십시오.

상담 취소

상담·심리치료는 개인별로 이루어지므로 사정상 예약을 취소해야 한다면 늦어도 24시간 전에는 통보해야 합니다. 24시간 전에 취소하지 않았거나 상담·심리치료를 빠뜨릴 경우에는 $____의 수수료가 부과됩니다. 수수료는 보험사의 보장을 받을 수 없습니다.

응급 상황

응급 상황이 발생했을 경우에 XXX-XXX-XXXX(자동응답서비스)로 연락하면 대기 중인 상담·심리치료사와 통화할 수 있습니다. 답신이 없다면 인근 병원 응급실을 찾거나 911에 연락하시기 바랍니다.

기타 서비스

____ 박사의 상담·심리치료소에서도 기타 정신건강서비스를 받을 수 있습니다. 아직 이용해 본 적이 없다면 여러 곳을 비교해 보아도 좋고, 상담·심리치료 중이라도 다른 전문가를 소개해드릴 수도 있습니다. 최선을 다해 귀하를 도와드리겠습니다.

_____ 박사의 약력
_____ 박사는 _____에서 면허/자격증 취득
_____ 대학교 대학원(심리학전공)/ 박사
_____ 대학교 대학원(심리학전공)/ 석사
_____ 대학교(심리학전공)/ 학사

_____ 박사는 _____을 비롯하여 다양한 기관에서 임상실습을 마쳤습니다.

문의사항
상담 및 상담·심리치료의 프로그램에 대해 궁금한 점이 있다면 망설이지 말고 ____ 박사와 상의하시기 바랍니다. 어떤 질문이든 흔쾌히 듣겠습니다.

동의서
상기 정보를 읽고 숙지하였습니다. ____ 박사와의 상담·심리치료에 동의합니다.
내담자 서명 _____
책임 당사자 서명(내담자가 아닐 경우) _____
서명일자 _____ Dr. _____

◆ 내담자의 비밀 정보 ◆

날짜: _____ 일련번호 _____
성명: _____남___ 여___ 생년월일 _____ 나이 _____
주소: _____ 우편번호: _____
직업: _____ 고용주: _____

전화: (집) _____ 통화해도 됩니까?(예/아니오)
　　　(직장) _____ 통화해도 됩니까?(예/아니오)
　　　휴대폰: _____ 통화해도 됩니까?(예/아니오)
　　　호출기: _____ 통화해도 됩니까?(예/아니오)

학력: _____

결혼여부: 미혼____ 기혼____ 별거____ 이혼____ 미망인____
재혼여부: 그렇다___ 아니다___ 날짜: 1_____ 2_____ 3_____
배우자 성명 _____ 생년월일 _____ 나이 _____
배우자의 고용주 _____ 전화 _____

자녀
나이 ___ 생년월일 _____ 학년 ___ 동거여부 _____
나이 ___ 생년월일 _____ 학년 ___ 동거여부 _____
나이 ___ 생년월일 _____ 학년 ___ 동거여부 _____
나이 ___ 생년월일 _____ 학년 ___ 동거여부 _____

비상연락처(가족 외)
성명: _____ 주소: _____ 관
계: _____ 전화(집) _____ (직장) _____ 현재
(혹은 최근) 겪고 있는 질환을 적으시오
_____

복용 중인 약물을 적으시오

_____

주치의 _____ 전화 _____
추천인 _____
본인이나 가족이 상담·심리치료를 받은 적이 있습니까?

통원상담입니까? 예/아니오 담당의사 및 날짜: _____
입원상담입니까? 예/아니오 병원 및 날짜: _____

당부하고 싶은 상담·심리치료의 방식이 있다면 무엇인가?

_____

아래 항목을 보고 현재 본인에게 해당되는 정도를 1~5점(1=전혀 문제없다 / 5=매우 심각하다)에서 고르시오.

기분이 '가라앉고' 우울하여 울고 싶다	1 2 3 4 5
달리기 경주처럼 조바심이 난다	1 2 3 4 5
감추고 싶은 생각이 자꾸 떠오른다	1 2 3 4 5
내가 나를 통제하지 못 할 때가 있다	1 2 3 4 5
잠을 잘 못 잔다	1 2 3 4 5
내가 하찮게 보인다	1 2 3 4 5
화를 못 참겠다	1 2 3 4 5
현실이 아닌 것 같다	1 2 3 4 5
섭식의 문제가 있다	1 2 3 4 5
사실을 털어놓기 힘든 문제가 있다	1 2 3 4 5
성 문제로 고민하고 있다	1 2 3 4 5
술을 먹거나 약물을 복용하고 있다	1 2 3 4 5
같은 일을 지나치게 반복한다	1 2 3 4 5
헛소리가 들리거나 헛것이 보인다	1 2 3 4 5
불안하거나 초조하다	1 2 3 4 5

대인관계가 폐쇄적이다　　　　　　　1 2 3 4 5
영적인 고민이 있다　　　　　　　　　1 2 3 4 5
통증을 비롯하여(혹은) 건강에 문제가 있다　1 2 3 4 5

마음에 걸리는(걸렸던) 사람이 있습니까? 있다면 간략히 쓰십시오.

무엇 때문에 스트레스를 받고 있습니까?

본인의 가장 큰 장점은 무엇입니까?

서류에 밝히지 않은 문제(정서와 육체, 정신, 영성, 대인관계, 교육 혹은 직업 등) 중 털어놓고 싶은 것이 있다면 무엇입니까?

중요한 정보를 일러주셔서 감사합니다. 앞으로 유익한 상담·심리치료가 이루어지기를 바라며 문의사항이 있으면 언제든 말씀해 주십시오.

색인

ㄱ

가부장적 테러리스트 233
가정폭력 211, 212
가치의 명료자 315
가치적 갈등 352, 354, 355, 356
가치지향에 대한 개방 312
감성지향(SB) 방법 304
감성지향 모델 305
감정표현의 변경 378
강화인자 383
강화 효과 383
개별 면접 488
개별 상담·심리치료 619
개인 윤리 문제 245
개인의 비밀보장 224
개인적 죄책감 600
개인주의화된 성향 416
결과론(목적론 또는 공리론이라고도 함)적 접근 방식 208

결혼/가족치료 207
결혼/가족치료사 213
결혼 언약 209
결혼의 가치 227
겸손 30
경계 공간 551
경계선 노델 176
경계선 문제 478
경계선 위반 174
경계선적 내담자 197
경계선적 성격장애 157, 388, 644
경계 설정 187
경계 설정 문제 480
경계인 551, 552
경조증 443
경험적 지지관계 136
경험적 지지 상담 218
경험적 지지치료 135, 137, 218, 219
고기능(high-functioning) 내담자 379
고전적 조건 382

고통 상담 389
공공건강관심사 242
공공정책 74
공공철학 74, 75, 76
공식적 이론 75
공평성 28, 33, 642
공황 발작 312
공황장애 456
관계 윤리 226
관리의료 452, 453, 456, 458
관리의료 서비스 453
관상기도 639
관여/비관여 196
교리지향적 모델 286, 295, 296, 303, 305, 306
교리지향적 모델 교차 문화 396, 397
교차 문화적 협력 424
교차 수업 396
교차 인종 상황 396
교회 규율 487
구조 모델 618
권면적(nouthetic) 상담 접근 487
권한 남용 상담·심리치료사 교정 170
권한의 남용 157, 161
귀인 이론 30, 385
규준 참조검사 418
그룹 홈 183
극심한 불안 애착 156
근거기반 관계 138

근친 강간 생존자 156
기능장애 382, 383
기능적 능력 618
기독교 결혼 윤리 208, 210
기독교 부부상담자 228, 233
기독교 사회정의 관점 458
기독교 상담 544, 545
기독교상담 서비스 128
기독교 윤리 52, 60, 71, 212
기독교 윤리 규정 214
기독교 윤리학자 63, 612
기독교적 신념체계 353
기독교적 언약 209
기독교 정신건강 돌봄 38
기록 관리 245, 263
기본적인 영적 평가 기술 288
기분장애 321
기분장애 병인론 374
기억의 손상 380
기질성 뇌증후군 165
기타 기분장애 235

ㄴ

나이와 세대 간 영향 414
낙태결정 212
남성 동성애자 324, 325, 331, 349, 350, 409
남성 동성애자 긍정 341

남성 동성애자 긍정 돌봄 모델 340
남성 동성애자 긍정 상담 339, 343
남성 동성애자 긍정 접근 347
남성 동성애자 사회 325
남성 동성애자 통합 상담·심리치료 339
남성적 정체성 167
남용 혐의자 169
낮은 자존감 325
내담자 관점 존중 311
내담자 비밀보장 보호 259
내담자의 자기 결정권 293
내담자의 초월성 279
내담자 중심 방식 285
내담자 중심적 방향 339
노인의료보험제도 121
노출기법 136
뇌구조 및 신경 연결 324
뇌물 450
능력 33
능력의 한계 85
능력 척도 332

ㄷ

다문화 교육에 관한 과정 623
다문화능력 331, 332
다문화 상담·심리치료 93
다문화운동 331, 332, 333
다문화주의 333, 412
다양성 406
다양성의 특성 406
다중 관계 34, 38, 184, 185, 189, 195, 260, 272, 377, 401, 506, 526, 542, 543
다중 관계 문제 624
다중역할 620, 622
다중역할 관계 111
다중역할 연구 622
단기 지지 상담 544
단일대상 연구 135
대면 상담 141
대처기제 390
대학 상담소 526, 527, 545
대화식 영적 평가 289
덕 윤리 208
도덕 발달론 636
도덕적 가치 306
도덕적 가치 문제 278
돌봄 모델 286
돌봄 제공자 373
동성 부부 233
동성애성 324, 342, 353
동성애성 분야 336
동성애자 321
동성애적 경향 323
동성애적 끌림 323, 345, 349, 352
동성애적 상상 326
동성애적 성적 지향성 321, 336,

338, 345
동성애적 행동 분야 353
동조절 상담 338

ㄹ

레즈비언 509
리커트식 척도 244

ㅁ

만성 상태 364
만성 상태의 내담자 364, 389, 390, 392
만성적 우울증 386
만성적 조현병 환자 371
만성적 통증 382
만인제사장 303
메타 이론 75
멘토링 627
명시적 접근 294
모델을 598
모성적 돌봄 166
목적론적 관점 615
목적론적 윤리 26
목적지향적 행동의 부족 378
목회돌봄 472
목회 상담 467, 468, 473, 480

목회 상담학 472
무감각 637
무과실이혼법 229
무능력 637
무시와 허위정보 637
무책임한 행동 637
무해성 642
무해성의 원칙 67, 304
묵상기도 639
문제 가족 상황 248
문화 399
문화 관련 윤리 지침 407
문화기반 현상 417
문화적 반영 418
문화적 소수자 266
문화적으로 민감한 임상활동 399
문화 적응 414
문화적 전문주의 108
문화적 정체성 414
문화적 충돌성 395
문화지향적 지식 418
물질남용 550
미국결혼/가족치료학회 25
미국기독교상담자협회 25
미국기독교심리연구학회 25
미국목회상담자협회 25
미국사회복지사협회 25
미국상담학회 25
미국심리학회 21
미국연방법 25

미국연방의료보험 통상책임법 119
미국정신의학회 25
미성년 내담자 537
미성년자의 비밀보장 124
민감성 기반 모델 284, 299
민족성 414
믿음지향적 체계 548

ㅂ

바람직한 이상 33
바벨 이야기 404
반사회적 병리 35
반사회적 성격장애 165, 171
반사회적 폭행자 233
반응제어 방법 136
발달적/후천적 장애 414
배우자 폭력 231
법적 후견인 274
변화에 618
변화지향적 상담·심리치료 358
병인론 372, 388
보고 모델 590, 595
보고 의무 121, 123
보상기제 390
보증 443
보호의무 122
보호지역 592
복수대상 연구 135

복수심 637
부모 역할 157
부모-자녀 관계 345
부부갈등 상담 217
부부 문제 289
부부 별거 232
부부 상담 184, 206, 216, 222, 223, 225, 226, 228, 230, 232, 235, 236, 509
부부 상담기법 236
부부 상담 윤리 206
부부 상담자 216, 224, 227
부인 378
부적절한 수련 215
부정적 전이 173
분리 개별화 실패 156
불륜 226
불안장애 321, 325, 635
비밀보장 28, 33, 38, 117, 118, 119, 120, 121, 125, 129, 130, 193, 199, 224, 225, 245, 252, 301, 302, 389, 457, 459, 463, 470, 480, 486, 506, 510, 518, 528, 532, 538, 624
비밀보장 권리 121, 252
비밀보장 규정 120
비밀보장 문제 252, 370, 460, 526
비밀보장 사안 256
비밀보장 원칙 617
비밀보장의 범위 373

비언어적 의사소통 415
비원격 상담 140
비임상적 상황 260
비지시적 접근 306, 471
비판단/비평가적 환경 307
비판적 사고력 619

ㅅ

사고 중지 조절기법 171
사랑 65
사랑 윤리 45
사랑의 언약 46
사례 개념화 331
사례 연구 97
사생활 보호 118, 252, 253, 302, 518, 526, 528, 538
사생활보호 141, 245
사생활 보호법 527, 528, 529, 530, 553
사생활보호법 위반 141
사회-경제적 지위 414
사회윤리 74
사회적 기술훈련 390
사회적 담론 74
사회적 스트레스 325
사후 돌봄 제공 496
사후 비밀보장 125
삶의 궁극적 의미 279
삶의 코칭 174
상담계약서 496
상담기법 185
상담-내담자 섹스 증후군 154
상담료 444, 445
상담 모델 190
상담 실무자의 능력 410
상담・심리치료 22
상담・심리치료 기록일지 134
상담・심리치료기법 207
상담・심리치료 동의서 293
상담・심리치료사-내담자 성관계 155
상담・심리치료 서면동의 177, 234, 243, 245, 246, 270, 293, 296, 445, 506, 534, 535
상담・심리치료 서면동의법 116
상담・심리치료 서면동의서 251
상담・심리치료 수련 프로그램 609
상담・심리치료의 기록일지 132, 133
상담 원칙 140
상담자문 353
상담 전화 259
상담 조정 162
상담 회기 127, 140, 141, 174, 469, 472, 477, 491
상사병 165, 166
상호적 구제 환상 166
상황 독립적' 39

상황 윤리 59
생리학적 병인론 374
생명윤리 612
생체아민 대사물질의 이상 374
서면 계약 255
서면동의서 120, 125
선교/구호자 돌봄 556, 557, 560, 561, 571, 574
선교/구호자 돌봄 규정 575
선교/구호자 돌봄 문제 579
선교/구호자 돌봄 실무자 577
설교 준비 480
섭식장애 24
성격 연구 374
성격장애 364, 376, 451
성격장애 내담자 377
성격장애 유형 376
성결 110
성결과 통전성 111
성경 중심의 상담 547
성공: 순결 327
성공: 전환 327, 328
성과 무관한 다중 관계 185, 187, 188, 189, 191, 192, 193, 195, 196, 197, 199, 200, 202
성과 무관한 다중 관계 갈등 195
성과 무관한 다중 관계 관여 202
성과 무관한 일부 다중 관계 187
성 기능장애 321
성도착 165

성 윤리교육 176
성윤리교육 622
성적 경계선 172
성적 끌림 343, 349
성적 다중 관계 188
성적 비행 149, 157, 158, 161, 168, 169, 172, 173
성적 상대 310
성적 소수자 321, 323, 329, 341, 356, 358
성적장애 문제 217
성적 접근의 대상 482
성적 지향성 266, 342, 343, 355, 406, 414
성적 지향성의 변화 326, 327, 347
성적 취향 331, 349
성적 학대 155, 258
성적 행위 금지 계약' 171
성 전환 문제 411
성 정체성 331, 343
성 정체성 갈등 321
성 정체성 문제 321, 339
성 정체성 상담·심리치료 342
성 정체성 접근 347
세속 윤리 규정 43
소송당사자 121
소수 인종자 325
손상된 인지기능 영역 380
수동적 은폐 162
수탁자 160

스트레스 내성 562
스트레스성장애 505, 592
스트레스 해소 639
신경내분비조절 이상 374
신경행동 결함 378
신고 관련법 617
신의와 책임성 297
신학적 윤리 208
실용적 윤리 26
실패: 남성 동성애자 성 정체성 328
실패한 결혼 309
실패 혼란스러움 328
실험지향적 상담 218
심리검사 418
심리사회적 스트레스 인자 374
심리 역동적 방어기제들 30
심리적 스트레스 325, 372
심리적 외상 593
심리적 응급처치 589, 590, 591, 595, 596
심리적 응급처치 모델 595, 601, 605
심리적 응급처치 상황 596
심리적 응급처치 요원 592, 596, 598, 600
심리적 응급처치 작업 596
심리적 응급처치 제공 589
심리적 응급처치 지원 모델 598
심리적 응급처치 지침서 597, 600
심리적 적응 283
심리적 학대 258

심리학 윤리 규정 610
심리학적 개입 282
쌍둥이 연구 323

ㅇ

아동기 성 학대 154
아동 내담자 242
아동 상담 217, 244, 245, 510
아동 정신건강 문제 242
아동학대 신고 260
아동학대 신고 의무 260
아동학대와 방임 257
아동 학대와 방임의 신고 의무 245
알선 수수료 450
알츠하이머 380
알츠하이머형 치매 386
알코올 및 약물남용 상담 220
암시적 접근 294
애도 상담 141, 381
애정 문제 226
약물남용 235
약물남용장애 325
약물요법 165
약탈적 정신병리 165
양가감정 159, 227
양극성장애 165, 443, 638, 646
양성애 324
양성애자 325, 410

양성애적 성 정체성 349
언약 관계 32, 228
언약 윤리 209
여성 동성애자 207, 324, 325, 349, 350, 409
역전이 226, 643
역할갈등 195
역할극을 통한 연습 489
역할기대 195
연방교육권리 및 사생활 보호법 540
영성 279
영성 관련 개입 290
영성 관련 치료적 개입 활용 288
영성 상담·심리치료 282
영성지향적 상담·심리치료 290
영적 개입 282, 283, 285
영적 도구 285
영적 문제 278, 284, 285, 286, 288
영적 신념 293
영적 지도 174
영적 충실도 303
예언 타당도 489
오바마의료법 458
외상적 뇌손상 364, 377, 383, 388
용어 선택 246
우울장애 222, 364, 374, 635
우울증 235, 534, 638
우울증 상담 220
우울증 판별사 434
원격 상담 138, 139, 140, 141

원격 상담 윤리 139
원인관계론 323
위험 감수 행동 255
유아적 욕구 168
유익성 642
유익성과 무해성 27
유전 검사 323
유전학적 요소 372
육체적 학대 258
윤리 가계도 613
윤리강령 20
윤리교육 611
윤리 규정 44
윤리와 도덕 61
윤리와 문화의 상호 작용 398
윤리 위반 197
윤리 이론 72
윤리 이론교육 611
윤리적 갈등교육 626
윤리적 감수성 641
윤리적 공동체 306
윤리적 상담서비스 116
윤리적 상담·심리치료의 필수 요소 116
윤리적 소명 47
윤리적 원칙 63
윤리적 의사결정 611
윤리적 의사결정 모델 635, 636, 639, 642
윤리적 자기 방어 272

윤리적 존재 46
은밀한 접근법 515
응급 대처 593
응급 상황 124
응용인지 행동치료 593
의뢰 352
의뢰의 윤리 475
의료 상담 251
의무론적 관점 615
의무론적 윤리 214
의무론적 의사결정 614
의무론(칸트 학파)적 접근 방식 208
의사결정력 강화 611
이론적 통합주의 94
이성애 324
이성애적 상상 326
이중 관계 245
이중 관리 506
이중 소수자 325
이차적 이득 383
이혼 227
이혼의 해석 228
이혼 회복 프로그램 231
인간의 권리와 존엄성에 대한 존중 28
인격의 작동 모델 83
인구통계학적 변화 618
인본주의적 상담(65
인적 자원체계 586
인지적 재구성 639

인지 정서 기능 상실 317
인지행동주의자 169
인지행동치료 188, 458
인지행동치료적 자기주장 훈련 개입 285
인터넷 상담 139
일반 관계 문제 235
일반 부부 상담 236
일반 부부 폭력 232
일반 윤리 규정 214
일반윤리 규정 213
잃어버린 언어적 하나 됨 404
임상상황 400
임상적 면접 532
임상적 이론 75
임상적 장애 451
임상전문지식 83
임상 지침 409
임상활동 능력 400

ㅈ

자각 훈련 288
자기 개방 312
자기 결정권 28, 295, 301, 343, 352
자기돌봄 111
자기애성 35
자기애적 성격장애 165
자기애적 욕구 172

자기 합리화 637
자기 향상적 308
자살 경향성 325
자아심리학 168
자아 존중감 391
자아 충족적 예언 384
자아 효능감 592
자유 결혼 310
자율성 293, 295, 301
자율성 존중 642
자주성의 감소 378
작동 모델 84
잠재적 내담자 518
장소 검색 306
장애 유병률 416
재능의 청지기 653
재정 문제 129
저소득층 의료보장 제도법 121
저위험군 155
적 뇌손상 378
적응 국면 392
적정가격진료법 458
적 지향성 324
전략과 기술 75
전략적 상담 161, 163
전문가 윤리 55, 213
전문가 윤리교육 609
전문가 윤리 규정 24, 127
전문 상담 336
전문성의 토대 252

전염병 120
전화 상담 138, 140
전환 상담 330, 336
전환 학습 614
절대주의 39
절충주의 104
정서 불안정성 388
정서장애 620, 637
정서적 문제 상담 364
정서적 학대 258, 309, 310
정신건강 68
정신건강 서비스 142
정신건강 서비스 사업 434
정신건강 윤리 규정 27
정신건강 전문가 22, 25
정신분석 326
정신분석학 473
정신분석학적 168
정신분열증 371
정신역동적 개념 168
정신역동적 상담 65
정신장애 68, 165
정신지체 451
정신착란증세 417
정체성 평가 414
정확성 593
제2의 천성 64
제3자 지불인 451, 458
조작 기법 162
조작적 조건 382

조작적 조건 모델 383
조작적 조건형성 모델 382
조증 443
조현병 165, 364, 371, 440
존엄성 599
종교/영성 547, 552
종교적/영적 문제 297
종교적/영적 변인 549
종교적/영적 성향 414
종교적/영적 중요성 280
종교적/영적 편향 288
종교지향적 관점 286
주관적 스트레스 383
주의력결핍 과잉행동장애 416
중위험군 155
증거 기반 135
증거 기반 상담·심리치료 135
지역 상담 218
지역/집단 공동체 562
지지 집단 381
직업 상담 391
직업 상담·심리치료 574
직업적 규정 214
진실성 28, 389, 471, 473, 593
진실성의 원칙 596
집단 상담 124, 194, 326
집중치료 198
집착적 환상 171

ㅊ

착취 637
철학적 윤리 208
초기 아동 상담 251
초자아 발달 166
최대 이익 접근법 515, 516
최면요법 161, 162
충동성 35
충동성과 탈억제 378
충성 언약 228
충실성 642
충실성과 책임성 27
치료적 개입 478, 618

ㅋ

코이노니아 31
크로자핀 372
크림 스키밍 449

ㅌ

탈 남성 동성애자 328
탈남성동성애자국제기구 327
탈 범죄 사역 327
탈진 637
토착 유산 414

통전성 110
통증행동 382
통찰지향적 상담·심리치료 390
통합성 기반 모델 285, 295, 302
통합적 윤리 214
통합지향적 모델 305
통합 평생교육 625
특권 118, 120, 226
특별한 서비스 지역 592
특정 기독교 상담 모델 548
특정 발달 문제 243

ㅍ

편의적 선취 449
편집증적 정신장애 165
편향 384, 385, 389
편향 문제 385
평신도 도우미 493
평신도 사역자 493
평신도 상담사역 496, 497, 498
평신도 상담자 485, 490, 492, 493, 494
평신도 조력자 493
피학적 굴복 165, 167
피해망상 381

ㅎ

하나님 나라의 규준 106
하나님의 형상 112
하위 문화 268
학습요인 382
합리화 기준 579
합의 74
항정신병 약물 372
해외 선교사 560
행동수정 390
행동조절 상담 338
행동주의적 개입 326
행동주의적 통계 290
행동지향적 부부 상담 286
향정신성 약물의 평가 292
혐오 상담 326
협력적 돌봄 284
혼전 성관계 312
혼합기관 513
혼합기관 갈등 515, 519, 522
혼합기관 긴장 519
혼합기관 긴장 상황 519
혼합기관의 갈등 503
회복 상담 326, 336
후판단 편파 197
히포크라테스 선서 27

CLC 도서 안내

알기 쉬운 생활 심리

전요섭, 황미선 지음 | 사륙판 | 424면

심리관련 교양도서로서 우리의 생활 속에서 얼마든지 발견할 수 있는 심리적 현상들을 모아 100가지로 정리하였다. 누구나 쉽게 읽을 수 있으며 상식과 이야기의 예화 자료로도 사용할 만한 내용들을 풍성히 담고 있다.

죽음에 이르는 7가지 죄를 극복하는 비결

윌리엄 베커스 지음 | 전요섭 옮김 | 신국판 | 384면

7가지 죄성은 초대 교회부터 현대에 이르기까지 그리스도인들이 피해야 할 요소로 지적되어 왔다. 저자는 그 7가지는 결코 분리할 수 없으며, 이러한 내용은 일반 심리학에서 파악할 수 없는 것이라고 주장한다. 또한 그 죄성의 정도를 시험지로 평가할 수 있도록 자료를 제공한다.

기독교 상담

성경적 인간관계 세우기

윌리엄 베커스, 캔다스 베커스 지음 | 전요섭, 노철우 옮김
신국판 | 264면

    저자는 인간관계를 뒤틀리게 하고 인격과 신앙을 병들게 하는 것이 어린 시절 상처와 부정적인 사건이 만부정적인 사고를 만들어 인간관계를 어한다고 주장한다. 이 해결책으로 성경적 관점을 제시하며, 다양한 사례를 통해서 그 적용 방법을 가르쳐 준다.

상담윤리와 법

김화자 지음 | 신국판 | 232면

    이 책은 일반 상담 분야뿐만 아니라 기독교 목회 상담에서도 상담 윤리를 기독교적 시각으로 어떻게 통합하여 이해하고 적용해야 하는지에 대해 상담 윤리의 원리, 덕윤리, 그리고 다른 규정들에도 가능한 한 통합적 시각으로 제시한다.

기독교 상담 윤리:
심리학자 상담, 심리치료 전문가, 목회자를 위한 가이드북

Christian Counseling Ethics:
A Handbook for Psychologists, Therapists and Pastors

2018년 1월 30일 초판 발행

지 은 이 | 랜돌프 샌더스 외 23인
옮 긴 이 | 전요섭 외 3인

편　　집 | 변길용, 권대영
디 자 인 | 신봉규, 서민정
펴 낸 곳 | 사)기독교문서선교회
등　　록 | 제16-25호(1980. 1. 18)
주　　소 | 서울시 서초구 방배로 68
전　　화 | 02) 586-8761~3(본사) 031) 942-8761(영업부)
팩　　스 | 02) 523-0131(본사) 031) 942-8763(영업부)
홈페이지 | www.clcbook.com
이 메 일 | clckor@gmail.com
온 라 인 | 기업은행 073-000308-04-020, 국민은행 043-01-0379-646
　　　　　 예금주: 사)기독교문서선교회

ISBN 978-89-341-1758-2 (93230)

* 낙장·파본은 교환해 드립니다.

이 도서의 국립중앙도서관 출판시 도서목록(CIP)은 서지정보유통지원시스템 홈페이지(http://seoji.nl.go.kr)와
국가자료공동목록시스템(http://www.nl.go.kr/kolisnet)에서 이용하실 수 있습니다.
(CIP제어번호: CIP2017034653)